滨江年鉴

BINJIANG YEARBOOK

杭州市滨江区地方志编纂委员会 编

2019

（总第3卷）

方志出版社
Publishing House of Local Records

图书在版编目（CIP）数据

滨江年鉴. 2019 / 杭州市滨江区地方志编纂委员会编. -- 北京 : 方志出版社, 2019.10
ISBN 978-7-5144-3953-3

Ⅰ. ①滨… Ⅱ. ①杭… Ⅲ. ①区（城市）—杭州—2019—年鉴 Ⅳ. ①Z525.54

中国版本图书馆CIP数据核字（2019）第298811号

滨江年鉴（2019）

编　　者：杭州市滨江区地方志编纂委员会
责任编辑：王　娜
出 版 者：方志出版社
地址　北京市朝阳区潘家园东里9号（国家方志馆四层）
邮编　100021
网址　http://www.fzph.org
发　　行：方志出版社图书经销中心
（010）67110500
经　　销：各地新华书店
照　　排：南京德玺文化发展有限公司
印　　刷：南京凯德印刷有限公司
开　　本：889×1194　1/16
印　　张：24.5
字　　数：649千字
版　　次：2019年10月第1版　　2019年10月第1次印刷
印　　数：0001~1000册
ISBN 978-7-5144-3953-3　　定价：200.00元

滨江区地方志编纂委员会

主　　任	李志龙					
副 主 任	张　玮	姜永柱	沈　建			
委　　员	冯建伟	胡国渭	郭吉龙	金永明	杜海涯	蒋应东
	周　皓	袁海峰	夏剑兵	蔡文刚	侯百曙	钟　孚
	夏　强	吴国刚	胡嘉欢	张炬刚	来江飞	汤　茵
	徐国宏	戴灿东	顾华锋	胡也静	郁廷栋	许利萍
	郑　丽	吕林青	郭　良	高国明	谢迎光	钱毓军
	李树人	宓伟庆	高德洪	郭富礼	张志真	邵　臻
	詹艳青	王利君	许江晨	彭　虹	陈月利	楼华龙
	虞文华	史　琼	王建武	楼东文	韩知初	劳唯中
	周　翔	周小刚	来惟贫			
办公室主任	冯建伟					
办公室副主任	金　磊	张　烨				

《滨江年鉴》编辑部

主　　编	冯建伟					
副 主 编	郭吉龙	应　军	金　磊	黄伟明	单敏军	谭建军
	张忠华	王晓芸	傅国柱	孙　俊	华日新	马世炜
	徐俏俏	蔡军阳	李程旭	夏继东	黄　平	
执行主编	金　磊	张　烨				
编　　辑	（按姓氏笔画排序）					
	占监楼	杨彩霞	来玉兰	张　烨		

滨江区行政区划图

西湖
雷峰夕照
三台云水
花港观鱼
南屏晚钟
万松书缘
太子湾公园
五老峰
外鸡笼山
玉城山
中国丝绸
博物馆
凤凰山
凤山水城
遗址
凤山新村
南高峰
翁家山
青龙山
九曜山
将台山
满陇桂雨
杨梅岭
玉皇飞云
玉皇山
杭州动物园
金家山
大山头
虎跑后山
凤凰台
虎跑梦泉
虎跑
南宋官窑
博物馆
八卦田
复兴路站
复兴南苑
大慈山
虎跑山
八卦新村
珍珠坞
马鞍山
水澄桥站
白塔山
白塔
西湖风景名胜区
西湖区
上城区
五云山
牌楼里
六和听涛
六和塔
王家山
复兴立交桥
钱塘江大桥
九溪
五云山庄
九溪玫瑰园
珊瑚沙水库
紫之隧道
悦江
商业中心
浙江
儿童附
水晶城
银杏汇
公寓
江南实验学校
彩虹城分校
杭州高新
实验学校
宝龙城
公建中心站
国信嘉园
江滨花园
钱塘
景苑
海创基地
临江花园
联庄站
龙禧大酒店
华美达酒店
碧水豪园
贺田尚城
浙江浙大中控信息
技术有限公司
杭州龙禧福朋
喜来登酒店
卓信大厦
海康科技
泰林大厦
伟业路站
正泰太阳能
杭州
第二中学
钱江湾花园
中医药大学站
江畔云庐
浙江商业职业
技术学院
岩大房
文苑大厦
滨科大厦
逸天大厦
积家
浙江
中医药大学
滨文苑
浙新小区
立德园
杭州医学院
滨文小学
浙江警察学院
振浦路站
杨家墩站
钱塘
玫瑰湾
东冠小学
滨江职高
云第公寓
浦沿中学
浦沿
街道
火炬小区
之江海洋公园站
浦沿街道社区
卫生服务中心
浦沿站
明德大楼
曼城
浦沿小学教育集团
浦沿校区
之江大桥
省之江水泥
大同公寓
浦乐新苑
泉井塘
麦岭沙
立交桥
回龙山
绿能环保
紫红岭
钱塘福苑
黄山岭
茅山
西湖区
钱塘
萧

地图审核号：浙杭S（2018）002 号

奥体中心［第14届世界游泳锦标赛（25米）比赛场地］

（区委宣传部 供图）

白马湖

（区委宣传部　供图）

滨江公园

（区委宣传部　供图）

2018年1月12日，中共滨江区委五届三次全体（扩大）会议在区文化中心召开　（区委宣传部　供图）

2018年2月22日，中共滨江区纪委五届三次全体（扩大）会议在区文化中心召开　（区委宣传部　供图）

2018年1月21—23日，滨江区五届人大二次会议在白马湖建国饭店召开　　（区人大办　供图）

2018年1月21—23日，滨江区政协二届二次会议在白马湖建国饭店召开　　（区政协办　供图）

2018年6月27日，中共滨江区委书记詹敏（左四）、区长金志鹏（右四）陪同北京航空航天大学领导考察北航杭州创新研究院一期建设和二期规划情况　　（区委宣传部　供图）

2018年7月5日，中共滨江区委书记詹敏（右三）察看重点工程地铁6号线施工情况
（区委宣传部　供图）

2018年12月21日，中共滨江区委副书记、代区长李志龙（右四）为杭州新经济发展战略研究院揭牌

（区委宣传部　供图）

2018年1月31日，中共滨江区委副书记、区长金志鹏（前排左）参加区院合作签约暨西兴街道社区卫生服务中心迁建启用仪式

（区委宣传部　供图）

2018年2月28日，高新区（滨江）“1+X”新政发布会举行　　（区委宣传部　供图）

2018年4月27日，“世界一流高科技园区2035工作座谈会”在高新区（滨江）举行　　（区委宣传部　供图）

2018年5月5日，高新区（滨江）首届"5050"人才节在海外高层次人才创新创业基地举行
（区委宣传部　供图）

2018年11月28日，滨江区文联成立暨第一次代表大会召开　（区委宣传部　供图）

杭州海康威视数字技术股份有限公司展厅　　（区委宣传部　供图）

新华三集团产品——云计算数据中心核心交换机　　（区委宣传部　供图）

浙江中南卡通股份有限公司大厅　　　　（区委宣传部　供图）

浙大中控技术股份有限公司产品展示　　　　（区委宣传部　供图）

杭州迪普科技股份有限公司展厅 （区委宣传部 供图）

杭州启明医疗器械有限公司实验室 （区委宣传部 供图）

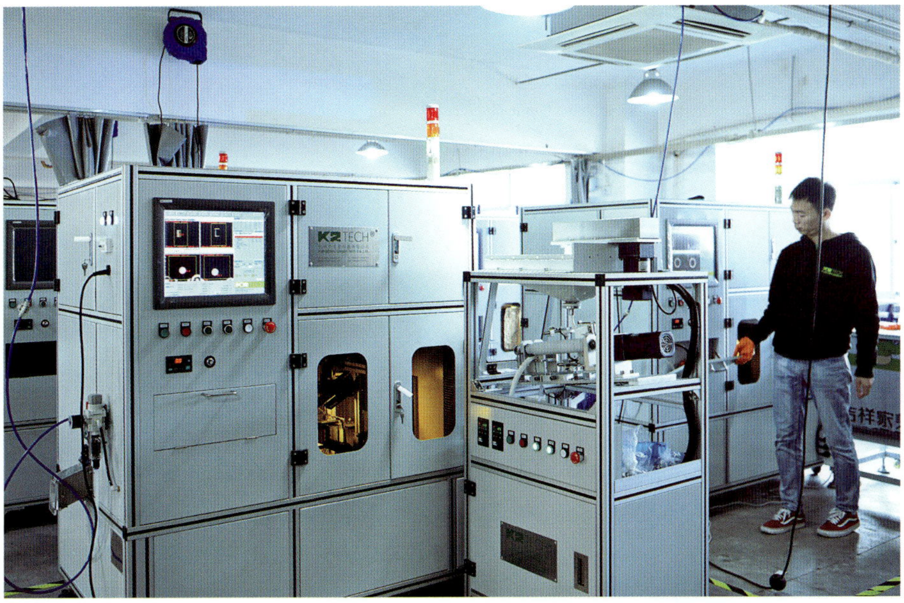

杭州乔戈里科技有限公司生产车间
（区委宣传部　供图）

杭州尚壹生物科技有限公司（壹基因）实验室
（区委宣传部　供图）

恒生电子股份有限公司专业投资体验区
（区委宣传部　供图）

聚光科技（杭州）股份有限公司展厅　　（区委宣传部　供图）

浙江众合科技股份有限公司展厅　　（区委宣传部　供图）

浙江零跑科技有限公司产品展示　　　　（区委宣传部　供图）

浙江正泰太阳能科技有限公司产品展示　　　　（区委宣传部　供图）

2018年12月11—16日，第14届世界游泳锦标赛（25米）在高新区（滨江）举行　　（区委宣传部　供图）

2018年7月26日，意大利警察到高新区（滨江）开展联合巡逻　　（区委宣传部　供图）

2018年5月12日，浦沿街道东信社区国际友人在区计生协"5·29会员活动日"暨"国际家庭日"主题活动上表演节目
（区社发局　供图）

2018年1月22日，国际人士列席滨江区五届人大二次会议
（区委宣传部　供图）

2018年5月5日，海外人士参加高新区（滨江）首届人才节
（区委宣传部　供图）

2018年8月29日，国际青年在浙江中医药大学学习中医
（区委宣传部　供图）

2018年9月22日，中外居民在长河街道晶都社区共度中秋佳节
（区委宣传部　供图）

江南大道　　（区委宣传部　供图）

闻涛路粉黛乱子草　　（区委宣传部　供图）

滨江公园　　（区住建局　供图）

江边银杏林　（区住建局　供图）

时代大道高架绿化
（区住建局　供图）

闻涛路樱花　　（区委宣传部　供图）

彩虹快速高架　　（区住建局　供图）

闻涛路紫薇大道　　（区住建局　供图

江一公园　（区委宣传部　供图）

月明路　（区住建局　供图）

沿江景观带奥体区域　（区住建局　供图）

2018年9月16日，滨江区第五届全民运动会开幕式举行　（区委宣传部　供图）

2018年9月15日，滨江区青少年活动中心投入使用　（团区委　供图）

2018年2月9日，高新区（滨江）“廉”谊会在区文化中心举行　　（区纪委　供图）

2018年8月17日，高新区（滨江）首届“中国医师节”庆祝晚会在区文化中心举行（区委宣传部　供图）

2018年5月16—21日，首届中国网络文学周在白马湖举行 （区委宣传部 供图）

2018年5月19日，网络作家蒋离子、夏烈作品签售现场
（区委宣传部 供图）

2018年5月19日，网络作家蒋胜男作品签售现场
（区委宣传部 供图）

2018年5月21日，网络作家酒徒《大汉光武》读者见面会（区委宣传部　供图）

2018年5月19日，网络作家乱世狂刀作品签售现场（区委宣传部　供图）

2018年5月21日，网络作家顾七兮作品签售现场（区委宣传部　供图）

2018年12月27日，“看滨江、见改革”——高新区（滨江）庆祝改革开放40周年文艺晚会在区文化中心举行

（区委宣传部　供图）

2018年10月29日，高新区（滨江）“勇立潮头——纪念改革开放40周年书画展”在区群文中心举行　（区政协办　区委宣传部　供图）

编辑说明

一、《滨江年鉴》由中共杭州市滨江区委员会、滨江区人民政府主办，滨江区地方志编纂委员会承编。

二、《滨江年鉴（2019）》为创刊以来第3卷，以马克思列宁主义、毛泽东思想、邓小平理论、“三个代表”重要思想、科学发展观、习近平新时代中国特色社会主义思想为指导，坚持辩证唯物主义和历史唯物主义的立场、观点和方法，全面、系统、客观地记述2018年高新区（滨江）围绕建设快乐创业幸福生活的世界一流高科技园区目标，推进各项事业发展的大事、要事，以及发展进程中的新特点、新问题。

三、《滨江年鉴（2019）》资料收录时限为 2018年 1月 1日至 12月 31日，个别条目内容或表格中的数据适当上溯或下延。

四、《滨江年鉴（2019）》按分类编辑法，分为类目、分目、条目 3个层次（部分分目设次分目）。全书设置类目32个，分目209个，条目1186条，表格44张，图片168张。全书框架在2018卷的基础上主要有以下调整：取消特辑类目，增加建筑业·房地产业类目。调整后类目设置如下：特载、大事记、区情概览、中共杭州高新区工委（滨江区委）、滨江区人民代表大会及其常务委员会、高新区管委会（滨江区政府）、政协滨江区委员会、中共滨江区纪律检查委员会 滨江区监察委员会、民主党派、社会团体、法治·军事、高新技术产业、科技创新、工业·农业、商贸、旅游·会展·邮政·通信、城区建设与管理、建筑业·房地产业、环境资源、财税·金融、经济监督管理、教育、文化、卫生、体育、人力资源、社会民生、街道、人物、统计资料、附录、索引。卷首彩页设“魅力滨江”“年度滨江”“产业滨江”“国际滨江”“花城滨江”“活力滨江”“首届中国网络文学周”“庆祝改革开放40周年”8个专题。

五、年鉴中的统计资料均使用法定计量单位，数字用法、标点符号用法均执行国家新颁布的标准。所刊载的综合性数据以区统计局为准，未纳入统计范围的数据由各单位提供。由于统计口径不同，个别单位提供的数据会与区统计局数据不尽相同，引用时请注意。除特别说明外，文中数据对比均为2018年与2017年相比，“上年”指2017年，其他年份之间数据的比较均写明年份。书中出现的单位名称、专业术语，首次出现时用全称，此后一般用简称。“全年”“年内”“年底”和条目内未标注年份的均指2018年，大事记“△”表示同日。《滨江年鉴（2019）》所用稿件均由各有关部门和单位提供，经各供稿单位主要负责人审核，文后署作者名。

六、因涵盖范围不同，书中分情况使用高新区（滨江）、滨江区。

七、《滨江年鉴（2019）》出版纸质图书的同时推出电子光盘和“掌上年鉴”微信小程序，扫描本卷年鉴封底小程序码即可阅读。

目 录

特 载

大事记

区情概览

中共杭州高新区工委（滨江区委）

滨江区人民代表大会及其常务委员会

高新区管委会（滨江区政府）

政协滨江区委员会

中共滨江区纪律检查委员会、滨江区监察委员会

民主党派

社会团体

法治·军事

高新技术产业

科技创新

工业·农业

商　贸

旅游·会展·邮政·通信

城区建设与管理

建筑业·房地产业

环境资源

财税·金融

经济监督管理

教　育

文　化

卫　生

体　育

人力资源

社会民生

街 道

人　物

统计资料

附　录

索　引

把握关键点当好奋斗者
以高质量中高速的发展成果庆祝建国70周年

——在中共滨江区委五届五次全体（扩大）会议上的报告

（2019年1月2日）

中共杭州市滨江区委书记　詹　敏

同志们：

这次区委全会的主要任务是：高举习近平新时代中国特色社会主义思想伟大旗帜，深入学习贯彻中共十九大精神和中央、省经济工作会议部署，围绕“六大行动”，紧扣2022年亚运会，排除干扰、克难攻坚，坚定不移沿着八八战略指引的道路阔步前进，坚守四大战略，坚持四化要求，把握关键点，当好奋斗者，努力打造世界一流高科技园区、全国数字经济最强区、全省高新产业重大集聚区、杭州拥江发展示范区，确保高质量上的中高速发展，以优异成绩向建国70周年献礼，为杭州建设独特韵味别样精彩世界名城和打造展示新时代中国特色社会主义的重要窗口做出更大贡献。

下面，我代表区委常委会报告工作。

一、克难攻坚，经济社会保持稳定发展

2018年，是高新区（滨江）艰难中奋进的一年。全球经济形势复杂多变，国内外不确定因素很多，区域发展竞争挑战加剧，区内也发生了一些新情况。面对这些挑战和问题，我们深入学习贯彻习近平新时代中国特色社会主义思想，深入推进“八八战略”再深化、改革开放再出发，重整行装、重振信心，排除干扰、克难攻坚，全面落实省委、市委决策部署，实现了经济和社会事业的持续发展。在科技部最新公布的全国157个国家高新区综合排名中位列第三，仅次于北京中关村和深圳。

一是经济持续中高速发展。全面实施新一轮“1+X”产业政策体系，出台支持民营经济“新11条”，开展“百名干部联千企”和“走亲连心”活动。预计全年GDP1350亿元，剔除年中核增因素同比增长11.6%；全年财政总收入322.8亿元，增长12.4%，其中一般公共预算收入164.8亿元，增长15.4%。规上工业实现增加值550亿元，增长17%，列全市第一；服务业强县（市区）培育综合评价列全省Ⅰ类地区第一。全区数字经济实现收入2800亿元，增长17%。实际利用外资8.5亿美元，浙商创业创新资金80.7亿元。社会消费品零售总额增长10%。阿里巴巴、网易、海康威视等一批新项目建成投用。新增注册企业8606家，新增境外上市企业2家、境内过会2家，百亿营收企业13家。

二是创新能力稳步提升。举办首届滨江人才节，深化5050计划，组织硅谷精英沙龙，开展多渠道人才招聘活动，全区引进各类人才29683人，其中硕博士7738人，列全市第一；新增院士专家工作站7家（累计35家），新增国家级企业博士后科研工作站3家（累计20家）。新增国家和省级人才工程入选者50人、海外高层次人才1200人，5050计划项目落地114个。新认定国家高新技术企业246家（在册908家）。全区科技活动经费支出325亿元，增长16%。专利申请量12571件，授权量6825件，万人有效发明专利拥有量提升到300件，知识产权保护工作进一步加强。新增市级以上众创空间孵化器20家，国家芯火双创基地正式启用；企业境外研发、孵化等机构达147个。成功承办"世界一流高科技园区2035"工作座谈会、第七届中国创新创业大赛全国互联网行业总决赛、AI Cloud生态国际峰会、2018西湖论剑·网络安全大会、云创大会等重大活动。新发布国家标准23项、行业标准31项，9个项目获国家级专利奖和发明奖，6家企业获国家核高基重大专项支持2.62亿元。

三是城建城管扎实推进。创新实施城管721工作站。持续推进浦沿街道征迁攻坚，大力推进"无违建区"和"污水零直排区"创建工作，"美丽河道"建设取得明显成效。新增和优化公交线路13条，完成道路新（改）建12条，江虹路跨铁立交通车，地铁5、6、7号线和望江隧道加快推进，江南大道快速路、浦沿路、闻涛路西段等项目开工。冠山公园一期、白马湖公园二期等一批公园绿地建成开放，井山湖农耕文化公园、浦沿工业遗址公园即将完工，全域城市化、全域景区化取得新进展。奥体主体育场（大莲花）和网球中心（小莲花）在世界游泳锦标赛（25米）上精彩亮相。

四是民生福祉全面增进。深化民生实事工程票决制。全面实施安置房品牌开发商总包代建模式，新增开工224万平方米（市考核口径），创历年最高。新开办中小学（幼儿园）6所，中考重高和优高上线率列主城区前列，率先推出小学免费课后服务并在全市推广。青少年活动中心投用，中国动漫博物馆竣工。与浙医二院、浙大儿院推进区域医联体建设。在阳光家园推出"陪伴是最长情的告白"志愿者服务，引发主流媒体多次报道和评论；发展壮大中国网络作家村，受到全国省市关注；蜗牛读书馆开张，成为新的网红。持续推进五大文明提升工程，持续打好"最美樱花跑""滨江四季演出"等品牌效应，吴牧野工作室入驻滨江。持续推进"家燕回巢"拆迁户大学生就业创业服务，深化农转非拆迁人员家庭大病补助，创建首批"浙江无欠薪"行动标杆县（市、区）。组织开展区全民运动会和职工运动会，圆满完成世界游泳锦标赛、动漫节、文博会、世界排舞大赛、杭州马拉松赛等重大活动。

五是"三大攻坚战"有效落实。全面推进与贵州省丹寨、麻江和湖北省建始县的对口帮扶脱贫工作，打造"一县多品"工程，启动与吉林省长春新区的对口合作。扎实开展与桐庐的区县协作工作，做好与衢江、淳安的山海协作。促进互联网金融健康发展，整顿违规网络借贷。充分发挥区产业扶持基金作用，精准施策做好企业帮扶，区属担保公司资本金增至5亿元，新设立短期帮扶周转资金2亿元，解决企业周转资金33.5亿元，帮助企业股权融资7.5亿元，为企业融资担保2.2亿元。切实完成中央环保督查事项落实，城市生态环境进一步优化，生态文明建设年度评价结果指数列全省第三。

六是社会治理平稳有序。深入开展扫黑除恶专项斗争，坚决支持省市专项行动。切实推进反毒禁毒和反邪教斗争；严厉打击刑事犯罪，命案及五类案件破案率100%。切实加强基层社会治理四平台建设，设立基层网格372个。切实强化平安建设宣传教育，大幅提升知晓率、参与率和满意率。切实加大民间纠纷调处工作力度，发挥好民间和事佬调解、法院司法调解等作用。积极开展消防安全、交通安全、安全生产等治理，全年没有发生较大以上火灾事故和安全生产事故。全面落实信访值班接待制度，社会稳定有序。

七是深化改革全力突破。加快推进省级全面创新改革试验区建设，持续深化"最多跑一次”改革，推进政务服务数字化转型，“证照分离”和“压缩企业开办时间”改革做法在全省推广，投资项目审批改革全流程最快提速至59天。探索工业综合体开发建设模式，深化“亩均论英雄”改革，亩均增加值1342万元，亩均税收230万元。实施人才安居改革，实物配租和货币补贴同步推进，新增人才租赁房1544套。推进“名校名院名所”工程，北航杭州创新研究院正式投用，华为全球培训中心基本竣工。推进自然生态空间用途管制试点改革，开展景观生态型综合整治。机构改革工作进展顺利，基层社会治理改革积极推进。

八是党建工作引领发展。扎实开展中共十九大精神集中轮训和“四提一争”主题实践活动，深入开展“大学习大调研大抓落实”活动，组织“三懂”干部大培训，打造高新区（滨江）干部优势品牌。出台《关于切实加强政治生态建设的行动方案》，开展解放思想够不够、干在实处实不实、走在前列能不能、勇立潮头敢不敢的“四问”大讨论，组织专题民主生活会，再塑风清气正的政治生态。强化意识形态工作责任制，组织区委理论中心组集体学习32次。深化城市基层党建工作，加强党建引领业委会和物业服务企业建设，深入推进互联网企业、国企和行业党建，努力建强各领域党建。强势推进党风廉政建设和反腐败工作，推进监察巡察工作向基层延伸和覆盖，完成两轮共24个社区、4家区直单位巡察和“最多跑一次”改革专项巡察。全年党纪政务处分38人，其中依法移诉4人。

一年来，区委常委会发挥总揽全局、协调各方的作用，抓方向、议大事、管全局，召开区委常委会29次。支持人大、政府、政协和司法机关依法依章程独立负责、协调一致地开展工作，强化一线作为、一线担当；加强同各民主党派的政治协商，形成“同心·众创”工作体系，画好新时代最大同心圆；推动工会、共青团、妇联、工商联、残联等群团组织改革；坚持党管武装工作，深化军民融合。

同志们，这一年成绩尤为不易，值得我们倍加珍惜。这是全区人民凝心聚力、苦干实干的结果。实践证明，问题和困难并不可怕，只要我们保持定力、坚定信心、直面问题、强化担当，振奋一流状态一流作风，就一定能够在建设一流高新区一流城区上阔步前行。

二、保持定力，精准把握高质量发展的方位定位

今年是改革开放40周年，杭州高新区与滨江区两区合一才16年。历经多年的高速发展和发展环境的变化，挑战始终存在，也会更加多元和复杂。我们必须清醒认识到：第一，我们之所以快速发展，得益于始终把握了改革创新与忧患意识的统一。可以说，高新区的优势在于改革创新，而滨江区的特质在于始终保持忧患意识。因为忧患，所以努力，不肯放过任何机遇；因为创新，所以攻克了难题，催动了各种要素的活力。所以，我们必须始终忧而奋进。第二，越是国际化，就越离不开全球大环境，在受益的同时也可能更加受制。全球经济格局发生重大变化、单边主义和贸易保护主义抬头、产业加快升级导致遭遇的压力越来越显化，特别是中美贸易摩擦，给我们在国际交流、技术合作、人才引进、资金利用等方面带来了诸多不确定性。所以，我们必须始终关注国际动向。第三，越是发展高科技，就越是升级要求高，越需要不断改革创新。全球经济范式正处在新旧交替之际，新的发展路径和发展模式无从追循，新的全球经济关系正在重塑，特别是大数据、区块链、5G、人工智能等新技术进入经济社会全领域，将引发生产方式、创新模式、组织形态等一系列变革。所以，我们必须不断探路前行。第四，越是高科技集聚，就越遭遇激烈竞争，成为争相抢挖的洼地。当前，区域间竞争日趋激烈，资源争夺不断加码，人才成本持续上升，这些都给我们带来了新的压力，部分企业对外来橄榄枝的趋从性就会更加明显。所以，我们必须进一步优商稳商。

下一步，我们一定要坚持新发展理念，坚持稳中求进、好中快进，切实加强党对一切工作的领导，特别要加强对经济工作、新型城市发展的领导，认真贯彻落实中央、省工作会议和市委全会精神，保持战略定力，持续推进战术创新，进一步梳理保持和弘扬我们的优势，进一步理清正视并加快补齐我们的短板，进一步清晰坚定我们的目标并为之不懈奋斗，真正当好奋斗者。重点要把握好六个方面：

一是把握两个目标，确保高新区（滨江）实现高质量上的中高速发展。“高质量”“中高速”，既是目标，也是要求。高质量上的中高速发展，必须体现高和新，要坚定不移走创新驱动发展之路，把创新作为发展第一动力、把人才作为发展第一资源，打造以企业为主体、市场为导向、产学研深度融合的创新创业体系，把握产业发展规律，抢占信息经济发展制高点，建好具有全球影响力的“互联网+”创新创业中心，实现更高经济结构水平、更高经济效益、更加绿色和谐的发展。必须体现系统全面，不仅仅是单纯追求产业发展，更应注重科技、经济与社会全面协调可持续发展，让产城人在这里深度融合；不仅仅是追求模式创新，更应注重技术创新、知识创造，在关键共性技术、前沿引领技术、颠覆性技术上狠命死磕；不仅仅是关注高端人才，也应关注本地居民、普通大众，让更多人更好享受更美好的城市生活。必须体现具体指标，从自身对比看，要努力争取主要经济指标两位数增长，代表高质量发展的指标体系得到不断提升；从横向对比讲，要确保排在全国高新区头部，持续走在全省全市前列，守好标杆当好模范，体现好首位度、贡献率。

二是把握两个立足点，围绕2022年亚运会，紧扣六大行动推进经济社会发展。迎接2022年亚运会和落实市委提出的六大行动，是今后必须牢牢抓在手上的重点工作。2022年亚运会，是杭州的盛会，更是滨江的盛会，作为东道主、主战场，必须以别样精彩吸引世界眼光；“六大行动”是市委的重大决策部署，2019年将着力做优大平台、做强大产业、做深大融合、做好大统筹、做精大治理、做实大民生，我们要紧盯关键节点，主动融入杭州发展大格局，站在全球视野为杭州世界名城建设增色添彩。聚焦“拥江发展”，筹备亚运会。建设好城市制高点和新地标，城市形态和景观精彩亮相，城市绿地公园成为休闲景点，实现“四季有花、随处见花”的“花城滨江”，真正打造成为具有江南独特韵味别样精彩的公园城市。聚焦“三化融合”，筹备亚运会。数字经济成为产业金名片，“百家上市公司”力争率先突破，多领域智慧城市综合应用提升整体协同治理能力和水平，真正成为具有世界影响力的创新创业高地。聚焦“文化兴盛”，筹备亚运会。西兴、长河老街充分保护利用，历史文化与高新文化交相辉映，“最美现象”不断涌现，文化阵地持续丰富居民生活，文创产业蓬勃发展，艺术与高科技加快融合，真正成为人人说好乐于点赞的文明首善之区。聚焦“改革攻坚”，筹备亚运会。“最多跑一次”持续撬动各领域改革，建成省级全面创新改革试验区，切实破解发展难点焦点，切实回应人民群众诉求，一流营商环境和排头兵地位更加巩固，真正成为全省全市改革样本的重要输出地。聚焦“民生福祉”，筹备亚运会。教育最强区基本成为现实，居民享受更加优质的医疗资源和养老服务，拆迁户全部住进高品质的安置小区，城市治理水平更加精细化，真正成为“此心安处是吾乡”的快乐工作幸福生活福地。聚焦“强基固本”，筹备亚运会。以人民为中心理念根植党员干部内心，“懂高新、懂人才、懂城市”成为滨江干部基本功，基层社区党组织成为坚强战斗堡垒，互联网企业党建、“红色+”系列成为两新党建工作品牌，党员干部真正成为风清气正、励精图治、有情怀有担当的滨江铁军。

三是把握四级定位，努力打造世界一流高科技园区、全国数字经济最强区、全省高新技术产业重大集聚区和全市拥江发展示范区。高新区（滨江）成立以来，实现了一个又一个目标，取得了令人振奋的成绩，进入新时代，我们更应有更大格局、更强使命来找准定位，努力承载更大责任、更高标准、更好效率。从全球层面看，建设世界一流高科技园区是初心使命。我们在全国高新区综合评价中持续保持前列，并被列入建设世界一流科技园区序列，可以说，我们有与高手在世界舞台同台竞技的历史使命，有走向国际前沿的基础条件，更有必要以此为目标不断提升国际竞争力，实现高水平上的新发展。

从全国层面看，建设全国数字经济最强区是必要选择。十九大报告明确提出建设“数字中国”，浙江省把数字经济作为“一号工程”，杭州市提出建设全国数字经济第一城，这与我们的主导产业高度契合，建设最强区我们最具先发优势。我们要牢牢抓住数字产业化、产业数字化的雄厚基础，不断提升数字经济规模、水平、占比和贡献率，更要推动信息技术广泛渗透到经济与社会生活的各个领域，打造万物互联、智能感知、社交活跃、数据共享的城市新空间，在城市数字化上不断突破。从全省层面看，建设全省高新技术产业重大集聚区是格局担当。作为全省全市的人才高地、产业高地、创新高地，我们是大湾区经济的重要节点，是浙江信息经济的重要策源地和重大引擎，我们要有“浙江高新产业看滨江”的自信和担当，代表浙江参与全国、全球竞争，努力谋划建设承载若干个千亿级产业的集聚平台，努力把高新区对经济发展的引擎作用、产业升级的带动作用、创新驱动的示范作用发挥到最大，把滨江有限的土地效益发挥到极致，不断提升首位度、贡献率。从全市层面看，当好杭州拥江发展示范区是基本要求。我们是杭州从西湖时代向钱塘江时代转变的桥头堡、先行军，市委“拥江发展”战略带来新一轮发展的重要窗口期，我们要坚持走产城人深度融合的新型城市发展之路，主动融入大湾区、大花园、大通道和大都市区建设，把滨江这个“江边城”建设得更好，为杭州实现“城中江”梦想、建设世界名城体现滨江更大的担当、做出滨江更大的贡献。

四是把握四化要求，加快推进产业国际化、全域城市化、全域景区化、人文特色化。高新区源于经济转型，为产业而生；滨江区源于农村变革，为城市而生。高新区（滨江）始终推进产业与城市协同发展，推进产城人深度融合，建设科技新城。产业国际化是基础。对于高新区（滨江）这样一座新城，只有产业实现国际化，才能叫响“国际滨”。我们推进产业国际化有基础、有能力，要以互联网、物联网为主导的网络信息技术为基础打造国际化产业大集群，以阿里巴巴、网易、海康威视、大华、新华三、吉利集团等为基础打造国际化大企业，以物联网产业园、互联网产业园、白马湖生态创意城、智慧新天地为基础打造国际化产业大平台，以华为杭研院、北航杭州创新研究院、海创基地、华业创新园等为基础打造国际化创新大载体，以产业国际化带动全面国际化。全域城市化是前提。城市让生活更美好。当前我们仍处在城市转型的关键窗口期，我们要十分明白：“拆”是全域城市化的必经之路，“起个大早赶个晚集”不能成为习惯，更不能久拖不决成为遗留问题，必须痛下决心全面完成，浦沿街道务必迎难而上啃下硬骨头；“建”是全域城市化的有效手段，围绕2022年时间节点，必须干的项目要早谋划早启动，已经在干的项目要既好又快；“管”是全域城市化的关键一招，当前城市管理暴露了一些问题，这也正是提升空间所在，要大胆探索、创新实施一批管用的办法和措施，推动城市综合治理水平上台阶；“留”是全域城市化的未来希望，要坚持城市留白，相信“后来人比我们更智慧”，让城市因为“留”而更有变化和活力。无论是“拆”还是“留”，都要有长远的眼光、博大的情怀，努力让人与城市更加美好；无论是“建”还是“管”，都要有工匠的精神、绣花的功夫，精益求精尽善尽美。全域景区化是关键。四季有花、随处见花的“花城滨江”是我们的追求。我们要长一双慧眼，见缝插花，把城市扮得更靓，让城市更有活力和张力；要大力推行“河+湖+公园”建设模式，依托自然禀赋，因地制宜强化个性特色，布局绿地公园，让自然山水与城市公园相得益彰；要努力追求“一路一景，路路不重色”，道路绿化成规模、有冲击力，把每一条道路打造成多彩的流动的风景线，让城市四季变幻美景常驻；要落实好“打开围墙、见绿见景”，不折不扣实施好地长制，坚决遏制“城市菜园”，不让一块土地成为脏乱差的滋生地。人文特色化是根本。“此心安处是吾乡”是我们的大情怀。我们要让在这里学习的人们享受更加高水平均衡化的教育资源，让在这里生活的人们享受更加高品质便捷化的健康生活，让在这里创业的人们享受更加高开放能包容的创新氛围，让在这里逗留的人们享受更加高质量有品位的环境体验，让来这里的人们感受到更加高素质有活力的文明风尚。在这里，科技创业的快节奏与安居乐业的慢生活深度融合，快乐工作与幸福生活相得益彰。

五是把握八个关键词，全力建设一流高新区一流城区。这些年，我们坚持一张蓝图绘到底，坚持战略不动摇、战术持续创新，形成了一套行之有效的理念、经验，可概括为八个关键词，实质上是八项重点抓手，也是重要路径措施。一谓人才。要坚持把人才工作放在经济工作的第一位置，持续优化引才聚才的政策环境、育才用才的发展环境、留才厚才的生活环境、爱才敬才的文化环境，让人才在高新区（滨江）有用武之地、用武之本、用武之价、用武之乐，努力实现人才大爆发，成为人才集聚高地。二谓技术。科技是国家强盛之基，技术来源于创新，要弘扬“褒扬成功、宽容失败”的创新文化，鼓励模式创新和技术创新协同发展，支持人财技深度融合，推动专利品牌标准百花齐放，我们要大胆喊出“只要有好的技术、好的项目，资金和物业都不能成为问题”，努力实现技术大爆发，成为高新技术集聚高地。三谓孵化。坚定唱响“滨江就是一个大孵化器”，甘做孵化器、敢做孵化器，更善做孵化器；坚持走人才带技术、技术变项目、项目融资金、实现产业化的高新产业发展之路，舍得将政府资源和物业向孵化器倾斜，不断推动孵化器转型升级，努力实现创新要素大爆发，成为创新资源集聚高地。四谓企业。企业好，滨江才能好。不仅要有大企业，也要有一大批企业形成梯队布局，要强化精准服务，切实解决不同类别产业、不同功能平台和不同发展阶段企业的痛点，帮助企业发展壮大，呈现“万树梨花春满园”的新境界，努力实现企业大爆发，成为高新企业集聚高地。五谓产业。做实做好“高”和“新”两篇文章，培育一批业态尖端、链条完整、规模较大的产业集群；大力推动网络基础产业、物联网、互联网等信息经济再上新台阶，继续拓展新能源环保、生物医药大健康产业新蓝海，努力实现产业大爆发，成为新兴产业集群高地。六谓环境。把优化城市环境作为着眼未来的最基础工作，从大杭州大浙江的格局高度来谋划城市环境，从全域城市化、全域景区化两个维度来推进城市建设，从亚运会和六大行动两个重要抓手来推动项目落地，努力实现环境效能大爆发，成为一座富有江南韵味、现代气质、高新特色、全域景区的科技新城。七谓改革。充分发挥国家自主创新示范区和全面创新改革试验区先行先试优势，敢于以政府自身的改革来激发全社会创新创业活力，以改革开放创新的理念，让政府不仅当好店小二，更当好良医良师，努力实现改革效能大爆发，成为政府改革与企业创新协同推进、共同成长的示范基地。八谓作风。滨江事要靠滨江人干出来，成败关键在干部队伍，在干部队伍的作风和状态。这一年的案件教训是刻骨铭心的！我们要始终保持政治忠诚，始终保持忧患意识，始终保持艰苦奋斗，始终保持精干专业，始终坚持实事求是、脚踏实地，始终保持一流状态、一流作风，努力实现作风效能大爆发，成为公平有序、绿色高效的一流营商环境。

六是把握一批项目，尽快把美好蓝图落到实处见到实效。作为城市的谋划者和建设者，关键要专注于将好的理念落地，要紧盯目标和时间节点，排出一批软硬项目，列出时间表、责任人，实施项目化管理，特别是 2022 年亚运会相关项目更要提前谋划倒排时间，确保工作到位、成效明显。 推进一批城市基础设施工程项目，加快形成“两横两纵”的快速路系统、“五横五纵”的城市主干道路网络，其中，江南大道改造提升工程和冠山路 2020 年全线完成，建业路跨铁立交 2022 年前力争建成，地铁线亚运会前全面开通。 推进一批重大产业项目，认真谋划 152 工程项目，工业综合体、六村联建创新园、北航杭州研究生院等加快建设，智慧之门、恒生电子、华业大厦等在亚运会前竣工。 推进一批民生福祉项目，安置房建设要抓紧全部开工，杭州国际学校等校园要加快实施，对冠山、紫红岭、回龙庵山等城市公园和闻涛路景观工程等都要明确时间任务。推进一批软课题项目调研，对标北京中关村、深圳南山、上海张江等高新区的先进做法，形成我区优化完善创新创业大环境的实施方案；探索解构一流高科技园区的成功要素，编制新发展理念下的高质量发展指标体系；突出技术原创、基层社会治理、国有资产管理改革，提出一批有针对性的管用的对策建议，出台一批补短板的政策文件。无论工程项目，还是软课题项目，都要有一名区领导牵头，一个部门负责，多个部门协作，划清责任，限期完成，验收达标，纳入考评，对完不成任务的要严肃问责。

三、把握机遇，高质量谋划和完成 2019 年的工作任务

2019 年是新中国成立 70 周年，也是深化机构改革后的第一年，我们必须坚定信心，把握机遇，坚定目标，改革创新，高质量谋划和落实好各项工作目标任务。2019 年工作的目标初步建议为：国内生产总值增长保 8%争 10%，一般公共预算收入增长 12%，社会消费零售总额增长 10%，研发经费支出增长 12%。重点要做好以下工作：

一是“聚天下英才而用之”，把人才搞得多多的。

“天下事莫不成于才”。要坚持党管人才的原则，持续推进人才工作“一把手工程”，全面集成“人才引进+创新+创业+生活”的一揽子人才政策，建构更优人才生态。全年力争引进各类人才 2.8 万人以上，硕士博士生数量 7000 人；新增“万人计划”等专家 40 名，引进 5050 计划项目 100 个。要“海纳百川”聚才。用好人才新政 30 条，实施好新一轮 5050 计划，办好第二届人才节、硅谷精英沙龙等系列活动，发挥好外创基地、国际人才科技创新中心等平台作用。探索支持猎头机构引进高端人才的新机制，一事一议研究出台政府与重点高校战略合作的撒手锏。要“不拘一格”用才。支持北航杭州创新研究院和研究生院成为一流创新创业人才培养输出高地和专注于前沿科技创新的新型研究机构；支持和完善博士后科研工作机制，积极争取国家博士后工作站独立招收资格，实施博士后人才倍增计划；鼓励企业引进院士以及诺贝尔奖、图灵奖等获得者参与企业技术创新；鼓励高校科研人员带技术创办企业，支持通过技术质押、信用贷款、基金投资、融资担保等方式解决好企业初创期融资问题。要“将心比心”爱才。打好“人才安居”金字招牌，梳理统筹政府住房资源向人才安居倾斜，落实好人才房租赁和货币补贴工作，加快推进服务功能配套，建成高端人才之家。用好外籍高层次人才永久居留直接推荐便利政策，积极主动帮助解决人才子女就学、父母养老以及家庭就医等实际问题。

二是锚定“国际一流、国内领先”，把技术搞得棒棒的。

“核心技术是国之重器”。我们要立足国产自主可控，聚焦以新一代信息技术为支撑的数字经济和新兴产业的“卡脖子技术”，从自我发展向更加注重整合利用全球创新资源转变。全年力争申报国家和省市专项 70 项、发明专利申请突破 7500 件、新建院校创新研究机构 2 个。深化战略合作，聚焦创新创业平台，聚焦科技成果转移转化机制，排定一批双一流大学骨干学科，主动上门对接构建战略合作。积极梳理并强化与国际技术产业联盟、知名中介机构合作，借力引进国际先进技术项目。加强与各类技术市场的对接交流，探索产业知识产权运营、服务的市场化运作商业模式，集聚一批有影响力的科技中介服务机构，实现技术与企业有效嫁接。聚焦重点领域核心技术，以“芯火”平台为核心，大力发展集成电路设计产业；以区块链、人工智能等技术为核心，促进数字经济升级转型；以工业互联网、工厂物联网应用为核心，提升数字技术对传统产业的转型引领；以 5G 产业联盟为核心，大力支持新技术、新产品率先应用推广。鼓励专利创造，要继续鼓励企业申报省级企业重点研究院，大力鼓励企业重视原始创新、自主创新，支持战略性新兴产业的发明专利申请，支持标准制订和品牌创建，支持申报国家省市专项。强化知识产权保护，完善知识产权管理体制，加大对知识产权侵权案件的查处力度，维护好滨江企业的权益；加快启动建设中国（浙江）知识产权保护中心滨江分中心，继续争取杭州知识产权法院落户滨江。

三是坚持“滨江就是一个大孵化器”，把孵化搞得实实的。

孵化创新企业就是孵化滨江的未来，做不

好孵化器就算不上真正的高新区。我们一定要满腔热情，以博大的情怀久久为功抓实孵化，努力孕育可能爆发的新生力量。全年力争新认定市级以上孵化器、众创空间 20 个（其中国际孵化器 2 个），在孵企业 2000 家。 不断提升“ 大孵化器”理念，要分层级分产业类别搭建孵化平台，不能千篇一律一个版式；要强化专业团队运营，让专业人来做专业事；要理性看待企业转移，让企业扎根滨江并放眼全球发展，支持企业合理分流，但有效防止全盘迁出，支持区域产业合作，但坚决反对挖墙脚。不断优化孵化体系，强化孵化专业生态体系建设，形成人才招引、项目落地、资金配套、服务支持等全方位服务。强化孵化链条建设，形成从众创空间、孵化器到加速器到产业园区的不断晋级，支持企业从无到有、从小到大，从一张桌到一间房、一层楼、一幢楼、一个园区不断发展壮大。 不断聚焦细分领域，整合优势资源，实现孵化载体建设从多到优、从优到强转变，专注于移动互联网、半导体芯片、云计算、区块链、通信软件、生物医药（器械）、金融科技、人工智能、文创设计等领域，打造一批专业化众创空间和孵化器。不断拓展国际孵化，对接国际要素，积极开展境内外孵化器双向孵化，走专业化、品牌化和国际化发展道路，积极探索建立中英、中以合作。不断培育孵化主体，加大产业创新服务综合体和创新创业特色载体建设力度，集聚各类创新资源，依托大企业做孵化，依托投资机构做孵化，依托国际中介机构做孵化，依托高校院所做孵化，不断壮大孵化主体。

四是持续优化一流营商环境，把企业搞得强强的。

企业兴旺，滨江就兴旺。我们要保持清醒头脑，坚定不移持续优化一流营商环境，坚决支持企业作为主体参与市场竞争，妥善解决企业发展难题，依法保护企业合法权益。全年力争新增市场主体1万家，新认定国家高新技术企业 200 家、瞪羚企业 200 家、拟上市企业 50 家，新增上市公司 5 家。强化企业服务保障，持续深化“随叫随到、服务周到”服务理念，把解决问题放在第一位置，把守住八项规定精神作为底线，构建新时代“亲清”政商关系；持续深入推进“百名干部联千企”“走亲连心”活动，建立健全政企对接会、政银企洽谈会制度，切实帮助企业协调解决战略布局和人才、融资等问题。用活用好“1+X”产业政策和“新 11 条”，巩固服务企业长效机制，积极营造最佳营商环境。加大力度支持传统企业转型升级和街道工业园提升改造。进一步理顺国有企业管理体制，界定国有资产归属，支持区属国有企业做大做强。妥善解决好优质企业发展空间问题，确保每一家上市公司在滨江都拥有自己的物业楼宇，对前沿性重点领域要重点关注、一事一议。打造一流上市体系加快百家上市公司步伐，抓住上交所设立科创板机遇，力争有企业首批登陆；加强与资本市场对接，在企业融资、并购重组、扩大投资、建设用地等各方面提供服务保障；持续开展拟上市公司的专业培训和辅导，打造一流上市服务体系；支持企业境内境外上市，利用好两种资源、两个市场。 推进企业国际化，时刻关注和积极应对国际贸易形势变化，鼓励企业构建全球营销网络，多渠道融入国际市场；支持阿里巴巴、网易、海康威视、大华股份、新华三、吉利、正泰、华为、中控等一批行业龙头企业对接“一带一路”、中非国家合作等国家战略；支持企业在境外建立研发生产基地，引导企业从“产品走出去”向“解决方案走出去”转型，优化全球产业链布局，形成一批跨国经营公司。 深化科技金融服务，探索设立国家级创业投资综合改革试验区，建立有利于创新驱动发展的投融资体系；积极打造金融科技特色小镇，支持跨境支付、网上支付、金融证券服务等技术创新、模式创新。加大金融风险防范和监管，做好企业“两链”风险化解，打击和处置非法集资行为。充分发挥区产业扶持基金和担保公司作用，鼓励和引导天使投资、风险投资，支持企业发债。加强与银行、证券等金融机构的战略合作，推动金融产品和服务创新，鼓励银行扩大知识产权质押、信用质押、股权质押，切实缓解科技型企业融资难、融资贵、融资慢问题。钱，不能成为好企业发展的拦路虎。

五是倡导"万树梨花春满园"新境界，把产业搞得大大的。

产业报国是高新区（滨江）的国家情怀，推动高新产业国际化是我们的责任担当。我们要持续壮大优势产业，做强基础产业，布局未来产业，推进数字安防、电子商务、通信设备、信息软件、文化创意、人工智能、区块链、大数据应用、生物医药大健康、新能源新材料等十大产业集群发展。全年实现数字经济营收3000亿元，生物医药大健康产业营收220亿元。大力发展数字经济。优化产业布局，不断提升产品和服务的竞争力，推动产业迈向价值链更高位置，在核心芯片、区块链、人工智能、网络安全、增材制造等高端领域舍得花血本，率先布局一批未来产业。开展工业互联网和工厂物联网试点示范，积极输出成熟的产业数字化方案。办好网络安全大会、智涌钱塘高峰论坛、云创大会、中国网络文学周、动漫节和文博会，积极争取更多大型会议会展落户滨江。加强城市数字化的顶层设计，建设更多可复制的应用场景，形成若干滨江智慧城市建设案例，帮助企业示范应用、开拓市场、做大做强。大力推动区公安指挥中心数字化、智慧化升级，按照"四个滨江"要求，加快建成高新技术支撑下的集公安、交警、消防、城管、治水、民政、信访、社区管理等为一体的全区综合协调指挥中心。加快建设六个特色小镇。特色小镇是最好的产业集群平台。瞄准创新发展的前沿领域，继续建好物联网、互联网、创意小镇，高质量打造智造供给小镇、金融科技小镇和智慧医健小镇，努力把高新区对产业升级的引擎作用发挥到最大，努力把6个特色小镇建成6个千亿级产业平台。全面提升五大平台建设。五大平台是滨江经济发展和城市建设的主战场、主阵地，必须高标准规划、高强度建设、高水平管理、高效益产出。白马湖生态创意城要紧扣"三年大变样、五年见新城"，切实推进城市道路、产业项目、功能配套等重大项目建设，切实落实农居SOHO综合整治工作，网易三期、北航杭州研究生院、白马湖实验小学、杭州国际学校、大丰、瑞德设计等项目务必全面开工，网络作家村进一步做大做强做优，城市公园、农耕文化公园进一步集聚人气，会议会展及酒店商业配套要抓紧谋划尽早落地。

物联网产业园要紧扣全球物联网产业高地，加快建设18个重点产业项目，尽早实施感知之轴景观带，积极谋划"区块链+"产业基地，打造成为全省示范特色小镇。互联网产业园要紧扣"互联网+"创新创业中心，推进12个重点产业项目建设，加快金融科技小镇、智造供给小镇建设步伐，全面运作好北航杭州创新研究院，进一步发挥好阿里巴巴、网易、恒生、新华三、华为研究院等大企业的孵化辐射效应，运营好人工智能产业园、和瑞国际科技广场、浙农科创园、天和高科等专业园区。智慧新天地要紧扣高新产业新天地、拥江发展新地标，全面完成沿江景观带和闻涛路等城市设施建设，加快推进优行科技、科创中心等6个产业项目，基本形成新城框架。奥体博览城要紧扣阿里巴巴20周年庆典活动，全面加快场馆建设，认真谋划物业管理和运营方案，积极争取将产业内容融入博览城，进一步提升国际影响力。同时，要进一步改革五大平台指挥部（管委会）考核机制，重点突出基础设施规划建设、产业项目建设统筹协调、招才引智招商引资目标管理、优商稳商成效评价四大工作，建立正面清单和负面清单，量化指标加减分考核。

六是倡导"此心安处是吾乡"，把城市环境搞得美美地。

一个地方城市环境美了，发展环境就会好；一座城市人文关怀足了，城市竞争力就会强。我们要贯彻好"绿水青山就是金山银山"的发展理念，践行好"此心安处是吾乡"的大情怀，开展好省级生态文明示范区创建，努力彰显精致和谐、大气开放，努力打造公平持续、优质均衡、充满活力、人民满意的社会事业新格局，建好美丽滨江、幸福滨江、健康滨江、平安滨江。全面加快城市交通建设和整治。实施时代大道、冠山路等40条道路建设（改造），其中望江隧道建成通车，地铁5号线具备运营条件，火炬大道、江虹路力争改建双向六车道。深入开展城市道路交通综合整治，进一步优化交通管理和公共交通组织，特别要解决好智慧新天地、白马湖区块的公共交通问题。全面提升城市公共服务。新建成学校（幼儿园）5 所，争取开工 3 所，进一步推进智慧教育，完善用民办思路改革公办教育的新路径新举措，办好有温度有情怀的高水平均衡发展的美好教育。持续推进区域医联体建设，积极提升智慧养老、居家养老、社区养老和机构养老工作，加快学校体育场馆高质量向社会开放，广泛开展丰富多彩的群众文化体育活动。进一步优化社区商业配套、社区办公和社区服务设施布局，推动股社分离改革，增强基层社区服务功能和组织力。同时，还要积极引进文学艺术活动，推动艺术与高科技交相辉映，提升城市软实力。全面谋划“ 公园城市”。要紧扣公园绿地星罗棋布的要求，见缝建绿，见缝插花，新建和提升城市公园。2019 年要开工建设冠山城市公园和襄七房公园、长二公园（历史建筑），实施西兴、长河老街保护，提升城市河道公园，谋划回龙庵山、紫红岭城市公园。同时，要大力倡导把更多的学校、更多的安置小区、更多的企业园区打造成风景优美的“特别公园”。公园建设要突出个性特色，体现人文关怀，努力让人民群众有体验感和幸福感。全面建设安居工程。要力争上半年所有落点安置房全面开工建设，强化“交地后三个月内进场开工、开工后三年内完成建设、竣工交付后三个月内完成安置”的工作要求。继续高标准实施安置小区环境提升改造，规范化推进物业管理和商业服务改革。全面加强智慧社区、智慧小区建设，通过技术手段优化社区治理和居住小区管理，切实提升居民的幸福感和获得感。全面推进“ 三大硬仗”。打好“三改一拆”硬仗，完成浦沿街道整街征迁工作，推进“无违建区”创建，对新违建实施零容忍。打好“美丽河道”硬仗，加快“污水零直排区”建设，大力推广“河+湖+公园”新模式，打造更多独具特色的河道风景线。打好垃圾“三化四分”硬仗，积极探索垃圾分类收运新模式，保障无害化、加强资源化、促进减量化，健全完善生活垃圾全程分类体系。全面打造“ 平安滨江”。坚决推进“扫黑除恶”专项斗争，坚决铲除黑恶势力滋生的土壤。深化“雪亮工程”，优化“四个平台”，配强全科社工和网格员队伍，一支队伍管到底、一个系统全覆盖、一个闭环见实效，构建“网格+”城市精细化治理模式。深化完善“三色预警”和重大涉稳问题项目化监管机制，进一步加强网络借贷风险化解，进一步完善群体性突发事件应急处置，进一步加强安全生产、交通安全和消防工作，确保社会和谐稳定，打造“平安滨江”。

七是秉持先行先试改革创新精神，把全面改革搞得紧紧地。

改革创新始终是高新区（滨江）的主旋律。我们要始终坚信“改革创新可以解决发展中的种种困难”，向改革要动力、向改革要活力，大胆探索、大胆创新，充分用好上级赋予的政策和权限，最大限度把政策红包变成发展红利，以人民群众的获得感、幸福感、安全感来评判改革成效。2019年是深化机构改革的重要一年，要充分认识到机构改革重大而深远的意义，统筹好机构改革与其他领域改革的关系，注重完善部门之间的统筹协调，高质量制定“三定”方案，切实增强机构改革的系统性、整体性、协同性，构建系统完备、科学规范、运行高效的职能体系。2019 年是全面创新改革试验区建设的关键一年，必须坚持问题导向，将改革进行到底，一项一项梳理，一项一项对标，确保实实在在的成效，切实增强区域发展活力。要着眼于政务服务、空间布局、产业创新服务、科技金融、人才安居、企业上市、生态空间、知识产权等方面推进改革落地见效。持续深化“最多跑一次”改革，率先加快“网上办、零见面”，打造最佳移动办事之城；持续优化投资项目审批改革，不断跑出全流程审批新速度，为全省提供滨江案例样本；持续加快首个工业综合体项目建设，进一步深化“亩均论英雄”改革，实现产业项目“供地”与“供房”双轨并行；持续推进“全域土地综合整治与生态修复”试点工作，打造城市农耕景观亮点，建成绿色生态空间。2019年是社会事业综合改革的攻坚之年，要积极推进教育改革、养老事业改革、基层社会治理改革、街道管理体制改革、国有企业管理改革、招投标机制改革，形成更多的创新活力和发展动力，协同推进产城人融合发展、经济与社会事业共同繁荣。

八是振奋一流状态一流作风，把创业氛围搞得浓浓地。

一流状态才能成就一流城市。要紧紧围绕“强基固本行动”，把政治素养和专业能力作为干部重要本领，不断改进工作作风，打造一支敢担当、善担当、能担当的干部队伍，以一流状态一流作风当好排头兵、奋斗者。要有锐意创新的改革精神。要深刻领悟“干在实处永无止境、走在前列要谋新篇、勇立潮头方显担当”的深刻内涵，常态化开展“四问”大讨论，坚决破除思维定式、路径依赖和岗位局限等问题，切实以思想大解放推动行动大担当、责任大落实、事业大发展。建立健全改革容错免责机制，进一步营造鼓励创新、宽容失败、允许试错的良好氛围，为改革者创造环境、撑腰鼓劲。要有实干担当的工作作风。坚持“干”字当头、“实”字为要，咬定目标不放松，坚决破除“干多错多”的错误思想，始终保持“等不得、慢不得”的紧迫感，保持干事创业激情，服从大局、担当作为，创造性执行好区委的决策部署，动真碰硬解决难点焦点问题，不折不扣抓好各项工作落实，把敢不敢扛事、愿不愿做事、能不能干事作为识别干部、评判优劣、奖惩升降的重要依据，确保全面走在省市前列。特别是在机构改革期间，更要确保全区上下思想不乱、工作不断、队伍不散、干劲不减。要有本领过硬的专业素养。常态化开展懂高新、懂人才、懂城市“三懂”干部培训，拓宽培训方式，开设领导干部“滨江论坛”，组织实施“企业家讲坛”系列学习活动，努力让学习成为干部的自觉行动。大力发现培养选拔优秀年轻干部，积极推动年轻干部跨部门、跨领域、跨专业多岗位交流锻炼，努力让年轻干部脱颖而出。持续开展面向全国双一流高校招录政府专业聘用人员工作，因岗选人、用人适岗、敢试敢用，努力让优秀分子担当作为。

四、党建引领，为高质量上中高速发展提供坚强保证

党建强、发展强；政治生态好，人心就顺、正气就足。要切实提高政治站位，强化党对一切工作的领导，坚持以人民为中心，推进基层组织建设，强化组织力战斗力，提升执政能力，树立规矩意识，时刻紧绷纪律红线、廉洁底线，保持政治生态的“绿水青山”，以全面从严治党永远在路上的理念建设好滨江铁军。

扎紧政治建设铁篱笆。政治建设是党的根本性建设，必须把政治建设摆在首位。坚决维护习近平总书记党中央的核心、全党的核心地位，坚决维护党中央权威和集中统一领导，始终牢固树立“四个意识”，坚定“四个自信”，做到“四个服从”，严守党的政治纪律和政治规矩，严肃党内政治生活。要切实落实理论学习中心组制度，深入开展“不忘初心、牢记使命”主题教育。大力加强党内政治文化建设，倡导和弘扬忠诚老实、光明坦荡、公道正派、实事求是、艰苦奋斗、清正廉洁的价值观。要时刻保持警醒，把准问题根源，根治作风顽疾，铲除腐败毒瘤。各级领导干部特别是书记，要全面履行“一岗双责”，做讲政治、讲规矩、守纪律的明白人，对错误言行要敢于亮剑，打造政治生态的朗朗乾坤。

凝聚基层组织正能量。“基础不牢地动山摇”！我们必须聚焦聚力政治统领，聚焦聚力中心大局，聚焦聚力主责主业，坚持问题导向、结果导向，推动责任层层落实，切实把基层党组织建设成为宣传党的主张、贯彻党的决定、领导基层治理、团结动员群众、推动改革发展的坚强战斗堡垒。持续加强区直机关党委党组和街道党工委建设，提高政治站位、着眼政治担当、突出政治功能、强化政治保障。持续推动社区大党建格局，建立党组织领导下的多方联动机制和民主协商机制，切实提升基层治理能力和治理水平。持续重视两新组织党建工作，提升“红色+”特色品牌，优化党建指导员队伍，健全党建工作活动载体，做大党建引领成效。持续深化“最强支部”建设，落实好“两学一做”、每周一学、两张清单、固定党日活动等有效机制。“上梁不正下梁歪”！我们必须始终坚持德才兼备原则，选拔任用管理领导干部，严防干部带病上岗、在岗染病。要切实加强各级党组织书记队伍建设，包括基层社区书记及其支部书记的选拔教育管理，建立正面清单和负面清单，强化政治素养讲规矩，强化大局意识讲纪律，强化能力水平讲学习，强化干事成事讲担当，强化底线思维讲廉洁。对思想缺乏政治规矩、行动缺乏大局观念、工作不担当不作为、品行不端失范的人要坚决问责、坚决调整，对违法违纪的要依法依纪查处。

筑牢正风肃纪防火墙。正风肃纪永远在路上。要深入开展身边案例教育，深入剖析原因，深刻吸取教训，分层分类开展警示，一项一项抓好整改，引导广大党员干部坚定理想信念，守牢清廉底线，塑造风清气正政治生态。扎实推进清廉机关、清廉街道、清廉社区、清廉学校、清廉医院、清廉企业等建设，打通基层监督“最后一公里”，建好“清廉滨江”。深化廉洁教育“菜单式项目化”建设，加大对全区党员干部和公职人员的纪律作风教育，大力弘扬清廉文化和清廉家风，形成崇廉尚廉守廉的价值认同。持续保持高压态势，紧盯工程建设、征地拆迁、招投标、政府采购、小微权力等重点领域和重点岗位重点人员，支持纪检监察部门依法监督执纪，打好“四种形态”组合拳，确保对不同领域、不同对象的惩治威慑全覆盖。巩固深化巡察机制，切实用好审计、督查、暗访等多种手段，始终把发现问题作为生命线，把推动解决问题作为落脚点，实现监督全覆盖、结果真运用。正确区别干事担当的失误与违纪违法的错误，坚决支持改革创新，为担当者担当。

同志们，办好滨江事，关键在党的领导。区委一定坚持总揽全局、协调各方，切实加强对一切工作的领导，支持人大、政府、政协工作，支持两院依法独立公正行使职权，支持统一战线工作，支持群团组织发挥作用，加强党管武装和军民融合工作，重视老干部和离退休干部工作，全力营造合力兴区的浓厚氛围和强大力量。

同志们，新时代是奋斗者的时代；唯有奋斗，不负芳华！高新区（滨江）又站在一个关键关口，前行困难不少，但未来大有可为。我们要高举习近平新时代中国特色社会主义思想伟大旗帜，坚守情怀、解放思想、保持斗志，干在实处、走在前列、勇立潮头，当好新时代的奋斗者，为创造高新区（滨江）更好未来而不懈奋斗！

名词解释：

六大行动：2018年7月27日召开的杭州市委十二届四次全体（扩大）会议提出了“六大行动”，即拥江发展行动、三化融合行动、文化兴盛行动、改革攻坚行动、民生福祉行动、强基固本行动。

四大战略：产业引领、创新驱动、产城融合、民生优先。

“新11条”：即《杭州高新区（滨江）关于进一步支持民营企业高质量发展的实施意见》，该政策主要用于缓解民营企业融资难题，协助化解股权质押风险。

核高基：核心电子器件、高端通用芯片及基础软件产品的简称。

“四提一争”：指提高政治站位、提高专业素养、提高推进城市国际化能力、提高克难攻坚能力，争当新时代一流铁军排头兵。

三化融合：实现数字产业化、产业数字化、城市数字化融合。

“两横两纵”的快速路系统：“两横”指江南大道快速路、彩虹快速路；“两纵”指时代大道、风情大道快速路。

“五横五纵”的城市主干道网络：“五横”指滨盛路、江南大道、滨康路、冠山路、白马湖路；“五纵”指浦沿路、火炬大道、江虹路、江晖路、西兴路。

“四个意识”：指政治意识、大局意识、核心意识、看齐意识。

“四个自信”：指中国特色社会主义道路自信、理论自信、制度自信、文化自信。

“四个服从”：指党员个人服从党的组织，少数服从多数，下级组织服从上级组织，全党各个组织和全体党员服从党的全国代表大会和中央委员会。

“四种形态”：党的十八届六中全会审议通过的《中国共产党党内监督条例》规定，党内监督必须把纪律挺在前面，运用监督执纪“四种形态”，经常开展批评和自我批评、约谈函询，让“红红脸，出出汗”成为常态；党纪轻处分、组织调整成为违纪处理的大多数；党纪重处分、重大职务调整的成为少数；严重违纪涉嫌违法立案审查的成为极少数。

政府工作报告

在杭州市滨江区第五届人民代表大会第三次会议上

（2019年1月16日）

杭州市滨江区人民政府代区长 李志龙

各位代表：

现在，我代表杭州市滨江区人民政府向大会报告工作，请予审议，并请各位政协委员和其他列席人员提出意见。

一、2018年工作回顾

2018年是改革开放40周年，“八八战略”实施15周年。我们以习近平新时代中国特色社会主义思想为指导，在市委市政府和区委的正确领导下，在区人大监督和政协支持下，围绕建设世界一流高科技园区目标，坚持稳中求进工作总基调，坚持高质量发展，全力推进稳增长、促改革、强创新、惠民生、防风险各项工作落实，较好地完成了区五届人大二次会议确定的目标任务。

——综合竞争力稳居全国全省前列。在157个国家高新区综合排名、中国产业园区竞争力100强排名中均列第三。规上工业亩均增加值、规上工业单位能耗增加值、研究和试验发展经费支出与主营业务收入之比、服务业强区（县、市）Ⅰ类地区综合评价均列全省第一。

——经济发展质效持续提升。预计全区实现生产总值1350亿元，剔除年中核增因素同比增长11.6%，增速居省市前列；财政总收入322.81亿元，增长12.4%，其中一般公共预算收入164.86亿元，增长15.4%，财政收入总量全市第三。

——民生事业再上新水平。教育现代化发展水平指标位居全省第五位，中考省一级重高和优高上线率列主城区前列。率先推行小学免费课后服务，惠及近五千名学生。儿科医联体实现全覆盖，区域高水平医联体建设取得突破，滨江老百姓在家门口就可享受到省、市优质医疗服务。主城区规模最大的青少年活动中心建成投用。

——城市环境更加优美宜人。在世界游泳锦标赛（25米）上奥体主体育场（大莲花）和网球中心（小莲花）精彩亮相。冠山公园一期、白马湖公园二期等一批公园绿地建成开放。河道交接断面水质稳定在Ⅲ类以上，永久河被评为市级“美丽河道”。生态文明建设位列全省区（县、市）第三。

一年来，我们主要做了以下工作：

（一）*着力推动经济中高速发展*。深入贯彻新发展理念，积极应对外部经济环境变化，推出新一轮“1+X”产业政策和支持民营经济健康发展11条举措，实现了经济持续健康发展。**高新技术产业支撑工业经济强势增长**。规上工业增加值550亿元，增长17%，其中高新技术产业、战略性新兴产业和装备制造业增加值分别增长17.8%、17.4%和17.9%。规上服务业企业实现收入1900亿元，增长14%。自营出口442亿元，增长11%。**数字经济引领产业集群化规模化发展**。数字经济实现收入2800亿元，增长17%。通信设备、物联网、信息软件和电子商务产业实现营业收入分别增长19%、20%、20%和22%。人工智能、集成电路设计、云计算、大数据、生命大健康等前沿技术领域企业快速成长。**高新技术助力传统产业加速转型**。实施机器换人项目23个，新增零土地技改项目8个。“互联网+”都市农业快速发展，市级以上农业龙头企业实现销售收入35亿元，建立跨地区合作生产基地22万亩。**新项目新资本夯实发展后劲**。新引进世界500强投资项目1个。大华等6个产业项目开工、阿里巴巴等13个产业项目竣工。实际利用外资8.5亿美元、浙商创业创新到位资金82.8亿元。新设外资企业117家，投资总额1000万美元以上项目30个。完成境外投资项目61个，中方投资额44.89亿美元。

（二）着力增强创新引领能力。围绕人才集聚、主体培育、创新投入和生态完善，构建充满活力的区域创新体系，持续增强发展第一动力。**招才引智再创新高**。推出人才新政30条，新引进各类人才3.06万人，增长15.1%，其中硕博人才7948人（列全市第一），诺奖、海外院士2名，博士后研究人员35名，人才引进总量和增幅创历史新高。在全市率先实施外籍高层次人才申请永久居留工作，办理在华永久居留推荐53人，列全市第一。**创新主体集聚壮大**。北京航空航天大学杭州创新研究院正式运行。列入国家规划布局内重点软件和集成电路企业33家（占全省72.7%）；新认定国家高新技术企业246家（在册908家），列全省首位。新增上市企业2家，新认定瞪羚企业233家、国家科技型中小企业726家、省级高成长科技型中小企业39家。新增各级企业技术中心、研发中心99家，院士专家工作站7家，国家级企业博士后科研工作站（分站）4家。中国软件和信息技术服务综合竞争力百强企业7家、浙江省电子信息产业重点企业36家（占全省三分之一）。**自主创新高端发力**。全区研究和试验发展经费支出150亿元，与地区生产总值之比达11%。开展重大基础前沿和关键核心技术前瞻布局，6个项目列入国家核高基（01–04）重大专项，3个项目列入国家级高技术产业化项目专项，申报省重点研发计划项目65个。国际标准立项1项，新发布国家标准23项、行业标准31项。获国家技术发明奖3项（其中一等奖1项）、科学技术进步奖二等奖3项、浙江省科学技术奖16项（列全省第一）、杭州市科技进步奖15项（列全市第一）。专利申请量1.5万件，专利授权量8000件，万人有效发明专利拥有量突破300件。吉利控股集团自主研发的发动机项目（JLE-4G18TD）入选国家改革开放40周年引智成果（全市唯一）。**创新生态更加优化**。新增市级以上孵化器、众创空间20个，区内企业新设海外孵化器6个，境外研发孵化机构达147家。国家“芯火”双创基地、“滨江联合创新中心”5G实验室正式启用。成功举办第七届中国创新创业大赛互联网行业全国总决赛、智涌钱塘（AI Cloud生态）国际峰会、西湖论剑·网络安全大会、网易云创大会等重大活动。新增阶段参股子基金6支，基金规模24.74亿元，帮助科技型初创企业股权融资7.5亿元。新增人才租赁房1544套。

（三）着力惠民生保平安。坚持以人民为中心的发展思想，以办好民生实事项目为抓手，统筹各项社会事业，推进惠民举措落地实施，10项民生实事共30个子项目完成29个、基本完成1个。**抓安置小区建管**。实行安置房品牌开发商总包代建，加快推进16个拆迁安置房项目建设，做好18个项目的前期工作，新增开工224万平方米，竣工34.1万平方米，回迁安置2039户。基本完成滨康二苑等4个安置小区环境整治提升工程。**抓教育最强区建设**。推进教育高水平优质均衡发展，新开办中小学（幼儿园）6所（建筑面积21.6万平方米），新增幼儿园学位955个、中小学学位6390个；在建学校7所（建筑面积21.2万平方米）。拓展办学模式，引入海亮教育集团管理提升西兴中学、春晖小学办学质量。强化师资队伍建设，新招聘优秀教师378名。11所校（园）被评为市级智慧示范校（园）。**抓医疗保障服务**。区公共卫生中心、西兴街道社区卫生服务中心投入使用。社区卫生服务机构接诊154.3万人次，医联体累计服务居民2.1万人次，转诊居民1.2万人次。积极推进国际医疗体系建设，浙大儿院二期（含国际儿童医疗中心）开工建设。**抓社会保障体系**。新增就业岗位1.55万个，帮助3595名城镇失业人员实现再就业，其中征地拆迁家庭1037人。“家燕回巢”拆迁户大学生就业创业服务活动获得杭州市公共就业创业服务创新大赛金奖。农转非拆迁人员家庭大病医疗补助649人次。新（改）建3家“示范型”居家养老服务中心。为全区3.27万名60周岁以上老年人购买意外保险。阳光家园失智失能专区正式运营。开展第十八次“春风行动”，累计发放各类救助资金1439万元。**抓文体事业发展**。区图书馆成功创建国家一级公共图书馆，引进国际钢琴艺术家吴牧野工作室，网易蜗牛读书馆成为杭城公共文化新地标。积极开展具有“国际滨”特质的文化活动，成功举办第十四届中国国际动漫节、首届中国网络文学周、全国排舞总决赛、草莓音乐节、区第五届全民运动会，“滨江四季”文化品牌影响力进一步提升。**抓社区建设**。加强全科社工队伍建设，87名社工通过社工师资格考试。规范村级集体“三资”管理，全力推进股社大额资金竞争性存放。积极探索股社统筹建设的留用地开发新模式，六村联建综合体项目落地实施。探索社区协商治理新方法，推行社区“小微权力”清单制度。**抓平安滨江建设**。深入开展扫黑除恶专项斗争，坚决服从和配合省市专项行动，严厉打击刑事犯罪，命案及五类案件破案率100%。深入推进“雪亮工程”“基层治理四平台”和全科网格建设，各级调解组织共受理矛盾纠纷1732件，调处成功率达99.82%。受理群众来信、来访、来电和网上信访2.54万件（次）。切实做好一系列重要节点、重要活动和重要任务的维稳安保工作。调处各类劳动纠纷争议案件4297件，为劳动者追讨工资4872万元，成为全省首批“无欠薪”行动标杆区。大力推进安全生产责任体系和预防机制建设，全区无较大以上事故发生，保持社会总体和谐稳定。

（四）着力推进全域城市化景区化。抢抓“拥江发展”战略机遇，多措并举推进产城人深度融合，提升城市综合承载力。**优化空间布局推动区域均衡发展**。完成《杭州高新开发区（滨江）分区规划》修编，与市里启动湘湖和三江汇流区块规划相衔接，推进汽车南站等28个规划选址及控规局部调整论证，优化教育、医疗、文化等公共服务设施布局，努力为产业发展进一步腾挪空间。**完善基础设施强化城市支撑功能**。地铁5、6、7号线站点建设顺利推进。江虹路跨铁立交建成通车，江南大道快速路主体全线开工，完成新（改）建道路12条，道路交通体系更趋完善。110千伏府前3号主变扩建工程建成投用，110千伏浦沿输变电工程、新生3号主变扩建工程开工，电力供给保障持续增强。积极推进定制公交试点，新增、优化公交线路13条，新增公共停车泊位1764个，地下空间配建停车泊位1.05万个。**标志性项目提升城市形象**。奥体博览城主体育场单项工程完成验收，网球中心决赛馆主体工程完工。中国动漫博物馆、阿里二期、网易二期、海康三期等一批地标性重大项目建成。**打造花城滨江**。贯彻“一路一景，路路不重色”要求，“桃李大道”浦沿路建设顺利推进，“最美跑道”西延伸工程标准段基本完成，新增绿地37.8万平方米。努力推进城中村改造，加大浦沿街道整村拆迁和西兴、长河街道征迁清零工作力度，签约2554户、拆除1788户，交地2966亩。积极开展“基本无违建区”创建，拆除各类违法建筑3071处，面积39.3万平方米。

（五）着力推进改革多点突破。以“最多跑一次”改革为牵引，推进省级全面创新改革试验区核心区建设，全面激发体制机制活力。**商事制度改革再深化**。企业注册、变更进一步提速，常规企业开办时间控制在3天以内，“多证合一”“压缩企业开办时间”改革做法在全省率先试点并推广，“证照分离”改革纳入全国高新区试点。新注册企业8862家，新增注册资本498.5亿元。**投资项目审批流程再优化**。实行建设工程规划许可告知承诺制和桩基工程施工许可制度，企业投资项目实现了开工前审批“最多100天”，最快59天，改革经验在全市推广。**“亩均论英雄”水平再提高**。规上工业亩均增加值1342万元，规上工业单位能耗增加值22.61万元，分别为全省平均水平的13倍和17.1倍。推进工业综合体开发建设改革，探索对上市企业、优质科技型企业供地供房并行模式，提升空间资源配置效率。

过去一年，我们坚决贯彻落实中央决策部署，打好“三大攻坚战”。切实打好防范化解重大风险攻坚战。全力做好网络借贷风险处置工作，完成网贷平台合规性检查，严控新增网贷机构，建立金融风险网格化管理工作机制，引导绝大部分网贷机构完成退出工作，网贷机构信访出借人数明显下降。充分发挥产业扶持基金作用，精准施策做好企业帮扶，区属担保公司资本金增至5亿元，新设立短期帮扶周转资金2亿元，积极为企业落实周转资金。切实打好精准脱贫攻坚战。全方位开展与丹寨县、麻江县和建始县的对口帮扶工作，落实帮扶资金8320万元，实施援建资金项目44个，精心打造“一县多品”工程。加强与衢江、淳安的山海协作，打造山海协作“升级版”。切实打好污染防治攻坚战。完成西兴街道、省级高新技术产业集聚区及街道工业园区的“污水零直排区”创建。河道清淤27.16

万方，建设（改造）雨污管网11公里，完成37个小区雨污分流改造，“五水共治”成效明显。

过去一年，我们始终把政治建设摆在突出位置，不断增强“四个意识”，坚定“四个自信”，坚决做到“两个维护”，深入学习贯彻习近平新时代中国特色社会主义思想，全面贯彻中央和省、市委重大决策部署，积极落实区委的各项决策决定，自觉接受区人大、政协监督，主动加强与各民主党派、工商联、人民团体的联系和沟通。办理人代会期间代表建议72件、闭会期间代表建议12件，办理政协提案70件。深入开展“大学习大调研大抓落实”“百千万”蹲点调研、百名干部联千企、“走亲连心”等活动，切实解决基层群众和企业实际问题。全面落实党风廉政建设责任制，自觉接受监察监督，加强审计监督力度，加强财政资金使用管理，政务环境更加优质高效。积极支持工会、共青团、妇联、科协、社科联、残联、关工委等开展工作，国防、人防、地名、民族、宗教、老龄、外事、对台事务、侨务等工作取得新进展。

各位代表，过去一年，我们取得的成绩来之不易，这是市委、市政府和区委正确领导的结果，是区人大、政协和各位人大代表、政协委员监督支持的结果，是历届班子接续奋斗的结果，是全区广大干部群众克难攻坚、共同奋斗的结果。在此，我谨代表区政府，向在各个领域和岗位上辛勤工作的全区人民，向在我区发展的投资创业者，向驻区单位、高校院所、部队官兵，向所有关心和支持我区建设发展的社会各界人士，表示崇高的敬意和衷心的感谢！

在肯定成绩的同时，我们也清醒地认识到，当前高新区（滨江）正处于高位过坎、突破瓶颈的关键时期，总体发展水平与高质量发展的要求还有不小差距。经济工作中区域竞争更加激烈，要素制约日益突出，产业投资增长乏力，中美经贸摩擦加剧不确定性风险；民生事业供给缺口较大，新增入学需求持续多年快速增长，学前教育、中小学学位紧张状况日益凸显，基层医疗资源和服务能力不足；城市建设水平与拥江发展示范区定位还有距离，整村拆迁、安置房建设管理需要以“一锤一锤钉钉子”的韧劲加快推进。清廉滨江建设任重道远，反腐败和扫黑除恶斗争成果巨大、教训深刻，暴露出极少数党员干部信念不坚定、政治不清醒、为政不廉洁等问题，这时刻警醒我们，廉洁政府建设要常抓不懈、久久为功。对此，我们将直面问题，敢于担当，采取有力措施，切实加以解决。

二、2019年政府工作思路

2019年是新中国成立70周年，是高水平全面建成小康社会的关键之年，是改革开放开启新征程和机构改革全面落实的第一年，也是我区“三次创业”的攻坚之年。中央经济工作会议强调，当今世界面临百年未有之大变局，我国发展仍处于并将长期处于重要战略机遇期。我们要牢牢把握浙江推进“四大建设”、杭州全面实施拥江发展战略和筹办2022年亚运会等多重机遇，按照区委部署，聚焦人才、技术、孵化、企业、产业、环境、改革、作风八个关键词，凝心聚力，狠抓落实，推进产业国际化、全域城市化、全域景区化、人文特色化，努力打造世界一流高科技园区、全国数字经济最强区、全省高新技术产业重大集聚区和全市拥江发展示范区。

政府工作的总体要求是：全面贯彻中共十九大和中央经济工作会议精神，高举习近平新时代中国特色社会主义思想伟大旗帜，践行“干在实处永无止境、走在前列要谋新篇、勇立潮头方显担当”新期望，坚持稳中求进工作总基调，坚持新发展理念，坚持推进高质量发展，坚持四大战略四级定位，坚持克难攻坚担当有为，努力干好“一一六”、争当排头兵，加快建设数字经济最强区、新型城市标杆区、幸福生活示范区，为杭州建设独特韵味别样精彩世界名城、打造展示新时代中国特色社会主义的重要窗口做出更大贡献，以优异成绩庆祝中华人民共和国成立七十周年。

数字经济最强区、新型城市标杆区、幸福生活示范区建设，是区委全会精神的具体贯彻和决策部署的深化细化，也是落实“四级定位”的施工图。**建设数字经济最强区**，就是要有舍我其谁的担当，充分发挥在全国数字经济中的先发优势，重点突破一批“卡脖子”技术，培育一批数字产业集群，推进一批示范试点，建设一批平台载体，完善一批信息设施，创新一批制度供给，努力成为全国数字经济基础设施提供者、产业生态体系建设者、创新主体培育者、制度设计政策供给先行者。**建设新型城市标杆区**，就是要聚焦拥江发展，以筹备亚运会为总牵引，把握“国际一流、绿色、现代、智慧城市”核心要义，坚持国际标准、现代气质、高新特色、江南韵味，大力推进全域城市化、全域景区化，使治理更现代、运行更智慧、品质更提升，实现产城人深度融合发展。**建设幸福生活示范区**，就是要把人民对美好生活的向往，作为我们的奋斗目标，大力推进人文特色化，在幼有所育、学有所教、劳有所得、病有所医、老有所养、住有所居、弱有所扶上取得新进展，努力使广大人民群众获得感、幸福感、安全感更加充实、更有保障、更可持续。

2019年我区经济社会发展的主要预期目标是：地区生产总值增长保8%争10%；一般公共预算收入增长12%；研究和试验经费支出与地区生产总值之比11%左右；社会消费品零售总额增长10%；城镇登记失业率控制在3.5%以内。

做好今年的政府工作，要着重把握五个方面：

致力于高质量上的中高速发展。坚定不移落实新发展理念，坚持高质量主攻方向，围绕高端制造、智能制造、绿色制造，强化新经济“工业强区”核心竞争力，打响“中国智造滨江供给”品牌，以技术优势、质量优势驱动规模扩张、能级跃升，实现健康持续中高速发展。

致力于改革开放创新。始终坚守高新区的初心和使命，向改革要动力，向开放要活力，向创新要竞争力。持续推进“最多跑一次”改革，打造一流的政务环境、营商环境和创新创业环境；积极参与国家“一带一路”、长三角一体化和全省“四大建设”，用足用好国际国内两大市场，不断擦亮“国际滨”品牌；舍得花投入，敢于担风险，耐得住寂寞，持续推进核心技术攻关和前沿产业布局，努力打造原始创新策源地、自主创新主阵地和战略性新兴产业集聚地。

致力于增进民生福祉。牢固树立以人民为中心的发展思想，突出问题导向、需求导向，认真办好教育、医疗、交通、物业管理等百姓高度关切的民生实事、关键小事，在共建共享中提供更多更好的公共服务产品，努力建设新老滨江人幸福生活的共同家园。

致力于统筹协调发展。准确把握拥江发展核心区的定位、标准和要求，树立大局观念，加强全域谋划，增强滨江发展与全市发展的整体性、协调性和平衡性，增进滨江在杭州都市圈建设中的首位度。加强全区各领域、各条线工作统筹，整合各类资源，凝聚各方力量，提升整体效能，着力构建区、街、社三级联动、条块融合的运行格局。

致力于强化队伍建设。坚持党建引领，抓人促事，打好干部队伍建设“选用管育爱”组合拳，旗帜鲜明地为担当者担当，为负责者负责，为干事者撑腰，引导广大党员干部坚定理想信念，强化责任担当，增强干事本领，勇于克难攻坚，坚守清廉底线，努力建设一支忠诚、干净、担当的滨江铁军。

三、2019年重点工作

（一）以“城市大脑”应用拓展为抓手，大力发展数字经济。浙江把数字经济作为“一号工程”，杭州把城市大脑作为建设数字经济第一城的重大部署，我们要主动融入、紧抓机遇，发挥产业优势，促进数字经济新发展。**加快城市数字化**。按照“四个滨江”要求，高标准建设“四个平台”，打造集公安、消防、城管、政法、治水、社区管理等为一体的智慧化社会治理综合指挥中心。积极拓展杭州市城市大脑综合版在滨江的应用场景，建设更多可复制、可推广的智慧城市建设案例，帮助我区企业示范应用、开拓市场、做大做强，成为全国数字化城市治理方案的输出地。**加强前沿产业布局**。面向未来产业发展，培育引领数字经济发展趋势的未来产业、前沿产业和变革性产业，特别是要围绕数字经济“BASIC产业”矩阵（大数据及区块链、人工智能、数字安防及网络安全、IoT物联网及IC芯片设计、云计算等产业集群），加强战略前沿领域的前瞻部署，抢占未来产业竞争制高点。**推进数字产业化和产业数字化**。继续巩固网络基础产业、物联网、互联网三大信息经济主导领域优势，推进战略性新兴产业集群发展。借力浙江智能制造专家委员会，加快培育智造供给问题系统解决方案供应商，实现数字经济营收3000亿元，生物医药大健康产业营收220亿元。**打造六个特色小镇。**围绕打造6个千亿级产业目标，加快小镇46个产业项目的落地和建设，开工建设智能供给工业综合体，进一步做大做强物联网、互联网、创意小镇，高水平建设智造供给、金融科技和智慧医健小镇。

（二）以梯队建设为抓手，推动企业集群发展。**狠抓创新型企业培育。**全面实施“1+X”产业新政和支持民营企业高质量发展的“新11条”，壮大“领军企业+骨干企业+独角兽企业+瞪羚企业+创业企业”集群。全年新增市场主体1万家，新认定国家高新技术企业200家、瞪羚企业200家。围绕152项目和产业链，引进和培育未来发展的成长型企业和项目，承接重点企业裂变项目。加快海康、恒生、网盛生意宝等29个在建产业项目建设，开工建设迪普、宇视、优行等6个产业项目，确保竣工10个。**着力推动企业上市。**支持企业境内外上市，打造一流的上市服务体系，培育孵化IPO梯队企业动态保持15家以上，Pre-IPO梯队企业动态保持60家以上。力争我区企业进入科创板首批登陆名单，新增上市企业5家。**加快传统产业转型升级。**推动街道工业园区、老旧厂区提升改造，引导街道工业园向高新产业功能区和孵化器、众创空间方向发展，承接先进制造业和战略性新兴产业。

（三）以双创升级为抓手，构建高质量创新创业生态体系。**集聚高精尖人才。**立足“5050计划”品牌，用好1亿元海外引才基金，进一步优化人才招引培育和服务机制，力争全年引进各类人才2.8万人以上；新增“万人计划”等专家40名，引进“5050计划”项目100个，海外高层次人才1000名。**促进核心关键技术突破和就地转化。**加快北航7名院士领衔的6个重点研究院建设，努力将其打造成一流创新创业人才培养输出高地和前沿科技创新研究中心。支持国家“芯火”双创基地、华为全球培训中心建设，支持5G商用试点。持续深化国家知识产权示范区、导航实验区和服务业集聚区建设。鼓励首台套重大技术示范应用，加大新技术新产品政府采购和应用推广力度。力争申报国家省市专项70项、发明专利申请突破7500件、新建院校创新机构2个。**打造创业孵化全链条。**进一步提升“众创空间+孵化器+加速器+产业园+特色小镇”孵化体系建设水平。继续强化江北孵化功能，国有物业向孵化器倾斜，鼓励社区三产留用地开发向孵化器、加速器及产业园区转型。全年新认定市级以上孵化器、众创空间20个（其中国际化孵化器2个），在孵企业达2000家。**优化创新创业服务。**整合路演中心、科技金融服务中心、知识产权保护中心、省科技大市场创新服务资源，形成全生命周期创业服务。加强与银行、证券等金融机构的战略合作，加强政企互动和政银企联动，强化区科技创新产业扶持基金和担保公司科技金融服务功能，进一步集聚天使投资、风险投资等社会资本，着力破解科技型中小企业融资难、融资贵、融资慢问题。

（四）以迎亚运优环境为抓手，提升城市能级和品质。牢固树立东道主意识，以主人翁姿态，强化城市保障能力，全面提升城市形象，以别样精彩迎亚运。**打赢“三改一拆”攻坚战。**举全区之力，按照干净、彻底要求，加快完成浦沿街道整街拆迁和西兴、长河街道的拆迁清零工作。创建“无违建区”。**完善基础交通网。**完成江晖路过江隧道建设，实施时代大道、冠山路等40条道路建设（改造），加快推进地铁5、6、7号线建设，5号线年底具备通车条件，火炬大道、江虹路改建为双向六车道。新增（优化）公交线路10条，新建公共停车场3座，新增（启用）公共停车泊位1800个以上。**推进重大项目建设。**完成奥体主体育场体育工艺建设和工程扫尾，确保阿里20周年庆典顺利举办；开工建设北航杭州研究生院、物联网产业园感知之轴景观带等工程。积极推进北航量子精密测量实验室前期工作、智造供给小镇基础设施建设以及白马湖生态创意城农居SOHO提升改造、白马湖会展中心扩建。110千伏浦沿变电站建成投用。**建设亮点工程。**完成智慧新天地沿江景观带。加快冠山城市公园、襄七房公园、长二公园（历史建筑）建设，提升塘子堰农耕公园和城市河道公园。实施11条河道游步道综合整治，其中打造3条（段）标志性游步道。启动长河街道“污水零直排街道”创建工作。新建(续建)5条河道综保工程、13条道路雨污管网提升改造项目,完成管网清淤30公里。

(五)以城市治理攻坚为抓手,打造高质量宜居环境。**狠抓小区物业管理水平提升。**树立"物业管理就是一种社会治理"的理念,加快健全区、街、社各司其职、各负其责、三级联动的物业管理新模式,特别是要向社区赋权增能,让社区在物业管理中有更多的话语权,形成社区党组织主导的,社区、业委会、物业良性互动的格局,使物业管理水平有质的提高。**健全基层治理机制。**严格落实社区"小微权力"清单制度,促进基层权力运行更加规范、透明。推进股社分离,加强股社集体经济管理、资产保值增值、责任考核和风险控制。把关心关爱社区工作者作为激发基层活力、提升基层工作质量的切入点,在政治上激励、工作上支持、生活上关怀,进一步提升社工的荣誉感、归属感、获得感。以网格化提升精细化、以精细化实现长效化,整合网格资源、配强网格力量,多措并举深化完善全科网格建设,提升网格管理效能。**突出重点问题整治。**打好"垃圾三化四分"硬仗,积极探索垃圾分类收运新模式,加快推进二次分拣中心建设,全力实现垃圾减量目标。加大建筑工地扬尘、渣土运输等监管力度,深入开展城市道路交通综合治理,优化交通组织,确保出行畅通,提升城市精细化管理。**推进平安滨江建设。**保持高压态势,持续推进扫黑除恶专项斗争,铲除黑恶势力滋生的土壤,深化"雪亮工程"。大力推进安全生产责任体系和预防机制建设,加强消防、卫生、环境、食品药品安全监管,深化居住出租房屋"旅馆式"管理。认真做好信访维稳工作,巩固浙江省"无欠薪"标杆区成果,强化金融风险防控,确保全区平安和谐稳定。

(六)以深化改革创新为抓手,着力建设最佳营商环境。**深化"最多跑一次"改革。**以问题导向、需求导向深入推进简政放权,通过减事项、减环节、减材料、减时间,形成标准化、规范化办事事项及办事指南体系。全面深化工程建设项目审批制度改革试点,有效落实投资项目审批制度改革实施方案和联合图审等配套制度,全面打造项目审批"高速公路"。推动商事制度改革不断深化,建设企业开办"网上办""零见面"国家试点区,实现企业所有商事登记事项"一网通办",继续推进"移动办事之城"建设。深化"亩均论英雄"改革,扩大"标准地"供给。**推进社会事业综合改革。**积极推进教育改革、养老事业改革、基层社会治理改革、街道财政体制改革、国有企业管理改革、招投标体制改革,形成更富活力的体制机制,推动产业发展与城市建设、经济活动与社会事业协调并进。创新方法手段,加强全民国防教育。**平稳有序做好政府机构改革。**注重机构改革的系统性、整体性、协同性,高质量高效率制定"三定"方案,进一步理顺部门职能,推动构建系统完备、科学规范、运行高效的职能体系,扎实推进机构改革,确保各项工作有条不紊、平稳有序、无缝衔接。

(七)以办好民生实事为抓手,提高公共服务水平。**开展安居工程攻坚战。**围绕"本届班子基本完成全区拆迁户安置工作"目标,强化"交地后三个月内进场开工、开工后三年内完成建设、竣工交付后三个月内完成安置"的工作要求,开工建设安置房110万平方米、竣工55万平方米、安置3050户次。开工建设6个安置小区环境综合整治项目,完成10个安置小区智慧安防建设。积极推动既有住宅电梯加装,加快蓝领公寓建设。开工建设4.4万平方米人才房。**加快发展教卫体等社会事业。**深入实施教育最强区行动计划,开工建设3所中小学、1所幼儿园,开办2所中小学、幼儿园。全方位推进雁阵计划,加大优秀教师引进力度,大力培育名师名校长,继续开展"区管校聘"工作。开工建设杭州国际学校。推进健康滨江建设,落实分级诊疗制度,深化与浙医二院、浙大儿院、市三医院合作,推进社区卫生服务中心特色化,加强国际医疗体系建设。培育和引进品牌体育赛事,进一步推进国有体育场馆、学校、机关企事业单位体育场地向社会公益有序开放。**推动文化事业发展。**以社会主义核心价值观塑造提升公民素质,大力弘扬科学家精神、企业家精神和"最美滨江人"精神,不断弘扬"滨滨有礼"风尚;大力传承历史文脉,深度挖掘"运河源"文化和官河文化,结合当前工作实际,以更审慎的态度、更长远的眼光实施西兴、长河历史老街保护、利用与开发，持续开展“此心安处是吾乡”主题文化宣传系列活动，讲好新老滨江故事；大力开展文化惠民工程，合理布局社区公共文化场馆，完成50个城市书房（企业书房）建设，做精“滨江四季”“白马湖市民大讲堂”等文化精品，办好中国国际动漫节、中国网络文学周、杭州文博会等重大活动。**完善社会保障体系**。优化公共就业服务配套政策，城镇新增就业人数1.5万人，加大对拆迁户人员就业帮扶力度，帮扶拆迁户家庭人员不少于700人。统筹推进村级留用地开发建设新机制。继续落实农转非拆迁人员家庭大病医疗补助。依托阳光家园建设医养结合省级标准化试点，建设为老助残综合服务中心。**加大对口帮扶力度**。进一步精准对接，深化合作，完善机制，确保丹寨、麻江、建始县按期实现脱贫脱帽。进一步推进与吉林长春新区对口合作、与衢江区山海协作、与桐庐县区县协作，做好对淳安县的联乡结村工作。

根据民生实事项目人大代表票决制度，区政府在广泛征求意见的基础上，形成了“加快回迁安置小区的开工、竣工、交付及安置进度”“探索推进小区物业提档升级”“加快校园建设”“小区整治和加装电梯”“优化城市交通”“深化水环境治理”“加快推进人才房建设和配租”“大力推进消防安全综合整治”“新建并启用公共停车场”“实施二次供水设施改造”“食品安全示范创建”“实施养老助残项目”12个候选项目，提请大会票选决定2019年10个民生实事项目。对区人大代表票选确定的民生实事项目，我们将不避难不畏难，切实增强责任意识、服务意识，坚持急群众之所急、解群众之所困，全力以赴办实办好。

（八）以政府自身建设为抓手，全面提升治理能力。按照信念过硬、政治过硬、责任过硬、能力过硬、作风过硬的要求，不断加强自身建设。**一是加强政治建设**。坚持旗帜鲜明讲政治，把党的全面领导贯穿政府工作全方位、全过程，自觉用习近平新时代中国特色社会主义思想武装头脑、指导实践、推动工作，始终在思想上政治上行动上与以习近平同志为核心的党中央保持高度一致。强化党建引领，加强政府党组理论学习，加强区政府及各部门领导班子建设，指导政府各部门切实抓好党建工作。坚持民主集中制，完善班子集体领导和个人分工负责机制，切实做到一级抓一级、一级带一级、一级对一级负责；坚持重大事项向区委请示、向区人大及其常委会报告、向区政协通报、与民主党派协商制度，自觉接受人大的法律监督、工作监督和政协的民主监督，高质量办好代表建议和委员提案。**二是加强战斗力建设**。提振干部精气神，强化使命意识、担当意识，以时不我待的紧迫感、只争朝夕的责任感，全力以赴干工作、办实事、促发展。深入开展“大学习大调研大抓落实”“走亲连心三服务”等活动，坚持从区政府领导班子做起，带领各级干部深入企业、深入一线、深入群众，问计于民、问需于民、问政于民，大抓群众意见的整改落实。加强干部的学习培训、实践锻炼、压担使用，坚持把艰苦复杂环境和重点工作一线，作为打磨培养干部的“练兵场”，作为检验识别干部的“试金石”，努力提高干部的谋划能力、专业能力、攻坚能力和群众工作能力。加大“三不”整治力度，对不担当不作为不落实问题，坚决追责问责。坚持“三个区分开来”，对属于容错免责范围的，坚决予以免责。**三是加强廉政建设**。严格落实全面从严治党主体责任，坚持把纪律挺在前面，坚决执行中央八项规定及其实施细则要求，持之以恒纠“四风”。坚持依法行政，推进法治政府建设。扎实推进“清廉滨江”建设，加强廉政教育和警示教育，强化对征地拆迁、工程建设、城市管理、国企管理等重点领域的权力监督制约，深化财政监管和审计监督，构建“亲清”新型政商关系，努力塑造风清气正政治生态。

各位代表，新使命开启新征程，新时代呼唤新作为。让我们更加紧密地团结在以习近平同志为核心的党中央周围，高举习近平新时代中国特色社会主义思想伟大旗帜，在市委市政府和区委的坚强领导下，不忘初心、牢记使命，知难而进、砥砺前行，乘势而上、开拓创新，永不懈怠、一往无前，甘当奋斗者，争当排头兵，勇当追梦人，为把滨江建设成为快乐创业、幸福生活的世界一流高科技园区而不懈奋斗，以更加优异的成绩庆祝中华人民共和国成立70周年！

2018年大事记

1月

1日，滨江区推出“滨江文化地图”。

3日，省人大常委会副主任、省智能制造专家委员会主任毛光烈到高新区（滨江）调研，听取“智造供给小镇”建设方案。

6日，“新时代新征程——2018杭州·滨江新年音乐会”在区文化中心举行。

7日，高新区（滨江）区管干部学习贯彻中共十九大精神培训班开班。

8日，在2017年度国家科学技术奖励大会上，浙江天地环保科技有限公司参与完成的“燃煤机组超低排放关键技术研发及应用”项目获国家技术发明奖一等奖，是高新区（滨江）企业首次获此奖项。

9日，杭州地铁4号线（甬江路站—浦沿站）开通。

△ 高新区（滨江）科技局被人力资源社会保障部、科技部授予“全国科技管理系统先进集体”称号。

9—10日，高新区（滨江）在区文化中心举行3场大型红色诗话情景剧《红船·追梦》观摩活动。

12日，中共杭州市滨江区委五届三次全体（扩大）会议召开。

15日，高新区（滨江）被省教育厅认定为省级示范学习型城市。

18日，高新区（滨江）第五次妇女代表大会召开。

△ 副省长朱从玖到高新区（滨江）调研科技金融企业创新发展情况，走访杭州安恒信息技术股份有限公司、川山甲供应链管理股份有限公司、浙江金程科技有限公司等企业。

21—23日，杭州市滨江区第五届人民代表大会第二次会议在白马湖建国饭店召开。

△ 中国人民政治协商会议第二届杭州市滨江区委员会第二次会议在白马湖建国饭店召开。

26日，长河街道社区卫生服务中心被国家卫生计生委评为“2017年优质服务示范社区卫生服务中心”。

29日，市委副书记、市长徐立毅慰问滨江区困难群众和基层干部代表。

30日，2017年浙江省高新区评价结果揭晓，高新区（滨江）在全省30个高新区中排名第一。

31日，省统计局、省发改委、省环保厅、省委组织部发布《浙江省2016年生态文明建设年度评价结果公报》，高新区（滨江）绿色发展指数排名全省第一。

△ 据省知识产权局公布，2017年高新区（滨江）每万人发明专利拥有量、发明专利申请量以及发明专利百强榜企业数量三项指标均为全省第一。

△ 西兴街道社区卫生服务中心迁建启用，成为全市占地面积最大的社区卫生服务中心。

2月

2日，全国排舞广场舞推广中心续约仪式在江南体育中心举行。

5日，高新区（滨江）“家燕回巢”行动获市公共就业创业服务创新大赛创新项目特等奖。

7日，省经信委公布的《2017年浙江省区域两化融合发展水平评估报告》显示，高新区（滨江）两化融合发展指数105.53，比上年提升5.08，连续7年排名全省第一位。

△ 省人大常委会党组书记、副主任梁黎明到高新区（滨江）视察“最多跑一次”改革和加快大湾区建设项目情况。

8日，浙江赛伯乐公司在美国洛杉矶创办的浙江美国洛杉矶海外创新孵化中心入选浙江省优秀海外创新孵化中心创建单位。

△ 省委全面深化改革领导小组批复同意高新区（滨江）全面创新改革试验区行动计划（2018—2020年），高新区（滨江）启动实施全面创新改革试验区三年行动计划。

9日，以“扬铁军精神、颂廉洁家风”为主题的“廉”谊晚会在区文化中心举行。

13日，科技部火炬中心通报2017年度国家火炬计划软件产业基地评价情况，杭州高新软件园综合排名第三位。

22日，中共杭州高新区（滨江）纪委五届三次全体（扩大）会议暨作风建设大会召开。

27日，《2017年浙江省信息化发展水平评估报告》发布，高新区（滨江）信息化发展水平位列全省第一。

28日，高新区（滨江）“1+X”新政新闻发布会举行。

3月

3日，高新区（滨江）举行“3·5”学雷锋志愿服务活动暨杭州青荷公益基金会成立仪式。

7日，省政协副主席、党组副书记孙景淼到滨江绿康阳光家园调研医养护结合养老模式和加快养老事业及产业发展相关工作。

9日，高新区（滨江）党建工作会议召开。

13日，高新区（滨江）工商联女企业家委员会成立。

△ 2017年高新区（滨江）国民经济和社会发展统计公报发布。

15日，高新区（滨江）发布全国首个公共文化服务地方标准规范。

16日，北京航空航天大学杭州创新研究院注册成立。

20日，全国政协常委、台盟中央副主席、省政协副主席、台盟省委会主委张泽熙到中国网络作家村考察。

23日，市委副书记、市长徐立毅到高新区（滨江）调研第19届亚运会与第14届世界游泳锦标赛（25米）场馆建设情况。

△ 高新区（滨江）推出“滨江教育电子地图”。

30日，尼泊尔学院院长耿伽·普拉萨德·乌普莱蒂到高新区（滨江）参观网络文学20年展和中国网络作家村天马苑。

31日，第二届浙江马拉松接力赛在闻涛路“最美跑道”开跑。

4月

10日 副省长朱从玖一行到高新区（滨江）考察新华三集团、杭州海康威视数字技术股份有限公司。

11日，在全省科学技术奖励大会上，高新区（滨江）18家企业承担、参与的16项科技成果获省科学技术进步奖。

14—15日，2018杭州草莓音乐节在白马湖举行。

16日，中央统战部副部长戴均良到中国网络作家村考察。

17日，高新区（滨江）入选首批浙江省人才计划专家7人。

△ 西兴街道协同社区湘云书社入选全国首批家庭亲子阅读活动体验基地。

19日，浙江省电魂公益中心揭牌仪式暨25台AED捐赠仪式在杭州电魂网络科技股份有限公司园区举行。

22—24日，高新区（滨江）党政代表团及部分企业负责人到贵州省黔东南州丹寨县、麻江县开展对口帮扶工作。

23日，香港·杭州创新创业服务中心推介交流暨香港·杭州高新区（滨江）同乡会两周年活动在香港举行。

26日，“国际动漫·美丽杭州”为主题的第十四届中国国际动漫节在白马湖开幕。

27日，由科技部火炬中心、中国科技体制改革研究会高新区改革专委会主办的“世界一流高科技园区2035工作座谈会”在高新区（滨江）举行。

28日，高新区（滨江）总工会召开五一国际劳动节庆祝大会暨“声动滨江”2018职工好声音颁奖典礼。

29日，市委副书记、市长徐立毅到白马湖国际会展中心参加第十四届中国国际动漫节，调研文化创意产业。

5月

4日，高新区（滨江）召开纪念五四青年节大会暨团区委六届四次全体（扩大）会议。

△ 浙江吉利控股集团有限公司获“2017年浙江省人民政府质量奖”。

5日，高新区（滨江）首届“5050”人才节在海外高层次人才创新创业基地举行。

△ 中国建设银行在高新区（滨江）设立的首家科技特色银行——建设银行杭州滨江科技支行开业。

9日，公安滨江分局发放高新区（滨江）第一张“证照分离”施行告知承诺制的特业许可证。

△ 高新区（滨江）入选“2017年度浙江省外贸十强县（市、区）”，高新区（滨江）与阿里巴巴集团共同获评“2017年度浙江省十佳开放平台”，浙江吉利控股集团有限公司、赛诺菲（杭州）制药有限公司获评“2017年度浙江省十佳国际投资企业”。

11日，高新区（滨江）奥体单元小学及幼儿园项目被列入浙江省扩大有效投资重大项目。

12日，2018品牌杭州·杭州生活品质总点评交流发布会上，中国网络作家村区块作为杭州构建网络文学重镇的现象入选。

16—18日，高新区（滨江）代表团到湖北省恩施州建始县对接对口帮扶工作。

16—21日，首届中国网络文学周活动在白马湖举行。

20日，省科技（科普）活动周在高新区（滨江）开幕，启动中国（浙江杭州）创新创业首选地评选和省首届大学生创新创业大赛。

21日，浙江大学医学院附属儿童医院滨江院区二期开建。

21—22日，“2018全球下一代互联网峰会”在高新区（滨江）举行。

22日，副省长、省公安厅厅长王双全到杭州海康威视数字技术股份有限公司，走访省高层次人才、董事长陈宗年。

25日，区检察院与杭州电魂网络科技有限公司协议成立涉互联网犯罪未成年人观护帮教基地。

26日，由世界经济论坛、中国工程院、中国机械工程学会主办，杭州安脉盛智能技术有限公司承办的“智能制造合作交流会”在高新区（滨江）举办。

29日，省委常委、常务副省长冯飞到高新区（滨江）调研“独角兽”企业培育工作，考察杭州呼嘭智能技术有限公司、浙江零跑科技有限公司。

△ 国务院副秘书长江小涓到高新区（滨江）考察杭州海康威视数字技术股份有限公司。

31日，高新区（滨江）庆祝六一国际儿童节暨区中小学生艺术节优秀节目展演活动在区文化中心举行。

△ 市委副书记、市长徐立毅到高新区（滨江）调研杭州中天微系统有限公司、浙江中控技术股份有限公司、网易（杭州）网络有限公司等高新技术企业。

6月

6日，省政协副主席、党组副书记孙景淼到高新区（滨江）调研中国网络作家村建设。

7日，高新区（滨江）启动第四次全国经济普查工作。

△ 高新区（滨江）发放全省第一张通过外籍高层次人才永久居留申请“直通车”办理的“外国人永久居留身份证”。

△ 中国网络作家村项目被文化和旅游部确定为国家级文化产业园区服务能力提升项目，为全省唯一入选项目。

12日，贵州省黔东南州麻江县党政代表团到高新区（滨江）对接工作。

13日，高新区（滨江）获2017年度全省小城镇文明行动A（优秀）档，西兴街道入选全省文明行动样板小城镇。

21日，省委常委、市委书记周江勇到高新区（滨江）调研数字经济发展。

22日，省委常委、市委书记周江勇走访调研杭州奥体博览城网球中心——第14届世界游泳锦标赛（25米）比赛场馆、主体育场——第19届亚运会比赛场馆。

25日，高新区（滨江）获批2018年度“品字标浙江制造”集中培育区，全省14个县（市、区）入选，全市3个区入选。

27日，由中国（杭州）跨境电子商务综合试验区主办的“潮起钱塘·E揽全球”第三届全球跨境电商峰会在杭州白马湖国际会展中心启幕。

△ 西兴街道社区卫生服务中心与浙江大学医学院附属儿童医院签订医联体合作协议，3个街道社区卫生服务中心实现儿科医联体全覆盖。

29日，滨江区公益损害与诉讼违法举报中心在区检察院挂牌成立。

△ 高新区（滨江）与民生银行杭州分行签署战略合作协议。

7月

1日，江虹跨铁立交通车，是滨江区第3座跨铁立交工程。

△ 全市最大认知症照护中心在高新区（滨江）投入使用。

△ 高新区（滨江）在全市率先实现60周岁及以上老年人意外保险全覆盖。

2日，阿里巴巴（中国）有限公司申报的数据保护浙江省工程研究中心和杭州林东新能源科技股份有限公司的大型海洋潮流能浙江省工程实验室被省发改委新认定为省级工程实验室（工程研究中心），数量位居全市第一。

4日，高新区（滨江）成立浙江大学教育学院附属学校、杭州市滨江实验小学、杭州市春晖小学3所公办全日制义务教育中小学。

5日，杭州海康威视数字技术股份有限公司三期项目投入使用，为物联网产业园单栋体量最大楼宇。

△《老街的童话》出品公司杭州祖宝动漫文化传媒有限公司、浙江中南卡通股份有限公司参与制作的《中华治水故事》分别获国家动漫政府奖中“最佳动漫创作者或团队奖”“最佳动漫作品奖”。

10日，高新区（滨江）企业上市培训基地揭牌暨第一期培训开班仪式在全景网杭州路演中心举行。

19日，高新区（滨江）浙江吉利控股集团和阿里巴巴集团2家企业入围2018年《财富》世界500强排行榜，其中浙江吉利控股集团为浙企排名最高。

20日，国家税务总局杭州市滨江区税务局挂牌。

23日，中共十九届中央委员、中共中央军事委员会委员、中华人民共和国中央军事委员会委员、国务委员、国防部部长魏凤和到高新区（滨江）调研浙江科技大市场。

25—27日，贵州省黔东南州丹寨县委书记袁尚勇到高新区（滨江）对接对口帮扶工作。

26日，中共十九届中央政治局委员、国务院副总理胡春华到高新区（滨江）考察杭州海康威视数字技术股份有限公司、正泰太阳能科技有限公司。

29日，高新区（滨江）首届高层次人才研修班在深圳开班。

31日，副省长王文序到高新区（滨江）调研科技工作和全面创新改革试验区建设情况。

8月

1日，杭州市首条中压跨江工程——滨江与之江区域天然气连通跨江管道工程进入施工阶段。

3日，高新区（滨江）阿里巴巴集团、杭州海康威视数字技术股份有限公司、浙江大华技术股份有限公司、杭州天夏科技集团有限公司、城云科技（中国）有限公司5家企业进入“中国大数据企业50强”榜单，包揽全省名额。

6日，西兴街道奥体社区成为“浙江省无障碍社区”，是杭州市第一批、滨江区第一个省级无障碍社区。

10日，中共杭州市滨江区委五届四次全体（扩大）会议召开。

17日，副省长王文序调研启明心脏瓣膜研究院。

△ 高新区（滨江）举办“一片‘冰’心·‘医’路同行”晚会，庆祝8月19日首个“中

国医师节”。

19日，高新区（滨江）与海亮教育集团签订合作办学协议，委托管理杭州市春晖小学和杭州市西兴中学2所学校。

20日，高新区（滨江）市民之家率先在全市开设“跑一次”未办成事项兜底窗口。

23日，国务院第十一督察组组长、科技部副部长徐南平一行考察杭州海康威视数字技术股份有限公司、新华三技术有限公司。

△ 省政协副主席郑继伟调研杭州海康威视数字技术股份有限公司、浙江宇视科技有限公司、新华三技术有限公司，开展深化“亩均论英雄”改革专项督察。

29日，高新区（滨江）与财通证券签署战略合作协议。

△ 浙江吉利控股集团有限公司、浙江中南建设集团有限公司、浙江大华技术股份有限公司3家企业入围2018中国民营企业500强。其中，浙江吉利控股集团有限公司位居“2018中国民营企业500强”全国第11位、浙江省第一位，入围“2018中国民营企业制造业500强”。

9月

1日，滨江实验小学和浙江大学教育学院附属学校启用。

2日，杭州纽安津生物科技有限公司获第五届浙江“火炬杯”创新创业大赛总决赛成长组第一名，另有2家企业分别获大赛初创组与成长组二等奖，1家企业获成长组三等奖。

5日，省委常委、市委书记周江勇到高新区（滨江）调研文化创意产业，考察中国网络作家村、华数集团展示厅暨国家新闻出版广电总局开放实验室、华数集团融媒体播控中心。

△ 中共十九届中央委员、十三届全国政协副主席汪永清调研杭州海康威视数字技术股份有限公司，省政协副主席、党组副书记孙景淼，市政协主席、党组书记潘家玮陪同。

7日，十三届全国政协副主席、中华全国工商业联合会主席、中国民建商会会长高云龙考察正泰集团股份有限公司。

10日，中国网络作家村获评省社科联“浙江省社科普及基地”称号。

15日，滨江区青少年活动中心投入使用。

19—23日，以“融——创意城市·美好生活”为主题，第十二届（2018）杭州文化创意产业博览会在白马湖国际会展中心举行。

21日，省委常委、市委书记周江勇到白马湖国际会展中心考察第十二届（2018）杭州文化创意产业博览会主会场。

26日，高新区（滨江）与中国移动浙江公司杭州分公司签约共建联合创新中心。

△ 省人大常委会副主任李学忠到高新区（滨江）考察亚运会场馆建设工作，查看杭州奥体博览城网球中心、主体育场。

27日，省委常委、市委书记周江勇一行到高新区（滨江）推进“六大行动”（拥江发展、三化融合、文化兴盛、改革攻坚、民生福祉、强基固本）比学赶超现场考察，踏勘物联网产业园、杭州奥体博览城亚运会八万人主体育场、网球中心项目。

△ 杭州海康威视数字技术股份有限公司、新华三技术有限公司、浙江吉利控股集团有限公司3家企业的3项专利获2018年度浙江省专利金奖。

10月

9日，高新区（滨江）新增网易（杭州）网络有限公司、新华三技术有限公司和贝因美（杭州）食品研究院有限公司3家国家级博士后科研工作站，新增数居全省第一位。

12日，市委副书记、市长徐立毅到高新区（滨江）调研杭州奥体博览城网球中心，考察第14届世界游泳锦标赛（25米）场馆建设。

△ 2018年省、市、区三级“国际减灾日”主题宣传活动在射潮广场举行。

13日，第十八届海峡两岸文化创意产业高校研究联盟论坛在白马湖开幕。

16日，北京航空航天大学创新研究院启动仪式暨第一届“钱江论坛”举行。

17日，高新区（滨江）为80周岁以上老年人发放康复护理补贴，为全市首创。

18日，“运河源·国际滨”第七届群众文化艺术节颁奖晚会暨高新企业文化馆授牌仪式举行。

21—24日，第七届中国创新创业大赛互联网行业总决赛在白马湖国际会展中心举行。

23日，高新区（滨江）获批“国家中小企业创新创业特色载体”。

24日，省经信委公布2018年度全省89个县（市、区）“亩均论英雄”榜单。滨江区9项指标均排名靠前，其中3项指标列全省第一位。

26日，省委常委、市委书记周江勇到高新区（滨江）考察英飞特（杭州）股份有限公司。

△ 滨江区政府与网易（杭州）网络有限公司共同推出的公共文化共建项目——网易蜗牛读书馆开馆。

△ 高新区（滨江）7家国家级科技孵化器通过考评。

29日，省委常委、市委书记周江勇督查调研第14届世界游泳锦标赛（25米）筹备工作，考察杭州奥体博览城网球中心的第14届世界游泳锦标赛（25米）场馆建设及周边环境整治。

△ 高新区（滨江）“勇立潮头——纪念改革开放40周年书画展”在区文化中心开展，展期15天。

11月

1日，滨江区作家协会第一次代表大会在中国网络作家村召开。

2日，高新区（滨江）马云、李书福、吴建荣、林东、胡季强、傅利泉6名民营企业家获评首届“浙江省新时代中国特色社会主义事业优秀建设者”称号。

7日，市疾病预防控制中心和区社发局“预共体”（疾病预防共同体）签约仪式在区公共卫生中心举行，为全省首个“预共体”。

8日，高新区（滨江）互联网经济产业园获2017年度省级现代服务业集聚示范区综评全省第一。

9日，中共中央书记处书记、中央统战部部长尤权考察杭州安恒信息技术股份有限公司。

△ 高新区（滨江）首部既有多层住宅加装电梯投入使用。

10日，首届“花城滨·河湖趣味徒步赛”在白马湖公园二期举行。

△ 滨江区音乐家协会成立暨第一次代表大会在智慧e谷举行。

11日，滨江区朗诵协会成立暨第一次代表大会在智慧e谷举行。

12日，高新区（滨江）8家企业入围2018浙江省高新技术企业创新能力百强企业，其中新华三技术有限公司、浙江大华技术股份有限公司和杭州海康威视数字技术股份有限公司包揽百强榜单前三位。

14日，省委常委、市委书记周江勇到高新区（滨江）开展“走亲连心”服务企业活动。

15日，在北京召开的2018中国光伏产业发展与创新应用论坛暨2018第三届“中国好光伏”品牌年度大会上，浙江正泰新能源开发有限公司获“年度最佳光伏电站投资商”和“光伏组件十大供应商”两项荣誉。

△ 高新区（滨江）出台《滨江金融科技小镇建设方案》。

16日，高新区（滨江）举行支持民营企业高质量发展“新11条”发布会暨银企对接会。

20日，省委副书记、省长袁家军到高新区（滨江）调研连连数字科技有限公司、网易（杭州）网络有限公司、杭州安恒信息技术股份有限公司等创新型企业。

21日，万轮科技园入围2018年度国家小微型企业创业创新示范基地名单。

22日，亚奥理事会主席——艾哈迈德亲王到高新区（滨江）考察杭州奥体博览城主体育场、网球中心、体育馆、游泳馆等。

23日，高新区（滨江）企业获第二十届中国专利奖金奖1项、银奖2项、优秀奖4项。

26日，科技部火炬中心公布2018年度国家高新区评价结果，高新区（滨江）在全国157个高新区（156个国家高新区和苏州工业区）中综合排名全国第三位。

27日，市委副书记、市长徐立毅到高新区（滨江）检查杭州奥体博览城网球中心主场馆、热身馆赛事筹备情况。

28日，滨江区文学艺术界

联合会第一次代表大会在智慧e谷举行。

△ 省科技厅通报浙江省高新区评价结果，高新区（滨江）综合排名第一，总体评价考核结果优秀。

△ 2018年市级院士专家工作站结果公布，高新区（滨江）新增（通过）6家院士专家工作站、1家专家工作站。

12月

4日，省政协主席葛慧君率省政协委员会客厅创建工作座谈会与会代表到白马湖创意城考察中国网络作家村及省政协委员会客厅建设工作。

△ 杭州市滨江区五届人大常委会举行第十六次会议。会议决定同意金志鹏辞去滨江区人民政府区长职务，报区五届人大备案；决定任命李志龙为滨江区人民政府副区长、代理区长职务。

5日，省政协副主席、省侨联主席、民革省委会主委吴晶调研高新区（滨江）文化中心音乐室。

6日，由新闻出版总署指导、中央文化产业发展专项资金支持的“优秀原创动漫作品版权开发奖励计划”中，高新区（滨江）5部动漫作品上榜。

7日，省委常委、市委书记周江勇到杭州奥体博览城网球中心热身馆、比赛馆检查第14届世界游泳锦标赛（25米）和第五届世界水上运动大会筹备工作。

11—16日，第14届世界游泳锦标赛（25米）在杭州奥体博览城网球中心——“小莲花”举行。

12日，浙江正泰新能源开发有限公司入选“2018全球新能源企业500强”榜单，正泰集团股份有限公司董事长南存辉入选“能源领袖40人”榜单。

14日，国际钢琴艺术家吴牧野工作室揭牌仪式在区文化中心举行。

17日，副省长、民盟省委会主委成岳冲调研亚运会场馆设施建设工作。

18日，庆祝改革开放40周年大会在人民大会堂举行，党中央、国务院决定授予于敏等100人改革先锋称号，颁授改革先锋奖章。高新区（滨江）有马云、李书福、南存辉3名企业家获此荣誉。

18—27日，高新区（滨江）“看滨江、见改革”庆祝改革开放40周年图片展在区文化中心举行。

19日，杭政储出〔2018〕14号地块住宅（设配套公建）及服务设施用房项目取得施工许可证，成为高新区（滨江）首个从立项到开工建设仅用时90天的房地产项目。

21日，“杭州新经济发展战略研究院”揭牌。

△ 杭州国家“芯火”创新基地在海外高层次人才创新创业基地启动。

26日，杭州市政府决定，李志龙任杭州高新技术产业开发区管委会主任，李放瑜任杭州高新技术产业开发区管委会副主任（省下派挂职干部）。

△ 高新区（滨江）“智慧教育主推教育高水平均衡发展”项目获“浙江省民生获得感示范工程”称号。

27日，“看滨江、见改革”高新区（滨江）庆祝改革开放40周年文艺晚会在区文化中心举行。（区志编研室）

区情概览

自然概貌

【位置面积】滨江区位于钱塘江下游南岸，地处北纬30°08′20.4″~30°14′20.4″和东经120°07′4.8″~120°13′55.2″之间。东、南面与杭州市萧山区北干街道、蜀山街道及闻堰街道接壤。西、北濒钱塘江与杭州市西湖区、上城区、江干区隔江相望。境域东西最大距离10.4千米，南北最大距离10.4千米。据第二次全国土地调查，总面积72.2平方千米，钱塘江水域面积11.3平方千米，占15.7%；内陆区域面积60.9平方千米，占84.3%。其中：内陆区域内河道和湖泊面积2.6平方千米，占3.6%；林地面积3平方千米，占4.2%。

【地貌特征】滨江区地处萧绍平原西沿，北靠杭州复向斜丘陵，南依浦阳江平原。境内以平原为主，有少量低丘，地貌类型单调，界线清晰。以西江塘、北海塘为界，分为里畈片地貌和沙地片地貌。里畈片位于老虎洞山、美女山、狮子山一线以北至西江塘北段一带，为由富春江、浦阳江夹带的泥沙和湖沼堆积形成的冲积–湖积平原，有星散分布的孤丘。平原表面平展，北部和西北部地势略高，为6.2～6.8米，白马湖一带稍低，湖面常年正常水位5.6米，格子状、枝杈状水系密布，由西向东汇注白马湖。沙地片分布于浦沿街道半爿山至西兴街道西江塘以北的南沙冲积–海积平原西端，呈东西向伸展，宽2.6～4.8千米，由钱塘江、东海涌潮挟带的泥沙堆积形成。平原表面微微起伏，南部地势略微高起，河渠纵横，池、井、浜散布。濒临钱塘江水域，地面略微高起，沉积物明显变粗，主要为细砂和粉砂，土质松散。（陈志根）

【气候特征】滨江地处亚热带季风气候带，温和湿润，雨量充沛，光照充足，四季分明，春秋较短，冬夏较长。春季一般始于3月下旬，春季回暖早，冷暖转换快，气温日差较大。夏季平均始于5月下旬至6月初，初夏常为梅雨季节，高湿闷热；盛夏晴热少雨，也是台风影响最频繁时期。秋季多开始于9月下旬至10月初，多秋高气爽的天气。冬季多开始于12月上旬至中旬，多晴冷天气。2018年平均气温17.9℃，较常年偏高1.1℃，是2000年以来第19个连续偏暖年份，气候变暖趋势持续；春季平均气温18.7℃，比常年偏高2.7℃，创1951年以来最高纪录；年降水量1515.4毫米，较常年偏多33毫米。年降水日数177天，比常年偏多24天。年日照时数1775小时，较常年多20小时。年内，月际间降水多寡变化剧烈，与多年平均分布情况差异较大。年初及年末出现3次雨雪冰冻天气；春季高温特征明显；春、夏两季强对流天气频发；全年高温日数44天，明显偏多，但极端最高气温只有38.3℃；影响台风明显偏多；秋、冬季连阴雨持续时间较长。生态环境持续改善，其中能见度进一步好转，“蓝天白云”天气明显增多。

（麻碧华　俞　布）

建置区划

【建置沿革】 新石器时代，滨江境内已有人类活动。春秋战国时，为无余（?—前361）所建越国属地。战国中期，楚威王（前339—前329）灭越，境域属楚。秦始皇二十六年（前221），置会稽郡，境域属会稽郡。西汉初至元始二年（2）年间，始建县，名余暨，境域属余暨县。新王莽始建国元年（9），改余暨为余衍，境域属余衍县。东汉建武年间（25—56），复称余暨，属会稽郡。三国，吴黄武年间（222—229），改名永兴，属会稽郡。县治设古长兴乡（即今滨江区浦沿街道境内），境域属永兴县。西晋，属会稽郡。唐仪凤二年（677），复设永兴县，属越州。其间，废县89年，隶属不变。唐天宝元年（742），改永兴为萧山，越州亦改为会稽郡，境域属会稽郡萧山县。五代时，萧山属吴越国镇东军，境域属镇东军萧山县。北宋太平兴国三年（978），吴越国除，镇东军仍改为越州，境域属越州萧山县。时萧山县实行乡里制，滨江境域设夏孝乡（西兴、长河一带）、长兴乡（浦沿一带），仍隶属萧山县。南宋绍兴元年（1131），改越州为绍兴府，萧山均其属县，滨江境域属绍兴府萧山县。元世祖至元十六年（1279），改绍兴府为绍兴路，萧山属绍兴路。此年改乡为都、改里为图，改夏孝乡为三都，辖十一图；改长兴乡为四都，辖六图；设西兴场（煮盐），隶属不变。明至清末，沿袭元制。清康熙间（1662—1722）西兴设市，雍正七年（1742）称西兴庄；道光十一年（1831）称长兴乡为"浦堰"；清咸丰十一年（1861），太平军占领萧山，改县名为莦珊县，境域属莦珊县。同治二年（1863），太平军退出，复称萧山县，境域仍属萧山。同治二年（1863）至光绪间（1875—1908）长河设镇；光绪二十四年（1898）改"浦堰"为"浦沿"，隶属不变。宣统二年（1910），根据《城乡镇地方自治章程》《府厅州县地方自治章程》，县以下设乡，时滨江境内有西兴乡、长河乡、长兴乡，隶属萧山县。

中华民国成立初（1912），废府，萧山为省直辖，滨江境域属萧山。民国3年（1914），省下设道，萧山属会稽道；民国16年（1927），废道，萧山复由省直辖。民国17年（1928），推行村里制，县下设区，区下设村、里，时设西兴里、长河里、浦沿里，属萧山县第二区；民国19年（1930），将村、里、自治会改编为乡镇，滨江境域设2个镇1个乡。民国21年（1932）2月，长河设区，辖冠山、长河、傅许、沿山4个乡135个闾，归属不变。民国24年（1935），省设行政督察区，萧山属第三行政督察区；民国37年（1948），萧山复归省直辖县，境域归属依旧。

1949年5月5日，萧山县解放，由省直辖。同年5月，长河设区,隶属萧山。6月，萧山划入绍兴专区。1957年，划入宁波专区。1959年改属杭州市，滨江境域均属萧山县。1958年10月1日，实行政社合一的人民公社体制，长河区所辖西兴、长河、山河、浦沿、闻堰5乡镇，联合成立长河人民公社，隶属萧山县不变。1984年3月，改公社为乡，滨江境域有西兴、长河、浦沿3个乡。1985年6月，改乡为镇，称西兴镇、长河镇、浦沿镇，仍属萧山县。1988年1月，萧山撤县设市（县级），境域属萧山市。

1996年5月9日，经《浙江省人民政府关于扩大杭州市市区行政区划的批复》（浙政发〔1996〕84号）批准，西兴、长河、浦沿3个镇从萧山市中析出，划归杭州市西湖区管辖。同月24日，根据《浙江省民政厅关于同意将杭州市西湖区西兴镇的东湘、杜湖、湖头陈三村划归萧山市城厢镇的批复》（浙民行字〔1996〕9号），西兴镇划出东湘、杜湖、湖头陈3个村，并归萧山市城厢镇。同年12月12日，经国务院国函〔1996〕121号批复，以西兴、长河、浦沿3个镇地域设滨江区，因地濒钱塘江，故名"滨江"。2002年6月，根据杭州市委〔2002〕12号文件决定，对杭州高新技术产业开发区管委会和滨江区的管理体制进行调整：杭州高新技术产业开发区党工委、管委会作为市委、市政府的派出机构性质不变；杭州高新技术产业开发区党工委、管委会班子成员和滨江区党委、政府班子成员实行全交叉兼职；既按高新技术产业开发区模式运行，又行使地方党委、政府职能，称杭州高新技术产业开发区（滨江），简称杭州高新区（滨江）。2003年11月18日，根据浙政函〔2003〕191号批复，撤销杭州市滨江区西兴镇、长河镇、浦沿镇建制，其行政区域改由滨江区政府直辖。同年12月3日，杭政函〔2003〕170号批复，设西兴街道、长河街道、浦沿街道。街道驻地、管辖区域、四至界限与原建制镇同。境域为杭州市滨江区。

（来小钦）

【行政区划】 至2018年底，全区有西兴、长河、浦沿3个街道，60个社区，包括西兴17个（含官河社区筹建组）、长河22个、浦沿21个。其中，城市社区31个：西陵社区、水电社区、温馨社区、新州社区、金东方社区、滨和社区、丹枫社区、奥体社区、官河社区、天官社区、中兴社区、闻涛社区、月明社区、晶都社区、白马湖社区、钱潮社区、冠山社区、观潮社区、江汉社区、新浦社区、之江社区、滨文社区、彩虹社区、滨盛社区、六和社区、西浦社区、向南社区、东信社区、明德社区、信诚社区、江南社区，撤村建居社区29个：庙后王社区、西兴社区、襄七房社区、马湖社区、七甲闸社区、星民社区、共联社区、协同社区、长河社区、江一社区、江二社区、江三社区、长一社区、长二社区、张家村社区、汤家井社区、塘子堰社区、汤家桥社区、傅家峙社区、山一社区、联庄社区、冠二社区、杨家墩社区、岩大房社区、东冠社区、新生社区、冠一社区、浦联社区、山二社区。

（占监楼）

历史文化

【西兴老街】 西兴作为江上关防和重要渡口，在以水上运输为主的古代，有其地理位置的优势。西晋永康年间开凿的浙东运河通止西兴。西晋后，西兴由军事要塞慢慢向一个中转码头转变，原先的陆驿过渡为水驿。鉴于杭州湾沙洲险阻，由明州（宁波）、越州（绍兴）到达杭州的船只，较多地选择浙东运河水道，西兴又成为沟通江海的必经之路。由此，西兴渐渐发展为一个具有中转性质的繁荣的商业集市，促进了西兴商业经济的发展。宋代，西兴街市商铺坊肆栉比，物流集散两旺。明万历年间（1573—1620），西兴过塘行生意红火，老街上有拉客运输的轿、车500多顶（辆），茶楼32家，大小店铺近200家。其中：傅孟芳、田记成等16家花米烟叶地货行初具规模；赵顺昌、悦昌、潘正大等12家南货点货源充足；大来、杨永和、诸家的棉花店颇有经营特色；汪得义、王恒裕酱酒店，裕丰、徐锦昌油烛点，延春堂、万寿山国药店，王文顺、王钰钿灯笼铺等享誉四乡。清光绪二十九年（1903），杭州至西兴、萧山、绍兴的电话开通，再度推进西兴古镇的发展。

西兴镇邑的最初形态不可考。近代的西兴聚落主要沿浙东运河呈带状分布。在浙东运河南北两岸形成与其平行长度1000多米的上大街（今西兴街）、下大街（今官河路）两条主干道路，以及与上大街和浙东运河呈垂直的棋盘格状的一系列背街小弄，如塔弄、施家弄、莫家弄、衙弄、花厅、包家道地、塘头街等，镇邑布局和街巷肌理基本完好。塘头街是西兴最古老的街巷之一，西自铁岭关路，东经龙图庙，长200多米，与上大街平行。因街所在位置为西江塘头而得名。古时，从西陵渡登岸的客流经此捷径入城，街口周环集市，街中有王夫人庙、龙图庙。官祠潮神庙、佛教禅院慧济寺和江公祠都离塘头街不远。

西兴老街（上大街）东西走向，起自江塘铁岭关，止于古资福桥。中间被扩建后的固陵路和西兴路拦腰斩断，长1000多米，宽2～3米。街道路面用青石板砌筑，下设排水暗沟。北侧街道每隔一段距离，有备弄通运河河埠，供居民洗涮之用，也兼作消防取水通道。西兴街居民大多从商，前店后场。清末到民国曾开设数百家颇有特色的店铺。旧式剃头铺、白铁铺、咸货铺、茶馆、打铁铺、杂货店、弹花店、花圈铺等隐约可寻。西兴下大街，即今官河路，起自浙东运河头，因河成街。早年这条街上，过塘行排列，间集酒肆、茶馆。茶馆、酒肆临街一侧挑出阁楼，食客凭栏坐观，可看到运河商船进出和对岸河埠居家风情。

至2018年底，西兴街道突出“匠情小镇、水乡小镇、运河源头”特色，持续推进小城镇环境整治，新建陈列馆1座，完成历史街区9处历史建筑修缮，西兴老街成为“宜居、宜游”传统文化示范基地。

（裘乐春）

【长河老街】 吴越国时期（907—978），长河就有村落。北宋太平兴国三年（978），称夏孝乡，集市贸易主要在双庙塘进行。南宋，大批北方官宦望族随驾南迁，定居长河，人口增加，集市贸易兴起，商贸活动扩展到槐河、泽河。明代长河老街泽街和槐街的街市格局形成，街市兴旺。清同治二年（1863），长河（槐河、泽河合称）设镇，临街设市，以河名镇。长河老街是以来氏、汤氏聚族而居的血缘村落为基础发展而成的。当地以科举入仕的官宦成名后建官邸、商人小本起家终成富商巨贾的建府第开店铺，都临街而建，形成规模。“来氏”家族历经八百年，人文荟萃，代际传承，门庭显赫，官邸栉比。南宋嘉泰二年(1202)至清光绪三十年（1904）的700年间，长河来氏受皇上封诰101道，有进士21人、武进士3人、举人39人、武举人18人、贡生97人。明、清及民国初期，来氏一族前后出仕387人，官至礼部尚书、内阁大学士、太常寺少卿、布政使等。由于“同氏、同族、同宗”相聚集，一般各房都建有自己的“厅”“堂”，本房成员的宅院围绕厅堂而建，形成一个个墙门。槐街，南北走向，又称横街，长200多米，槐街种满槐树，店铺林立，为来氏、汤氏等士绅或官宦传人开设，两岸布满义学、书院，故称“江南槐市”。泽街背靠泽河，东西走向，长300多米。槐、泽两街相交于财神桥头，成“丁”字状。街宽2米多，有100多家店面，店面基本上二层砖木结构。清道光年间（1821—1850），泽街上有来源远杂货店、仁号盐行等店铺。清末民国初（1840—1919），店铺毗连，商贾云集。南货店有七八家，周源源南货店双开店面，资金雄厚，有店员14人，资金3000银圆，并在闻堰等地开设分店，南北货品档次齐全，物美价廉。来哲甫在大夫第集股开设纶昶茧行，雇佣职工100多人，收购四乡蚕茧加工烘干后运往杭州丝厂。咸春堂药店、养元和药店、亦仁堂药店享誉四邻。茶店有龙泉园、第一楼、金乐园等。酱园知名的有大昌分号、宋文盛分号。王大娘酒店、周振兴油烛店、仁泰锡箔店、信号锡箔店、来亭鹤柴行，老永盛花轿行等都很有名气。其他杂货夫妻店、父子店等遍布全镇，特色烟行有来锡茂开设的源泰烟行。清末民国初有广盛、恒康、孔生茂等以收购烟叶为主的地货行。

2004年开始，长河街道划出近30万平方米作为古镇老街的核心保护区块，进行修缮性保护。以“河+街”“宗族聚落”为基本格局，集中体现杭州清末民国初江南水乡小镇商业特色及宗族历史风貌特色。重点保护区18.38万平方米，以泽街—山下里与长河、槐河街交叉口为中心的区域，南起规划乳泉路、长河卫生院北、经长江南路向东折至长河，北至世科大池、滨文路，东起长江路西60米、源泰墙门折东至长江路，西至长河电影院（包括长江路东的月湾潭）。传统风貌协调区10.35万平方米，东起月湾潭、长江路，西至四季大道东绿带；南起规划乳泉路、月湾潭长河以南30米，北至滨文路、天官路东延伸线。保护以九厅十三堂和荷花池、大夫第为代表的传统民居建筑；保护泽街—山下里、长河—槐河街等传统街巷和沿河两岸的传统建筑风貌、空间尺度；恢复、整修传统建筑；整治、拆除后期添建和新建风貌不协调的建筑。至2018年底，街区内有市级文物保护点1处，杭州历史保护建筑18处，天官第、槐河、长河、冠山寺4处地名被纳入杭州市首批地名文化遗产保护名录。

（占监楼）

【西兴运河】 浙东运河又名杭甬运河，是位于浙江境内的一条运河，西起滨江区西兴街道，经绍兴、余姚、宁波等市，至甬江入海口，全长230多千米。运河沟通了绍兴鉴湖、萧山湘湖与曹娥江、钱塘江水系，不仅是浙东物资运输的主要通道，还灌溉了萧、绍、甬三地百万余亩良田。自西兴起，经萧山至绍兴一段，通常称为西兴运河。

浙东运河最初开凿的部分为位于绍兴市境内的山阴故水道，始建于春秋时期（前486）。吴国国君吴王夫差在都城邗城（今江苏扬州）开凿邗沟，连通长江与淮河，是京杭大运河的历史起源。吴王夫差开凿邗沟时，越王勾践为富国强兵，动员军民开凿山阴故水道。西晋时，会稽内史贺循主持开挖西兴运河，此段运河与上虞以东越王勾践时期开凿的运河沟通，同时姚江、甬江的自然水道也得到整治，形成纵横交错的水网，浙东运河基本成形。唐代开始，浙东运河日益繁忙。南宋建都临安，朝廷屡次对运河进行整修，航运条件大为改善，浙东运河成为当时重要的航运河道。元代至清代，浙东运河重要性有所下降，但仍然保持畅通。直到近代，在新式交通方式的冲击下，运河作用逐渐被取代。

浙东运河到达西兴后，运河水路走到了尽头，再往西就是钱塘江，最终通过钱塘江与京杭大运河相连。由于地势原因，浙东运河水位低，钱塘江水位高，尤其是涨潮后，钱塘江水位更高，不能直接行船通航，只能在钱塘江入口的西兴对货物进行中转，特殊的地理位置，使古镇西兴成为运河繁忙的物流中心，货物通过挑夫肩挑，牛车拉的形式换船换河，继续航行。久而久之，形成了“过塘行”这一特殊的行业。西兴过塘行在清朝时达到鼎盛，当时的西兴，不仅是运河的物流中心，也是名满江南的货物集散中心。

西兴过塘行，是专替过往客商转运货物的“转运行”，主要任务是将浙东南富庶地区的物资转运到钱塘江以北，再运到京杭大运河沿线的城市，成为运河大动脉上的重要关节。全盛时期，西兴拥有七十二爿半过塘行。七十二爿半过塘行有很细的分工：其中转运客人、禽蛋的有8家，转运茶叶、烟叶、药材的有4家，转运牛、羊、猪、鱼秧的有12家，转运酒酱的有6家，转运棉花、蚕丝、绸缎的有7家，转运百杂、灯笼、木器、锡箔、扇骨的有29家，转运建筑材料的有3家，转运其他的有2家，转运银圆的1家。半爿过塘行是“黄鳝行”，因鳝鱼是季节性货品，不是全年营业，故有七十二爿半之说。过塘行有大有小，大的过塘行还养有水牛，那是因为挑夫把货物运到钱塘江边，遇到江边滩涂难行，就可以用水牛拉车的方式将货物拉到钱塘江边的货船上。数百年来，浙东地区的粮食、棉花、丝绸、盐、酒、山货都通过西兴过塘行转运到杭州及中原各地，中原各地的物资也通过西兴过塘行转运到浙东地区。

随着公路、铁路的开通，钱塘江北移等原因，浙东运河货、客运输日渐减少，过塘行的生意也日益减少，相应的茶坊酒肆、饭店旅馆也日益不景气了。民国29年（1940），日寇占领西兴，商民转移，店铺歇业、倒闭，浙东运河封航。抗战胜利后，虽烟叶、棉花、米、南货、油烛等业恢复较快，龚耀记、童炳记香烟业一度号称“西兴烟王”，随着运河功能的丧失，西兴过塘行逐渐萧条。2003年，杭州市出台《杭州历史文化名城保护规划》，西兴老街列入保护名单，沈惠全、孙太和、俞仁源等过塘行老房子陆续得到保护。

2008年11月，作为京杭大运河的延伸段和大运河与海上丝绸之路联通的通道，浙东运河被列入中国大运河申遗项目，申报世界文化遗产。2013年3月，大运河——西兴码头与过塘行建筑群被纳入第七批全国重点文物保护单位，成为大运河项目的一部分。2014年6月，中国大运河项目成功入选世界文化遗产名录。至2018年底，浙东运河滨江段得到了全面修缮与保护。

（来玉兰）

人口状况

【户籍人口】 至2018年底，滨江区户籍人口261377人，其中0~17岁60030人，占总人口的23%，比上年上升9.5%；18~34岁74056人，占总人口的28.3%，上升4.5%；35~59岁91669人，占总人口的35.1%，上升8.5%；60岁以上35622人，占总人口的13.6%，上升8.9%。户籍总数73169户，比上年增加4973户，增长7.3%，平均每户3.57人。总人口中，男性132350人，占50.6%；女性129027人，占49.4%。城镇人口251377人，占总人口的96.2%。全区出生人口4841人（按户籍统计），比上年5811人下降16.7%。出生人口中，男性2510人，女性2331人，出生人口性别比107.7。全区死亡人口802人，比上年901人下降11%。

【流动人口】 2018年，滨江区流动人口在册392029人，其中：居住时间一年以下208637人，占流动人口在册数53.2%；居住时间1～5年177857人，占流动人口在册数45.4%；居住时间5年以上5535人，占流动人口在册数1.4%。16～59周岁流动人口在册370596人，占流动人口在册数94.5%。流动人口中男性为220046人，占比56.1%，女性171983人，占比43.9%，性别比例为127.94（以女性为100）。初中及以下学历流动人口144054人，占36.7%；高中学历88494人，占22.6%;大专及以上学历159490人，占40.7%。全区有少数民族42个，少数民族流动人口5793人，占全区流动人口总数1.5%。

【人口迁移】 2018年，滨江区迁移人口51441人，比上年59938人下降14.2%，其中：市内迁入9146人，比上年12291人下降25.6%；省内迁入7002人，比上年6406人上升9.3%；省外迁入7359人，比上年7220人上升1.9%；市内迁出7511人，比上年7813人下降3.9%；省内迁出379人，比上年452人下降16.2%；省外迁出1066人，比上年862人上升23.7%。

（陈周琪）

经济建设

【地区生产总值】 2018年，高新区（滨江）地区生产总值（GDP）1350.7亿元，比上年增长11%。其中第一产业增加值0.7亿元，第二产业增加值672.3亿元，第三产业增加值677.7亿元，分别增长-26.3%、16.7%和5.7%。三次产业结构由上年的0.1∶48.6∶51.3调整为0.1∶49.7∶50.2。常住人口人均生产总值为36.36万元（按年平均汇率折算为5.49万美元），增长1.9%。在157个国家高新区综合排名、中国产业园区竞争力100强排名中均列第三。规模以上工业亩均增加值、规模以上工业单位能耗增加值、研究和试验发展经费支出与主营业务收入之比、服务业强区（县、市）Ⅰ类地区综合评价均列全省第一。

【财政总收入】 2018年，高新区（滨江）实现财政总收入322.81亿元，比上年增长12.4%，财政收入总量全市第三。其中一般公共预算收入164.86亿元，增长15.4%。一般公共预算收入中税收收入155.95亿元，其中增值税、企业所得税、个人所得税分别为61.75亿元、28.86亿元、35.22亿元，分别占39.6%、18.5%、22%。

【工业增加值】 2018年，高新区（滨江）实现工业增加值663.4亿元，比上年增长17.1%，其中规模以上工业增加值574.95亿元，增长10.5%。规模以上工业中高新技术产业增加值增长18.3%，占全区规模以上工业增加值的96.9%；战略性新兴产业增加值增长18.4%，占全区规模以上工业增加值的72.6%；装备制造业增加值增长18.6%，占全区规模以上工业增加值的89.8%，产业结构持续优化。

【人才强区】 2018年，高新区（滨江）推出人才新政30条，新引进各类人才3.06万人，增长15.1%，其中硕博人才7948人，列全市第一；诺贝尔奖获得者、海外院士2人，博士后研究人员35人。在全市率先实施外籍高层次人才申请永久居留工作，办理在华永久居留推荐53人，列全市第一。

【数字经济】2018年，高新区（滨江）数字经济实现收入3070.19亿元，比上年增长17.2%。机器人产业、物联网、信息软件和电子商务产业实现营业收入分别增长45.6%、16.8%、17.3%和14.1%。人工智能、集成电路设计、云计算、大数据、生命大健康等前沿技术领域企业快速成长。根据《浙江省数字经济发展综合评价办法（试行）》，高新区（滨江）数字经济综合评价得分148.4分，位列全省第一。

【传统产业转型】2018年，高新区（滨江）实施机器换人项目23个，新增零土地技改项目8个。发展“互联网+”都市农业，市级以上农业龙头企业实现销售收入35亿元，建立跨地区合作生产基地1.47万公顷。

【固定资产投资】2018年，高新区（滨江）固定资产投资比上年增长16.8%，其中民间投资增长26.8%、交通投资增长772.9%。生态环境和公共设施投资增长54.9%，高新产业投资下降18.4%，生态环境和公共设施投资、高新产业投资分别占固定资产投资的8.7%和14.1%。

【国内外贸易】2018年，高新区（滨江）实现社会消费品零售总额179.58亿元，比上年增长10%，其中汽车零售额89.12亿元，与上年持平，汽车销售占全区社会消费品零售的49.6%。批发零售业实现零售额168.54亿元，增长10.4%；住宿餐饮业实现零售额11亿元，增长4.8%。自营进出口总额611.5亿元，增长14.7%。其中：进口总额157.5亿元，增长16.4%；出口总额454亿元，增长13.8%。备案新设外商投资企业及中国港澳台投资企业117家，增资项目62个，投资总额1000万美元以上大项目31个。实际利用外资8.5亿美元，增长12.4%。浙商创业创新到位资金82.8亿元，增长13.6%。引进世界500强投资项目1个，累计引进世界500强企业数39家。累计完成对外投资备案项目61个，其中新设项目49个，增资项目12个，对外投资备案额44.9亿美元。

【创新主体集聚】2018年，北京航空航天大学杭州创新研究院正式运行。列入国家规划布局内重点软件和集成电路企业33家，占全省72.7%；首次新认定国家高新技术企业235家，在册904家，列全省首位。新增上市企业2家，新认定瞪羚企业233家、国家科技型中小企业726家、省级高成长科技型中小企业39家。新增各级企业技术中心、研发中心99家，院士专家工作站7家，国家级企业博士后科研工作站（分站）4家。中国软件和信息技术服务综合竞争力百强企业7家、浙江省电子信息产业重点企业36家，占全省33%。

【自主创新】2018年，高新区（滨江）研究和试验发展经费支出150亿元，与地区生产总值之比为11%。开展重大基础前沿和关键核心技术前瞻布局，6个项目列入国家核高基重大专项，3个项目列入国家级高技术产业化项目专项，申报省重点研发计划项目65个。国际标准立项1项，新发布国家标准23项、行业标准31项。获国家技术发明奖3项，其中一等奖1项；科学技术进步奖二等奖3项；浙江省科学技术奖16项，列全省第一位；杭州市科技进步奖15项，列全市第一位。专利申请量1.5万件，专利授权量8384件，万人有效发明专利拥有量超过300件。吉利控股集团自主研发的发动机项目入选国家改革开放40周年引智成果，为全市唯一。

【创新生态优化】2018年，高新区（滨江）新增市级以上孵化器、众创空间20个，区内企业新设海外孵化器6个，境外研发孵化机构147家。国家“芯火”双创基地、“滨江联合创新中心”5G实验室正式启用。举办第七届中国创新创业大赛互联网行业全国总决赛、智涌钱塘（AI Cloud生态）国际峰会、西湖论剑·网络安全大会、网易云创大会等重大活动。新增阶段参股子基金6支，基金规模24.74亿元，帮助科技型初创企业股权融

资7.5亿元。新增人才租赁房1544套。（区志编研室）

【两化融合发展指数列全省第一】2018年2月28日，浙江省区域两化融合发展水平评估报告结果显示，高新区（滨江）两化融合发展指数108.69分，高于第二名3.84分，高于市平均水平5.64分，连续7年排名全省第一。两化融合指数是考核和评价地区信息化、工业化融合发展水平、衡量地区工业经济转型升级的重要指标。此次评估对象为全省11个设区市和97个县（市、区、功能区）的基础环境、工业应用、应用效益3类，26项二级指标。高新区（滨江）基础环境指数为24.86，比上年上升2.87，排名全省第13位，其中固定宽带普及率、固定宽带端口平均速率、信息化规划等指数排名靠前；工业应用指数为43.37，上升0.36，排名全省第6位，其中ERP普及情况、MES普及情况、数字化设计工具普及率等指数优势明显；应用效益指数为40.46，继续排名全省第一位，第二产业全员劳动生产率、规模以上工业主营业务利润率、数字经济核心产业主营业务收入等指数得分领先。（叶松筌）

政治建设

【党建工作】2018年，高新区（滨江）开展中共十九大精神集中轮训、"四提一争"主题实践活动和"大学习大调研大抓落实"活动，组织"三懂"干部大培训，打造高新区（滨江）干部优势品牌。出台《关于切实加强政治生态建设的行动方案》，开展"解放思想够不够、干在实处实不实、走在前列能不能、勇立潮头敢不敢"的"四问"大讨论，组织专题民主生活会，净化政治生态。落实意识形态工作责任制，组织区委理论中心组集体学习32次。加强党建引领业委会和物业服务企业建设，推进互联网企业、国有企业和行业党建，建强各领域党建。

【政务环境】2018年，区委常委会发挥总揽全局、协调各方的作用，抓方向、议大事、管全局，召开区委常委会29次。支持人大、政府、政协和司法机关依法依章程独立负责、协调一致开展工作，强化一线作为、一线担当；加强同各民主党派政治协商，形成"同心·众创"工作体系；推动工会、共青团、妇联、工商联、残联等群团组织改革；坚持党管武装工作，深化军民融合。

【人大监督】2018年，高新区（滨江）召开人大常委会会议9次，听取和审议"一府两院"工作报告13个，做出决议决定28项，听取专题报告12个，组织各类视察42次，执法检查4次（包括街道人大工委）。成立人大工作研究会，组建10个民生实事项目代表监督小组，按季开展监督活动40多次，推进项目实施。指导街道建立居民议事制度，开展民生实事项目会商票决工作。通过"主任接待日"和代表走访，手机反馈社情民意120多条，梳理交办闭会期间代表建议12件，处理群众来信来访17件。

【建议提案办理】2018年1月21—23日，区五届人大二次会议和区政协二届二次会议确定代表建议72件、委员提案70件，其中重点建议3件、重点提案4件。建议提案内容涉及经济发展、城市建设和民生保障等方面。同月31日，区人大常委会、区政府、区政协联合召开2018年区"两会"建议提案交办会，要求各单位落实责任、安排工作、明确任务，办好每一件建议提案。至4月30日，建议提案全部如期办复。72件人大代表建议办理态度评价满意率100%，办理答复评价满意率94.8%。70件政协提案涉及委员79人次，在办理态度和办理结果上，77人次满意，2人次基本满意，委员满意率97.5%。

【政治协商】2018年，区政协贯彻落实中共十九大精神，发挥专门协商机构作用，建言资政、凝聚共识。全年召开常委会议5次，主席会议和党组会议14次，组织集体学习19次；开展常委会专题议政协商、主席会议协商、提案办理协商等重要协商议政活动20多次；组织委员专项监督履职107

次，参与委员650人次，提出意见建议220条；开展视察调研活动15次，形成重点调研报告4份，社情民意专刊7份，领导批示15人次；立案提案70件，其中重点提案4件。将文化履职列为政协改革创新项目，出台《关于开展系列文化履职活动助推高新区（滨江）创新发展的意见》，在“坚定文化自信，讲好滨江故事”中彰显政协担当。

【纪检监察】 2018年，全区纪检监察组织受理信访举报211件，比上年上升8%；立案50件，上升6%；结案48件，上升2%；给予党纪政务处分39人。开展扶贫领域腐败和作风问题专项整治，督查扶贫责任单位12家，到湖北省恩施州建始县检查结对帮扶项目4个。督查中央环保督查“回头看”、第14届世界游泳锦标赛（25米）、征地拆迁、安置房建设、“污水零直排”等中央和省市区委重大决策部署落实情况10多次，现场整改问题41个，提出建议17项。开展“最多跑一次”改革专项巡察，发现问题14个，督促落实整改意见12条。完成4家区级单位的巡察工作，对24个社区进行“联动”巡察，发现问题311个，提出整改意见39条，移送问题线索12条。

【对口帮扶】 2018年，高新区（滨江）发挥产业扶持基金作用，精准施策做好企业帮扶，区属担保公司资本金增至5亿元，新设立短期帮扶周转资金2亿元，为企业落实周转资金。全方位开展精准脱贫，落实与贵州省黔东南州丹寨县、麻江县和湖北省恩施州建始县的帮扶资金8320万元，实施援建资金项目44个，打造“一县多品”工程。加强与衢江、淳安的山海协作。（区志编研室）

文化建设

【教育强区】 2018年，高新区（滨江）教育现代化发展水平指标居全省第五位。在全市率先推行小学免费课后服务，惠及近5000名学生。推进教育高水平优质均衡发展，新开办中小学、幼儿园6所，建筑面积21.6万平方米，新增幼儿园学位955个、中小学学位6390个；在建学校7所，建筑面积21.2万平方米。拓展办学模式，引入海亮教育集团管理提升西兴中学、春晖小学办学质量。强化师资队伍建设，新招聘优秀教师378名。11所校（园）被评为市级智慧示范校（园）。

【公共图书管理】 2018年，杭州图书馆科技分馆——高新区（滨江）图书馆文献总量36.55万册（件），新增地方文献98种、278册。外借文献54.23万册，全年流通92.55万人次，开展读者活动249场，参加人数3.45万人次。通过全国第六次公共图书馆评估定级，定为区县一级公共馆；设立浦沿、西兴、长河3个街道分馆，25家社区图书室；组织送书下乡，配送文献1.38万册（件）。

【地方志编纂】 2018年，滨江区地方志办公室公开出版《滨江年鉴（2017）》《文物古迹大观——杭州市滨江区各级文物保护单位名录》，完成《“拥江发展”战略视野下的杭州历史文化资源调查及保护发展研究》（滨江分课题）课题论文，编写《杭州高新区（滨江）大事记》12期。至年底，《杭州市滨江区志》完成40个编的内部评审稿，实现“三年出初稿”的目标。完成《滨江年鉴（2018）》总纂稿50万字。承办杭州市城区首次编纂业务交流会，参加全国、省、市等组织的方志业务培训20多人次。

【文体事业】 2018年，高新区（滨江）推进现代公共文化服务体系建设，引进国际钢琴艺术家吴牧野工作室，网易蜗牛读书馆开馆。开展具有“国际滨”特质的文化活动，举办第十四届中国国际动漫节、首届中国网络文学周、2018杭州草莓音乐节，举办“滨江四季”系列演出8场，送演出进基层65场。开展庆祝改革开放40周年书画、摄影展，文艺晚会等一系列活动。推进“文艺大课堂”工作，免费面向全区居民及区内文艺爱好者进行文艺培训，送课2000课时，文艺培训2万人次。送电影进基层巡映1150场，9万人次观看。主城区规模最大的青少年活动中心建成投用，第14届世界游泳锦标赛（25米）在杭州奥体博览城网球中心举行。举办福摩杯“舞动中国——排舞联赛”总决赛、“中国杯”国际排舞公开赛、区第五届全民运动会、“白马湖杯”校园足球联赛等赛事。

（区志编研室）

社会建设

【社会保障】2018年，高新区（滨江）养老保险累计参保40.31万人，比上年增加6.10万人；职工工伤保险累计参保43.09万人，增加6.25万人；生育保险累计参保39.24万人，增加6.21万人；基本医疗保险参保率98.5%，基本养老保险参保率96.7%。

【公共卫生】2018年，高新区（滨江）儿科医联体实现全覆盖。区公共卫生中心、西兴街道社区卫生服务中心投入使用。社区卫生服务机构接诊154.3万人次，医联体累计服务居民2.1万人次，转诊居民1.2万人次。浙江大学医学院附属儿童医院二期（含国际儿童医疗中心）开工建设。至年底，拥有卫生机构189个，比上年增长20%，其中医院11个。拥有各类医疗机构床位547张，其中医院床位422张，分别增长19.7%和27.1%。卫生技术人员2381人，增长19%。其中执业（助理）医师936人，增长11.7%；注册护士1065人，增长15.1%。医院年诊疗15.4万人次，增长8.7%。婴儿死亡率和5岁以下儿童死亡率分别为1.3‰和2‰。社区卫生服务站36家。

【社会福利】2018年，高新区（滨江）发放农转非拆迁人员家庭大病医疗补助649人次。新（改）建3家“示范型”居家养老服务中心。为全区3.27万名60周岁以上老年人购买意外保险，为4200名80岁以上老人提供康复护理补助。阳光家园失智失能专区运营。开展第十八次“春风行动”，发放各类救助资金1439万元。

【安置房建设】2018年，高新区（滨江）实行安置房品牌开发商总包代建，推进16个拆迁安置房项目建设，做好18个项目的前期工作，新增开工224万平方米，竣工34.1万平方米，回迁安置2039户。基本完成滨康二苑等4个安置小区环境整治提升工程。

【就业创业】2018年，高新区（滨江）新增就业岗位1.55万个，帮助3595名城镇失业人员实现再就业，其中征地拆迁家庭1037人。新增大学生创办企业525家，累计3618家；新增留学人员创办企业195家，累计1414家。“家燕回巢”拆迁户大学生就业创业服务活动获杭州市公共就业创业服务创新大赛金奖。

【平安区建设】2018年，高新区（滨江）开展扫黑除恶专项斗争，配合省、市专项行动，打击刑事犯罪，命案及五类案件破案率100%。推进“雪亮工程”“基层治理四平台”和全科网格建设，设立基层网格372个。各级调解组织受理矛盾纠纷1732件，调处成功率99.8%。受理群众来信、来访、来电和网上信访2.54万件次。调处各类劳动纠纷争议案件4297件，为劳动者追讨工资4872万元，成为全省首批“无欠薪”行动标杆区。（区志编研室）

生态文明建设

【环境质量】2018年，高新区（滨江）PM2.5年平均浓度为38.7微克每立方米，比上年下降13.8%。空气优良率73.4%，提高0.8%。河道交接断面（北塘河风情大桥断面、北塘河滨盛路断面）保持Ⅱ类水质，优于水环境功能区要求。声环境质量达到声环境功能区要求。在全省各市、县（市、区）生态文明建设年度评价结果中，高新区（滨江）绿色发展指数列全省第一位。

【交通出行】2018年，高新区（滨江）区域内地铁5号、6号、7号线站点建设顺利推进。江虹路跨铁立交建成通车，江南大道快速路主体全线开工，完成新（改）建道路12条，道路交通体系更趋完善。推进定制公交试点，新增、优化公交线路13条，新增公共停车泊位1764个，地下空间配建停车泊位1.05万个。

【“三改一拆”】 2018年，高新区（滨江）完成“三改一拆”（在城区中开展的旧住宅区、旧厂区、城中村改造和拆除违章建筑）128.9万平方米,其中旧住宅区改造2744户、31.2万平方米，旧厂区改造16.5万平方米，城中村改造81.2万平方米，拆除各类违法建筑3071处、39.38万平方米，拆后土地利用率97.4%。完成征迁1163户，征迁企业25家。

【“五水共治”】 2018年，高新区（滨江）完成“五水共治”项目51个，投资6.08亿元。建设城镇污水管网5.12千米、雨水管网6.01千米，河湖库塘清淤27.16万立方米，创建无违建河道24.09千米，划界河道管理范围40千米。更新改造加油站7个、油罐32个。完成长二河等7条河道综保工程、水利工程标准化管理、涉水行业环境管理、海绵城市建设、节水型企业创建、排水口整治等工作年度目标任务。创建生活小区类“污水零直排”42个。高新技术产业开发区（工业集聚区）及浦沿、西兴工业园区通过市级复核验收。永久河被评为杭州市市级“美丽河道”。

（区志编研室）

主要机构及负责人名录

中共杭州市滨江区委员会

区委书记

詹　敏

区委副书记

金志鹏（2018年12月止）
李志龙（2018年12月始）
王慎非（2018年9月止）
施华森（2018年9月始）

区委常委

詹　敏
金志鹏（2018年12月止）
李志龙（2018年12月始）
王慎非（2018年9月止）
施华森
兰　斌（2018年9月止）
张　玮（女）
黄利文
凌　军（2018年9月止）
谢渐升
商丽萍（女）
沈　建（2018年9月始）
郑　迪（2018年12月始）
杨晓峰（女，2018年12月始）
屠国平（2018年12月始）
阮　雳（挂职，2018年12月止）
石　威（挂职，2018年11月始）
马剑平（人武部长，兼职，2018年9月止）
葛宇鹏（人武部长，兼职，2018年9月始）

中共杭州高新技术产业开发区工作委员会

党工委书记

詹　敏

党工委副书记

金志鹏（2018年12月止）
李志龙（2018年12月始）
王慎非（2018年9月止）
施华森（2018年9月始）

党工委委员

詹　敏
金志鹏（2018年12月止）
李志龙（2018年12月始）
王慎非（2018年9月止）
施华森
兰　斌（2018年9月止）
张　玮（女）
黄利文
凌　军（2018年9月止）
谢渐升
商丽萍（女）
沈　建（2018年9月始）
郑　迪（2018年12月始）
杨晓峰（女，2018年12月始）
屠国平（2018年12月始）
阮　雳（挂职，2018年12月止）
石　威（挂职，2018年11月始）
马剑平（人武部长，兼职，2018年9月止）
葛宇鹏（人武部长，兼职，2018年9月始）

区委工作部门：

党委办公室（台湾工作办公室）

主任

冯建伟

政策研究室

主任

袁海峰

信访局

局长

应　军

组织部

部长

商丽萍（女）

常务副部长

瞿　野（2018年11月止）

蒋应东（2018年11月始）

区直属机关党工委

书记

瞿　野（2018年11月止）

蒋应东（2018年11月始）

党委人才办

主任

胡也静（女，2018年4月止）

商丽萍（女，2018年4月始）

宣传部

部长

张　玮（女，2018年9月止）

沈　建（2018年9月始）

常务副部长

周　皓

文明办

主任

任　军

文创办

主任

高　翔

统战部

部长

谢渐升

常务副部长

曹才源

政法委员会（综治办）

书记

王慎非（2018年9月止）

施华淼（2018年9月始）

副书记、综治办主任

来国庆（2018年9月止）

孙　伟（2018年12月始）

农业和农村工作办公室

主任

郭　良（2018年11月止）

杭州市滨江区人大常委会

主任

韩建中

副主任

赵万能

袁如祥

周建杭

丁幼芳（女）

包嘉颖（女）

汤伟平

人大常委会机关：

人大常委会办公室

主任

胡国渭

人大常委会法制内务司法工委

主任

楼东文

人大常委会财经工委

主任

李水虎（2018年12月止）

胡志明（2018年12月始）

人大常委会城建环保工委

主任

项炳洪

人大常委会教科文卫民宗侨工委

主任

陈有兴

人大常委会人事代表工委

主任

傅德彪

杭州市滨江区人民政府

区长

金志鹏（2018年12月止）

李志龙（2018年12月代理区长）

副区长

施华淼（2018年9月止）

张　玮（女，2018年9月始）

兰　斌（2018年9月止）

阮　雳（挂职，2018年12月止）

石　威（挂职，2018年12月始）

万爱民（女）

朱建军（挂职，2018年9月止）

郑　迪

荆　慰（2018年8月始）

周力军

屠国平

李　敏（女，挂职，2018年8月止）

达瓦多吉（挂职，2018年5月始）

王斌达（2018年9月始）

李放瑜（挂职，2018年12月始）

杭州高新技术产业开发区管理委员会

主任

金志鹏（2018年12月止）

李志龙（2018年12月始）

副主任

施华淼（2018年9月止）

张　玮（女，2018年9月始）

兰　斌（2018年9月止）
阮　霈（挂职，2018年12月止）
石　威（挂职，2018年12月始）
万爱民（女）
朱建军（挂职，2018年9月止）
郑　迪
荆　慰（2018年8月始）
周力军
屠国平
王斌达（2018年9月始）
李放瑜（挂职，2018年12月始）

区管委会、政府工作部门：

办公室

主任
冯建伟

发展改革和经济局

党组书记、局长
叶圣文

教育局

党委书记、局长
陈玉棠

科学技术局

党组书记、局长
汤　茵（女）

民政局

党组书记、局长
赵祖峰

司法局

局长
蔡文刚

财政局

党组书记、局长
胡银根

人力资源和社会保障局（编办）

党组书记、局长，编办主任
蒋应东（2018年11月止）
胡也静（女，2018年11月始）

住房和城市建设局

党组书记、局长
郁廷栋

农业局

党组书记、局长
汪银海（2018年11月止）

局长
许利萍（女，2018年11月始）

党组书记
唐晓雄（2018年11月始）

商务局

党组书记、局长
郑　丽（女）

社会发展局

党委书记、局长
孙灿平（2018年9月止）
吕林青（2018年9月始）

审计局

局长　林福明

党组书记
孙　伟（2018年12月止）
谢迎光（2018年12月始）

市场监督管理局

党委书记、局长
沈　璞

城市管理局（综合行政执法局）

党组书记、局长
应国洪（2018年12月止）

安监局

党组书记、局长
高国明

公安分局

党委书记、局长
凌　军（2018年9月止）
荆　慰（2018年9月始）

政委
宣祎扬

常务副局长
徐国宏

行政服务中心

党委书记
施华淼（2018年9月止）
张　玮（女，2018年9月始）

党委副书记
胡嘉欢（2018年11月止）
张志真（2018年11月始）

主任
胡嘉欢（2018年11月止）
张志真（2018年11月始）

杭州白马湖生态创意城管委会

党工委书记
林章忠（2018年5月止）
顾华锋（2018年5月始）

管委会主任
詹艳青（女）

国土分局

书记、局长
宓伟庆（女）

国税局

党组书记、局长
郭富礼（2018年7月止）

地税分局

党委书记、局长
陈婷婷（女，2018年7月止）

税务局（国、地税合并后）

联合党委书记
郭富礼（2018年7月起、10月止）

党委书记
郭富礼（2018年10月始）

局长
郭富礼（2018年7月始）

侨务办公室

主任
曹才源

民族宗教事务局

局长
李树人

政协杭州市滨江区委员会

主席
俞少平
副主席
毛　进
张爱莲（女）
夏福志
余静漪（女）
秘书长
李海松

政协委员会机关：
办公室
主任
金永明
政协提案委员会
主任
姜菊生
政协经济科技委员会
主任
傅焕林
政协城市建设和人口资源环境委员会
主任
费建伟
政协教育文化卫生体育和文史委员会
主任
来忠良
政协社会法制民族宗教和港澳台侨委员会
主任
陈建祥
政协委员工作委员会
主任
朱来兴

中共杭州市滨江区纪律检查委员会

书记
黄利文
副书记
周　翔
周国桥

中共杭州高新技术产业开发区纪律检查工作委员会

书记
黄利文
副书记
周　翔
周国桥

杭州市滨江区监察委员会

主任
黄利文
副主任
周　翔
周国桥
巡察办
主任
韩　耿

杭州市滨江区人民法院

法院院长
池海江

杭州市滨江区人民检察院

检察院检察长
陈云高

民主党派

民革高新区（滨江）支部
主委
冯　枫（女）
民盟高新区（滨江）基层委
主委
范兴海
民建高新区（滨江）基层委
主委
詹艳青（女）
民进高新区（滨江）基层委
主委
林福明
农工党高新区（滨江）总支部
主委
罗红英（女）
致公党高新区（滨江）总支部
主委
许利萍（女）
九三学社高新区（滨江）基层委
主委
楼华龙

部分社会团体

共青团高新区（滨江）委员会
书记
许江晨
高新区（滨江）总工会
主席
丁幼芳（女）

常务副主席

王利君

高新区（滨江）妇女联合会

党组书记、主席

彭　虹（女）

高新区（滨江）工商业联合会

主席

陈月利（女）

党组书记

裴恒运（2018年11月止）

高新区（滨江）科学技术协会

主席

汤　茵（女）

高新区（滨江）归国华侨联合会

主席

曹才源

滨江区文学艺术家联合会

主席

周　皓

滨江区社会科学界联合会

主席

周　皓

高新区（滨江）残疾人联合会

理事长

赵祖峰

其他机构

城建指挥部（地铁办）

党组书记、总指挥，地铁办主任

桂亚军

农村多层住宅建管中心

主任

许利萍（女）

党组书记

唐晓雄

智慧新天地建设指挥部

党组书记

田少华（2018年9月止）

孙灿平（2018年9月始）

总指挥

来国炎（2018年9月止）

邵　臻（2018年9月始）

物联网产业园建设指挥部

党组书记

胡志明（2018年11月止）

丁昌钰（2018年11月始）

总指挥

龚　栩（女）

互联网经济产业园建设指挥部

党组书记

郭吉龙

总指挥

顾华锋（2018年5月止）

区全域城市化、全域景区化领导小组办公室

主任

楼东文

区“三改一拆”领导小组办公室

主任

陈　斌（2018年12月止）

区“五水共治”领导小组办公室

主任

韩知初

高新总公司（奥体滨江公司）

董事长、总经理

劳唯中

水务公司

董事长、总经理

唐贞伟

资产经营公司

董事长

徐学文

总经理

胡跃华

街　　道

西兴街道

党工委书记

胡志明（2018年11月止）

丁昌钰（2018年11月始）

人大工委主任

景金木

办事处主任

徐建刚（2018年5月止）

胡嘉欢（2018年11月始）

长河街道

党工委书记

郭吉龙

人大工委主任

何美娟（女）

办事处主任

丁昌钰（2018年11月止）

瞿　野（2018年11月始）

浦沿街道

党工委书记

田少华（2018年9月止）

孙灿平（2018年9月始）

人大工委主任

陈贤忠

办事处主任

汪　栾（2018年5月止）

（区委组织部　区委统战部　区委编办）

中共杭州高新区工委（滨江区委）

重要决策和活动

【拥江发展行动计划审议通过】 2018年1月11日，区委常委会审议通过《高新区（滨江）拥江发展四年行动计划（2018—2021年）》（以下简称“计划”）。计划明确目标要求、行动原则、主要任务、保障措施；确立“保护优先，合理利用”“文化引领，统筹推进”“开放合作，创新发展”三大原则；分解细化为7个方面、36项具体工作，明确相应责任单位；强调坚持规划引领，坚持改革创新，推进拥江发展战略实施。

【全面从严治党主体责任意见审议通过】 2018年3月8日，区委常委会审议通过《关于进一步落实全面从严治党主体责任的意见》（以下简称“意见”）。意见围绕明责、担责、督责、追责等关键环节，以加强责任清单管理、狠抓责任报告评议、强化责任全程落实、完善责任科学考核、落实责任监督检查、严格责任问责处理6项具体工作为抓手，健全责任分解、报告、落实、考核、督查、追究机制，推动全面从严治党主体责任落地见效。

【行政复议体制改革方案审议通过】 2018年3月8日，区委常委会审议通过《杭州市滨江区行政复议体制改革工作方案》（以下简称“方案”）。方案明确指导思想、工作原则、主要内容、工作要求，细化行政复议机构主要职责、健全完善行政复议机制，促进依法行政，加快建设法治政府。

【加强和改进人民政协参政议政意见审议通过】 2018年4月19日，区委常委会审议通过《中共杭州市滨江区委关于加强和改进人民政协参政议政的意见》（以下简称“意见”）。意见明确人民政协参政议政的重要意义、指导思想、基本原则、重点内容、主要形式，拓展政协参政议政渠道，加强政协参政议政与党政工作的有效衔接，健全完善人民政协参政议政机制，发挥各党派团体的参政议政作用。

【党员干部改革创新容错免责机制实施办法审议通过】 2018年5月14日，区委常委会审议通过《党员干部改革创新容错免责机制》（以下简称“机制”）。机制明确和细化免予追责应遵循的原则、申请免予追责的条件、认定免予追责的程序、免责结果的运用4个方面，强化组织领导、严明容错免责纪律，推动改革创新容错免责机制落到实处。鼓励党员干部敢想敢干、敢于担当，激发干事创业的激情和活力。

【推进清廉滨江建设实施意见审议通过】 2018年8月28日，区委常委会审议通过《推进清廉滨江建设实施意见》（以下简称“意见”）。意见明确和细化清廉滨江建设的重要性和必要性、清廉滨江建设的目标要求、完善制度机制、加强监督制约、提升服务管理、锤炼思想作风、构建高效的监督体系等9个方面，强化组织领导和工作合力、监督考核，建设清正廉洁的干部队伍、优化清廉诚信的营商环境、营造风清气正的政治生态。

【构建新型政商关系实施意见审议通过】 2018年9月6日，区委常委会审议通过《关于构建新型政商关系的实施意见》（以下简称“意见”）。意见明确指导思想、基本原则、主要内容、组织保障4个方面内容，将主要内容分解细化为沟通协商、涉企服务、政商交往、守法诚信等方面，明确构建新型政商关系的责任分工。

【民营经济发展联席会议工作制度审议通过】 2018年9月6日，区委常委会审议通过《杭州高新区（滨江）民营经济发展联席会议工作制度》（以下简称“制度”）。制度明确组织构成、工作职责、议事规则3个方面内容，对成员单位和办公室的具体职责进行分工，增强成员单位与民营企业的交流和沟通，推进研究解决民营经济发展中的重要问题，促进民营经济发展。

【加强新时代城市基层党建工作实施意见审议通过】 2018年11月29日，区委常委会审议通过《加强新时代城市基层党建工作实施意见》（以下简称“意见”）。意见明确和细化推进街道管理体制改革、优化社区运行机制、推进各领域党建整体提升、健全完善党建引领基层治理体系、强化基层工作支持等5个方面；强化党对城市基层工作的全面领导、强化人民群众主体地位，着力解决基层治理的突出难题，提升城市基层党建整体工作。

【规范提升“基层治理四平台”建设运行实施方案审议通过】 2018年12月20日，区委常委会审议通过《进一步规范提升“基层治理四平台”建设运行实施方案》（以下简称“方案”）。方案按照“集成化、智慧化、标准化”要求，坚持目标导向、问题导向、需求导向、效果导向，对工作内容和任务从治理体系、力量体系、任务体系、机制体系、智慧信息支撑体系5个方面细化分解成20项具体任务，明确责任单位，对其中16项重点建设工作建立任务清单，明确完成期限，提升社会治理水平，推进高新区（滨江）“基层治理四平台”建设运行。

【中共杭州市滨江区委五届四次全体（扩大）会议召开】 2018年8月10日，中共杭州市滨江区委五届四次全体（扩大）会议在区文化中心举行，全体区委委员、候补委员和区纪委委员、监委委员，各部门（单位）负责人、曾担任过副区级以上职务的老同志、部分区党代表、各社区党组织负责人共227人参加会议。区委书记詹敏代表区委常委会做题为《坚持改革开放创新 锻造一流状态一流作风 建设一流高新区一流城区》的报告。会议认为，要以改革开放创新的思维锻造一流状态一流作风，建设一流高新区一流城区，办好滨江的事情，当好“八八战略”再深化改革开放再出发的排头兵，为杭州加快建设独特韵味别样精彩世界名城和打造展示新时代中国特色社会主义重要窗口做出更大贡献。

【区委常委会】 2018年，区委常委会召开会议29次。区委常委会学习贯彻十九届二中全会和习近平总书记重要讲话精神、省委十四届四次全会精神、市委十二届四次全会精神。按照党委“总揽全局、协调各方”原则，落实好民主集中制，把方向、谋全局、抓大事、促改革。发挥党委的领导核心作用，研究滨江经济社会发展的重大问题和党的建设工作。（甘立飞）

组织工作

【概况】 至2018年底，全区有党的基层组织2237个，其中党委99个、党总支207个、党支部1931个。在册党员5.2万人。年内新转入党员7602人，新发展党员302人。党员组织关系转出1019人，新增6885人。

至年底，全区区管干部332人。其中：女性71人，占21.4%；35周岁以下年轻干部6人，占1.8%；党外干部19人，占5.7%；大学以上163人；机关部门班子成员283人，街道班子成员49人；处级非领导干部102人，正处级48人，副处级54人；区直接监管国有企业班子成员13人，挂职干部4人。

年内，调整区管干部12

批、91人次，提拔5人，晋升3人，交流16人。选派44名干部到国家部委、国家一流高新区、亚组委场馆部、湖北省恩施州、贵州省黔东南州、市重点工程和街道“三改一拆”办公室等一线挂职历练。

（任卓伟　来雅萍）

【党建引领物业管理】 2018年2月3日，区党委办印发《关于以党建引领推进业主委员会和物业服务企业建设的实施意见（试行）》，明确推进党的组织和工作全覆盖、落实社区属地管理责任、建立健全街道支撑体系、强化行业指导和监管职责、提高民主协商质量强化自我管理服务、坚持统筹管理分级协调6个方面、20条工作标准。6月13日，区委组织部印发《关于党建引领拆迁户临时过渡区块管理服务十条意见（试行）》，明确组织架构、健全运行机制、强化党员意识、推行小区公约、实行民情走访、开展结亲帮扶、配套用房功能化、开展暖心服务、给予经费保障、纳入社区管理10个方面的具体操作标准，加强党组织领导下的基层治理工作，保障拆迁户在临时过渡区块享受更优服务。

【党组织“三个全覆盖”工作指引出台】 2018年3月8日，区委组织部印发《党的基层组织在社区网格、业委会、物业“三个全覆盖”工作指引》（1.0版），明确组建标准、组建流程、书记人选确定及后期管理要求。强化“社区党组织+网格党支部（党小组）+楼栋党小组”的三级组织架构，探索推行网格“议事会”，实现三个覆盖100%、95.2%和78.3%。

【基层党建特色服务项目集中发布会】 2018年4月25日，高新区（滨江）2018年度基层党建特色服务项目集中发布会在智慧e谷举行，市委组织部副部长、两新工委书记李志龙，区委书记詹敏出席活动并讲话。发布会推出“先锋滨”视觉识别体系。推行“双领”（组织领项目，党员领任务）机制，区委两新工委推出七大类活动项目，基层党组织从原来被动“承办”活动，变身主动“申领”项目，成为党建项目的实施和创意主体。活动现场有18个“双领”项目被独家认领，另有11个“双领”项目被2家以上企业党组织申领。3个街道介绍党群服务中心和2018年度主要活动安排。300多人参加发布会。

2018年4月25日，高新区（滨江）举行2018年度基层党建特色服务项目集中发布会

（区委宣传部　供图）

【基层治理“最小单元”实践样板】 2018年6月，高新区（滨江）以改善“家门口”公共环境为切入口，在西兴街道率先实施“先锋滨·小区楼廊提升改造”试点工作。发挥楼道党小组这个基层治理“最小单元”作用，经过基层协商民主，整合服务群众专项经费等资源，开展楼廊改造提升。至年底，提升改造楼廊96处，新建运行楼道公约96个。

【流动党员管理新模式】 2018年7月，区委组织部联合公安滨江分局、长河街道加强对创新创业“新滨江人”的党员管理工作。以社区为单位建立由社区民警任书记的功能性临时党支部参与基层治理，建立江汉社区创新创业“新滨江人”临时党支部。开展创新创业“新滨江人”中党员排摸工作，明确班子配备，制定

《创新创业“新滨江人”党员管理“三张清单”》，通过“排、分、建、管”四步法，排摸党员1781人，成立社区功能型党组织33个，分流纳管427人，成为参与社会治理的新生力量。

【上市（拟上市）企业“双强”发展】 2018年8月23日，区委组织部印发《推进上市（拟上市）企业“双强”发展行动计划》，提出“党建强”和“发展强”举措各10条，梳理指导支持企业建党委、选优配强党组织“红领”骨干队伍、落实党建引导资金等推进“党建强”，形成推进优质企业境内外上市、建立上市培训基地、开辟企业上市工作“绿色通道”等服务支持“发展强”。

【互联网企业党建】 2018年11月6日，区委组织部印发《贯彻落实全国互联网企业党建工作座谈会精神行动计划》，明确15类、57项任务。完善区委两新工委机构设置，下设互联网行业党建专委和社会组织党建专委；坚持区域统领、行业引领，强核筑堡、开放互动工作思路，各街道和各行业主管单位主动协同推动互联网企业党的组织和工作“两个覆盖”；以网络代表人士、企业高管为重点，加强对互联网从业人员的政治引领和政治吸纳；抓好《中国共产党支部工作条例（试行）》学习贯彻，落实“123”基本规范，加强对党员队伍的教育管理；配齐配强党务工作力量，推动党群服务阵地建设和信息化建设，强化工作保障。至年底，全区46家互联网企业新建党组织，网易（杭州）网络有限公司、观澜（杭州）网络有限公司、杭州安恒信息技术股份有限公司3家互联网企业党组织升格为党委。《互联网企业党员思想状况问题研究——基于杭州高新区（滨江）的调研分析》被全国党建研究会评为调研课题优秀成果一等奖，在中央组织部召开的全国互联网企业党建工作座谈会上做书面交流。

资料：“123”基本规范

“1”是将每月一次的党员固定活动日提升为“主题党日”，“2”是把“两学一做”作为党内政治生活基本内容固化下来，“3”是以“三会一课”为基本制度，使党组织成为教育党员的学校、团结群众的核心、克难攻坚的堡垒。

【社区窗口“一滨办”模式推行】 2018年12月3日，区委组织部发布《“一滨办”社区窗口工作手册》（1.0版），梳理10个大类101项便民事务和6套绩效管理工具、6项关键绩效指标。手册是社区窗口改革的主要载体，成为窗口社工日常工作的基本准则、居民群众就近办事的服务指南。实现让社工既“走出去”，又“守好家”，让社区居民群众日常性便民事务能够在社区窗口一人一岗并联办理，一次办好，成为生活中最近的“最多跑一次”。

【新时代城市基层党建工作实施意见出台】 2018年12月19日，区党委办印发《关于加强新时代城市基层党建工作的实施意见》，明确指导思想和目标任务、推进街道管理体制改革、优化社区运行机制、互联互动推进各领域党建整体提升、健全完善党建引领基层治理体系、上下联动强化基层工作支撑6个方面、24项具体举措，完善“党委统一领导、条块齐抓共管”的城市基层党建工作格局，推进“产城人”融合发展。（任卓伟）

【干部监督管理】 2018年，区委组织部加强干部日常管理监督,健全干部监督工作体系。7—8月，开展科级干部选任和档案工作抽查，规范党委（党组）选人用人程序，提升科级干部选任工作质量管控。7—9月，加强领导干部出国（境）管理，开展备案和持证情况核查，通报2017年1月至2018年9月区管干部因私出国（境）违规变更行程等情况27人。11月12日，出台《关于构建干部大监督工作机制的实施方案》《干部大监督工作机制信息沟通办法》，干部监督联席会议成员单位由原来的8家增至14家。开展个人有关事项集中报告工作，印发《填报注意事项》和案例选编，提高填报准确度，随机抽查如实填报率比上年提高10.5%。开展“凡提四必”，全年有4名区管干部因填报个人事项不实被取消考察对象资格。

资料：凡提四必

干部档案“凡提必审”，个人有关事项报告“凡提必核”，纪检监察机关意见“凡提必听”，反映违规违纪问题线索具体、有可查性的信访举报“凡提必查”。

（来雅萍）

宣传工作

【概况】 2018年，区委宣传部贯彻落实全国、省、市宣传思想工作会议精神，为建设一流高新区一流城区提供思想力量、精神支持、文化引领。通过讲座论坛、专题学习、研讨交流等形式，邀请魏杰、丁祖年、何显明、陈宗年等知名学者、专家做辅导报告，全年组织集体学习38次。出台《各级党委（党组）理论学习中心组实施细则》，加强各级理论中心组的组织领导和学习管理。以白马湖市民大讲堂为主载体，持续开展习近平新时代中国特色社会主义思想、中共十九大精神、改革开放40周年等主题宣讲活动，开展基层宣讲210场，受众3万余人次。举行大型红色诗话情景剧《红船追梦》观摩、“红船驶进新时代”巡回宣讲、庆祝改革开放40周年文艺晚会、图片摄影展等活动，发放各类学习宣传资料1.2万册（份）。编印《习近平新时代中国特色社会主义思想在浙江的萌发与实践——十大重点课题研究与实践案例》15万字、550册，分发给区委理论中心组成员、11个基层党委，为各级党员干部学习提供参考。

【意识形态工作】 2018年，区委常委会专题学习研究意识形态领域工作2次，强化意识形态工作，对12家单位印发问题整改清单。制定《网络舆情信息工作制度（试行）》《网上舆情风险研判评估机制》。落实每季意识形态分析报告、每月维稳研判例会等制度，推动舆情早发现早研判早处置早化解。全年上报社会舆情1200多条，编写报送各类舆情信息专报61期。举办全区新闻发言人培训班，近50家单位新闻发言人和联络员共90多人现场模拟发布。

【新闻媒体紧扣中心工作】 2018年，高新区（滨江）开展“1+X”产业新政、证照分离试点改革、金融科技小镇建设等10多场新闻发布和集中采访活动，国家、省、市各级媒体刊播高新区（滨江）新闻报道1500多篇，绿康阳光家园住进年轻人等亮点被中央电视台、凤凰卫视等关注报道。在《上海日报》推出“国际滨”英文专题专版宣传10多次，“1+X”新政、北航杭州研究院、网易蜗牛读书馆等20多条信息通过脸书、推特、优兔、图享“hangzhoufeel”社交网络平台向世界传播。提升区委区政府机关报《天堂硅谷》质量，全年刊出52期。“滨江发布”粉丝近30万人，影响力继续位居全国高新区微信公众号第一，全年有6条微信文章阅读量超过10万人次，在全市首推的双语发布43期阅读量超过50万人次。发行《天堂硅谷》杂志12期，共6万册。

【精神文明建设】 2018年，高新区（滨江）首次举办“美好滨江，因你更美”——2018“美丽滨江人”颁奖晚会。累计培育市级以上道德模范11人、好人15人。持续开展文明满滨江文明宣传，邀请中国曲艺家协会副主席翁仁康为文明大使，组织文艺活动11场，3.3万人次观看。开展礼让斑马线、排队守秩序、停车不占道、垃圾要分类、殡葬讲文明“五项文明提升工程”，打造“滨滨有礼”国际滨形象；开展“我们的节日”系列活动，倡导文明过节；开展“邻居节”“公民爱心日”等实践活动。制定《滨江区精神文明建设考核管理办法》，确定每周三为“文明提升日”，坚持每周一主题、一月一循环，加强基层文明工作考核管理。强化文明指数测评督促检查，突出重点场所和薄弱环节，全年抄告并督促整改问题120多个，整改率100%。做好第14届世界游泳锦标赛（25米）宣传氛围布置。墙绘作品《好家风家训代代传》获市墙景美化比赛最佳创意设计奖。

【文化活动多样化】 2018年，高新区（滨江）开展“2018和滨滨一起樱花跑”“红火过大年写福送春联”“滨江赋楹联展”“文艺讲堂进社区”“浙东运河源旗袍秀”“幸福老人免费摄影”等系列文化活动。制定《滨江区社区文化家园建设的实施意见》，引导支持社会力量融入滨江文化建设，宝龙文化艺术中心、网易蜗牛读书馆等文化新地标投入使用，新建星民、月明、中兴、钱潮等7个社区文化家园，完善基层文化阵地。组织申报2018年度文化精品工程扶持项目，《何文秀》《荒城纪》等5部影视作品成功入选，其中《何文秀》《风再起时》2部作品被推荐申报省级精品。

【文创产业稳健发展】 2018年，高新区（滨江）限额以上文创企业实现主营业务收入1360亿元，比上年增长25%，保持全省动漫游戏产业第一区。招引优质文创企业106家，兑现区级文创专项资金近3400万元。“新三板”挂牌文创企业9家。107名知名网络作家签约入驻中国网络作家村，版权收入3.86亿元，纳税近2000万元。完成第十四届中国国际动漫节、第十二届（2018）杭州文化创意产业博览会主会场各项服务保障工作，组织承办首届中国网络文学周、第十八届海峡两岸文化创意产业高校研究联盟白马湖论坛等活动，引进浙江省电子竞技协会高校电竞专业委员会及电竞赛事、中国电子竞技嘉年华等产业活动。

【社会科学活动】 2018年，高新区（滨江）发挥社科工作“服务中心、引领风尚”功能，汇编《学习参阅》9期，共2700册，在社区、企业、园区等建立省、市、区三级社科普及基地，组织开展社科普及广场活动、专题讲座等25次，与浙江中医药大学党委宣传部共建马克思主义学院和社科普及基地。年内，组建作家、音乐家、舞蹈家、朗诵家等协会，成立滨江区文学艺术界联合会，组织召开滨江区文学艺术界联合会第一次代表大会。

【“看滨江、见改革”庆祝改革开放40周年主题宣传活动】 2018年，区委宣传部组织开展纪念改革开放40周年和“八八战略”实施15周年系列主题宣传活动。7月11日和8月22日，区委宣传部印发《关于推荐报送“纪念改革开放40周年”主题宣传线索的通知》《“看滨江、见改革”高新区（滨江）庆祝改革开放40周年主题宣传活动工作方案》。8—9月，在“滨江发布”开展“改革开放十件大事征集评选”活动，800多人参与投票选出10件大事。8月1日至12月27日，区委宣传部和省、市摄影家协会联合举办“看滨江、见改革”纪念改革开放40周年摄影大赛，150名作者1918件作品在区文化中心展出，近5000人次观展。9—12月，《天堂硅谷》杂志推出系列报道，发稿38篇，配图45幅，“滨江新闻网”同时转载。发放《“伟大的变革——庆祝改革开放40周年”宣传挂图》80套，在社区文化家园宣传窗悬挂。10月17日至11月28日，《天堂硅谷》报开设《纪念改革开放40周年》专栏，出刊6期，纪念专版3版，刊载图片40幅、纪念书画作品8幅。12月19日至2019年1月20日，从生活、工作在滨江的居民群众、企业家、高层次人才、外籍人士中，选取采访40名典型人物，集结成“改革开

2018年9月26日，区委在区文化中心举办硅谷创新论坛——学习“新修订《中国共产党纪律处分条例》解读”（区委宣传部　供图）

放40年40脸谱”图册以及视频，在“滨江发布”推出文章、微场景等50篇。12月20日，区委常委会召开扩大会议，专题学习习近平总书记在庆祝改革开放40周年大会上的重要讲话精神。同月27日，“看滨江、见改革”高新区（滨江）庆祝改革开放40周年文艺晚会在区文化中心举行。

（王春松）

【硅谷创新论坛】 2018年3月26日至12月28日，区委在区文化中心、智慧e谷大楼举办硅谷创新论坛9场，区党委理论中心组全体成员、列席人员，其他市管干部，全体区管干部，单位（部门）负责人，与报告内容相关单位（部门）全体成员4000多人次参加报告会。

2018年高新区（滨江）硅谷创新论坛

表1

日　期	宣讲人姓名	宣讲人职务	宣讲主题
2018-03-26	陈宗年	全国人大代表、杭州海康威视数字技术股份有限公司董事长	全国“两会”精神
	魏　杰	著名经济学家，清华大学文化经济研究院院长、教授、博士生导师	中共十九大之后的中国经济
2018-04-12	丁祖年	省人大常委会委员、人大法制委员会主任委员	宪法
2018-06-01	毛光烈	省人大常委会副主任、省智能制造专家委员会主任	“创建智造供给小镇”专题报告
2018-06-28	何显明	省社会科学院党委副书记、院长	七一专题
2018-07-24	杜　虹	中国保密协会会长	保密形势与任务
2018-09-26	刘　勇	省委党校教授、党建研究所副所长	新修订《中国共产党纪律处分条例》解读
2018-10-19	杨卫敏	省委统战部副巡视员	新时代统一战线及宗教工作理论与实践
2018-12-21	陈文丰	长城企业战略研究所常务副总经理、科技部重大科技计划评审专家	从对标深圳南山看新时期滨江建设世界一流园区
2018-12-28	汤晓华	国防大学政治学院教授、军事学博士、博士生导师	国家安全形势

【区委理论学习中心组专题学习会】 2018年，区委理论学习中心组召开专题学习会2次，提高党员干部的理论水平。8月10日，区委理论学习中心组全体成员、列席人员，相关部门主要负责人共38人学习如何应对中美经贸摩擦相关内容。9月14日，区委理论学习中心组全体成员、列席人员，区纪委、监委中层以上干部共40人学习《中华人民共和国监察法》。

【“走进高新企业，当好高新人”学习活动】 2018年4月25日至10月31日，区委在区文化中心举办4次“走进高新企业，当好高新人”学习活动，区四套班子领导、相关部门主要负责人、各街道党工委书记、办事处主任近2000人次参加学习。4月25日，杭州趣链科技有限公司联合创始人兼首席执行官李伟做“区块链与企业应用实践”讲座，浙江吉利集团股份有限公司总裁、曹操专车董事长刘金良做“打造新能源出行服务平台”讲座。8月8日，国家人才计划专家、杭州睿琪软件有限公司董事长罗欢作“人工智能，未来已来”讲座，网易副总裁兼杭州研究院执行院长汪源做“大数据智能化应用落地的体会与挑战”讲座。9月14日，泰格医药联合创始人、执行副总裁曹晓春做“生物医药研发服务的现在与未来”讲座，杭州中天微系统有限公司董事长严晓浪做“集

2018年10月31日，区委在区文化中心举办“走进高新企业，当好高新人”活动　　（区委宣传部　供图）

成电路是数字经济和国家安全的关键核心技术”讲座。10月31日，丁香园创始人、董事长李天天做“数据驱动的移动医疗服务——丁香园实践分享”讲座，生捷科技（杭州）有限公司董事长兼首席执行官周巍做“基因检测和产业化应用”讲座。学习高新技术及其产业，促进经济持续稳定发展。

【白马湖市民大讲堂】 2018年3月23日，区委宣传部印发《“白马湖市民大讲堂”活动安排》，部署安排课程内容、选课方式和师资队伍，课程设置党史党建、区情形势、法律法规、文明礼仪、休闲文化、婚姻家庭、健康养生、操作技能8个系列，内容包括中共十九大精神、习近平新时代中国特色社会主义思想、全面从严治党与监察体制改革的解读等，结合新出台的“1+X”政策，安排专家进行解读。首次增设现场教学，实地参观奥体主体育场、西兴过塘行遗址、中国网络作家村、智慧e谷等，探索实地参观学习与课堂老师讲授相结合，提升学习效果。至年底，“白马湖市民大讲堂”宣讲210多场，受众3万余人次。

（郭自青）

统战工作

【概况】 至2018年底，区委统战系统7个民主党派有成员501人，其中发展新成员31人。全年组织实施“凝心聚力建名城”主题活动，聚焦“拥江发展”“快乐创业”“幸福生活”3个专项，举办“拥江发展·滨江作为”“携手新生代·拥抱大湾区”“政企同行”工作座谈、“协作伴行”沟通合作等活动30多场，建设“同心社区”16处，组织民情观察、社会服务、文化交流等活动60多场、3000多人次参与。支持各民主党派组织各类研讨、座谈20多场次，2000多人次参与。开展党外代表人士轮训、举办党外代表人士培训班，到杭州社会主义学院、中国人民大学、贵州遵义开展专题教育培训。各民主党派聚焦党委中心工作，选题调研、建言献策，利用协商座谈会、书面建议“直通车”等形式，报送书面意见建议147个，其中《关于改善滨盛路与江晖路交叉口通行情况的建议》《关于进一步加强我区社区财务规范化管理的建议》《关于进一步推进滨江区垃圾分类处理的建议》等建议经区委主要领导批转，政府部门落实。

2018年，“杭州市港澳青年实习创业基地建设”获全省统战工作实践创新案例，《推动建立党委、政府与民营企业、商会组织沟通协商制度研究》获全市统战理论调研成果二等奖。

【中共十九大精神宣讲报告会】 2018年3月6日，区委统战部邀请中共十九大代表、全国劳动模范、全国五一劳动奖章获得者陈美芳在“统一战线之家”，与民主党派人士进行中共十九大精神宣讲与互动。区委常委、统战部部长谢浙升，各民主党派负责人，民主党派代表人士及统战部、工商联全体机关干部共100多人参加报告会。陈美芳结合参会经历和多年在铁路工作的实际，从大会精神传达、个人参会感受、领导关怀寄语等方面，讲述她和中共十九大的故事，宣讲中共十九大精神，与参会人员交流互动。

【学习培训本地和异地相结合】 2018年，区委统战部组织各类培训班3批次。6月11—13日，2018年杭州高新区（滨江）统战干部培训班在市委党校开班，各街道和社区60名基层统战干部学习习近平新时代统一战线思想与实践，就基层民宗干部提高履职能力、新的社会阶层人士统战工作创新与探索、习近平侨务思想的浙江实践等做专题辅导。6月25—29日，区新生代企业家、社会新阶层人士、党外知识分子培训班在中国人民大学举行，新生代企业家联谊会、新的社会阶层人士联谊会、党外知识分子联谊会共40多名代表学习习近平新时代中国特色社会主义思想，交流"互联网+"时代的产业变革、发展新经济、培育新动能。10月29日至11月2日，区民主党派骨干培训班在贵州遵义开班，全区各民主党派40多名骨干成员参加。遵义市委党校副教授范浩卿做题为"遵义与遵义会议精神"的讲座，在遵义会议会址、红军山、娄山关、苟坝等地，开展现场教学，了解革命历史。

【"同心·众创"工作体系运作】 2018年7月30日，杭州市统一战线"同心·众创"基金启动暨"众创系"集中授牌仪式在智慧e谷举行，市、区统一战线200多人参加。现场启动"同心·众创基金"二期，创新开展"同心·众创"系列工作。至年底，完成市、区两级政府引导注资审批和5亿元非公开募资，会同赛伯乐基金管理公司召开募资人会议、建立投委会，开展投审工作，完成海归新侨和新生代10多个项目初选和评估工作，投资9662.2万元，涉及云计算、工控安全等新兴产业。会同民营企业、机构和孵化器，联合建设中赢、王道和国际等3个"同心·众创"路演厅；选聘"同心·众创"创业导师24人，由上市公司、知名基金公司负责人等组成，常年为创业者提供全程辅导与服务。组织相关企业高级管理和技术人员共建"众创系·同心荟"，形成"基金+路演+导师+同心荟"的统一战线"同心·众创"工作体系。专报《杭州市成立统一战线"同心·众创"基金支持服务统战成员创新创业》在中央统战部《统战工作》（第23期）刊发。

（李媛媛）

2018年7月30日，市统一战线"同心·众创"基金启动暨"众创系"集中授牌仪式在智慧e谷举行（区委统战部 供图）

机关党建

【概况】 2018年，区直机关工委发展党员11人，预备党员转正16人。至年底，下辖机关党组织42个，其中党委3个、党总支12个、党支部27个，党员1667人。深化"读原著、强党性、促改革"活动，全面推行党员政治生日"六+X"制度，为全区1500多名机关党员干部过"政治生日"，开展"不忘初心、牢记使命"政治生日优秀案例和入党微故事征集，收到65个入党微故事，评选出18个优秀案例。创新提出"1144"工作模式，开展关心关爱实事项目18个，累计参与人数5650人次，其中参与人数超过150人（约占机关党员人数10%）的项目有7个。

资料：党员政治生日“六+X”制度

六：“开展一次谈心谈话”“召开一次支部党员会议或党小组会议”“献上一份祝福”“送上一张生日贺卡”“赠送一套经典学习读物”“参加一次志愿服务活动”等6项规定动作。

X：创新开展自选动作（X），设计出更多受党员欢迎的、行之有效的活动形式或载体，如领办一项党建任务、领誓入党誓词、拍摄政治生日留影等，牢记党员身份，让初心厚植于心，将使命躬身于行。

“1144”：1张清单，1条时间轴，政治引领、能力提升、生活关爱、困难帮扶4个维度，坚持政治引领、坚持用户思维、坚持部门协同、坚持好中选优4个坚持。

【“读原著、强党性、促改革”活动】 2018年，区委组织部（区直机关党工委）采取专题报告、闭卷考试等方式，抓实中共十九大精神学习，深化“读原著、强党性、促改革”活动，发放《党的十九大报告学习辅导百问》《习近平新时代中国特色社会主义思想在浙江萌发与实践》《读懂“八八战略”》等辅导读物2200多册，帮助党员干部及时学、常态学。

【分片联系走访机制常态化】 2018年10—12月，区直机关党工委通过机关工委委员分片联系走访形式，对各单位机关党组织落实新时代机关党建工作新要求作交叉检查，在规范落实“三会一课”、固定主题党日等基础党务工作发现存在问题93个，要求逐一对标指导整改。培育发现一批机关党建的好经验好做法，对区办公室、区委宣传部实行领导参加主题党日通报制、区财政局开展“每周财政大讲堂”党建引领财政精神、区税务局打造“税企红心聚”党建共建平台等特色亮点工作予以推广。

【党建引领中心工作】 2018年，区委组织部（区直机关党工委）选派机关干部助力参与一线征迁、“最多跑一次”改革等工作，落实上市（拟上市）企业“双强”发展20条，助推“党建强”“发展强”，组织18家经济产业部门机关党组织和57名党员领导干部与上市（拟上市）企业开展常态化结对联系，举办互访互学、座谈交流、共建活动等。培育机关“超级志愿者”，推进“红色接力·大爱滨江”固定主题党日献血、机关党组织与见义勇为英雄结对、应急救护轮训进机关、在职党员社区报到等工作。区税务局、团区委党员志愿服务队被杭州市委直属机关工委评为“杭州市机关党员志愿服务先进集体”。

【机关党员关心关爱项目】 2018年，区直机关党工委全面落实“严管”加“厚爱”要求，创新提出“1144”工作模式，联合区人力社保局、区社发局等15家单位，组织开展18项不同形式和内容的实事项目，参与5650人次，其中超过150人（约占机关党员人数10%）参与党员政治生日、教育大咖面对面、健康运动进机关等7项。开展4轮关心关爱实事项目满意度调研，涉及机关党员干部职工678人，综合满意率94.8%。“暖滨心”关心关爱实事项目被市直机关工委授予“杭州市机关党建品牌”。

【机关党建规范化建设】 2018年4—10月，区直机关党工委出台《关于在区直机关开展党支部建设质量提升工程的实施意见》《党支部经常性工作规范化操作指引》《关于进一步规范区直各单位机关党组织党费收缴、使用和管理工作的通知》等制度文件，规范落实机关党内组织生活制度。加强党员动态管理，按照发展党员25步规范流程，新发展党员11人，预备党员转正16人，查核党员档案各类材料超1000份，转接党员组织关系344人次，全国党员系统信息维护“零差错”。

（王海龙）

【区管干部中共十九大精神轮训班】 2018年1月7日起，区委组织部举办区管干部中共十九大精神轮训班，围绕"习近平新时代中国特色社会主义思想""新时代党的建设新思想新任务新要求""全面从严治党"等主题开展辅导讲座、观看系列电教片、组织分组研讨、进行全员闭卷理论测试，全面系统学习中共十九大精神。全区各街道、区级机关各单位、区直接监管企业区管干部380多人参加为期5天的培训。

【"三懂"教育大培训】 2018年3—12月，区委组织部为加强干部队伍专业化能力建设，贯彻落实区委提出的"三懂"干部培养目标，围绕"懂高新、懂人才、懂城市"主题，以每月一次，每次周五、周六分批集训方式，对区、街两级机关干部实施全员大轮训。全年举办培训16次，开设课程26门，1.04万人次参加培训。

2018年6月22日，高新区（滨江）"三懂"教育课程培训会现场
（区委组织部　供图）

2018年高新区（滨江）"三懂"教育课程专题培训会情况

表2

培训时间	课程内容	主讲人	主讲人单位、职务
3月23日、24日	关于建设国家自主创新示范区核心区 打造世界一流高科技园区的若干意见	叶圣文	区发改局党组书记、局长
	关于进一步加强人才工作的实施意见	张炬刚	区委组织部部务会议成员、人才办副主任
	关于进一步促进领军企业跨越发展的实施意见	姜　黎	区发改局党组成员、副局长
	关于支持瞪羚企业加快发展的实施意见	李程旭	区发改局党组成员、副局长
	关于扶持文化创意产业发展的实施意见	蔡军阳	区文创办副主任
	关于推进企业上市和并购重组的实施意见	徐　升	区发改局副局长
	关于促进科技企业创新创业的实施意见	金文洪	区科技局党组成员、副局长
	关于进一步加强知识产权工作的实施意见		
	关于进一步支持科技型中小企业融资的实施意见	张思红	区发改局党组成员、副局长
	关于进一步促进招商引资的实施意见	吕林青	区商务局党组副书记、副局长
	关于进一步推进产业国际化的实施意见		
	关于创新创业人才激励政策的实施意见	邵　臻	区财政局党组成员、副局长
6月22日、23日	高新区（滨江）产业创新发展实践	李程旭	区发改局党组成员、副局长
	高新区（滨江）产业国际化的实践与思考	柴志冬	区商务局党组成员、副局长

续表2

培训时间	课程内容	主讲人	主讲人单位、职务
7月13日、14日	深化规划认识，引领城市建设	王建武	区住建局党组成员、副局长
	高新区（滨江）生态文明建设的实践与思考	郑天峰	区住建局党组成员、副局长
8月24日、25日	从人才工作到人才生态——区域经济社会发展中各条线人才工作概要	苏　洁	杭州市委党校市情研究所
	高新区（滨江）人才与产业互动发展的实践	张炬刚	区委组织部部务会议成员，人才办副主任
9月14日	国家知识产权战略及其在杭州高新区的实践	李　志	区科技局局长助理
	杭州高新区孵化器建设实践与思考	金文洪	区科技局党组成员、副局长
10月12日、13日	火炬统计视角下的杭州高新区评价表现与思考	朱小琴	区发改局党组成员、副局长
	工业互联网发展与智造供给小镇建设	王　雷	杭州电子科技大学教授
11月2日、3日	提升城市精细化管理水平的实践与思考	徐利刚	区城管局党组成员、副局长
	从实施的角度谈海绵城市规划建设	赵　萍	浙江省城乡规划设计研究院副总工程师、海绵城市研究中心主任
11月30日、12月1日	招商引资工作专题分享	林春盛	区商务局党组成员、副局长
	“最多跑一次”改革在高新区（滨江）的实践	周　盛	浙江省社会科学院副研究员

（孙保华）

老干部工作

【概况】 至2018年底，高新区（滨江）有离休干部6人，归口滨江属地管理省、市离休干部27人，其中4人配备助老员服务。区、街退休干部201人，其中副厅级以上10人、县处级以上94人（含副区级7人）、科级及以下97人。全区有退休干部支部（小组）10个。全年举办老干部情况通报会5次、专题座谈4次、学习参观活动13次，走访慰问离休干部64人次、四套班子退休干部51人次、退休困难党员10人次。撰写调研文章2篇，挂牌老干部工作室1家。

【中兴社区机关退休干部临时党支部成立】 2018年2月7日，中兴社区机关退休干部临时党支部成立。支部有22名党员，设书记1人，支部委员3人，形成“区直专管，社区专属，支部专营”管理架构。结合支部政治性和党员需求多元性实际，量身打造“幸福学堂”，推行理论学习和兴趣分享“1+1”，活动时长“1+1”，征集并制作“支部活动菜单”，分思想政治建设类、政策法规类、生活养老类、社区治理类4个类别、20个子项目，由党员“点单”确定次月支部活动主题，增强党员自主性和支部活跃度。至年底，临时支部开展各类活动6次。

【离退休干部管理服务提升】 2018年8月25日，高新区（滨江）出台首个离退休干部管理服务规范性工作意见，明确职能部门、主体单位的职责分工及主要任务，完善区委组织部、区委宣传部、区人力社保局、区社发局、区财政局等单位协同管理机制。同日，区委组织部和区人力社保局联合制作离退休干部工作指引（1.0版），明确各项工作的时间节点、规定任务；编制

《2018年度区级层面实事项目》，宏观政策、政治待遇、生活待遇三大类，细分19项具体工作，其中持续推进11项、探索创新9项。12家区级部门参与实施。

【寿医生健康保健咨询室】 2018年11月15日，高新区（滨江）“美好滨江，因你更美”——2018“美丽滨江人”活动揭晓，“寿医生健康保健咨询室”发起人寿生岳上榜“美丽滨江人”。寿医生健康保健咨询室于2013年3月在浦沿街道彩虹社区社会组织活动中心成立。寿生岳退休前是浙江省人民医院副院长，退休后利用自己的专长，为小区居民提供免费保健服务，组织朱贤芝、杜嘉来、周汉蓁、张雅芹、阮冬玉、曹玉英、马尔、王剑民等医生坐诊咨询室，每周三上午9：00—11：00轮流当班，每年服务居民2000人次。（吕　吉）

综合考评

【市级综合考评】 2018年7月30日，市考评办发放年度考核重要工作目标，对高新区（滨江）开展年度综合考评。8月27日，高新区（滨江）印发2018年度市对区综合考评考核目标及责任分解表的通知，逐项落实牵头区领导和责任单位，做好市级综合考评工作。12月初，启动2018年度市对区综合考评工作。市对区年度综合考评为目标考核、领导考评、社会评价和特色创新4个维度内容，具体考核方式上：发展指标考核以市统计局及有关职能部门提供的基础数据为依据，由市考评办采用功效系数法、得分率法、绝对值法等计算考核得分；工作目标中的责任状目标、专项目标和共性目标中的领导班子建设、党风廉政建设考核由牵头职能单位组织实施，其余工作目标由市考评办统一组织检查组，以听取汇报、查看台账、召开座谈会、实地检查等方式进行考核；社会评价意见考核采用信件投递、入户调查和网上评价3种形式，线上、线下同步进行，网上评价内容与线下评价内容一致，参评对象为居民，社会评价意见整改工作满意度测评与社会评价工作结合进行；保留领导班子建设、党风廉政建设考核，加大党建责任考核结果在综合考评中的应用，党建责任考核在13个区县（市）排名前3位的，综合考评加0.5分，后3位的减0.5分。高新区（滨江）2018年考评工作在区县（市）综合考评中得分93.191，获达标等次。因“人才工作”成绩优异，获得1项重点工作单项奖。

【区本级综合考评】 2018年7月6日和10月11日，区党委印发《关于实施2018年度综合考评的意见》《2018年度综合考评重点工作目标及改革创新目标的通知》，规范区综合考评实施办法，推进与市对区考评工作的无缝衔接。考核对象为各街道、区级机关各单位、各直属单位、市驻滨江单位共49家。综合考评的内容为目标考核、领导考评、社会评价，另设附加项目，实施双百分制。工作目标和党建目标合计65分，其中：工作目标50分，党建目标15分；领导考评分值5分，社会评价分值30分，附加项目分值5分。考评单位综合评定依据为目标考核、领导考评、社会评价、附加项目考核得分之和，分优秀、良好、达标、不达标4个等次。经区考评办组织实施，《杭州高新开发区（滨江）党委和管委会政府办公室关于2018年度综合考评结果的通报》公布考评结果，42家参评单位评为优良等次，其中优秀等次12家，进位显著单位3家。

（刘金明）

滨江区人民代表大会及其常务委员会

综　述

至2018年底，滨江区有各级人大代表179人，其中全国人大代表1人，浙江省人大代表3人，杭州市人大代表21人，滨江区人大代表154人（4人因工作调离，代表资格自行终止；因其他原因，3人辞去代表职务）。全年召开人大常委会会议9次，听取和审议“一府两院”工作报告13个，做出决议决定28项，听取专题报告12个，组织各类视察42次，执法检查4次（包括街道人大工委）。依法落实任前法律考试、公示、审议表决、颁发任命书、宪法宣誓等人事任免制度，依法任免国家机关工作人员48人次，任免区人民法院人民陪审员11人。根据区委全面改革创新部署，通过《关于打造杭州全面创新改革试验区核心区，努力当好全省深化改革排头兵的决议》，开展“当改革先锋，展代表风采”主题活动，激励代表参与改革创新。围绕依法决策、依法行政、学法用法等法治工作情况，提出开展“一年一述评”“一季一旁听”“一月一学法”“三个一”活动。成立人大工作研究会，组建10个民生实事项目代表监督小组，按季开展监督活动40多次推进项目实施。指导街道建立居民议事制度，开展民生实事项目会商票决工作。3个街道确定以人大代表为主的会商会议成员224人，票决产生街道民生实事项目19件。全体代表全年登录使用人大手机App1.56万次。增加网上代表联络站6个，增至29个，及时解决问题87个，答复选民意见196条。街道人大工委组织代表对区社发局、区民政局、区安监局开展定向视察，对街道经济社会发展、财政管理、安置小区管理提升和居家养老工作开展督查，推动部门和街道工作的开展。通过“主任接待日”和代表走访，反馈社情民意120多条，梳理交办闭会期间代表建议12件，处理群众来信来访17件。3人被市人大常委会评为2018年度履职积极分子，1条建议获评2018年市人大代表优秀建议。（徐云泉）

重要会议和活动

【区五届人民代表大会第二次会议】 2018年1月21—23日，区五届人民代表大会第二次会议在白马湖建国饭店举行，应到代表159人，实到156人，列席代表106人。会议听取和审查区长金志鹏所做的《政府工作报告》；审查《杭州市滨江区2017年国民经济和社会发展计划执行情况与2018年国民经济和社会发展计划草案的报告（书面）》，审查、批准《杭州市滨江区2017年国民经济和社会发展计划执行情况的报告与2018年国民经济和社会发展计划》；审议《2017年区政府民生实事项目完成情况和2018年民生实事候选项目形成情况的报告（书面）》，测评2017年区政府民生实事项目，投票表决2018年区政府民生实事项目；审查《杭州市滨江区2017年财政预算执行情况和2018年财政预算草案的报告（书面）》，审查、批准《杭州市滨江区2017年财政预算执行情况的报告和2018年财政预算》；听取和审查区人大常委会主任韩建中所做的《滨江区人民代表大会常务委员会工作报告》；听取和审查区人民法院院长池海江所做的《滨江区人民法院工作报告》；听取和审查区人民检察院检察长陈云高所做的《滨江区人民检察院工作报告》，大会经过审议，通过上述报告，作出相应决议。大会表决通过《关于打造杭州全面创新改革试验区核心区，努力当好全省深化改革排头兵的决议》。会议期间，收到代表建议72件，交区政府和有关部门研究办理。

【区人大常委会会议】 2018年，区人大常委会举行会议9次，审议通过专题报告13个。区人大常委会成员，区政府、区法院、区检察院及议题相关单位负责人参加会议。

2018年滨江区人大常委会会议情况

表3

日　期	会议名称	会议内容
2018-01-15	区五届人大常委会第九次会议	听取、审议区政府2018年新建超亿元重大投资项目计划的报告；听取政府工作报告、财政预算计划、人民法院、人民检察院、民生实事项目等报告起草情况的汇报；审议并表决区人民法院提交的有关人事任职报告；讨论并决定区五届人大二次会议有关事项
2018-03-29	区五届人大常委会第十次会议	根据“一月一学法”活动要求，邀请市人大常委会法工委原主任路江通作“监督法与人大监督工作”专题辅导；审议区政府有关重大投资项目调整计划的报告；听取区人大常委会财经工委关于《沿江绿化及周边环境提升改造整治工程投资调整》的审查报告；表决通过《关于2018年政府重大投资项目调整计划报告》的审议意见；讨论并通过《区人大常委会2018年工作要点》；审议并通过区人大常委会有关制度；审议并决定有关人事免职事项
2018-05-29	区五届人大常委会第十一次会议	邀请华东师范大学经济与管理学部工商管理学院信息管理系教授金武刚讲解《中华人民共和国公共文化服务保障法》专题辅导课；听取区政府关于基层公共文化建设情况的报告；听取、审议区人大常委会教科文卫民宗侨工委负责人关于滨江区基层公共文化建设情况的调查报告；审议并表决有关人事任免事项，2名新任命机关国家工作人员举行宪法宣誓仪式
2018-07-10	区五届人大常委会第十二次会议	决定许可对区五届人大代表吴才龙采取刑事强制措施
2018-07-20	区五届人大常委会第十三次会议	视察缤纷北苑、宝龙城、太阳国际公寓垃圾分类现场；邀请市市容环境卫生监管中心监管科长曹勐琦讲解《杭州市生活垃圾管理条例》；听取和审议区政府关于开展生活垃圾分类及处置工作的报告、浙江工商大学关于滨江区生活垃圾分类处理情况的调研报告及区人大常委会城建环保工委关于生活垃圾分类及处置情况的调查报告，并进行专题询问
2018-08-28	区五届人大常委会第十四次会议	听取、审议区政府《关于提请区人大常委会审议的2018年下半年超亿元新开工政府重大投资项目的报告》、区人大常委会财经工委《关于2018年下半年超亿元新开工政府重大投资项目审查报告》《关于2018年超亿元新开工政府重大投资项目的审议意见（草案）》，经会议审议表决，同意该10个项目2018年开工建设；听取、审议《关于我区2018年上半年国民经济和社会发展计划执行情况的报告》《关于我区2017年财政决算（草案）和2018年上半年预算执行情况的报告》《关于2017年度区财政决算及其他财政收支情况的审计报告》、区人大常委会财经工委《关于我区2018年上半年国民经济和社会发展计划执行情况的调查报告》《关于2017年财政决算和2018年上半年财政预算执行情况的审查报告》《关于批准滨江区2017年度财政决算的决议（草案）》，经会议审议表决，批准《关于我区2017年财政决算（草案）和2018年上半年预算执行情况的报告》；审议并表决有关人事任免事项，举行宪法宣誓仪式

续表3

日　期	会议名称	会议内容
2018-09-21	区五届人大常委会第十五次会议	听取、审议区政府关于全区农转居拆迁安置房建设工作情况的汇报、区人大常委会城建环保工委关于农转居拆迁安置房建设工作的调查报告，并进行满意度测评，经无记名电子投票表决，测评结果为基本满意；听取、审议区法院关于执行工作情况的汇报、区人大常委会法制内司工委关于区法院执行工作情况的调查报告；审议并表决有关人事任免事项，举行宪法宣誓仪式
2018-12-04	区五届人大常委会第十六次会议	听取、审议区科技局、区民政局、区社发局、区安监局负责人所做的部门述法工作报告，听取区人大常委会法制内司工委的述法工作调查报告，并进行满意度测评，4个部门测评结果均为基本满意；听取和审议区政府关于年度环境状况和环境保护目标完成情况的报告；审议并表决2018年政府民生实事项目有关调整事项，区政府关于2018年地方政府债务限额的报告、调整2018年区财政预算的报告，区人大常委会关于确定区人民法院人民陪审员名额数的决定（草案）；审议并表决有关人事任免事项，举行宪法宣誓仪式
2018-12-18	区五届人大常委会第十七次会议	听取和审议区政府关于2018年区政府民生实事项目进展情况及代表建议办理工作的报告，区人力社保局、区住建局、区城管局负责人关于重点督办建议办理情况的报告，区人大常委会人事代表工委关于区五届人大二次会议代表建议办理情况的调查报告，对3件重点督办建议办理情况进行满意度测评，经电子投票表决，区人力社保局承办的“关于加大对拆迁户家庭就业帮扶力度”的建议办理测评结果为满意；区住建局承办的“关于加强小区业委会建设与管理”和区城管局承办的“关于利用河岸资源建设城市游步道”的建议办理情况测评结果为基本满意。听取和讨论区人大常委会办公室负责人关于区五届人大三次会议召开时间等有关事项的说明，会议决定区第五届人民代表大会第三次会议于2019年1月15日在白马湖建国饭店召开；听取和审议区人大常委会关于区五届人大代表增选（补选）工作有关事项的说明，决定依法增选（补选）区第五届人民代表大会代表10人，确定选区和时间；听取沈田丰、梁锦芳2名市人大代表的述职报告；听取并审议有关人事任免事项，举行宪法宣誓仪式

【“一月一学法”活动】 2018年1月，区人大常委会制定《区人大常委会及人大机关学法制度》及年度学法计划。至12月10日，开展《习近平新时代中国特色社会主义思想的法治图景》《中华人民共和国宪法》《中华人民共和国监督法》《公共文化服务保障法》《杭州市生活垃圾管理条例》等学法活动11次，区人大常委会组成人员、区人大机关全体人员、各街道人大工委负责人、列席常委会议的部分人大代表共426人次参加。

【“一季一旁听”活动】 2018年3月29日，区人大常委会制定并表决通过《关于组织人大代表旁听法院庭审活动的办法（试行）》，每季度组织人大代表到法院参加庭审旁听，区人大常委会法制内司工委加强与区法院的日常联系，做好旁听案件的筛选工作，分别于5月8日、7月31日、11月15日3次组织人大代表95人次，参加有关案件庭审旁听。

【“一年一述评”活动】 2018年3月29日，区人大常委会通过《关于政府工作部门向区人大常委会述法的实施意见》，明确工作目标、组织领导、述法对象、述法内容、方法步骤及工作要求等。4月20日，区人大常委会召开述法评议工作动员会，区政府办公室等18个由人大常委会任命的政府部门主要负责人参加，区长金志鹏做动员讲话，区民政局负责人作为首次述法部门代表做表态发言。10月18日至11月22日，述法调研组对区科技局、区民政局、区社发局、区安监局4个首批述法评议部门开展自查、

2018 年 4 月 20 日，滨江区述法评议工作动员会召开

（区人大办　供图）

调研，召开各层次调研座谈会9次，走访部门6个，调阅部门资料24件，发放调查函4份，网上调查问卷307份，涉及26个项目100多部法律法规。12月4日，区五届人大常委会第十六次会议首次开展述法评议工作，听取区科技局、区民政局、区社发局、区安监局4个部门负责人的述法工作报告和人大常委会述法调研组的调查报告，对4个部门2017—2018年法治工作进行审议和满意度测评，测评结果均为基本满意，提出审议意见12条。至年底，均已落实整改。

【市人大督查小组到滨江督查民生实事项目】 2017年5月17日，市人大常委会副主任许勤华率市人大代表第八督查小组到滨江就全市推进“厕所革命”民生实事项目进展情况开展专项督查。市、区相关部门负责人及滨江、淳安两地市人大代表共34人参加督查。督查组检查白马湖生态创意城新建公厕1座和闻涛社区复兴桥下提升扩建公厕1座，听取市城管、市旅委、市农办的情况汇报，听取市人大代表的意见建议。既有住宅加装电梯、电梯智慧监管和透明维保是2018年市政府的民生实事代表票决项目之一，同日，市人大常委会城建环保工委主任王荣富率民生实事项目第六监督小组视察杭州市特种设备应急处置中心。监督小组随机查看中心电梯透明维保情况，智慧监管装置安装阶段情况，随机抽取滨江2家电梯使用单位进行现场检查。

【社会热点难点关注】 2018年，区人大常委会在加强国有资产管理、建立数字化楼宇经济平台、全面普查街道财政供养人员等7个方面社会热点难点问题，提出审议意见19项，中期评估“十三五”规划纲要4个大类24项指标进展情况，重点审查2个部门2017年度部门预算执行情况、2个部门2018年度部门预算，依法确定滨江区地方政府债务限额，调整区级财政预算。审议通过13个超过1亿元政府重大投资项目，专项督查2016—2018年常委会审议批准的17个政府重大投资项目进展情况。开展“五水共治”监督，安排42名代表担任三级河长，11名市代表、61名区代表参与巡河监督，在线监督河道18条。

【学习和例会制度完善】 2018年，区人大常委会完善党组理论学习中心组学习制度，建立人大机关周一固定学习日制度，举办学习讲座48次，参加活动1476人次。代表列席常委会、参加常委会组织的各类活动1178人次，举办各类代表培训活动7场，360多人次参加。

【人大宣传工作】 2018年，区人大常委会在市级以上新闻媒体、网站刊发稿件87篇次；在杭州市第二十七届人大好新闻评选活动中获一等奖、二等奖各1篇，区人大常委会获优秀组织奖；在区级媒体刊发105篇次；在“滨江人大”网站、区政府OA信息平台上传各类人大工作信息234篇次；编印《滨江人大信息》12期，学习中共十九大精神专刊3期；坚持每周一报，编发人大代表手机报50期。全国各地到滨江学习考察人大工作34批次。

【议案和建议办理】 2018年1月21—23日，滨江区第五届人民代表大会第二次会议收到代表建议72件。区人大常委会对72件大会期间代表建议和12件闭会期间代表建议及时交政府相关部门办理，均按时答复办理，代表对建议办理态度满意率为100%，办理答复满意率为94.7%，办理结果满意率为73.6%。针对多名代表提、年年提的重复件处理，常委会完善评价机制，提高建议解决率；对3件重点督办建议进行满意度测评，对20件已列入解决计划并明确办理时限的B类件、4件因条件限制或其他原因暂缓解决的C类件进行二次督办，对3件区五届人大一次会议上提出的代表建议办理情况进行"回头看"。"关于加大对拆迁户家庭就业帮扶力度的建议""关于要求加强晶都社区辖区周边道路停车秩序整治管理的建议"等建议得到较好落实；对"村级三产留用地开发""整村拆迁奖励政策兑现"等尚未解决、难度较大的建议，常委会向相关部门提出要加强研究、出台措施、尽快落实等建设性意见。 （徐云泉）

干部任免

【概况】 2018年，区人大常委会依法任免国家机关工作人员48人次，任免区人民法院人民陪审员11人。

2018年滨江区人大常委会任免情况

表4

日　期	会　议	任免	姓　名	任免职务	文　号
2018-01-15	区五届人大常委会第九次会议	任命	朱王飞、潘　文	区法院审判委员会委员	滨人大常〔2018〕2号
		任命	季隽虹	区法院审判委员会委员、民事审判第一庭庭长	
		任命	蓝钦如	区法院审判委员会委员、民事审判第二庭庭长	
		任命	陈建军	区法院执行庭庭长	
		任命	张晓军	区法院刑事审判庭副庭长	
		任命	蔡智群	区法院民事审判第一庭副庭长	
		任命	钟飞燕	区法院民事审判第二庭副庭长	
		任命	项炳那	区法院民事审判第三庭副庭长	
		任命	倪晓花	区法院行政审判庭副庭长	
2018-03-29	区五届人大常委会第十次会议	免去	李　敏	副区长（中央三部委挂职干部）	滨人大常〔2018〕3号
2018-05-29	区五届人大常委会第十一次会议	任命	达瓦多吉	副区长（中央三部委挂职干部）	滨人大常〔2018〕7号
		免去	俞福根	区监察委员会委员	滨人大常〔2018〕8号
		任命	夏　强	区法院审判员、审判委员会委员、副院长	滨人大常〔2018〕9号

续表4

日　期	会　议	任免	姓　名	任免职务	文　号
2018-05-29	区五届人大常委会第十一次会议	任命	沈善城、郑国强	区法院人民陪审员	滨人大常〔2018〕9号
		免去	冯桂生	区法院副院长	
		免去	来一萍	区法院人民陪审员	
2018-08-28	区五届人大常委会第十四次会议	任命	荆　慰	副区长	滨人大常〔2018〕11号
		任命	张怡珀、李　晶、张毓远、陈　杰、徐良芬、崔　丹、章　抒、谢建儿	区法院人民陪审员	滨人大常〔2018〕12号
		任命	潘　非、蓝　颖	区检察院检察委员会委员	
		免去	卢佳音	区法院浦沿法庭审判员	
		免去	俞　杰、叶松庆、朱顺东	区检察院检察委员会委员	
2018-09-21	区五届人大常委会第十五次会议	任命	张　玮、王斌达	副区长	滨人大常〔2018〕14号
		任命	荆　慰	公安滨江分局局长	
		任命	吕林青	区社发局局长	
		免去	施华淼、兰　斌、朱建军（省下派挂职干部）	副区长	
		免去	凌　军	公安滨江分局局长	
		免去	孙灿平	区社发局局长	
		任命	陈建军	区法院审判委员会委员	滨人大常〔2018〕15号
		任命	费　婧	区法院审判员	
		免去	冯桂生、赵　欣	区法院审判委员会委员	
		免去	罗　盛	区法院审判委员会委员、审判员	
2018-12-04	区五届人大常委会第十六次会议	任命	李志龙、石　威（吉林省到杭挂职干部）	副区长	滨人大常〔2018〕16号
		任命	许利萍	区农业局局长	
		任命	胡也静	区人力社保局局长	
		免去	汪银海	区农业局局长	
		免去	蒋应东	区人力社保局局长	
		任命	李志龙	代理区长	滨人大常公告

续表4

日　期	会　议	任免	姓　名	任免职务	文　号
2018-12-04	区五届人大常委会第十六次会议	接受辞去	金志鹏	区　长	滨人大常〔2018〕17号
		任命	胡志明	区人大常委会财政经济工作委员会主任	滨人大常〔2018〕18号
		免去	李水虎	区人大常委会财政经济工作委员会主任	
		接受辞去	王慎非、田少华、吴才龙	区五届人大会代表	滨人大常〔2018〕19号
2018-12-18	区五届人大常委会第十七次会议	任命	李放瑜	副区长（省下派挂职干部）	滨人大常〔2018〕26号
		免去	阮　雳	副区长（省下派挂职干部）	

（徐云泉）

视察与监督

【督查“完善沿江景观功能”项目】 2018年5月24日，区人大常委会视察区政府重大投资项目“完善沿江景观功能”建设进展情况。区领导及相关人员共34人参加。视察组听取区发改局、区智慧新天地建设指挥部、区城管局工作汇报，察看“完善沿江景观功能”项目建设进展情况，提出推进滨江西部沿江景观提升，实现滨江全域景区化，要注重整体布局，与前期、全线景观工程相统一等意见建议。10月18日，区人大常委会副主任赵万能和相关人员共13人督查“完善沿江景观功能”民生实事项目进展情况。区城管局、区智慧新天地建设指挥部负责人分析推进过程中的困难和问题，提出后续工作的计划和措施。代表们就沿江新增休闲区域、添置便民设施体现滨江特色，提前谋划、超前设计，建设与亚运会相匹配的景观内容，减少重复建设等方面提出意见和建议。

2018年5月24日，滨江区人大常委会视察区政府重大投资项目“完善沿江景观功能”建设进展情况　　（区人大办　供图）

【视察“持续深化水环境治理”项目】 2018年5月24日和10月15日，区人大常委会副主任袁如祥2次对区政府“持续深化水环境治理”民生实事项目开展视察。视察组察看区剿劣应急处理设施（临时）管理用房项目工程、白马湖清淤工程、官河公寓小区雨污分流改造工程和塘子堰河综合整治工程进展情况，听取相关部门情况介绍，提出要持之以恒、精准对标、执行制度、长短结合4点要求，保持河道两边畅通、加强常态化管理，河道治理要关注细节、减少浪费、不影响整体环境等意见建议。

【督查“提升城市生活品质”项目】 2018年5月16日，区人大常委会副主任丁幼芳督查“提升城市生活品质”民生实事项目，视察公办小学免费课后服务工作。督查组视察东冠小学课后服务教室现场、听取区教育局情况汇报，提出要严格规范操作、严格考核标准、扩大服务内容、注重积累经验4点意见。9月7日，丁幼芳主持召开“提升城市生活品质”民生实事项目督查会，区城管局负责人用视频演示全区新建（改造）公厕施工进展，滨康路、滨文路、滨安路两侧的建筑物整体亮化“三轴一园十节点”设计思路。代表提出加强管理、体现滨江特色、减少浪费的意见建议。丁幼芳提出要做好全区公厕、垃圾房的专项设计，细化、优化方案，确保完成亮灯工程等目标任务，抓好业主、代表的平时监督4点要求。

【督查“完善养老和救助体系”项目】 2018年5月23日和7月19日，区人大常委会副主任汤伟平2次督查区政府“完善养老和救助体系”民生实事项目进展情况，提出要加快3个街道级照料中心建设，加大宣传力度，借助社会资源支撑养老事业，加强调查研究、用切实可行的政策服务市民。

【督查“优化改善公共交通”项目】 2018年5月24日和7月18日，区人大常委会副主任汤伟平督查区政府“优化完善公共交通”民生实事项目，视察善庆庄停车场和西兴路西、北塘河北公共停车场，听取区住建局关于新增调整公交线路、新建公共停车场2项内容和区高新总公司关于缤纷公园工程的概况汇报，交流项目实施方案、工程进度、实际困难等，就优化公交线路、区域公交统一形象设计、地铁向白马湖区域延伸、公园设计亲民化、公园区域建设地下停车场、体现“国际滨”特色等提出意见建议。

2018年5月16日，滨江区人大代表视察东冠小学课后免费服务

（区人大办　供图）

【督查“加快安置小区建设”项目】 2018年7月30日和11月1日，区人大常委会副主任周建杭先后督查区政府“加快安置小区建设”民生实事项目进展情况和农转居拆迁安置小区环境整治提升工程。周建杭一行踏看八区块五期工地现场和西兴街道滨康二苑施工现场，听取区建管中心负责人的工作汇报，要求区建管中心建好平台，敢于担当；讲究科学的方法，加强协调，赢得配合支持；部门之间加强沟通，共同把民生实事项目做好、办实。

【视察《中华人民共和国消防法》贯彻实施】 2018年6月26日，区人大常委会视察《中华人民共和国消防法》贯彻实施暨安置小区消防设施建设管理情况，区领导及相关人员共31人参加。视察组察看浦沿街道大同公寓、长河街道冠山小区2个农转居拆迁安置小区的消防设施建设管理情况，听取滨江消防大队负责人的情况介绍。滨江消防大队负责人解读《中华人民共和国消防法》《浙江省消防条例》《浙江省高层建筑消防安全管理规定》中涉及住宅小区消防安全管理相关要求，汇报滨江区贯彻实施《中华人民共和国消防法》整体情况、安置小区消防安全管理现状。视察组指出，加强消防安全管理，落实《中华人民共和国消防法》要依法、严管、为民、长效。

【视察无障碍环境监督管理工作】 2018年10月24日，区人大常委会副主任袁如祥及法制内司工委负责人视察《中华人民共和国残疾人保障法》无障碍环境监督管理工作。视察小组踏看首批浙江省无障碍社区——奥体社区的盲道铺设、无障碍坡道、无障碍公厕、小区出入口、楼梯扶手、无障碍设施标志牌等设施，听取区民政局关于贯彻落实《中华人民共和国残疾人保障法》无障碍环境的监督管理工作情况汇报和区住建局、区城管局对相关工作情况介绍。视察小组肯定奥体社区创建无障碍社区工作，提出无障碍设施建设与城市建设、农转居拆迁安置房区域、“亚运会”公共重点项目建设相结合，做到同步规划、同步设计、同步建设验收，抓好示范区域、示范路段、示范项目建设。以点带面，分步推进各项任务落实，完成无障碍环境建设总体目标。

【视察“优化公共卫生服务”“加快校园建设”项目】 2018年10月17日，区人大常委会副主任包嘉颖视察“优化公共卫生服务”“加快校园建设”2项民生实事项目完成情况。视察组踏看滨江实验小学和龙湖滨江天街母婴设施项目，观看AED心脏除颤仪设备救护演示；听取区社发局和区教育局负责人的情况介绍。代表们提出既要提升教育硬件设施，也要重视学生的法制教育、心理教育、精神健康教育等，减轻学生作业负担、重视体能锻炼、关心教师生活；加强对原有一些老旧学校的提升改造、体现教育均衡发展；建议政府与浙江大学医学院附属第二医院滨江院区沟通协调，增加急诊室医务人员和设施，减少等候时间，方便群众就医等意见建议。

【区人大西兴街道工委视察活动】 2018年6月19日，区人大西兴街道工委组织20名区人大代表定向视察区社发局。视察组视察区群文中心、区图书馆、西兴街道社区卫生服务中心和区公共卫生中心，听取区社发局负责人情况汇报，认为区社发局注重自身建设，目标任务思路清晰，创新推进民生实事、建议办理；提出民生实事和代表建议要抓好落实，继续创新思路，提升服务水平的建议。

【区人大长河街道工委视察活动】 2018年4月19日，区人大长河街道工委组织8名人大代表视察华业高科技产业园区内的杭州全程科技有限公司和杭州妞诺科技有限公司2家高新企业。代表们高度评价2家公司产品的科技含量、市场前景，对华业高科技产业园提出吸引创新要素，发挥集聚效应，实现精准对接、精细服务，营造共赢发展环境，成为科技基地、人才高地的期望。5月22日，区人大长河街道工委组织20名区人大代表定向视察区民政局。代表们视察浦沿街道东信社区商业街、公共活动场所、国际化办公大厅和文化长廊等，观看社区宣传片，听取区民政局、东信社区负责人相关介绍，提出建好协商共治机制、建好智慧平台、建好社工队伍3点要求。

【区人大浦沿街道工委视察活动】 2018年6月5日，区人大浦沿街道工委组织9名区人大代表定向视察区安监局。代表们听取区安监局负责人工作情况汇报，肯定区安监局责任落实、推进有力、成效明显3个方面工作，提出加强安全生产的宣传教育，营造安全生产氛围；突出重点，以点带面，在全区建筑企业、社区三产大厦、危险化学品等行业领域开展安全生产大检查；通过业务指导，全面落实安全生产责任；提高安全工作科技含量、安全监管效率；落实整改，打击安全生产非法违法行为5点要求。 （徐云泉）

高新区管委会（滨江区政府）

重要政事

【智造供给特色小镇建设】 2018年1月3日至7月19日，省人大常委会副主任、省智能制造专家委员会主任毛光烈5次到高新区（滨江），调研并听取商议“智造供给小镇”建设方案，召开全区智能制造企业座谈会，对接智造供给特色小镇打造等事宜，召开智造供给小镇座谈会、听取《杭州高新区（滨江）智造供给特色小镇及产业推进行动方案》《关于加快智能制造企业发展的政策意见（试行）》情况汇报，调研杭州优海信息系统有限公司、杭州讯能科技有限公司、杭州国芯科技股份有限公司、中国联合工程有限公司、杭州哲达科技股份有限公司等智造供给企业。8月14日，区政府常务会议审议通过《关于加快智造供给产业发展的政策意见（试行）》。9月13日，在余杭艺尚小镇召开的全省特色小镇规划建设工作现场推进会上，滨江智造供给小镇成功列入第四批省级特色小镇创建名单。

【杭州新经济发展战略研究院成立】 2018年1月16日，北京市长城企业战略研究所所长、长城战略创始人王德禄一行到高新区（滨江）智慧e谷考察，拟设立长城所分所，区委书记詹敏、区长金志鹏陪同并参加座谈。8月14日，主任区长办公会议审议通过《引进长城战略咨询共建杭州新经济发展战略研究院事宜》。12月21日，杭州新经济发展战略研究院举行揭牌仪式。研究院位于滨盛路972号，由杭州高新区与国内知名社会智库和新经济专业咨询机构——北京市长城企业战略研究所联合共建。研究院立足杭州高新区，打造环杭州湾湾区重要的新经济思想策源地与高端智库，围绕区域咨询、产业咨询、企业咨询三大核心业务，创新创业咨询、国际化咨询、知识管理咨询、循环经济咨询四大特色业务，全面支撑杭州高新区建设世界一流高科技园区，促进园区、地区、区域创新驱动与跨越发展，为发展新经济注入新思想、新活力。

【国家芯火“双创”基地（平台）落户高新区（滨江）】 2018年3月，工业和信息化部批复，全国第五家“芯火”双创基地（平台）落户海外高层次人才创新创业基地，为浙江唯一。12月21日，高新区（滨江）启动基地建设。基地由省、市、区共建，以浙江省集成电路设计公共技术平台为基础，面向整机应用，支持国产替代，实现“芯机联动”，形成国内领先、较为完善的“芯片—软件—整机—系统—信息服务”产业生态体系，提升区域内集成电路产业及相关整机产业核心竞争力，引导电子信息产业制造业向价值链高端发展。至年底，杭州“芯火”创新基地成为高新区（滨江）打造全国数字经济最强区的主要创新平台。

【与北京航空航天大学合作持续深化】 2018年3月1日至8月5日，北京航空航天大学党委书记曹淑敏、校长徐惠彬、副校长房建成、组织部部长钟玲、国内合作办公室主任张耀天等到高新区（滨江）洽谈项目，踏看北塘河畔物业和白马湖用地选址，在建国饭店召开北京航空航天大学杭州创新研究院第一次理事会，调研北航杭州研究院一期建设和二期规划情况，考察北塘河北航创新研究院装修进展情况并开展座谈，深化双方合作。8月14日，区政府常务会议审议通过《北航杭州创新研究院项目有关事宜》。10月15—16日，校长徐惠彬一行15人到高新区（滨江）参加北航杭州创新研究启动仪式暨首届“钱江论坛”，区委书记詹敏发言，与徐惠彬共同为“北航杭州创新研究院”和“杭州高新区国家级博士后工作站北航杭州创新研究院分站”揭牌，区长金志鹏为各项目负责人发放任务书，副区长郑迪参加。12月14日，副校长房建成一行17人到高新区（滨江）参加北航校地合作工作会议，代区长李志龙、副区长郑迪及区科技局、互联网指挥部负责人参加。

【系列政策助推改革深化】 2018年3月2日，区政府常务会议审议通过《区行政复议体制改革工作方案》。4月18日，区政府常务会议审议通过《区管企业负责人薪酬制度改革相关配套实施方案》。6月6日，区政府常务会议审议通过《滨江区居住出租房屋“旅馆式”管理实施方案》。7月13日，区政府常务会议审议通过《杭州高新区（滨江）“证照分离”改革实施方案》。10月18日，区政府常务会议审议通过《全区事业单位国有企业公务用车制度改革事宜》。

【对口帮扶工作推进】 2018年，高新区（滨江）与贵州省黔东南州、湖北省恩施州对口帮扶工作持续推进。3月14日至9月25日，贵州省黔东南州委书记、州长，麻江县委、县政府负责人，丹寨县委、县政府负责人，湖北省恩施州建始县委、县政府负责人分批次到高新区（滨江）对接农产品销售事宜，开展东西部扶贫协作工作前期衔接、工作对接，考察区行政服务中心、杭州海康威视数字技术股份有限公司、吉利集团和网易（杭州）网络有限公司、明康汇生态农业集团有限公司、杭州唯新食品有限公司、浙江中赢控股集团等，召开区县对口帮扶座谈会。8月14日，主任区长办公会议审议通过《建设对口帮扶单位名优农产品展示展销中心事宜》。至年底，组织农产品销售活动10次，其中麻江蓝莓销售额11.4万元、其他6万元。丹寨黑猪肉、恩施硒土豆等特色农产品供应到机关食堂。带动贫困农民就业40人，帮助脱贫农户15户。

【重大会展和赛事活动】 2018年4月13日，浙江省5G与物联网产业峰会在智慧e谷召开。4月26日至5月1日，以“国际动漫，美丽杭州”为主题，在白马湖动漫广场举办第十四届中国国际动漫节。4月27日，在高新区（滨江）召开世界一流高科技园区2035工作座谈会。5月16—21日，首届中国网络文学周在白马湖举行。同月21—22日，2018全球下一代互联网峰会在白马湖建国饭店举行。9月19—23日，以“融——创意城市·美好生活”为主题，在白马湖国际会展中心举办第十二届（2018）杭州文化创意产业博览会。10月20—24日，第七届中国创新创业大赛互联网行业全国总决赛在白马湖会展中心举行。11月8—11日，2018年“舞动中国——排舞联赛”总决赛在区体育馆举行。12月11—16日，第14届世界游泳锦标赛（25米）在网球中心（小莲花）举办。

【“五水共治”成效明显】 2018年，高新区（滨江）持续推进“五水共治”工作。4月23日和5月25日，区长金志鹏召开专题会研究污水零直排区创建工作、现场检查永久河、善庆庄横河及西兴后河。10月18日，主任区长办公会议研究区河湖水环境综合治理项目事宜。至年底，完成“五水共治”项目64个，西兴街道、省级高新技术产业集聚区及街道工业园区完成“污水零直排区”创建，河道交接断面水质稳定在Ⅲ类以上，永久河被评为市级“美丽河道”。

【首届“5050”滨江创业人才节】 2018年5月5日，首届“5050”滨江创业人才节活动在海外高层次人才创新创业基地举行。区委书记詹敏、区长金志鹏、常务副区长施华淼、区委组织部部长商丽萍、区人大常委会副主任丁幼芳、区政协副主席余静漪及人才工作领导小组成员单位负责人参加“快乐创业、幸福生活”主会场活动，区人才办、区发改局、区科技局、区人力社保局等单位负责人参加海创基地升级服务体验日，对企业进行政策咨询等现场服务。其间，举行彩虹跑、啤酒音乐节等活动，500多人参加。

【首届中国网络文学周】 2018年5月16—21日，首届中国网络文学周在白马湖中国网络作家村举行，活动由中国作家协会、省委宣传部、市委宣传部共同主办，省作协、市文联和滨江区承办，海内外网络作家、评论家、网络文学组织工作负责人、文学网站和翻译网站负责人、网络文学相关企业代表共400多人参加活动。中国作协首次发布《2017中国网络文学蓝皮书》，公布“2017中国网络小说排行榜”“2017年中国网络小说排行榜下半年榜”，回顾与总结2017年中国网络文学发展概貌。文学周期间，举办网络文学创作论坛、海外传播论坛、行业论坛、“网络作家林”植树、纪念改革开放40周年网络作家系列采访等活动。

【支持民营经济健康发展11条举措出台】 2018年11月14日，区政府常务会议审议通过《进一步支持民营企业高质量发展的实施意见》。16日，高新区（滨江）举行“新11条”政策发布暨银企对接会，区委书记詹敏、常务副区长张玮、副区长阮霁及区内相关部门、28家银行、70多家企业代表共150多人参加。对接会推出“落实各项减税降费政策、支持企业发行债券、支持企业并购重组、做大做强区属担保公司、帮助企业解决短期流动性风险、支持上市企业用好股权质押工具、帮助成长型企业解决融资难问题、参与科技型初创企业股权融资、鼓励银行机构加大贷款力度、切实降低企业融资成本、完善政策执行方式”11条新政，支持民营企业健康发展。

2018年11月16日，高新区（滨江）“新11条”政策发布暨银企对接会召开 （区委宣传部 供图）

【国家高新区综合排名列全国第三位】 2018年11月26日，科技部火炬中心发布《关于通报国家高新区评价（试行）结果的通知》，以2017年156个国家高新区和苏州工业园（共157个单位）的统计数据和2017年高新区发展情况为基础，开展2018年度国家高新区评价（试行）工作。杭州高新区综合排名列第三位，其中知识创造和技术创新能力、产业升级和结构优化能力、国际化和参与全球竞争能力排名列第四位，高新区可持续发展能力排名列第二位。评价结果显示，杭州高新区在人才结构优化、企业研发投入力度、技术市场活跃度、企业节能降耗等方面表现突出。 （卢 婷）

【党政信息】 2018年，区办公室编发《高新（滨江）信息·今日要情》250期，《高新（滨江）信息·情况专报》73期，《每月交流》12期，获区领导批示84条；被市委、市政府动态信息录用108条、专报信息录用44篇，获市领导批示29条；被省委、省政府动态信息录用15条、专报信息15篇，获省领导批示6条；被中办录用专报6篇，获中央领导批示3条，其中1篇专报获评中办优秀稿件。全年，举办信息业务培训5次，上门业务交流指导8次，受众700多人次。修订《杭州高新区（滨江）信息工作考核办法》。获2018年度市党委信息工作考核一等奖。（李　坚）

【公文办理提质增效】 2018年，区党委办公室、区管委会办公室、区政府办公室印发公文处理程序、规范流程落实责任提高公文质量的通知，规范公文处理流程，落实公文处理各级责任，提高公文处理质量和效率。通报前三季度公文逾期未反馈、请示报告类公文退文情况。全年发文件463份（不含便笺发文），收文8721件，收编办理上级、本级文件1818件，收编转办区主要领导批示2430件。（陈丽芳）

【区管委会、政府会议】 2018年，高新区（滨江）召开区政府常务会议11次，审议通过议题46项；召开主任（区长）办公会议12次，审议通过议题73项。主任（区长）、副主任（副区长），办公室主任、副主任，区监委、区审计局主要负责人出席会议；根据会议内容，相关部门（单位）、街道负责人参加会议。

2018年区管委会、政府重要会议

表5

会议时间	会议名称	会议内容
2018-01-10	区政府常务会议	审议并原则通过《2018年〈政府工作报告〉〈民生实事报告〉〈计划报告〉〈财政报告〉》《对见义勇为先进人物杨耀林表彰事宜》等议题
2018-01-10	主任区长办公会议	审议并原则通过《提高政府性投资项目资金支付比例事宜》《招商引资工作事宜》等议题
2018-03-02	区政府常务会议	专题学法：行政复议现状及存在问题，审议并原则通过《区行政复议体制改革工作方案》等议题
2018-03-02	主任区长办公会议	审议并原则通过《招商引资工作事宜》《政策兑现及扶持资金事宜》等议题
2018-03-28	区政府常务会议	学习宪法，审议并原则通过《巡察发现问题通报》《调整滨江区货运机动车通行管理措施事宜》等议题
2018-03-28	主任区长办公会议	审议并原则通过《浦沿街道建设临时租赁房事宜》《有关企业政策扶持事宜》等议题
2018-04-18	区政府常务会议（经济形势分析会）	审议并原则通过《分析一季度经济形势，部署下阶段经济工作》《分析生态文明建设形势》《研究全区安全生产工作情况》《研究〈关于进一步明确燃气行业安全生产管理职责分工的通知〉》等议题
2018-04-18	主任区长办公会议	审议并原则通过《招商引资工作事宜》《第一批上市后备企业认定事宜》《政策兑现及扶持资金事宜》等议题
2018-06-06	区政府常务会议	传达贯彻落实《地方党政领导干部安全生产责任制规定》电视电话会议精神，审议并原则通过《滨江区居住出租房屋“旅馆式”管理实施方案》《产业基金有关事宜》等议题
2018-06-06	主任区长办公会议	审议并原则通过《招商引资工作事宜》《2018年集体土地征迁交地和拆后土地管理工作计划事宜》《中兴单元小学及幼儿园等项目设计方案及新建学校方案设计竞标事宜》《长河街道六个社区留用地统筹开发项目事宜》《2017年区政府质量奖拟获奖企业认定事宜》《选择杭州全景财经信息有限公司作为上市培训机构事宜》《政策兑现及扶持资金事宜》等议题

续表5

会议时间	会议名称	会议内容
2018-07-13	区政府常务会议（经济形势分析会）	专题学法：关于投融资市场的监管及法律责任，审议并原则通过《分析上半年经济形势，部署下阶段经济工作》《2018年区政府民生实事项目上半年进展情况》《杭州高新区（滨江）“证照分离”改革实施方案》《区政府产业扶持基金投资万色城麻江县电商平台子公司、区政府创业引导基金支持杭州士兰微电子股份有限公司事宜》《杭州浩联创业投资有限公司股权退出事宜》《区青少年活动中心开办事宜》等议题
2018-07-13	主任区长办公会议	审议并原则通过《小城镇环境综合整治工作》《政策兑现及扶持资金事宜》等议题
2018-08-14	区政府常务会议	审议并原则通过《法治政府建设工作、〈2018年度滨江区重大决策目录〉》《2017年财政决算（草案）和2018年上半年财政预算执行情况》《北航杭州创新研究院项目有关事宜》《关于加快智造供给产业发展的政策意见（试行）》《产业基金有关事宜》等议题
2018-08-14	主任区长办公会议	审议并原则通过《招商引资工作事宜》《2017年度瞪羚企业认定工作事宜》《建设对口帮扶单位名优农产品展示展销中心事宜》《第七届中国创新创业大赛互联网行业全国总决赛协办事宜》《高新技术企业培育三年行动计划》《引进长城战略咨询共建杭州新经济发展战略研究院事宜》《2017年度区科学技术奖励政策、省级科技型中小企业区级奖励资金兑现、2017年度市级科技型初创企业培育工程区资助事宜》《杭州你创网络科技有限责任公司建设国际化众创空间事宜》等议题
2018-08-30	区政府常务会议	审议并原则通过《人大民生实事项目监督情况通报》《落实区五届人大常委会第十四次会议建议清单》《新建道路桥梁命名事宜》等议题
2018-08-30	主任区长办公会议	审议并原则通过《招商引资工作事宜》《与中国移动浙江公司杭州分公司战略合作事宜》《海康威视2017年扶持政策事宜》《2018年新一轮“5050计划”企业类别认定事宜》《补助资金及政策兑现事宜》等议题
2018-10-18	区政府常务会议（经济形势分析会）	学习新修订《中国共产党纪律处分条例》有关精神，专题学法：典型败诉行政案例剖析，审议并原则通过《分析三季度经济形势，部署下阶段经济工作》《长河街道六社区留用地统筹开发项目设计方案推进及前期有关事宜》《工业综合体选址事宜》《全区事业单位国有企业公务用车制度改革事宜》《贯彻落实关于在全区高危行业全面推进安全生产责任保险工作实施情况》等议题
2018-10-18	主任区长办公会议	审议并原则通过《区河湖水环境综合治理项目事宜》《“浙江大华”新一轮战略合作事宜》《与中国计量大学战略合作事宜》《政策兑现及扶持资金事宜》等议题
2018-11-07	主任区长办公会议	审议并原则通过《2018年度主要经济指标、财政收入、开放型经济等工作》《2018年预算调整及政府债务限额事宜》《滨江粮库收购补偿有关工作》《招商引资工作事宜》《良仓加速器运营原阿里百川创业基地事宜》《政策兑现及扶持资金事宜》等议题
2018-11-14	区政府常务会议	审议并原则通过《全区禁毒工作事宜》《规范性文件清理工作开展情况》《进一步支持民营企业高质量发展的实施意见》《滨江区工业企业综合评价工作事宜》等议题
2018-11-14	主任区长办公会议	审议并原则通过《2018年杭州市战略性新兴产业发展试点和基地建设项目专项资金分配建议方案事宜》《兑现品牌奖励扶持政策事宜》《招商引资工作事宜》等议题

续表5

会议时间	会议名称	会议内容
2018-12-12	区政府常务会议	审议并原则通过《健康浙江、健康杭州考核及爱国卫生工作》《绿能环保有关事宜》《有关企业事宜》等议题
2018-12-12	主任区长办公会议	审议并原则通过《招商引资工作事宜》《产业基金事宜》《修订〈杭州高新区（滨江）创新券应用实施管理办法（实行）〉事宜》《政策兑现及扶持资金事宜》等议题

（卢　婷）

党政工作督查

【概况】 2018年，区办公室围绕区委区政府中心工作，督办领导批示件和贯彻落实重大决策部署、重点工作，督促推动区政府民生实事项目，确保全区各项年度重点任务完成。至年底，10项政府为民办实事工程30个子项目中，29个子项目完成年度目标任务，“完成4个安置小区提升改造”子项目基本完成年度目标任务。办理专项工作督查15项，印发督查通知单15件，编辑督查专报26份、督查通报31份。落实区委区政府主要领导批示2433件，其中督办88件。

【区代表建议和委员提案办理】 2018年1月21—23日，区五届人大二次会议和区政协二届二次会议确定代表建议72件、委员提案70件，其中重点建议3件、重点提案4件。建议提案内容涉及经济发展、城市建设和民生保障等方面。同月31日，区人大常委会、区政府、区政协联合召开2018年区“两会”建议提案交办会，印发《杭州市滨江区委员会办公室关于切实做好2018年区“两会”建议提案办理工作的通知》，要求各单位落实责任、安排工作、明确任务，办好每一件建议提案。2月28日、3月28日、4月28日，区办公室先后对区住建局、区发改局、区城管局等24家建议提案办理单位的办理情况开展专项督查。至4月30日，建议提案全部如期办复。72件人大代表建议中已经解决和在本年度内能够解决或基本解决的48件，占66.7%；已制定解决措施或已列入改进计划逐步解决的20件，占27.8%；因条件限制或其他原因暂不能解决留作参考的4件，占5.5%。办理态度评价满意率100%，办理答复评价满意率94.8%。（7位代表基本满意，1位不满意）。70件委员提案中，已解决和在本年度内能够解决或基本解决的41件，占58.6%；已制定解决措施或列入改进计划逐步解决的28件，占40%；因条件限制或其他原因暂时不能解决的1件，占1.4%。70件政协提案涉及委员79人次，在办理态度和办理结果上，77人次满意，2人次基本满意（2件提案），委员满意率97.5%。

2018年1月31日，滨江区“两会”提案建议交办会召开

（区委宣传部　供图）

【省、市代表建议和委员提案办理】 2018年2月15日，高新区（滨江）收到省十三届人大一次会议代表建议主办件1件，省政协十二届一次会议委员提案协办件1件；市十三届人大三次会议代表建议主

办件1件、协办件3件，市政协十一届二次会议委员提案主办件4件。建议提案承办工作涉及区发改局、区住建局、区城管局、公安滨江分局、滨江水务公司5家单位。至6月1日，办结所有建议和提案。6件主办件中，已解决和在2018年度内能够解决或基本解决的4件，占66.7%；因条件限制或其他原因暂时不能解决的2件，占33.3%。代表、委员满意率100%。

【市重点工作督办】 2018年3月13日，区政府印发《关于对2018年市重点工作任务开展专项督查的通知》，对区发改局、区教育局、区科技局、区民政局、区财政局、区住建局、区商务局、区社发局、区市场监管局、区城管局、区安监局、区行政服务中心、白马湖生态创意城管委会、区小城镇环境整治办、团区委、区妇联、区城建指挥部（地铁办）、区建管中心、智慧新天地建设指挥部、互联网建设指挥部、区“三改一拆”办公室、高新总公司（奥体指挥部）、国土滨江分局23家单位2018年度重点工作目标任务完成情况开展跟踪督查。6月29日、9月28日、12月28日收集季度工作进展内容，通报督查情况。2018年度重要工作目标考核得分率85.8%。

（俞　越）

【为民办实事工程督办】 2018年1月21—23日，区五届人大二次会议上由人大代表投票确定2018年十项民生实事项目。内容涉及加快安置小区建设、加快校园建设、完善沿江景观功能、持续深化水环境治理、优化改善公共交通、持续加大就业帮扶、完善养老和救助体系、提升城市生活品质、优化公共卫生服务、推进生活垃圾资源化利用10项、30个子项目。2月11日，区政府印发2018年政府为民办实事工程实施方案的通知，明确政府为民办实事工程具体任务构成、时间进度节点和相关责任单位，要求各职能部门深化完善具体实施方案。根据实施方案，区办公室从3月起，每月对为民办实事工程完成情况开展一次专项督查，做到“一月一督查，一月一通报”，发现问题及时协调解决。8月30日，区政府召开常务会议研究为民办实事工程办理进展情况，加大督查频次，自9月起新增对存在进度问题子项目进行每周专项督查。将实事项目纳入年度综合考评，对完成民生实事项目的单位，在年度考评总分中加分。区人大建立并实施“四个一”制度，对项目进行全程跟踪督查，促进项目保质保量完成。至年底，2018年十项政府为民办实事工程30个子项目中，29个子项目完成年度目标任务，“完成4个安置小区提升改造”子项目基本完成年度目标。

2018年滨江区政府民生实事工程完成情况

表6

实事工程项目	项目内容	责任单位	完成情况
加快安置小区建设	开工100万平方米，竣工34万平方米	区建管中心	完成
	安置1500户		
	完成4个安置小区提升改造		基本完成
加快校园建设	开办浙大教育学院附属学校、滨江实验小学	区教育局	完成
	开工杭州二中白马湖学校（扩建）、东冠单元幼儿园、滨兴小区幼儿园		
完善沿江景观功能	推进闻涛路全线建设	区城管局、智慧新天地建设指挥部	完成
	建设沿江绿化工程（东信大道-华家排灌站段）	智慧新天地建设指挥部	
	建成工业遗址公园		
	完善“最美跑道”休闲便民设施	区城管局	

续表6

实事工程项目	项目内容	责任单位	完成情况
持续深化水环境治理	对11条（段）道路市政雨水管网检测疏通	区城管局	完成
	完成6条河道和白马湖清淤工程		
	完成2条河道综合整治	创意城管委会、城建指挥部	
	完成5个住宅小区雨污分流改造	区城管局	
优化改善公共交通	新增公交线路3条，优化调整公交线路6条	区住建局	完成
	新建公共停车场3座，新增停车泊位不少于1500个	区住建局、高新总公司	
持续加大就业帮扶	举办各类人才招聘活动100场，引进各类人才2.5万人，其中中高级人才3500人以上	区人力社保局	完成
	新增就业岗位1万个，帮助失业人员实现就业3000人		
	培养高技能人才1000人		
完善养老和救助体系	新（改）建3个街道级照料中心	区民政局	完成
	为3万名60周岁以上的老人购买意外伤害保险，为2500名老人提供政府购买居家养老服务		
	为4200名80岁以上的老人提供康复护理补助		
	困难群众帮扶救助全覆盖；残疾人（老人）适配辅具按需应配尽配；阳光家园开设失智失能专区		
提升城市生活品质	全面推广公办小学免费课后服务	区教育局	完成
	新建（改造）公厕13座以上	区城管局	
	完成3条道路沿线节点亮化工程		
优化公共卫生服务	加快高水平区域医联体建设	区社发局	完成
	开展应急救护培训8000人次，救护员培训600人；在公共场所安装AED心脏自动除颤仪5台		
	开设健康教育讲堂50场次		
推进生活垃圾资源化利用	完成16个农贸市场生鲜垃圾资源化利用，完成64个学校、6个机关食堂厨余垃圾资源化利用	区城管局	完成
	完成10个住宅小区第三方垃圾分类积分制服务工作		

（来佳琪）

电子政务

【概况】 2018年，高新区（滨江）门户网站信息日更新量保持在30条左右，发布各类信息1.18万条，开展各类意见征集、政民互动访谈活动，连续8年在国家高新区门户网站推荐及综合影响力评估活动中获奖，列2018年度全国第二名，获“中国政务网站综合影响力领先奖”。年内，利用原有物理设备数量，完成区门户网站迁移至省政务云集约化平台、推进数据共享交换平台二期建设；在原有市高清系统、市标清系统、市委涉密高清系统、省政府应急高清系统视频会议基础上，完成省政府视联网系统9个点位建设，全区视联网点位增至37个。

【网络运行保障能力提升】 2018年3月，高新区（滨江）根据全省统一安排，在政务外网部署终端准入设备和管控中心，在各接入终端加装安全防护软件，实现政务外网终端准入控制、病毒防护、补丁管理、集中管控等安全防护功能。5月，在区政务外网部署网络监控系统，实时监测所有网络关键点动态工作状况，监控流量及设备宕机情况，快速定位、快速报警，安排专人7×24小时维护网络设备、安全设备以及服务器，建立资产管理档案，每日例行巡检、一月一次全面巡检，一月两次配置备份，一月一次对服务器进行漏洞扫描，对具有高危漏洞的服务予以处理并形成记录表和工作台账。8—11月，对政务外网进行二级等保测评，提高整个网络的安全等级，更新上网行为审计、VPN接入、日志审计等信息安全设备，提升全区网络运行保障能力。

【数据共享平台建设】 2018年9月，高新区（滨江）推进数据共享交换平台二期建设，以区级公共数据共享查询平台建设为重点，系统分析、设计逻辑模型，编写系统需求分析报告；10—12月，通过需求分析、软件开发、数据结构设计、测试、部署等环节，完成软件后台开发，包括前端界面开发、前后端联调以及测试版上线、编写测试报告与产品文档等工作对接，2019年1月正式上线。

【数据资源归集和运用】 2018年，区信息中心归集数据37项、591.25万条；在市公共数据共享平台发布共享接口1个，被调用5.73万余次；全区8个部门申请共享数据57项，其中6个部门申请页面查询资源40项、查询页面数据共享16.62万余次；2个部门申请接口服务资源17项、调用数据量386.7万余次。配合上级部门推进数据资源归集和整合、办事事项接入“浙里办”移动端的工作，全年接入事项225项；完成政务服务网电子文件归档系统部署，实现区级22个部门数据归档3590件；开展“一窗受理”平台建设，开通账号和部门用户权限，完成市级TOP100和区级事项309项接入“一窗受理”平台工作，助力“数据多跑路、百姓少跑路”。

【政务OA系统和钉钉App持续融合】 2018年，高新区（滨江）推进政务OA系统和钉钉App持续融合，政务OA系统作为移动办公后端支撑系统，以钉钉App为政务OA的统一入口，随时随地实现公文流转审批、日程实时安排、信息及时推送、事项动态管理、数据追踪查找等日常协同办公功能。1—6月，区信息中心完善政务外网办公系统中5个模块和10多个栏目细节，满足全区各部门移动办公需要，区委区政府办公室7月初组织的“全区办公室主任会议暨工作培训会”和“文字综合能力提升培训班”、区委组织部“三懂”教育专题培训会（其中7—12月），通过扫描钉钉二维码，实现“会议签到”功能。

【区政府门户网站迁至省政务云集约化平台】 2018年3月，为发挥省级平台相关的软硬件服务资源、网络基础支撑平台和应用支撑平台作用，提高高新区（滨江）政府门户网站可用性、整体运行速率和并发量，加强区政府门户网站安全机制和整体稳定性。根据《浙江省人民政府办公厅关于进一步加强政府网站管理的通知》要求，启动区政府门户网站整体迁移到浙江省网站集约化平台工作。至5月，完成项目安装调试。经过3个月试运行，信息中心从省相关专家库挑选专家成立专家组，对项目进行验收，形成验收文档。在系统维护期，派驻运维工程师入场提供24小时网站监测、每半年对系统进行一次总体检测服务，确保门户网站安全、可靠运行。

【省电子政务视联网平台建设】 2018年，高新区（滨江）推进省电子政务视联网平台建设，新增区信访局、区民政局、区司法局等9家单位，全区接入视联网单位37家，基本满足视频会议和应急指挥工作需求；通过电子政务视联网，将区行政服务中心办事服务大厅视频监控接入省级视频共享平台，确保信访视频系统工作日视频调度。全年，保障区政府办公室视频会议84次，其中电信标清视频会议系统31次、华为视频会议系统39次、视联网视频会议系统14次。

（薛小燕）

应急管理

【概况】 2018年，高新区（滨江）发生各类生产安全事故5起，直接经济损失102.2万元。其中：工矿商贸领域生产安全事故3起，死亡2人，伤1人，直接经济损失52万元；道路运输生产安全事故2起，死亡3人，与去年持平，直接经济损失5.1万元。未发生较大以上（含）生产安全事故。全年接警5.39万起，及时签收率和反馈率为100%。

年内，修订《杭州市滨江区突发地质灾害应急预案》，启动《杭州市滨江区突发公共事件总体应急预案》修编工作。以“防灾减灾日”“安全生产月”等活动为契机，宣传普及应急安全知识，提升市民自救互救能力。全年，发放《杭州市应急安全手册》9万册，宣传挂图65套，宣传画册100本，宣传折页3000份，小宣传品3300份。

至2018年底，高新区（滨江）有避灾安置场所57个，规范化建设避灾安置点23个。其中区级避灾安置场所1个、街道级避灾安置场所3个、社区级避灾安置场所19个，建筑面积18万余平方米，可容纳1万余人。区、街道级避灾安置场所覆盖率100%，避灾安置点规范化建设率100%，避灾安置场所指示牌、标识牌设置率100%。

【智慧应急管控平台建设】 2018年3月，高新区（滨江）启动智慧应急管控平台建设。安排资金30多万元，新增3个高空监控探头，落实24小时专人值守，实现冠山森林消防预警监管全覆盖。成立3支、130人的半专业森林消防队伍，为每名扑火人员购买人均保额50万元的人身意外伤害保险。全面推进智慧式用电安全隐患监管服务系统建设工作，至年底，以老街、过渡房、学校、农贸市场为重点，安装智慧用电设备3740套，其中工贸行业553套、其他行业3187套。

【公共安全风险评估】 2018年4月28日，区应急办印发《关于开展全区公共安全风险评估工作的通知》，要求区级机关单位系统排查自然灾害、事故灾难、公共卫生和社会安全等领域安全风险，对可能引发各类突发公共事件风险隐患进行风险评估，调查相应应急资源，提出应对举措或防范措施。25个部门、街道提交风险评估表，提出台风、洪涝、山体滑坡等自然灾害，堤塘安全风险、用气用电安全风险、危化品安全风险、金融安全风险、奥体中心等公共区域安全风险，采取相应的整改措施。

【应急管理培训】 2018年7月2—3日，区应急办在市委党校举办应急管理培训，全区区级机关各部门、单位和街道办公室主任共80人参加培训。培训班邀请市应急办预案管理处两位专家讲解《应急预案编制与管理》《紧急信息报送》等课程。

【杭州国际减灾日主题宣传活动】 2018年10月12日，杭州2018年“10·13”国际减灾日主题宣传活动在高新区（滨江）射潮广场举行。活动由省减灾委办、市减灾委办主办，滨江区减灾委办和浙江省公羊会公益救援促进会承办。活动以“减少灾害损失，创造美好生活”为主题，开展

2018年10月12日，杭州2018国际减灾日主题宣传活动在高新区（滨江）射潮广场举行 （区委宣传部 供图）

2018年10月28日，滨江消防大队在应急演练中用泡沫灭火器灭火　（区府办　供图）

救援技术展示和急救示范体验。现场有搜救犬搜救、无人机空投、心理剧表演以及心肺复苏、急救包扎、消防灭火、通道逃生等体验互动，防灾减灾知识问答和广场咨询，各区县（市）减灾委办现场向市民讲解防灾减灾政策知识、分发宣传资料，200多人参加活动。

【应急演练】 2018年，高新区（滨江）组织2场应急演练。10月28日23点30分至29日零点30分，区城管局联合杭州高架交警大队、滨江消防大队、杭州市政设施监管中心和隧道养护单位杭州兴耀物业管理有限公司，在彩虹快速路隧道进行车辆发生追尾起火事故的突发性事件应急处置演练。11月29日，杭州天然气有限公司滨江分公司联合杭州燃气工程安装有限公司开展滨江奥体中心体育馆双路供气燃气管泄漏及场馆调压器故障应急演练。　（陈丹丹）

机关事务管理

【概况】 2018年，区机关事务中心协助保障区“两会”、第十四届中国国际动漫节、第十二届（2018）杭州文化创意产业博览会、市“六大行动”比学赶超活动、中国创新创业大赛总决赛、亚运会场馆建设、第14届世界游泳锦标赛（25米）和区内重点引进院校北京航空航天大学创新研究院等各类考察活动。年内，区机关事务中心推进垃圾分类工作，更新规范办公区域所有分类垃圾桶标识标签；更换双色分类垃圾桶。区行政大楼成功创建省级节约型公共机构示范单位。完成区行政服务中心母婴室装修工程并启用。丹枫路停车场引进24小时自助智能无人洗车设备。组织工作人员参加清华大学公共机构节能远程培训课程。采用线上线下多样化互动模式增强政企沟通，建立企业信息资料库，收录企业信息100多条，创建“小滨同学”微信群。联合低碳科技馆举行接待工作座谈会，阿里巴巴集团、网易（杭州）网络股份有限公司等企业参加。在“2018浙江金秋购物节·中国浙江（国际）餐饮美食博览会暨第八届浙江厨师节”上，机关二食堂面点师苗啸以独创作品“桃山枇杷”获得金奖。

【机关食堂保障服务升级】 2018年4月8日，财税大楼食堂（机关三食堂）启动新址整修工程，计划于2019年3月完工。9月17日，增设机关四食堂，保障网络金融风险分流处置点工作用餐。11月29日，机关一食堂一楼休闲餐厅试运营。

【国有房产清查】 2018年5月25日，区委办公室、区政府办公室印发《关于进一步做好国有房产清查工作的通知》，区机关事务中心启动新一轮国有房产清查工作。6—10月，召开全区国有房产清查处置工作动员会，完成清查方案汇编、数据呈报、初步校验、现场勘察及成果报告等工作。清查全区房产1458处、394.5万平方米，与纪检、审计、财政部门联合抽查勘察房产318处、132.3万平方米，实现全区国有房产底数清晰、问题明确，推动国有房产管理规范化进程。

【事务中心管理制度建设】 2018年9月，区事务中心完善各项管理制度，修订《机关食堂管理制度》《车辆管理制度》《驾驶员管理制度》《物业管理考核办法》《能耗统计制度》《节水节电管理制度》《党政机关国内接待管理办法》《政府采购管理办法》等，通过制度规范管理各项工作。

【机关食堂引进对口扶贫地区农产品】 2018年，区机关事务中心在机关食堂组织湖北省恩施州建始县农产品销售活动10次，销售额6万元。销售贵州省黔东南州麻江蓝莓2654千克，销售额11.4万元。贵州省黔东南州丹寨黑猪肉、湖北省恩施富硒土豆等特色农产品进入机关食堂餐线。

【承办市机关事务系统改革开放40周年党建主题活动】 2018年12月2日，市机关事务系统改革开放40周年党建主题活动在滨江区文化中心举行，活动有座谈会和文艺会演两项内容。其间，15名先进代表和市机关事务局班子成员、局中层主要负责人和区县（市）机关事务部门主要负责人参加“致敬先进典型、争做时代先锋”座谈会。滨江区机关事务中心1人获“滨江区后勤先进典型代表”荣誉称号。市机关事务系统“致敬40年奋进新时代”党建主题文艺会演演出16个节目，滨江区机关事务中心组织10名后勤人员参演快板节目《拥抱新时代、后勤创新功》，1人参与主持。

（马荻文）

2018年12月2日，市机关事务系统庆祝改革开放40周年党建主题活动在滨江区文化中心举行 （区府办 供图）

行政审批和服务

【概况】 2018年，高新区（滨江）江南、江北办事服务大厅接待120.76万人次，比上年降低1.2%。受理各类审批服务事项217.07万件，增长16.3%，办结率99.9%，满意率96%。办事大厅全年开展延时服务834人次，完成上门服务186人次。规范梳理办事事项457项，全部为“最多跑一次”事项。各街道5个权力事项、11个公共服务事项，全部实现“最多跑一次”。全年获省、市领导批示8次，收到企业和群众表扬信83封、锦旗27面，免费提供快递送达证照6200多件，免费复印办件材料12万人次、73万张。优化“窗口端”“PC端”“自助端”“移动端”“云端”5端政务服务，推进政务服务数字化，办事等候时间降低57%。根据市统计局对全市每月“最多跑一次”改革民调数据，办事群众满意率从1—6月的90.7%上升至10月的98%，实现率从1—6月84.5%上升至10月的94.9%，满意率和实现率排名总分列全市首位。

【全市首批24小时综合自助办事服务机启用】 2018年4月13日，由华数集团研制的4台综合自助办事服务机在高新区（滨江）市民之家“24小时自助服务区”正式上线。自助机增至17台，实现仅凭一张身份证就能办理市民和法人查阅查询、受理申请、办件办结、费用支付等六大类业务，涵盖社保参保证明打印、驾驶证信息查询、养老保险情况查询、住房情况记录证明打印等事项151件、公共支付10项（2017年开通房产档案查询、不动产档案查询、房产交易契税查询、参保证明打印和市民卡自助服务五大类、31件）。至年底，全区投放自助机47台，办理各类业务1.64万件。

【涉外服务提升】 2018年7月1日，高新区（滨江）市民之家推出多项涉外政务服务举措，提升涉外群体办事体验。外语服务预约专窗可预约“一站式”导办；海外高层次人才办事专窗可进行“一站式”创业；商事登记区设立“海外高层次人才办事专窗”；社区外籍人士服务点可享受“一站式”服务，提供专业优质、高效便捷的“一站式”登记服务。升级、编印涉外服务指南手册 *Living in BinJiang*，包括“外商投资公司登记（设立）、外国人来华工作许可、外国人申请工作类居留证件及延期、换发S2（私人事务）签证、换发X2（短期学习）签证、报检企业及其报检人员备案、原产地证明书签发”八大类业务，涉及区人力社保局、区商务局、区市场监管局、公安滨江分局出入境管理中心、杭州海关出入境检验检疫局5个单位，实现“one stop, one trip, one paper”（一站一次一单清），打响“国际滨”涉外政务服务品牌。

【自助填单机全市率先上线】 2018年8月13日，高新区（滨江）市民之家在全市率先上线自助填单机1台。市民实名取号后，只需刷身份证，该机就可读取取号信息及身份信息，录入其余信息后，表单可自助打印并实时传输至业务系统。根据统计数据分析，首批推出不动产登记申请表、牌证申请表、个体劳动者参保登记表、生育保险待遇申请表等20张高频事项表单，涉及区市场监管局、区人力社保局、国土滨江分局等部门。该机可准确读取办事人员信息，降低市民填单错误率。

【“最多跑一次”兜底专窗设立】 2018年8月20日，高新区（滨江）市民之家在全市率先开设“跑一次”未办成兜底窗口，由窗口负责人或业务骨干坐班兜底“最多跑一次”事项。针对商事、投资项目审批等重点领域，人力社保、不动产等民生领域，设立兜底窗口6个，涉综合服务、商事登记、不动产登记、投资项目、人力社保、公安出入境等方面，实现313项进驻业务全覆盖。通过建立横向联系机制，需要多部门协调问题时，相关窗口负责人即时协调，现场无法解决则持续跟踪并予代办；建立工作日志制度，记录未办成事项具体情形、涉及部门等，根据实际案例，出台配套管理办法，优化办事流程。至年底，各兜底窗口办理业务32件。

2018年8月20日，高新区（滨江）市民之家率先在全市开设“跑一次”未办成事项兜底窗口　（区委宣传部　供图）

【投资项目审批“最多100天”目标实现】 2018年，高新区（滨江）深化行政审批改革，缩短投资项目审批时间。11月8日，科博特先进装备制造产业化基地项目落地高新区（滨江），根据省、市的审批改革要求，经前期沟通协调，该项目在用地规划许可、方案及初步设计“二合一”审查、建设工程规划许可、施工图联合审查、施工许可的全流程中均顺利通过，多个环节实现当日即办或隔日办结。用地规划许可当日审批、建设工程设计方案审查33天完成、59天拿到建筑工程施工许可证。12月19日，超高层住宅项目绿城——杭政储出〔2018〕14号地块住宅（设配套公建）及服务设施用房项目取得施工许可，这是区内首个从立项到开工建设仅用时90天的房地产项目，实现“最多100天”改革目标，作为新的改革案例和样板在全区推广应用。

【市政公用三项服务一站式办理】 2018年12月17日，水、电、天然气相关配套服务正式进驻高新区（滨江）市民之家，实现市政公用三项服务一站式办理。高新区（滨江）市民之家从便利市民和企业办理多项业务出发，将原分散办理的三项服务引进市民之家集中办理，窗口设在不动产登记服务区域，市民可在办理不动产登记时一次性办理水、电、气相关事项。其中，燃气已实现个人和企业全业务可办，电力、水务除缴费业务外均实现窗口可办。（邢瀚悦　温 泉）

公共资源交易

【概 况】 2018年，区公共资源交易中心完成交易项目636项，成交总额203.2亿元。其中：建设工程类项目598项，比上年减少5.4%，中标价202.32亿元；政府采购类项目38项，中标价8797.48万元，节支率8.5%。分散采购进场交易54项，中标价3.69亿元。电子卖场订单数1288个，交易额3514.15万元。在2016—2017年度省集中采购机构考核中，在机构建设、制度建设、业务建设、队伍建设、社会评价等方面量化考核总得分94.9分，获“优秀”等次。在市公共资源交易平台数据月度考核中，在上传数据准确性、覆盖面、及时性、全面性及平台建设运行情况等方面综合评分中，获全市数据月度考核第一名2次、第二名1次。全年完成滨江区农转居拆迁安置房九区块扩点（耀洋地块二期）、十区块北扩（七期）及十三区块扩点（四期）项目总包代建等3个总包代建项目；滨盛路—钱江二路（七甲路—之江西路）工程施工等10个施工总承包项目；杭州第二中学（滨江校区）教学综合楼项目等3个重点工程、民生项目招投标工作。

【进场交易范围拓展】 2018年1月，区公共资源交易中心与区住建局（环保分局）、国土滨江分局等部门协商对接，将农转居拆迁安置房总包代建、地质灾害处理、环境保护、前期物业管理等四类非区招标办监管项目正式纳入进场交易范围。规范该类项目报件审核、开评标现场监督等操作流程。至年底，完成非区招标办监管招标项目13个，交易额63.64亿元。

【信用评价体系运用】 2018年1月，区公共资源交易中心在政府集中采购项目招标文件的商务、资信评分中设置“信用分”，“无效标”条款中设置“失信”相关内容。运用信用信息对政府采购供应商进行把关，强化信用作用，规范交易市场秩序。至年底，在招投标过程中对38个政府集中采购项目使用信用记录进行评分，查询598个工程建设类项目中标单位信用记录，上报不良信息45条。

【业务能力提升】 2018年，区公共资源交易中心持续重视人员业务培训，学习招标采购相关政策法规，提升招标采购政策水平和业务技能。6月，建立月度业务学习培训制度，每月定期组织学习培训会1次，加强各业务科室间交流学习与配合协作。7月23日至8月10日，组织6名业务骨干到市交易中心进行为期3周实岗培训，内容涉及公共资源交易中各类招标、采购项目的线上操作流程、线下管理模式及各类规章制度执行等内容。全年，区公共资源交易中心接待兄弟单位调研学习6批次，到外省交易中心考察学习1人次，到市交易中心实岗培训6人次，参与全区专题培训会12人次。

【开评标管理制度完善】 2018年5—6月，区公共资源交易中心完善开评标视频保存制度，做到交易公共场所监控全覆盖、无死角，交易全过程可留痕追溯。将政府采购项目评审专家名单的获取时间，由原来评标时间前40分钟延迟到评标时间前1分钟，防范相关廉政风险。8月17日，修改完善《开评标现场管理规定》，制度包括开标现场管理与评标现场管理，对交易中心及招标代理（业主代表）工作人员开标到场时间、投标文件接收安排、开标会议主持安排、评标文件运送安排、进入评标区域的注意事项、评标用餐的卫生问题、评标结束后现场整理及其他违规情况做明确规范。

借鉴市交易中心做法，将《开评标现场管理规定》《评标专家十不准纪律》《评审专家须知》张贴于开评标区域，在投影屏上滚动播放，便于招投标各方知晓。（俞一帆）

外　事

【概况】 2018年，高新区（滨江）因公出国（境）53批次、110人次，其中教育系统学校自行组团访学、游学18批次、59人次。为辖区26家单位审批外国人到华邀请申报202批次、336人次，到华就业951人、外国专家到华工作4人。接待外国友人到华访问25批次、436人次，主要来自美国、英国、法国、德国、日本、马来西亚、柬埔寨等国家。

【国际人士鸿志远获“杭州市荣誉市民”】 2018年9月5日，市政府在国际博览中心举行首届杭州国际日活动，经杭州市十三届人大常委会第十三次会议审议通过，在活动现场授予在杭工作、为杭州经济发展、海外项目引进及民族品牌国际化做出突出贡献5名国际人士“杭州市荣誉市民”称号，高新区（滨江）企业杭州你创网络科技有限责任公司创始人兼首席执行官鸿志远（瑞士国籍）获此荣誉。吉利控股集团副总裁李铁梵（美籍华人）获“杭州市荣誉市民提名奖”，全市有8名国际人士获此荣誉。

2018年高新区（滨江）外事接待情况

表7

日期	到访人	考察内容
2018-03-02	Cafenajjar首席执行官 Georges Najjar一行	考察投资环境，洽谈项目
2018-03-31	智涌钱塘大会海外客户代表团	参观区公安指挥中心及智慧e谷
2018-04-03	柬埔寨人民党青年政治家代表团	交流政务服务、商事制度改革工作
2018-04-16	日本兄弟集团常务执行董事、滨江兄弟公司董事铃木刚一行	政企交流
2018-04-27	保时捷汽车投资有限公司首席执行官斯波尔一行	交流公司在高新区（滨江）投资项目发展情况
2018-05-19	亚奥理事会总干事侯赛因·穆萨拉姆一行	参加杭州迎“2018雅加达—巨港亚运会”趣味跑新闻发布会及趣味跑活动
2018-05-22	欧盟委员会贸易总司彼德·科瓦奇一行	参加中欧知识产权研讨会
2018-05-29	马来西亚沙巴马中联谊协会会长、博士、太平绅士胡逸山一行	参观考察
2018-06-05	法国赛诺菲全球工业事业部及新兴市场负责人 Anddrea Ruggeri一行	洽谈项目
2018-06-28	北大“南南学院”学员（25国）	参观考察
2018-07-05	美国国家医学院院士黛安娜·法默一行	洽谈项目
2018-08-06	创客天下·2018杭州市海外高层次人才创新创业大赛外国人专场复赛参赛人才一行	参观考察、参加相关比赛
2018-09-07	英国利兹市议长朱迪斯·布莱克率政府和企业代表一行	参观考察
2018-09-14	法国经济文化国际发展协会主任阿兰·如弗雷和摄影师多米尼克·若瑞一行	调研“一带一路”
2018-09-20	美国密歇根州州长里克·斯奈德一行	洽谈项目
2018-09-20	日本国分株式会社常勤监事奥村恒弘一行	洽谈项目

续表7

日期	到访人	考察内容
2018-10-16	美国麦迪逊高地市市长布瑞恩一行	洽谈项目
2018-10-17	美国标准普尔公司亚太区董事总经理克莱蒙斯·泰姆一行	洽谈项目
2018-10-23	图灵奖获得者惠特菲尔德·迪菲一行	洽谈项目
2018-11-07	华盛顿州中国理事会、华盛顿州大西雅图地区斯诺霍米什郡经济联盟一行	交流考察
2018-11-09	“浙江杭州国际人才交流与项目合作大会”参会外宾	参加会议
2018-11-12	美国宾夕法尼亚大学教授Mark I.Greene一行	洽谈项目
2018-11-13	高动态图像传感器芯片项目、美国生物医学院院士奥莉一行	洽谈项目
2018-11-22	亚奥理事会主席艾哈迈德·法赫德亲王一行	考察奥体中心及世泳赛建设情况
2018-11-28	德国卡尔斯鲁厄理工学院工业4.0联合实验室主任、秘书长米夏易哥莱德一行	洽谈项目

（刘　莹）

侨　务

【概况】 2018年，高新区（滨江）侨务办公室（以下简称“区侨办”）发挥侨务优势，服务经济发展大局，各项工作取得新成效。区侨界代表人士尤其敏所创公司杭州优思达生物技术有限公司与国家林业局、南京林业大学等单位共同完成的“中国松材线虫流行规律与防控新技术”项目获国家科学技术进步奖二等奖。全年接待海外考察团（组）12个、600多人次。

【董祖德调研滨江侨务工作】 2018年1月18日，市外侨办主任董祖德到高新区（滨江）调研侨务工作，走访杭州林东新能源科技股份有限公司，听取高新区（滨江）侨务工作汇报。董祖德对高新区（滨江）侨务工作表示肯定，希望侨务工作继续服务中心工作，服务经济建设与社会发展，做好对外交往和招才引智等重点工作。

【“侨海报国”漫谈沙龙活动】 2018年5月21日，高新区（滨江）举行“侨海报国”漫谈沙龙暨“海创系·同心荟”交流活动。市政协副主席胡伟，区委常委、统战部部长谢渐升，区留联会、新联会会员50多人出席。活动围绕“产业报国”开展交流与探讨，区侨界代表人士、杭州睿琪软件有限公司董事长罗欢、致公党党员、微泰医疗器械（杭州）有限公司董事长郑攀2位国家人才计划专家与阿里运维自动化研发第一人肖劲青，明志海创联盟副会长、致公党党员许利祥，云鼎资本创始合伙人罗志勇等海归创业人士，分享海外留学和从业经历，通过创新实现产业报国、技术强国。高新区（滨江）新的社会阶层人士联谊会会员、杭州泽妙环境科技有限公司技术总监徐泽昊代表“海创系·同心荟”向全区新的社会阶层人士特别是新老华侨华人和海归朋友发出“爱国、敬业、奉献”倡议，号召新的社会阶层人士投身新时代中华民族复兴事业。

（孙利伟）

港澳事务

【概况】 2018年，高新区（滨江）依托香港·杭州高新区（滨江）同乡会工作平台，推动两地交流、引才引智和对外宣传，推进“三次创业”，助力经济和社会建设。全年接待港澳考察团（组）21批次、800多人次。

【邓忍光到高新区(滨江)考察】 2018年1月15日,香港政制及内地事务局常任秘书长邓忍光到高新区(滨江)考察。邓忍光考察智慧e谷展厅,通过“智慧互联、智慧网络、智慧安防、智慧交通、智慧医疗”等六个分区,了解阿里巴巴集团、杭州海康威视数字技术股份有限公司、浙江大华技术股份有限公司等智慧产业发展情况。在杭州林东新能源科技股份有限公司,听取新侨代表人士林东介绍“LDH林东模块化大型海洋潮流能发电关键技术和装备”项目成果。

【蔡冠深到高新区(滨江)考察】 2018年5月9日,香港中华总商会会长、全国政协常委、香港新华集团主席蔡冠深到高新区(滨江)考察。考察团一行25人走访网易(杭州)网络有限公司、新华三集团,对企业取得的成绩表示赞赏。

【港澳台代表团到高新区(滨江)考察】 2018年5月27日,第二十届中国科协年会港澳台代表团50多人到高新区(滨江)考察。考察团参观智慧e谷展厅,展厅运用声、光、电效果,展示高新区(滨江)智慧产业发展状况。在杭州海康威视数字技术股份有限公司、恒生电子股份有限公司、网易(杭州)网络有限公司等高新技术企业,就企业技术研发及产品提出问题,双方在如何展开合作等方面进行互动交流。

2018年8月3—6日,香港新民党主席叶刘淑仪(前右五)到高新区(滨江)考察交流 (区委统战部 供图)

【澳门科创管理考察团到高新区(滨江)考察】 2018年7月26日,澳门科创管理考察团60多人到高新区(滨江)考察。考察团由澳门管理专业协会活动及传讯委员会主席黄庆添带队,参观智慧e谷展厅、杭州海康威视数字技术股份有限公司、杭州新华三集团和网易(杭州)网络有限公司,通过体验“智慧城市,让生活更美好”,对高新区(滨江)的智慧城市建设工作表示赞赏。

【叶刘淑仪到高新区(滨江)考察】 2018年8月3—6日,香港新民党主席叶刘淑仪一行10多人在香港中联办社工部部长杨茂等陪同下到高新区(滨江)考察交流。考察团到杭州海康威视数字技术股份有限公司、智慧e谷、梓昆科技(中国)股份有限公司、乐湃网络科技有限公司和香港·杭州创新创业服务中心考察,了解高新区(滨江)经济社会发展情况及香港青年实习创业情况。叶刘淑仪表示,香港新民党将更好发挥桥梁纽带作用,按照2018年4月与高新区(滨江)香港·杭州创新创业服务中心在港签署的《合作备忘录》精神,促进两地青年创业、杭港经贸投资、科技创新等方面合作。 (孙利伟)

台湾事务

【概况】 至2018年底,高新区(滨江)有台资企业27家,分属软件服务、文创产业、工具制造业等行业。全年办理商务到台22批次、54人次,接待南投县议员石庆龙一行23人到智慧e谷、网易(杭州)网络有限公司参观交流,接待2018海外台湾留学生“科技之旅”冬令营50多人到物联网小镇参观交流,接待台湾东南科技大学师生团一行20人到智慧e谷、浙江大华技术股份有限公司考察交流。对新录取的8名到台学习滨江籍大陆学生进行行前教育，会同市台办工作人员开具到台学习证明。

【杭台青年就业创业对接会】2018年9月12日，2018浙江台湾合作周（杭州）青年就业创业交流对接会在高新区（滨江）智新泽地互联网产业园召开。对接会由市政府、团省委主办，市委人才办、团市委、市人力社保局、市科委、滨江区政府协办，浙江省智新泽地科技发展有限公司承办。市政府副秘书长李强煜、台北市电脑公会智慧城市联盟秘书长林智清到会发言，来自杭州、台湾的100多名青年企业家、青年台商、大学生和青年创业者（其中台湾50人）参加，针对就业创业、两岸青年合作共赢做交流探讨。

【台湾大学生到高新区（滨江）实习】2018年7月5日至8月9日，高新区（滨江）安排2名台湾大学生在浙江中南卡通影视有限公司相关部门实习工作，针对实习生专业与岗位适配、生活习惯等问题，先后4次到中南卡通沟通协调，妥善解决相关问题。利用周末、节假日安排参观智慧e谷、杭州低碳科技馆，参加音乐会，游览西湖、登雷峰塔等，丰富实习生业余生活，增强民族认同感和自豪感。（陈卓昂）

【第十八届海峡两岸文化创意产业高校研究联盟论坛】2018年10月13日，第十八届海峡两岸文化创意产业高校研究联盟论坛在白马湖建国饭店开幕，论坛由海峡两岸文化创意产业高校研究联盟、杭州市文创办和中共滨江区委宣传部联合主办，中国传媒大学文化发展研究院、杭州文化创意产业研究中心和高新区（滨江）文创办共同承办。市委常委、宣传部部长戚哮虎，中国传媒大学副校长刘守训，全国台联副会长郑平到会发言。海峡两岸百余所高校、科研机构、行业协会及文创企业的200多位嘉宾和代表参加。论坛以“创新驱动 · 文化赋能”为主题，台湾大学艺文中心协会理事长、台湾艺术大学校长陈志诚，厦门大学前校长、“一带一路”研究院院长朱崇实，省网络作家协会副主席蒋胜男，中华美术设计协会理事长林国庆等重点探讨在新时代新形势背景下，把握发展机遇，聚焦优势产业，推进“文化+”融合发展模式，拓宽两岸文创产业交流合作的新思路、新方法。（蒋祺阆）

2018年10月13日，第十八届海峡两岸文化创意产业高校研究联盟论坛在白马湖建国饭店开幕（区委宣传部 供图）

接待工作

【概况】2018年，高新区（滨江）接待来宾798批次、4.98万人次，其中党和国家领导人及中央和国家机关各部委67批次、1366人次。接待批次与上年持平，接待人次增长130%。保障区内重要会议、展会、赛事和各类考察活动。

【接待业务交流】2018年1月4日，区接待办联合杭州低碳科技馆举行接待工作座谈会，阿里巴巴集团、网易（杭州）网络有限公司等36家单位、59名相关负责人参加。座谈会探讨企业亮点再挖掘、新媒体宣传等共性问题，针对2018年工作，提出要搭好展示平台、优化综合环境、重视讲解工作的具体要求。年内，区接待办采用线上、线下多样化互动模式增强政企沟通，创建“小滨同学”微信群，建立企业信息资料库，收录企业信息100多条。

2018年省、部级以上领导到高新区（滨江）情况

表8

日　期	到访人员职务	姓　名	主要事宜
2018-01-03	浙江省人大常委会副主任、省智能制造专家委员会主任	毛光烈	在区文化中心召开座谈，听取、商议“智造供给小镇”建设方案
2018-01-18	浙江省副省长、党组成员	朱从玖	调研高新区（滨江）科技金融企业创新发展情况，走访杭州安恒信息技术有限公司、川山甲供应链管理股份有限公司、浙江金程科技有限公司
2018-01-29	杭州市委副书记、市长	徐立毅	慰问高新区（滨江）困难群众和基层干部代表，走访低保家庭、困难党员家庭、信访干部、困难职工家庭、拆迁户与长河街道敬老院
2018-03-23	杭州市委副书记、市长	徐立毅	调研第14届世界游泳锦标赛（25米）比赛场馆建设情况与奥体博览城主体育场建设情况
2018-04-10	浙江省副省长、党组成员	朱从玖	调研新华三集团、杭州海康威视数字技术股份有限公司，在海康威视会议室召开企业座谈会
2018-04-12	陕西省委书记、省人大常委会主任 陕西省委副书记、省长	胡和平 刘国中	考察浙江吉利控股集团
2018-04-15	陕西省委常委、西安市委书记	王永康	考察杭州海康威视数字技术股份有限公司
2018-04-16	中央统战部副部长	戴均良	考察中国网络作家村
2018-04-21	第十一届全国人大常委会原副委员长、党组成员	陈至立	考察智慧e谷展厅、杭州海康威视数字技术股份有限公司、新华三集团
2018-05-07	浙江省政协副主席、侨联主席、民革省委会主委	吴　晶	考察海外高层次人才创新创业基地园区，召开座谈会，听取海创人才工作情况，与海创人才代表座谈交流
2018-05-15	中国美术学院院长	许　江	在白马湖创意城管委会举行最葵园项目签约仪式
2018-05-17	中国文联主席、中国作协主席	铁　凝	参加首届中国网络文学周开幕式
2018-05-17	江西省副省长	胡　强	考察高新区（滨江）农产品加工业发展情况，调研祖名豆制品股份有限公司、绿城农科检测技术有限公司、杭州艺福堂茶业有限公司
2018-05-19	浙江省政协副主席	周国辉	参加在浙江科技大市场举行的省科技（科普）活动周开幕式，参观第四届智能硬件博览会暨科技生活展、军民融合技术成果展、芯片技术创新与应用展
2018-05-21	山西省政协副主席、中共吕梁市委书记	李正印	考察智慧e谷展厅、阿里巴巴集团
2018-05-22	全国政协原副主席	黄孟复	考察杭州海康威视数字技术股份有限公司、正泰集团股份有限公司
2018-05-22	浙江省副省长、公安厅厅长	王双全	调研杭州海康威视数字技术股份有限公司并座谈交流
2018-05-25	湖北省委常委、宜昌市委书记	周　霁	考察区行政服务中心、新华三集团

续表8

日　期	到访人员职务	姓　名	主要事宜
2018-05-26	中国工程院院长	周　济	在智慧e谷大楼参加世界经济论坛与中国工程院智能制造合作交流会
2018-05-29	浙江省委常委、常务副省长	冯　飞	调研杭州呼嘭智能技术有限公司、浙江零跑科技有限公司、在智慧e谷大楼召开座谈会
2018-05-29	国务院副秘书长	江小涓	考察杭州海康威视数字技术股份有限公司
2018-05-31	杭州市委副书记、市长	徐立毅	调研杭州中天微系统有限公司、浙江中控技术股份有限公司、网易（杭州）网络有限公司
2018-06-06	浙江省政协副主席、党组副书记	孙景淼	调研中国网络作家村神仙居（管平潮工作室）与天马苑，并座谈交流
2018-06-06	湖南省委书记、省人大常委会主任 湖南省委副书记、省长	杜家毫 许达哲	考察浙江吉利控股集团
2018-06-13	杭州市政协主席、党组书记	潘家玮	调研香港·杭州创新创业服务中心，在海外高层次人才创新创业基地议室座谈交流
2018-06-14	浙江省人大常委会原党组书记、副主任 杭州市人大常委会原党组书记、主任	王辉忠 王金财	调研白马湖创意城民宿经济情况，考察朱家山民居点、孔家里民居点、陈家村民居点以及中国网络作家村天马苑，在会议室听取白马湖创意城情况介绍
2018-06-20	湖北省副省长	万　勇	考察杭州艺福堂茶业有限公司
2018-06-21	浙江省委常委、杭州市委书记	周江勇	专题调研数字经济发展情况
2018-06-22	浙江省委常委、杭州市委书记	周江勇	调研奥体博览城网球中心、亚运会比赛场馆
2018-07-23	中共十九届中央委员，中共中央军事委员会委员，中华人民共和国中央军事委员会委员，国务委员、国务院党组成员，国防部部长	魏凤和	调研浙江科技大市场
2018-07-26	中共十九届中央政治局委员，国务院副总理、党组成员	胡春华	考察杭州海康威视数字技术股份有限公司、杭州正泰太阳能科技有限公司
2018-07-31	浙江省副省长	王文序	到华为杭州研究所、全景网路演中心、国际人才科技创新中心调研科技工作
2018-08-14	浙江省副省长、党组成员	彭佳学	调研中南建设集团股份有限公司、杭州艺福堂茶业有限公司，在中南建设集团召开座谈会
2018-08-17	浙江省副省长	王文序	调研启明心脏瓣膜研究院
2018-08-23	科技部副部长、党组成员	徐南平	考察杭州海康威视数字技术股份有限公司、新华三集团
2018-08-23	河北省委常委、石家庄市委书记	邢国辉	考察智慧e谷展厅
2018-09-05	浙江省委常委、杭州市委书记	周江勇	专题调研文化创意产业活动，考察中国网络作家村、华数数字电视传媒集团有限公司展示厅暨国家新闻出版广电总局开放实验室、华数集团融媒体播控中心
2018-09-06	中共十九届中央委员，十三届全国政协副主席	汪永清	调研杭州海康威视数字技术股份有限公司

续表8

日　期	到访人员职务	姓　名	主要事宜
2018-09-13	全国人大常委会委员、台盟中央常务副主席	李钺锋	考察杭州海康威视数字技术股份有限公司
2018-09-16	浙江省人大常委会副主任	李学忠	考察亚运会场馆建设情况
2018-09-19	江西省委书记 江西省委副书记、代省长	刘　奇 易炼红	考察杭州海康威视数字技术股份有限公司、杭州正泰太阳能科技有限公司
2018-09-21	浙江省委常委、杭州市委书记	周江勇	考察第十二届（2018）杭州文化创意产业博览会主会场
2018-10-10	青海省委书记、省人大常委会主任 青海省省长	王建军 刘　宁	考察浙江吉利控股集团
2018-10-15	北京航空航天大学校长	徐惠彬	参加北航杭州创新研究院启动仪式暨首届“钱江论坛”
2018-10-18	四川省委书记	彭清华	考察浙江吉利控股集团
2018-10-26	浙江省委常委、杭州市委书记	周江勇	到英飞特电子（杭州）股份有限公司调研民营企业工作
2018-10-29	浙江省委常委、杭州市委书记	周江勇	督查调研世界短池游泳锦标赛筹备工作
2018-11-07	杭州市政协主席、党组书记	潘家玮	调研钱塘实验幼儿园
2018-11-09	中央书记处书记，中央统战部部长	尤　权	考察杭州安恒信息技术股份有限公司
2018-11-13	海南省委书记、省人大常委会主任 海南省委副书记、省长	刘赐贵 沈晓明	考察浙江吉利控股集团
2018-11-14	浙江省委常委、杭州市委书记	周江勇	开展“走亲连心”服务企业活动
2018-11-20	浙江省委副书记、省长	袁家军	调研连连数字科技有限公司、网易（杭州）网络有限公司、杭州安恒信息技术股份有限公司
2018-11-27	杭州市委副书记、市长	徐立毅	检查奥体博览城网球中心主场馆、热身馆赛事筹备情况
2018-12-03	浙江省委常委、组织部部长、省委党校校长	黄建发	考察网易（杭州）网络有限公司、浙江大华技术股份有限公司
2018-12-04	浙江省政协主席	葛慧君	考察中国网络作家村及省政协委员会客厅建设工作
2018-12-05	浙江省政协副主席、省侨联主席、民革省委会主委	吴　晶	调研区文化中心音乐工作室
2018-12-07	浙江省委常委、杭州市委书记	周江勇	检查世界短池游泳锦标赛、世界水上运动大会筹备工作，现场检查网球中心热身馆、比赛馆筹备运行工作情况，在滨江建设指挥部召开会议
2018-12-07	浙江省委常委、常务副省长	冯　飞	考察吉利汽车体验馆，在浙江吉利控股集团座谈交流；考察正泰中德智能制造示范基地、正泰转型升级成果展厅，在正泰集团座谈交流
2018-12-17	浙江省副省长、民盟中央常委	成岳冲	调研亚运会场馆设施建设工作，在奥体指挥部召开会议

（马荻文）

信访工作

【概况】 2018年，高新区（滨江）受理群众来信、来访、来电和网上信访3.1万件次，比上年上升93.1%。其中：来信145件，上升13.3%；来访330批4954人次，批次上升36.9%，人次上升306.7%(含集体访96批4597人次，批次上升77.8%，人次上升395.9%)；市长公开电话交办2.78万件，上升92.3%；网上信访2722件，上升121.3%。按时交办率100%，按时反馈率99.8%。编印《信访电日报》226期，群众信访反映问题主要集中在网贷平台、拆迁安置、小区管理、商品质量、消费纠纷等方面。7月下旬至年底，网贷平台问题集中爆发，到区上访53批、3115人次，批次占全年批次16.1%，人次占全年人次62.9%。区党政领导班子成员每日阅读《信访电日报》，对重点事项做出批示，全年批示281次。其中，区委书记詹敏批示184件，区长金志鹏批示65件，代区长李志龙批示4件，其他区领导批示28次。通过建章立制、规范办理、积案化解、责任落实，开展矛盾纠纷排查和“重点领域、重点群体、重点人员、重点问题”信访矛盾化解攻坚战、“清初访、查重访、化积案”等活动，帮助群众解决合理合法信访诉求，确保全国“两会”和省、市、区“两会”、中共十九届三中全会、中非合作论坛、中国国际进口博览会、世界互联网大会、“枫桥经验”现场会、联合国世界地理信息大会、第14届世界游泳锦标赛（25米）、第五届世界水上运动大会以及第十四届中国国际动漫节、第十二届（2018）杭州文化创意产业博览会等重大会议、重大活动期间信访稳定。

【信访工作责任落实】 2018年2—11月，区信访局按照《滨江区信访工作责任制实施细则》，针对信访工作落实不力现象，通过经常性自查自纠，着力查找信访业务工作中存在的问题和不足，采取通报、现场指导、电话沟通、会议协调等方式，及时督促进行整改，提升各街道各部门规范办理信访工作意识，推动信访事项办理工作高质高效。全年，区信访局印发通报3份，通报存在问题的单位4家，指出在信访和“12345”交办件办理中问题9个，针对办理单位处理意见书质量不高情况，发函1份，提出整改意见3条，区纪委监委对2家单位进行通报批评，对2名相关人员进行效能问责。

【信访分类处理制度】 2018年4月12日，区信访局召开分类处理投诉请求工作专题会议，要求各承办单位甄别群众投诉请求，坚持首问责任制，督促各单位加强主动性，依法导入相应法定途径进行处理，处理完毕后及时将结果录入统一平台。区信访局采取点对点辅导、面对面沟通、情况通报和微信群转发辅导材料等方式，对各承办单位联络员进行培训和指导，从提高录入率着手，推动分类处理投诉请求工作正常开展，提高信访工作效率。至年底，录入率由年初的42.9%上升到100%。

【区领导信访值班机制】 2018年4月28日，高新区（滨江）建立区领导信访值班机制，每个工作日（特殊时期包括双休日、节假日）安排一名区领导到信访局接待来访群众。全年，19名区领导接待群众44批637人次，解决信访问题44个。

【信访联席会议制度完善】 2018年7月3日，高新区（滨江）印发《关于进一步健全完善我区信访工作联席会议制度和专项工作组的实施意见》，完善信访工作联席会议制度，实行区信访工作联席会议和区委区政府信访工作领导小组“两块牌子、一套班子”运行机制，由区委副书记、政法委书记任总召集人（组长），常务副区长、公安分局局长和人大常委会分管领导任副总召集人（副组长），下设办公室和7个专项工作组，明确工作职责和议事规则，完善信访维稳工作常态机制。（刘　瑛）

政协滨江区委员会

综　述

2018年，区政协贯彻落实中共十九大精神，发挥专门协商机构作用，建言资政、凝聚共识。全年召开常委会议5次，主席会议和党组会议14次，组织集体学习19次；开展常委会专题议政协商、主席会议协商、提案办理协商等重要协商议政活动20多次；组织委员专项监督履职107次，参与委员650人次，提出意见建议220条；开展视察调研活动15次，形成重点调研报告4份，社情民意专刊7份，领导批示15人次；立案提案70件，其中重点提案4件。将文化履职列为政协改革创新项目，出台《关于开展系列文化履职活动助推高新区（滨江）创新发展的意见》，重点推出历史街区保护开发跟踪督查、纪念改革开放40周年书画展、基层文体场馆建设情况调研等文化履职活动9项，在"坚定文化自信，讲好滨江故事"中彰显政协担当。举办政协委员集中培训，委员参训率95.7%；完善"菜单"履职，开展履职活动56项，参加委员1241人次；探索委员发挥作用新渠道，建立完善联络处政协委员之家6处，建立委员工作室3处。全年，在各类媒体刊发信息70多篇。（李庆莲）

重要会议

【区政协二届五次常委会会议】 2018年1月3日，区政协召开二届五次常委会会议，区政协主席、副主席、秘书长及常委会组成人员，区政协各专委会正副主任共38人参加会议。会议审议通过区政协二届二次会议有关事项，区政协二届委员调整名单，《关于召开政协第二届杭州市滨江区委员会第二次会议的决定（草案）》《区政协常委会工作报告》《区政协常委会提案工作报告（审议稿）》，各类先进名单等。区政协主席俞少平就做好区政协二届二次会议筹备工作提出：政协工作要坚定正确的政治方向；细化完善各项筹备工作，确保大会顺利召开；政协常委要发挥表率作用，围绕大会议题，开展调查研究，撰写提案、反映社情民意，参加小组讨论，确保会议务实高效、风清气正。

【区政协二届二次会议】 2018年1月21—23日，区政协二届二次会议在白马湖建国饭店举行。第二届区政协委员157人，开幕式实际到会151人。市政协领导，区四套班子领导，区法院、区检察院负责人，曾经担任过正区级领导职务的老领导，其他副区级干部和曾经担任过区级领导职务的退休老同志，区长助理以及各街道、区级机关各单位、各直属单位和驻区各单位的主要负责人等邀请人员127人、列席人员42人参加大会开幕式。会议听取区长金志鹏所做的《政府工作报告》，听取审议区政协主席俞少平所做的《政协杭州市滨江区第二届委员会常务委员会工作报告》和区政协副主席张爱莲所做的《政协杭州市滨江区第二届委员会常务委员会提案工作报告》。委员们围绕新时代高新区（滨江）目标定位、推进经济社会高质量发展等重大问题协商议政、建言献策。会议收到大会发言材料25份，9名委员做口头发言；以提案形式提出的意见建议83件，其中区各民主党派和政协各界别以集体形式提出36件，委员以个人名义或联名提出47件。

【重点提案办理专题协商会】 2018年6月25日，区政协召开二届七次常委会议暨重点提案办理专题协商会，专题协商年度提案办理和重点提案办理工作。区政府领导，区政协领导，区府办、区社发局、区城管局等重点提案承办单位主要负责人、重点提案的提案人和部分政协委员共42人参加会议。会议听取区府办关于年度提案，尤其是重点提案办理总体情况汇报，听取各重点提案承办单位关于重点提案办理情况补充汇报，听取区政协提案委关于年度提案办理督查情况汇报，并进行委员交流发言。区政协二届二次会议后立案交办的70件提案于4月底全部按期答复。其中，2018年度解决或基本解决的41件，占58.6%；制定解决措施或列入计划逐步解决的28件，占40%；因条件限制或其他原因暂时不能解决的1件，占1.4%。

【优化科技金融环境助推企业上市专题协商会】 2018年9月21日，区政协召开二届八次常委会会议，就优化科技金融环境助推企业上市与区政府进行协商。区政府分管领导，区政协领导，区府办、区发改局主要负责人，部分政协委员共32人参加。会议听取区发改局负责人汇报科技金融环境和企业上市有关情况、区政协课题组汇报课题调研情况，与会人员围绕完善产业股权投资引导基金，打造企业上市融资服务平台，加快发展创业投资机构，构建银行、政府、创投、保险、担保五方联动机制等方面提出协商建议。

【主席会议】 2018年，政协滨江区委员会召开主席会议13次，区政协主席、副主席、秘书长，区政协各办（委）正副主任参加历次会议。

2018年政协滨江区委员会主席会议情况

表9

日　期	会议名称	会议内容
2018-01-02	二届十三次主席会议	听取区政协二届二次会议有关事项的汇报、2017年度各类先进名单建议的汇报、调整部分二届区政协委员的情况说明，审议《区政协常委会工作报告》《提案工作报告（审议稿）》，书面交流区政协办、各专委会2017年12月份工作完成情况和2018年1月份工作计划，组织学习习近平主席2018年新年贺词
2018-01-26	二届十四次主席（扩大）会议	听取区政协二届二次会议提案立案情况和重点提案建议的汇报，区政协党组、机关区管党员领导干部民主生活会方案的汇报，研究部署近期有关工作，组织集体学习
2018-02-28	二届十五次主席会议	听取区政协2018年工作要点、重点工作任务分解、重点调研课题和区政协2018年度协商计划的汇报，交流区政协办、各专委会2月份工作完成情况和3月份工作计划，组织学习市委书记赵一德在全市深化作风建设大会上的讲话和省委宣传部关于《深刻理解坚持党对一切工作的领导》文件精神
2018-03-26	二届十六次主席会议	听取区政协办《关于加强和改进人民政协参政议政的意见》（代拟稿）起草情况的说明，传达学习区委办公室《关于“百千万”活动常态化制度化暨深化2018年度“百千万”活动的通知》精神，传达学习全国“两会”精神，交流区政协办、各专委会3月份工作完成情况和4月份工作计划

续表9

日　期	会议名称	会议内容
2018-04-28	二届十七次主席会议	听取2018年度“界别活动周”活动方案、区政协二届委员2018年度集中培训方案、主席会议专题视察产业闲置项目情况活动方案的说明，听取水环境治理专项民主监督情况的汇报，明确“勇立潮头——庆祝改革开放40周年书画艺术作品展”筹备工作牵头领导、责任部门，交流区政协办、各专委会4月份工作完成情况和5月份工作计划，组织集体学习
2018-05-25	二届十八次主席会议	听取区政协二届七次常委会暨年度提案办理协商会方案、专题视察长河历史街区保护开发的情况汇报，听取《界别、联络处、小组活动经费使用管理暂行办法》起草情况的说明，交流区政协办、各专委会5月份工作完成情况和6月份工作计划，组织学习市作风办《关于6起违反中央八项规定精神典型问题的通报》
2018-07-02	二届十九次主席会议	听取“城乡生活垃圾分类处理”专项集体民主监督开展情况、基层社区建设专题视察情况的汇报，交流区政协办、各专委会6月份工作完成情况和7月份工作计划，组织学习《关于进一步激励广大干部新时代新担当新作为的意见》《关于进一步加强和改进选调生工作的意见》《从“杀出一条血路”到“走出一条新路”——改革开放40周年回望深圳》
2018-07-27	党组（扩大）会议暨二届二十次主席会议	传达学习习近平总书记对浙江工作重要指示以及省委全会、区委常委会精神，听取区政协办《关于区政协今年以来主要工作情况的报告（征求意见稿）》起草情况的说明，听取城市文化公园建设专题视察活动的情况汇报，研究部署“百名干部联千企”活动，交流区政协办、各专委会7月份工作完成情况和8月份工作计划
2018-08-27	党组（扩大）会议暨二届二十一次主席会议	听取人工智能和新能源产业成长专题视察情况的汇报、区政协二届八次常委会暨优化科技金融环境助推企业上市专题协商会方案的说明，研究部署区管以上党员领导干部“政治生态建设”专题民主生活会和开展“四问”大讨论有关工作，交流区政协办、各专委会8月份工作完成情况和9月份工作计划，组织学习《中共杭州市委关于贯彻落实省委决定扎实推进清廉杭州建设的实施意见》
2018-09-25	党组（扩大）会议暨二届二十二次主席会议	听取区疾控中心建设专题视察情况的汇报、《加快构建与“国际滨”相适应的现代公共文化服务体系》《进一步加快我区社区社会组织发展》等两个重点调研报告（初稿）起草情况的汇报，听取政协党组和机关建设有关制度起草情况说明，集中学习新修订的《中国共产党纪律处分条例》、市委政协工作会议精神、区委《关于推进清廉滨江建设的实施意见》和区防范办《致全区共产党员的一份反邪信》等内容，交流区政协办、各专委会9月份工作完成情况和10月份工作计划
2018-10-26	二届二十三次主席会议	听取冠山寺历史文化专题视察情况汇报，审议《关于进一步加强我区生活垃圾分类处理的调研报告（讨论稿）》《关于进一步优化科技金融环境助推企业上市的调研报告（讨论稿）》，听取区政协二届三次会议提案线索征集情况的汇报、调整部分政协委员的建议，交流区政协办、各专委会10月份工作完成情况和11月份工作计划，组织学习习近平总书记关于加强和改进人民政协工作的重要思想理论研讨会和中办《关于加强和改进新时代人民政协党的建设工作的若干意见》精神

续表9

日　期	会议名称	会议内容
2018-11-27	二届二十四次主席会议	听取政协二届三次会议常委会工作报告和提案工作报告起草情况的汇报，交流区政协办、各专委会11月份工作完成情况和12月份工作计划，组织学习习近平总书记关于宣传思想工作和统战工作的重要讲话精神
2018-12-25	二届二十五次主席会议	听取区政协二届三次会议有关事项、2018年度各类先进（优秀）名单建议的汇报，听取调整部分二届区政协委员、调整部分界别委员和召集人的情况说明，审议《区政协常委会工作报告》《区政协常委会提案工作报告（审议稿）》，听取二届三次会议大会发言材料征集情况的汇报，交流区政协办、各专委会12月份工作完成情况和2019年1月份工作计划，组织学习省委书记车俊在人工智能专题学习会上的讲话精神

（李庆莲）

重要活动

【委员集中培训】 2018年7月4—6日，区政协2018年度委员集中培训在市委党校举行，区政协委员、区政协机关全体工作人员和各委员活动小组及界别联络员共119人参加培训。其间，市政协提案委负责人及3位省、市专家学者分别就提案与社情民意信息撰写实务、习近平新时代中国特色社会主义思想、智慧经济与杭州新发展、国学与人文素养做专题讲座；企业家委员代表陈海结合自身创新创业经验，做“从滨江看国际研发资本溢出效应中的机会”主题分享。区政协主席要求政协工作人员要加强理论学习，掌握政协工作基本知识、基本规律，用真才实学做到“懂政协、会协商、善议政”，搞好调查研究，提升履行政协职责的能力和本领。

【“百千万”蹲点调研活动】 2018年，根据区党委办《关于“百千万”活动常态化制度化暨深化2018年度“百千万”活动的通知》《关于做好2018年“百千万”活动集中推进工作阶段有关重点任务的通知》要求，区政协党组及机关开展“百千万”各项活动。5月8日，区政协领导带队与彩虹社区居民代表30人座谈，听取意见建议；15日，政协机关党支部联合彩虹社区党委开展主题党日宣讲活动，区政协主席以“滨江历史与人文精神”为题做主题宣讲，120多名党员参加活动。至年底，区政协工作人员走访居民470户、企业23家、人才11人，征集意见建议50多条。在“千名干部破千题”活动中，区政协领办滨江优秀传统文化挖掘和人文精神研究等5个破难专项，参与区委区政府相关决策的实施和落实。

【“城中村改造提升暨小城镇环境综合整治工作”民主监督】 2018年，区政协将“城中村改造提升暨小城镇环境综合整治工作”民主监督列为年度重点工作。3月21—29日，区政协副主席毛进3次带队到各街道调研。4月18日，区政协召开工作部署会，全面启动“城中村改造提升暨小城镇环境综合整治工作”民主监督工作。5月14日，区政协印发《关于开展“城中村改造提升暨小城镇环境综合整治工作”民主监督的方案》，明确监督的总体要求、重点内容、具体要求、组织方式、时间安排等。成立由区政协主席会议成员牵头的6个民主监督小组，分别联系3个街道和白马湖生态创意城、建管中心、智慧新天地，推进相关工作。至年底，通过开展水环境治理、脏乱差整治民主监督，历史街区保护开发、基层社区建设、城市公园建设、安置清零和安置小区管理专题视察，“旅游产业发展”专题调研，“污水零直排区”创建工作专项督查，以及市区联合调研视察等形式，开展民主监督活动22次，参与委员234人次，发现问题55个，提出意见建议104条。

2018年6月6日，滨江区政协委员专题视察生活垃圾分类处理
（区政协办　供图）

【“城乡生活垃圾分类处理”专项集体民主监督】 2018年，区政协将“生活垃圾分类处理”列为2018年度民主监督重点，并纳入委员履职菜单。3月2日至9月19日，区政协委员到区城管局、街道、社区调研生活垃圾分类工作，督办重点提案《关于进一步推进我区垃圾分类的建议》；印发《政协杭州市滨江区委员会关于开展“城乡生活垃圾分类处理”专项集体民主监督的实施方案》；区政协课题组到安徽省合肥市蜀山区、湖北省武汉市硚口区做专题调研；召开垃圾分类民主监督工作交流会，交流总结阶段性工作，布置后续任务。至年底，通过调研视察、界别活动周、座谈协商等形式，开展民主监督活动84次，参与委员414人次，发现问题129处，提出意见建议112条。

【产业用地闲置项目情况视察】 2018年5月21日，区政协主席会议成员、部分区政协委员一行23人专题视察产业用地闲置项目情况。视察组视察杭州华凌电器有限公司、杭州昆龙置业有限公司2个产业闲置项目点，听取区发改局等部门关于滨江区产业闲置项目情况汇报，结合前期调研，对如何提高产业用地质量效益，整体提升“亩产效益”提出意见建议。

2018年滨江区政协重要建议情况

表10

序号	建议形式	建议人	主　题	内　容
1	社情民意专刊	区政协	关于进一步巩固提升滨江区水环境治理成效的建议	针对滨江区水环境治理存在的问题和薄弱环节，建议继续强化源头治理，杜绝污水直排，包括加大截污纳管力度，统筹规划全区管网建设，加大监管执法力度，因地制宜试点污水分散式处理等；明确治水责任，及时协调解决问题，包括理顺相关权责关系，加大对涉水工程建设质量的监管等；更加注重生态治理，恢复河湖功能；坚持实施水岸同治，提升整体环境，包括推进“最美河道”建设，统筹协同推进水环境治理与小城镇环境综合整治、垃圾分类等工作。5月18日，此建议以社情民意专刊第1期报送区委区政府主要领导
2	社情民意专刊	区政协	关于加快长河历史街区保护开发实质性启动的建议	针对历史街区功能定位不明确、保护开发行动计划不明晰、街区整体风貌环境较差等实际问题，建议加强宣传推广力度，挖掘传承长河文化；科学定位街区功能，合理制定运营模式；融合传统现代文化，打造诗意栖息之地；完善规划设计方案，抓紧制定行动计划等。6月7日，此建议以社情民意专刊第2期报送区委区政府主要领导

续表10

序号	建议形式	建议人	主　题	内　容
3	社情民意专刊	区政协	关于做好基层社区建设工作的建议	针对基层社区建设中存在的职能定位不清晰、各条线工作缺少整合、部分社区办公用房不足现状，建议全面统筹社区建设，科学界定社区职能，完善社区工作机制，加强社区阵地建设，促进社区和谐发展，扩大社区建设影响力。7月4日，此建议以社情民意专刊第3期报送区委区政府主要领导
4	社情民意专刊	区政协	关于加强滨江区城市文化公园建设的建议	针对城市公园建设中存在的“重绿化、轻功能、公共配套欠缺，重景观、轻文化、文化内涵欠缺”的实际，重点就如何提升城市公园的文化内涵、加强城市公园建设管理等问题提出建议。包括发挥区内多个平台、部门的优势，将文化设计融入公园规划设计；完善设施功能，使城市公园可游可赏可憩；立足区域特点，将滨江元素融入公园建设，打造主题公园。8月14日，此建议以社情民意专刊第4期报送区委区政府主要领导
5	社情民意专刊	区政协	关于进一步推动滨江区人工智能及新能源产业健康成长的建议	根据滨江区人工智能及新能源产业发展实际，建议加快引进培育创新人才，为新兴产业健康成长提供智力支撑；支持企业增加研发投入，抢占技术和市场；关注和研究相关企业外迁外移现象，研究完善支持创新型企业发展的政策；细化分析和研究人工智能产业发展现状；加大对清洁能源企业的支持力度等。8月31日，此建议以社情民意专刊第5期报送区委区政府主要领导
6	社情民意专刊	区政协	关于进一步加强疾病防控工作的建议	针对滨江区疾控工作存在的疾控中心机构实验室检测能力欠缺，疾控专业医生人数偏少、队伍不稳定，公共卫生工作不适应疫情和群众健康需求的实际，建议开展“预共体”合作，补齐机构短板；加大人才引进力度，增加专业服务供给；畅通专业人员上升通道，激发队伍活力；以“前亚运”为契机，加大健康宣传教育力度，推进市民素养提升工程。9月29日，此建议以社情民意专刊第7期报送区委区政府主要领导
7	调研报告	社法委	关于加快滨江区社区社会组织发展的调研报告	在调研分析滨江区社区社会组织发展现状和存在问题的基础上，建议坚持党建引领，增强社会组织政治动力；强化政府引导，挖掘社会组织培育潜力；立足居民需求，提升社会组织服务能力；推动制度改革，凝聚社会组织发展合力。10月17日，此调研报告以滨政协〔2018〕4号文件报送区委区政府
8	调研报告	教文委	关于加快完善滨江区现代公共文化服务体系的调研报告	在分析滨江区公共文化服务体系建设特点、存在问题的基础上，建议落实保障，健全公共文化服务体系的体制机制；统筹协调，完善优化区域公共文化设施建设规划；补齐短板，提高公共文化产品和服务的有效供给；创新机制，完善现代公共文化服务体系。10月19日，此调研报告以滨政协〔2018〕5号文件报送区委区政府
9	调研报告	城建委	关于进一步加强滨江区生活垃圾分类处理的调研报告	在分析生活垃圾分类处理的重要意义、滨江区生活垃圾分类处理现状、部分国内外先进经验做法的基础上，建议加强宣传教育，树立分类理念；强化制度抓手，落实主体责任；配强工作队伍，统筹社会资源；严格分类执法，探索奖励制度；引入第三方服务，增强专业能力；加大财政投入，加快设施建设；加强末端处置，实现“三化”目标。10月31日，此调研报告以滨政协〔2018〕6号文件报送区委区政府
10	调研报告	经科委	关于进一步优化科技金融环境助推企业上市的调研报告	剖析科技金融环境的内涵与基本要素、科技金融环境对于科技企业上市的重要意义、国内外上市科技企业集中地区科技金融环境特点，针对滨江区科技金融环境形势，提出优化科技金融环境助推企业上市的系统性建议。10月31日，此调研报告以滨政协〔2018〕7号文件报送区委区政府

续表10

序号	建议形式	建议人	主　题	内　容
11	重点提案	魏本娜 赵玉宝 郑旭锋	关于提升人才核心竞争力的建议	肯定滨江区实施人才优先战略，提出落实人才政策要完善企业人才落户机制，对营业收入情况好且具有发展潜力的企业，可以将公司作为整体评估对象，放宽对其核心员工（人才）落户限制；加强对不同行业人才政策的研究，确保政策惠及更多企业；完善教育配套，提升教育资源，引进更多高端民办学校，解决人才子女受教育问题。2月15日，此建议由常务副区长施华森领办，区政协副主席夏福志督办，区人才办为承办单位，区政协经科委为督办部门
12	重点提案	社会福利和社会保障界	关于进一步推进滨江区垃圾分类的建议	分析滨江区垃圾分类存在问题和原因，提出要加大垃圾分类的宣传和监管力度，不断提升市民环境意识和垃圾分类的自觉性；要完善垃圾分类的公共设施建设，对于新建小区、写字楼的相关设施要提前硬性规划建设，对于已有垃圾分类设施的，要做到规范设置、满足需求；要改革管理体制，改变运行机制，探讨建立由政府主导的垃圾分类专门管理部，发挥牵头抓总、监督管理等作用，提升垃圾分类工作的效率；要鼓励扶持垃圾分类回收产业链，以垃圾分类减量为目标，推动形成“政府推动、市场运作、公众参与、科技支撑”的局面。2月15日，此建议由副区长周力军领办，区政协副主席毛进督办，区城管局为承办单位，区政协城建委为督办部门
13	重点提案	教育界	关于打造滨江旅游产业链的建议	分析滨江区发展旅游休闲产业所具备的优势，包括科技旅游资源丰富、文创产业独具特色、体育休闲产业资源优势已经形成、古镇文化底蕴深厚、钱塘江旅游资源丰富等，提出打造以参观先进生产线为主的现代科技园区精品旅游线路、以体验和参观为主的动漫旅游线路、以文化休闲为主的钱塘江水上游；围绕西兴、长河古镇文化，通过高科技手段打造古建筑文物遗迹和非物质文化遗产旅游线路；注重包装，举办“科技旅游月”活动和科技夏令营活动，扩大影响，吸引人气；借助已有设施和资源，打造特色鲜明、层次多样的体育旅游产品等。2月15日，此建议由副区长郑迪领办，区政协副主席余静漪督办，区商务局为承办单位，区政协社法委为督办部门
14	重点提案	医卫文体界	关于加快提升“国际滨”的文化魅力的建议	滨江区具有厚重的历史文化和独特的创新基因，但缺少城市文化发展战略、缺少“国际滨”文化定位、缺少文化大师和高端文化团队的落户、文创产业有“高原”无“高峰”。对此，建议制定实施“国际滨”文化战略，保护、挖掘、传播、展示“国际滨”的历史文化，凝练“国际滨”的历史人文精神，讲好“国际滨”文化新故事，打造创新而有韵味的“国际滨”。2月15日，此建议由副区长万爱民领办，区政协副主席张爱莲督办，区社发局为承办单位，区政协教文委为督办部门

（李庆莲）

专门委员会·联络处·界别和委员活动小组

【区政协提案委】 2018年1月31日，区政协提案委参加全区“两会”建议提案交办会，集中交办提案70件，确定重点提案4件。2—4月，提案委先后走访区教育局、公安滨江分局、区社发局、区住建局等提案承办单位和重点提案承办单位，调研督查政协二届二次会议提案办理工作，围绕提案办理情况提出意见和建议。6月25日，组织召开区政协二届七次常委会会议暨重点提案办理专题协商会，就年度提案办理和重点提案办理工作进行专题协商。通过区政协和各承办单位共同努力，提案如期答复率100%，委员满意率97.1%。10—12月，提案委组织开展2018年提案质量及提案办理质量双向评议工作，承办单位对提案质量满意率100%，委员对提案办理落实满意率98.7%；评选出优秀提案9件，提案办理先进单位4家。

【区政协教文委】 2018年3月22日，区政协教文委调研基层文体场馆建设及活动开展情况，区政协副主席张爱莲率部分委员及相关提案人一行10人，到浦沿街道浙新小区、长河街道江一社区、西兴街道襄七房社区察看文化场馆建设及活动开展情况，听取区社发局和各街道负责人关于基层文化场馆建设情况介绍、座谈交流。4月25日，教文委课题组及相关委员一行6人，到余杭区崇贤街道考察学习文体设施建设和管理经验。5月8日，教文委、城建委联合组织开展长河历史街区保护与开发专题视察，区政协分管副主席毛进、张爱莲，各街道联络处主任、部分政协委员一行23人踏勘长河历史街区，为老街保护开发出谋划策。9月13日，教文委组织6名委员视察区疾控中心建设，听取区社发局汇报区疾控中心建设情况，围绕疾控中心能力建设、助力健康滨江发展建言献策。

【区政协城建委】 2018年4月24日，区政协城建委、委员工委联合开展“水环境治理”专项民主监督视察，区政协副主席毛进和部分区政协委员12人踏看治理河道和治水工程，听取区五水办介绍水环境治理情况、座谈交流。6月6日，城建委组织部分政协委员一行8人调研杭州滨胜能源科技有限公司餐厨垃圾处理厂，了解生活垃圾分类处理及作业流程，进行座谈交流。7月24日，城建委组织开展城市文化公园建设管理专题视察，区政协副主席毛进和部分区政协委员16人视察奥体北侧沿江公园、六和公园和冠山公园，踏看公园绿化、游步道等配套设施及文化建设情况，听取职能部门汇报城市公园绿地建设情况。委员们围绕规划布局、文化设计、文化特色打造、公共设施配套等方面建言献策。

2018年7月24日，滨江区政协委员专题视察城市文化公园建设管理
（区政协办 供图）

【区政协委员工委】 2018年5月31日，区政协委员工委、社法委联合开展“城中村改造提升暨小城镇环境综合整治工作”民主监督活动，区政协副主席余静漪、派驻建管中心民主监督小组成员一行7人视察十三区块三期建设工地、钱塘福苑小区，与职能部门座谈交流，提出监督建议。7月20日，委员工委召开工作会议暨委员之家（委员工作室）建设推进会，专委会组成人员、部分区政协委员共14人到下城区朝晖街道委员之家、江干区政协张瑞旭委员工作站参观考察、座谈交流，就委员之家建设提出意见建议。

【区政协社法委】 2018年6月5日，区政协社法委组织开展基层社区建设专题视察，区政协副主席余静漪和部分区政协委员18人视察金东方社区、奥体社区，听取区民政局、区住建局情况介绍，围绕议题建言献策，形成社情民意专刊《关于进一步做好基层社区建设工作的建议》报区委区政府。10月16日，社法委专题视察冠山寺历史文化，委员们视察冠山生态公园和冠山寺，听取区民宗局情况介绍，围绕冠山寺历史文化保护建言献策。10月29日，社法委（书画院）与区社发局、区书法家协会等单位联合举办“勇立潮头——纪念改革开放40周年书画展”，有书法、国画、油画等138幅作品在区文化中心展出，展期15天。

【区政协经科委】 2018年7月19日，区政协经科委组织召开“优化科技金融环境、助推企业上市”重点课题协商座谈会，区政协副主席夏福志，课题组相关成员、部分企业家委员代表共10人参加。8月16日，经科委专题视察人工智能和新能源产业成长情况，区政协副主席夏福志，部分政协委员一行63人参观杭州林东新能源科技股份有限公司展厅，了解成长型企业杭州凌感科技有限公司、杭州凡聚科技有限公司关于人工智能技术与机器人深度融合、基于虚拟现实的创新诊疗技术及应用前景，听取杭州电子科技大学教授申兴法关于学校人工智能领域实验室建设和应用技术项目转化、相关人才培养情况介绍，听取区发改局负责人关于滨江区人工智能及新能源产业发展情况介绍，进行互动交流。

【区政协江北联络处】 2018年4月18日，区政协江北联络处组织17名政协委员开展“最多跑一次”调研活动，委员们走进滨江区办事服务大厅，明察暗访窗口单位“最多跑一次”落实情况，针对区行政服务中心推出的“最多跑一次”便民服务措施提出意见建议。8月20日，政协江北联络处会同区行政服务中心举办“江北企业看滨江”主题活动,组织江北30多名企业家和部分政协委员参观“智慧e谷”“最美跑道”，感受滨江变化和创新创业环境。

【区政协西兴联络处】 2018年8月14日，区政协西兴联络处组织17名委员参加垃圾分类民主监督活动，委员们听取西兴、七甲闸、奥体等社区关于垃圾分类工作实施情况汇报，就如何推进垃圾分类工作提出意见建议。11月13日，区政协西兴联络处组织7名委员参加“三改一拆”民主监督活动，委员们听取街道关于“三改一拆”工作完成情况介绍，围绕拆违控违、无违建创建、拔钉清零、老街收购等进行交流，就破解“三改一拆”难点问题提出意见建议。11月16日，区政协西兴联络处组织16名委员在晶星都市村召开工作总结会议，总结回顾2018年度联络处工作，开展提案征集和2019年度小组活动征集研讨。

【区政协长河联络处】 2018年5月8日，政协长河联络处专题调研长河历史街区保护与开发，29名政协委员参观慎俭堂、长河革命历史纪念馆，在加强宣传推广、科学定位街区功能、合理制定运营管理模式、传承长河历史文化等方面提出意见建议。7月24日，区政协长河联络处组织23名政协委员参加“垃圾分类”工作民主监督，委员们踏看月明社区江南望庄小区、白马湖社区风景蝶院小区，了解街道垃圾分类工作的现状，对如何发挥政协民主监督作用，助推垃圾分类工作提出意见建议。8月9日，区政协长河联络处组织25名政协委员专题视察社区卫生服务工作，委员们踏看区疾控中心，西兴、长河社区卫生服务中心，了解全区疾病防控、社区卫生服务工作情况，对人才队伍、社区卫生服务站点建设等提出意见建议。9月14日，区政协长河联络处组织22名委员视察长河三产留用地开发工作，委员们参观江二社区博风创意大厦、长二社区中赢康康谷等三产项目，了解长河三产项目的发展情况，建议区、街两级采用多种模式、多方合力，盘活三产留用地开发。10月24日，区政协长河联络处组织43名政协委员视察长河文体设施改造工作情况，委员们踏看中兴花园、风雅钱塘、江南望庄3个小区内文体设施改造现场，建议完善功能区块、做好日常维护及保养维修工作、提高使用率。

【区政协浦沿联络处】 2018年6月8日，区政协浦沿联络处组织33名委员开展垃圾分类民主监督和调研活动，走访彩虹社区、滨盛社区，了解小区垃圾分类、投放、清运情况和区内企业垃圾分选设备研发和运营情况。11月13日，区政协浦沿联络处组织39名委员开展“三改一拆”、小城镇综合整治民主监督活动，委员们就整治后的管理问题与职能部门进行交流，建议建立长效机制，巩固整治成果。

2018年4月18日，滨江区政协经济界委员走进英飞特电子（杭州）股份有限公司开展文化探访之旅活动　　（区政协办　供图）

【界别和委员活动小组】 2018年，区政协各界别和委员活动小组开展活动51次，通过调研、视察、民主监督等形式，就互联网小镇建设、人才、企业社会责任、网络安全、旅游休闲产业、早教、文化事业、民族宗教等方面工作建言献策。348人次参加活动。

2018年滨江区政协各界别和委员活动小组活动情况

表11

日　期	界别和活动小组	地　点	活动内容
2018-02-11	工会界	界别委员所在单位	开展迎新春“送福送文化”活动
2018-04-18	经济界	海康威视二期枫林晚书屋、英飞特科技园太音琴茶馆	走进海康威视枫林晚书屋、英飞特园区，开展滨江文化地图探访活动
2018-05-04	妇联界	英飞特家长学校联盟基地	举办“解密孩子大脑发展密码和教养的艺术”专题讲座，为高新企业骨干家庭早教提供指导服务
2018-05-05	工会界	江汉路科技馆街交叉口广场（最美跑道）	参加2018“劳动最美、毅路同行”杭州高新区（滨江）职工毅行大会
2018-05-07	民族宗教界	冠山寺	开展宗教场所视察，检查冠山寺环境整治、消防安全情况
2018-05-15	科技科协界 农林界	海外高层次人才创新创业基地	开展区人才核心竞争力提升工作调研，了解全区人才生态工作情况
2018-05-15	工商联界	臻奇汇艺术中心	举办新时代企业拓展社会责任专题研讨会，就企业在提供就业机会,资助社会公益事业,保护生态环境,支持社会保障体系等方面问题进行讨论交流
2018-05-21	民族宗教界	白马湖国际会展中心、白马湖建国饭店、长河街道山一社区	组织开展垃圾分类处理民主监督活动，包括实地检查、主题宣传、垃圾分类现场指导等

续表11

日　期	界别和活动小组	地　点	活动内容
2018-05-21	侨联界	海外高层次人才创新创业基地	举办侨海报国——海归“国千访谈”+“创业心声”漫谈沙龙
2018-05-21	医卫文体界	长河街道卫生院	开展以“义诊暖人心、便民送健康”为主题的“界别活动周”活动，宣传普及卫生防病知识，服务基层群众
2018-05-22	中共界共青团和青联界西兴街道	金东方社区	开展生活垃圾分类处理民主监督，走进铂金时代小区调研，了解垃圾分类工作内容，参与垃圾分类宣传志愿服务
2018-05-23	经济界	北塘河创新中心及中控新研究院	开展“界别活动周”活动，走进互联网小镇及军民融合企业，就小镇如何集聚互联网创新创业人才，打造具有全球吸引力的互联网创新生态系统建言献策
2018-05-23	社会福利和社会保障界	杭州同美环境科技集团有限公司	根据区政协办《关于开展“城乡生活垃圾分类处理”专项集体民主监督的实施方案》精神，与民革高新区（滨江）支部联合开展“界别活动周”活动
2018-05-23	科技科协界	西兴街道襄七房社区、杭州电魂网络科技股份有限公司	开展“服务基层、服务群众”和“社区生活垃圾分类处理及环境整治民主监督”
2018-05-24	工会界	海外高层次人才创新创业基地	邀请政协委员律师团、九三学社律师团，开展普法进企业现场法律咨询活动
2018-05-25	特邀界	区城管局	结合生活垃圾分类处理调研，与职能部门座谈交流，就垃圾源头减量、小区分类设施、分类集置、分类运输等工作，以及相关制度设置、运行机制建立等问题提出意见建议
2018-05-26	教育界 无党派人士界	钱塘实验幼儿园	开展“大手小手浓亲情，园企联动促早教”活动，为大华技术等企事业单位员工提供0～3岁婴幼儿早期教养指导
2018-05-31	无党派人士界 教育界	西兴古镇、杭州海康威视数字技术股份有限公司	开展旅游产业发展专题调研活动，通过参观、听取职能部门介绍，就发展高新区旅游产业进行探讨交流，提出意见建议
2018-07-17	医卫文体界	浦沿街道社区卫生服务中心	开展“冬病夏治中医文化节”活动
2018-09-06	民族宗教界	长河街道、白马湖创意餐厅	开展少数民族人士工作情况调研，帮助协助解决相关问题

续表11

日期	界别和活动小组	地点	活动内容
2018-09-20	教育界 医卫文体界	白马湖生态创意城	组织委员参观第十二届（2018）杭州文化创意产业博览会，了解滨江区文创产业政策、导向以及规划；召开政协提案和大会发言材料研讨会
2018-10-10	社会福利和社会保障界	杭州华美达大酒店	征集提案线索，讨论明确大会发言选题
2018-10-18	农林界 科技科协界	晶星都市村（杭州滨江果业有限公司）	调研乡村振兴工作，讨论2019年政协提案
2018-11-02	中共界 妇联界 共青团和青联界	滨江区青少年活动中心	调研区青少年活动中心项目
2018-11-06	工会界 妇联界 教育界 侨联界	龙湖滨江天街、白马湖、区行政服务中心等	开展公共场所母婴设施建设情况调研
2018-11-10	工会界	杭州鸿雁电器有限公司展厅	参观鸿雁电器智慧生活体验馆，讨论集体提案及大会发言材料
2018-11-13	工商联界	杭州安恒信息技术股份有限公司政协委员会客厅	组织学习习近平总书记在全国民营经济座谈会上的讲话精神，围绕网络安全形势探讨交流
2018-11-15	经济界	中国网络作家村	开展提升企业家人文素养国学智慧之行活动，组织委员参观中国网络作家村天马苑、神仙居；交流提案准备情况
2018-11-29	社会福利和社会保障界	杭州华美达大酒店	推荐本界别2018年度优秀委员，对界别提案质量及提案办理质量进行评议，讨论明年工作思路
2018-11-30	特邀界	智慧e谷大楼一楼大厅	开展"聚焦智慧互联·喜迎世游赛"活动，组织参观双创杭州高新技术产业开发区物联网示范基地、第14届世界游泳锦标赛（25米）场馆及5G智慧网络建设

（李庆莲）

中共滨江区纪律检查委员会、滨江区监察委员会

综　述

2018年，滨江区纪检监察组织受理信访举报211件，比上年上升8%；立案50件，上升6%；结案48件，上升2%；给予党纪政务处分39人。开展扶贫领域腐败和作风问题专项整治，督查扶贫责任单位12家，到湖北省恩施州建始县检查结对帮扶项目4个。督查中央环保督查“回头看”、世界游泳锦标赛、征地拆迁、安置房建设、“污水零直排”等中央和省市区委重大决策部署落实情况10多次，现场整改问题41个，提出建议17项。开展“最多跑一次”改革专项巡察，发现问题14个，督促落实整改意见12条。注重抓早抓小，落实“两个责任”谈话1583人次，其中区领导谈话246人次。加大纪律作风教育力度，组织新修订纪律处分条例和监察法专题学习，向党员干部发放读本5000多册，并对学习内容进行2轮“微测试”。开展“法纪教育月”活动，举办廉政讲堂9次，组织“百名校园长旁听庭审”、工程建设领域案件剖析等警示教育，通报典型案件40起，受教育7000多人次。“清廉滨江”微信号推送“滨滨说纪”等提醒230多条。深化“廉洁好家风”教育，“严科长的‘廉节’生活”“别让四风吹倒”等原创警示动漫作品被中纪委和省、市纪委等媒体转发，举办反腐倡廉文艺晚会“廉”谊会。完善国家工作人员因私出国（境）管理及防逃工作机制，实现对全区4000多名监察对象登记备案、审批管理和证件管理全覆盖。全面推行派驻机构驻点监督，参加被监督单位领导班子会议684次，明察暗访495次，发现问题675个，提出建议113条，整改问题566个。完成4家区级单位的巡察工作，对24个社区进行“联动”巡察，发现问题311个，提出整改意见39条，移送问题线索12条。紧盯巡察发现问题的整改，相关街道完善制度8项，对9名社区干部予以问责，其中3名社区书记分别受到严重警告处分、免职和诫勉等处理。（袁晓婧）

重要会议和活动

【区纪委五届三次全会】 2018年2月22日，中共杭州市滨江区第五届纪律监察委员会第三次全体（扩大）会议在区文化中心召开，区纪委委员、各级领导班子成员、各级纪检监察组织负责人和部分区党风廉政监督员、区党代表共500多人参加会议。会议学习贯彻习近平新时代中国特色社会主义思想，全面贯彻落实中共十九大精神，按照十九届中央纪委二次全会、省纪委十四届二次全会、市纪委十二届二次全会和区委五届三次全会的部署，回顾总结2017年党风廉政建设和反腐败工作，研究部署2018年任务，以党的政治建设为统领，以清廉滨江建设为抓手，聚焦惩治腐败、作风监督、政治生态建设，强化监督执纪问责和监督调查处置，推动全面从严治党向纵深发展，为实现高新区（滨江）高水平上的新发展提供坚强保证。区委书记詹敏做重要

讲话，区长金志鹏主持会议，纪委书记黄利文代表区纪委常委会做工作报告。

【全面落实从严治党主体责任汇报会】 2018年4月9日，区委、区纪委在区文化中心举行2017年度落实全面从严治党主体责任汇报会。区委组织部、区委宣传部、区委统战部、区住建局、区教育局、资产经营公司等10家区级部门党委（党组）主要负责人，3个街道党工委书记，浦沿街道、区住建局、区民政局3家单位各1名领导班子成员参加会议。西兴街道、长河街道、浦沿街道、区委统战部、区教育局、公安滨江分局、区建管中心、资产经营公司等8家单位"第一责任人"依次汇报。区委书记詹敏听取汇报后指出要深刻认识推进落实全面从严治党主体责任的重要性，精准对焦全面从严治党主体责任的具体要求，各司其职确保全面从严治党主体责任落地生根。区委常委、纪委书记黄利文提出要在思想上正确对待问题，把对照整改和防患未然作为落实主体责任的应有之义、应尽之责，以查纠问题体现对干部的严管厚爱；在行动上认真解决问题，"一把手"要带头做到"四个亲自""四个同步"，立足各自职能破解重点难点问题。

资料："四个亲自"

党委书记作为第一责任人，要做到"四个亲自"，即重要工作亲自部署、重大问题亲自过问、重点环节亲自协调、重要案件亲自督办。

"四个同步"

党的基层组织和生产行政组织同步建立，党务干部和生产行政干部同步配备，党建工作制度和生产管理制度同步制定，党建工作和生产经营工作同步考核。

【信息员宣传联络机制】 2018年4月，区纪委监委建立信息宣传联络和通报制度。区纪委监委办公室按照"统一领导、归口管理、协作配合、共同参与"的原则，统筹发挥纪委监委机关各部门、派驻机构和街道纪工委的信息宣传力量，多层次、多视角、多主题展现区纪委监委工作综合成效。办公室建立信息宣传联络员组群，并指定专人负责组群的管理联络。各部门指定1名信息联络员负责本部门信息报送和日常联络工作，参加办公室每月信息宣传工作例会和学习交流。办公室每月25日前确定次月信息宣传要点，经领导审议后发联络员组群。日常可根据工作需要发布约稿通知。每月末统计通报当月各部门信息报送录用情况。至年底，报送信息稿件245篇，其中省级部门录用2篇、市级部门录用8篇、区级部门录用14篇。

【案件办理】 2018年，区纪委监委办结移送滨兴学校财务处原主任朱某和省天然气开发公司计划投资管理部原经理胡某案件，向区教育局发出监察建议书。对西兴街道原党工委委员、派出所原所长沈某，公安滨江分局原机关党委副书记沈某依法立案调查并采取留置措施，两人均被开除党籍和公职。配合市纪委监委查办西兴街道协同社区原党委书记郑某、杭州高新公共设施管理有限公司原董事长俞某等案件。　（袁晓婧）

【自排自演"廉"谊会】 2018年2月9日，高新区（滨江）"廉"谊会在区文化中心举行。晚会由高新区（滨江）纪委派驻第一纪检监察组、派驻白马湖生态创意城管委会纪检监察组联合主办，以"扬铁军精神、颂清廉家风"为主题。全区11个单位的工作人员自排自演合唱、朗诵、舞蹈、快板、杂技等15个节目。区四套班子领导和各机关部门工作人员500多人观看演出。

（马继红）

党风廉政建设

【廉洁教育菜单库】 2018年3月6日，区纪委监委出台"菜单式项目化"廉洁教育工作方案，分定单、办单、结单3个步骤。定单即制定"菜单"项目，结合年度计划对党风廉洁教育内容进行梳理，形成2018年度项目化"菜单"；办单即由项目承办第一责任主体负责制定项目组织实施方案，报经区纪委监委同意后，以区纪委监委名义对外组织实施；结单即由区纪委监委于年底对实施情况进行综合评价，结果纳入内部考核。在全区“法纪教育月”活动中，由各派驻机构组团完成监察法学习宣传、警示专题教育、基地现场学习等6个教育项目。组织区住建局举行工程建设领域典型案件专题警示教育会，参加人员范围扩大到2018年度23家区政府投资项目涉及单位、260多名干部。配合区教育局开展“一案一反思”，组织“百名校园长旁听庭审”活动。“党员讲党纪”以党章党纪学习宣传为“主单”项目，增加每年2次法纪微测试、“恋廉不舍”微评述征集等“辅单”活动。至年底，全区党员干部和公职人员参加各类廉洁教育活动1万余人次。该项目被市纪委评为2018年度“金点子”奖项。

2018年滨江区党风廉政教育主要内容

表12

序号	项目名称	项目内容
1	滨滨说纪	通过“清廉滨江”公众号开设“滨滨说纪”专题栏目，定期开展综合性纪律教育
2	基地现场教育	负责牵头组织有关教育基地现场参观、现身说法等教育活动
3	廉洁视频宣教	通过网上网下途径，组织各单位集中观看教育
4	组长讲纪律	组织开展“纪检组长讲纪律”活动，通过结合工作实际以讲纪律、谈体会、说做法、传经验等多种形式，发挥纪检组长示范带动作用
5	白马湖大讲堂	以邀请专家教授开办“大讲堂”的形式，集中组织各单位对党纪党规特别是中共十九大以来“全面从严治党”新要求进行深化学习和领悟
6	廉洁大巡展	利用各类廉洁书画、漫画比赛作品，结合发生在身边的违纪违规典型案例进行巡展
7	书记晒党课	跟踪指导和督查推进各党委（党组）书记讲党课，同时择优推荐竞比，组织开展优秀党课网上“晒一晒、比一比”等活动
8	党员讲党纪	组织党员以座谈会、讨论会、演讲赛等多种形式，通过讲党纪、说党规、谈体会、明态度、作打算、表决心等，强化党员党规党纪观念
9	法律人讲案例	发挥法官、检察官、律师等专业人员优势，设立“专员讲案例”项目
10	廉洁故事会	牵头组织成立廉洁故事宣讲团，收集宣讲和演绎廉洁故事、家风家教家训故事等
11	廉情提醒	针对重要时机和节点、新规定和新要求等，通过廉情信息动态发布、党规党纪反复强调、廉洁要求及时提醒谈话等，促进党风廉政建设实际成效

【领导干部违规房产交易专项治理】 2018年10月11日，区纪委监委印发《关于开展领导干部违规房产交易专项治理工作的通知》。按照清廉滨江建设的总体要求和部署，专项治理领导干部违规房产交易，清理纠正违纪违规问题，查处违纪违法行为，健全领导干部房产交易管理和监督机制。同日，成立并召开领导干部违规房产交易专项治理工作联席会议，部署专项治理工作分3个阶段开展。自查报告阶段（10月8—30日），各街道、各单位党（工）委（党组）明确1个承担具体工作的部门，负责组织开展本单位的自查填报工作，在规定时间内完成并提交所属街道纪工委及派驻纪检监察组按干部管理权限进行审核。全区符合自查条件的对象（即区级领导班子成员、区管干部以及上述范围内中共十八大以来退休的人员、全体纪检监察机关干部职工）530人，上交自查表524人，6人因接受组织调查未上交自查表。自查中做出“零违规”承诺524人，其中在职干部457人、退休干部67人。核查处理阶段（10月31日至12月31日），区纪委监委按干部管理权限对领导干部的自查报告进行汇总、梳理，逐人逐件甄别。结合信访举报、监督

检查、巡视巡察、审查调查工作，对领导干部在房产交易方面的问题线索进行系统梳理排查，确定全区重点抽查核实对象具体名单55人。总结规范阶段（10月8日至12月31日），坚持边自查、边纠正、边查处、边规范，针对领导干部在房产交易方面存在的问题和漏洞，出台相关制度文件，规范领导干部房产交易行为，对发现的领导干部房产交易违纪违法问题进行严肃查处，及时总结专项治理工作，深化巩固专项治理成果。至年底，发现漏报、瞒报房产情况人员的2人，房产交易行为超过8次的人员7人。纪检监察室及干部室向上述9人发函，要求做出书面说明并签字。

【领导干部违规借贷专项治理】 2018年11月13日，区纪委监委印发《关于开展领导干部违规借贷专项治理工作的通知》，专项治理领导干部违规借贷问题，推动构建“亲”“清”政商关系，营造风清气正的政治生态。专项治理工作分3个阶段。自查阶段（2018年11月22日前），各街道、各单位党（工）委（党组）负责组织本单位人员自查填报，在规定时间内完成并提交所属街道纪工委及派驻纪检监察组，按干部管理权限审核。全区党政机关、人民团体、事业单位科级及以上领导干部，国有及国有控股企业中层及以上干部，以及上述范围内党的十八大以来离退休的符合自查条件的人员1017人，上交自查表1013人，4人因接受组织调查未上交自查表。自查中做出“零违规”承诺1013人，其中在职干部935人、退休干部78人。核查阶段（2018年12月31日前），区纪委监委按干部管理权限对领导干部的自查报告汇总、梳理，逐人逐件甄别。结合信访举报、监督检查、巡视巡察、审查调查工作，排查治理范围内领导干部借贷方面问题线索，确定重点抽查核实对象。总结规范阶段（10月8日至12月31日），按照重点抽查核实工作方案要求，边自查、边纠正、边查处、边规范，针对领导干部本人、配偶及子女在房产交易方面存在的问题和漏洞，出台相关制度文件，规范领导干部房产交易行为，对发现的领导干部房产交易违纪违法问题进行查处，及时总结专项治理工作，深化巩固专项治理成果。

【监察对象信息库建立】 2018年12月29日起，区纪委探索“大数据+监督”模式，建立全区监察对象信息库。各街道纪工委、派驻机构督促各街道、区直部门以及企事业单位严格落实主体责任，梳理上报符合《中华人民共和国监察法》中六类监察对象条件的人员信息采集表。规范每月备案登记机制，常态化更新信息变动情况，为日常监督、审查调查工作提供第一手数据支持，加强和规范国家工作人员因私出国（境）登记备案、审批管理、证件管理等制度，实现“快速搜索、精准定位”。至年底，全区4680名监察对象信息纳入监察对象信息库。

【专项督查工作】 2018年，全区纪检监察部门开展专项检查152次，发现问题196个，查处违反中央“八项规定”精神问题3人。落实全面从严治党部署情况开展监督检查，提出整改意见68项。深化主体责任监督管理系统综合运用，督促45家单位完成“线上”履责任务687项，给予“红黄牌”提醒24次，“线下”催办、补办任务40多项。严格责任追究，3名干部因履行“一岗双责”不力受到问责。开展对工程建设领域重点监督，发现和解决管理监督问题57个，推动建立4项制度。

【廉情档案管理运用】 2018年，区纪委监委建立完善917名区管干部和部门中层干部的廉情档案，出具廉政鉴定184人次。做好新纳入监察对象廉情数据管理，建立311份街道公职人员和社区“两委”（社区共产党员支部委员会和社区居民委员会）主要负责人廉情档案。制定社区“两委”主要负责人出国（境）廉政预审制度。

【扫黑除恶专项斗争】 2018年1月，区纪委常委会专题研究部署扫黑除恶专项斗争工作。以全区纪检干部学习会形式做专题培训，利用每周一学、条线会议等进行相关知识普及宣传教育，形成开展扫黑除恶专项斗争氛围。9月17日，区纪委监委印发《杭州市滨江区扫黑除恶专项斗争监督执纪组工作职责》，明确区扫黑除恶专项斗争监督执纪组由区纪委监委、区委组织部、区委政法委、区法院、区检察院、公安滨江分局等单位组成，明确监督执纪组具体成员名单，落实纪检监察机关内部室、街道纪工委、派驻（出）机构及其他成员单位的具体职能12项。按照上级关于“纪检监察机关与政法机关在扫黑除恶专项斗争中建立线索研判和传递工作机制”要求，与公安滨江分局、区检察院、区法院等部门建立线索研判机制，加强日常联系和信息沟通，根据情况不定期进行线索研判与传递。按照管辖权限，所有涉黑涉恶腐败问题线索和“保护伞”问题线索直接移送案件监督管理室归口管理，建立涉黑涉恶相关问题线索专项档案，指定专人负责，对移送的问题线索建立管理台账，全程留痕备查。至年底，区纪委监委处置涉黑涉恶腐败和“保护伞”问题线索14件，立案4件，采取留置措施4人，给予党纪政务处分3人，移送司法机关3人。（袁晓婧）

巡察工作

【概况】 2018年，滨江区委按照中央和省、市巡视巡察工作总体部署，学习贯彻新修订的《中国共产党巡视工作条例》《中央巡视工作规划（2018—2022年）》，推进巡察工作，对区科技局、区水务公司、区委统战部、区民政局4家单位党组织开展常规巡察，按照市、县巡察工作向村（居）延伸要求，分两轮对24个社区基层党组织开展巡察。全年，编印《滨江巡察专报》34期。

【五届区委第一轮巡察情况反馈】 2018年1月16日、17日、19日，区委第一、第二巡察组向区科技局、区水务公司、区委统战部、区民政局党组织领导班子及主要负责人分别反馈巡察意见，区委巡察办、派驻纪检监察组负责人参加。会议传达区委“五人小组”会议、区委巡察工作领导小组会议精神，分别向被巡察单位相关人员反馈巡察意见，就巡察发现党的领导、党的建设和全面从严治党3个方面、40个问题，提出整改意见17条。区委巡察办负责人、巡察组组长、被巡察党组织主要负责人在“巡察反馈意见签收单”上签字。至年底，完成37个问题整改，整改率92.5%。

【五届区委第二轮巡察情况反馈】 2018年3月2日、3月26日，区委巡察工作领导小组、区委“五人小组”先后专题听取区委第二轮巡察情况汇报和综合情况汇报，肯定巡察组提出的问题和建议。4月2日、4日、11日，区委第二、第一巡察组先后向区行政服务中心、物联网产业园建设指挥部、区安监局、智慧新天地建设指挥部党组织领导班子及主要负责人分别反馈巡察意见，区委巡察办、派驻纪检监察组负责人参加。会议传达区委“五人小组”会议、区委巡察工作领导小组会议精神，分别向被巡察单位相关人员反馈巡察意见，就巡察发现党的领导、党的建设和全面从严治党3个方面、52个问题，提出整改意见19条。区委巡察办负责人、巡察组组长、被巡察党组织主要负责人在“巡察反馈意见签收单”上签字。至年底，完成51个问题整改，整改率98.1%。

【五届区委第一轮、第二轮巡察整改情况回访督查】 2018年8月13—14日，区委第一、第二巡察组分别对五届区委第一轮、第二轮被巡察单位开展巡察整改情况集中回访督查，其中，区委第一巡察组回访区行政服务中心党委、区科技局党组、区安监局党组和水务公司党委，区委第二巡察组回访区委统战部、区民政局党组、智慧新天地建设指挥部党组和物联网产业园建设指挥部党组。区委巡察组对照巡察反馈意见，坚持问题导向，通过个别谈话、查阅资料、召开座谈会、走访了解，回访督查被巡察单位整改工作成效及存在问题。巡察组发现并向被巡察单位指出存在整改的具体问题25个，督促各单位对存在问题立行立改。

【"最多跑一次"改革专项巡察工作】 2018年7—8月，根据市委开展"最多跑一次"改革上下联动专项巡察统一部署，滨江区委组建专项巡察组专项巡察全区"最多跑一次"改革。专项巡察组先后进驻20家改革成员单位（部门）听取汇报，召开座谈会3次，个别谈话40多人次，分组走访全区窗口单位和有关部门，调阅各类文件资料300多份，委托第三方开展问卷调查1500份。发现6个方面、14个问题，梳理12项具体整改任务分解到全区24个"最多跑一次"改革工作相关单位。11月8日，全区召开"最多跑一次"改革专项巡察反馈会。区委巡察办负责人、区委专项巡察组组长、区"最多跑一次"改革专班负责人在"巡察反馈意见签收单"上签字确认，"最多跑一次"改革工作专班负责人代表全区"最多跑一次"改革成员单位作表态发言。

【五届区委社区巡察工作】 2018年6—7月、11—12月，区委设立3个社区巡察组分两轮完成对西兴街道星民社区、七甲闸社区、共联社区、温馨社区、协同社区、马湖社区、西兴社区、西陵社区，长河街道中兴社区、钱潮社区、山一社区、塘子堰社区、江三社区、汤家桥社区、月明社区、冠山社区，浦沿街道之江社区、彩虹社区、滨文社区、岩大房社区、东冠社区、冠二社区、江南社区、东信社区24个基层党组织驻点巡察工作。巡察组发现各类问题297个，向区纪委监委移交问题线索18件，向3个街道党工委提出共性问题整改意见6条，梳理有关社区制度建设方面共性问题9项，分解到11个区职能部门，向被巡察社区基层党组织提出整改意见36条。

【五届区委第三轮巡察工作】 2018年9月16日至12月31日，区委第一、第二巡察组分别对区住建局、团区委，区城建指挥部、区妇联4家单位党组织领导班子开展巡察。各巡察组进驻期间，坚持问题导向，以党章党纪为标尺，对被巡察单位党组织班子和党员领导干部自2013年1月至2018年9月，在加强党的政治建设、思想建设、组织建设、作风建设、纪律建设和反腐败工作等方面进行巡察。通过召开动员部署大会、进行民主测评和政治理论测试、张贴巡察公告、设置巡察意见箱、在《天堂硅谷》报和"清廉滨江"公众号公布举报电话和电子邮箱进行宣传发动。巡察组听取被巡察单位党组织近5年工作汇报4次，专题工作汇报4次，发放问卷调查210份并全部回收，开展个别谈话127人次，召开座谈会10次，查阅各类台账资料1万余册，实地走访有关职能部门、企业、学校、社区和相关工程项目工地，委托第三方专业机构开展财务合规性检查。发现各类问题58个，向被巡察党组织提出立行立改处理建议7个，整改意见17条，需相关部门参阅研究问题9个，移交区纪委监委核查线索2件，移交区委组织部研究问题1个。 （刘玄木）

2018年9月16日，中共滨江区委第一巡察组巡察区住建局党组工作动员会现场 （区委巡察办 供图）

民革高新区（滨江）支部

【概况】 至2018年底，中国国民党革命委员会杭州高新区（滨江）支部委员会［以下简称“民革高新区（滨江）支部”］有党员31人（新增7人），培养入党积极分子5人。担任市政协委员3人（常委1人），区人大代表1人、区政协委员4人（常委1人），副区长1人。全年开展各项活动15次，其中参观调研培训活动5次、参政议政活动3次、宣传和社会服务活动4次、走访党员企业3次。参加民革组织以及统战系统各类培训5人次。年内，支部党员提交社情民意信息24篇，被民革省委会、市委统战部、民革市委会、市政府《每日要情》录用24篇次。2名党员获评民革市委会2016—2018年度优秀党员，3名党员获评民革市委会2016—2018年度优秀党务工作者。民革高新区（滨江）支部获民革市委会2016—2018“双争”评比年度先进集体一等奖，2018年度信息工作先进集体二等奖。

【加强历史文化保护和传承的建议】 2018年1月，民革高新区（滨江）支部3名党员通过对西兴过塘行码头、萧绍海塘、长河老街历史街区等各级文保单位考察调研，分析滨江历史文化保护、开发、传播过程中存在的问题和不足，认为滨江区有着丰富的历史文化积淀，但史存资料较少，呈碎片状分布。在区政协二届二次会议上提交集体提案《关于加强历史文化保护、开发和传播的建议》，建议要以打造历史街区为契机，传播滨江历史文化，纠正认识偏差；科学规划历史古街的开发和传承；科学管理历史古街的开发和保护；挖掘、传播具有滨江特色的“历史文化符号”，打造“千年钱塘梦”为主题的文化旅游品牌。提案被作为大会发言材料，区住建局、区社发局等部门给予肯定并做书面答复。

【培育创新孵化新动力的建议】 2018年1月，民革高新区（滨江）支部针对高新区（滨江）孵化器和众创空间发展新情况，组织3名党员走访浙大中控信息技术有限公司、东方通信股份有限公司、恒生电子股份有限公司等企业，发现培育创新孵化新动力过程中存在产业孵化发展的深度和支撑力度不足、孵化创新源输入需扩大提升、整体性孵化体系互动机制待有效建立等问题，在区政协二届二次会议上提交集体提案《关于“打造创新孵化新动力，构建拥江发展新生态”的建议》，提出引入国际标杆孵化器，构建企业、高校、政府三位一体的创业教育体系，建立区级线上、线下孵化产业联盟，构建双向驱动的创新孵化新动力等对策建议。该调研成果于10月18日被省政协《联谊报》刊登。

【与区财政局开展对口联系活动】 2018年4月26日，民革高新区（滨江）支部组织党员和入党积极分子共15人到区财政局开展政府与党派的对口联系活动。党员们走访会计结算中心和区财政局各内设部门，了解财政部门的工作职能、流程和规范。民革高新区（滨江）支部主委在座谈会上介绍民革的历史发展延承，从自身建设、社会服务、参政议政、祖统联谊等方面介绍支部基本情况；区财政局负责人介绍全区财政情况，剖析高新区（滨江）的发展对财政工作提出新要求，共同探索协商民主途径和形式的拓展。

【“同心·博爱”系列活动】 2018年9月20日，民革高新区（滨江）支部在浙江康复中心青苹果学园举行民革滨江支部“同心·博爱”社会服务基地授牌仪式，以爱心帮扶、结对共建的形式开展社会公益服务，关爱听障儿童成长。活动从童话森林动漫游戏开始，安排爱牙护齿知识小课堂、画中秋、品月饼等内容。10月17日，民革高新区（滨江）支部在绿康阳光家园开展爱心敬老服务活动，向绿康阳光家园捐赠书籍400多册，内容涉及养生、保健、医疗、人文社科等门类，具有民革特色的“同心·博爱”——“民革阳光书角”落地阳光家园阅览室。

（韩　俊）

2018年9月20日，民革高新区（滨江）支部在浙江康复中心青苹果学园开展关爱听障儿童成长社会公益活动

［民革高新区（滨江）支部　供图］

民盟高新区（滨江）基层委员会

【概况】 至2018年底，中国民主同盟杭州高新区（滨江）基层委员会［以下简称“民盟高新区（滨江）基层委”］有6个支部，盟员114人（新发展盟员9人），其中女盟员61人。本科以上学历107人，其中中高级职称92人。市管领导干部1人，区管领导干部1人，省政协委员1人，市政协委员2人，区人大代表1人，区政协委员8人，其中区政协常委2人。年内，上报调研课题3个、信息建议26篇，其中民盟省委录用5篇、民盟市委录用13篇。继续开展“幸福成长，送你一把七彩伞”系列服务第四季，邀请浙江中医药大学师生开展讲座、义诊等，为203名学生送去“健康成长伞”。民盟高新区（滨江）基层委被民盟省委评为人才建设先进集体，获民盟市委调研工作先进集体三等奖、反映社情民意信息工作先进集体三等奖。获评民盟省委坚持和发展中国特色社会主义学习实践活动先进支部1个、先进个人1个。5个支部被民盟市委评为星级支部，其中五星级2个、四星级2个、三星级1个。获民盟市委宣传工作先进集体二等奖支部1个，调研成果一等奖、二等奖、三等奖各1个，反映社情民意信息工作积极分子4人，宣传工作先进个人1人。

【詹敏走访民盟盟员吴雪岚】 2018年1月10日，中共滨江区委书记詹敏一行4人到杭州江南实验学校走访浙江杰出青年、中国作家协会会员、民盟高新区（滨江）基层委教育支部盟员、小说《后宫·甄嬛传》《后宫·如懿传》的作者、杭州江南实验学校语文老师吴雪岚。詹敏询问吴雪岚工作和生活情况，征求她对滨江教育和文化工作发展的意见，感谢吴雪岚为滨江文化事业发展做出贡献；希望吴雪岚继续扎根教学一线，多上公开课，带好江南文学院，让更多学生感受到文学熏陶和文化力量，担

2018年1月10日，中共滨江区委书记詹敏（右前三）到江南实验学校看望民盟盟员、江南实验学校教师吴雪岚（前中）

（区委统战部　供图）

当起教育、培养、帮助青少年文化工作者责任。吴雪岚感谢中共滨江区委、区政府对她的关心和厚爱，表示将继续在杭州江南实验学校任教，为滨江文化艺术事业发展做贡献。

【15名盟员参加省博物馆志愿服务】 2018年2月17—21日，民盟高新区（滨江）基层委旅游职高支部盟员周洁、孙颖带领支部盟员和导游专业学生共15人到省博物馆进行为期一周的义务志愿者导游讲解活动，重点围绕浙江省博物馆的3件国宝文物，开展志愿讲解活动。2月20日，中央电视台《新闻联播》栏目对此活动做题为《与文化相伴，度春节假期》专访报道。

【"护佑童心"盟缘讲堂社会实践基地活动】 2018年3月22日，民盟高新区（滨江）基层委科技支部与浙江大学医学院附属儿童医院（以下简称"浙大儿院"）在东冠幼儿园建立"护佑童心"盟缘讲堂社会实践基地，关注儿童身心健康发展，传授科学育儿常识。同日，结合"世界口腔日"主题，民盟高新区（滨江）基层委科技支部邀请浙大儿院3名口腔科医生为120多名幼儿检查蛀牙，举行"口腔护理""儿童保健""保护视力""海姆立克"等急救科普宣教公益主题讲座，近400名家长听取讲座。4月20日，邀请浙大儿院保健科专家为160多名幼儿做全科体检。5月18日，民盟高新区（滨江）基层委科技支部与滨江区乐城公益事业社会服务中心签署战略合作协议，开展"生命中最重要的1000天"系列主题讲座3期《0～3岁育儿，读懂孩子》，近300名家长参加。

【六一国际儿童节亲子活动】 2018年6月1日，民盟高新区（滨江）基层委综合支部与杭州低碳科技馆联合举办"亲子共读系列活动之免费体验活动"，开展全球变暖体验、体验净水系统制作课程、《地球的眼睛》读本介绍等活动。江静、高澜等盟员准备空白扇子、颜料和绘画工具，开展"夏日里的一阵风——DIY手绘扇子"社会公益活动，通过现场示范和指导，讲解手绘扇子画的构图、上色技巧等知识。孩子和家长共360多人参加活动。

（范兴海）

民建高新区（滨江）基层委员会

【概况】 至2018年底，中国民主建国会杭州高新区（滨江）基层委员会［以下简称"民建高新区（滨江）基层委"］下设4个支部，有会员123人（新发展会员4人），平均年龄46岁，大专以上学历99%，研究生以上学历19%，会员中有政府公务员、企业家、中介机构人员、新阶层人士，其中省政协委员1人（省政协常委1人）、市政协委员1人、区人大代表3人、区政协委员12人（区政协常委1人）。年内，民建高新区（滨江）基层委提交政协议案及各类信息33篇。其中，被民建中央委员会录用1篇，提案和建议被民建省委会录用5

篇，17篇提案和建议被民建市委会录用。被市政府专报录用1篇并获副市长陈红英批示，2篇建议获区委书记詹敏批示。

【民建基层组织换届】 2018年9月，民建高新区（滨江）基层委启动基层组织换届工作。根据组织结构状况，结合会员发展实际，决定将原4个支部调整为5个支部，一、二支部组建成立一支部、二支部、五支部，三、四支部在原基础上进行换届。10月21日，基层委述职评议暨换届动员大会召开，民建省委会副主委、民建市委会主委郭清晔，民建市委会副主委郑冰、秘书长寿遐，中共滨江区委统战部副部长、民宗局局长李树人等出席会议，会议听取基层委班子5年工作述职并进行民主测评和民主推荐，对换届工作做动员。至年底，完成4个支部组织换届。

【与丹寨县结对帮扶】 2018年7月14日，民建高新区（滨江）基层委组织5名会员到贵州省黔东南州丹寨县排调镇第二小学，举行图书、体育器材捐赠以及结对帮扶书签订仪式。会员们向排调镇第二小学捐赠5万元爱心资金用于购买图书和体育器材，杭州民建会员企业家联谊高新区（滨江）分会与丹寨县教育和科技局签署3年帮扶协议。11月30日，"助力丹寨儿童暖冬行动"公益活动上，与会企业代表20多人现场结对和做捐助意向登记。

【"2018小小鸟公益夏令营"活动】 2018年7月18日，民建高新区（滨江）基层委为关心关爱一线环卫职工留守子女和贫困家庭儿童，助力"2018小小鸟公益夏令营"，在杭州西湖国学馆开展公益助学活动，组织16名一线环卫职工留守儿童、12名结对帮扶学生参加为期3天免费夏令营活动。为在杭务工环卫工人子女和偏远山区贫困家庭儿童提供国学教育课程和活动，结合垃圾分类等省、市重点工作，科普垃圾分类知识，了解尊重自然、可持续发展理念，推广环保意识和节能意识。

2018年7月14日，高新区（滨江）民建企业家考察团到贵州省黔东南州丹寨县排调镇第二小学结对帮扶　（区委统战部　供图）

【"同心社区"建设】 2018年，民建高新区（滨江）基层委组织会员走进社区，助力"同心社区"建设。1月22日，会同江一社区，慰问社区"智慧垃圾分类"试点岗位的工作人员，送上羽绒保暖内衣；同月24日，会同信诚社区，到绿康阳光家园、浦沿街道敬老院、长河街道敬老院、西兴街道敬老院赠送八宝粥；6月15日，到信诚社区举办"'粽'享端午、巧手过节"活动；7月23日，在信诚社区举行儿童防性侵课程进社区活动，邀请儿童防性侵专家讲授"保护和爱"为主题的公益课，助力孩子健康成长；9月21日，在信诚社区举办"同心同行，关爱中秋，月饼代表我的心"活动，为社区居民及保洁、保安、快递等一线工作人员送上400多份月饼。

【政企同行活动】 2018年，民建高新区（滨江）基层委组织会员50多人次，先后20多次走访调研杭州云谷科技股份有限公司、浙江纽易网络技术有限公司、杭州新再灵科技股份有限公司、浙江万航信息技术有限公司等会员企业，了解企业发展历程及市场开拓情况，为会员企业建言献策。全年，向会员企业提出意见建议30多条，其中《加强大数据安全建设保障数字产业化发展的相关建议》《跨境电商支付平台的发展和建议》等提案和建议，被民建中央、民建省委会、民建市委会录用。《关于杭州抢占网络文学制高点的建议》被市政府专报录用并获副市长陈红英批示。

（詹艳青）

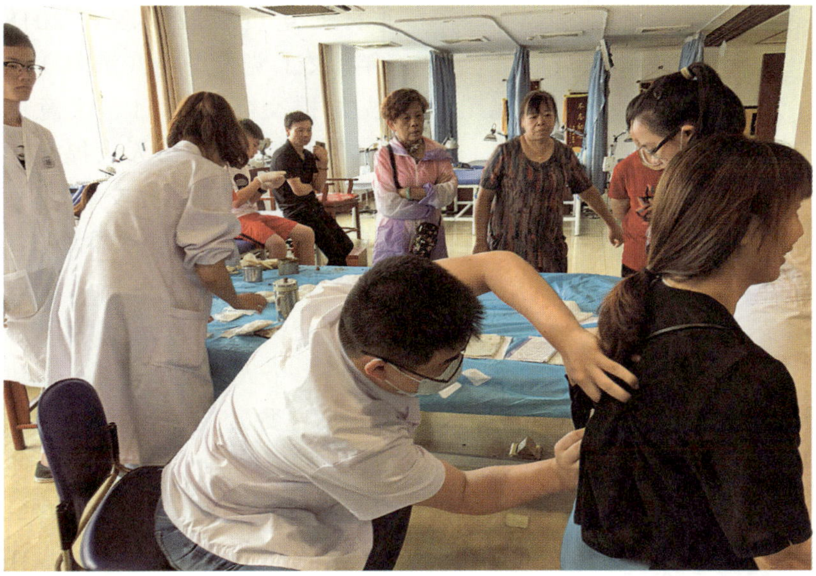

2018年7月23日，民进高新区（滨江）基层委在浦沿街道社区卫生服务中心开展“冬病夏治”诊治活动

［民进高新区（滨江）基层委　供图］

民进高新区（滨江）基层委员会

【概况】 至2018年底，中国民主促进会杭州高新区（滨江）基层委员会［以下简称“民进高新区（滨江）基层委”］下设3个支部，有会员63人（发展新会员4人，调入2人），其中55名会员具有中高级以上技术职称。会员中担任市政协委员1人、区人大代表4人、区政协委员6人，担任副处以上领导职务5人。年内，会员提出各类意见建议49条，其中，中央及省、市有关部门采用35条，在民进中央及各级媒体发表刊登5条，获中共滨江区委、区政府主要领导指示5条，被列为区政府重点提案2篇。全年开展各项活动8次。探索社区管理新模式，开展共享单车议政日活动。结对社区开展“明月满中秋、温情进社区”“幸福医健”等系列活动。1名会员到贵州省黔东南州丹寨县龙泉镇对口帮扶捐款15万元，2名会员到湖北省恩施州建始县、贵州省黔东南州丹寨县支教。

【“民进之家”设立】 2018年3月18日，民进高新区（滨江）基层委在“统战之家”设立“民进之家”，内设民进先驱马叙伦半身雕像及政治遗嘱，彰显民进特色。配备办公桌椅、资料柜、陈列柜，电脑，墙上悬挂中国民主促进会简介、民进高新区（滨江）基层委概况、历年参政议政情况、社区结对情况及社会服务情况等。年内，开展“学会章、交会费、做合格民进人”会员交流座谈，基层委员会委员届中述职大会，“红十字会急救知识专题培训”等各类活动8场，60多人次参加，15名会员通过急救考证。

【电子证据的立法建议】 2018年9月14日，民进高新区（滨江）基层委向民进杭州市委会提出建立互联网法院的建议并被采纳，在杭州成立首家互联网法院。推动互联网在司法领域应用，针对国内尚未有统一的电子证据规则，司法实践中存在电子证据标准、保全等困扰，民进高新区（滨江）基层委选派3名委员，联合民进市委会社会法制工委部分委员，调研杭州互联网法院，形成《关于电子证据的立法建议》调研报告，报告主要从电子证据研究的意义、电子证据在司法实践中的困境及加快电子证据立法的建议三部分进行阐述，提出电子证据立法的必要性和有关建议。该调研报告被民进省委会采纳，并在省政协“联谊报网”刊登。

（林福明）

农工党高新区（滨江）总支部

【概况】 至2018年底，中国农工民主党杭州高新区（滨江）总支部委员会［以下简称“农工党高新区（滨江）总支部”］有支部2个，党员46人（新发展党员5人），其中女性23人。党员中大专以上学历39人，具有中高级职称28人，2人为党外代表人士后备人选。担任杭州市人大代表1人，滨江区人大代表2人，滨江区政协常委1人，滨江区政协委员5人，担任杭州市卫计委监督员1人，农工党市委会监督委员会副主任1人、农工党省委会监督委员会委员1人。大型公益讲座进院校、进城区、进社区、进企业、进机关等30多次，结对社区20个，以社区为单位开展医、养、护（益剪）及各类社会公益活动280多次。年内，农工党高新区（滨江）总支部被农工党省委会评为全省先进基层组织、浙江省社会服务工作先进集体，一支部、二支部被农工党市委会评为先进支部、四星级支部，被农工党市委会评为优秀党员3人、优秀党务工作者3人。1名党员获评“最美浙江人·最美工匠”“同心最美统战人物”，入选《中国名牌》“改革开放40年40人中国美业先锋人物”。1名党员获农工党市委会“不忘合作初心，继续携手前进”征文比赛一等奖。

【农工党员参政议政】 2018年，农工党高新区（滨江）总支部提交各级部门建议意见14件。其中，向市人大提交建议1件,向市政协提交社情民意2件，向农工党市委会、农工党省委会、中共滨江区委统战部提交调研报告及社情民意11件。个人提案《关于重视建设业主委员会的建议》、集体提案《关于推进滨江区医联体建设的几点建议》《关于健全我区心理服务体系建设的建议》作为滨江区政协提案被采纳。提交区政协、农工党市委会《关于建立一支卫生检查团的建议》《关于谨防青少年过多接触智能设备》《关于修补及重视设计杭城人行道上地砖松动的建议》《关于兴全民阅读之风亮城市窗口之灯的建议》等社情民意9则,《关于谨防青少年过多接触智能设备》被农工党省委会《信息专报》采用，并报送农工党中央。主委罗红英在市“两会”上提交的《关于普及杭州电子发票的建议》在“杭州网”“今日头条”等多家媒体刊登，被副市长陈红英作为结合政府“最多跑一次”工作开展调研。

【职业技能对口帮扶】 2018年9月17日，农工党高新区（滨江）总支部与丹寨对口帮扶劳务协作技能培训暨第一期“锦程启航班”开班，16名丹寨学员入学。主委罗红英所带团队担任教师，以技能培训提升对口帮扶地区建档立卡贫困户就业能力，15名丹寨学员培训合格走上就业岗位。在浙江省女子监狱连续15年举办“爱心工程——美容美发职业技能免费培训班”，全年有218人经过职业技能培训考取国家职业资格证书；新增杭州市强制隔离戒毒所“美容美发职业技能免费培训班”，60名戒毒学员经过职业技能培训考取国家职业资格证书；由农工党高新区（滨江）总支部牵头、浙江花都美容美发培训中心举办第二期“无声（聋哑人）理发师培训班”，20多名聋哑人完成培训后就业。

【改革开放40周年演讲访谈】 2018年10月12日，农工党高新区（滨江）总支部在智慧e谷承办“纪念中共中央‘五一口号’发布70周年暨改革开放40周年演讲访谈活动”。活动由农工党市委会、中共滨江区委统战部联合举办。市委会主委周智林、市委统战部常务副部长金志强出席会议，滨江区政协副主席余静漪出席会议并发言。农工党杭州市各基层组织负责人及党员代表，高新区（滨江）各民主党派、工商联成员共180多人参加。活动以演讲和访谈形式，各民主党派人士上台讲述改革开放40周年心路历程，主委罗红英作为访谈嘉宾讲述创业历程和参政体会。

【“笑迎亚运，争做优礼滨江人”礼仪培训】 2018年12月29日，“笑迎亚运，争做优礼滨江人”

2018年10月12日，农工党高新区（滨江）总支在智慧e谷举办纪念"五一口号"发布70周年暨改革开放40周年演讲访谈活动

［农工党高新区（滨江）总支部　供图］

礼仪培训班在区"统战之家"开班。该活动作为"幸福生活"系列活动之一，由农工党高新区（滨江）总支部与民建高新区（滨江）基层委联合举办。农工党高新区（滨江）总支部主委罗红英讲授职场礼仪，农工党高新区（滨江）总支部党员、民建高新区（滨江）基层委会员、白马湖建国饭店职工共70人参加。

（罗红英）

致公党高新区（滨江）总支部

【概况】 至2018年底，中国致公党杭州高新区（滨江）总支部委员会［以下简称"致公党高新区（滨江）总支部"］设西兴、长河、浦沿3个支部。有党员34人（新发展党员2人、转出1人）。其中，女性19人，研究生以上学历9人，具有中高级以上职称16人。在国家机关、事业单位担任科级（含）以上8人，担任企业主要负责人4人。担任杭州市政协委员1人，滨江区人大代表3人，滨江区政协委员5人，非滨江区政协委员3人。

2018年，致公党高新区（滨江）总支部被致公党市委会评为2018年度对外联络工作先进集体、纪念"五一口号"发布70周年和庆祝改革开放40周年系列活动先进集体、2018年度宣传工作先进集体。长河支部被致公党省委会评为基层组织建设年先进支部，1名党员被致公党省委会评为基层组织先进个人。1名党员获市"三八红旗手"、1名党员获高新区（滨江）慈善捐赠突出贡献个人、2名党员获区第五届人大代表工作积极分子、1名党员获区优秀人民教师称号。

年内，承办由致公党市委会、中共滨江区委统战部主办的"快乐创业、协作伴行"——海外留学归国人才座谈沙龙。

【致公党员参政履职】 2018年，致公党高新区（滨江）总支部持续关注民生，针对新形势下社会发展的难点、热点问题，组织党员开展调查研究，撰写上报各类社情民意信息，形成《关于发挥统战组织资源优势、服务社区治理的几点建议》《关于以制度创新培育科创人才集聚发展核心竞争力的几点建议》《如何深入国际化社区的创建与管理》《关于加强和规范文明交通的建议》等调研报告、政协提案和要情信息16篇。其中《关于进一步加强我区社区财务规范化管理的建议》，得到中共滨江区委书记詹敏批示肯定。参与开展环境保护、小城镇建设、城中村改造以及"最多跑一次"专项民主监督工作，结合专项监督开展"最多跑一次与营商环境建设之正相关"议政活动，履行民主党派民主监督职能。

【品牌服务活动】 2018年，致公党高新区（滨江）总支部带领3个支部继续完善"老人与孩"及送法律、送温暖、送医疗、送政策、送服务、送文化"六送"服务活动两大品牌建设。西兴支部联合新州社区党总支为社区老年人开展健康养生讲座，在西兴社区卫生服务中心设立防艾爱心小屋；长河支部在国际

2018年5月21日，海外留学归国人才座谈沙龙在海外高层次人才创新创业基地举行　［致公党高新区（滨江）总支部　供图］

禁毒日开展社区法制宣传服务、端午活动、幸福成长关爱活动；浦沿支部开展雷锋日法律服务进社区、东信社区结对帮扶、高新实验学校法律讲座等活动。参与活动60多人次。

【“基层民主国际展示平台”建设】 2018年，致公党高新区（滨江）总支部依托“同心·国际社区”平台，致力“基层民主国际展示平台”建设。打造“就是这个中国味儿”传统节日品牌，在春节、元宵节、端午节邀请社区外籍人士一起过节，体会传统中国味儿；调研党派助力国际化社区治理现代化建设路径，邀请国际居民参与交流，了解新时代中国特色的基层民主制度；不定期召开座谈会，听取意见建议并提交有关部门，感受新时代中国特色协商民主的魅力；编印发布*Living in BinJiang* 英文版政务服务指南，做到建议有实效，该项举措获致公党省委会主委郑继伟批示。

【捐赠救助】 2018年，致公党高新区（滨江）总支部党员黄东良参加各项社会捐款活动8次、112.4万元，向区对口帮扶地区贵州省黔东南州丹寨县捐款50万元。党员许聪致力于扶贫项目设计工作，为淳安威坪项目的扶贫济困出谋划策。党员董诺作为长河街道对口湖北省恩施州建始县高坪镇和贵州省黔东南州丹寨县排调镇对口帮扶工作领导小组成员，组织街道、社区3批、150多人到建始县开展疗休养和精准扶贫对接工作。

（许利萍　钟琛琛）

九三学社高新区（滨江）基层委员会

【概况】 至2018年底，九三学社杭州高新区（滨江）基层委员会［以下简称“九三学社高新区（滨江）基层委”］下设3个支社，有社员90人，其中女性21人。具有中高级以上职称75人，担任上市企业单位主要负责人7人，市人大代表2人，市政协委员5人，区政协委员8人（区政协常委2人），市行政审批制度改革领导小组“简政放权放管结合”第三方绩效评估员1人，区纪委效能监督员1人，区法院陪审员1人，区“五水共治”监督员1

2018年6月8日，九三学社高新区（滨江）基层委与九三学社东阳支社在杭州联合开展调研活动

［九三学社高新区（滨江）基层委　供图］

人。年内，组织社员参加各类调研和社会服务活动35次，提交建议、提案8件，其中《关于加快我区大健康产业发展的几点建议》在区政协二届三次大会做书面交流，《培育杭州发展新动能的几点建议》中标九三学社市委会课题，《关于创新机制加速芯片国产化的建议》被中共中央统战部采用。

【“拥江发展·滨江作为”论坛】 2018年4月28日，“快乐创业·协作伴行”之“拥江发展·滨江作为”论坛在区文化馆举行。论坛由九三学社市委会、中共滨江区委统战部联合主办，九三学社高新区（滨江）基层委和九三学社杭州市城规支社承办。九三学社社员，市规划设计院副总工程师黄文柳、浙江斯泰控股董事长徐耀华，美国金石环保公司总裁、中科盛联集团总工程师金跃群和中科盛联环保集团大宗固废处理技术总监冷雪松等特邀专家具体从“拥江发展背景下的滨江区建设思路探讨”“打造生态人居智慧城市”“绿色循环经济发展”等方面做专题分享。通过“头脑风暴”“智慧众筹”等形式展现九三学社科技特色。市人大常委会副主任、九三学社市委会主委罗卫红以“主题选择好、内容介绍好、主持点评好、讨论互动好”肯定论坛成果。来自区城建指挥部、区智慧新天地指挥部等区内建设主体共80多人参加。

【“送医进社区”活动】 2018年5月19日，九三学社高新区（滨江）三支社在西兴街道新州社区开展“九三学社送医进社区、居民健康守门人”活动。活动邀请市三医院皮肤科、心血管等方面专家，以中老年疾病预防、皮肤病治疗与讲解、青少年健康成长为内容，50多人听取讲座，40多人现场咨询。

【芯片国产化的建议】 2018年6月5日，九三学社高新区（滨江）基层委员会针对“中兴通讯事件”，组织3名社员开展专题调研。社员走访杭州海康威视数字技术股份有限公司、华为技术有限公司、新华三集团等5家单位，了解国内芯片行业基本情况及存在问题。9月15日，形成《关于创新机制加速芯片国产化的建议》专题调研成果，提出出台奖励措施，发挥好整机骨干企业作用；加强中小型芯片企业定向资金支持；借鉴台湾工业研究院技术研发和人才培育机制；促进行业技术联盟发展4条建议。该成果被中共中央统战部采用。

【九三学社基层委换届大会】 2018年12月1日，九三学社高新区（滨江）基层委第三届换届大会在杭州华美达大酒店举行。应到社员90人，实到78人。九三市委会主要领导、中共滨江区委统战部主要领导及区内7个民主党派主委共93人参加会议。会议回顾过去五年基层委在参政议政、民主监督、社会服务方面取得的成绩，展望下一个五年工作计划。要求全体社员加强学习，增强政党意识；服务中心，提高履职成效；广纳英才，推进组织建设。会议选举产生新一届基层委班子和支社委班子，楼华龙当选为基层委主委。换届后基层委班子做分工调整：副主委肖榕负责参政议政工作，副主委陈荣负责组织工作，副主委蒋建圣负责社会服务工作，副主委蒋莹负责宣传工作。（吴义明）

2018年12月1日，九三学社高新区（滨江）基层委第三届换届大会在杭州华美达大酒店举行

［九三学社高新区（滨江）基层委　供图］

社会团体

共青团高新区（滨江）委员会

【概况】 至2018年底，高新区（滨江）辖区常住人口中14周岁~28周岁青年4.34万人，28周岁~35周岁青年4.48万人。团区委下设基层团（工）委21个、团总支19个、团支部297个，有团员4522人。年内，新建社区青少年俱乐部13个、新申报社区青少年俱乐部2个、新申报市少先队改革第二批试点社区1个，依托社区青少年俱乐部开展“点赞中国、诵读经典”“动感小队”暑期夏令营等活动，组织“Family”志愿者、垃圾分类、小小社工、职业体验等志愿服务活动，提供平安志愿服务时数14.56万小时。杭州主城区规模最大的青少年活动综合体——滨江区青少年活动中心投入使用，创新推出“陪伴是最长情告白”老少陪伴志愿项目，持续开展服务过渡区块原居民志愿服务项目“相约周六”20期。

【全市首个地方性公募公益专项基金成立】2018年3月3日，杭州市首个地方性公募基金会——杭州青荷公益基金会和其旗下首个专项基金——滨江青荷专项基金成立。滨江青荷专项基金是全市首个地方公募公益专项基金，按照社会化组建，市场化运营，首批获海威控股有限公司、杭州兴耀房地产开发集团有限公司、东冠集团有限公司、杭州萧宏建设环境集团有限公司、杭州万轮科技创业中心有限公司、杭州华业控股集团有限公司6家企业、60万元捐助。用于支持滨江区扶贫济困、抢险救灾，助医助残、助老助困，保护绿水、守护青山，关爱志愿者、培训志愿者等公益事业和志愿服务。至年底，使用资金23万元、实施公益项目6个。

【“相约周六”志愿服务】 2018年5月起，针对临时过渡区块配套不足、生活不便现状，围绕“百千万”走访过程中了解到临时过渡区块住户具体需求，团区委推出“相约周六”

2018年6月2日，“相约周六”志愿服务在浦乐新苑举行

（团区委　供图）

志愿服务系列活动，每隔一周周六在临时过渡房区块开展书画体验、义诊益剪、口腔检查等便民服务，推进城市资源共建共享，助力拆迁工作。至年底，60多支志愿服务队伍开展活动20期，服务居民3000多人次。

【团区委六届四次全体（扩大）会议】 2018年5月4日，团区委在海外高层次人才创新创业基地召开纪念五四青年节大会暨团区委六届四次全体（扩大）会议。六届团区委委员、街道团工委负责人、各直属团组织负责人，社区团组织、区直机关团组织负责人，部分高校及企业团组织负责人共100多人参加。会议总结2017年全区共青团工作，安排部署2018年工作，表彰2017年度区级先进志愿服务组织10个、先进志愿者个人11人、青荷爱心企业6家，区级先进团组织5个、优秀团干部5人、优秀团员5人。

【团员干部培训】 2018年7月12—13日，团区委在海外高层次人才创新创业基地举行高新区（滨江）团员干部培训班。各街道（社区）团干部、区级机关团组织负责人及企业团工作负责人90多人参加。省委党校讲师、法学博士王涛，市团校副教授谷云峰，志愿中国培训师叶婷等老师授课，课程包括党团精神领会学习、基层治理、志愿服务实务、分享交流等方面。

【滨江区青少年活动中心投入使用】 2018年9月15日，滨江区青少年活动中心投入使用。活动中心位于建业路950号，占地面积2万平方米，总建筑面积6.4万平方米，为杭州主城区规模最大的青少年活动综合体，由杭州青少年活动中心作为分中心实行一体化管理。滨江分中心突显“实践体验”“创意创新”特色，为青少年提供兴趣培训、组织教育、体育健康、安全教育、天文体验等服务。年内，分中心开设文学、体育、文艺、舞蹈、美术、科技、外语7个大门类64个项目954个班，招收学员1.5万人次。

【承办“三禁三防三自”主题教育活动】 2018年10月19日，“三禁三防三自”主题教育活动在杭州市旅游职业学校举行，活动由团省委、省禁毒办、省性病艾滋病防治协会主办，团区委承办，200多名在校学生参加。公安滨江分局警官朱春明宣讲防诈骗知识、禁毒教育，区检察院干警蒋庐雯以“抖音”为例宣讲网络安全，省疾病控制中心主任医生徐钟渭和省血液中心的老师金志坚分别讲解艾滋病及血液安全相关知识，浙江六和事务所律师鲍贝贝讲解宪法的地位和作用，志愿汇运营经理万伊丽讲解青年信用体系建设与志愿汇，省青少年权益维护服务中心副主任宋健男作“探索心资源、拥抱新未来”主题分享，播放“亲青帮”宣传片，推介“亲青帮”平台。

资料：“三禁三防三自”

禁黄禁赌禁毒、防暴力防恐怖防极端、自爱自重自强。

“亲青帮”

是一个便捷的网上维权新平台，为浙江省内的青少年们搭建心理疏导、健康成长的桥梁，打造浙江省“亲青帮”青少年权益维护服务中心。

【高校大学生“携手抗艾”辩论赛】 2018年11月17—30日，团区委、区社发局在杭州医学院联合举办2018年高新区（滨江）高校大学生“携手抗艾”辩论赛。比赛经过初赛、复赛、决赛，浙江中医药大学获一等奖，杭州医学院获二等奖，浙江艺术职业学院、浙江商业职业技术学院获三等奖。江南专修学院、浙江机电职业技术学院获参与奖，评出优秀辩手5人、最佳辩手1人。

【新领域团组织建设】 2018年7月28日，中国网络作家村首次团员大会召开，选举产生团支部书记1人、委员5人，其中1名支部委员作为市第十九次团代会代表参会。团区委依托中国网络作家村团支部服务青年网络作家，联合区文创办等9个部门组建“天马助跑团”，落实“最多跑一次”服务举措，助力青年网络作家驻村创业。会同团市委组织“新时代、新青年”沙龙，搭建青年网络作家与影视产业负责人、法律顾问、政府部门人员等面对面交流平台，整合资源，为青年创业服务。团区委助力物联网小镇改革试点工作，建立物联网小镇党群工作委员会，以楼宇为单位搭建党群服务站，形成街道—平台—楼宇—公司服务架构，畅通街道和产业平台间的群团工作渠道，开展"我的创业故事分享会""年货节"等活动，关心和服务企业、创业青年发展。

【共青团结对帮扶】 2018年，团区委结对资助贵州省黔东南州考取浙江省大专院校的贫困大学生18人，其中麻江县10人、丹寨县8人，资助每名学生5000元，共计9万元；联合青荷基金、网络作家村团支部对湖北省恩施州建始县开展"教育扶贫、文化加油、产业致富、网络提速"文化扶贫活动，捐赠教育图书资金3万元；团区委联合区总工会、区妇联到贵州省黔东南州麻江县、丹寨县开展结对帮扶考察工作，向两所希望小学留守儿童捐赠价值4万元的冬衣及保暖用品，向麻江县团委、丹寨县团委捐赠帮扶款各2万元，帮扶贫困学生；走访慰问长青村贫困户家庭，了解贫困户生活状况和需求，赠送生活用品；与建始县广龙中心小学结对，捐助资助款10万元，用于新建学校公共厕所，改善学校卫生条件。

【志愿服务项目升级】 2018年，针对"年轻人住房压力大"和"老年人缺乏陪伴"这两类人群痛点，团区委会同区民政局持续推出"陪伴是最长情告白"志愿服务项目，面向社会公开招募青年志愿者，为养老机构老年人提供陪伴服务，作为激励，从机构中推出部分房源，供符合条件的优秀志愿者低价入住。全年有20多名志愿者先后入住，为老人提供书画教学、手机电脑操作、英语教学等形式的志愿陪伴服务，服务老人1000多人次。该项目作为全省第一个互助式养老志愿改革工作，受到《人民日报》《浙江日报》、中央电视台、浙江卫视等媒体专题报道。 （孙轶婧）

2018年7月7日，"陪伴是最长情告白"志愿者在绿康阳光家园开展服务 （团区委 供图）

高新区（滨江）总工会

【概 况】 至2018年底，高新区（滨江）有工会2561家，其中新组建基层工会107家（覆盖单位230家），新增会员1.67万人。推进"五有职工之家"创建，新增"市先进职工之家"31家，新申报"五有职工之家示范单位"1家，获"全国模范职工之家"1家。推荐评选"市五一劳动奖状"单位2家、"市五一劳动奖章"个人4人。组织200家企业、1000多名职工参加2018"劳动最美毅路同行"职工毅行，主办第三届"谁羽争锋"企业羽毛球联赛，47家企业、450名职工参赛。暑期慰问一线工作人员3万余名。向360人次发放职工医疗互助保障金。致力于职工"放心食堂"建设，浙江大华技术股份有限公司、博世电动工具（中国）有限公司食堂入围全市外来务工人员驻地"放心食堂"名单。

【职业技能提升培训】 2018年，区总工会致力提升全区职工职业技能和安全意识，完成职业技能培训2703人，专项职业能力培训1275人，实施高技能人才奖励912人。开展"职工大讲堂"38场，惠及职工2131人。开展电子焊接工、计算机图形图像处理、智能楼宇等区级技能竞赛，评选出区级技能带头人4人，全区160家次企业452人次参赛。选派职工

15人参加市级各类技能竞赛。全年，411家企业工会、671个班组、1.84万余名职工参加"安康杯"竞赛活动，助推安全管理，确保职工健康安全。

【工资集体协商集中要约行动】2018年，区总工会继续开展工资集体协商集中要约行动，发出要约书467份，覆盖企业693家。单建工会签订率96.2%，集体合同签订率97.3%，涵盖企业2188家。获评"市工资集体协商成果显著单位"1家。市社会责任建设十佳企业评选中高新区（滨江）占4席。

【疗休养组织工作】 2018年，区总工会组织60多名劳模（先进）口腔健康体检、27名劳模（先进）到湖北省恩施州建始县疗休养。安排72批次、3032名一线职工到千岛湖、宁波、丽水、舟山等地疗休养，41个批次、1370名机关事业单位和国企单位职工到湖北省恩施州建始县方向扶贫疗休养，7个批次、328人到贵州省黔东南州方向扶贫疗休养。

【关爱务工人员系列活动】2018年1月10日至3月12日，区总工会开展"2018年外来务工人员平安返乡"活动，为企业集体包车提供对接服务；为全区优秀、困难外来务工人员返乡或返杭报销车票500张，为全区建档困难务工人员家庭报销返乡车票（每户家庭最高额度为800元）。2月5日，区总工会举办"杭州高新区（滨江）工会留杭企业职工新春年夜饭"，邀请环卫、保安等一线职工、困难职工家庭及过年期间留杭的380多名职工代表共迎新春。3月7日，区总工会开展"尊法守法·携手筑梦"公益法律服务活动，为外来务工人员免费提供公益法律服务。同月16日，区总工会女职委组织200名一线女职工检测乳腺癌和卵巢癌标志物。6—8月，区总工会开展外来务工人员子女暑期关爱活动，开设"小候鸟"暑期爱心班5个，爱心班安排各类趣味体验、社会实践、暑期作业辅导等课程，惠及"小候鸟"400多人。

2018年4月13日，"声动滨江"职工好声音大赛半决赛和总决赛举行
（区总工会　供图）

【"声动滨江"职工好声音大赛】2018年4月13日，由区总工会主办的2018年"声动滨江"职工好声音大赛半决赛和总决赛在海外高层次人才创新创业基地举行。29组（人）选手在4月8—10日举行的3场海选角逐中，从近400名选手中胜出进入半决赛。区总工会通过"滨江工会"微信公众平台和"大华乐橙"同步视频直播半决赛和总决赛。浦沿中心幼儿园的"白日组合"、浙江东冠资产管理有限公司华琦、杭州牙科医院有限公司余江飞3组选手获金奖，徐胜等12名选手获银奖，魏宇雯等14名选手获铜奖。

【五一国际劳动节庆祝大会】2018年4月28日，区总工会在区文化中心召开五一国际劳动节庆祝大会暨"声动滨江"2018职工好声音颁奖典礼。区各级劳模、市工会代表、区总委员、区各级工会主席、职工代表以及各级各类受表彰人员近600人参加。会议对"市五一劳动奖状""市五一劳动奖章"获得者，2017年度区级"优秀工会工作者"、2017年度市级"优秀工会工作者"，以及2018"声动滨江"职工好声音大赛和2018年杭州高新区（滨江）电子焊接工职业技能竞赛获奖选手进行表彰。

【首届“滨江杯”建筑技能比武大赛】 2018年9月26日，由区住建局、区总工会联合主办，中建三局承办的高新区（滨江）首届“滨江杯”建筑技能比武大赛在世茂智慧之门项目工地举行。大赛分为钢筋绑扎和钢筋焊接两个组别，高新区（滨江）各建筑单位7支队伍、50多名选手同场竞技。各组选手比安全、比质量、比速度、比作风，经角逐，中国建筑第三工程局有限公司“浙江之门”项目代表队获钢筋绑扎比赛冠军、钢筋焊接比赛亚军，并获团体冠军。

【区总工会第四次代表大会】 2018年10月25日，区总工会第四次代表大会在区文化中心召开，全区工会代表、特邀和列席代表、特邀嘉宾共212人参加会议。大会回顾总结区总工会第三次代表大会五年期间的成绩和经验，讨论确定未来五年工会工作的目标和任务。审议通过《杭州高新区（滨江）工会第三届委员会工作报告》《财务工作报告》《经费审查委员会工作报告》，选举产生区总工会第四届委员会和经费审查委员会，产生新一届区总工会领导成员。

【3家企业在市职工食堂拿手菜大赛获奖】 2018年10月31日，由市总工会、杭州日报报业集团主办，高新区（滨江）总工会和每日商报社承办的“老板电器杯”杭州市职工食堂拿手菜大赛在高新区（滨江）职工服务中心举行。博世电动工具（中国）有限公司、浙江吉利控股集团有限公司和浙江大华技术股份有限公司代表高新区（滨江）参加比赛，获团体第一名。博世电动工具（中国）有限公司和浙江吉利控股集团有限公司选手分别获得个人第四、第五名。

【青年职工联谊活动】 2018年11月24—25日，区总工会联合区两新工委、团区委、区妇联举办“周末去哪里”杭州高新区（滨江）青年职工联谊活动。活动结合职工疗休养，让大龄单身青年独立成团，设置互动游戏、团队竞赛、烧烤、篝火晚会、搭伙做饭等环节，增进青年互动了解。浙江大华技术股份有限公司、聚光科技（杭州）股份有限公司、浙大中控信息技术有限公司、杭州电魂网络科技股份有限公司、机关工会、教育工会等200多家单位300名单身职工参加。

2018年10月25日，高新区（滨江）总工会第四次代表大会召开

（区总工会　供图）

【“妈咪暖心小屋”创建】 2018年，区总工会为推进女员工关爱工程，解决女员工在生理卫生、哺乳方面的困难，扶持辖区浙江大华技术股份有限公司、浙江苏泊尔家电制造有限公司、浙江中南建设集团等企业建立“妈咪暖心小屋”16家。小屋内配置桌子、椅子、微波炉、冰箱、母婴护理箱等，区总工会为每家“妈咪暖心小屋”从市总工会争取现金补贴1000元和湿纸巾、纸尿裤、尿不湿等物资，满足准妈妈和新妈妈的日常需求。

（王建中）

高新区（滨江）妇女联合会

【概况】 至2018年底，高新区（滨江）有妇女之家74个。全年举办讲座40多场、运用“滨江发布”“滨江妇联”等新媒介推送微信微博24条，发送短信2万余条，发放宣传资料3万余份，各街道、社区开展广场咨询、展板展示、志愿服务、播放普法剧等方式，进行普法、平安家庭宣传。接待来信来电来访10多件，接收处理“110”社会应急联动案件533起。开展“新春送温暖”系列活动，走访慰问区内特殊妇女儿童30多人，组织“巾帼文明岗”、女企业家到桐庐县江南镇，看望结对困难妇女15人。六一国际儿童节期间，到长河外来务工服务中心、儿童之家慰问。举办第13届“相约高新·情定滨江”联谊活动。签约新一批“伊创荟”女创客企业14家，提供扶持资金15万元。成功推荐西兴街道协同社区王来友、浦沿街道彩虹社区董小红家庭获评省级“最美家庭”，浙江花都美容美发培训中心“重新起航”项目获评“最美事业”，英飞特电子（杭州）股份有限公司董事长特别助理林镜获评“最美女性”。

【第五次妇女代表大会】 2018年1月18日，高新区（滨江）第五次妇女代表大会在白马湖国际会展中心召开，区委书记詹敏到会并发言，区四套班子领导，市妇联主席魏颖到会祝贺，全区160名妇女代表参加会议。区妇联主席彭虹代表区妇联第四届执委会向大会做题为《凝心聚力、砥砺前行，团结带领全区妇女为建成快乐创业幸福生活的科技新城典范贡献巾帼力量》的工作报告，回顾总结之前五年高新区（滨江）妇女工作取得的成绩与经验，提出未来五年妇女事业的奋斗目标和主要任务。会议选举产生高新区（滨江）妇联第五届执行委员会主席1人、副主席4人、常务委员11人。

【三八国际妇女节大会】 2018年3月7日，高新区（滨江）在区文化中心举行纪念三八国际妇女节大会暨“巾帼心向党、拥抱新时代”主题会演，全区500多名女性代表参加。会议发出“传承好家风、争创文明家”倡议书，表彰2017年度各类先进个人（家庭）及集体105个。主题会演上，各基层妇联通过表演瑜伽、美妆秀、旗袍秀、诗朗诵、音乐快板、舞蹈等节目，展现新时代女性的自信和活力。

【“亲子阅读进楼廊”项目】 2018年3月11日，高新区（滨江）首场主题为“阅读，开启智慧人生”亲子阅读活动在西兴街道温馨社区举行，活动由家长慧亲子成长公益服务中心、温馨社区和江南实验学校共同举办。资深教师童丽君、小学老师朱妍以《伊索寓言》为例，引导孩子阅读，给现场爸爸妈妈亲身示范，作阅读指导，钱塘春晓幼儿园小朋友及家长共66人参加。全年，高新区（滨江）家庭志愿者和社会组织定期开展主题读书活动，“亲子阅读进楼廊”项目在3个街道、10个社区、25个楼廊设置阅读角。年内，西兴街道“亲子阅读进楼廊”项目被列入政府实事工程，“全国家庭亲子阅读体验基地”落户西兴街道协同社区湘云书院，浦沿街道梁玲玲家庭获评省级“书香家庭”。

【妇联“百千万”调研活动】 2018年3月23日，区妇联主席彭虹一行7人到浦沿街道滨文社区，启动“百千万”走访调研活动，到老党员、退休干部、居民代表等家庭，询问

2018年3月31日，高新区（滨江）妇联到居民住所开展“百千万”走访调研活动
（区妇联　供图）

生活状况以及对政府部门的意见建议，对反映比较集中的居家养老、公交卡充值、社区培训讲座问题及时做出回应。全年，区妇联走访居民300多户，召开民情恳谈会10多次，结对开展主题党日活动2次，专题对接5次；梳理各类意见建议27条，并分门别类、妥善处理。

【高新企业家长学校联盟基地成立】 2018年4月26日，区妇联在英飞特电子（杭州）股份有限公司举行高新区（滨江）家庭教育工作培训暨高新企业家长学校联盟基地揭牌仪式。联盟基地根据高新企业员工需求，提供亲子互动游戏、科学育儿讲座等家庭教育方面指导和服务，打造互相开放、优势互补、共同进步的家教环境，形成资源共建共享机制，构建家长学校网络化、联动式发展模式。11月，区妇联在闻涛中学举办全区家长学校负责人培训班，邀请市教育科学研究所副所长韩似萍做“家庭教育指导活动的设计与实施”专题报告，帮助一线家庭教育工作者进一步提升理论水平和实践能力。至年底，全区有杭州海康威视数字技术股份有限公司、康恩贝集团有限公司、浙大中控信息技术有限公司、浙江正泰太阳能科技有限公司等22家企业成立家长学校。

【“滨和驿站”揭牌】 2018年9月14日，区妇联携手区司法局、区法院、浙江峰翔律师事务所成立的“区婚姻家庭纠纷调解委员会——滨和驿站”在浙江峰翔律师事务所揭牌。市妇联、区司法局、区妇联负责人及街道、社区妇联代表共30多人参加揭牌仪式。“滨和驿站”整合人民调解、行政调解、司法调解等多种资源，引进由法律人士、心理咨询人员组成的专业团队进驻，综合运用多种调解方式和手段，提供“维权求助、纠纷调解、法律援助（心理辅导）”一站式服务；建立维权法律志愿服务与街道对接联系制度，指导各街道妇联与司法所、综治科、民政科等对接，共同做好婚姻家庭纠纷人民调解工作。至年底，办理婚姻家庭类案件的诉前调解案件8件，调解结案2件。

【妇女干部培训】 2018年9月28日，区妇联在智慧e谷举办全区妇女干部培训班，各街道、社区和直属妇联的140多名专、兼职妇女干部参加。培训贯彻落实中共十九大和十九届二中、三中全会及省、市妇代会精神，邀请北明软件有限公司工程师刘娟，演示在线矛盾纠纷多元化解平台、e家和反家暴服务平台、e家和微学院三大平台的使用。培训邀请养生专家范雪敏、网易有道首席执行官周枫、市妇联副主席周明娟讲解养生、公众号运营、服饰搭配等知识。

（孙艺蕾）

高新区（滨江）工商业联合会

【概况】 至2018年底，高新区（滨江）工商业联合会（总商会）（以下简称“区工商联”）有主席（会长）1人，党组书记1人，党组成员、副主席1人，党组成员、副调研员1人，党组成员兼秘书长1人。企业家副主席12人，企业家副会长10人，内设科室1个。机关干部9人。设街道商会3家，园区商会1家。有会员单位879家。年内，举办“盛夏八月、聚心传爱”大型公益献血、“小小鸟”“孝暖朝阳、爱在重阳”等助医、助学、助老公益活动5次。区工商联获全省工商联系统先进单位，白马湖商会获省工商联四好商会。在《杭商故事》上发表宣传企业家文章4篇，编发《高新（滨江）总商会》4期。区工商联界政协委员提交提案9件，区政协均予受理。

【区工商联女企业家委员会成立】 2018年3月13日，区工商联女企业家委员成立会暨新时代女企业家创新创业分享会在白马湖建国饭店举行。市工商联女企业家代表、区工商联女企业家委员会代表、部分区县（市）工商联和市工商联直属商会负责人近200人参加会议。会议听取筹备工作报告；审议通过区工商联女企业家委员会工作规则；审议通过委员会主任、执行主任、副主任、秘书长、副秘书长名单。新时代女企业家创新创业分享会以“扬新时代经济风帆、展新时代女企风采”为主题，通过企业家现身说法、互动交流、情景式展示，为女企业家搭建互动联络和风采展现平台，鼓励更多女性企业家追求创新创业梦想。

【区工商联四届六次执委（理事）会议召开】 2018年4月11日，区工商联（总商会）四届六次执委（理事）会议在智慧e谷大楼召开。区工商联执委成员100多人参加。会议学习传达中共十九大、全国两会、区“两会”及上级工商联会议精神，审议通过区工商联2017年主要工作和2018年工作思路，执常委人事调整事项。会议选举郭鹏、王军、汤利忠3人为区工商联（总商会）常委（常务理事），李丹、汪一程、娄海滨、沈莹宜4人为区工商联（总商会）执委（理事），同意许江晨、来树祥不再担任区工商联（总商会）执委（理事）、常委（常务理事），同意李程旭、洪晓庆、孙水巨、戴见林不再担任区工商联（总商会）执委（理事）。区委常委、统战部部长谢渐升出席会议并讲话，区检察院检察长陈云高围绕“优化营商环境助力企业发展”主题，与参会企业家座谈交流检察工作护航非公经济发展。

2018年8月21日，高新区（滨江）工商联在中国网络作家村举办“改革开放40周年创业论坛——暨我的创业故事”分享会

（区工商联　供图）

【创业故事分享会】 2018年5月25日，区工商联在智慧e谷举行“‘快乐创业、协作伴行’我的创业故事”分享会。区工商联企业家代表、区内创业青年等100多人参加。分享会以改革开放40周年为契机，传承发扬改革精神。浙江华业控股集团有限公司董事长、党委书记华水芳，杭州启明医疗技术总监、杭州德晋医疗科技有限公司总经理张庭超，浙江凡聚科技有限公司创始人、首席执行官秦路分享创业故事和心路历程。8月21日，区工商联在白马湖中国网络作家村举办“改革开放40周年创业论坛——暨我的创业故事”分享会。区内企业家代表、创业青年等100多人参加。杭州英库医疗科技有限公司董事长郑军、浙江凯氏儿童用品科技有限公司总经理袁吉峰、爱蹭课企业培训资源共享互联网平台创始人何澜、网络作家牛凳做分享交流，以亲身经历激励创业者，引导创业青年传承老一辈创新创业精神，奋进新时代，创想新梦想，担当新使命。

【多部门联合帮扶行动】 2018年6月21—22日，区工商联会同区委组织部、区农业局、区财政局等单位联合开展“千企结千村、消灭薄弱村”专项行动，组织12家次企业先后3次到衢州开化县开展消除经济薄弱村对接，考察薄弱村情况，落实6个薄弱村的结对帮扶，达成村企帮扶合作项目2个。5月14—18日和9月9日，组织25家工商联执委企业到湖北省恩施州、贵州省黔东南州开展产业对接考察活动，开展结对贫困学生、捐助文具用品等助学献爱心活动，捐赠资金265.7万元，结对贫困学生21人。企业结对深度贫困村30个，安置对口帮扶地区劳动力257人。

【3家企业入围中国民营企业500强】 2018年8月29日，“2018中国民营企业500强”“2018中国民营企业制造业

500强”榜单揭晓，高新区（滨江）3家企业入围“2018中国民营企业500强”。其中，浙江吉利控股集团有限公司以2782.65亿元营业收入总额居“2018中国民营企业500强”全国第11位、浙江省第1位，浙江中南建设集团有限公司以252亿元营业收入居全国第299位，浙江大华技术股份有限公司以188亿元营业收入居全国第404位。浙江吉利控股集团有限公司同时入围“2018中国民营企业制造业500强”。

【全国工商联调研组到高新区（滨江）调研民营企业】 2018年10月15日，全国工商联第二联系调研组第二小组到高新区（滨江）调研民营企业，省、市、区工商联负责人陪同。调研组围绕商会改革和民营经济发展情况两个主题，走访创业软件股份有限公司和杭州林东新能源科技股份有限公司，听取企业负责人介绍公司发展历史、主营业务、市场开拓等情况，倾听企业对营商政策环境、推动民营企业高质量发展、环境保护等方面意见和建议，了解企业生产经营存在的困难和问题。

【“快乐创业、政企同行”生命医药产业发展交流会】 2018年11月23日，区工商联在区文化中心召开生命医药产业发展交流会，交流会以“快乐创业、政企同行，助推构建新型政商关系”为主题，区内生命健康产业20多家企业负责人参会，区委统战部、区人才办、区发改局等相关部门负责人参加。企业负责人围绕“快乐创业、政企同行”主题，结合自身工作实践，交流生命大健康产业发展现状及前景，对如何依托互联网+区域产业优势、将生命大健康产业做大做强提出建议和意见。部门负责人围绕人才政策、“新11条”、减负降税等新政，结合企业实际情况为企业家提出个性化、专业性建议。

【多维度合作交流学习】 2018年，区工商联采用联合办学、专题讲座、研讨交流、“请进来、走出去”等方式，开展各类培训学习论坛活动33次（期）。联合市工商联开展北京大学“品质杭商”研修班、上海交通大学宣传信息培训班以及新生代企业家——中国人民大学研修班等主题班3期。围绕高新企业认证、人工智能、企业营销战略、企业核心技术创新、新旧动能的转化、企业文化建设等主题开展专题讲座11期。联合区科技金融服务中心举办新时代财税挑战论坛、个税+社保新政策解读、股权设计与股权激励等科技金融大讲堂活动7期。组织200多位创业者举办“创业成长营——苗壮计划”培训班1期。促进民营企业履行社会责任，举办“企业社会责任与企业战略”“社会责任与财富传承”等主题培训、论坛活动11次。 （魏秀璐）

高新区（滨江）科学技术协会

【概况】 至2018年底，高新区（滨江）科学技术协会（以下简称“区科协”）有街道科协3个，企业科协28个。全区有校园科普基地13个，社区科普基地13个，科普画廊58座。联合市自动化学会、浙江宇视科技有限公司等单位合作重点学术项目18个，内容涵盖人工智能、智能制造、机器人、全民健康等，助力企业创新发展。连续第5年在浙江科技大市场协助省科技厅举办全省科技周活动开幕式。委托第三方机构进行公民科学素质调查，全区具备科学素质公民占比16%，提前完成十三五规划目标。在《纪念杭州市科协成立60周年“六十佳”典型选树候选名单》中占据2席，赵玉宝获“最美科协人”、中控集团企业科协获“十佳基层科协组织”。科协工作在2018年市科协年度工作考核中获“优秀”等级。

【青年科技英才举荐】 2018年3月，区科协推选网易（杭州）网络有限公司副总裁、网易杭州研究院执行院长汪源等19名成果突出的青年科技英才参选市十大青年科技英才。经评审，汪源和杭州士兰微电子股份有限公司工艺开发总监张邵华2人被认定为市十大青年科技英才。11月，联合区委人才办、区人力社保局举行区2016—2017年度青年科技英才评选认定活动，经过个人自荐、单位推荐、专家评审，评出杭州士兰微电子股份有限公司吴美飞等20名区级青年科技英才并予表彰。

【科技活动周和科普宣传周】 2018年5月23日，区科技活动周在西兴街道襄七房社区启动，活动周以“科技创新、强国富民”为主题，其间，186家单位围绕人工智能、信息技术、大数据、生物医药、虚拟现实等领域参与科普活动，发放科普资料3.02万份，组织科技广场活动39场，科技咨询人数4727人，制作宣传展板数量632块。3.06万人次参加活动。9月14日，区科普宣传周在浦沿街道之江社区启动，宣传周以“创新引领时代，智慧点亮生活”为主题，党政群机关、企事业单位、社区、学校等28个单位组织参与67项活动。其中，开设现场咨询29场次，受众4200人次，举办科普讲座、报告会、科技论坛23场，举办各类科普知识竞赛15场次，向社会公众发放各类科技科普资料25种、2万份。2.5万人次参与。

【反邪漫画、小品展演表彰会】 2018年6月6日，“新时代、新作为”六校反邪漫画暨小品创作展演表彰会在浙江中医药大学举行，活动由区反邪教协会主办、六校反邪联盟承办，省反邪教协会秘书长卢林方，市反邪教协会理事长安志云和区政协副主席、区反邪教协会理事长毛进出席，区六校反邪联盟成员单位师生400多人参加展演表彰会。此次漫画和小品大赛历时2个月，征集到漫画作品51幅，剧本20个。经组委会评选，每组作品分别评出一等奖1名、二等奖2名、三等奖3名，会议对组织工作突出的浙江省中医药大学、浙江省商业职业技术学院和杭州医学院3个反邪教协会和获奖作品进行表彰。

2018年6月6日，“新时代、新作为”滨江六校反邪漫画暨小品创作展演表彰会在浙江中医药大学举行 （区科协 供图）

【区科协四届三次全委会】 2018年6月14日，区科协四届三次全委会在区政府主楼召开，区委副书记、区科协全体委员30人参加。会议总结2017年工作，部署2018年工作，要求全体委员贯彻落实《杭州高新区（滨江）全民科学素质行动计划纲要实施方案（2016—2020年）》《杭州高新区（滨江）科普工作规划（2016—2020年）》，在“后峰会、前亚运”的历史新起点上，充分发挥区科协服务科技工作者、服务创新驱动发展战略、服务公民科学素质提高、服务党委政府科学决策、加强自身建设“四服务一加强”职能，助力创新驱动发展，为把高新区打造成世界一流高科技产业园区做出贡献。会议同意赵玉宝辞去区科协副主席、陈福清辞去区科协常委职务，选举金文洪为区科协副主席。

【基层科普建设】 2018年，区科协征集企业、社区、学校重点资助科普项目35个，其中科普宣传栏建设5个、科普LED屏建设2个、社区科普基地建设5个、校园科普基地建设4个、社区太阳能画廊建设3个、活动类项目16个。采取试点布局、逐步推进方式，落实省、区经费29万元在浙江大学医学院附属儿童医院、杭州图书馆滨江分馆、区疾病预防控制中心、杭州江南实验学校等人流密集的医院、图书馆、中小学建设科普E站18台。科普E站应用人机交互界面，通过互联网同“科普中国”后台资源链接，紧扣社会热点、第一时间获取由权威团队更新的科普知识，普及科普知识。

（李明达　虞婷婷）

高新区（滨江）归国华侨联合会

【概况】 至2018年底，高新区（滨江）归国华侨联合会（以下简称“区侨联”）有委员69人，其中主席1人、副主席6人、秘书长1人。侨界代表范渊、林东2人被中国侨联、国务院评为全国归侨侨眷先进个人。召开第十次全国归侨侨眷代表大会精神专题学习会。区侨联被省侨联评为十佳引资引智单位。

【2名侨界代表获全国归侨侨眷先进个人】 2018年8月29日，第十次全国归侨侨眷代表大会在北京人民大会堂开幕。会上宣读《中国侨联、国务院侨办关于表彰中国侨界杰出人物和全国归侨侨眷先进个人的决定》《人力资源社会保障部、中国侨联关于表彰全国侨联系统先进集体和先进工作者的决定》《中国侨联关于表彰全国侨联系统先进组织和先进个人的决定》，为获奖单位和个人颁奖。高新区（滨江）侨界代表人士范渊、林东获全国归侨侨眷先进个人荣誉。全市有9人获此荣誉。

【吴牧野工作室落户高新区(滨江)】 2018年12月14日，侨界代表、钢琴家吴牧野工作室在区文化中心揭牌成立，省政协副主席，民革省委会主委吴晶，市政协主席、党组书记潘家玮，省侨联主席连小敏，市政协副主席、民革市委会主委叶鉴铭，市政协副主席、市侨联主席王立华及高新区（滨江）四套班子领导出席。吴牧野现场指导青少年钢琴爱好者，表示将在杭州青少年活动中心（滨江中心）、部分学校开设“音乐教室”，开展公益性钢琴音乐活动。

（孙利伟）

滨江区文学艺术家联合会

【概况】 2018年，滨江区贯彻落实中央、省、市《关于繁荣发展社会主义文艺的实施意见》，9月29日，区委宣传部印发《关于建立滨江区文学艺术界联合会成立暨第一次代表大会筹备工作小组》的通知，经2个月的筹备，成立滨江区文学艺术联合会，下设滨江区作家协会、滨江区舞蹈家协会、滨江区朗诵协会、滨江区音乐家协会等8个协会。

【区文联第一次代表大会】 2018年11月28日，杭州市滨江区文学艺术界联合会成立暨第一次代表大会在智慧e谷举行。市委宣传部副部长卓超，市文联主席应雪林，区四套班子领导，相关单位人员及区文联代表共128人参加会议。会议要求全区文艺工作者把握正确的政治方向，肩负起时代赋予的责任和使命，讲好奋斗者的故事。要加强自我修养，成为滨江故事的讲述者、高新精神的传播者、“国际滨”的代言者、精神文明的倡导者。按照章程，大会选举周皓为滨江区文联主席，季斌

2018年11月28日，滨江区文联成立暨第一次代表大会在智慧e谷举行

（区委宣传部　供图）

凯、王建志、李晓军、管平潮、张星、张斌、高健、邓学梅为副主席，季斌凯为秘书长，任命沈荣、项珮霞、包峥剡、赵彬、王春松为副秘书长。卓超向区文联授牌。

【区作家协会成立】 2018年11月1日，杭州市滨江区作家协会成立暨第一次代表大会在中国网络作家村举行。省作协主席艾伟，市文联副主席张敏，市作协秘书长陈曼冬，区委常委、宣传部部长沈建，区委宣传部常务副部长周皓，区社科联副主席季斌凯，以及70多名作家代表参加。会议选举产生滨江区作家协会第一届理事会。张凤翔（管平潮）任主席，沈荣、陈雄、毛晓青、郭东健、祝敏绮（疯丢子）、王泰（发飙的蜗牛）、杨万勇（牛凳）任副主席。大会聘请省作协主席艾伟为协会名誉主席，袁敏、陈华胜、王寒为名誉顾问。

【区音乐家协会成立】 2018年11月10日，杭州市滨江区音乐家协会成立暨第一次会员代表大会在智慧e谷召开。中国音乐家协会理事、省音乐家协会副主席史染朱、省音乐家协会副主席、市音乐家协会主席宋家明、市音乐家协会秘书长王小娣、区委宣传部、区社发局、区社科联相关部门负责人和89名音乐工作者、爱好者参加。会议选举指挥家高健为滨江区音乐家协会第一届理事会主席，项珮霞、费小龙、封飞行、童永健、陈利敏、杨韵、韩紫鹃、吕烁、朱卓凡、陈成渤、杨宇昂为副主席，聘请浙江艺术职业学院音乐系主任郭义江为名誉主席。

【区朗诵协会成立】 2018年11月11日，杭州市滨江区朗诵协会成立暨第一次会员代表大会在智慧e谷举行。省朗诵协会会长、著名朗诵艺术家刘忠虎，市文联秘书长、协会工作部主任程育青，区委常委、宣传部部长沈建，区委宣传部、区社科联等相关部门负责人和73名朗诵爱好者参加。大会选举产生滨江区朗诵协会第一届理事会，聘请著名朗诵家刘忠虎、张建民、杨莅为名誉主席。会上，全体代表一起朗诵诗人黄亚洲的《我的滨江，我的神奇之地》。

【区舞蹈家协会成立】 2018年11月14日，杭州市滨江区舞蹈家协会成立暨第一次会员代表大会在区文化中心召开。中国排舞中心、省舞蹈家协会、市文联、区委宣传部、区社科联等相关部门负责人和68名舞蹈家代表参加。会议选举省舞协副主席、浙江职业艺术学院舞蹈系主任、国家一级演员张星为滨江区舞蹈家协会第一届理事会主席，浙江职业艺术学院舞蹈系副主任曹亮红、省舞协副秘书长包峥剡、中国排舞运动推广中心副主任单缨、浙江音乐学院舞蹈系民间舞教研室主任郑洁为副主席。（童黄骏峰）

2018年11月14日，滨江区舞蹈家协会成立暨第一次代表大会在区文化中心举行（区委宣传部 供图）

政法委及综治

【概况】 2018年，高新区（滨江）围绕“争当排头兵，坚决打赢平安创建攻坚战”和总结提升推广新时代“枫桥经验”等12项重点工作，完善社会治安防控体系，提升社会治理能力。全年“110”有效警情5.81万起，比上年上升37.4%，命案发2起，“两抢”案发6起，案件受理比上年下降29.3%。2起命案均实现快侦快破，重大恶性案件破案率保持100%。推动人员密集场所“四联三防”（联建、联保、联防、联控、防车辆冲撞、防刀斧砍杀、防爆炸）建设，不定期开展暴恐袭击演练，提升防控水平，4家单位被评为“全市反恐怖防范标准化建设示范创建单位”。推进出租房屋旅馆式管理，建成社区旅馆式服务总台40个，出租房屋纳入总台管理3.5万套。持续推进两小区创建活动，全区118个封闭式小区“五类可防性”案件下降58%，其中零发案小区89个，占比75%。全年未发生“一票否决”事项。完成第十四届中国国际动漫节、“枫桥经验”纪念大会、第五届世界互联网大会、第14届世界游泳锦标赛（25米）等维稳安保任务。

【平安创建】 2018年，高新区（滨江）坚持平安和经济一起抓，重视平安创建工作。区委常委会7次听取平安综治维稳相关工作情况汇报。全区各级各部门将创建“平安滨江”、维护社会政治稳定作为第一责任，党政主要领导部署工作，走村入户入企，督导研究解决问题。层层组织签订平安综治维稳工作目标责任书，通过定期通报、会议汇报、实地检查、暗访督查等形式不断推动全科网格建设、安全隐患风险排查、平安巡防和重点人、重点事、重点物、重点场所排查管控等工作落实，推动街道、社区、网格认真履职，切实做到守土有责、守土负责、守土尽责。以省平安考核12项重点工作、17项任务为标准，每月根据省、市通报排名赋分情况，督查督办排名靠后的部门，发放整改督办单26份。

【涉稳问题处理】 2018年，区政法委开展对网络借贷风险、房屋征迁等群众关注、反映强烈的问题梳理，排查不稳定因素54件，其中17件重大涉稳问题被列入项目化监管，落实化解稳控措施，有效化解16件、稳控1件。妥善处置启蓝控股、稳赚宝等网络借贷平台涉稳问题。处置来信来访来电3.09万件次，调解矛盾纠纷2673起。

【安全专项整治行动】 2018年，高新区（滨江）持续开展安全生产、消防安全、交通安全、食品药品安全等各类专项整治行动，防范化解重点行业、重点领域安全风险，检查各类场所5586处，排查整改各类安全问题隐患8092项。开展工商贸企业安全生产隐患排查整治和重点隐患挂牌督办工作，全区3873家次单位开展自查自纠，排查整改各类隐患2259条，落实整改资金75.6万元，完成整改市级挂牌督办隐患1处。推进安全生产"三化"建设，开展"安全生产月""安全生产社区体验日"等活动，落实安全生产教育培训制度，组织企业主要负责人、安全生产管理人员和特种作业人员培训，辖区企业、群众安全生产意识不断提升，全年各类事故数、死亡人数比上年下降50%，直接经济损失下降70%。

【基层治理现代化】 2018年，高新区（滨江）优化基层治理"综治工作""市场监管""综合执法""便民服务"4个平台和全科网格建设，提升整治能力和治理体系建设现代化水平。以"一天一主题，一周一循环"工作机制为载体，推进网格管理服务主题活动，以"1+1+1+X"（网格长+网格指导员+专职网格员+X个兼职网格员）模式，配齐配强社区网格员队伍，开展业务培训，加强工作保障，全面提升网格管理服务效率和水平。流转处置事件1.2万件，事件办结率99.3%。围绕"全域覆盖、全网共享、全时可用、全程可控"目标，推进"雪亮工程"建设，全区5000多个视频监控全部实现高清化，4K超高清、人脸识别、热成像等新技术在监控前端有效应用，北斗定位、电子罗盘、噪音采集等物联网传感采集技术利用原有设施设备有效集成，实现186家行政、事业单位共享监控资源。

（俞铁能）

法治政府建设

【概况】 2018年，高新区（滨江）深化"放管服"改革，规范依法决策机制，规范公正文明执法，依法服务保障"最多跑一次"改革，配合开展与改革事项相关的专项清理工作。依法受理、审理行政复议案件，提升行政复议公信力。区政府新受理行政复议案件53件，审结63件。审理后撤销或确认违法9件，经协调后申请人撤回复议申请52件，发挥层级监督职能。依法履行复议应诉职责，配合复议机关和法院审理工作。组织承办区政府行政应诉案件41件，已结33件，在审8件。承办区政府为被申请人的行政复议案件5件，已结4件，在审1件。加强行政执法监督，落实执法责任制，规范执法行为，开展全区行政执法案卷评查活动，评查案卷1446件。做好执法证件管理工作，至年底，全区有有效执行政法证件320本。

【依法行政】 2018年，高新区（滨江）开展行政发案率高、行政败诉纠错率高、行政负责人出庭率低"两高一低"专项治理，控制行政案件发案量，复议案件发案量比上年下降21.9%，诉讼案件发案量下降11%。区政府重视出庭应诉工作，建立"党委重视、人大监督、政府主导"推进机制，区长及区政府分管领导带头履行出庭应诉职责，行政机关负责人出庭率76.1%，比上年提高21.4%。

【政府信息公开】 2018年，高新区（滨江）做好政府信息依申请公开工作，区政府收到依申请公开208件，均依法予以答复。主动公开政府信息1.7万余条，其中区政府门户网站发布信息1.18万条，微博、微信推送政务信息5912条，召开新闻发布会10场。

【集体学法制度落实】 2018年，区政府常务会议组成人员及列席人员专题学法5次，组织执法部门主要负责人旁听行政诉讼案件审理，将法庭变课堂，提升领导干部依法行政水平。召开行政复议诉讼案件研讨会，专题分析败诉问题，提高行政机关复议应诉能力。落实领导干部任职前法律知识测试，将法律知识列入干部任职前考察内容；将公务员法制教育纳入区普法规划，组织行政执法人员业务培训，提升依法行政意识和能力。落实执法人员培训制度，全年培训200多人次。

【行政执法规范化建设】 2018年，区政府推进"双随机一公开"（在监管过程中随机抽取检查对象，随机选派执法检查人员，抽查情况及查处结果及时向社会公开）。按照中央和省市相关要求，完善全区"一单、两库、一表格、一细则"内容，构建公平公开、规范高效的监管体系。建立随机抽查事项清单232项，随机抽查对象1.95万个，执法检查人员325人，通过完善机制解决行政执法过程中存在的随意执法、任性检查、滥用自由裁量权等问题。建立行政执法监督员队伍和监督机制，发挥执法监督员第三方监督优势。针对生态环境、安全生产、城乡建设、劳动保障等事关群众切身利益领域，执法监督员参与18个部门、37次执法活动监督。

【政府法律服务】 2018年，区法制办围绕区委区政府中心工作，参与并为2018滨江区"无违建区"创建宣传月活动提供法律服务保障。履行合法性审查，对区委区政府出台的《滨江区居住出租房屋"旅馆式"管理实施方案》《杭州高新区（滨江）"证照分离"改革实施方案》两个规范性文件出具审查、法律意见。（俞轶能）

公　安

【概况】 至2018年底，公安滨江分局设机关科室4个、派出所6个、直属单位7个，有民警291人，辅警488人。全年，有效总警情5.81万起，比上年上升37.4%。命案及五类案件破案率保持100%，刑拘通信网络新型犯罪45人，起诉四类侵财犯罪93人，摧毁黄赌毒团伙9个，采取刑事强制措施83人，行政处罚268人。完成年度内在高新区（滨江）举行的重大活动安保、警卫任务85批次。

2018年，公安滨江分局被杭州市公安局记集体三等功1次、个人三等功3人，3名民警被公安滨江分局记三等功，2个集体、18名民警获公安滨江分局嘉奖，40多名民警和辅警获评市、区级荣誉。

【扫黑除恶专项行动】 2018年，公安滨江分局依托"百千万大走访""社区民警五进""平安宣传月"等活动和各类自媒体，开展扫黑除恶专项行动宣传，提升群众知晓率。建立周例会、旬通报机制，推动扫黑除恶专项斗争纵深发展。1月31日和2月5日，成立公安滨江分局扫黑除恶工作领导小组和扫黑专业队，由分局局长和刑侦大队副大队长分别担任组长和队长，针对涉黑组织具有较稳定的犯罪组织、人数较多、有明确的组织者领导者、骨干成员基本固定4个特征进行认定，坚持目标导向，细化任务清单，密切检法联动，形成侦办共识。至年底，发放扫黑除恶资料4万份，发送宣传短信7万余条，制作悬挂横幅宣传标语150多幅。扫除黑恶团伙13个，抓获犯罪嫌疑人180人，查封、扣押、冻结涉案现金105.6万元，房产3套，汽车15辆。

【全市首个网贷平台综合处置点建立】 2018年9月29日，高新区（滨江）在西兴街道滨安路195号建立全市首个网贷平台综合处置点。32名骨干民警、辅警以及4名司法雇员组成专班，建立启蓝专案和侦办打击组、数据技术保障组、资产查控组、受理答复组、综合信息组"一专五组"架构和相应机制，统筹侦办所有平台案件。通过"受理登记、案件侦办、群体分流、接访维稳、通报对话"一体化运作，收集网上、网下情报，提前掌握投资群体信息200多条；对11个重点平台实行区领导包案负责制。至年底，抓获各平台实控人、高管91人。刑事拘留2人、取保候审1人、行政拘留5人、行政警告3人、具结悔过7人。

【意大利警察到高新区（滨江）开展联合警务巡逻】 2018年7月26—27日，两名意大利警察根据公安部统一部署到高新区（滨江）开展联合警务巡逻。意大利警察和公安滨江分局PTU（机动部队）队员一起在星光大道岗亭站岗，在最美跑道、星光大道和星光二期步巡，在街道开展车巡；参观公安滨江分局"智慧安防工程建设"平台，与工作人员交流两国警务工作上的差异。

【公安队伍建设】 2018年，公安滨江分局围绕市局和区委"五不""四问"，以党委书记、支部书记讲党课，党员民警谈体会，全体民警谈心谈话等方式，开展全体民警解放思想大讨论活动。运用"立功嘉奖、季度之星、局长表扬令、红榜、旬会典型交流”等载体，提升业务水平、队伍荣誉感和凝聚力。坚持以“缺什么补什么、干什么练什么”为导向，针对性制定满足岗位履职需求的公共类、基础类、指挥出警类、警务技能类四大类43门专业化小班培训课程，全年开办课程近40项60多场次，参加培训民警、辅警1000多人。

资料：“五不”

“对标形势，解决‘不愿解放思想’的问题”“对标自身，解决‘不敢解放思想’的问题”“对标任务，解决‘不会解放思想’的问题”“对标要求，解决‘不懂解放思想’的问题”“对标落实，解决‘不真解放思想’的问题”。

“四问”

“解放思想够不够”“干在实处实不实”“走在前列能不能”“勇立潮头敢不敢”。

【案件入选公安部典型案例】 2018年1月，市公安局网警分局会同公安滨江分局发现一条涉枪重要线索，公安滨江分局迅速成立专案组，抽调精干警力开展案件侦查。1月8—14日，专案组会同刑侦支队、网警分局，出动警力50多人，到广东深圳、佛山、阳江，海南海口，河南郑州和许昌，杭州西湖区等地抓获网络贩枪团伙嫌疑人13人，查获疑似枪支47支、疑似子弹5000多发以及阀体配件若干。6月，该案被公安部评为典型案例。

2018年9月1日，公安滨江分局开展“雷霆1号”行动

（公安滨江分局　供图）

【“雷霆1号”“雷霆3号”行动】 2018年9月1—2日，为中非民营企业经济合作高峰论坛创造安全稳定的社会治安环境，根据市局“雷霆1号”集中行动统一部署，公安滨江分局开展“雷霆1号”行动，投入警力、网格员、保安、志愿者1800多人次，针对公共场所汇集、治安状况复杂、刑事案件多发、黄赌毒报警集中、黑恶违法犯罪分子可能藏身、群众举报反映强烈区域集中开展清查整治。排查重点场所93家、检查旅馆80家、核查1708人，采取刑事强制措施9人、行政处罚77人、消防监督执法案件58起。10月29—30日，公安滨江分局开展“雷霆3号”集中统一行动，以“世游赛”场馆和周边奥体社区、中兴社区信雅达大厦及酒吧街为重点，投入警力和社会力量1400多人次，启用楔子岗亭9个、反暴卡口1个、设置卡点4个，通报安全隐患7处、警务通盘查采集信息1442人，刑事拘留3人，抓获逃犯1人，行政处罚152人。　（陈周琪）

检　察

【概况】 2018年，区检察院立足实务强化研究，践行以法治方式参与社会综合治理，为党委政府建言献策，当好法治参谋。在办案中发现公共信息管理机构与外包公司合作中存在安全隐患，及时上报反映情况，获省委书记、省检察长批示肯定。成立以检察长为组长的扫黑除恶领导小组，批捕涉黑涉恶案件22件52人，提起公诉涉黑涉恶案件3件33人。开展送法进校园活动10多场，受众师生3000多人次。融入区委平安打防控大格局，强化犯罪研判，撰写刑事犯罪年度报告、单个犯罪高

发情况专报2篇。

2018年，区检察院连续第三年获评“全国检察机关宣传先进单位”；获评全市扫黑除恶专项斗争先进集体；“杭州滨江检察”获评2018年度全省政法系统优秀微信公众号。1名干警获全市扫黑除恶专项斗争先进个人；1名干警先后获全市、全省刑事执行检察业务竞赛标兵；2名干警分获“杭州市优秀公诉人”“全市未检业务竞赛能手”称号。1名干警入选全省检察理论研究人才，2篇调研文章分获全省、全市优秀调研成果；3起案件获评省级精品案例。1起民间借贷纠纷申诉案入选全省新时代“枫桥经验”检察典型案例。

【案件受理审查】2018年，区检察院受理审查逮捕案件331件488人，批准逮捕270件382人，受理人数比上年上升19.9%；受理审查起诉案件407件629人，提起公诉321件519人，受理人数下降4%，起诉有罪判决率100%。践行绿色司法，落实宽缓刑事政策，全年以无逮捕必要不批准逮捕102人，对犯罪情节轻微的92人做出相对不起诉决定。强化刑事执行监督，办理羁押必要性审查案件47件，对21人依法提出变更强制措施建议，全部被办案部门采纳。办理民事申请监督案件50件，发出再审检察建议3件，法院再审后均做实体改变；办理监委移送审查起诉职务犯罪案件4件5人；对365人适用认罪认罚从宽制度，适用率74.8%。依法处理群众来信来访123件次，开展司法救助10人次。

【公益诉讼工作推进】2018年，区检察院对被告人陈某销售有毒、有害食品案提起第一例刑事附带民事公益诉讼，诉讼请求被区人民法院判决采纳。发挥诉前程序功能，对行政机关发出检察建议4件，均获履职落实。开展治理“扬尘污染”专项行动，与行政职能部门协作，整治工地扬尘面积6万平方米；在网络订餐专项监督中，排查餐饮服务第三方平台入网商户信息，将存在安全隐患的违规商户通报给行政监管部门，共同护航“舌尖上安全”；健全协作机制，与区纪委监委会签《关于推进公益诉讼工作协作配合的实施意见》、与环保部门会签《关于加强生态环境和资源保护领域行政检察监督和行政执法协作配合若干意见》。成立“12309”举报中心，统一受理诉讼违法与公益损害举报，办理全市第一例阻碍律师依法会见的诉讼违法案件。

【民营经济服务保障】2018年，区检察院坚持平等保护各类市场主体，维护市场公平竞争，做好民营经济保障服务工作，全年起诉侵害企业权益各类犯罪32人，依法起诉侵犯区内某知名企业商业秘密案，涉案金额4000多万元。依托高新企业检察服务中心，帮助企业强化内部管理防控风险，走进网易（杭州）网络有限公司、新华三集团、聚光科技（杭州）股份有限公司等骨干企业，搭建交流平台，共同研判经营风险，开展以案释法、法律咨询等活动20多场次。

【网贷风险防范化解】2018年，区检察院参与网络借贷领域专项整治，调研涉及“网贷平台”法律问题，形成调研报告《P2P爆雷事件的深层次思考》，上报有关职能机构。选派5名干警参与区网络借贷风险处置工作，坚持维稳与打击并重，受理非法吸收公众存款、集资诈骗犯罪案件42件75人，从快批捕65人，涉案金额300多亿元。妥善办理浙江启蓝控股集团、浙江佰财金融信息服务有限公司等多起涉案金额特别巨大的涉众型案件。

【滨江区互联网法律研究会挂牌】2018年3月23日，滨江区互联网法律研究会挂牌成立，最高人民检察院互联网刑事法律研究中心执行主任但伟、市人民检察院检察长陈海鹰、区委书记詹敏等出席仪式。研究会业务涉及对区域内发生的重大疑难网络犯罪案件，联系相关领域专家进行个案论证；建立网络犯罪“案例指导（数据）库”；搭建公检法律师与互联网企业交流平台，不定期召开网络犯罪疑难问题法律适用的研讨会；开展网络犯罪课题研究，宣传网络

2018 年 3 月 23 日，滨江区互联网法律研究会揭牌成立

（区检察院　供图）

犯罪打击和网络安全保护，为司法和立法实践提供专家意见。研究会由阿里巴巴网络技术有限公司、网易（杭州）网络有限公司、杭州海康威视数字技术股份有限公司、浙江志远大律师事务所、北京德和衡（杭州）律师事务所等60多家成员单位组成。至年底，举办“知识产权法律理论与实务论坛”“互联网金融领域刑事法律风险及其防控论坛”，编写论坛论文集1册。开展“对话美国法律专家，剖析中国企业对美合作投资法律风险”和“区块链”等专题讲座10多场次，3000多人次参加。

【“公益损害与诉讼违法举报中心”成立】 2018年6月29日，“公益损害与诉讼违法举报中心（‘12309’举报中心）”在区检察院挂牌成立。中心统一受理在生态环境和资源保护、食品药品安全领域有侵害众多消费者合法权益等损害社会公共利益行为的；在生态环境和资源保护、食品药品安全、国有财产保护、国有土地使用权出让、英雄烈士保护等领域中，相关负有监督管理职责的行政机关违法行使职权或不作为，致使国家利益或社会公共利益受到侵害的；公安机关刑事立案活动或侦查活动存在违法情形的；人民检察院办理案件中存在违法情形的；人民法院审判活动或执行活动存在违法情形的；监狱、看守所等机关在收押、监管、减刑、假释、暂予监外执行等刑事执法活动中存在违法情形等情况举报。

【检察官办公室挂牌成立】 2018年7月27日，区检察院设立于公安滨江分局法制大队、刑侦大队和辖区4个派出所的6个检察官办公室挂牌成立。检警协作形成全方位、全覆盖的一对一联系机制，强化立案监督和侦查活动监督，至年底，监督公安机关立案9件11人，对严重违反法定程序的，发出纠正违法通知书12份、检察建议2份。

【全省检察机关服务非公精品案件】 2018年12月21日，区检察院受理的“魏某涉知识产权领域案件”获评全省检察机关服务非公精品案件。2015年4月，魏某利用在杭州某通信公司研发部工作的便利，违规使用手机、无线路由器等设备，侵入公司计算机信息系统，将其中存储的源代码拷贝至家中。同年6月，在网上发帖兜售该套源代码。8月，任某与魏某联系沟通后，在明知该源代码系魏某从被害公司非法获取的情况下，联合姜某、雷某共同出资75万元购买该软件源代码用于软件开发。2015年11月，被害公司发现上述事实后案发，经对上述源代码评估，价值9.97亿元。2016年11月23日，区检察院以魏某犯非法获取计算机信息系统数据罪，任某、姜某、雷某犯掩饰、隐瞒犯罪所得罪，向区人民法院提起公诉。2017年5月11日，获一审判决支持，2018年3月22日，获二审判决支持，魏某等4人被判处有期徒刑2年至5年6个月，并处罚金20万元至150万元不等刑罚。

【滨江区首例涉黑案件一审判决】 2018年12月28日，滨江区首例涉黑案件一审判决，首犯陈某被判处有期徒刑25年，剥夺政治权利5年，并处没收个人全部财产、罚金人民币125万元。其余参加黑社会性质组织的24名被告人被判处4年9个月至20年不等有期徒刑，并处罚金，部分被告人被剥夺政治权利。经审理查明，2017年2月至2018年2月，陈某纠集来某、时某等多名刑满释放人员及社会闲散人员，以赌场为据点，逐步建立黑社会性质组织，在滨江区浦沿街道等地实施开设赌场、聚众斗殴、寻衅滋事、敲诈勒索、非法拘禁等违法、犯罪活动，使用暴力、威胁、滋扰等手段欺压群众，造成一人轻微伤，一人自杀身亡，多人合法利益遭受侵害不敢通过正当渠道举报、控告。通过暴力护场及打压其他赌场，争夺赌客资源，聚敛巨额钱财，在当地造成恶劣影响，破坏当地经济、社会生活秩序。区检察院组成检察官办案组，依法从快办理陈某等34人涉黑案件，在45天内，提审34人、阅卷134册、引导侦查机关补充证据26册、增加认定犯罪事实6节。2018年11月26日，区检察院以组织、领导、参加黑社会性质组织、聚众斗殴、寻衅滋事、非法拘禁、敲诈勒索、开设赌场、虚假诉讼等11项罪名提起公诉并获判决支持。

【全国首家网络犯罪未成年人观护帮教基地成立】 2018年5月25日，区检察院与杭州电魂网络科技股份有限公司（以下简称“电魂网络”）签订涉互联网犯罪未成年人观护帮教基地协议，并举行揭牌仪式。区检察院基于2017年度办理未成年人网络犯罪案件量占全部未成年人犯罪案件量的20%，创新对涉罪未成年人帮教模式。基地位于电魂网络，实行检察、社工、企业“三位一体”，为网络犯罪未成年人提供见习机会，授以专业技能和法律、心理辅导；秉承双方保护的办案原则，兼顾被害企业，分析犯罪原因，以教育挽救为主，探索帮教模式；结合高新区（滨江）信息产业优势，整合优质社会资源，与企业形成基地联盟，营造健康网络环境。基地为全国首家以网络犯罪为重点的未成年人观护帮教基地。 （邱林杉）

2018年5月25日，全国首家网络犯罪未成年人观护帮教基地成立

（区检察院 供图）

法 院

【概况】 2018年，区法院受理各类案件1.23万件，办结1.28万件（含旧存），比上年分别上升2.4%和20.3%，一线法官人均结案565件，比全省法院平均值高出210件，列全市第二、全省第四。配合区党委、政府做好风险防控化解、拆迁清零、环保执法工作。落实立案登记制，当场立案登记率98%，运用网上立案等方式立案2840件。落实繁简分流，快速审结简易案件1495件。发放律师调查令2550件。出台司法救助细则，为5名困难当事人发放救助金10万元。健全诉调对接机制，诉前成功引导调解案件1070件。组织参加培训320多人次，邀请专家授课10多次。邀请人大代表到院旁听庭审95人次，检察长列席审委会3次。开展公共开放日活动30次，召开新闻发布会1次，推进庭审直播常态

化，网络庭审直播1886次，人民陪审员参审案件2602件，普通程序案件陪审率99.1%。

【刑事案件】2018年，区法院受理一审刑事案件308件，办结307件，比上年分别上升1.3%和10.4%，判处被告人508人，其中判处3年以上有期徒刑86人。审结故意杀人、抢劫、强奸等犯罪案件18件18人。受理涉黑恶案件2件30人，依法审结陈某等25人重大涉黑案。审结非法吸收公众存款、电信网络诈骗等经济犯罪案件23件70人，涉案金额4亿元。审结贪污贿赂、渎职犯罪案件2件2人，依法审结浙江省某开发有限公司计划投资管理部原经理胡某受贿案，推进反腐败斗争。关注新类型犯罪，审结杭州某科技有限公司侵犯公民个人信息案，保障公民个人隐私不受侵犯。维护社会公共利益，妥善审结滨江首例刑事附带民事公益诉讼案件，以生产、销售有毒、有害食品罪判处陈某有期徒刑1年4个月，保护不特定消费者合法权益。坚持宽严相济刑事政策，对符合条件的178名被告人依法宣告缓刑或免予刑事处罚。

【民商事案件】2018年，区法院受理一审民商事（含知识产权）案件7120件，审结7048件。完善妇联参与法院调解工作机制，审结婚姻、继承等案件352件，依法适用司法解释，明确夫妻共同债务认定标准，平衡保护各方当事人利益。维护公民人身权利，审慎处理涉“阿里”员工家属诉“自如”公司生命权、健康权、身体权纠纷案，保障房屋租赁双方合法权益。审结涉倾城之恋小区建筑物区分所有权纠纷案，维护业主合法权益。畅通劳动者维权绿色通道，审结劳动争议案件348件，稳妥调处涉案金额1800万元的贝豪婴童用品公司劳动争议系列案，加强劳动者权益保护。规范市场秩序，审结买卖、承揽、担保等合同纠纷案件4557件，依法审结网易（杭州）网络有限公司诉网络作家刘某合同纠纷案，助力中国网络作家村健康发展。平等保护中外当事人合法权益，审结涉外、涉港澳台案件153件。保障军队和武警部队全面停止有偿服务工作，审结涉军案件6件。

【行政案件】2018年，区法院受理一审行政诉讼案件89件，审结122件（含旧存），审结非诉申请行政案件47件。与区政府联合成立行政争议调解中心，协调促成和解撤诉案件13件，妥善调处涉西兴街道52户拆迁补偿款申诉案件。推进行政机关负责人出庭应诉制度，出庭应诉率84.6%。甄别滥诉行为，不予受理行政诉讼案件11件，支持行政机关依法行政。

【知识产权案件】2018年，区法院受理一审知识产权案件1155件，审结1207件（含旧存）。审结著作权纠纷案件641件，依法审结涉明河社、朗声公司诉某知名网络平台侵犯金庸先生小说著作权纠纷案，强化网络平台运营监管。审结商标权纠纷案件483件，审结涉新华三技术有限公司商标权及不正当竞争纠纷案，保障辖区高新企业健康发展。加强新类型案件分析研判，审慎处理涉南派三叔《盗墓笔记》小说不正当竞争纠纷等案件，营造创新发展的法治环境。

【执行案件】2018年，区法院受理执行案件4592件，执结5128件（含旧存），比上年分别上升28.1%和74.5%，执行到位金额29.95亿元，人均结案570件，列全市第二。运用财产网络查控机制，查询被执行人银行存款、支付宝、车辆、不动产等12.63万次，初步实现“一网打尽”被执行人主要财产。开展“冬日暖阳”涉民生、强制腾房等专项行动，强制腾退房屋59处，执结金额8990.23万元，其中“武林壹号”强制腾房案在《人民日报》、中央电视台等媒体报道。加强信用联合惩戒，将3214人纳入失信被执行人名单，限制高消费4565人，使其在招投标、融资信贷、投资经营、出境、高消费、获得荣誉等方面受限。深化网络司法拍卖，涉诉资产100%网上拍卖，成交金额3.05亿元，为当事人节省佣金700万元。打击拒执行为，对255人采取拘留、罚款等执行强制措施，罚款金额9.7万元，以涉嫌拒执犯罪移送公安侦查3件3人，首起拒执案在《人民法院报》上刊登，震慑拒不履行法院裁判行为。推进执转破工作，依法移交破产审查案件7件。强化执行规范，推广“一人一案一账号”执行案款管理系统，推行案件繁简分流，提升执行规范化水平。至年底，最高法院确定考核的“四个核心目标”均达标。

资料：四个核心指标

无财产可供执行案件的办理合格率不得低于90%，有财产可供执行案件在法定期限内实际执结率不得低于90%，执行信访的办结率不得低于90%，近三年执行案件整体执结率不得低于80%。

【司法公开】 2018年，区法院在各类媒体发表宣传稿件100多篇，与中央电视台十二套“社会与法”频道“道德观察——本案正在执行”栏目合作制作电视节目1期。开展公众开放日活动30次，召开新闻发布会1次，举办“企业知识产权管理与反不正当竞争”主题论坛，邀请国内外资深法学专家、学者10多人进行演讲交流。编发官方微信、微博641条、《钱江法潮》1期，展示干警风采和宣传法院工作。

【某网络平台侵犯金庸著作权纠纷案】 2018年8月8日，区法院依法判决被告某知名网络平台侵犯金庸先生15部小说著作权，赔偿原告明河社出版有限公司（以下简称“明河社”）、广州市朗声图书有限公司（以下简称“朗声公司”）经济损失及合理费用30.6万元。2002年1月，著名作家查良镛（笔名：金庸）将创作的《射雕英雄传》《神雕侠侣》等15部小说作品“除以图书形式出版发行简体字中文版本以外的其他专有使用权”许可给原告明河社。2013年5月，经金庸同意，原告明河社将上述作品汉语版听书的专有使用权许可给共同原告朗声公司。原告多次在报刊上声明权利并制止侵权行为。2016年10月，原告发现被告杭州某科技有限公司经营的某知名网络平台擅自向公众传播未经授权制作的上述小说汉语听书，且该听书所属主播电台位居电台排行榜前列。原告认为，被告擅自通过信息网络向公众传播非法制作的涉案作品听书，侵犯其合法权益，造成严重经济损失，依法应承担侵权责任。区法院经审理认为，两原告具有本案诉讼主体资格，被告为被控侵权音频发布平台的网络服务提供者，虽然被控侵权音频系网络用户自行上传，但被告作为网络服务提供者，应尽合理审查义务，且对网络用户侵权行为构成应知，存在过错，应承担法律责任。

2018年4月26日，滨江区法院在海外高层次人才创新创业基地举行“企业知识产权管理与反不正当竞争”主题论坛（区法院　供图）

【“武林壹号”强制腾房案】 2018年5月24日，区法院组织近50名干警，在区人大代表、区政协委员、社区干部等10多人的监督下，对龚某名下位于“武林壹号”一处房屋进行强制腾退。2017年1月17日，区法院依法判决被告龚某返还原告沈某3050万元。因龚某拒不履行生效判决所列义务，原告沈某于2017年7月11日向区法院申请强制执行。

2018 年 5 月 24 日，滨江区法院对被执行人名下房产进行强制腾房（区法院 供图）

在执行过程中，区法院执行法官多次劝说被执行人龚某自动履行生效判决，但其拒不履行，区法院依法查封龚某名下位于“武林壹号”的一处房屋并强制腾房。《人民日报》、中央电视台等各级媒体对此案做相关报道。

【商标权及不正当竞争纠纷案】2018年9月6日，区法院依法判决被告深圳华三信息技术有限公司（以下简称“深圳华三公司”）、江苏盐城大丰华睿智能科技有限公司（以下简称“大丰华睿公司”）立即停止对新华三技术有限公司（以下简称“新华三公司”）注册商标专用权侵权行为，并连带赔偿原告新华三公司经济损失及合理费用150万元。2016年，原告新华三公司发现被告深圳华三公司h3c-rack.com网站上突出使用H3C标识，展示销售H3C品牌的网络机柜等数百种产品。经查，该域名由被告大丰华睿公司作为主办单位进行ICP备案。被告深圳华三公司在其微信公众号“华三通信”上销售前述产品。原告新华三公司认为上述被告的行为侵犯其合法权益，故诉至法院。区法院经审理认为，原告“H3C”“华三”注册商标在网络通信设备产品上具有较高知名度。被告深圳华三公司、大丰华睿公司将h3c-rack.com作为网站域名，在与网络通信设备具有配套关系、消费对象相近的网络机柜等产品上使用与原告注册商标近似的“H3C”“华三”“华三通信”“深圳华三”标识，容易导致相关公众来源混淆，构成注册商标专用权侵权行为。被告深圳华三公司在类似经营领域和产品上注册使用“华三”企业字号，故意引起消费者来源混淆，被告大丰华睿公司与被告深圳华三公司具有故意侵权合意，均构成不正当竞争行为。

【滨江首例刑事附带民事公益诉讼案件】2018年11月21日，区法院依法判处陈某生产、销售有毒、有害食品案，判处陈某有期徒刑1年4个月，并处罚金14万元，责令其在全国性的公开媒体（网络）上刊登声明，召回已销售产品并销毁、向社会公众道歉、提示该产品存在的危害。2014年10月起，被告人陈某明知从赵某等处购买的散装减肥胶囊内含有国家禁用物质西布曲明等成分，仍购买后进行设计包装，以“OSS”“特强燃脂豆”等名称，通过网络销售给不特定的消费者并从中获利，销售金额6.52万元。区法院经审理认为，被告人陈某的行为构成生产、销售有毒、有害食品罪，遂依法做出上述判决。

【滨江首起拒执案】2018年12月4日，区法院依法判处滨江首起拒不执行案，判处李某有期徒刑8个月，缓刑1年。2016年11月，区法院依法判决被告西湖区振东钢管租赁站支付原告方某租金30.91万元并赔偿损失，被告李某承担连带清偿责任，但李某未主动履行判决确定的义务。2017年7月11日，李某因拒不申报财产被法院司法拘留15日。李某企图以转移财产给其儿子和朋友的方式逃避法院执行。区法院认为，李某故意转移财产，属于有能力履行而拒不履行判决的情形，构成拒不执行判决、裁定罪，遂依法做出上述判决。（曹一雯）

司法行政

【概况】 至2018年底，滨江区有律师事务所43家，比上年增加10家，其中合伙所23家、个人所12家、分所8家。专职、兼职律师353人，增加118人。基层法律服务所4家、工作者19人，律师事务所党支部9个。区司法局以平安建设为中心，建立完善基层矛盾纠纷预防化解机制；以维护稳定为目标，推进基层社区矫正安置帮教工作；以优质为民为导向，开展基层公共法律服务体系建设。创新社区法律顾问制度载体，推进社区法律顾问“e服务微信群”建设，建群59个，覆盖率100%，提供法律咨询1265人次，法治宣传724次，矛盾纠纷化解349次，法律援助和法律服务指引228人次。

【人民调解】 2018年9月6日，区司法局发起成立滨江区人民调解协会，协会发挥联系人民调解组织和人民调解员、推进重点专项工作矛盾化解、推动人民调解与行政调解、司法调解有机衔接等方面作用。至年底，全区各级调解组织受理矛盾纠纷1992件，调处成功1989件，调处成功率99.9%。

【“ODR”平台建设】 2018年，区司法局建设落实在线矛盾纠纷多元化解平台（简称“ODR”）项目，发挥管理和指导职能，整合各级调解组织资源，完善以奖代补等制度建设。至年底，在线上调解平台整合调解员291人，调解机构12个，全区调解机构上线率100%。平台线上调解各类案件1585件，调解成功1012件，调解成功率63.8%。

【法律援助】 2018年，区法律援助中心利用辖区律师、法律服务工作者，参与省厅“农民工讨薪专项活动”、市援助中心“法律援助助残服务月”活动及“3·15”国际消费者维权日活动，办理法律援助案件432件。其中：刑事法律援助案件228件，占法律援助案件总数52.8%；民事法律援助案件203件，占47%；其他1件。办结案件300件，其中刑事案件150件、民事案件149件、其他1件。为当事人挽回经济损失或者取得经济利益198.36万元，其中为农民工讨薪78.35万元。

【律师进社区进校园】 2018年，区司法局推进“律师进社区”“律师进校园”2个专项工作，定期巡查社区律师、校园律师值班情况，了解服务对象评价，增派驻校园律师2人，调整社区律师5人。社区律师值班2850人次、解答法律咨询1890人次、出具法律意见书14个、起草修改规章制度10个、起草修改各类合同96个、代写法律文书204份、参与项目谈判9个、调解166人次、帮助获得法律援助26人次、代理诉讼仲裁14个，举办法律讲座培训30场、化解矛盾纠纷200次。校园律师开展法制讲座42多场次，参与纠纷调解36次，解答法律咨询722人次。

【法律援助服务网络建设】 2018年，滨江区构建完善以

2018年12月4日，高新区（滨江）司法局在闻涛社区最美广场举行法律宣传进社区活动 （区司法局 供图）

区法律援助中心为基础、6个行业法律援助工作站和3个街道法律援助工作站为框架、以60个社区法律援助宣传联络点为补充的法律援助服务网络，实现“法律援助零距离”。在3个街道司法所设置法律服务人工智能自助机，提供常规法律服务。新建“华业科技园”“天堂软件园”2个公共法律服务站，开展法律服务进园区活动，为企业营商打造最佳法治环境。联合区工商联召集法律服务团律师、法律服务工作者开展法律服务进民营企业座谈会；举办滨江区首场“谁执法谁普法”主题宣传月活动；组织专业律师代表45人参加“企业知识产权管理与反不正当竞争”主题论坛会；联合区法学会、区互联网法律研究会、北京德和衡（杭州）律师事务所邀请美国法律专家剖析中国企业对美合作投资法律风险；联合杭州市律师协会刑民交叉委员会、杭州市律师协会滨江区联络处举办滨江区“刑辩技能大巡讲暨律师办理涉黑恶势力案件”专题培训班。全年开展座谈会、培训班19场、48人次参与，为75家企业提供法律服务232次。

【社区矫正安置帮教】 2018年，区司法局制定《2018年度全区社区矫正暨安置帮教工作要点》，明确目标，分解、压实责任；加强信息化核查，掌控社区服刑人员动向；完善司法所和派出所“所所衔接”工作机制，司法所每半月与辖区派出所核对在册社区服刑人员在矫正期间是否有新的违法犯罪、治安处罚、异地住宿、飞机高铁出行等记录；严格处罚违反监管规定社区服刑人员。至年底，查处社区服刑人员违反监管规定16人次，予以警告。联合区矫正安置委员会办公室成员单位，整合资源开展符合滨江区特色的“修心教育”活动，组织社区服刑人员观看爱国教育电影、法制节目等；邀请检察长、原司法局宣教科科长等对社区服刑人员进行授课教育，开展社矫惩防一体化监督教育改造模式；抽调监狱民警进驻社区协助矫正，开展集中教育、协助点验、整队和入矫教育，提升社区服刑人员矫正教育机制人性化。

（俞轶能）

人民武装

【概况】 2018年，区人武部围绕主责主业，聚焦备战打仗，建立周学习教育日制度，自主开展系列主题教育实践活动，将和平积弊大起底大扫除活动向基层街道党委延伸拓展。抓实练兵备战，组织区民兵集中训练备勤，完成战区赋予的医疗分队定点保障任务。抓好兵员征集和退役士兵安置工作，与相关部门协调将退役士兵安置纳入区大学生“家燕回巢”工程，组织退役士兵返乡仪式，通过专项招聘会、先进典型报告会，解读政策法规、业务知识培训等举措，提升退役士兵荣誉感获得感。年内，区人武部被省军区评为“征兵工作先进单位”，被杭州警备区评为“战备训练先进单位”“安全管理工作先进单位”“基层建设标兵单位”。

【理论武装】 2018年4月24日至年底，区人武部开展“传承红色基因、担当强军重任”系列主题教育实践活动，学习时代楷模王继才先进典型，组织官兵35人到杭州革命历史纪念馆、省军区军史馆，重温入党誓词，开展微型党课，学思践悟、厚植信仰。贯彻军委党的建设会议精神，推动“两学一做”学习教育常态化制度化，落实每周二学习教育和每周五组织生活制度，抓紧抓实党纪法规教育，全区官兵听令守规，部队保持纯洁巩固。

【训练比武】 2018年，区人武部贯彻习近平主席训令，多措并举进行实战化训练。5月，3名专武干部参加杭州警备区业务培训，考核成绩排名第一位。6月，组织退役军人排查摸底、业务培训和专业考核，选拔训练尖子参加杭州警备区选拔。7月，在参加省军区第一届民兵大比武中获医疗救护专业团体第三名和单项第一名。8—9月，集中组织30名承训骨干岗前培训和

2018年9月18日，滨江区人武部组织民兵应急连进行射击训练教学

（区人武部 供图）

资格认证，完成辖区5所学校8000多名学生军训任务。

【民兵整组质效提升】 2018年，区人武部贯彻民兵调整改革精神，注重新质新锐力量建设，拓展高新产业编组规模，推进民兵调整改革和整组工作。年内，完成民兵调整改革"十三五"规划，编实基干民兵分队，增加科技含量高的兵员比例，大学本科以上占比23%，遂行任务能力更广，实现数量规模型向质量效能型转变。4月、7月，民兵应急连和网络分队接受杭州警备区、省军区检查验收，综合排名进入第一方阵。7月23日，民兵新质网络攻防和热成像仪维修分队在浙江省人武学院开展课目演示，获国防部部长肯定。

【征兵工作】 2018年3月1日，滨江区年度征兵工作启动。区人武部发动相关部门，组织征兵宣传进地铁、进高校、进社区，悬挂横幅127幅，发送信息10多万条，发放宣传册4万余份，拍摄微电影《走，一起当兵去》，在"滨江发布"微信公众号传播。18周岁男青年兵役登记率100%，经体检、政审等环节，军地纪委全程监督，集体定兵、择优定兵、阳光定兵。9月6日，举行送兵仪式。新兵服役去向涵盖陆军、海军、空军、武警等兵种部队。

【水上分队训练】 2018年7月9—13日，滨江民兵侦察营根据上级统一部署安排，在富阳新沙岛进行应急抢险训练，部分民兵预备役人员参加。训练围绕水上救援、防汛抗台、反恐处突3个科目，经过理论辅导、实践操作、专业考核，完成训练任务。

【党政领导"军事日"活动暨国防教育专题报告会】 2018年12月28日，区党政领导"军事日"活动暨国防教育专题报告会在区文化中心举行，全区430人参加会议。会议邀请国防大学军事学博士生导师、政治学院教授汤晓华做"国家安全形势"主题讲座，围绕中美关系、周边安全形势进行讲解，强化党政领导干部的忧患意识和国防意识。

（金论川）

2018年9月6日，滨江区举行新兵欢送入伍大会

（区委宣传部 供图）

人民防空

【概况】 2018年,区人防办完成人防工程竣工项目备案,施工图审查,参与在建工程人防质量监督,新受理人防工程,使用人防工程登记办理等各项工作,收缴易地建设费498万元,受理信访、咨询19件。全年,长河、浦沿街道人防宣传馆接待学生、市民70批次,3900多人次。利用微博和微信公众号“双微”平台,以图文信息宣传人防法律、人防知识、人防工作动态,形成人防信息“微传播”。

【人防设施控制性详细规划编制】 2018年初,为解决人防工程建设发展不平衡,功能布局、结构不合理等问题,滨江区启动控制性详细规划落实人防专篇工作。区住建局(人防办)统一部署,明确由规划分局牵头,人防办配合,统筹协调控规编制工作,以打补丁形式编制控制性详细规划人防专篇,围绕人防工程布局合理、功能齐全、指标科学规范,实现地下互联互通,为区域人防工程建设向更高质量发展提供指导。至年底,基本完成控制性规划编制工作。

【全国防灾减灾日宣传】 2018年5月12日,全国第10个防灾减灾日,区住建局(人防办)联合区民政局、西兴街道在金东方社区开展以“居安思危共筑护民之盾,砥砺奋进同创美好生活”为主题的人防宣传活动。200多人次参与观看应急救助视频片、人防科普知识展板,人防知识现场咨询,应急疏散演练等活动。在浙江中医药大学、浙江机电职业技术学院、浙江商业职业技术学校和区内部分初级中学开展应急疏散演练,1.5万人参加。向60个社区发放防空防灾宣传挂图1440张。

【人防宣传进企业】 2018年9月15日,全国第18个国防教育日,区住建局(人防办)以“传承红色基因、汇聚强军力量”为主题,开展人防宣传进企业活动。以日常巡查和企业走访为契机,为物业管理公司、建设企业讲解《中华人民共和国防空法》《浙江省实施〈中华人民共和国防空法〉办法》和省、市《防空地下室管理实施办法》,发放宣传资料200多册。

【人防工程建设管理】 2018年,区人防质量监督组现场检查在建人防工程123次,其中技术交底17次,三板(底板、墙板、顶板)检查78次,结构验收15次,竣工验收13次,从源头上管控人防建设质量关。加强人防工程设施设备管理,重点监管防化过滤吸收器,杜绝不合格人防产品进入人防工程。根据省、市《地下人防工程管理办法》,通过普查、巡查,分A、B、C(好、中、差)3个层级,实行分类、分级管理,加强事后监管,全面实施指导性检查,抽样式、点穴式巡(检)查管理不到位、人防设施设备维护运行质量较差工程,结合安全生产排查整治活动,加大在重点时期、重要节点、重大活动期间安全检查。全年,开展“双随机一公开”监管,巡(检)查人防工程122个,发现问题30多处,发放整改单6份,整改6家。依法查处施工中监管不到位,存在较大安全隐患工程,查处行政执法案件2起,罚款3.5万元。

(骆凤平　汤程程)

高新技术产业

综　述

2018年，高新区（滨江）规模以上工业增加值574.95亿元，比上年增长10.5%，其中高新技术产业、战略性新兴产业和装备制造业增加值分别增长18.3%、18.4%和18.6%。网络信息技术产业实现收入2798.2亿元，增长31.6%；信息经济增加值1027.32亿元，增长10%，占GDP比重76.1%。规模以上工业亩均增加值、规模以上工业单位能耗增加值、研究和试验发展经费支出与主营业务收入之比、服务业强区（县、市）Ⅰ类地区综合评价均列全省第一位。

高新区（滨江）列入国家规划布局内重点软件和集成电路企业33家，占全省72.7%。首次新认定国家级高新技术企业235家，累计在册904家，列全省首位。新增上市企业2家，累计有上市企业42家。新增“新三板”挂牌企业2家，累计有105家。新认定瞪羚企业233家，兑现资助资金1.67亿元。新增国家科技型中小企业726家、省级高成长科技型中小企业39家。中国软件和信息技术服务综合竞争力百强企业7家、浙江省电子信息产业重点企业36家，占全省三分之一。北京航空航天大学杭州创新研究院运行。新增各级企业技术中心、研发中心99家，院士专家工作站7家，国家级企业博士后科研工作站（分站）4家。

高新区（滨江）列入“152”工程项目（省、市、县长项目）5个。列入省、市重点项目20个，完成投资54.5亿元。浙江大华股份技术有限公司等6个产业项目开工，阿里巴巴集团等13个产业项目竣工。

（王方圆　徐奇飞）

2018年高新区（滨江）获评省级试点、示范项目企业

表13

获评项目	企业名称
制造业与互联网融合发展试点示范企业	网易（杭州）网络有限公司
	杭州新迪数字工程系统有限公司
制造业与互联网融合发展试点示范企业	浙江正泰新能源开发有限公司
	阿里巴巴（中国）网络技术有限公司
	浙江中建网络科技股份有限公司
工业互联网平台创建名单	东方通信股份有限公司
	杭州仟金顶信息科技有限公司
	杭州新迪数字工程系统有限公司
	杭州哲达科技股份有限公司

续表13

获评项目	企业名称
制造业“双创”平台试点示范企业	杭州朗和科技有限公司
	杭州众合科技股份有限公司
	杭州力太科技有限公司
	杭州中恒电气股份有限公司
	聚光科技（杭州）股份有限公司

2018年高新区（滨江）获评工业和信息化部项目企业

表14

获评项目	企业名称
工业互联网创新发展工程项目	浙江中控技术股份有限公司
制造业与互联网融合发展试点示范项目	浙江正泰新能源开发有限公司
物联网集成创新与融合应用项目	杭州联汇科技股份有限公司

（叶松筝）

2018年高新区（滨江）信息经济（智慧经济）（一）

表15

指标名称	2018年（亿元）	为2017年的（%）
主营业务收入（限上）（剔重）	3070.19	117.2
#电子商务产业	456.06	114.1
云计算与大数据产业	1194.79	117.5
物联网产业	1244.55	116.8
互联网金融产业	—	—
智慧物流产业	157.76	122.8
数字内容产业	1378.70	117.8
信息软件产业	1838.03	117.3
电子信息制造产业	1506.00	116.9
移动互联网产业	469.72	121.2
集成电路产业	87.26	110.9
信息安全产业	653.57	117.2
机器人产业	7.66	145.6

2018年高新区（滨江）信息经济（智慧经济）（二）

表16

指标名称	2018年（亿元）	为2017年的（%）
信息经济（智慧经济）增加值占GDP比重（%）	76.1	*-4.6
信息经济（智慧经济）增加值（剔重）	1027.32	110.0

续表16

指标名称	2018年（亿元）	为2017年的（%）
#电子商务产业	291.66	105.3
云计算与大数据产业	540.35	114.0
物联网产业	402.01	120.9
互联网金融产业	34.87	103.3
智慧物流产业	18.28	102.9
数字内容产业	524.76	106.0
软件与信息服务产业	680.83	105.7
电子信息产品制造产业	477.89	115.9
移动互联网产业	298.66	102.9
集成电路产业	30.08	107.1
信息安全产业	224.82	118.0
机器人产业	2.54	136.4

说明：带*为增减百分点

（周炜婕）

通信设备产业

【概况】 2018年，高新区（滨江）通信设备产业实现营业收入1499.16亿元，比上年增长11.5%；净利润总额181.33亿元，增长13.2%；上缴税金83.36亿元，增长8.8%。通信制造产业集群以新华三技术有限公司、华为技术有限公司为代表，形成移动通信、数据通信等现代通信产业链。在宽带接入设备、交换机、企业级路由器、运营商WLAN设备等产品市场份额居全国第一位。全球移动设备供应商前8强中有7家在高新区（滨江）设有企业或研发中心。高新区（滨江）有10家企业参与港珠澳大桥建设，新华三技术有限公司负责大桥90%以上IT基础架构建设。新华三技术有限公司获“2018通信产业金紫竹奖”年度领军企业大奖，H3C AD-WAN云专线解决方案与H3C AD-EC MEC解决方案获“年度产品技术方案”称号。华为5G核心网解决方案获全球电信大奖（Global Telecoms Awards）颁发的“5G先锋奖”。

【新华三获“金联奖”】 2018年4月12日，新华三技术有限公司（简称“新华三”）在第二届中国通信业物联网大会上获2018年通信物联网最具影响企业奖项——“金联奖”，同时展示全新发布的绿洲物联网平台2.0和“One Platform，All Connection”理念，阐释通过统一智能化平台，利用极连接的能力推动万物互联，激发企业数字化转型潜能。

【浙江元亨完成中继星发射通讯保障】 2018年5月21日，探月工程嫦娥四号任务“鹊桥”号中继星在西昌卫星发射中心成功发射升空。浙江元亨通信技术股份有限公司（以下简称“浙江元亨”）调度系统承担北京飞控指挥中心和各地的语音通信保障任务，保障中国科学院上海天文台和北京飞控指挥中心及各台站的通话沟通。浙江元亨安排专责人员24小时值守上海天文台2套调度台、45部本地座席和5个远端台站座席，成功保障任务执行。

【东方通信助力港珠澳大桥通信保障】 2018年10月23日，港珠澳大桥开通。东方通信股份有限公司（以下简称“东方通信”）承建广东省珠海市TETRA无线数字集群指挥调度系统和珠海市边检PDT（警用数字集群）系统，系统承担港珠澳大桥开通及后续安全运营的无线通信保障任务。东方通信采用TETRA、PDT、公网集群混合组网技术，将珠海市的TETRA无线数字集群指挥调度系统、公安PDT系统、公安POC系统及边检PDT系统融合互通，使隶属于不同网络、使用不同终端的公安、边检等所有参与珠港澳大桥开通保障的部门在第一时间收到指令，实现跨部门统一调度指挥，攻克业内多系统混合组网“重叠覆盖大、频段干扰多”等难题。

【华为举办战略发布会】 2018年12月21日，华为技术有限公司（以下简称“华为”）在北京举办首届华为智能计算大会暨中国智能计算业务战略发布会。大会以“芯开始，让智能计算无所不及”为主题，提出华为智能计算将围绕算力、工程、云边协同和一体化解决方案4个方面，面向行业构建全场景智能解决方案，加速行业智能化进程。华为IT产品线总裁、中国地区部总裁、智能计算业务部总裁等在发布会上发言。（张　瑜）

信息软件产业

【概况】 信息软件产业是高新区（滨江）支柱产业，覆盖证券、金融、工业自动化控制、智慧城市、信息安全等领域。至2018年底，高新区（滨江）有软件企业1600多家，软件从业人员14万余人，有中国软件和信息技术服务综合竞争力百强企业7家、国家规划布局内重点软件企业30家。年内，信息软件产业实现营业收入2680.5亿元，比上年增长20.9%。杭州海康威视数字技术股份有限公司参与主办“智涌钱塘——2018 AI Cloud生态国际峰会”。

网易（杭州）网络技术股份有限公司办公大楼

（区委宣传部　供图）

【趣链科技成为区块链行业首个准“独角兽”企业】 2018年5月28日，新湖中宝股份有限公司发布公告，通过全资子公司浙江新湖智脑投资管理合伙企业（有限合伙）与杭州趣链科技有限公司（以下简称“趣链科技”）签订投资协议，斥资12.3亿元受让及增资趣链科技。趣链科技此次注资额转让和增资，新增股东包括中国国投高新产业投资有限公司、理想国际控股集团等，融资总额超过15亿元，创下区块链领域最大单笔融资纪录，成为区块链行业首个准“独角兽”企业。

【网易参与主办2018中国杭州云创大会】 2018年7月31日，2018中国杭州云创大会在杭州国际博览中心举行。大会由市政府、中国电子信息产业发展研究院和网易（杭州）网络有限公司（以下简称“网易”）联合主办。会上，网易与市政府、中国电子信息产业发展研究院共同启动“杭州软件国际行”，推出全球首款云计算全栈一体机——瀚海一体机等八大云计算大数据产品和服务。大会有1200多人参加，1000多家媒体转载和报道，直播点击量150万人次。

【重点软件企业核查】 2018年8月，根据国家规划布局内重点软件和集成电路设计企业所得税优惠政策核查工作要求，由省发改委牵头，通过资格审查、专家评审和现场核查，浙江宇视科技有限公司、杭州安恒信息技术有限公司等33家企业通过核查，由省发改委转报至省级税务部门。高新区（滨江）企业通过数量占浙江省的72.7%，通过核查企业按10%税率缴纳企业所得税。（王方圆）

物联网及安防产业

【概况】 2018年，高新区（滨江）物联网产业实现营业收入1539.35亿元，比上年增长16.4%；净利润199.02亿元，增长9.1%；上缴税金87.6亿元，增长5.9%；出口额36.16万美元，增长16%。安防产业实现营业收入1369.91亿元，比上年增长17.6%；净利润187.06亿元，增长7.9%；上缴税金77.82亿元，增长5.9%；出口额35.57万美元，增长16.8%。集聚浙江和仁科技股份有限公司、医惠科技有限公司、杭州安恒信息技术有限公司、杭州迪普科技股份有限公司、杭州宏杉科技股份有限公司、聚光科技（杭州）股份有限公司、浙江吉利控股集团有限公司等企业。年内，杭州海康威视数字技术股份有限公司三期投入使用，与二期项目共同构成海康威视的全球研发中心。浙江大华技术股份有限公司旗下浙江华睿科技有限公司的全系列工业相机获2018年IF产品设计奖。

浙江大华技术股份有限公司办公大楼　　（区委宣传部　供图）

【3家企业居中国安防市场前三】 2018年度，在“全球安防50强”榜单上，杭州海康威视数字技术股份有限公司、浙江大华技术股份有限公司分别位列全球第一、第二；浙江宇视科技有限公司在2018全球视频监控信息服务报告中位列全球视频监控设备市场第六，占市场份额2.8%，3家企业稳居中国安防市场前三。

【新华三、海康威视产品获“红点奖”】 2018年3月5日，德国“红点奖”2018年评选结果揭晓，有59个国家、2626家公司的6351件作品参赛。新华三集团的H3C S12501X-AF数据中心交换机、H3C S9820-64H数据中心交换机等8件产品获奖，产品类别包含服务器、网络、无线、安全等方面；杭州海康威视数字技术股份有限公司的智能仓储机器人MR-Q3-LR系列凭借“以简驭繁”的设计理念，强大的技术性能及人机交互设计，铝合金车架强韧且轻盈等优势获奖。“红点奖”、德国IF设计奖、美国“IDEA奖”并称为世界三大设计奖。

【大华股份连续8年获深交所信息披露考核最高评级】 2018年7月5日，深圳证券交易所发布《关于中小企业板上市公司2017年度信息披露考核结果的通报》，浙江大华技术股份有限公司（简称“大华股份”）在2017年度信息披露考评中再次获“A”，自2010年起连续8年获得深交所信息披露考核最高评级。中小企业板903家公司参与考核，考核结果为“A”的公司182家，占比20.2%。

【海康威视安全响应中心成为国际安全响应联盟组织（FIRST）成员】 2018年10月，海康威视安全响应中心成为国际安全响应联盟组织（FIRST）成员。海康威视的安全响应组织和机制获得FIRST认可，可和全球范围内的其他会员单位共享安全应急的最佳实践和处置经验。同月25—26日，海康威视安全响应中心代表应邀参加FIRST亚太地区会议并发表主题演讲。

【宇视科技入选工业和信息化部大数据产业发展试点示范项目】 2018年10月10日，浙江宇视科技有限公司（以下简称“宇视科技”）入选“2018年大数据产业发展试点示范项目名单”。名单经工业和信息化部评审、公示产生，浙江省入选企业13家，覆盖电信、互联网、金融、智能交通与健康等领域。宇视科技研发的“面向智慧城市的多维海量大数据系统”是基于智能采集、存储与分析，打通前后端视频图像数据处理解决方案，助力智慧城市落地，成为“大数据分析挖掘”方向唯一入选的安防企业项目，应用于“智慧城市”“雪亮工程”等多个项目。

【3家高新企业入选中国企业创新能力榜】 2018年11月1日，《中国企业创新能力百千万排行榜2018》发布会在中国人民大学举行。发布会由中国人民大学中国经济改革与发展研究院和经济学院联合主办。海康威视、大华股份、宇视科技3家企业入选。排行榜由国家发改委宏观经济研究院、中国社会科学院等权威机构的专家组成考核团队，将国内10万家高新技术企业进行排名，是国内规模最大、理念最新的企业创新能力排行榜。

【安恒信息入选工业互联网平台优秀安全技术供应商】 2018年12月10日，工业互联网产业联盟发布“工业互联网平台优秀技术供应商”征集结果，杭州安恒信息技术有限公司（简称“安恒信息”）入选“第一批工业互联网平台优秀技术供应商”中的“优秀安全技术供应商”。征集活动收到申报材料287份，参与企业168家。工业互联网产业联盟组织行业专家对申报材料进行初审、复审和复核，综合考量供应商的技术实力、研发成果、成功案例、经济效益等因素，评选出“第一批工业互联网平台优秀技术供应商”。

【海康威视连续3年入选“CCTV中国十佳上市公司”】 2018年12月12日，2018央视财经论坛暨中国上市公司峰会公布“2018 CCTV中国十佳上市公司榜单”，杭州海康威视数字技术股份有限公司继2016年首次入围榜单后，连续3年入围。“2018 CCTV中国十佳上市公司”由北京大学、中国人民大学、南开大学、复旦大学和中央财经大学5所高校学者组成央视指数专家委员会，和15家机构代表对“央视财经50指数”样本股进行评审产生。 （叶松耸）

电子商务产业

【概况】 2018年，高新区（滨江）电子商务产业实现营业收入847.61亿元，比上年增长38.1%；净利润173.11亿元，增长16.3%；上缴税金63.53亿元，减少8.5%。电子商务产业是高新区（滨江）十大产业之一，以第三方电子商务应用平台为主，支撑电子商务的技术服务、电子支付、现代物流、标准建设等体系，集聚阿里巴巴集团、网易（杭州）网络有限公司、浙江网盛生意宝股份有限公司、浙江连连科技有限公司等电子商务骨干企业。

【网盛生意宝与鲁泰控股集团签约】 2018年5月23日，浙江网盛生意宝股份有限公司（以下简称“网盛生意宝”）与山东鲁泰控股集团有限公司（以下简称“鲁泰控股集团”）在山东省济宁市举行“鲁泰控股与生意宝物流供应链合作签约仪式”。仪式上启动双方共同搭建的“鲁泰物流网络平台”和“鲁泰大宗品交易平台”。物流平台打破供应链物流信息不对称现象，是集车辆整合、运输管理、运输金融和集合服务为一体的互联网物流信息平台；交易平台主要面向煤炭行业中小微型企业，为其采购原材料提供在线融资服务。

【第三届全球跨境电商峰会举行】 2018年6月27日，“潮起钱塘·E揽全球”第三届全球跨境电商峰会在杭州白马湖国际会展中心举行。峰会由中国（杭州）跨境电子商务综合试验区主办，全球跨境电商领域20多个行业1000多人参加。针对数字经济发展的新潮流、新格局、新规则，围绕“数字丝绸之路与经济全球化”“跨境电子商务助力数字经济发展”展开讨论，发布首个《跨境电子商务创新研究报告》。

【连连支付院士工作站获认定】 2018年12月，杭州市院士专家工作站建设协调小组公布2018年杭州市院士工作站认定名单，连连支付院士工作站入选。连连支付院士工作站筹备于2017年，由北京大学院士高文、浙江大学院士陈纯等行业人才加盟组建。工作站致力于人脸识别、区块链、大数据风控等金融科技领域。

（张　瑜）

集成电路产业

【概况】 2018年，高新区（滨江）集成电路产业实现营业收入95.32亿元，比上年增长23.2%；净利润总额11.29亿元，增长21.1%；上缴税金5.84亿元，增长22.5%。高新区（滨江）是国家最早批准的7个国家集成电路设计产业化基地之一，集聚杭州士兰微电子股份有限公司、矽力杰半导体技术（杭州）有限公司等上市企业,以及杭州中天微系统有限公司、杭州国芯科技股份有限公司、联芸科技（杭州）有限公司、杭州中科微电子有限公司等集成电路设计企业。年内，联芸科技MAS090X系列SSD主控芯片获2018年中国芯数据处理领域“优秀市场表现产品”奖；国芯科技“高集成度DVB-S2高清SoC芯片——GX6605S”获“中国半导体创新产品奖”；中天微获首届集成电路产业技术创新战略联盟技术创新奖。杭州国家“芯火”创新基地建设启动。

【中天微发布全球首款支持物联网安全处理器】 2018年9月3日，杭州中天微系统有限公司（简称“中天微”）推出支持RISC-V的第三代指令系统架构处理器CK902，可灵活配置TEE引擎，支持物联网安全功能。通过发布RISC-V处理器，在RISC-V应用领域中进行全方位系列化CPU布局与市场开发。推出基于RISC-V的第三代C-SKY指令架构，发布首个32位低功耗CK902处理器。针对不同的产品应用场景，持续推出支持RISC-V的CPU IP系列，为客户提供更多更灵活的CPU IP选择。

【旗捷科技获“行业创新奖”】 2018年10月18日，杭州旗捷科技有限公司（以下简称“旗捷科技”）在第十二届珠海（国际）打印耗材展上获2018年“行业创新奖”，并发布旗捷科技自主研发的打印测试基站，该设备具有墨盒安检测试型号识别、喷头加热、电阻检测、测试效果、实际打印六项功能。

（张　瑜）

生物医药大健康产业

【概况】 2018年，高新区（滨江）生物医药产业实现营业收入247.95亿元，比上年增长18.7%，净利润24.14亿元，增长36%，上缴税金20.39亿元。至年底，生物医药产业有企业126家，从业人员1.6万人，其中科技人员3888人。医药行业出口9.84亿元，增长48.6%。有发明专利809件，增长14.1%。

【泰林生物率先开发细胞免疫治疗工作平台】 2018年，浙江泰林生物技术股份有限公司（简称“泰林生物”）的细胞免疫治疗工作平台进入产业化阶段。该工作平台以无菌隔离器为基础，将细胞免疫治疗所需仪器设备进行模块化集成，为体外细胞处理提供持续受控的无菌操作环境。该平台于2016年立项，先后开发嵌入式细胞离心机、非接触式水浴装置、基于超声雾化的过氧化氢快速灭菌和分解装置、二氧化碳培养箱转运系统及自动对接装置等关键模块，完成细胞电子显微镜、二氧化碳培养箱配套选型，制作整机结构模型（MOKE-UP）进行人机工程学试验。相关技术和产品均为自主研发，申请专利9件，其中发明专利4件。至年底，出售无菌隔离器8台。

（许江鸿）

新能源产业

【概况】2018年，高新区（滨江）新能源产业实现工业总产值123.96亿元，比上年增长27.7%；营业收入152.08亿元，增长8.9%；进出口总额48.47亿元，增长24%；实现上缴税金3.51亿元，下降14.7%；从业人员7316人，下降7.6%，其中，科技活动人员2175人，增长7.7%；科技活动经费支出总额6.72亿元，增长6.4%；拥有发明专利456件，增长4.3%。新能源产业重点研究太阳能、地热能、生物质能等新能源核心技术，有浙江正泰太阳能科技有限公司、杭州桑尼能源科技股份有限公司等企业。年内，浙江正泰新能源开发有限公司获“2017年度中国智能制造最佳实践奖”、总裁陆川获“2017年度中国推进两化融合暨智能制造杰出首席执行官”。

【正泰太阳能获得埃及光伏电站项目】2018年1月17日，浙江正泰太阳能科技有限公司（以下简称“正泰太阳能”）获得165兆瓦（直流）埃及光伏电站工程总承包（EPC）项目，负责项目的工程、技术、设计、采购和安装建设。165兆瓦（直流）项目位于埃及阿斯旺北部40千米，由3个电站群组成，是正泰太阳能参与“一带一路”建设的新突破。

【正泰新能源获8项大奖】2018年5月25—26日，“光伏企业升级与变革论坛暨2018全球光伏20强排行榜发布会”在上海举行。浙江正泰新能源开发有限公司（以下简称“正泰新能源”）入选2018全球光伏企业20强、2018中国光伏企业20强、2018中国光伏电站投资企业20强、2018中国光伏组件企业20强4个名单。12月7日，正泰新能源在2018第八届加强应用长江经济带“一带一路”新能源创新发展论坛上获4个奖项，包括“单项顶级光伏电站投资、EPC品牌”“单项顶级光伏组件品牌”“综合多能品牌”，以及正泰新能源总裁陆川的“优秀企业家”称号。

【中控太阳能获中国光热行业2个奖项】2018年6月20日，第五届中国国际光热电站大会在北京举行。该大会由光热发电网（CSPPLAZA）主办，以“光热新未来，迈向可持续发展”为主题，800多名国内外光热发电行业人员参加。会上颁发2018中国光热行业年度大奖，表彰在光热示范项目推动、光热技术创新、光热全球化等方面做出突出贡献的企业、科研单位及优秀个人。浙江中控太阳能技术有限公司（简称“中控太阳能”）及公司董事长金建祥获2018示范项目推动奖和中国光热年度人物奖。

【陆特能源签署14亿元清洁供暖项目】2018年7月26日，浙江陆特能源科技股份有限公司（以下简称“陆特能源”）与山东省临沂商城管理委员会签署中国临沂国际商贸城集中供热（冷）项目特许经营权合作协议。陆特能源以可再生能源为核心、地热+多能互补技术，解决商贸城供暖问题，降低用电量和二氧化碳、二氧化硫排放量，节省环境治理费。临沂国际商贸城规划供能用地面积15平方千米，总开发面积2000多万平方米，其中一期3.4平方千米，总建筑面积530万平方米，预计供暖投入14亿元。

【鸿雁空气能被评为中国热泵行业最具成长力品牌】2018年8月8—9日，“2018热泵产业年会暨第七届国际空气源热泵行业发展论坛”在杭州召开。论坛由中国节能协会主办、中国节能协会热泵专业委员会承办，以“热泵创造美好生活”为主题。杭州鸿雁电器有限公司的鸿雁空气能凭借品牌影响力、技术研发、产品质量等在会上被评为“中国热泵行业最具成长力品牌”。（何　羽）

节能环保产业

【概况】2018年，高新区（滨江）节能环保产业实现工业总产值117.01亿元，比上年下降0.6%；营业收入169.89亿元，增长0.3%；进出口总额29.64亿元，增长31.2%；实际上缴税金11.05亿元，增长

0.1%；从业人员1.03万人，下降0.3%，其中，科技活动人员3639人，增长4.1%；科技活动经费支出总额9.99亿元，增长5.2%；有发明专利664件，增长14.3%。节能环保产业以节能技术和产品研发、节能工程集成服务为主，重点研发环境污染防治技术，自主研发废水、废气、固废处理处置及其资源化再利用技术；利用信息技术提升环境治理总承包服务能力，形成从工程设计到服务咨询节能环保全产业链覆盖。代表企业有聚光科技（杭州）股份有限公司、英飞特电子（杭州）股份有限公司等。年内，《LHD海洋潮流能发电项目实海况稳定运行时间打破世界纪录》入选杭州市2017年度可再生能源行业十大新闻事件。

【英飞特电子获行业评选一等奖】 2018年7月19日，第三届LED照明产业创新论坛暨第二十二届照明产业链择优配套会在杭州举行。会议由省照明电器协会主办，英飞特电子（杭州）股份有限公司（以下简称“英飞特电子”）在会上获“2017年度行业优秀新产品、新技术和新材料评选”一等奖。英飞特电子新产品专为高杆灯、集鱼灯、球场灯以及植物照明等特种照明场合设计，拥有高电压输入、高功率因数、高效率等特性，具有防雷保护、过压保护、短路保护及过温保护等性能，保证产品无障碍运转。

聚光科技（杭州）股份有限公司办公大楼 （区委宣传部 供图）

【聚光科技参加国际生态环境新技术交流大会】 2018年10月22—23日，“2018国际生态环境新技术大会”在南京国际博览中心召开。大会由生态环境部、江苏省政府联合主办，以“更好的技术，更好的解决方案”为主题。聚光科技（杭州）股份有限公司（简称“聚光科技”）在会上展出环境监测、环境管理、环境治理及第三方运维服务全产业链的新产品新技术新方案；展示1平方米国标法小型空气站、大气VOC移动走航车等产品；提出“环保管家”模式，提供环境问题检测调查、源清单梳理、规划设计到工程建设、设施运维、污染治理，以及全过程基于大数据的诊断、分析、评估、决策等一站式服务。

【鸿雁电器全面屏面板获评智能家居年度创新产品】 2018年12月4日，2018智能家居市场创新大会暨智能家居行业年终盛典在杭州举行。大会以“聚焦·大生态”为主题，汇聚区域重点经销商代表、互联网平台、开发商、运营商等1000多名智能家居领域专业观众。杭州鸿雁电器有限公司（简称“鸿雁电器”）的“天际·智境”全面屏面板在会上被评为“鼎智奖·智能家居年度创新产品”。“天际·智境”全面屏面板采用全面屏设计，内置ARM9内核，处理速度300兆赫，集场景控制、空调控制、地暖控制、新风控制等功能于一体。 （何 羽）

文化创意产业

【概况】 2018年，高新区（滨江）限额以上434家文创企业实现主营业务收入1488.41亿元。全区文创产业实现增加值528.57亿元，总量列全市第二位。全区151家动漫游戏企业实现营业收入197.69亿元，比上年增长4.4%，占全国市场份额近10%，年营业收入超过

1亿元的动漫游戏企业11家。“新三板”挂牌文创企业9家。年内，引进文创企业106家。网络文学产业累计签约落户知名网络作家107人，申报版权收入3.86亿元，纳税2000多万元；24部作品改编为影视剧、漫画及手游，8家动漫游戏影视企业在中国网络作家村周边落地。杭州电魂网络科技股份有限公司和浙江中南卡通股份有限公司承担的“网络互动媒体计算关键技术及应用”项目获省科技进步二等奖。“中国网络作家村落户杭州”入选“杭州学习型城市建设十件大事”。

“中国动漫村”（暂定名）项目进入方案设计阶段。推进中国动漫博物馆、电魂网络二期、北航杭州研究生院等8个重点产业及配套项目，以及畅唐网络、最葵园、瑞德设计等项目。杭州幕星科技有限公司引进投资4000万元，杭州子非鱼文化传媒有限公司完成A轮融资1000万元。新设一家跨媒介IP制造商——杭州魔鬼蛙动漫有限公司，业务以漫画为核心，贯穿动漫、影视、游戏。

【高新区（滨江）企业及作品获中国文化艺术政府奖】 2018年2月24日，文化部公布中国文化艺术政府奖第三届动漫奖评奖结果。杭州祖宝动漫文化传媒有限公司获中国文化艺术政府奖最佳动漫创作者或团队奖。浙江中南卡通股份有限公司参与制作的《中华治水故事》获最佳动漫作品奖。

【2名中国网络作家村作家获奖】 2018年6月13—14日，首届梁羽生文学奖颁奖典礼在广西梧州市蒙山县举行。中国网络作家村作家酒徒以作品《大汉光武①少年游》获历史军事类大奖。“梁羽生文学奖”是中国首个以题材内容划分的文学奖，兼顾作品文学性、独创性、可读性与传播性，以出版图书为主，兼顾纸书化、影视化、IP化的原创网络文学作品。同月25日，第八届冰心散文奖在四川省眉山市举行颁奖仪式。中国网络作家村作家古兰月凭借作品《沙河遐想》获本届冰心散文奖。冰心散文奖是中国散文学会的最高散文奖项，也是全国散文单项评奖最高奖。

【《野蛮人大作战》入选“中国原创游戏精品出版工程”】 2018年8月3日，国家新闻出版广电总局公布2017年度第二批“中国原创游戏精品出版工程”名单，杭州电魂网络科技股份有限公司创作的《野蛮人大作战》入选，为全省唯一入选作品。《野蛮人大作战》上线后受玩家喜爱，在海外市场开发英语、西班牙语、印尼语、俄罗斯语等13种语言版本、遍布100多个国家。

【“中国网络作家村”微信公众号上线】 2018年11月1日，“中国网络作家村”微信公众号上线。公众号设“这个村”“这些事”“萌芽计划”三个版块，发布沙龙、培训等活动，提供网络文学业态、行业发展情况、产业链上相关企业动态等信息，为中国网络作家村建设、中国网络作家村村民、高新区（滨江）网络文学事业和网络文学产业发展服务。

【5部作品入选“优秀原创动漫作品版权开发奖励计划”】 2018年12月21日，“优秀原创动漫作品版权开发奖励计划”在中国版权保护中心举行颁奖仪式。该奖励计划由国家新闻出版广电总局指导、中央文化产业发展专项资金支持。78个国产优秀原创动漫项目入选。杭州友诺动漫有限公司的《乌龙院之活宝传奇大长篇漫画系列》和杭州玄机科技信息技术有限公司的《秦时明月伍君临天下》分别获内容开发类和品牌经营类金奖；杭州祖宝动漫文化传媒有限公司的《老街的童话》、杭州漫奇妙动漫制作有限公司的《洛宝贝（第一季）》和《洛宝贝（第二季）》和杭州一诺动漫有限公司的动画片《乌龙院之活宝传奇》获品牌经营类银奖。

【10部作品入选优秀国产动画片】 2018年，杭州漫奇妙动漫制作有限公司的《洛宝贝（第二季）》和《洛宝贝（第三季）》、杭州欢聚动漫有限公司的《燃烧的蔬菜之神奇大陆》、杭州玄机科技信息技术有限公司的《秦时明月伍君临天下（续）》、杭州友诺动漫有限公司的《乌龙院之活宝传奇》、浙江中南卡通股份有限公司的《天眼归

来》6部作品入选国家新闻出版广电总局推荐的优秀国产电视动画片名单。杭州玄机科技信息技术有限公司的《天行九歌》、杭州漫奇妙动漫制作有限公司的《洛宝贝(第一季)》和《洛宝贝(第二季)》、杭州欢聚动漫有限公司的《燃烧的蔬菜之神奇大陆》4部作品入选国家新闻出版广电总局发布的《2017年度推荐播出优秀动画片目录》。（王志红）

重点企业选介

【杭州海康威视数字技术股份有限公司】 2018年，杭州海康威视数字技术股份有限公司（以下简称“海康威视”）实现营业总收入498.37亿元，比上年增长18.9%；实现净利润113.53亿元，增长20.6%。至年底，海康威视建立以杭州为中心，辐射北京、上海、武汉、成都以及加拿大蒙特利尔、英国伦敦的技术、产品、方案三位一体的分层研发体系。有全球员工3.4万人，其中研发人员和技术服务人员1.6万人，年度研发投入44.83亿元，占企业营业收入9%，累计拥有专利2809件、软件著作权881件。在墨西哥、巴拿马、巴基斯坦、秘鲁、以色列新设子公司5家、菲律宾新设分公司1家、越南胡志明市新设办事处1家、印度新建生产基地1家，海外分支机构增加至44个，授权维修中心100多家。根据IHS报告，海康威视连续7年蝉联视频监控行业全球第一位；在《A&S：安全自动化》公布的“全球安防50强”榜单中，连续3年蝉联全球第一位。（余明增）

【浙江大华技术股份有限公司】 2018年，浙江大华技术股份有限公司（以下简称“大华股份”）实现营业收入236.66亿元，比上年增长25.6%；净利润25.29亿元，增长6.3%；上缴税收16.31亿元，增长17.4%。研发投入22.84亿元，增长27.7%，占营业收入9.7%；有员工1.6万人，其中研发技术人员占比超过50%。大华股份连续11年被列入国家软件企业百强名单、连续13年获中国安防十大品牌、连续12年入选《A&S：安全自动化》“全球安防50强”并在2018年列全球第二位；在IHS2018发布的报告中，列全球CCTV&视频监控市场占有率第二位。

2018年，大华股份推出“大华HOC（Heart of City）城市之心”战略，为城市、行业和消费者市场提供系列化解决方案与产品，助力城市和行业的协同、开放、安全与可持续发展。面向城市级与行业级客户，深化设计智慧城市、智慧警务、智慧交管等领域的场景化需求，形成解决方案，拓展孵化应急指挥、智能制造等创新型解决方案。面向小微企业与个人消费者，以“乐橙云”为核心，构建三位一体的业务生态，组合设计出多种家庭、商铺的应用方案，对外开放云能力，为用户提供智能、便捷、安全的解决方案。推进人工智能技术落地，实现全产品智能化进程。对准客户需求在前端、存储、中心等业务环节创新与落地智能产品；结合云计算与大数据，依托智能算法与芯片技术，赋能解决方案与产品，创新业务模式。围绕视频业务，孵化机器人、智慧消防、视频会议系统、行业级无人机等新

2018年10月22日，浙江大华技术股份有限公司召开“大华HOC城市之心”战略发布会（区发改局　供图）

兴视频物联业务。整合人工智能、云计算和大数据、物联网等资源，探索其在视频物联网领域应用。（周汪明）

【恒生电子股份有限公司】 2018年，恒生电子股份有限公司（以下简称“恒生电子”）实现营业收入27.54亿元，比上年增长16.8%，实现利润6.56亿元，增长32.3%，上缴税收2.43亿元，增长3.4%。研发投入14.04亿元，占营业收入51%。全年召开人工智能发布会2次，推出智能问答服务平台、智能资产配置引擎、智能服务分析、智能KYC、晓鲸BOT开放平台、智能理财师、AlphaMind、投资魔法石八大人工智能产品，发布新一代分布式服务开发平台——JRES3.0，支撑公司产品向互联网微服务架构升级。恒生智能机器人——“晓鲸”成为中央电视台《交易时间》常驻嘉宾，以智能问答形式提供股市资讯、股市预测等内容。恒生电子区块链技术为多家公司提供供应链金融解决方案。至年底，在北京、上海、深圳、武汉、香港等城市及新加坡设立分支机构6个。有员工7000多名，其中研发工程人员占80%，由恒生研究院、研发中心以及业务部门平台研发组成的三级研发架构体系有专利42件，其中发明专利占50%以上，软件著作权证书646件。恒生电子连续10年入选全球金融科技百强（Fintech100）榜单。（陈　伟）

【矽力杰半导体技术（杭州）有限公司】 2018年，矽力杰半导体技术（杭州）有限公司（以下简称“矽力杰”）实现营业收入21亿元，比上年增长8.4%；上缴税收3650万元；投入研发经费1.1亿元，占营业额15%。年内，矽力杰被评为浙江省知名商号、2017—2018年度中国通信产业物联网领军企业、2018中国通信产业金紫竹奖年度无线芯片技术创新企业、

2018年12月13日，恒生电子股份有限公司举行人工智能产品发布会　（区发改局　供图）

浙江省电子信息产业百家重点企业，位列2018年全省发明专利授权量50强企业第七。承担杭州市在建重大专项1项。

矽力杰是率先采用虚拟集成器件制造模式（IDM模式），即无工厂但拥有晶圆制程、IC设计、系统架构与封装四大自主核心半导体技术的设计企业。主要产品有马达驱动、智能功放、ESD、电池充电、光传感器等。矽力杰产品在高效率和小体积等方面技术领先全球，被广泛应用于苹果、三星、戴尔、惠普、联想等终端厂商产品。至年底，有国内外授权发明授权专利超1000件，专利拥有量1300件。（李雪梅）

【杭州士兰微电子股份有限公司】 2018年，杭州士兰微电子股份有限公司（以下简称“士兰微”）实现营业收入20.27亿元，比上年增长14.4%；实现利润2.32亿元，增长101.1%。研发投入1.38亿元，在成都、无锡、厦门、西安四地设立芯片设计研发中心。至年底，士兰微有子公司14家，员工763人，研发人员339人。

2018年，士兰微推出变频电机控制领域完整应用方案和配套电路，并完成产业布局；推出高精度MEMS硅麦克风、智能手机快充芯片组等产品。开发三轴加速度计、三轴地磁传感器等系列MEMS传感器产品，进入智能手机、手环、智能音箱、行车记录仪等领域。士兰微智能功率模块（IPM模块）被国内

白电（指可以替代人们家务劳动的电器产品,主要包括洗衣机、部分厨房电器以及改善生活环境提高物质生活水平的空调、电冰箱等）整机厂商使用300多万颗。年内，士兰微承担国家科技重大专项、科技部“863”计划、国家发改委高技术产业化、市重大科技创新专项等项目。士兰微获中国十大集成电路设计企业、十大中国IC设计公司品牌、中国十强半导体企业、电子行业半导体民族品牌等称号。“高速低功耗600伏以上多芯片高压模块”项目获2017年度省科学技术进步一等奖、市科学技术进步一等奖；“复合器件及开关电源”专利获第十届中国专利奖优秀奖；“用于变频驱动的高效率智能功率模块”产品入围第十二届中国半导体创新产品和技术名单；IGBT产品SGT15T60QD1F 15安、600伏绝缘栅双极型晶体管获2018“中国芯”优秀市场表现产品奖。（俞宣吟）

【中控科技集团有限公司】 至2018年底，中控科技集团有限公司（以下简称“中控集团”）有中控科技园、中控软件园、中控产业园三大园区，占地面积14.84公顷，全球员工近4000人。拥有国家企业技术中心、博士后科研工作站、国家地方联合工程试验室，2个省级实验室和1个省级企业研究院，研发人员占公司总人数35%，每年研发投入占营业额8%以上。申请专利25件，申请软件著作权登记17件，完成软件评测8件；发表论文36篇。

2018年，中控集团实现营业收入32.2亿元，比上年增长31.5%。主导起草的“浙江制造”标准《大规模集散控制系统》正式发布，通过“品字标”认证；完成“中控”防御型商标注册53件。自主研发的控制系统有3万余套应用于1万余家工业企业。连续8年蝉联自动化控制系统（DCS）国内市场占有率第一位，市场份额24.7%，在化工行业领域的市场份额近40%、在石化行业领域的市场份额近28%。

年内，中控集团取得60万吨每年乙烯联合装置及大型煤化工等系列项目，为用户提供自动化控制系统（DCS）、智能设备管理系统（IDM）等系列的自动化、数字化产品。中天合创大型煤制烯烃项目通过中国石油化工集团有限公司专家组鉴定。神华宁煤百万吨级烯烃智能工厂项目应用中控集团的生产制造执行系统（MES）、先进控制系统（APC）等，涵盖从生产底层的智能传感与控制装备到上层的软件及网络设备的产品和系统级应用。中标的非安全级自动化控制系统（DCS）系统项目实现核心产品在大型核电和非民用核装置主系统的突破；与桐昆集团合作的功能性聚酯纤维及泸州老窖固态法白酒生产车间新模式应用项目获批国家智能制造专项；与红狮集团合作实践水泥智能工厂整体解决方案，实现节能降耗、减员增效；东北制药大宗原料药及医药中间体智能制造项目通过智能制造专家组预验收。“大型聚乙烯混炼挤压造粒机组国产化研制项目”获中国石化科技进步一等奖、取得CMMI5成熟度等级证书；“面向炼油化工的基金会现场总线主控系统ECS-700FF”通过中国石油和化学工业联合会科技成果鉴定。发布《TCS-900安全仪表系统（V2.1）》《WebField JX-300XP控制系统》《WebField ECS-700控制系统》企业标准；压缩机控制系统T9100通过电子工程世界网（TUV）认证。（王昕燕）

【杭州安恒信息技术股份有限公司】 2018年，杭州安恒信息技术股份有限公司（以下简称“安恒信息”）实现营业收入6.29亿元，上缴税收4250.74万元。投入研发经费1.55亿元，占主营业务收入24.6%。年内，安恒信息被授予国家地方联合工程研究中心、国家规划布局内重点软件企业、浙江省专利示范企业、浙江省省级科普基地、浙江省第二批行业云应用示范平台、杭州市信用管理示范企业、浙江省电子信息产业百家重点企业称号；获中国电力科学技术进步奖三等奖、中国计算机学会科学技术奖科技进步杰出奖、浙江电力科学技术进步奖一等奖。通过“CMMI5级认证”，为2018上海国际进口博览会、2018上海合作组织青岛峰会等重大活动提供网络信息安全保障。至年底，申请发明专利249件，授权发明专利10件；制定国家标准1项；承担国家级在建（含已完成）重大专项4项，新申请各类重大专项3项。（李兆权）

【阿里巴巴集团】 至2018年底，阿里巴巴集团下设事业部30多个，服务200多个国家和地区，创造就业机会4082万个，其中包括交易型就业机会1558万个、带动型就业机会2524万个。“盒马鲜生”全国开店超过160家；天猫与品牌落地各城市的智慧门店10万家；天猫超市1小时达进驻城市21个，服务近1万个小区；“饿了么”“口碑”等本地生活业务为全国2000多个市县提供服务；全国67家银泰百货覆盖各大城市商圈。“阿里云”为中国40%以上网站提供云计算服务，助力政府和传统企业的数字化转型升级。2019财年全年（2018年4月1日至2019年3月31日），阿里巴巴集团收入3768.44亿元，比上年增长51%。阿里巴巴集团和蚂蚁金服集团纳税516亿元，增长超过40%，日均纳税1.4亿元，稳居中国互联网企业纳税第一名。

2018年，“双十一”购物节通过支付宝指纹、刷脸等生物信息支付交易占60%，开通支付宝服务城市350多个。农村淘宝形成“农村淘宝服务站+天猫优品体验店”的乡村新零售体系和“淘乡甜供应链+兴农扶贫馆”的农产品销售体系。村淘点覆盖近3万个村，全年销售额超过1000万元的淘宝村2118个；淘宝大学在全国设立基地18个，线上、线下惠及500万人次；170多万个“三农”用户获得683亿元贷款支持；“农业大脑”推动种植业、养殖业转型升级；开拓贫困地区旅游产业，助力扶贫信息化建设。参与国际贸易经济发展的规则制定。菜鸟配送网络覆盖全球200多个国家和地区，2018天猫“双十一”购物节当日物流订单量超过10亿。

2018年，阿里巴巴集团投入脱贫业务员工1000多人，走访贫困县100多个。国家级贫困县在阿里巴巴平台网络销售额超过630亿元。“顶梁柱健康扶贫公益保险项目”帮助425万人次建档立卡，贫困户获得健康保险。200万商家、4.2亿个用户通过平台进行公益捐赠，累计帮扶贫困人口超过774万人次。网商银行向贫困县200多万用户提供贷款超过1000亿元。（李　丹）

【浙江吉利控股集团有限公司】 至2018年底，浙江吉利控股集团（以下简称“吉利控股集团”）资产总值超过3300亿元，员工总数12万多人，研发设计、工程技术人员2万多人，各类销售网点4000多家，连续7年进入世界500强（位居267位）。

2018年，吉利控股集团旗下吉利与沃尔沃两个汽车品牌实现总销量214.3万辆，比上年增长18%；实现总销售收入3285亿元，缴纳税收388亿元。其中：沃尔沃汽车实现全球销量64.2万辆，增长12.4%；吉利汽车（含领克）销量150.1万辆，增长20.3%。年内，吉利控股集团收购戴姆勒股份公司9.7%股份，成为戴姆勒最大的单一股东。发布吉客智能生态系统（GKUI）、汽车新能源战略，推出帝豪EV450、博瑞GE等多款新能源及电气化产品。浙江吉润汽车有限公司（曾用名浙江吉利汽车有限公司）与宁德时代新能源科技股份有限公司合作成立合资公司，从事电芯、电池模组及电池包的研发、制造及销售业务。领克汽车发布欧洲战略，领克02、领克01PHEV、领克03上市，领克01成为2018年中国汽车安全碰撞标准体系中唯一一款获得五星+成绩的车型。

年内，吉利控股集团与中国铁路投资有限公司、腾讯公司共同组建国铁吉讯科技有限公司。与中国航天科工集团签署合作协议，开展最高时速超4000千米的高速飞行列车项目合作，并打造全国首个工业互联网云平台。与中国电信签署合作协议，宣布在车家互联网、云计算和大数据、5G和V2X等领域开展合作。（戴惠芳）

【新华三集团】 2018年，新华三集团（以下简称“新华三”）实现销售收入300亿元；实现利润23亿元，与上年持平；上缴税收22亿元，比上年增长

108%。年内，新华三发布新一代终端准入控制系统EAD³、新一代网络管理平台iMC³、新款NB-IoT模组等，通过信息安全风险评估一级资质认证，被评为2018年中国电子信息百强企业。

至年底，新华三有员工1.5万人，研发人员占50%；有国内外专利近1万项，其中90%是发明专利。新华三旗下新华三大学累计培训23万余人；新华三大学与全国31个省、市的400多家院校合作，为13万余名在校大学生提供课程培训。通过建设浙江省重点企业研究院、浙江省高新技术企业研发中心、浙江省企业技术中心、浙江省工程技术研究中心等研发平台和设立浙江省博士后工作站等方式，加大高层次技术人员的引进和培养。（傅　冰）

【浙江宇视科技有限公司】 2018年，浙江宇视科技有限公司（以下简称“宇视科技”）实现营业收入40.7亿元，比上年增长31.3%；实现净利4.7亿元，增长20.5%；上缴国家税收3.06亿元。AI产品序列全面升级，AI产品方案完整覆盖前后端，包含第二代视图数据中心一体机、新一代超融合视图云存储、视频安全智能准入设备、智能交通抓拍单元、深度智能摄像机、人脸识别速通门，新增融合视图磁带云、深度智能NVR（网络硬盘录像机），均部署于人工智能实战项目。年内，宇视科技列2018中国软件百强第57位，比2017年上升21位；被评为2018浙江创新能力百强，入围2018年浙江省电子信息制造业业务收入前30家企业、2018年浙江省软件业务收入前20家企业，入选高新区（滨江）鲲鹏企业、全国安防行业质量领军企业、2018年大数据产业发展试点示范企业唯一安防企业。承担的北京亦庄、广东云安项目入选全国政法智能化建设“雪亮工程创新十大案例”，宇视高清摄像机入选“2018浙江名牌产品”，宇视科技IPC-S274系列云台筒摄像机获2017—2018年度意大利A'设计奖（A' Design Award）。宇视可靠性实验室获中国合格评定国家认可委员会（CNAS）颁发的“实验室认可证书”，成为国家认可的标准检测实验室。

至2018年底，宇视科技在杭州、北京成立研究院2所，在杭州、深圳、西安、济南、天津、武汉成立研究所6所。宇视解决方案赋能工程有合作伙伴1160家，交付产品、方案涉及全球145个国家和地区。宇视科技在国内获得授权专利845件，参与制定国际标准1项、国家标准20项、行业标准27项。以可视、智慧、物联产品技术为核心，是全球公共安全和智能交通解决方案提供商。（胡　晶）

【杭州启明医疗器械股份有限公司】 2018年，杭州启明医疗器械股份有限公司（以下简称“启明医疗”）完成股份制改制并变更工商登记，将原名“杭州启明医疗器械有限公司”更名为“杭州启明医疗器械股份有限公司”，有员工300人，实现销售收入1.15亿元，上缴税收1500万元。启明医疗入选《中国硬“独角兽”TPO100（春榜）》，是心血管微创介入领域唯一入选企业，获第三届全国创新创业大赛生物医药组总冠军，为“十三五”国家重点研发计划项目牵头单位。

年内，启明医疗和德弘资本达成投资协议，资金用于启明医疗加速现有瓣膜产品更新换代及国际化进程，支持将二尖瓣、三尖瓣疾病治疗市场布局的新技术进入临床研究阶段。启明医疗收购TriGUARD 3™ 脑保护装置生产商Keystone Heart有限公司，可在全球销售TriGUARD 3™ 脑保护装置，从而进入美国、欧洲、中东及非洲市场。VenusP-Valve肺动脉瓣膜CE Mark临床试验80例病人入组顺利完成。（肖　燕）

【网易（杭州）网络有限公司】 2018年，网易（杭州）网络有限公司（以下简称“网易”）净收入671.56亿元，净利润61.52亿元。在线游戏净收入401.9亿元，手游净收入占在线游戏服务净收入71%，电子商务业务净收入192.35亿元，广告服务净收入25.01亿元，创新及其他业务净收入52.3亿元。全球移动数据和分析服务商App Annie公布2018年度52强发行商榜单，网易位列第二。福布斯发布2018年全球最佳雇主榜单，网易排名第80位；网易首席执行官丁磊入选福布斯2018 中国上市公司最佳 CEO 榜单，列第29位。（刘　佳）

【赛诺菲(杭州)制药有限公司】 2018年，赛诺菲（杭州）制药有限公司（以下简称“赛诺菲”）实现工业总产值140.63亿元，净利润4.72亿元，利税11.48亿元。年内，赛诺菲通过欧盟GMP认证（欧盟药品生产质量管理规范认证）并收到欧盟GMP证书，标志着赛诺菲生产的药品符合欧盟药品生产质量管理规范。赛诺菲生产的三批次波立维（硫酸氢氯吡格雷片）运往法国，首次实现出口。

赛诺菲是法国赛诺菲集团投资4.29亿元在高新区（滨江）建成的专业性制药企业，2013年4月投入使用。工厂占地4.5万平方米，建筑面积3.1万平方米。（方晓雯）

【浙江正泰太阳能科技有限公司】 2018年，浙江正泰太阳能科技有限公司（以下简称“正泰太阳能”）完成产值43亿元，销售收入38亿元，利润7952万元，上缴税收684万元。至年底，正泰太阳能累计在全球投资建设光伏电站4000兆瓦，年发电量40亿千瓦时，每年可节省标准煤144万吨、减排二氧化碳400万吨。新能源新兴业务发展迅速，海宁热电项目投入生产，上海、杭州正泰园区大型储能项目投入运行。

正泰太阳能拥有3500兆瓦晶硅光伏组件产能，布局杭州、海宁、泰国等地，拥有全球主流市场认证体系，为浙江省第一部光伏组件产品标准的主要执笔者，彭博全球第一梯队组件品牌供应商，被美国专业咨询公司Photon Consulting评为全球光伏企业综合实力第一。正泰太阳能电站类型涉及工商业分布式屋顶光伏电站、大中型地面光伏电站、农渔光互补地面电站、居民屋顶分布式光伏电站等，除在国内分布外，在美国、日本、韩国、泰国、西班牙、保加利亚、印度、罗马尼亚、土耳其、南非、菲律宾等国家均有分布。（王　荃）

【杭州呼嘭智能技术有限公司】 2018年，杭州呼嘭智能技术有限公司（以下简称“PingPong”）完成B3轮融资；开放一站式出口退税产品“福贸”，商户利用“福贸”在收到销售回款的3天之内即可完成退税；接入东南亚与台湾地区最大的电子商务平台Shopee、法国电子商务领军平台Cdiscount，登陆亚马逊澳洲站、印度站；发布SellerOS一站式操作系统，系统重构跨境电子商务行业的底层技术架构，整合跨境电子商务的货物流、信息流和资金流，为跨境电子商务生态圈提供数据与技术支持。

至2018年底，PingPong在全球设立分支机构13个、服务人员400人。跨境支付服务涵盖全球43个国家和地区，PingPong 开店助手支持全球12个电子商务平台，日交易峰值2亿余美元，处理6亿余笔交易。与亚马逊等30多家境外主流电子商务平台建立合作关系，为超过25万家中国出口跨境电子商务企业提供覆盖全球主要市场的海外支付服务。（郭　卿）

【杭州电魂网络科技股份有限公司】 2018年，杭州电魂网络科技股份有限公司（以下简称“电魂网络”）实现营业收入4.48亿元，利润总额1.32亿元，总资产19.32亿元，比上年增长0.9%；投入研发经费9636.8万元，占营业收入的21.5%。至年底，拥有在职员工692人，其中研发人员357人，占公司总人数51.6%。拥有专利5件，其中发明专利2件、外观设计专利3件，在审发明专利62件；取得软件著作权证书140件。取得ISO 9001质量体系认证和CMMI5级证书。

电魂网络主要产品为网络游戏。自主研发的独立游戏《野蛮人大作战》报告期内平均月活跃用户数量200多万人，获苹果和谷歌全球推荐，总注册人数超过3700万。推进新游戏研发和运营，储备《梦三国手游》复刻版、《梦塔防手游》、*Genesis*、《元能失控》、《冒险与推图》、《召唤与合成》等多款游戏产品。加强闪电玩平台管理，自主研发及

杭州电魂网络科技有限公司办公大楼　　（电魂网络　供图）

代理运营多款H5小游戏，闪电玩平台上线100多款产品，其中10多款为自主研发产品。

（徐　芳　王志红）

【浙江中南卡通股份有限公司】 2018年，浙江中南卡通股份有限公司（以下简称“中南卡通”）实现营业收入1.83亿元，比上年增长5.7%，其中出口收入55.64万美元，实现利润728万元，上缴税金388万元。至年底，公司有全资子公司3家、员工200多人。

2018年，中南卡通与浙江大学共同开展的项目——“动画虚实融合呈现关键共性技术研究”入选浙江省2018年度重点研发计划项目；《网络互动媒体计算关键技术及应用》项目被省科技厅评为省科学技术进步奖二等奖；原创灯光秀《犬年臻福》亮相钱江新城，作为央视新闻联播“创新迎新春”栏目部分直播内容；完成5款软件的系统定型，并进行软件著作权登记；《乐悠乌镇》VR（虚拟现实）飞行体感项目入选第五届世界互联网大会智慧化项目。与央视动画有限公司联合出品的动画片《天眼归来》在央视少儿频道首播，收视率蝉联同时段动画片榜首，网络点击量超3亿次，获国家广播电影电视总局2018年度优秀国产电视动画片以及“新光奖”入围奖；《乐比悠悠亲子系列之乐乐来了》新卡通人物“乐乐”上线，“乐比”形象获“影·响2018十大浙产动漫形象”；《中华治水故事》获中国文化艺术政府奖第三届动漫奖最佳动漫作品奖；首次涉足的真人影视剧《人间规则》在爱奇艺平台独家首播，获“2018爱奇艺号年度内容创新奖”。

年内，完成省纪委《一封举报信的旅程》、省文明办《家风家训》、省图书馆《戏曲动漫》第四期、与浙江大学合作《卫星科研》等动画制作项目。30多部作品被发行至60多个国家和地区，签订11个合同，签约额47.29万美元。“乐比悠悠”品牌与杭州娃哈哈集团有限公司合作。成立杭州天眼科技有限公司。

（何　芳　王志红）

【杭州玄机科技信息技术有限公司】 2018年，杭州玄机科技信息技术有限公司（以下简称“玄机科技”）实现营业收入1亿元，比上年增长60%；利润3000万元，增长500%；上缴税收1000万元，增长90%。至年底，公司有400多人，设上海分公司、青岛子公司。

2018年，公司旗下动画品牌《秦时明月》系列动画第六部《秦时明月陆沧海横流》序章上线；《天行九歌》60集完结，全网点播量19亿余人次；《武庚纪》第二季《武庚纪之天启》42集完结，点播量超过17亿人次，两季点播量超30亿人次；玄幻动画《斗罗大陆》第一季于腾讯视频独家上线，正片上线前预告花絮点播量1亿余人次，至年底，点播量35亿余人次。《天行九歌》获第十四届中国国际动漫节金猴奖动画系列片提名奖；《秦时明月陆沧海横流》入选第13批浙江省文化精品扶持工程；《秦时明月伍君临天下》获中国版权保护中心优秀原创动漫作品版权开发奖励计划品牌经营类金奖；《秦时明月伍君临天下（续）》获第28届浙江省电视“牡丹奖”动画片优秀作品奖。

（施凌霄　王志红）

产业平台·特色小镇

白马湖生态创意城

【概况】 2018年，创意城管委会实施新建、续建工程项目20个，新签约、引进文创企业117家。举办第十四届中国国际动漫节、第十二届（2018）杭州文化创意产业博览会和首届中国网络文学周。白马湖生态创意城纳入浙江之江文化产业带建设规划五大发展极之一。北京航空航天大学杭州研究生院项目完成用地控规调整、农转用等工作；白马湖区域土地复垦项目一期、三期开工建设，二期（汤家井区块）进入方案设计阶段；塘子堰河（沿山河—萧山界）综合整治工程竣工。

【首届中国网络文学周】 2018年5月16—21日，由中国作家协会、省委宣传部、市委宣传部共同主办，省作协、市文联和滨江区承办的首届中国网络文学周在白马湖中国网络作家村举行，文学周以“新时代、新起点、新使命”为主题。开幕式上，中国作协首次发布《2017中国网络文学蓝皮书》，公布“2017中国网络小说排行榜”“2017年中国网络小说排行榜下半年榜”，回顾与总结2017年中国网络文学发展概貌。文学周期间，举办网络文学创作论坛、海外传播论坛、行业论坛等活动，海内外网络作家、评论家、网络文学组织工作负责人、文学网站和翻译网站负责人、网络文学相关企业代表共400多人参加活动。

【白马湖生态创意城纳入《之江文化产业带建设规划》】 2018年6月26日，《之江文化产业带建设规划》发布。规划由省委宣传部会同省发展规划研究院、市委宣传部编制，省政府常务会议审议通过。规划总体构建“一带一核五级多组团”的之江文化带空间开发格局，重点实施重大文化产业项目32个，计划总投资超过1000亿元。滨江（白马湖）作为五大发展极之一，以白马湖生态创意城为核心区域，是之江文化产业带沿江扩展的重要支撑点和发展增长极，突出“文化+科技”特征，以动漫游戏、网络文学、文化会展等行业为重点，打造全国领先的文化内容生产创新地、文化和科技融合发展示范地。

【省政协委员会客厅揭牌】 2018年8月9日，省政协委员会客厅在中国网络作家村揭牌，会客厅设在中国网络作家村·神仙居管平潮工作室，是浙江省首批3个政协会客厅之一。管平潮是省政协委员，全国著名网络作家，任浙江省网络作家协会副主席，作品、读者众多。省政协委员会客厅通过组织学习、定期开展活动、建言献策等方式，发挥“学习交流的新载体，联系群众的新纽带，协商民主的新路径，团结联谊的新平台”作用。

【白马湖公园二期开园】 2018年10月20日，白马湖公园二期建成开园。白马湖公园二期于2017年10月5日开工建设，总用地面积12.53万平方米，新增绿地12.35万平方米，完成湖底清淤，水质稳定在Ⅲ～Ⅳ类。公园建有入口广场、婚礼草坪、阳光草坪、彩叶渲秋、航模展示、水上丛林、科普教育、赏花休闲8个功能分区。

白马湖公园二期　（区委宣传部　供图）

【“最葵园”项目主体竣工验收】 2018年12月17日,“最葵园”项目主体竣工验收。项目于2017年4月6日开工建设,总投资8000万元,用地面积8700平方米,总建筑面积1.2万平方米,共4幢建筑,分别为3个工艺作坊和1个展厅。项目由中国首位普利兹克建筑奖获奖者王澍设计,采用夯土墙、抹泥墙、清水混凝土等特殊工艺。

【畅唐网络游戏研发基地主体大楼结顶】 2018年12月28日,浙江畅唐网络股份有限公司(以下简称“畅唐网络”)游戏研发基地主体大楼结顶。项目于2017年12月31日开工建设,位于创意城千亩产业园,总投资3亿元,用地面积1.44万平方米,建筑面积4.46万平方米。畅唐网络是一家开发和运营地方化互联网应用服务平台、提供区域性互联网服务解决方案、从事地方互联网文化发掘和传播、提供网络服务的高新技术企业。

（顾彬彬　张益苗）

智慧新天地

【概况】 2018年,智慧新天地建设指挥部重点开展规划完善、基础建设、征迁做地、招商引资等工作。调整浦沿单元13个创新型产业用地性质,规划智慧新天地区域道路及河岸景观绿化。七甲路(闻涛路—西浦路)、滨浦路(规划支路3号路—滨文支路)、规划支路3号路(闻涛路—西浦路)3条道路建成使用,闻涛路(东信大道—华家排灌站)全线施工,沿江绿化及周边环境提升改造整治工程(东信大道—滨文支路)、沿江公园(滨文支路—浦乐路北)一、二期、工业遗址公园等4个项目开工建设。原杭州南郊化学有限公司、电镀厂(A、B)地块土壤及地下水修复工程全部完成。杭州启明医疗器械股份有限公司、杭州吉利寰球科技有限公司、银江股份有限公司落点。全年完成政府投资2.6亿元(含征迁费用)。

【工业遗址公园开工建设】 2018年5月,工业遗址公园开工建设。公园位于闻涛路两侧,新生路以南,建设内容包括对地下室、原熟料库、原水泥磨房、原水泥库、原砖砌水泥库、新建水泥筒进行改造。工程地上部分总建筑面积为5265平方米,不含连廊占地面积230平方米及天桥380平方米;地下室建筑面积为2792平方米。2017年8月7日,经区发改局立项,计划投资3307.58万元。2018年2月11日,确定施工单位。至2018年底,完成72%工程量,完成投资2422.06万元(含征迁费用)。

【3条道路竣工】 2018年11月29日,七甲路(闻涛路—西浦路)竣工验收;12月17日,滨浦路(规划支路3号路—滨文支路)、规划支路3号路(闻涛路—西浦路)竣工验收。规划支路3号路(闻涛路—西浦路)于2015年10月28日经区发改局立项,其余2条道路于2015年10月30日经区发改局立项,2016年11月1日确定施工单位。实际完成总投资5603.95万元(含征迁费用)。七甲路(闻涛路—西浦路)道路长370米、宽20米,2018年3月1日开工建设,完成投资2404.73万元;滨浦路(规划支路3号路—滨文支路)道路长147米、宽16米,2018年3月30日开工建设,完成投资1061.65万元;规划支路3号路(闻涛路—西浦路)道路长422米、宽16米,2018年3月30日开工建设,完成投资2137.57万元。

【闻涛路(东信大道—华家排灌站)建设】 2018年,闻涛路(东信大道—华家排灌站)全线施工,全长4.42千米,分东信大道至规划一号路段、规划一号路至滨文支路、滨文支路至林家里路以南、林家里路以南至浦乐路、浦乐路至华家排灌站段5个项目实施。北端东信大道至规划一号路段和南端浦乐路至华家排灌站段竣工。其余段分三个项目实施,累计完成投资5.63亿元(含历年征迁费用)。规划一号路至滨文支路段2014年12月开工建设,道路长648米、宽30米,受征迁交地影响,至2018年底,完成500米范围内地下管道及道路主体施工,投资623.46万元;滨文支路至林家里路以南段2016年12月底开工建设,道路长1065米、宽30米,受征迁交地影响,至2018年底,完成道路主体结构,累计完成投资2.94亿元;林家里路以南至浦乐路段2018年3月开工建设，道路长1930米、宽30米，至2018年底，完成道路主体结构，投资2.63亿元（含历年征迁费用）。

【区域环境提升改造】2018年，高新区（滨江）实施沿江绿化及周边环境提升改造整治工程3个，其中1个项目竣工验收，2个项目在建。2018年12月14日，浦乐路至华家排灌站整治竣工验收。工程于2015年10月30日经区发改局立项，建设主要内容为花岗岩铺装、彩色沥青骑行道、塑胶跑道、体育公园和地面停车场，用地面积5.32万平方米，另配备管理服务用房及公共设施，总建筑面积653.17平方米。2017年8月2日进场施工，至工程结束，完成投资8218.33万元（含征迁费用）。东信大道至滨文支路整治项目于2015年10月30日经区发改局立项，工程主要内容为绿化工程、室外足球场、管理用房、地下停车库等。项目建设用地总面积8.32万平方米，总建筑面积为1.05万平方米，其中地上建筑面积为2404.04平方米，地下建筑面积为8115.75平方米。2018年6月26日进场施工。至2018年底，完成46%工程量，完成投资1.82亿元（含历年征迁费用）。沿江公园（滨文支路至浦乐路北）一、二期于2018年4月3日经区发改局立项，工程主要内容为绿化园地工程、园路及铺装工程、游憩建筑和服务建筑（轮滑场地、体育健身设施、儿童活动场地、公厕）、管理建筑、地下（半地下）公共停车库以及室外管线、景观照明工程等。项目分两期实施，一期于2018年12月17日确定施工单位，二期于2018年12月10日确定施工单位。（周盼庭）

物联网产业园

【概况】2018年，物联网产业园完成固定资产投资16.47亿元，其中，特色产业投资15.14亿元，占91.9%。园区企业实现营业收入2077亿元，比上年增长37.2%；税收收入39.7亿元，增长80.5%。集聚10家上市企业总部和研发中心，累计集聚科技型企业452家。年末从业人数8.9万人，其中国家级人才工程入选专家23人、省级人才工程入选专家8人、省创新创业团队5个。

2018年，物联网产业园加快推进项目建设，物联网产业孵化器竣工验收，完成物联网感知之轴景观及地下停车场项目设计方案竞赛。园区落点重点产业项目31个，建成投用13个；新落户海亮教育集团、杭州纵横通信股份有限公司、杭州山科智能科技股份有限公司、杭州鸿泉物联网技术股份有限公司4个项目；新开工建设杭州海康威视数字技术股份有限公司、浙江宇视科技有限公司、医惠科技有限公司3个项目；新建成投用海康威视三期、星联合中心、杭州中胜智能科技有限公司、世茂·智慧之门一期4个项目；杭州安恒信息技术股份有限公司、矽力杰半导体技术（杭州）有限公司、浙江建达科技股份有限公司、杭州初灵信息技术股份有限公司4个项目竣工扫尾，浙江省第一水电建设集团股份有限公司项目大楼主体结顶。

【智慧e谷】2018年，智慧e谷新引进中国电信股份有限公司、高树安弗（杭州）科技有限公司、杭州阜博科技有限公司3家企业入驻，办理5家企业续租、1家企业退租，培育杭州泰一指尚科技有限公司、杭州宏杉科技股份有限公司、杭州阜博科技有限公司等21家智慧产业领域成长型企业，引进人才1500多人。新设24小时综合自助办事服务机，企业、人才不出园区可办理社会保障、户籍护照、工商税务、生活服务等业务，完成智慧楼宇升级改造，集成应用智能安防、智能停车、智能抄表、智能灯控、智慧楼宇管理等“智慧+”技术。至年底，实现营业收入24亿元，会议中心承办省、市、区各类大型会议250场，参会人数2.9万人次，智慧e谷展厅全年接待各类参观团组360批、9000多人次。

【4个产业项目投入使用】2018年3月3日至9月3日，海康威视三期、星联合中心、杭州中胜智能科技有限公司、世茂·智慧之门一期4个项目投入使用。

2018年高新区(滨江)物联网产业园投入使用的项目情况

表17

项目名称	项目位置	占地面积(万平方米)	建筑面积(万平方米)	总投资额(亿元)	工　期
海康威视三期	物联网街以北、阡陌路以东、海威新界以西、解放河以南	5.55	25	16	2015年3月10日至2018年3月3日
世茂·智慧之门一期	江南大道以南、智联路以北、解放河路以东,解放河和感知之轴以北	3.38	37.69	28.26	2015年8月14日至2018年9月3日
星联合中心	物联网街以南、西兴路以东、网聚路以西、科维项目以北	0.64	2.66	1	2015年12月15日至2018年6月13日
杭州中胜智能科技有限公司	物联网街以南、西兴路以东、网聚路以西、科维项目以北	0.40	1.64	0.068	2015年12月15日至2018年6月13日

【物联网产业孵化器竣工验收】 2018年7月20日,物联网产业孵化器通过竣工验收。孵化器于2015年12月3日开工建设,位于物联网产业园北部商住配套区,丹枫路以南、缤纷公园以北、宏智路以西、新建设河以东,用地面积2.27万平方米,计划投资5.7亿元,总建筑面积10.58万平方米,其中地上面积6.88万平方米,地下2层,配套停车位866个。物联网产业孵化器是高新区(滨江)首个由政府投资建设可出售的产业大楼,探索集约用地的工业综合体开发模式,为物联网规模型企业发展提供企业加速器。

【宏智路开工建设】 2018年9月5日,宏智路开工建设。宏智路位于物联网产业园北部商住配套区,物联网产业孵化器以东、在建星耀城三期以西、金茂府以南、缤纷街以北,用地面积4400平方米,计划总投资2581万元。道路总长320米,其中缤纷街至丹枫路段长230米,丹枫路以北延伸段长90米。项目计划于2019年11月底前建成投入使用。

【3个产业项目开工】 2018年9月12日至12月29日,海康威视数字音视频产品产业化基地、杭州宇视科技有限公司安防产品产业化基地、医惠智慧医疗产品产业化基地3个项目开工,推进总部集聚和产业化基地建设。(郭　卿)

【nihub杭州国际人才创业创新园落户物联网产业园】 2018年9月30日,nihub杭州国际人才创业创新园(杭州你创网络科技有限责任公司)落户物联网产业园。创业创新园位于物联网产业园核心区,由瑞士籍人才鸿志远创办,是一家为外籍在华创业人员提供一站式服务的创业创新平台,开展国际交流活动,对接、引进、服务外国人创业项目。至年底,举办创新创业活动21场,对接海外创业项目213个,其中29个项目已落地杭州。(戎婧华)

2018年高新区(滨江)物联网产业园新开工项目情况

表18

开工日期	项目名称	项目地址	占地面积(万平方米)	建筑面积(万平方米)	总投资额(亿元)	至年底情况
2018-09-12	海康威视数字音视频产品产业化基地	共联路以西,启智街以北,十甲河以东,规划支路以南	3.67	16.91	10.32	达到地面零标

续表18

开工日期	项目名称	项目地址	占地面积（万平方米）	建筑面积（万平方米）	总投资额（亿元）	至年底情况
2018-12-08	医惠智慧医疗产品产业化基地	江南实验学校月明校区以北，阡陌路以西，月明路以南，在建迪普科技项目以东	2	7.83	5	地下室竣工
2018-12-29	杭州宇视科技有限公司安防产品产业化基地	月明路以北，协同路以西，规划感知之轴以东，规划支路以南	3	13.71	5.62	底板施工

（郭　卿）

互联网经济产业园

【概况】 2018年，互联网经济产业园建设指挥部完成政府投资4100.15万元。园区38家企业完成投资41.68亿元，实现营业收入1118.38亿元，上缴税收65.75亿元。园区在2017年度全省100个省级服务业集聚示范区综合评价中位列第一。北航杭州创新研究院、杭州数知梦科技有限公司、网易蜗牛读书馆入驻北塘河创新中心，创新中心全面投入使用。原浙江中南集团建设有限公司物业改造工程竣工并交付易思维（杭州）科技有限公司使用。

【数知梦入驻北塘河创新中心】 2018年4月1日，杭州数知梦科技有限公司（以下简称”数知梦“）入驻北塘河创新中心1号楼。数知梦成立于2017年，是蚂蚁金融服务集团投资品牌，聚焦新一代数据技术服务公共交通行业数字化智能化转型，融合蚂蚁金融服务集团、数梦工场、高德地图、阿里云、杭州公交集团等资源，搭建“公交数据大脑”，打造“数知梦 · 公交云”品牌。立足、服务公共交通。至年底，数知梦开发的“杭州公交”App用户下载量超200万人次、杭州通支付宝电子公交卡领取量超1000万人次。“数知梦 · 公交云”面向国内100多个城市的公交和地铁输出公共出行App、一体化移动支付、云公交、云调度、云管理、云规划、公交数据云图等数据智能应用，平均每天为3000万级用户提供城市交通出行服务。

【北航杭州创新研究院揭牌】 2018年10月16日，北航杭州创新研究院揭牌。北航杭州创新研究院位于滨江区创慧街18号北塘河创新中心2号、3号、4号、5号、7号、8号楼，总建筑面积8000多平方米，建有微电子与信息材料研究中心、量子精密测量与传感中心、人工智能研究中心、综合交通大数据研究中心、网络空间安全研究中心、大数据与脑机智能研究中心6大研究中心。至年底，入驻首批创新团队60多人。北航杭州创新研究院获浙江省5G产业联盟

北塘河创新中心　　（互联网指挥部　供图）

北京航空航天大学杭州创新研究院　　　（互联网指挥部　供图）

2018年度“浙江省5G应用示范新星奖”，参与的“国际马拉松赛事立体直播项目”获“浙江省5G应用示范创新奖”。

【网易蜗牛读书馆开馆】 2018年10月26日，网易蜗牛读书馆开馆。读书馆位于滨江区创慧街18号北塘河创新中心6号楼，作为杭州高新区（滨江）图书馆互联网阅读分馆，是网易（杭州）网络有限公司和滨江区政府共同推出的公益性公共文化项目。读书馆室内面积1800平方米，有3层楼及阳光书房，馆藏图书6万多册，涵盖文学、艺术、历史、科技等门类。进馆读者可免费借阅并可在杭州公共图书馆系统通借通还，线上读者可免费阅读蜗牛读书App内2万多册电子书。读书馆以读书为中心，以文化沙龙活动、互联网文化为特色和补充，定期举办文化活动、作家沙龙、展览演出、文化论坛等，打造倡导“价值阅读”“全民阅读”的公益文化空间。至年底，读书馆接待读者5.5万人，借阅图书2.4万册，举办活动16场，微博、微信有4782名用户长期关注蜗牛读书馆动态，参与“一日馆员”活动人员64人。（项　磊）

奥体博览城

【概况】 2018年，奥体滨江公司承接市、区政府发放的年度建设任务17个，其中12个为尾款项目，均按要求推进，计划投资5.36亿元，全年投资9.77亿元。完成世界短池游泳场馆临时改建工作，保障第14届世界游泳锦标赛（25米）顺利举行。

【杭州奥体博览城主体育场及附属设施工程恢复施工】 2018年1月，杭州奥体博览城主体育场及附属设施工程恢复施工，至年底，主体育场室外工程基本完工。杭州奥体博览城主体育场及附属设施工程于2011年2月18日开工建设，东至七甲河，西至飞虹路，北至闻涛路，南至奔竞大道。主体育场项目为省、市重点工程，建筑面积21.61万平方米，项目概算25.92亿元。2013—2016年，完成下部混凝土结构结顶、上部罩棚钢结构吊装、金属屋面、幕墙工程、泛光照明工程。2017年，主体育场竣工。

【杭州奥体博览城配套及车库工程】 2018年4月，奥体博览中心配套及车库工程完成土方回填，6月完成结构验收并进入装修及安装阶段。奥体博览中心配套及车库于2014年5月10日开工建设。工程位于钱塘江与七甲河交汇处南侧，南贴飞虹路，西北紧邻主体育场。工程为地下二层，总建筑面积23.5万平方米。2016年4月，因G20杭州峰会景观提升工程停工，2017年完成1号地下室土方量90万立方米和地下室结构主体工程。

【杭州奥体博览城网球中心场馆及附属工程】 2018年5月，网球中心T2—T6场馆、桥梁下空间、配套及车库室外平台等工程完成室外平台主体结构，7月15日，通过结构验收；9月23日，通过T6馆主体结构验收，推进3号桥南侧桥梁下空间、配套及车库景观、绿化工程等。项目于2017年开工建设，东邻七甲河，西、南至一桥南路（奥林匹克大道），北至滨河南路。T2—T6场馆总建筑面积2.20万平方米。其中：半决赛场（T2）建筑面积为3343平方米；室内网球馆（T6）建筑面积为9002平方米，地上1986平方米、地下7016平方米；预赛场（T4）为平台上室外场地，练习场（T5）为室外场地；网球中心二层观众平台建筑面积为1.23万平方米，不含T1决赛馆相连的2632平方米平台。桥梁下空间：2号、3号桥南侧桥梁下空间平台段总长386米，面积7869平方米；2号、3号桥南侧桥梁下空间匝道段总长178米，面积2513平方米；2号、3号桥匝道段接线道路总长100米，面积1400平方米。配套及地下车库室外平台工程占地面积3.95万平方米。地面配套用房总建筑面积607平方米，平台建筑面积1.72万平方米。

【杭州奥体博览城网球中心决赛馆项目】 2018年8月3日，奥体博览中心网球中心决赛馆项目通过钢结构分部工程专项验收，9月30日，完成第14届世界游泳锦标赛（25米）场馆全部改建项目。决赛馆位于闻涛路以南，区界以西。作为特级特大型体育建筑，包含地上三层局部一层，地下一层。建筑高度37.96米，看台最高点标高20.46米，直径约110米。看台和附属用房为钢筋混凝土框架剪力墙结构，固定屋盖和活动屋盖为空间管桁架钢结构体系。结构设计使用年限100年。室外平台二层，为钢筋混凝土框架结构。施工计划总工期为820天。决赛馆项目于2015年8月开工建设，2017年年底，完成主体结构施工、钢结构工程主桁架部分、决赛馆的立面花瓣、屋盖的屋面工程及80%的土建室外二层平台结构。（陈星伊）

特色小镇

【概况】 2018年，高新区（滨江）推进智造供给小镇、金融科技小镇规划建设，培育产业新动能。智造供给小镇入选省级特色小镇第四批创建名单，打造全国智能制造核心技术策源地；互联网小镇在2017年度省级特色小镇考核中获创建类优秀小镇称号；物联网小镇、互联网小镇在2017年度市级特色小镇考核中获创建类优秀小镇称号；2018年11月14日，区管委会、政府办公室印发滨江金融科技小镇建设方案，小镇定位于支撑钱塘江金融港湾的金融服务与创新，打造全国金融科技第一镇。（卢慧黎）

【滨江物联网小镇】 滨江物联网小镇东至风情大道，南至滨和路，西至江陵路，北至滨盛路，规划面积3.66平方千米。2018年，物联网小镇引进科技型企业452家，其中新引进128家，包括上市公司10家、“新三板”企业5家、国家高新技术企业61家、省科技中小企业40家。实现营业收入2077亿元，税收39.7亿元。引进各类创新创业人才8.9万人，其中国家级人才工程入选专家23人、省级人才工程入选专家8人、省创新创业团队5个。

2018年，物联网小镇开展群团改革试点、党建带群建工作试点，实行网上群建改革试点实施方案，建立小镇党群工作委员会，以楼宇（孵化器）为单位设立群团服务站7个，被列入全市基层群团改革试点。推出“智慧科技体验+科普教育”特色产业旅游线路，确定一期线路为智慧e谷展厅、电信智慧双创基地、沃尔沃汽车博物馆、海康威视智慧安防展厅、领跑科技智慧驾驶体验店、江虹无界艺术中心等10个主要景点。缤纷公园投入使用，绿城·晓风印月、温州时代滨江2个配套住宅项目完成土地摘牌。（郭　卿）

【杭州互联网小镇】 杭州互联网小镇西起建业路，东至江晖路，南起滨康路，北至江南大道，规划总面积3.91平方千米，其中核心区规划面积1.51平方千米。2018年，互联网小镇完成投资17.95亿元，其中产业投资17.26亿元，占96.2%。实现营业总收入1306亿元，税收111亿元，科技投入164亿元。新引进互联网科技企业170家，新增有效发明专利892件，累计2807件。新增国家人才计划专家7人，累计23人，省级人才计划专家7人，累计28人；新增市级孵化器6家，累计集聚国家级孵化器2家、省级2家、市级7家；新增国家高新技术企业49家，累计

112家；新增省级科技型中小企业40家，累计95家；新增省级研发中心10家，累计35家；累计拥有上市企业10家，“新三板”挂牌企业6家。6月4日，2017年度杭州市特色小镇创建对象考核结果通报，互联网小镇被评为2017年度市级特色小镇创建对象优秀小镇。8月10日，2017年度省级特色小镇创建和培育对象考核情况通报，互联网小镇被评为2017年度省级特色小镇创建对象优秀小镇。（项　磊）

【滨江创意小镇】 滨江创意小镇位于白马湖生态创意城内，北至白马湖路，西至街道河，南至映翠路，东至白马湖二期，总规划面积3.8平方千米。主要发展动漫游戏、现代传媒、设计服务、文化会展和网络文学等产业。2018年，创意小镇实施新建、续建政府投资项目20个，完成投资4.43亿元，其中特色产业投资2.87亿元。实现营业总收入46亿元，税收2.17亿元。小镇有企业498家，上市企业1家，“新三板”挂牌企业2家，国家级高新技术企业11家，入选省级重点研究院1家，省级企业技术中心、国家级工业设计中心企业3家，入选国家人才计划专家3人，30多家企业获专利525件。中国网络作家村签约作家107人，包括唐家三少、管平潮、月关、猫腻、蝴蝶蓝、蒋胜男等知名网络作家。（王友安）

【滨江智造供给小镇】 滨江智造供给小镇东至时代大道，西至火炬大道，南至冠山公园，北至浙赣铁路，规划面积3.75平方千米。2018年8月10日，浙江省省级特色小镇第四批创建名单和第三批培育名单公布，滨江智造供给小镇被列入浙江省省级特色小镇第四批创建名单。9月5日，区管委会、政府出台《关于加快智造供给产业发展的实施意见（试行）》，确定智造供给企业认定条件、培育措施和相关支持政策，区管委会、政府办公室出台《关于杭州高新区（滨江）智造供给特色小镇创建行动方案的通知》，明确小镇发展方向，完善运行机制，确定各单位责任分工，提供相关保障措施。滨江智造供给小镇致力于建设国内一流的智造供给产业高地，为浙江省推广“数字化制造，平台化服务”提供技术和服务支撑，做大做强产品智能技术（智能硬件）集成的供应商、企业智能制造工程承包商、为多品种智能产品联网使用服务的工程承包商、多系统智能应用的平台服务商、行业与跨行业工业互联网平台服务商，制造企业物联网安全保障平台服务商等“六大类”系统解决问题供应商，创建不同行业领域的“先进制造创新中心”。至年底，滨江智造供给小镇集聚国家高新技术企业1家，科技型中小企业1家，“5050”计划人才1人，大学生创业企业52家。（项　磊）

【滨江金融科技小镇】 2018年11月14日，区管委会、政府办公室出台《滨江金融科技小镇建设方案》，从建设背景和发展基础、发展战略、主要任务，支撑体系、保障措施5个方面进行规划。规划的滨江金融科技小镇北至滨盛路，东至时代大道，西至东信大道，南至南环路，规划范围用地4.4平方千米。小镇设置“一心一带两点三区”发展格局。计划2018—2020年，完成固定资产投资30亿元以上，集聚金融科技企业超过100家，培育主营业务收入超过10亿元的骨干企业5家、主营业务收入超过50亿元的骨干企业1家，金融科技营业规模超过200亿元，成为杭州国际金融科技中心的技术策源地、服务输出地、创新引领区。

资料：“一心一带两点三区”

“一心”为以金融科技产业中心作为小镇的发展核心，集聚金融科技企业总部、成长型金融科技企业和高水平金融科技研究机构。“一带”为以江南大道为轴线打造产城融合发展带，串联起小镇的一心两点三区。“两点”为公共服务节点和科技金融服务节点。“三区”为小镇核心区、产业孵化集聚区、产业发展潜力区。

（区志编研室）

科技创新

综　述

2018年，高新区（滨江）出台科技企业孵化器和众创空间发展五年倍增计划，全年新认定市级众创空间8家、省级众创空间1家，累计拥有市级及以上众创空间32家，其中国家级12家，孵化面积4.99万平方米；新认定市级科技企业孵化器12家、省级科技企业孵化器5家，累计拥有市级以上科技企业孵化器35家，其中国家级7家，在孵企业1504家。推动孵化器专业化和国际化发展，浙江赛伯乐科创股权投资管理有限公司创建的浙江美国洛杉矶海外创新孵化中心入选全省首批海外创新孵化中心创建优秀名单，新增海外创新孵化中心2家。

全区新增第三批国家人才计划专家10人，新增国家创新创业人才2人，省级人才计划专家7人；新增省级领军型创新创业团队3个，市级领军型创新创业团队3个。累计拥有省级、市级研发中心分别为205家、286家，省级企业研究院67家，省级重点企业研究院40家，国家级工程技术研究中心2家。加强科技计划管理，引导企业开展国内外协同创新，做好科技计划项目申报工作。2018年，新增省重点研发计划项目39个，新列入杭州市重大项目29个，新列入杭州市科技成果交易转化项目10个。

北京航空航天大学杭州创新研究院建设稳步推进，微电子与信息材料研究中心等6个重点研究中心启用。

2018年，获国家技术发明一等奖1项、国家技术发明二等奖2项、国家科技进步二等奖3项；获浙江省科学技术奖励16项，其中一等奖1项，获奖数列全省第一；全区技术合同交易额108.18亿元，占全年GDP比重为8%，年度成交额居全省各区县首位。

全年专利申请量1.55万件，其中发明专利申请量7299件，专利授权量8384件，其中发明专利授权量1981件，4项指标均列全市第二名，专利申请量和授权量分别增长10.7%、12.2%。2018年，新增国家知识产权示范企业2家，累计10家；新增省专利示范企业3家，累计26家。高新区（滨江）企业获中国专利金奖1项，银奖2项；获省专利奖5项。国家知识产权服务业集聚发展试验区升级为示范区。　（周俊杰）

2018年高新区（滨江）科技进步统计监测评价指标（一）

表19

指标名称	单　位	2018年	为2017年的（%）
R&D活动人员	人年	35605	99.9
万人拥有R&D人员	人年	999.9	94.0
R&D经费支出	亿元	148.9	106.5
R&D经费支出相当于GDP的比重	%	11.0	-0.4

续表19

指标名称	单　位	2018年	为2017年的(%)
本级财政科技拨款	亿元	21.0	130.7
本级财政科技拨款占本级财政经常性支出比重	%	21.6	6.2
财政性教育经费支出	亿元	21.8	119.2
人均财政性教育经费支出	元/人	8651	109.7
科研机构仪器设备原值	亿元	44.1	108.8
人均科研机构仪器设备原值	万元	12.6	109.4
科技型中小微企业数	家	1913	—
每千家企业中拥有科技型中小微企业数	家	115.0	—
专利授权指数	—	30166	108.6
万人专利授权指数	—	812.0	100.4
全员劳动生产率	万元	39.1	109.5

2018年高新区(滨江)科技进步统计监测评价指标(二)

表20

指标名称	单　位	2018年	为2017年的(%)
战略性新兴产业增加值	亿元	536.1	—
战略性新兴产业增加值占地区生产总值比重	%	39.7	2.5
*高新技术产业增加值	亿元	557.2	—
*高新技术产业增加值占工业增加值比重	%	97.1	0.8
科技服务业营业收入	亿元	1411.6	120.9
科技服务业营业收入占规上服务业比重	%	71.6	0.1
单位地区生产总值能耗下降率	%	4.3	—
环境质量综合评分	—	4.41	100.7
财政科普活动经费	千元	2080	100.5
人均科普活动经费	元	8.3	92.5
信息化发展指数	—	117.1	4.9
创新券使用额	万元	20748	136.8
创新券使用额占财政科技拨款比重	%	9.9	44.3
高新技术企业所得税优惠额	万元	64832	123.9
高新企业所得税优惠额相当于企业应纳税所得额比重	%	1.3	0.3
企业R&D经费加计扣除额增长率	%	82.8	—

2018年高新区(滨江)科技进步统计监测评价指标(三)

表21

指标名称	单　位	2018年	为2017年的(%)
*设置研发机构企业数	家	73	96.1
*企业研发机构设置率	%	39.0	-1.2
*企业R&D活动人员数	人	27926	108.3

续表21

指标名称	单　位	2018年	为2017年的(%)
*企业R&D活动人员占企业从业人员比重	%	29.5	1.2
*开展R&D活动企业数	家	90	83.3
*有R&D活动企业数占工业企业比重	%	48.1	-9.0
*企业R&D经费支出	亿元	101.8	106.5
*企业R&D经费支出相当于主营业务收入比重	%	4.9	-0.5
*工业新产品产值	亿元	1191.5	114.7
*工业新产品产值率	%	57.5	-1.0
高新技术企业数	家	379	108.0
高新技术企业比重	%	51.1	4.0

说明：数据以省科技统计监测评价口径整理而得，*为规模以上工业企业数据　　（周炜婕）

科技企业孵化器

【概况】 2018年，高新区（滨江）新增杭州商苑企业管理有限公司、杭州江虹科技有限公司、杭州多助信息技术有限公司、杭州金绣花边有限公司、杭州启迪东信孵化器有限公司5家省级科技企业孵化器；杭州智滨科技服务有限公司、杨林控股有限公司、杭州兴耀控股集团有限公司等12家市级科技企业孵化器。至年底，有市级以上科技企业孵化器35家，其中国家级7家、省级17家，拥有孵化面积76万平方米。

【6家国家级孵化器通过考评】 2018年10月26日，科技部火炬中心公布国家级科技企业孵化器2017年度考核评价结果，高新区（滨江）6家国家级孵化器全部通过考评，其中东部软件园、华业科技园、天和科技园、“5050计划”加速器4家考评结果为优秀，占杭州市的40%（杭州市共10家），连续2年居杭州市首位。

【东部软件园】 至2018年底，杭州东部软件园孵化企业近300家，培育上市企业3家、“新三板”挂牌企业8家，累计培育高新技术企业、科技型中小企业、软件企业100多家，拥有技术（研发）中心30多个，各类知识产权1500多件，拥有国家人才计划专家6人、省人才计划专家11人、市“521”计划1人，承担国家、地方科技计划项目近200项。东部软件园位于高新区（滨江）江北区块文三路90号，建筑面积20万平方米，是省内首家园区类国资“新三板”挂牌公司（2015年7月“新三板”挂牌），致力于构建“孵化器+产业+资本”的价值型孵化模式，以创业、孵化、投资的联动方式，打造市场化、专业化、高效化的国家级专业型科技企业孵化器。

【华业高科技产业园】 2018年，杭州华业高科技产业园有12家企业列入市科技型初创企业培育工程；申报“5050计划”项目3个，累计申报82个；引进海外高层次创业人才20多人、国家人才计划专家4人、省人才计划专家2人；培育国家人才计划专家2人。至年底，华业高科技产业园新入孵企业21家，累计在孵企业157家；新毕业企业5家，累计48家。累计培育上市企业4家，“新三板”挂牌企业6家；国家高新技术企业56家，其中新培育16家；市高新技术企业49家，其中新培育13家；区瞪羚企业39家，其中新培育13家；获得知识产权3000多项。华业高科技产业园位于滨江区滨安路1180号，建筑面积16.3万平方米。先后被认定为国家级科技企业孵化器、国家小型微型企业创业创新示范基地和首批浙江省创新创业首选地。

【天和高科科技产业园】 2018年，杭州天和高科技产业园按照生命健康产业科学发展理论，通过产业结构高端化，搭建产业集群，打造国际化产业园和国内产业化应用平台，为政府、企业、社会提供基于生命健康全产业链服务支撑全生态系统，通过发展载体平台升级推动产业发展。至年底，天和高科技产业园完成所有在孵企业资料收集和电子档案扫描制作工作；组织入孵企业完成市级、区级在孵企业信息备案工作和在孵企业财政贡献情况统计等各类企业信息汇总统计、整理和上报工作。新增入孵企业29家，累计在孵企业187家；新成功培育国家高新技术企业9家，累计26家；新成功培育市高新技术企业12家，累计43家；新成功培育市初创培育工程企业14家，累计42家。累计引进和培育中科院院士6人、国家人才计划专家16人、省人才计划专家16人及市“521”计划专家30多人。

【“5050计划”加速器】 至2018年底，“5050计划”加速器园区孵化面积2.33万平方米，服务企业2000多家，毕业35家，其中新毕业企业13家。新入孵企业21家，累计183家；新培育国家高新企业3家，累计13家；新培育市高新企业17家，累计31家；新被列入雏鹰计划企业11家，累计30家；新列入省科技型中小企业9家，累计35家；新获得风险投资企业29家，累计82家。园区企业新获得专利48件，累计261件；新获得发明专利13件，累计66件。“5050计划”加速器位于滨江区六和路368号海外高层次人才创新创业基地，主要为海归及国内博士人才提供全方位创业服务。孵化方向包括生物医药、高端装备、集成电路、文化创意、互联网、人工智能、互联网金融、教育科技等。（刘景涛）

众创空间

【概况】 2018年，高新区（滨江）新增省级众创空间杭州生创投资管理有限公司1家，新增市级众创空间科迪（杭州）科技服务有限公司、杭州寰银科技服务有限公司、杭州鱼昆投资管理有限公司、杭州共享创梦工场企业管理有限公司、杭州远方帮实极客企业管理有限公司、杭州全景良仓投资管理有限公司、杭州三大不六孵化器管理有限公司、杭州天陆股权投资管理有限公司8家。至年底，有市级及以上众创空间32家，名列全市第一。其中：国家级12家，名列全省第一；省级以上23家。

【楼友会】 2018年，楼友会孵化毕业企业14家，累计157家；入孵企业32家，累计在孵企业32家。楼友会成立于2014年3月21日，位于高新区（滨江）江北区块黄姑山路29号颐高创业大厦，孵化面积3113.3平方米，工位188个。楼友会为创业者提供优质项目落地、高端人才引进、投资融资、行业产业交流等服务，培育和扶持创新创业企业发展。2015年，被认定为杭州市第一批众创空间，国家备案众创空间；2017年，被认定为国家高新技术企业、获杭州市十佳创业服务机构称号、入选科技型初创企业培育工程“雏鹰”企业榜，2016—2018年连续3年获省级优秀众创空间称号。

【贝壳社】 2018年，贝壳社孵化毕业企业13家，累计43家；入孵企业10家，累计在孵企业24家。贝壳社成立于2014年6月，位于滨江区六和路368号海外高层次人才创新创业基地，孵化面积1586平方米，工位105个。贝壳社孵化方向集中在医疗健康领域，为孵化企业、项目、创业者提供全球化、全要素、“互联网+”、投融资、产业赋能、园区、文化传媒等创新创业服务，举行“2018 AIIA杯人工智能巡回赛·医学人工智能大赛”。贝壳社通过线上传媒平台和线下活动，链接医疗健康产业创业者20多万人、创业公司1万余家、投资机构500多家、投资人1200多人、行业精英1500多人、上市公司或“独角兽”企业100多家，管理4亿元规模天使基金，投资孵化医疗项目35个。2015年，贝壳社通过国家级众创空间认定。

【沃创空间】 2018年，沃创空间孵化毕业企业11家，累计87家；入孵企业13家，累计在孵企业21家。沃创空间于2014年12月成立，位于高新区（滨江）江北区块教工路88号立元大厦，孵化面积1900平方米，工位120个。空间包含沃创咖啡、沃创孵化、沃创资本三大模块，为入驻创业企业提供创业导师、产品和技术服务、金融服务以及创业企业运营管理服务等专业的创业服务。沃创空间打造品牌主题活动“创客X计划”，包含创客说、创客营、创客秀、创客汇以及创客行五大子栏目。通过选拔机制筛选项目，项目分申请、审核、孵化、服务、毕业5个阶段。2015年通过市级众创空间认定，2016年通过省级众创空间认定，2017年通过国家级众创空间认定。

【“独角兽”】 2018年，“独角兽”孵化毕业企业16家，累计72家；入孵企业22家。“独角兽”众创空间于2015年3月25日成立，位于高新区（滨江）江北区块文二路391号西湖国际科技大厦，孵化面积1606平方米，工位202个，孵化方向集中在“互联网+”。“独角兽”打造集项目服务、技术服务、资源对接、投融资为一体的综合性创业服务平台，提供包括产品设计与测试、人力资源、培训、政策申报及资质认定、科技成果转化及产业化等专业化服务，与其他空间形成“众创空间—孵化器—产业园”全链条孵化体系，为创业项目发展提供全方位的服务与支持。2015年通过市级众创空间认定，2016年通过省级众创空间认定和国家级众创空间认定。

【星沅空间】 2018年，星沅空间孵化毕业企业7家，累计22家；入孵企业22家，累计在孵企业77家。星沅空间于2015年9月成立，2016年3月18日在高新区（滨江）江北区块文二路391号西湖国际科技大厦开业。星沅空间面积1340平方米，工位210个，采取独立创业空间及联合工位混合搭配，同时为30多个早期创业团队提供创业资金、商业、技术、产品、市场、人力、法务、财务等服务。星沅空间配有亿元级创业基金——星沅创投；旗下的星沅俱乐部成员均来自长江商学院校友、省内知名企业、商界名人，并自动成为基金主要投资人，为入驻项目提供资金扶持。2016年，星沅空间通过市级众创空间认定，2017年，通过省级、国家级众创空间认定，被评为2017年度省级优秀众创空间。（刘景涛）

创新主体培育

【概况】 2018年，高新区（滨江）有339家企业通过国家级高新技术企业认定，其中首次新认定企业235家、重新认定104家。累计有国家级高新技术企业904家，居全省首位。全年新认定省级科技型中小企业348家，省级高成长科技型中小企业39家，市级科技型初创企业培育工程企业214家。给予244家市级科技型初创企业、培育工程企业创业资助及研发补助1970.6万元。

（孔照哲）

【高新技术企业培育】 2018年3—5月，区科技局分别在区文化中心、智慧e谷、天堂软件园、海外高层次人才创新创业基地、浙江科技大市场、天和科技园、华业科技园组织7场高新技术企业认定政策讲解及实务培训会，围绕申报高新技术企业的政策、申报要求、企业相关技术和财务管理要求内容，对有意向申请认定高新技术企业、区内各科技园区、孵化器、众创空间等近1000家企业共1640人进行培训。根据辖区内企业近三年知识产权、税收等情况开展调查摸底，梳理符合《国家重点支持的高新技术领域》的2500多家科技型企业，列入国家高新技术企业培育库。筛选科技含量高、技术创新能力强的高成长性企业，作为高新技术企业重点培育对象。对有申报意愿的200多家企业通过网络、电话等方式进行跟踪辅导，对放弃重新认定的企业主动了解企业发展情况和问题。推进高新技术企业受理工作，设立江北、江南2个高新技术企业申报集中受理点，招募专业服务机构帮助企业查漏补缺，推进国家高新企业认定工作。至年底，全区339家企业通过认定，其中首次新认定企业235家。认定数及新认定数均列全省区县（市）首位。

（俞凯华）

【科技初创型企业培育】 2018年5月23日，市科委启动市级科技型初创企业培育工程企业申报工作。高新区（滨江）组织399家企业申报，推荐上报382家。市科委按照《杭州市科技型初创企业培育工程实施意见（2018—2020）》进行评审，12月11日，市科委公布2018年杭州市科技型初创企业培育工程企业认定结果，全区214家企业被认定为市科技型初创企业培育工程企业。

（孔照哲）

【高新技术企业培育三年行动计划政策出台】 2018年8月27日，高新区（滨江）出台《杭州高新区（滨江）高新技术企业培育三年行动计划（2018—2020年）》，对在省科技厅云服务平台提交"国高企"认定申请，并通过专家评审的新认定企业补助10万元；获得科技部"国高企"新认定的企业，再给予每家企业一次性20万元奖励；对通过重新认定企业补助10万元；对在区域内开展国家高新技术企业认定服务的科技中介服务机构予以奖励。（俞凯华）

知识产权（专利）

【概况】 2018年，高新区（滨江）区实施国家知识产权战略，推进国家知识产权示范园区、国家专利导航产业发展实验区、国家专利审查员实践基地和国家知识产权服务业集聚发展试验区建设。健全区域知识产权体系，完善区域知识产权政策，提升知识产权创造、运用、保护、管理和服务的能力和水平，加快建设知识产权强区。全区专利申请总量1.55万件，比上年增长10.7%，其中发明专利申请量7299件；专利授权量8384件，其中发明专利授权量1981件，企业发明专利授权量位居全省第一，前十强中占据八位。2018年，每万人发明专利授权量51件，每万人发明专利拥有量314件，均列全省第一。

【知识产权政策激励】 2018年，根据区管委会、区政府关于进一步加强知识产权工作的实施意见，兑现知识产权资助金额3061.45万元。鼓励企业建立管理规范机制，对知识产权管理规范机制创建工作优秀企业给予5万元资助，对创建达标企业给予2万元资助。鼓励企业建设导航数据库，开展分析评议、预警分析、专利微导航，并提供50%的费用资助。鼓励知识产权质押，为企业提供50%基准利率贴息，设立1000万元知识产权质押贷款风险处理资金池，用于区内金融机构开展知识产权质押贷款融资的风险补偿，全年完成专利质押贷款金额6.73亿元。

【中国专利奖申报】 2018年3月28日，高新区（滨江）根据国家知识产权局第二十届中国专利奖的通知，启动2018年中国专利奖申报工作，组织企业申报13项。12月26日，国家知识产权局印发第二十届中国专利奖授奖的决定，高新区（滨江）7家企业获奖，其中1家企业获中国专利金奖，2家企业获银奖，4家企业获优秀奖，列全省首位。至年底，高新区（滨江）累计获中国专利奖52项。

【国家知识产权示范企业和优势企业】 2018年4月10日，高新区（滨江）启动国家知识产权示范企业和优势企业申报、考核工作。根据国家知识产权局办公室开展2018年度国家知识产权示范企业和优势企业考核复核申报工作的通知精神，推荐申报国家知识产权示范企业和优势企业3家，参加国家知识产权优势企业考核15家。8月15日，国家知识产权局印发《关于确定2015年度国家知识产权示范企业和优势企业通过复核企业及2018年度国家知识产权示范企业和优势企业的通知》，英飞特电子（杭州）股份有限公司、杭州远方光电信息股份有限公司2家企业成功申报国家知识产权示范企业，三维通信股份有限公司通过优势企业复核。至年底，高新区（滨江）累计拥有国家知识产权示范企业10家，国家知识产权优势企业10家。

【省专利奖申报】 2018年6月4日，高新区（滨江）根据《浙江省知识产权局关于开展2018年度浙江省专利奖评选的通知》，启动浙江省专利奖申报工作，申报专利14项。9月26日，省科技厅、省知识产权局印发《浙江省科学技术厅关于表彰2018年度浙江省专利奖获奖项目的通报》，高新区（滨江）5家企业获省专利奖，其中3家企业获金奖，占金奖总数20%，获奖数列全市第一位。至年底，高新区（滨江）累计获省专利奖15项。

【知识产权转化运用提升】2018年，高新区（滨江）开展人工智能领域产业专利导航项目，掌握人工智能产业技术发展脉络，分析全区产业细分领域，为企业提供产业发展导航。购买智慧芽专利导航数据库账号，1年内登录系统1.5万次，检索10万次，分析1.5万次，为企业开展专利分析节约成本；举行研讨活动20场，涉及专利创造、保护、运用、管理和国际化，其中10月举行一期2018年物联网产业知识产权保护与运用培训班，围绕知识产权法律制度、物联网产业专利布局、物联网产业知识产权保护、企业知识产权管理实务等内容专题授课，140人参加培训。根据浙江省物联网产业知识产权运营基金实施方案，高新区（滨江）坚持聚焦产业、突出重点，以物联网产业知识产权运营为切入点支撑战略性新兴产业发展，投资项目4个，合计5630万元；储备项目6个，合计4000万元～6000万元，其中完成尽职调查项目2个，合计1500万元。

【知识产权保护力度加大】2018年，高新区（滨江）鼓励企业开展知识产权维权，对在涉外或者具有重大影响的知识产权案件中胜诉或者和解的企事业单位，按其维权代理费的50%给予资助，最高不超过50万元，同一申请人每个年度内最高资助不超过100万元。推动知识产权法院落户高新区（滨江），区知识产权办公室联合区法院、区人才办等单位在海外高层次人才创新创业基地建设知识产权保护服务平台。将中国（浙江）知识产权保护中心滨江分中心建设列入全面创新综合改革试验区建设项目，8月，在浙江省全面创新改革试验区工作督察专题会议上作为重点突出改革项目提出，受到省委全面深化改革领导小组办公室督办并获省科技厅支持。

【知识产权服务机构集聚】2018年，高新区（滨江）开展知识产权服务业发展状况调研，针对机构、企业、园区开展问卷调查和走访，完成调研报告，提出政策建议和服务业未来发展方案。对接各类知识产权服务机构，从北京、上海、广州等地引进优秀的知识产权服务机构进驻高新区（滨江）。至年底，高新区（滨江）集聚知识产权服务机构157家，其中在高新区（滨江）注册机构116家、在高新区（滨江）设立服务点21家、入驻浙江科技大市场12家、与高新区（滨江）开展战略合作8家。设立杭州高新区（滨江）知识产权服务业联盟，加强行业交流和自律。国家知识产权服务业集聚发展试验区建设通过验收。

（吕德军　张景元）

科技管理

【概况】2018年，高新区（滨江）新增国家创新创业人才2人，累计23人；新增国家人才计划专家10人，累计18人。培育创新创业团队，推荐3个团队列入2018年省级领军型创新创业团队、3个团队列入2018年市级领军型创新创业团队。累计拥有省级领军型创新创业团队11家，拥有市级领军型创新创业团队5家。

2018年，推荐上报省重大、市重大等科技计划项目513项，获立项285项，其中省重大科技专项35项、市重大科技专项22项，争取上级经费1.53亿元。推荐上报国家、省科技型中小企业1115家，获立项1074家。

年内，网上技术市场滨江区分市场发布动态信息、科技要闻及政策法规等咨询208条，发布并审核企业技术难题及需求135项，网上合同登记161项。至年底，累计注册会员3423个，技术难题发布1148项，网上合同备案1577项，合作金额10.62亿元。

【高新区企业首次获国家技术发明一等奖】 2018年1月8日，浙江天地环保科技有限公司参与的“燃煤机组超低排放关键技术研发及应用”项目获国家技术发明一等奖，这是高新区（滨江）企业首次获此级别奖项。该项目由浙江大学主持、天地环保参与完成，在多污染物高效协同脱除超低排放系统、多活性中心催化剂、颗粒物、SO_3强化脱除技术等方面取得突破，攻克高效率、高适应、高可靠、低成本等关键技术难题，率先实现燃煤烟气多污染物超低排放。项目授权发明专利34项，制定国家和行业标准15项，成果应用规模化。

【省科学技术奖】 2018年4月11日，省科技厅公布2017年度浙江省科学技术奖获奖项目，高新区（滨江）企业获省级科技进步奖16项，其中一等奖2项、二等奖7项、三等奖7项。浙江吉利控股集团有限公司承担的“吉利JLB-4G13T发动机的研发及产业化”、杭州士兰微电子股份有限公司承担的“高速低功耗600伏以上多芯片高压模块”获省级科技进步奖一等奖。

【第七届中国创新创业大赛】 2018年7月6日，第七届中国创新创业大赛开赛。大赛由科技部、教育部、财政部等单位支持，科技部火炬中心、科技型中小企业技术创新基金管理中心等单位承办。大赛分两个阶段进行，第一阶段为地方赛，由各省级科技管理部门组织举办；第二阶段为全国行业总决赛，按照新材料、新能源及节能环保、生物医药、电子信息、先进制造、互联网及移动互联网6个行业进行比赛。4月28日，高新区（滨江）启动大赛组织工作，144家企业报名参赛。7月24日至9月2日，在省行业总决赛中，高新区（滨江）5家企业获一等奖1项、二等奖2项、三等奖2项。10月15日，全国各行业赛开赛，高新区（滨江）企业杭州纽安津生物科技有限公司获生物医药行业全国赛二等奖，杭州小码教育科技有限公司获互联网行业三等奖，7家企业获全国行业赛优秀奖。

【8家企业入围省高新技术企业技术创新能力百强榜单】 2018年11月12日，省高新技术企业协会发布2018浙江省高新技术企业技术创新能力百强企业名单，新华三技术有限公司、浙江大华技术股份有限公司、杭州海康威视数字技术股份有限公司、恒生电子股份有限公司、阿里巴巴（中国）有限公司、浙江宇视科技有限公司、海康威视系统技术有限公司、网易（杭州）网络有限公司8家企业入围百强榜单。其中新华三技术有限公司、浙江大华技术股份有限公司、杭州海康威视数字技术股份有限公司居百强榜前三。浙江省高新技术企业技术创新能力百强评价榜单是根据《浙江省科学技术厅关于开展2018浙江省国家高新技术企业创新能力百强评价工作的通知》要求，受省高新技术企业协会委托，省科技发展战略研究院、省科技信息研究院从全省904家有效高新技术企业中选出。评价主要从“投入与产出”角度对企业创新能力进行考核和测算，涉及主要指标项有研发经费占主营业务收入比重、研发从业人员人均投入研发经费等7个核心指标。 （俞凯华）

科技合作与交流

【概况】 2018年，高新区（滨江）推进与北京航空航天大学合作，北航杭州创新研究院注册成立并于10月启动运行，召开首届“钱江论坛”，由7名院士领衔的六大研究中心同步启动运行，设立博士后工作站。至年底，累计集聚人才近40人、研究院研发工作人员近70人。年内，杭州科畅科技咨询有限公司的贝壳医疗健康国际科技合作基地被评为省级国际科技合作基地。至年底，有省级以上国际合作基地4家，其中国家级国际合作基地1家。

【贝壳社获批省级国际合作基地】 2018年7月20日，杭州科畅科技咨询有限公司（贝壳社）建立的贝壳医疗健康国际科技合作基地获批省级国际合作基地。基地致力于促进海内外医健科技合作，引进海外医疗健康行业优质人才，推动医健事业发展。自2014年成立以来，先后在杭州、澳大利亚墨尔本等城市和地区设立创业孵化生态平台，实现全球化项目成果的转移转化和产业化。至年底，贝壳社通过基金、创业教育、媒体、园区等方式，引进海外人才，落地海外项目，管理海内外投资基金4亿元人民币和2000万元澳币，投资早期项目30多个，引进海外人才30多人。

【市级产学研合作项目】2018年9月12日，市科委公布2018年杭州市科技成果交易转化项目立项入库名单，高新区（滨江）推荐的杭州憶盛医疗科技有限公司“医院超声信息放射信息管理系统”、杭州信雅达三佳系统工程股份有限公司“加油站统一支付平台软件研发”、浙江康体汇科技有限公司“中国青少年学生体质和生长发育健康工程”、杭州品茗安控信息技术股份有限公司“BIM安装算量系统软件的研发”等10个项目立项入库。（俞凯华）

科技研发载体

【概况】2018年，高新区（滨江）新增浙江浙大中控信息技术有限公司等省级企业研究院10家，累计67家。累计拥有省级重点企业研究院40家，总数列全省区县（市）第一位。新增杭州热威机电有限公司、杭州绿湾网络科技有限公司等省级研发中心22家，累计205家；新增杭州纵横通信股份有限公司、杭州米趣网络科技有限公司等市级研发中心53家，累计286家。新增院士专家工作站6家，累计30家（包括省级8家）；新增专家工作站1家，累计5家。（颜春曲）

【市级研发中心申报】2018年3月22日，市科委启动2018年杭州市企业高新技术研究开发中心申报工作。高新区（滨江）62家企业申报，经初审筛选后推荐53家企业。6月20日，市科委印发《关于认定2018年杭州市企业高新技术研发中心的通知》，杭州纵横通信股份有限公司、杭州远传新业科技有限公司、杭州米趣网络科技有限公司等53家研发中心被认定为杭州市企业高新技术研究开发中心。7月12日，市科委启动2018年农村与社会发展领域杭州市企业高新技术研究开发中心申报工作。高新区（滨江）7家企业申报，经初审筛选后推荐7家企业。11月9日，市科委印发《关于认定2018年杭州市企业高新技术研发中心的通知》，杭州励德手性药物研究开发中心、代谢疾病创新治疗研发中心、云起智慧社区研究开发中心等7家研发中心被认定为杭州市企业高新技术研究开发中心。（俞凯华　颜春曲）

【省级企业研究院申报】2018年6月4日，省科技厅启动2018年省级企业研究院申报工作，高新区（滨江）组织推荐12家企业申报。11月14日，省科技厅公布2018年省级企业研究院认定结果，浙江浙大中控信息技术有限公司等10家企业被认定为省级企业研究院。

2018年高新区（滨江）新增省级企业研究院名单

表22

序　号	省级企业研究院名称	依托单位名称
1	浙江省中控信息智慧交通创新研究院	浙江浙大中控信息技术有限公司
2	浙江省远望信息安全研究院	浙江远望信息股份有限公司
3	浙江省邦盛大数据实时智能分析技术研究院	浙江邦盛科技有限公司
4	浙江省中科微北斗导航技术研究院	杭州中科微电子有限公司
5	浙江省当虹智能视频研究院	杭州当虹科技股份有限公司
6	浙江省网新恒天智慧金融和人工智能研究院	浙江网新恒天软件有限公司

续表22

序　号	省级企业研究院名称	依托单位名称
7	浙江省天地人物联网研究院	浙江天地人科技有限公司
8	浙江省鸿泉智能车联网研究院	杭州鸿泉物联网技术股份有限公司
9	浙江省德联绿色节能工业锅炉物联网研究院	杭州德联科技股份有限公司
10	浙江省光云软件服务研究院	杭州光云科技股份有限公司

【省级研发中心申报】 2018年6月6日，省科技厅启动2018年省级高新技术企业研究开发中心申报工作。高新区（滨江）27家企业申报。经初审，全部推荐上报。11月7日，省科技厅公布2018年省级高新技术企业研究开发中心认定结果，热威电加热省级高新技术企业研究开发中心等22家研发中心被认定为省级高新技术企业研究开发中心。

【院士专家工作站建设】 2018年，高新区（滨江）新增院士专家工作站6家、专家工作站1家，新增数和总数均居全市第一位。至年底，全区有院士专家工作站和专家工作站35家，其中院士专家工作站30家（包括省级8家），专家工作站5家，政策兑现1330万元，新认定数和总数均位居全市第一。各工作站有合作院士32名、专家4名，开展合作项目82项，获发明专利1340件、软件著作权131件，培养各类人才719名，合作产生经济效益累计79亿元。（李明达　虞婷婷）

2018年高新区（滨江）新增省级研发中心名单

表23

序　号	研发中心名称	依托单位名称
1	热威电加热省级高新技术企业研究开发中心	杭州热威机电有限公司
2	绿湾基于大数据的社会公共安全建设服务省级高新技术企业研究开发中心	杭州绿湾网络科技有限公司
3	朔天SoC芯片省级高新技术企业研究开发中心	杭州朔天科技有限公司
4	全维无线网络技术省级高新技术企业研究开发中心	杭州全维技术股份有限公司
5	五洲工程建筑智能服务省级高新技术企业研究开发中心	浙江五洲工程项目管理有限公司
6	环特生物斑马鱼技术省级高新技术企业研究开发中心	杭州环特生物科技股份有限公司
7	思锐智慧养老及智慧民政省级高新技术企业研究开发中心	杭州思锐信息技术股份有限公司
8	鸿雁智能家居省级高新技术企业研究开发中心	杭州鸿雁智能科技有限公司
9	纵横网络通信技术省级高新技术企业研究开发中心	杭州纵横通信股份有限公司
10	乔戈里机器视觉技术省级高新技术企业研究开发中心	杭州乔戈里科技有限公司
11	汉库医学检验省级高新技术企业研究开发中心	杭州汉库医学检验所有限公司
12	山科智能智慧水务省级高新技术企业研究开发中心	杭州山科智能科技股份有限公司
13	朗和容器云与微服务技术省级高新技术企业研究开发中心	杭州朗和科技有限公司
14	科澜空间信息平台省级高新技术企业研究开发中心	浙江科澜信息技术有限公司
15	远传新业电子信息省级高新技术企业研究开发中心	杭州远传新业科技有限公司
16	环茂自控智慧环保省级高新技术企业研究开发中心	浙江环茂自控科技有限公司
17	意能多能源耦合省级高新技术企业研究开发中心	杭州意能电力技术有限公司
18	公共安全智慧公安省级高新技术企业研究开发中心	浙江公共安全技术研究院有限公司

续表23

序 号	研发中心名称	依托单位名称
19	虹软视觉人工智能省级高新技术企业研究开发中心	虹软(杭州)多媒体信息技术有限公司
20	排山绿色公共交通省级高新技术企业研究开发中心	杭州排山信息科技有限公司
21	阔知基于SaaS的在线教育省级高新技术企业研究开发中心	杭州阔知网络科技有限公司
22	绿城农科检测省级高新技术企业研究开发中心	绿城农科检测技术有限公司

(颜春曲)

科技成果及应用

【概况】 2018年,高新区(滨江)获国家技术发明一等奖1项、国家技术发明二等奖2项、国家科技进步二等奖3项;获浙江省科学技术奖励16项,其中一等奖1项,获奖数列全省第一。全区技术合同交易额108.18亿元。

【功能性吸附微界面构造及深度净水技术】 2018年1月8日,杭州回水科技股份有限公司参与完成的项目“功能性吸附微界面构造及深度净水技术”被国务院授予2017年度国家技术发明奖二等奖。“功能性吸附微界面构造及深度净水技术”以形态调控、分子取向、离子络合为主要机制,突破强化产生优势凝聚组份、高吸附活性位点和氧化还原活性物种的微界面净水原理,发明系列功能性净水新材料、新技术和新工艺,实现规模化工程应用,解决DBPs、微量疏水性POPs以及铬、氰等有毒无机物处理三大技术难题。其中,“电化学还原辅助的生物吸附处理高价重金属废水的新技术及组合工艺”由杭州回水科技股份有限公司联合研制,并在30多个工业废水处理工程中成功应用,解决深度去除水中微量污染物和满足更低排放限值净水要求的技术难题。

【国家税务大数据计算与服务关键技术及其应用】 2018年1月8日,税友软件集团股份有限公司参与完成的“国家税务大数据计算与服务关键技术及其应用”被国务院授予2017年度国家科技进步二等奖。该成果是国内唯一可支持“总局+省局”模式的国家税务大数据分析平台软件系列产品,具有税务发票真伪识别及一致性检测,构建全国分布共享的税务数据分析平台,实现灵活、可扩展的电子税务智能分析业务应用,实现数据真实性验证、偷漏税源识别与跟踪,为纳税人信息服务、税收政策评估等提供决策依据。项目于2016年10月在全国推广,应用在国家税务总局和71个省级国地税局,为2800万名法人、纳税人提供服务,成为电子税务大数据分析应用的主要产品。

【干坚果贮藏与加工保质关键技术研究及产业化】 2018年1月8日,杭州姚生记食品有限公司参与完成的“干坚果贮藏与加工保质关键技术研究及产业化”被国务院授予2017年度国家科技进步二等奖。项目成果揭示干坚果不饱和脂肪酸在贮藏、加工和制品三阶段的动态氧化劣变规律,首次发现坚果的氧化劣变规律及产生类脂褐素并阐明其形成机理;创建坚果氧化劣变靶向非化学调控与品质保持技术,突破干坚果贮藏与加工过程加速氧化劣变的行业瓶颈;自主研发新型天然抗氧化剂、高活性脱氧剂和高阻隔包装材料,解决加工过程使用化学抗氧化剂的潜在危害;率先创建干坚果采后的综合调控技术体系,攻克加工制品保质期短的难题,使干坚果保质期延长到6~8个月。成果获国家科技进步奖二等奖1项,省部科技成果一等奖3项,获授权发明专利31件,制订标准20项,发表相关论文83篇。2016—2018年,项目成果帮助公司完成新增销售额77.16亿元,利润6.99亿元。

(窦君宇)

工业·农业

工　业

【概况】 2018年，高新区（滨江）改造旧厂区面积16.5万平方米，实施9个旧厂区整体项目改造。推进技改工作，实施机器换人项目23个，购置工业机器人116台，新增零土地技改项目7个，计划总投资5.25亿元。做好“低小散”企业（产出、资源利用率低、科技含量低、规模小、分布散的企业）整治工作，整治4家“低小散”［含“四无”（无证无照、无安全保障、无合法场所、无环保措施企业）］企业。做好节能工作，完成8家企业8个节能项目备案承诺和2家企业市节水型企业创建。

（李　丹）

2018年高新区（滨江）规模以上工业企业（按行业分）主要经济指标

表24

指标名称	企业数（个）	主营业务收入（万元）	主营业务税金及附加（万元）	应交增值税（万元）	利润总额（万元）	本年折旧（万元）	工业总产值（万元）
总　计	187	20718001	117789	721017	2196971	190730	20716808
按工业主要行业分：	—	—	—	—	—	—	—
农副食品加工业	3	96351	565	3628	3100	1699	74037
食品制造业	1	1447	7	54	-750	80	1028
纺织业	7	60080	391	1294	1069	2949	58745
纺织服装、服饰业	6	51997	221	1339	6733	517	48408
皮革、毛皮、羽毛及其制品和制鞋业	1	1586	24	97	21	89	1550
印刷业和记录媒介的复制业	4	32350	257	1913	4362	1008	32741
文教体育用品制造业	3	16099	143	1211	789	217	11055
化学原料及化学制品制造业	7	48568	294	524	2408	710	45907

续表24

指标名称	企业数（个）	主营业务收入（万元）	主营业务税金及附加（万元）	应交增值税（万元）	利润总额（万元）	本年折旧（万元）	工业总产值（万元）
医药制造业	8	1273926	12655	91541	101403	7035	1502956
橡胶和塑料制品业	4	23191	38	228	-55	502	23389
非金属矿物制品业	1	4328	39	305	43	129	4328
黑色金属冶炼及压延加工业	1	13270	52	430	221	217	13269
金属制品业	4	40357	562	1874	2429	1832	39291
通用设备制造业	15	322950	1903	10701	18770	3273	326836
专用设备制造业	19	221430	2118	16680	16022	2780	176962
汽车制造业	4	115320	147	953	1703	330	52677
铁路、船舶、航空航天和其他运输设备制造业	2	8281	88	63	727	532	7491
电气机械和器材制造业	14	903623	5092	8391	34101	25512	853402
计算机、通信和其他电子设备制造业	63	14483993	85119	549732	2033759	90573	14375435
仪器仪表制造业	17	560591	6465	39176	109062	5662	631288
电力、热力的生产和供应业	1	6232	95	658	1413	1037	6249
燃气生产和供应业	1	2414179	1464	-10219	-141562	38266	2414179
水的生产和供应业	1	17853	55	446	1204	5779	15586

（马佳慧）

【园区改造备案】 至2018年底，4个旧厂区申请改造均通过区发改局备案。杭州春风纺织有限公司计划投资3.5亿元，建设服装设计软件开发及高端服装样衣智造、生产、办公及辅助用房；杭州凡天制衣有限公司计划投资1.2亿元，建设凡天智能化服装生产、办公及辅助用房；杭州金盛工业园有限公司计划投资3.5亿元，用于建设一幢24层的高层厂房及一幢3层的配套用房；杭州新业包装有限公司计划投资1.18亿元，扩建医疗器械生产厂房地上建筑面积2.47万平方米，地下建筑面积7800平方米。

【4家“低小散”企业整治】 2018年，高新区（滨江）对长河街道杭州长一废旧物资回收利用有限公司、杭州江南铸造厂、杭州宏顺纸塑有限公司、杭州三锋金刚石工具厂4家“低小散”企业进行整治，经调查，4家企业均无安全保障，根据有关法律法规作关停淘汰处理。

2018年高新区（滨江）4家“低小散”企业整治情况

表25

单位名称	地　址	占地面积（平方米）	建筑面积（平方米）	所属行业	年产值（万元）	员工数（人）
杭州长一废旧物资回收利用有限公司	长河街道长一社区花园周385号	1000	2000	贸　易	90	15
杭州江南铸造厂	长河街道塘子堰社区井山坞6号	2000	1000	加工制造	700	8
杭州宏顺纸塑有限公司	长河街道塘子堰社区井山坞2号	300	200	印　染	500	11
杭州三锋金刚石工具厂	长河街道塘子堰社区井山坞3号	200	800	加工制造	700	15

（李　丹）

农　业

【概况】 2018年，高新区（滨江）农作物播种面积634公顷，粮食作物产量291吨，经济作物产量1.34万吨，花卉园艺种植面积191公顷，农业总产值1.13亿元，农产品网商营业收入4.2亿元。国家、省、市级品牌25个，无公害基地面积249.52公顷，绿色食品3只，无公害农产品12只。农产品抽检全部合格。

至2018年底，全区拥有市级以上农业龙头企业14家，其中国家级1家、省级3家、市级10家（新增蓝城农业科技有限公司1家），年内实现销售收入36.3亿元，比上年增长10%；税收1.6亿元，增长15%。农业龙头企业累计建立跨地区合作生产基地1.37万公顷，带动农户3.4万人。落实区县协作资金4198万元，实现产业协同资金4.45亿元。（范兴海　韩利红）

2018年高新区（滨江）农村经济收益分配情况

表26　　单位：万元

指　标　名　称		合　计	西　兴	长　河	浦　沿
一、总收入	合　计	6365393	1588267	2742475	2034651
	1.农业	7385	1809	2683	2893
	#农业	5575	1292	1506	2777
	林业	667	0	667	0
	牧业	0	0	0	0
	渔业	1143	517	510	116
	2.工业	1097416	152829	672331	272256
	3.建筑业	2655799	361085	1445613	849101

续表26

指标名称		合计	西兴	长河	浦沿
一、总收入	4.交通运输业	14458	3555	6265	4638
	5.商饮业	1175409	788411	36444	350554
	6.服务业	959673	237516	280381	441776
	7.其他	455253	43062	298758	113433
二、各项费用	合计	5540195	1440943	2281765	1817487
	1.生产费用	4280232	902313	2003760	1374159
	2.管理费用	1187149	538648	205173	443328
	3.其他	72814	–18	72832	0
三、净收入		825198	147324	460710	217164
四、投资收益		12799	0	12097	702
五、农民外出劳务收入		20363	8312	2811	9240
六、可分配净收入	合计	858360	155636	475618	227106
	1.国家税金	192014	28230	104990	58794
	2.上交国家部门	15115	15115	0	0
	3.外来投资分利	1001	155	846	0
	4.外来人员劳务带走收入	210640	12050	186591	11999
	5.企业各项留利	31666	10563	0	21103
	6.乡村集体所得	28717	9768	8568	10381
	7.农民经营所得	379207	79755	174623	124829
七、农民所得总额	合计	405590	85712	180874	139004
	农民人均收入	4.19	4.09	4.26	4.17

（马佳慧）

【农产品参展美丽乡村丰收节】 2018年9月21日至11月4日，高新区（滨江）参加杭州市农办、杭州文广集团承办的中国（杭州）美丽乡村丰收节系列活动。4家农业企业董事长入选杭州市首届“乡村丰收人物”，分别是：祖名豆制品有限公司蔡祖明入选“致富带头人”，杭州滨江果业有限公司胡金龙入选“基层弄潮儿”，杭州艺福堂茶业有限公司李晓军入选“创业新农人”，浙江唯新实业股份有限公司骆贤祥入选“最美乡村人”。11月2—4日，高新区（滨江）以都市总部农业为特色在浙江展览馆一楼设立展区，“祖名”“唯新”“明康汇”“姚生记”“艺福堂”“农茂”等名优品牌农产品集中展示。展会期间，滨江展区实现总销售额8.5万元，销售额在13个区县（市）中与临安区并列第一位。

【滨江农产品获奖】 2018年11月1—5日，高新区（滨江）组织祖名豆制品股份有限公司参加第十六届中国国际农产品交易会，祖名素肉获参展农产品金奖。同月23—27日，高新区（滨江）组织祖名豆制品股份有限公司、杭州姚生记食品有限公司、杭州艺福堂茶业有限公司、杭州唯新食品有限公司参展2018浙江农业博览会。祖名豆制品股份有限公司的祖名素肉、明康汇生态农业集团有限公司的松花菜和土猪肉、杭州姚生记食品有限公司的桶蒸山核桃获浙江农业博览会金奖，杭州艺福堂茶业有限公司的特级安吉白茶、杭州唯新食品有限公司的肉酥获浙江农业博览会优质奖。

【农产品对口帮扶】 2018年7月7日，滨江区举办对口帮扶单位优质农产品产销对接活动暨2018滨江都市农业展览会筹备会议，湖北省恩施州建始县、贵州省黔东南州丹寨县、贵州省黔东南州麻江县、桐庐县和区高新企业、农业企业、街道、社区等代表参加。浙江唯新实业公司与浙江大央泱牧业有限公司签订丹寨黑猪合作意向书；区机关事务中心及30多家高新技术企业签订丹寨黑猪认购单。11月9—11日，滨江区分别在中兴花园、新州花苑、滨兴家园开展对口帮扶单位名优农产品为主的服务社区居民专场销售活动，实现销售额4.42万元。同月17日，滨江区对口帮扶名优农产品展示展销中心在滨江区长河街道网商路开业，展销对口帮扶单位名优农产品。17—18日，滨江区举办以“精准扶贫、合作共赢”为主题的2018滨江都市农业展览会暨对口帮扶农产品展销会，对口帮扶单位的农产品以及区内30多家企业的100多种名优农产品参加展销，实现销售额13.86万元。

【现代都市农业项目扶持】 2018年，根据《杭州市滨江区财政扶持现代都市农业项目和资金管理办法》，经企业申报、专家评审、专项审计和门户网站公示，区农业局对杭州艺福堂茶业有限公司“茶产业运营总部建设”、杭州农茂食品有限公司“冻干水果巧克力涂层研发深加工”、祖名豆制品股份有限公司“祖名食品安全提升改造建设”、杭州姚生记食品有限公司“坚果产品研发及加工技术条件改造扩建”、明康汇生态农业集团有限公司“明康汇农产品电子商务”5个项目实行财政补助资金240万元，对都市精品农业服务协会社会化服务项目实行定额补助资金17.5万元，总计安排财政支农资金257.5万元。

（韩利红　缪　伟）

【股份经济合作社规范运作】 2018年，高新区（滨江）29个股份经济合作社（以下简称“股社”）总收入5.2亿元，其中经营性收入3.61亿元，占总收入的69.4%。农村居民人均年纯收入4.2万元，比上年增长10.5%。25个股社按股分配或分红总额2.21亿元。全区有25个股份经济合作社变更工商登记，注册资金18.84亿元，

2018年7月7日，滨江区举办对口帮扶单位优质农产品产销对接活动暨2018滨江都市农业展览会筹备会议　（区委宣传部　供图）

股社董事长均由撤村建居社区党组织书记经依法选举后担任。21个社区实行社区层面的股社分离和“居账街审”制度，股份经济合作社与社区居委会在社区层面实行组织分设、账户分设和领导班子成员交叉任职。

【股社财务收支及“三资”审计】 2018年4月3日，区农办印发开展2017年度村级财务收支和“三资”情况审计工作的通知，分别委托浙江新华会计师事务所有限公司、浙江至诚会计师事务所有限公司、杭州金瑞会计师事务所有限公司对高新区（滨江）29个股社2017年度的财务收支和“三资”情况进行全面审计，审计监督重点是村级财务收支（包括非生产性支出）的预算及执行、收益分配、土地征（使）用费收支管理、承包租赁合同签订和履行、收支票据使用管理及审核审批、村级基建工程项目管理、村级重大投资项目民主决策及规范管理、财务管理制度的执行等。经审计，全区29个股社2017年底总资产92.73亿元，净资产42.62亿元，固定资产总额22.62亿元。全年实现可分配收入3.45亿元，其中经营收入、发包收入和投资收益3.17亿元，占总收入的91.9%；总支出1.58亿元，收支结余3.04亿元。审计结果表明，2017年度各股社财务收支情况正常、提供资料全面，会计核算全面反映其财务收支和“三资”管理情况。8月15日，区农办印发高新区（滨江）2017年度村级财务审计发现问题整改工作的通知，明确审计整改要求，指导股社和街道对审计发现的问题落实整改，将股社审计问题整改落实工作纳入2018年度全区街道“三农”工作任务考核。加强和完善村级集体“三资”网络监管系统建设，更新和完善原始票据、经济合同、固定资产及资源性资产的数据库，推进股社股东信息化管理，做到股社“三资”监管平台与智慧农经信息平台无缝对接。设置村（居）务公开栏、区门户网站信息公开——村（居）务公开平台等，实行“三资”信息公开多样化，主动接受社员股东监督。

【股社集体大额资金竞争性存放】 2018年4月8日，区农业局组织3个街道分管负责人、会计结算中心（股社三资服务中心）负责人和农经管理员10多人，到江干区股社分离全国试点单位学习，重点学习治理理念和股社集体大额资金竞争性存放工作的先进经验。4—8月，通过政策宣传、调查摸底、制定方案、规范操作，在长河街道开展股社集体大额资金竞争性存放试点工作，通过公开招标方式确定存储股社大额存款的商业银行。2019年1月在全区推广。

【股社“小微权力”清单管理】 2018年8月，高新区（滨江）围绕撤村建居社区编制股社“小微权力”清单制度，包括股社经济的公开内容、股社财务的开支、集体土地征用款项的分配使用、集体资产资源的租赁以及小型集体工程项目建设管理方面的清单流程。内容简单易懂、可操作性强和务实有效，确保股社“小微权力”透明运行。12月17日，股社“小微权力”清单制度在撤村建居社区实行。

（张敏华 季剑声）

【农产品质量安全培训】 2018年9月11—12日，区农业局在杭州滨江果业有限公司举办果蔬无公害生产技术培训班，各街道农业科、农业企业、农资经营店负责人、生产农户共50人参加培训。培训讲授果蔬病虫害绿色防控、果蔬新品种及栽培等技术。

【无公害农产品基地建设】 2018年5月3日，区农业局与市农业局联合对杭州滨江果业有限公司41.3公顷梨园，杭州珠峰生态农业有限公司58.4公顷杨梅园、绿茶园、枇杷园和杭州杨桃弄生态休闲农庄10.1公顷杨梅园、枇杷园开展无公害农产品复查换证现场检查。6月，上述基地农产品被省农业厅授予无公害农产品证书。（范兴海）

进出口贸易

【概况】 2018年，高新区（滨江）自营进出口总额611.53亿元，其中自营出口454亿元，出口规模排名全市第二位、全省第十位，出口增幅高于全国、全省平均水平，获2018年度杭州市外贸目标责任考核一等奖。至2018年底，高新区（滨江）有出口实绩企业600多家，前20名企业出口331亿元，占全区出口总额72.9%。安防、通信、新能源等产业出口额占全区出口总额62%，其中杭州海康威视数字技术股份有限公司、浙江大华技术股份有限公司、浙江宇视科技有限公司3家安防骨干企业出口207亿元，占全区出口总额45.6%；新华三技术有限公司、矽力杰半导体技术（杭州）有限公司、杭州依赛通信有限公司等通信、集成电路行业企业出口27.72亿元，占全区出口总额6%；杭州大和热磁电子有限公司、浙江正泰太阳能科技有限公司、杭州桑尼能源科技股份有限公司等新能源企业出口37亿元，占全区出口总额8.1%。高新技术产品出口275.04亿元，占全区出口总额60.9%；机电产品出口364.27亿元，占全区出口总额80.2%。年内，通过申报中央外经贸发展专项资金鼓励企业开拓国际市场，兑现企业500多家、金额近7000万元。建立涉美企业联系机制，走访企业60多家，收集意见及建议20多条。

【自主品牌国际化程度提高】 2018年，高新区（滨江）有市级出口名牌企业21家，出口额259.13亿元，占全区出口总额57.1%；省级出口名牌企业7家，出口额239.97亿元，占全区出口总额52.9%。其中，杭州海康威视数字技术股份有限公司（以下简称“海康威视”）、浙江大华技术股份有限公司（以下简称“大华股份”）、浙江宇视科技有限公司（以下简称“宇视科技”）3家安防企业出口207亿元，占省出口名牌企业出口总额86.3%，行业骨干企业自有品牌全球化优势明显。海康威视2014—2018年年出口额平均增幅50%，2015—2018年安防行业市场占有率位居第一，自主品牌产品和解决方案应用在180多个国家和地区。

2018年高新区（滨江）出口名牌企业名单

表27

序 号	企业名称	类 型
1	杭州海康威视数字技术股份有限公司	省、市出口名牌
2	浙江大华技术股份有限公司	省、市出口名牌
3	浙江吉利控股集团有限公司	省、市出口名牌
4	浙江正泰太阳能科技有限公司	省、市出口名牌

续表27

序 号	企业名称	类 型
5	英飞特电子(杭州)股份有限公司	省、市出口名牌
6	浙江富瑞浦建材进出口有限公司	省、市出口名牌
7	杭州士兰微电子股份有限公司	省、市出口名牌
8	浙江宇视科技有限公司	省、市出口名牌
9	杭州盛宏进出口有限公司	市出口名牌
10	贝因美集团有限公司	市出口名牌
11	浙江中控技术股份有限公司	市出口名牌
12	杭州市粮油食品土畜产进出口有限公司	市出口名牌
13	浙江苏泊尔家电制造有限公司	市出口名牌
14	杭州久积科技实业有限公司	市出口名牌
15	杭州浙大桑尼能源科技有限公司	市出口名牌
16	杭州庄诚进出口有限公司	市出口名牌
17	中财招商投资集团有限公司	市出口名牌
18	东方通信股份有限公司	市出口名牌
19	杭州爱科科技股份有限公司	市出口名牌
20	三维通信股份有限公司	市出口名牌

2018年高新区(滨江)出口前20名企业情况

表28

序 号	名 称	累计出口金额(亿元)	累计出口金额增减(%)
1	杭州海康威视科技有限公司	125.77	21.34
2	浙江大华科技有限公司	75.44	20.52
3	浙江正泰太阳能科技有限公司	23.65	31.41
4	新华三技术有限公司	18.45	–11.29
5	博世电动工具(中国)有限公司	15.88	–10.51
6	杭州大和热磁电子有限公司	13.28	8.65
7	杭州柏诚毛纺服饰有限公司	7.12	–2.65
8	矽力杰半导体技术(杭州)有限公司	6.22	10.36
9	浙江宇视科技有限公司	5.80	24.93
10	浙江倍生进出口有限公司	5.44	19.63
11	浙江苏泊尔家电制造有限公司	4.85	20.76
12	杭州市粮油食品土畜产进出口有限公司	4.38	17.21
13	杭州河合电器股份有限公司	3.86	–12.67
14	杭州士兰微电子股份有限公司	3.32	4.55

续表28

序　号	名　称	累计出口金额（亿元）	累计出口金额增减(%)
15	英飞特电子（杭州）股份有限公司	3.27	39.16
16	杭州依赛通信有限公司	3.05	24.14
17	浙江肯特科技股份有限公司	2.97	3.01
18	浙江春风进出口有限公司	2.96	2043.23
19	杭州热威机电有限公司	2.87	55.79
20	浙江春风服装集团有限公司	2.85	-32.51
	前20名企业合计	331.44	15.72

（詹　琦）

境外投资

【概况】 2018年，高新区（滨江）境外投资中方投资额44.89亿美元，完成境外投资备案项目61个，其中新设项目49个，增资项目12个。依托网络信息主导产业，新批境外投资项目涉及智慧医疗、智慧物联、智慧互联、电子商务、智能制造等产业，占全部境外投资总额98%。年内，企业对外投资覆盖22个国家和地区，主要分布于美国、加拿大等国家，新增秘鲁、孟加拉国、乌兹别克斯坦等“一带一路”沿线国家。至年底，全区企业境外投资覆盖51个国家。

【境外投资备案流程优化】 2018年，高新区（滨江）按照省、市“最多跑一次”改革部署，加强与省商务厅、市商务委沟通与交流，确保在服务口径、材料要求上与省、市保持一致。制定《滨江区企业境外投资备案指南》，涵盖材料要求、材料清单、审核时间、材料接收地址、联系人、联系电话等信息，确保备案流程清晰。重点对接投资额1000万美元以上项目，面对面指导，确保项目顺利备案。至年底，完成境外投资备案项目61个。其中：中方投资额在1000万美元以上项目11个；1亿美元以上（含1亿美元）项目3个，该3个项目中方投资额41.4亿美元，占中方投资总额92%。

【启明医疗并购以色列公司】 2018年，杭州启明医疗器械有限公司（以下简称“启明医疗”）出资1亿美元并购以色列凯思通有限责任公司（以下简称“凯思通”）100%股权。凯思通是以色列一家科技型医疗器械创业公司，专注于保护大脑免受栓塞，减少经导管瓣膜疾病治疗、手术瓣膜置换、房颤消融和其他结构性心脏手术过程中脑损伤风险的研究。凯思通的研发和生产基地位于以色列，在美国和英国设有子公司，团队35人。启明医疗通过收购凯思通，将其研发团队纳入启明医疗研发体系，提高启明医疗研发和创新能力。

【盾安新能源在孟加拉国建设光伏电站】 2018年4月27日，浙江盾安新能源发展有限公司（以下简称“盾安新能源”）出资1.08亿美元在孟加拉国建设光伏电站。该光伏电站装机容量为100兆瓦（AC），建设后成为孟加拉北部地区装机容量最大的太阳能电站，缓解孟加拉国西北地区电力需求，促进当地及周边地区经济发展。

【热威机电在泰国设立生产基地】 2018年12月，杭州热威机电有限公司（以下简称“热威机电”）为拓展东南亚市场，在泰国设立生产基地。生产基地厂房面积3000多平方米，计划用工150人，年生产电热元件240万个，年销售额4000万元。

2018年高新区（滨江）境外承包工程情况

表29

单 位	累计合同金额（万美元）	累计营业额（万美元）	累计派出人数（人）	月末在外人数（人）
中地海外水务有限公司	—	17277	1	35
中国联合工程公司	—	16639	—	—
浙江大华技术股份有限公司	27406	25996	114	2
浙江众合科技股份有限公司	—	740	—	—
华信咨询设计研究院有限公司	3991	2335	85	52
浙江省邮电工程建设有限公司	8240	7351	27	29
浙江网新联合工程有限公司	—	2129	—	—
浙江正泰太阳能科技有限公司	—	3679	—	6
浙江省水电建筑安装有限公司	—	525	—	119
浙江第一水电建设集团股份有限公司	—	499	38	59
浙江水美环保工程有限公司	47	70	4	2
合 计	39684	77240	269	304

（郭 卿）

招商引资

【概 况】 至2018年底，高新区（滨江）有外资企业及中国港澳台资企业644家，“世界500强”投资项目39个。投资总额累计208.29亿美元，实际利用外资累计83.65亿美元。2018年，新批外资企业及中国港澳台资企业117家，增资项目62个，投资总额1000万美元以上项目31个。实际利用外资8.53亿美元，其中实际到位外资1000万美元以上项目23个，实际到位外资7.03亿美元，占总额82.42%。

【外商投资企业联合网上申报】 2018年4月1日，高新区（滨江）启动外商投资企业年度投资经营信息联合报告工作。通过短信、QQ工作群、杭州高新开发区门户网站“通知公告”栏等发布通知。在企业申报中，做好业务咨询、指导工作，重点核对企业申报基本情况、到资情况，对情况不符的信息实行网上“返回修改”并与企业做好沟通与确认。至7月30日，高新区（滨江）应参报企业601家，实际参报企业563家，参报率93.9%。

【网络信息产业项目重点引进】 2018年，高新区（滨江）新引进“世界500强”企业投资项目——杭州阜博科技有限公司，由美国AT&T和迪士尼共同投资设立，投资总额5亿元，主要从事网络信息技术、数据处理技术研发。新引进杭州易泰美数字科技有限公司、杭州海亮教育科研有限公司、爱普存储技术（杭州）有限公司等网络信息产业项目57个；杭州德诺睿华医疗科技有限公司、杭州珠联医药科技有限公司、杭州倍荣生物科技有限公司等生命健康产业项目27个。网络信息产业项目和生命健康产业项目数量分别占当年新引进企业总数的49%、23%。

【产业投资促进】 2018年，高新区（滨江）落地省、市、县长项目3个，其中海康威视数字安防产业创新项目、浙江大华技术智慧安防研发生产项目开工建设，北京航空航天大学杭州创新研究院举行启动仪式。在杭州市产业投资促进考核中，全市评定“大好高”项目15个、“小而美”项目20个。其中，高新区（滨江）有杭州优行科技有限公司“互联网+新能源汽车共享出行研发运营平台”项目、杭州海康威视数字技术股份有限公司数字安防产业创新项目“大好高”项目2个，杭州海康机器人技术有限公司、杭州趣链科技有限公司、杭州安脉盛智能技术有限公司、易思维（杭州）科技有限公司、杭州知盛数据科技有限公司、杭州唯强医疗科技有限公司“小而美”项目6个。获评项目数量占全市评定总数13.3%和30%。在市产业投资促进考核中列第一考核小组第一名。

2018年高新区（滨江）新引进外资企业情况

表30

序号	企业名称	投资总额（万美元）	注册资本（万美元）	合同外资（万美元）	备案日期
1	杭州星达健康咨询有限公司	15.14	15.14	15.14	2018-01-03
2	杭州珠联医药科技有限公司	234.73	227.16	109.03	2018-01-04
3	杭州玛休斯进出口有限公司	15.30	15.30	15.30	2018-01-08
4	杭州瑞珀科技有限公司	3.06	3.06	3.06	2018-01-11
5	火梦跨文化发展（杭州）有限公司	5.00	5.00	5.00	2018-01-17
6	杭州知盛德健康医疗科技有限公司	76.52	76.52	30.61	2018-01-19
7	杭州盟大进出口有限公司	15.30	15.30	7.65	2018-01-19
8	杭州中赢爱娃科技有限公司	13.01	9.18	2.30	2018-01-23
9	杭州知电台文化创意有限公司	15.30	15.30	15.30	2018-01-23
10	浙江朗坤新能源有限公司	2000.00	1000.00	1000.00	2018-01-24
11	杭州三茶网络科技有限公司	1.58	1.58	1.58	2018-02-02
12	杭州一木工业设计有限公司	0.47	0.47	0.47	2018-02-02
13	杭州巨兽网络科技有限公司	104.20	78.94	23.68	2018-02-11
14	杭州元色科技有限公司	59.64	59.64	47.36	2018-02-12
15	杭州优博创新科技有限公司	607.70	310.05	310.05	2018-03-01
16	杭州谙礼文化有限公司	15.00	15.00	15.00	2018-03-06
17	杭州桥头堡网络科技有限公司	22.12	15.80	5.53	2018-03-06
18	杭州推途信息技术有限公司	0.47	0.47	0.47	2018-03-12
19	八鼎医疗科技（杭州）有限公司	5.00	5.00	5.00	2018-03-19
20	杭州锐客科技有限公司	15.90	15.90	15.90	2018-04-17
21	杭州凯斯美文化创意有限公司	1.59	1.59	1.59	2018-04-17
22	杭州希蚁网络科技有限公司	3.18	3.18	3.18	2018-04-24
23	杭州多普商贸有限公司	15.90	15.90	7.95	2018-04-25
24	杭州灈通科技有限公司	40.23	31.55	31.55	2018-05-02
25	杭州骞晟科技有限公司	157.75	157.75	157.75	2018-05-02
26	天纯软件（杭州）有限公司	0.16	0.16	0.16	2018-05-10
27	希捷（杭州）数据恢复服务有限公司	28.57	20.00	20.00	2018-05-11
28	杭州泰合信息科技有限公司	1.00	1.00	1.00	2018-05-17

续表30

序号	企业名称	投资总额（万美元）	注册资本（万美元）	合同外资（万美元）	备案日期
29	杭州睿拓智能科技有限公司	100.00	100.00	100.00	2018-05-17
30	杭州乒乓网络科技有限公司	1577.46	1577.46	1577.46	2018-05-18
31	绿禅生物科技（杭州）有限公司	157.75	157.75	157.75	2018-05-28
32	杭州速品利网络科技有限公司	15.77	15.77	15.77	2018-06-01
33	杭州卓径文化创意有限公司	7.89	7.89	7.89	2018-06-01
34	杭州冒险骑士网络科技有限公司	15.59	15.59	15.59	2018-06-19
35	杭州海蛙艺品牌管理有限公司	1.56	1.56	1.56	2018-06-19
36	杭州云澄智能科技有限公司	77.95	77.95	58.46	2018-06-19
37	杭州泽鸣医疗器械有限公司	101.33	77.95	23.38	2018-06-20
38	杭州京都电机制造有限公司	46.77	46.77	7.02	2018-06-21
39	杭州星航文化创意有限公司	46.77	46.77	46.77	2018-06-25
40	杭州盛伯文化艺术有限公司	77.95	77.95	77.95	2018-06-26
41	墨威嘉慧（杭州）科技有限公司	38.03	27.17	27.17	2018-07-05
42	龙鸣池科技（杭州）有限责任公司	15.11	15.11	5.59	2018-07-12
43	杭州智驭科技有限公司	21.16	15.11	15.11	2018-07-17
44	艾聚（杭州）医药科技有限公司	90.68	75.57	22.67	2018-07-17
45	杭州格菲网络科技有限公司	1.51	1.51	1.51	2018-07-17
46	杭州马瑞软件设计有限公司	0.76	0.76	0.76	2018-07-31
47	杭州追懒网络科技有限公司	1.51	1.51	1.51	2018-07-31
48	杭州贝丰科技有限公司	73.35	73.35	48.41	2018-08-02
49	阿狄泛特斯（杭州）贸易有限公司	21.43	15.00	15.00	2018-08-23
50	杭州达势科技有限公司	14.67	14.67	14.67	2018-08-31
51	杭州磨味科技有限公司	73.26	73.26	58.61	2018-09-27
52	杭州宇树科技有限公司	2.19	2.19	154.67	2018-10-09
53	安智迈（杭州）环保科技有限公司	43.61	43.61	43.61	2018-10-11
54	杭州编码工坊教育科技有限公司	14.54	14.54	14.54	2018-10-22
55	杭州瑞晟文化创意有限责任公司	14.54	14.54	7.27	2018-10-30
56	杭州勇栈科技有限公司	14.54	14.54	4.07	2018-11-01
57	杭州微帧信息科技有限公司	14.36	14.36	7.13	2018-11-01
58	杭州顺保罗信息技术有限公司	0.14	0.14	0.14	2018-11-20
59	杭州金丕汽车配件有限公司	14.36	14.36	14.36	2018-11-21
60	杭州虚拟桥科技有限公司	14.42	14.42	14.42	2018-12-24

2018年高新区（滨江）新引进中国港澳台资企业情况

表31

序号	企业名称	投资总额（万美元）	注册资本（万美元）	合同外资（万美元）	备案日期
1	杭州倍荣生物科技有限公司	76.52	76.52	15.30	2018-01-19
2	杭州台博科技有限公司	76.52	76.52	24.49	2018-01-23
3	杭州卢米光影科技有限公司	3.06	3.06	3.06	2018-01-29
4	杭州阜博科技有限公司	7894.05	3157.62	3157.62	2018-02-08
5	杭州乾平科技有限公司	50.00	50.00	50.00	2018-02-11
6	杭州网新信息控股有限公司	157.88	157.88	22.10	2018-02-13
7	杭州赛锐医疗器械有限公司	319.38	319.38	319.38	2018-03-13
8	浙江坤塬环境科技有限公司	157.99	157.99	22.12	2018-03-20
9	东壹（杭州）投资管理有限公司	38.33	38.33	38.33	2018-03-20
10	杭州易泰美数字科技有限公司	636.12	636.12	636.12	2018-04-12
11	斯步（杭州）信息技术有限责任公司	14.00	10.00	10.00	2018-05-02
12	四维植业（杭州）科技有限公司	788.73	788.73	788.73	2018-05-03
13	杭州敏泰生物技术有限公司	78.87	78.87	32.34	2018-05-11
14	杭州德诺睿华医疗科技有限公司	22.08	15.77	15.77	2018-05-22
15	杭州游卡文化创意有限公司	157.75	157.75	157.75	2018-05-23
16	杭州新鼎明企业管理咨询有限公司	1558.99	1558.99	1558.99	2018-06-01
17	浙江中胜融资租赁有限公司	1000.00	1000.00	250.00	2018-06-06
18	爱普存储技术（杭州）有限公司	100.00	100.00	100.00	2018-06-07
19	杭州亦奇科技有限公司	9.35	9.35	9.35	2018-06-12
20	杭州海乐畔科技有限公司	1000.00	1000.00	1000.00	2018-06-15
21	威玺融资租赁（杭州）有限公司	3117.98	3117.98	779.50	2018-06-19
22	浙江起而行新能源有限公司	1527.81	1527.81	305.56	2018-06-20
23	杭州傑思科技有限公司	311.80	311.80	311.80	2018-06-21
24	杭州村宿投资管理有限公司	93.54	93.54	45.83	2018-06-21
25	杭州科之量生物技术有限公司	77.95	77.95	77.95	2018-06-21
26	杭州诺心投资管理有限公司	0.16	0.16	0.16	2018-06-22
27	杭州芸视科技有限公司	155.90	155.90	62.36	2018-06-26
28	杭州融汇通融资租赁有限公司	3000.00	3000.00	750.00	2018-07-03
29	执鼎医疗科技（杭州）有限公司	473.64	473.64	736.78	2018-07-03
30	杭州新鼎明商务信息咨询有限公司	173.05	164.28	35.06	2018-07-05
31	杭州海亮教育科研有限公司	20000.00	20000.00	12000.00	2018-07-10
32	滴哒（杭州）融资租赁有限公司	3022.70	3022.70	906.81	2018-07-10

续表31

序号	企业名称	投资总额（万美元）	注册资本（万美元）	合同外资（万美元）	备案日期
33	杭州桐庆文化创意有限公司	15.11	15.11	15.11	2018-07-13
34	杭州形胜科技有限公司	14.06	14.06	14.06	2018-07-16
35	浙江鑫逸融资租赁有限公司	3000.00	3000.00	750.00	2018-07-20
36	杭州堃鹏生物科技有限公司	21.16	15.11	14.36	2018-07-20
37	杭州堃博生物科技有限公司	215.82	151.14	151.14	2018-07-20
38	概美科技（杭州）有限公司	209.49	146.70	146.70	2018-08-09
39	杭州蜜蜂计算科技有限公司	100.00	100.00	100.00	2018-09-04
40	仕珂（中国）有限公司	732.65	732.65	732.65	2018-09-25
41	杭州旭铠企业管理有限公司	1.47	1.47	1.47	2018-09-25
42	德泰迈（杭州）医药科技有限公司	73.26	73.26	68.38	2018-09-28
43	科赛睿生物技术（杭州）有限公司	10.50	7.35	7.35	2018-09-28
44	杭州泡泡电竞信息技术有限公司	1000.00	1000.00	1000.00	2018-10-09
45	杭州预兆文化创意有限公司	7.27	7.27	7.27	2018-10-10
46	杭州太怡健康管理有限公司	14.54	14.54	2.62	2018-10-30
47	浙江厨神餐饮管理有限公司	143.58	143.58	35.90	2018-11-01
48	杭州宏景智驾科技有限公司	26.21	18.34	102.56	2018-11-05
49	杭州万众一芯科技有限公司	369.01	369.01	369.01	2018-11-05
50	浙江跃速科技有限公司	143.58	143.58	43.07	2018-11-16
51	浙江零跑科技有限公司	22038.98	7916.53	7780.13	2018-11-30
52	杭州贝豪实业有限公司	219.48	153.63	1435.83	2018-12-06
53	杭州凤翥企业管理咨询有限公司	1.47	1.47	1.47	2018-12-07
54	杭州孙琳企业管理咨询有限公司	1.47	1.47	1.47	2018-12-07
55	杭州白桃说网络科技有限公司	450.00	450.00	450.00	2018-12-11
56	杭州安博顿科技有限公司	14.42	14.42	14.42	2018-12-12
57	杭州钱铜草科技有限公司	72.09	72.09	35.32	2018-12-24

2018年高新区（滨江）投资总额1000万美元以上外资项目

表32

序号	企业名称	新批/变更	投资总额（万美元）	注册资本（万美元）	合同外资（万美元）	备案日期
1	宝爱捷（中国）汽车投资有限公司	变更	1125	1125	1125	2018-03-15
2	杭州乒乓网络科技有限公司	新批	1577	1577	1577	2018-05-18

续表32

序号	企业名称	新批/变更	投资总额（万美元）	注册资本（万美元）	合同外资（万美元）	备案日期
3	杭州大和热磁电子有限公司	变更	1516	885	885	2018-07-17
4	杭州大和热磁电子有限公司	变更	4057	1352	1352	2018-09-06
5	宝爱捷（中国）汽车投资有限公司	变更	1298	1298	1298	2018-12-28

2018年高新区（滨江）投资总额1000万美元以上中国港澳台资项目

表33

序号	企业名称	新批/变更	投资总额（万美元）	注册资本（万美元）	合同外资（万美元）	备案日期
1	信远融资租赁（浙江）有限公司	变更	5000	5000	5000	2018-01-08
2	浙江朗坤新能源有限公司	新批	2000	1000	1000	2018-01-24
3	杭州阜博科技有限公司	新批	7894	3158	3158	2018-02-08
4	网易无尾熊（杭州）科技有限公司	变更	2547	2547	2547	2018-05-16
5	信远融资租赁（浙江）有限公司	变更	14000	14000	14000	2018-05-21
6	鸿运华宁（杭州）生物医药有限公司	变更	1010	1006	1006	2018-05-21
7	杭州新鼎明企业管理咨询有限公司	新批	1559	1559	1559	2018-06-01
8	浙江中胜融资租赁有限公司	新批	1000	1000	250	2018-06-06
9	杭州海乐畔科技有限公司	新批	1000	1000	1000	2018-06-15
10	威玺融资租赁（杭州）有限公司	新批	3118	3118	779	2018-06-19
11	浙江起而行新能源有限公司	新批	1528	1528	306	2018-06-20
12	杭州融汇通融资租赁有限公司	新批	3000	3000	750	2018-07-03
13	杭州海亮教育科研有限公司	新批	20000	20000	12000	2018-07-10
14	滴哒（杭州）融资租赁有限公司	新批	3023	3023	907	2018-07-10
15	乐麦信息技术（杭州）有限公司	变更	6000	2000	2000	2018-07-10
16	浙江鑫逸融资租赁有限公司	新批	3000	3000	750	2018-07-20
17	杭州乾平科技有限公司	变更	9000	3075	3075	2018-08-27
18	阿里巴巴（中国）网络技术有限公司	变更	12000	11722	11722	2018-09-26
19	杭州泡泡电竞信息技术有限公司	新批	1000	1000	1000	2018-10-09
20	杭州新鼎明企业管理咨询有限公司	变更	7268	7268	7268	2018-10-11
21	杭州沧浪健康管理有限公司	变更	1500	1500	1500	2018-11-27
22	浙江零跑科技有限公司	新批	22039	7917	7780	2018-11-30
23	杭州启明医疗器械股份有限公司	变更	3604	3704	2804	2018-12-04
24	阿里巴巴（中国）网络技术有限公司	变更	259474	259474	0	2018-12-11

续表33

序号	企业名称	新批/变更	投资总额（万美元）	注册资本（万美元）	合同外资（万美元）	备案日期
25	虹软科技股份有限公司	变更	3945	4387	2105	2018-12-20
26	虹润（杭州）科技有限公司	变更	2000	1000	1000	2018-12-25

（娄红芬）

服务贸易

【概况】 2018年，高新区（滨江）服务贸易出口额327.4亿元，占全市服务贸易出口总额25.5%，规模排名全市第二。其中外包离岸执行额195.9亿元，省服务贸易直报系统125亿元，旅游出口6.4亿元。计算机和信息服务出口（国际服务外包）主导作用明显，六大重点领域出口298亿元，占服务贸易出口额91%。计算机和信息服务出口（国际服务外包）离岸执行额195.9亿元，占服务贸易出口额60%；文化、娱乐和体育服务出口以网易（杭州）网络有限公司游戏出口为代表，完成执行额约75亿元，占服务贸易出口总额23%；科技金融平台、物流平台收入以浙江吉利控股集团有限公司、中国邮政速递等企业为代表，服务出口额22.89亿元，占服务贸易出口总额7%；建筑及相关工程服务出口以浙江大华技术股份有限公司、浙江正泰太阳能科技有限公司、中地海外集团有限公司境外承包工程营业额为主，实现营业额18.72亿元，占服务贸易出口额6%；旅游、运输等其他服务贸易出口14.89亿元，占全部服务贸易出口额4%。

【诺基亚杭州研发中心离岸服务外包执行额超过2亿美元】 至2018年底，诺基亚杭州研发中心有员工近4000人，1.1万平方米实验室支持研发及测试工作，实验室投资规模16亿余元，是诺基亚全球最大的研发中心之一。中心主要业务覆盖移动宽带网络技术的研究和开发，具体包括诺基亚通信核心网项目的研究和开发，基站管理项目的研究以及5G移动通信技术项目等。2018年，诺基亚杭州研发中心完成离岸服务外包执行额2.11亿美元。

【道富杭州离岸服务外包执行额1.53亿美元】 至2018年底，道富信息科技（浙江）有限公司（以下简称“道富杭州”）有员工3000多人，有技术研发和金融业务两大业务中心，技术研发中心为道富银行的全球金融业务提供软件研发和技术支持，金融业务中心负责基金会计、记账、另类资产会计业务。2018年，道富杭州完成离岸服务外包执行额1.53亿美元。

2018年高新区（滨江）离岸服务外包执行额1000万美元以上企业

表34

序　号	企业名称	离岸执行额（万美元）
1	杭州海康威视数字技术股份有限公司	84431.86
2	浙江大华技术股份有限公司	77620.42
3	新华三技术有限公司	26475.28
4	诺基亚通信系统技术（北京）有限公司浙江分公司	21101.77
5	道富信息科技（浙江）有限公司	15381.56
6	浙江正泰太阳能科技有限公司	12868.93
7	网易（杭州）网络有限公司	9120.46

续表34

序　号	企业名称	离岸执行额（万美元）
8	英飞特电子（杭州）股份有限公司	6263.40
9	杭州士兰微电子股份有限公司	4474.51
10	杭州泰格医药科技股份有限公司	4318.90
11	浙江宇视科技有限公司	3413.71
12	乐麦信息技术（杭州）有限公司	3257.85
13	微策略软件（杭州）有限公司	2277.78
14	华信咨询设计研究院有限公司	1992.95
15	塔塔信息技术（中国）股份有限公司杭州分公司	1695.69
16	印孚瑟斯技术（中国）有限公司杭州分公司	1316.15
17	浙江吉利控股集团有限公司	1293.23
18	AW(杭州)信息技术有限公司	1170.55
19	杭州NTT DATA软件有限公司	1165.25
20	三星半导体（中国）研究开发有限公司杭州分公司	1133.01
21	中地海外水务有限公司	1078.55
22	滨江兄弟信息技术（杭州）有限公司	1072.06
23	虹软（杭州）科技有限公司	1043.50
24	艾诺威科技（杭州）有限公司	1009.89
	合　计	284977.26

（詹　琦）

批发和零售业

【概况】 2018年，高新区（滨江）实现社会消费品零售总额179.58亿元，比上年增长10%。至年底，全区有农贸市场17个，总经营面积4.88万平方米，固定经营户776户。家居市场1个，大型超市9家，商业综合体3家。

【农贸市场菜价总体稳定】 2018年，高新区（滨江）农贸市场主营蔬菜、鲜肉、调味品、蛋类、水产品、海产品、熟食等17个大类商品。年内，鲜猪肉平均价格为32元每千克，比上年增长6.7%；水（海）产及其他类别商品、叶菜类、豆角类蔬菜的零售价格与上年基本持平，略有上浮。农贸市场菜价总体稳定。

【杭州第六空间大都会家居博览园】 至2018年底，杭州第六空间大都会家居博览园有凡尔赛宫、现代家具馆、8090家居生活馆、灯饰软装馆、国际建材馆、定制馆全屋体验中心、品牌大道七大独幢主题场馆，入驻国际国内知名品牌商位810个，总建筑面积27万平方米。2018年，实现销售额1.28亿元。年内，商场获评杭州市“平安示范单位”“四星级市场”等荣誉。

【大型超市】 至2018年底，高新区（滨江）有大型超市8家，其中世纪联华超市3家、物美超市2家、永辉超市3家。华润万家超市于2018年11月关闭。各超市经营各类食品、生活必需品、家居用品等。2018年，实现总销售额10.37亿元，比上年增长13.9%。

【商业综合市场】 至2018年底，高新区（滨江）有综合商场3家，分别为华联星光大道一、二期和宝龙城市广场、龙湖滨江天街。华联星光大道一、二期建筑面积37万平方米，涵盖餐饮、娱乐、零售、配套等，2018年，华联星光大道实现商业零售额15亿元。宝龙城市广场建筑面积20万平方米，有商户320户。2018年，宝龙城市广场实现营业额约16亿元，获《时代周报》颁发的第十一届中国地产时代奥斯卡、被浙江省百货购物中心协会授予浙江省商业领域“三百”创建示范活动“优秀运营项目”称号。龙湖滨江天街建筑面积24万平方米，有商户350户，主营零售、精品超市、休闲娱乐、特色餐饮等。2018年，龙湖滨江天街实现零售额约16亿元，被2018年中国体验式商业地产论坛评为“年度人气体验式购物中心”，被浙江省商贸业联合会、“联商网”评为2018浙江商贸创新项目。

（陈 晔）

【新零售业态建设】 2018年，市政府重点工作任务考核目标要求全市重点发展“新零售”业态，将阿里巴巴集团“口碑街”、零售通“天猫小店”、“盒马鲜生”门店等新零售业态建设任务列入考核。至年底，高新区（滨江）建成天猫小店52家，“口碑街”1条，新零售“盒马鲜生”1家，通过市商务委员会的认定。其中，“口碑街”以星光大道为中心向周边滨盛路、月明路、江晖路等辐射，覆盖星耀城、中赢国际和康康谷等综合体，改造餐饮商户105家。

（郭 卿）

网上交易市场

【概况】 2018年，高新区（滨江）实现网络零售营业额609.78亿元，比上年增长21.7%。全年跨境电子商务出口额6.63亿美元，进口额0.83亿美元。推动174家企业上线，其中新增“单一窗口”备案企业74家，招强引优企业70家，龙头企业32家。网易考拉在中国国际进口博览会上与110家企业签订近200亿元的商品采购协议，与近10家代表性品牌签订合作升级协议，蝉联跨境进口零售电子商务市场份额行业第一，参与《世界海关组织跨境电子商务标准框架》制定，与全球航运及物流领军企业马士基签署合作协议，利用马士基辐射全球的运输与物流服务，确保在跨境物流海外段运输时效和可控性。

【网易考拉首家线下店在杭州大厦开业】 2018年4月28日，网易考拉首家线下店在杭州大厦开业。网易考拉线下店利用平台大数据及线下店周边“消费者画像”进行选品，其精选模式为消费者节省决策成本。打通线上、线下黑卡会员系统，黑卡会员可在线上、线下享受同样的会员折扣。商品电子价签实现线上和线下价格实时同步，顾客通过扫描电子价签线上的二维码了解商品详情。

资料：“消费者画像”

“消费者画像”是伴随大数据技术而产生并流行的一种工具，通过各种数据（如手机安装的App）推算消费者的特征：年龄、性别、消费习惯等。

【连连支付交易创新高】 2018年，连连银通电子支付有限公司（以下简称“连连支付”）以移动支付、跨境支付、智能支付、金融技术服务为业务核心，服务范围涉及跨境贸易、电子商务、航旅、出行、物流、教育、房产、汽车、保险、基金、文化等20多个行业。至2018年底，连连支付累计交易金额2.7万亿元，累计交易笔数9.26亿笔，累计服务用户数3.69亿人。在跨境支付领域，累计服务跨境电子商务卖家39万余户，累计跨境交易金额930亿余元，第三方跨境收款品牌影响力覆盖率54.2%，位居行业首位。年内，连连支付获浙江省科技进步奖一等奖、浙江省大数据应用服务创新奖等20个奖项。 （郭 卿）

旅游·会展·邮政·通信

旅　游

【概况】　至2018年底，高新区（滨江）有旅行社41家，其中新设立3家。全年旅行社变更7家，旅行社分社网点备案7家。年内，全区进入系统统计的39家旅行社接待国内游客41.16万人次，比上年增长9.8%，其中一日游游客5.73万人次。组织出境旅游3500人次。组织“旅游+文化”“旅游+亲子”等活动80多场，吸引杭州及周边游客50多万人次参加。新开业酒店2家。全区纳入统计监测宾馆饭店9家，接待旅客41.86万人次，其中接待国内游客37.43万人次、接待入境游客4.43万人次。实现营业收入3.83亿元，外汇收入1701.93万美元，增长3.5%。宾馆饭店平均客房出租率67.3%，日平均房价435.79元每间，上涨1%。

【高新区（滨江）首条水上旅游项目迎客】　2018年3—12月，杭州闲艇信步文体有限公司在长河街道陈家村开展“爱上皮划艇嘉年华”第一季活动，通过与旅游公司、线上App、会展公司等企业及景区合作，开发高新区（滨江）首条水上旅游项目。水上旅游项目起点位于陈家村，设计5条不同线路供游客选择，分别为往返2000米的经典山水风情游、往返3500米的SOHO农居创意亲子游、往返5500米的原生态河流环线游、往返2800米的田园牧歌白马湖之旅和往返1万米的勇敢探索者路线，项目吸引游客2000人次。

【特色休闲示范点创建】　2018年3月12日，根据杭州市休闲发展促进会《2018杭州特色休闲示范点创建和复核工作方案》要求，高新区（滨江）启动特色休闲示范点创建和复核工作。5月，杭州宝龙艺术中心、杭州闲艇信步文体有限公司2家单位提交杭州特色休闲示范点申报材料。6—8月，杭州特色休闲示范点创建实施小组对申报企业进行资格审查、评审及暗访，通过“杭州市休闲发展促进会”等官方微信或网站平台对初审合格企业进行大众投票。9月5日，杭

2018年3—12月，高新区（滨江）“爱上皮划艇嘉年华”第一季活动开展

（区委宣传部　供图）

州宝龙艺术中心获“2018杭州特色休闲示范点”称号。

【2家品牌酒店开业】 2018年，高新区（滨江）有2家知名品牌酒店、特色精品酒店开业，新增客房374间（套）。5月4日，位于滨盛路3867号的杭州滨江艺珺酒店开业，设客房175间（套）。9月28日，位于江南大道4756号的杭州滨江世融艾美酒店开业，设客房199间（套）。

【旅行社规范用车培训】 2018年8月30日，区旅游局组织全区旅行社进行规范用车培训，全区50家旅行社及分社近60人参加培训。滨江运管处工作人员围绕“为什么要了解道路客运业务”“如何审核道路客运车辆”讲述规范用车相关知识；区旅游局工作人员围绕境内旅游合同范本，从合同缺项、转委托、虚假宣传、同团不同价等9个方面开展业务辅导。

【高新区（滨江）首条运动休闲类国际旅游产品】 2018年10月28日，“2018杭州坐标·千人城市定向赛”活动举行。该活动为鲜橙体育发展（杭州）有限公司设计开发的高新区（滨江）首条运动休闲类国际旅游产品，由该公司和杭州文化广播电视集团“西湖之声”联合举办。参赛人员按亲子组、大众组、企业组、情侣组和趣味铁人三项组分别组队，参与定向活动。线路分4条，亲子组2条、成人组1条、趣味铁人三项组1条。其中：亲子组、成人组活动从杭州文化广播电视集团出发，设置西兴古镇、第六空间等5个打卡点；趣味铁人三项组活动从杭州文化广播电视集团出发，设置山河路古延庆寺、陈家村等5个打卡点。活动吸引3000多人参加。

【2018衢江旅游杭州（滨江）推介会】 2018年11月9日，“针灸圣地·康养衢江”2018衢江旅游杭州（滨江）推介会在杭州明豪国际酒店举行，推介会由衢州市衢江区旅游委员会主办，高新区（滨江）旅行社及工会代表200人参加。滨衢两地旅游部门、工会、旅行社代表签订合作协议，约定双方共同宣传推广旅游资源和疗休养产品，支持两地旅游企业实现线上、线下销售，倡导文明旅游、品质旅游，并推出2018年“滨江人来衢江”旅游企业惠民政策14项。实现两地资源共享、市场互动、产品互推、利益共享，共同推进滨衢两地旅游市场发展。

【十大特色潜力行业获资金补助105万元】 2018年9月14日，根据市旅委、市财政局《关于拨付2018年度培育发展十大特色潜力行业项目资金的通知》，由市旅委拨付至高新区（滨江）现代服务业专项十大特色潜力行业资金105万元。经区商务局、区财政局联合审核并报区政府审议通过，NEIGHHOOD EARTH（星球奇境）美国太空与火箭中心宇宙大展、鲜橙动力杭州全民运动巡回赛、中国杭州亲子旅游文化年、爱上皮划艇嘉年华第一季4个项目符合资金补助条件，分别获得48.40万元、21.23万元、19.01万元、16.36万元的资金补助。（朱华萍）

会　展

【概况】 2018年，杭州白马湖国际会展中心举办展览29场，会议37场，实现展览和会议收入2524万元，展会面积55万平方米。29场专业展览中，平均每场展览规模1.9万平方米、展览收入85万元。全年观展60万人次。年内，参加行业交流会2次，开展物业人员培训12次，培训186人次。“杭州白马湖国际会展中心”微信公众号关注人数从2017年初不足100人增长至2018年底2700多人，文章阅读量从不足30人次增长至300人次~400人次，百度推广中，“杭州白马湖国际会展中心”官方网站日平均点击量稳定在80人次~100人次。杭州白马湖国际会展中心被评为杭州市会议展览业协会2018年优秀会展企业。

【兔狗家装节】 2018年3月3日至11月25日，“2018·兔狗家装节·杭州站”（以下简称“兔狗家装节”）在杭州白马湖国际会展中心举行春夏秋冬4届展会。展会由杭州兔狗科技有限公司主办，以“先下单后比价 买贵双倍差价返还”为主题，设立装修公司、家装建材、全屋定制、家居软装、中央集成5个展区，展览面积3万平方米，400多个品牌参展。开展签到有礼、无门槛抽奖、下单抽红包、满额返现、联单有礼等活动。活动到场业主6万人次，成交额10.47亿元。《杭州日报》、“新浪新闻”、“人民网”等20多家新闻媒体参与宣传报道。

【第六届中国（杭州）国际汽车博览会】 2018年3月30至4月2日，第六届中国（杭州）国际汽车博览会在杭州白马湖国际会展中心举行。博览会由浙江电视台民生休闲频道、杭州91.8电台、杭州日报社、浙江之声FM88主办，杭州有道文化创意有限公司承办，展览面积3.6万平方米，设展位45个，特装展位30多个，参展品牌50多个，展出车型400多款，其间，推出新车6款，8万人次参展，现场成交2032台、成交额12亿元。40多家媒体参与宣传报道。

【杭州国际超级健康展&可持续生活论坛】 2018年4月13—15日，2018杭州国际超级健康展&可持续生活论坛在杭州白马湖国际会展中心举行。展会由中国健康管理协会、杭州嘉诺展览有限公司、杭州市国际贸易服务中心联合主办，展览面积1万平方米，来自8个国家100个健康品牌参展，国际展商占30%。现场设置澳大利亚、法国、巴西等国际绿色展区，特设可持续环保专区。其间，开展以“大健康引领时代新生活”为主题大健康新生活高峰论坛。“中新网”“央广网”等100多家国内外媒体参与报道。

【第十四届中国国际动漫节】 2018年4月26日至5月1日，第十四届中国国际动漫节在杭州白马湖国际会展中心举行。动漫节以“国际动漫·美丽杭州”为主题，举行会展、论坛、商务、赛事、活动五大版块共55项活动，设展馆6个，展览面积6.5万平方米，招商面积1.68万平方米，国际标展1870个。85个国家和地区、2641家中外企业机构、5760名客商展商和专业观众参展参会，参与国家和地区数再创新高，日本首次组团参展。阿里巴巴网络技术有限公司、网易（杭州）网络有限公司、深圳市腾讯计算机系统有限公司等互联网平台首次同台参展。小猪佩奇、熊本熊、乐高、星球大战等350个中外动漫品牌与形象参展，境外品牌比上届增长11.5%。143.35万人次参加活动，单日观展人数最多11.1万人次。实际成交和签约交易、达成意向合作项目1291项、138.35亿元，现场消费24.86亿元。《人民日报》、美联社、日本《朝日新闻》等121家境内外媒体和68家自媒体公众号参与报道。蔡志忠、朱德庸等作家在第十四届中国国际动漫节上举行作品发布和签售活动。

【第十二届（2018）杭州文化创意产业博览会】 2018年9月19—23日，第十二届（2018）杭州文化创意产业博览会（以下简称“文博会”）举行。文博会由杭州市政府、浙江大学、中国美术学院主办，市委宣传部、市文创办、市会展办承办，以“融—创意城市·美好生活”为主题，设杭州白马湖国际会展中心主会场和中国网络作家村、杭州创意设计中心、桐庐分水笔业国际博览中心3个分会场。主会场展示面积7万平方米，设置国家主题展区、创意生活展区、文化科技展区等八大展区，围绕会展、论坛、发布等版块举办活动35项，来自41个国家和地区的2100多家文创企业和机构参展，签约合作及意向成交金额159.5亿元（含项目融资超过100亿元），是上届文博会的4倍，观众满意率98%，参展商满意率96%。文博会首次设立“国家主题展区”，推行“智慧办展+文化新零售”模式，举行“全年全城参与文博”活动，首次引入“街区化沉浸式体验”，打造“思想的文博会”，首次推出“行业指数发布矩阵”，先后举行“新文化·新消费·美好生活”文化创意产业大数据发布会、2018杭州文创产业投融资论坛暨行业指数发布活动

2018年9月19—23日，第十二届（2018）杭州文化创意产业博览会举行
（区委宣传部　供图）

等17场产业高峰论坛和行业指数发布活动。文博会期间，200多家国内外媒体刊发相关报道近5000篇，网络转发文博会相关信息近36万条，粉丝关注度和点击量超过1亿人次。“腾讯大浙网”“行周末”等40多家自媒体发文点击量累计1400万次。

【金麦奖品质电商节】 2018年9月31日至10月2日，2018年金麦奖品质电商节在杭州白马湖国际会展中心举办。电商节由浙江日报报业集团与阿里巴巴集团旗下淘宝天下传媒有限公司主办。以“探物者”为主题，打造“探物之城”“天猫美家”“天猫生活美学馆”等主题展馆，展览面积1万平方米，100多家电子商务企业参展。现场举行女团快闪、电竞表演、寻找“探物之王”等活动，线下参观3万人次，线上点击5000万人次。其间，举行2018金麦品质奖颁奖典礼，137个品牌、235款产品获奖。

【云集品质生活家居节】 2018年10月10日，“2018云集品质生活家居节”在杭州白马湖国际会展中心举行。家居节由浙江集商优选电子商务有限公司主办，以“集享生活之美”为主题，设立大家电、母婴生活、养生保暖、卫浴生活、家清晾晒五大区域，展览面积1万平方米，40多个品牌参展。现场开展签到有礼、打卡集贴纸换购礼品等活动，到场云集店主3000人次，实际成交额8000万元。

【第五届A20新农展暨网红生鲜节】 2018年10月27—28日，第五届A20新农展暨网红生鲜节在杭州白马湖国际会展中心举行。生鲜节由中国优质农产品开发服务协会指导，A20组委会主办，杭州闯宇农业科技有限公司、优果联品牌管理有限公司承办，省农村青年致富带头人协会、阿里研究院等协办。展览面积2万平方米，设展位180个，特装展位30多个，标准展位150个。现场观众3万余人次，交易额1亿余元。

【ESM浙江电竞节暨第二届浙江国际数字体育娱乐展览会】 2018年12月14—16日，2018年ESM浙江电竞节暨第二届浙江国际数字体育娱乐展览会在杭州白马湖国际会展中心举行。活动由浙江日报报业集团主办，浙报数字文化集团股份有限公司、浙江三博会展股份有限公司、杭州中国国际动漫节会展有限公司联合承办。展览会布展面积2万平方米，实际展出面积9205平方米，展位56个，3万余名观众到场观摩体验。其间，开展亚洲地区最大的局域网玩家聚会战旗电竞总动员（LanStory）、手游王者荣耀城市赛全国总决赛等活动，泉州KENA战队获得腾讯官方赛事第六届王者荣耀城市赛冠军。

【中国（杭州）Cosplay文化节】 2018年12月30日至2019年1月1日，2018中国（杭州）Cosplay文化节在杭州白马湖国际会展中心举行。文化节由中国国际动漫节节展办公室指导，杭州中国国际动漫节会展有限公司主办，南京米漫文化传媒有限公司、杭州小丑鱼文化传播有限公司承办。总展览面积2万平方米，50家企业、2.1万人次参展。现场消费金额500万元。新媒体宣传微博浏览量350万，抖音浏览量900万人次。

2018年杭州白马湖国际会展中心会展情况

表35

序号	会展时间	会展名称	主办方	规模（万平方米）	收入（万元）
1	3月3—4日	2018新春·全国家装节·杭州站	杭州兔狗科技有限公司	3.00	104.40
2	3月9—11日	浙江家博会	杭州十九楼电子商务有限公司	2.00	96.10
3	3月14—17日	第三十一届浙江国际科研、医疗仪器设备技术交流展览会	浙江省医疗卫生国际合作发展中心、浙江省对外科技交流中心	3.40	174.00
4	3月23—25日	19楼结婚采购大会	十九楼网络股份有限公司	2.00	98.47
5	3月30日至4月2日	第六届中国（杭州）国际汽车博览会	杭州有道文化创意有限公司	3.60	199.16
6	4月13—15日	杭州（国际）超级健康展	杭州嘉诺展览有限公司	1.00	60.10
7	4月26日至5月1日	第十四届中国国际动漫节	中国国际动漫节节展办公室	6.50	443.60
8	5月19日	橙瓜网络文学奖（网文之王）颁奖晚会	杭州道文网络科技有限公司	1.00	32.21
9	5月26—27日	建玛特App环球家居特购节杭州站	杭州超级腕电子商务有限公司	2.00	78.90
10	6月3日	省级联盟大型促销	久盛地板有限公司	1.00	33.83
11	6月23—24日	2018夏季·兔狗家装节·杭州站	杭州兔狗科技有限公司	2.00	76.03
12	6月28—29日	全球跨境电商采购大会	杭州岸芷汀兰文化创意有限公司	2.00	111.50
13	6月27—28日	第三届全球跨境电商峰会	北京亿商联动国际电子商务股份有限公司	0.50	29.93
14	7月1日	长河街道七一节活动	长河街道办事处	1.00	7.60
15	7月26日	中国电信浙江公司天翼智能生态产业峰会	号百商旅电子商务有限公司	0.50	24.63
16	9月1—2日	2018金秋·兔狗家装节·杭州站	杭州兔狗科技有限公司	2.00	75.98
17	9月6日	云集首届母婴节	浙江集商优先电子商务有限公司	0.50	24.08
18	9月19—23日	第十二届（2018）杭州文化创意产业博览会	市委宣传部	6.50	220.00
19	9月31日至10月2日	2018金麦奖品质电商节	淘宝天下传媒有限公司	1.00	57.02
20	10月10日	云集品质生活家居节	浙江集商优选电子商务有限公司	1.00	40.34
21	10月23—24日	2018年中国创新创业大赛互联网行业总决赛	浙江火炬生产力促进中心有限公司	0.70	22.75
22	10月27—28日	第五届A20新农展暨网红生鲜节	杭州闯字农业科技有限公司	2.00	74.92

续表35

序号	会展时间	会展名称	主办方	规模（万平方米）	收入（万元）
23	11月9—11日	2018浙江国际宠物产业展	杭州市市场营销协会	1.00	54.59
24	11月10—11日	永强家具订货会	浙江永强集团股份有限公司	0.40	21.39
25	11月24—25日	2018冬季·兔狗家装节·杭州站	杭州兔狗科技有限公司	1.00	44.67
26	12月14—16日	浙江国际数字体育娱乐展览会暨浙江电竞节	浙江三博会展股份有限公司	2.00	105.99
27	12月15—16日	“未来已来”发布会	寰唐（杭州）国际贸易公司	0.50	31.52
28	12月21—23日	2018世界养生大会	杭州华圣健康管理有限公司	1.00	43.98
29	12月30日至2019年1月1日	2018中国（杭州）Cosplay文化节	杭州中国国际动漫节会展有限公司	2.00	69.65

（钟　婕）

邮　政

【概况】 至2018年底，中国邮政集团公司杭州市分公司滨江区分公司（以下简称“滨江邮政”）有从业人员41人，实现业务收入4995.32万元，其中函件业务收入229.21万元、包裹快递业务收入3531.79万元、报刊业务收入111.18万元、集邮业务收入127.54万元、其他业务收入995.6万元。业务完成进度列全市邮政第一。

【催款函项目创新】 2018年，滨江邮政通过邮政渠道寄递告知函方式协助金融企业解决无法联系客户、无法通知欠款人等难题。业务覆盖消费金融客户26家、资产管理客户4家、企业管理客户2家、律所8家。至年底，催款告知函寄递项目实现收入60万元。

【新媒体业务拓展】 2018年，滨江邮政通过朋友圈广告，提供方案撰写、图片制作、视频剪辑、投放支撑等整体服务，协助区民政局、区人武部、区司法局、公安滨江分局等9个部门实现线上投放。实现业务收入20多万元。

【个性定制业务】 2018年5月13日，滨江邮政为杭州师范大学校庆制作个性化邮票7920版、邮折5000个、首日封3.5万枚，业务收入31.2万元。8月，为贝因美婴童食品有限公司新奶粉产品宣传制作个性化邮票3125版、明信片三折页5万枚，提供微信朋友圈广告投放服务，业务收入26万元。12月，为浙江国际智慧交通产业博览会制作主题明信片3000枚、个性化邮折2000版、主题邮册300本、展会纪念戳集3000本，提供朋友圈广告宣传及展会现场服务，实现业务收入近7万元。

（马建强　戴　婵）

电　信

【概况】 至2018年底，中国电信滨江分局净增宽带出账用户4700户，宽带出账用户总数13.86万户；净增ITV（交互式电视）出账用户5000户，ITV出账用户总数8.18万户；净增移动出账用户5.05万户，移动出账用户总数22.2万户。年内，实现业务收入3.59亿元，其中新兴业务收入1.7亿元，占总业务收入47.4%，比上年增长23.2%。承接第14届世界游泳锦标赛（25米）、第十四届中国国际动漫节、第十二届

(2018)杭州文化创意产业博览会等重大赛事、会展的通信网络保障工作。

【助力高新区(滨江)智慧教育建设】 2018年,中国电信滨江分局深化与区教育局的战略合作,助力高新区(滨江)智慧教育建设。协助推进教育云项目,全区学校通过电信裸纤及VPN(虚拟专用网络)接入区教育局内网,共享教育资源;推进人脸识别项目,应用人脸识别技术提升校园安全管理能力。依托高新区(滨江)智慧教育云平台和云服务体系,结合电信教育主干网,推进C网(全球移动通信系统)终端规模式、联动式发展,满足大专院校学生对网络快速度、高质量的需求。(翁兰鹰)

联　通

【概况】 中国联通杭州市滨江区分公司(以下简称"滨江联通")是中国联合网络通信有限公司杭州市分公司在滨江的分支机构。至2018年底,滨江联通有营业厅、服务渠道及网点100家,全区手机用户、固定电话、家庭宽带、企业宽带12万户,移动网络运行基站及室内分布系统1650个,总宽带端口4.5万个。年内,滨江联通新建室内分布系统站点25个、基站66个,加速提升宽带接入速率,新增改造宽带端口数3648个,拆除传统接入机房5个,配合政府推进长兴苑等小区"乱拉线"环境整治。全年实现通信服务收入3.05亿元。

【联通业务拓展】 2018年,滨江联通与创业软件股份有限公司、浙江天搜科技股份有限公司、华祥(中国)高纤有限公司、浙江小泰科技有限公司、杭州安朴酒店管理有限公司等150家企业签订合作协议,为企业提供大带宽、电路及云桌面等业务服务,用于搭建用户业务互联平台及服务器托管。

【滨江联通中标浙江音乐学院无线Wi-Fi项目】 2018年7月,滨江联通中标浙江音乐学院无线Wi-Fi项目。该项目主要解决浙江音乐学院室外无线Wi-Fi信号覆盖问题,合同金额24.8万元。

【浙江联通划小承包建设工单系统上线】 2018年12月,浙江联通划小承包建设工单系统上线。系统覆盖业务需求、勘察设计、施工、评估、验收等环节,确保客户经理实时掌握项目实施进程。实现流程简化、过程透明、信息反馈、流程闭环和按单考核的管理目标,提高客户经理服务意识和实际操作能力。

【滨江联通助力产业互联】 2018年12月24日,滨江联通邀请20多家产业互联企业,主要涵盖智慧物流、智慧养老、智慧工地、智慧园区、智慧楼宇等领域,探讨优势互补、项目共建、合作双赢,共同助力高新区(滨江)智慧城市建设。滨江联通与绿城信息科技有限公司达成合作,推进传统园区改造、养老社区服务。

(邱吟静)

移　动

【概况】 至2018年底,中国移动滨江分公司(以下简称"滨江移动")移动通话用户数45.77万户,4G活跃用户40.9万户,移动家庭宽带用户6.1万户。全年新建宏站、小微站、室内分布系统(以下简称"室分")200多个,建成光网智慧4G室分站点,成为全市唯一一个室分站点全省样板。5G标杆先行先试,完成2.6G频点测试建设,新建5G测试站点20多个,配合落地5G产业联盟。部署5G网络建设,完成阿里巴巴集团、新华三技术有限公司、杭州海康威视数字技术股份有限公司、浙江浙大中控信息技术有限公司等10多家企业5G布点。政企新建覆盖楼宇45幢,累计信息点数超过4万人次。助力区政府开展"平安滨江"宣传,实现滨江区域智能短信全覆盖。保障第14届世池游泳锦标赛(25米)、2018杭州马拉松、第十四届中国国际动漫节保等赛事和活动期间信号稳定。年内，获浙江省“优秀质量管理小组二等奖”“网络卓越贡献奖”等奖项。

【移动智慧电梯管理系统上线运行】 2018年5月14日，移动智慧电梯管理系统上线运行。该系统提供完整的安全监管系统，创新融合物联网和大数据技术，将电梯运行监管、乘梯行为监督、故障发现和处理、紧急事件响应等业务系统集成统一服务平台。平台具备事前预警、事中安抚与处置、事后追溯功能，为区市场监管局安全监管提供保障，减少电梯事故发生概率。至年底，项目覆盖高新区（滨江）10个小区的300多部电梯。项目获2018年杭州市第22届青工“五小”（小发明、小创造、小革新、小设计、小建议）活动优秀科技创新二等奖。

【滨江联合创新中心建设】 2018年9月26日，中国移动浙江公司杭州分公司与滨江区政府在智慧e谷签订合作协议，共同筹建滨江联合创新中心。滨江联合创新中心落点物联网产业园，面积3600平方米，内设5G实验室、网络与信息安全攻防实验室、华为IOT（物联网）生态认证服务中心、5G产业众创空间等机构。中心建成后，致力于探索5G前沿技术在行业中的应用，孵化5G产品，为5G产品提供测试和演示环境，助力打造5G生态链。为相关科创企业提供办公、展示、培训、会议、测试认证等一站式服务，助力企业在高新区（滨江）形成产业联合创新生态圈和双创孵化生态圈。（徐　莉）

华数传媒

【概况】 华数传媒网络有限公司第二分公司及集客响应中心、集客事业部是华数数字电视传媒集团有限公司在滨江的分支机构（以下简称“滨江华数”）。至2018年底，滨江华数在滨江设营业厅2个，有员工84人，配备服务车12辆，建有春波小区、同人春江小区、联庄小区、长江东苑小区、铂金名筑小区五大POP（网络服务）机房。全区数字电视、个人宽带、企事业电视宽带业务10万余户，网络电视信号全覆盖。年内，完成所有小区机房改造工作，百兆网络覆盖用户9万户。第二分公司实现经营收入4730.51万元，大众业务收入比上年下降5%。

【华数“智慧系统”项目】 2018年1月15日，滨江华数与区建管中心签订《滨江区安置小区安防系统提升改造项目》协议，项目采用租赁服务模式，对滨江区36个安置小区进行分批提升改造，改造内容包括高清视频监控系统、智能门禁对讲系统、人车分离道闸系统等。至年底，提升改造5个小区安防系统。5月25日，滨江华数与区行政服务中心签订《滨江区行政服务中心提升改造项目》《滨江区智慧大厅项目》协议，改造行政服务中心原有取叫号、评价系统，实现实名制取号及人脸取号功能，建设大数据分析平台，通过大数据分析大厅各窗口等待人数、等待时长、办件次数、办件效率、闲置率等运行情况，实现可视化展示，办事群众可看到自己所办事项等待情况。开通微信预约功能，可在手机端预约取号、查看叫号进度。通过大数据分析为大厅窗口调整、人员安排等提供决策依据，系统上线后，办事平均等待时间下降35%。

【华数通信保障】 2018年，滨江华数新建智慧安防视频监控系统监控点位1020个，维修监控点位6674个，出具监控日报278份，平台巡检报告155份，公安滨江分局监控在线率99.1%以上。全年处理安全隐患案卷922起，其中集客响应中心维护人员处理590起，代维及施工队处理332起。按照公安滨江分局、区城管局等部门要求，建设智慧安防监控点位1156个、安装调试“最多跑一次”自助机57台。完成省、市两会保障等大型活动网络线路安保保障工作、奥体中心第14届世界游泳锦标赛（25米）电视直播和安全保障，建设滨江“雪亮工程”248个点位线路，升级调试51所学校千兆线路，确保网络畅通及安全。

（阮小杰）

城区建设与管理

规划管理

【概况】 2018年，高新区（滨江）完成分区规划修编，按照教育强区要求，开展《滨江区学前教育设施布点规划》修编，完善小城镇整治专项规划，开展人防设施控规编制，配合市规划局开展《杭州市第一批竞赛场馆建设工程专项规划》《杭州市生态修复专项规划》等8个规划。基本完成长河单元智造供给小镇城市设计，开展滨康综合体城市设计，完成望江隧道管理用房概念性规划研究并落实到控规。完善《滨江区襄七房历史建筑保护利用研究规划》，与市规划局共同研究《东江嘴三江口片区整体发展概念规划》《城东智造大走廊空间战略研究》，开展《杭州高新开发区（滨江）河道绿道系统近期建设方案研究》《滨江区冠山城市中心公园概念规划》，实施农居SOHO提升改造整治工程（一期），开展复垦、废弃宕口地质灾害治理、白马湖公园二期整治、河道整治。加强杭州市滨江区开发边界行动管理，完成开发边界实施管理考核。

2018年，区规划分局核发选址意见书25份，规划条件30份。建设用地规划许可证60份，总用地面积127.27万平方米。房建项目建设工程规划许可证63份，总建筑面积552万平方米（不含围墙、调整项目）。市政项目建设工程规划许可证21份（含2份市局会签）。核发临时用地红线38份。公示宝龙东地块、杭二中白马湖学校扩建等75个项目。年内，对37个项目进行灰线检验，对35个项目进行±0.00检测，发放建设工程规划核实确认意见书31份，总建筑面积229.07万平方米。

【分区规划修编完成】 2018年12月，《杭州高新区（滨江）分区规划（2017—2020）》（以下简称“分区规划”）修编完成，报送市规划局。分区规划编制工作于2017年5月启动，规划用地调整为减少商业服务业用地和住宅用地，增加公共管理与公共服务设施用地、工业用地、绿地与广场用地、交通设施用地、公用设施用地。2018年1—6月，形成分区规划报批稿报区政府及市规划局审核，发展定位优化明确为拥江发展示范区、世界一流高科技园区、宜业宜居新城示范区；发展目标为快乐创业、幸福生活的世界一流高科技园区；完善教育、文化、养老、绿化、体育、医疗卫生、电力等公共设施。8—9月，报批稿通过市政府专题审查会，区规划分局根据审查会建议修改，12月形成送审稿。

【滨江区学前教育设施布点规划】 2018年1月，滨江区根据《滨江区教育强区建设行动计划（2017—2027）》文件精神，优化滨江区学前教育资源配置，完善学前教育用地空间布局体系，按每百户15生标准，区规划分局组织《滨江区学前教育设施布点规划》修编工作。6月，完成过程审查稿，综合分析滨江区学前教育现状，研究确定配建规模，构建合理教育体系。经与设计院多轮对接，12月，形成送审稿。

【智造供给小镇设计项目】 2018年3月，高新区（滨江）以新一代信息技术和先进制造装备的融合创新抢占智能制造产业制高点为发展目标，对冠山北区块城市设计地块的规划定位进行调整，打造智造供给小镇，实现生产、生活、生态融合。根据特色小镇空间布局要求，在延续产业片区、居住生活片区、文化休闲片区三大原有功能片区、规划结构基础上，优化空间布局，在产业片区打造小镇客厅。8月，基本完成长河单元智造供给小镇城市设计。9月，智造供给小镇列入省级特色小镇第四批创建名单。高新区（滨江）将时代大道西侧、长河高级中学以南、萧闻路以北、百仁路以东的2个地块作为智造供给小镇先行启动区块，采用工业综合体概念，运用“规划—开发—管理”一体化理念，将2个地块整合提出工业综合体整体单元开发模式，促进智造供给产业发展和栖息，带动特色小镇建设。10—12月，组织编制工业综合体地块控规局部调整论证报告，组织评审会听取专家和各部门对论证报告的意见。至年底，处于修改阶段。（许伶俐）

建设投资

【概况】 2018年，高新区（滨江）政府投资安排城建类、“五水共治”及小城镇环境综合整治类、教育文卫类、保障用房类、社会服务类建设项目共268个。城建类项目167个，全年计划安排投资31.5亿元。其中：新建项目46个，计划安排工程投资4.9亿元；续建项目52个，计划安排工程投资21.3亿元；前期项目69个，计划安排工程投资1.6亿元；支付尾款项目，计划安排工程投资1.9亿元；征迁费1.9亿元。五水共治及小城镇环境综合整治类项目26个，计划安排工程投资9.7亿元。其中：续建项目21个，计划安排工程投资3.3亿元；前期项目5个，计划安排工程投资1240万元；支付尾款项目，计划安排投资8061万元；征迁费5.4亿元。教育文卫类项目20个，计划安排工程投资10.6亿元。其中：新建项目5个，计划安排工程投资7920万元；续建项目7个，计划安排工程投资4.9亿元；前期项目8个，计划安排工程投资300万元；支付尾款项目，计划安排投资1.8亿元；征迁费3.1亿元。保障用房类项目42个，计划安排工程投资29.4亿元。其中：新建项目9个，计划安排投资3.8亿元；续建项目26个，计划安排工程投资12亿元；前期项目7个，计划安排工程投资3600万元；支付尾款项目，计划安排投资3.7亿元；征迁费9.6亿元。社会服务类项目13个，计划安排工程投资8.8亿元。其中：新建项目1个，计划安排投资2000万元；续建项目11个，计划安排工程投资7.7亿元；前期项目1个，计划安排工程投资100万元；支付尾款项目，计划安排投资8770万元；征迁费220万元。

【解放桥路（江南大道—智联路）项目】 2018年1月20日，解放桥路（江南大道—智联街）工程完成建设任务。工程于2017年9月12日开工建设，位于西兴街道，北起江南大道，南至智联街，整体为南北走向。项目建设内容为道路工程、排水工程、给水工程、通信及路灯工程等，项目用地面积4228平方米，道路长180米，宽24米。项目总投资553万元，实付354万元。

【彩霞路(信诚路—百仁路)项目】 2018年5月20日，彩霞路（信诚路—百仁路）工程完成建设任务。工程于2017年11月15日开工建设，位于长河街道，西起现状月湾路，东至百仁路，整体为东西走向。项目建设内容为道路工程、排水工程、给水工程、通信及路灯工程等，项目用地面积3711平方米，道路长982米，宽1米。项目总投资9343万元，实付3773万元。

【缤纷公园及地下停车库项目】 2018年7月，缤纷公园及地下停车库项目完成建设任务并交付使用。项目于2015年12月3日开工建设，位于滨江区缤纷街以北，新建设河以东，总用地面积7609平方米（以实测为准),总建筑面积1.14万平方米,主要建设内容包括绿化、园林道路及铺装场地,游览、休憩、服务、公共建筑以及地下停车库工程。项目总投资7916万元,累计完成投资额3855.13万元。

【东冠路(月湾路—滨文路)项目】 2018年8月5日,东冠路(月湾路—滨文路)工程完成建设任务。工程于2017年12月29日开工,位于长河街道,南起月湾路(包括交叉口),北接滨文路,呈南北走向,全长239.32米,规划道路红线宽度(标准段)30米,采用双向四车道,设计速度为40千米每小时,沥青混凝土路面,项目包含道路、给排水、结构、景观、通讯、照明等工程。项目总投资2674万元,实付2997万元。

【滨文中学工程】 2018年8月,滨文中学工程完成建设任务并交付使用。工程于2017年2月开工建设,位于七甲路以南,规划支路三号路以北,规划支路五号路以西区块,总用地面积3.34万平方米。主要工程项目为滨文中学及其配套设施,总建筑面积5.66万平方米,其中地上建筑面积2.92万平方米、地下建筑面积2.74万平方米。项目总投资3.94亿元,实付3.25亿元。

【省属单元学校工程】 2018年8月,省属单元学校工程完成建设任务并交付使用。工程于2016年12月开工建设,位于滨盛路以南,二号支路以东,平乐路以西区块。主要工程项目为中小学及其配套设施,总用地面积5.06万平方米,总建筑面积8.49万平方米,其中地上建筑面积4.32万平方米、地下建筑面积4.17万平方米。项目总投资5.79亿元,实付3.47亿元。

【滨浦路(规划支路3号路—滨文支路)工程】 2018年8月,滨浦路(规划支路3号路—滨文支路)工程项目完成建设任务并交付使用。滨浦路(规划支路3号路—滨文支路)工程于2018年3月30日开工建设,位于智慧新天地建设区块,北起规划支路3号路,南至滨文支路。项目建设内容包括道路、道路管线及道路附属工程等。道路全长147米,宽16米,总用地面积2463平方米。项目总投资219.95万元,实付163万元。

【中国动漫博物馆主体建设任务完成】 2018年11月28日,中国动漫博物馆完成主体建设任务。中国动漫博物馆于2015年4月13日开工建设,位于杭州白马湖生态创意城,动漫广场一期东侧、白马湖湖区内,项目建设内容主要包括展厅、电子阅览中心、放映厅、报告厅、研究室、库房、停车库、配套管理用房以及七星公园等设施。项目总用地面积2.77万平方米,总建筑面积为3.04万平方米,其中地上建筑面积2.49万平方米,地下建筑面积5450平方米。项目总投资5.85亿元,实付4.14亿元。

【长河街道小城镇环境整治工程】 2018年12月,长河街道小城镇环境整治工程完成建设任务。长河街道小城镇环境整治工程于2018年1月开工建设,位于长河街道区域,东至网商路和江虹路,西至时代大道,南至规划道路(萧闻路),北至滨康路和南环路,整治区域面积123.6万平方米。包括绿化景观工程、线路“上改下”、截污纳管、河道及池塘整治、建筑立面和广告整治、违章建筑拆除、道路整治、停车场、公园、老街环境整治等。项目总投资7.22亿元,实付1.2亿元。

【滨安小学工程】 2018年12月,滨安小学工程完成建设任务并交付使用。滨安小学工程于2017年3月开工建设,位于东流路以南,花园徐直河以东,阡陌路以北区块,总用地面积3.62万平方米。主要工程项目为小学及其配套设施,总建筑面积6.54万平方米,其中地上建筑面积3.34万平方米,地下建筑面积3.2万平方米。项目总投资4.87亿元,实付2.26亿元。 (骆佳佳)

【工程建设项目审批制度改革试点】 2018年,高新区(滨江)以企业需求为导向,通过取消一批事项、合并一批环节、调整一批时序、推进承诺制、开展区域评估等系列措施，应用工程建设项目审批管理系统并确保“系统以外无审批”，创新审批机制、精简审批环节、优化审批流程、提升服务效能，实现工程建设项目全流程审批时间缩减至100个工作日以内。改革实施后，全区新立项10个项目，均达到改革目标要求，其中科博特先进装备制造产业化基地项目从立项到开工建设仅59天、杭政储出〔2018〕14号地块（绿城房地产）项目从立项到开工建设仅90天。（吴敏捷）

市政工程建设

【概况】 2018年，城建指挥部承接区政府年度投资建设任务29个，完成投资10.21亿元。高新总公司承接区政府年度投资项目建设任务69个，完成投资3.96亿元。至年底，江虹路跨铁立交建成通车，协同路（滨和路—物联网街）、物联网街（西兴路—风情大道）等8条（段）配套道路建成，善庆庄横河综保工程完工，冠一河建成通水，天马路拓宽提升工程（区界—长江南路）开工建设，新增绿化面积2.03万平方米。（郝富强　陈星伊）

【浦沿路改造提升工程】 2018年1月20日，浦沿路改造提升工程开工建设。工程南起东信大道，北至区界山北河，全长约3600米，标准段宽50米，为旧路拓宽改造提升项目。改造建设内容为道路拓宽、桥梁重建、道路配套雨污水管线、燃气、电力、电信管线改迁移位，绿化、交通安全设施、道路照明建设等，由双向四车道改造为双向六车道城市主干道。项目总投资9.77亿元。至年底，滨文路以南段竣工通车。

【平乐路建设工程】 2018年3月1日，平乐路开工建设。工程位于闻涛路以南，建业路以东，时代大道以西，道路全长807米，横断面标志段宽20米，总用地面积为2.87万平方米。道路等级为城市支路，沿线跨越永久河，设桥梁一座。建设内容主要包括道路、给排水、景观、电气照明以及桥梁等工程，项目总投资9524万元。11月30日，工程竣工。（陈星伊）

【江虹路跨沪昆绕行线铁路立交建成通车】 2018年7月1日，江虹路跨沪昆绕行线铁路立交建成通车。项目于2017年5月16日开工建设，北起滨康路，南至滨文路，是连接滨江区东部沪昆绕行线南北交通重要通道，全长922.7米，累计完成投资1.12亿元。主线设计车速50千米每小时，辅道为30千米每小时，在立交南北两侧设置4部垂直电梯及楼梯通道，供行人通行。

【江南大道（中兴立交—西兴立交）改造工程】 至2018年底，江南大道（中兴立交—西兴立交）工程涉及电力、通信、燃气3种配套管线迁改割接工作全部完成；西北明挖段及大盾构始发井围护结构施工完成，开始基坑开挖；西南明挖段及大盾构始发井围护结构施工；东明挖段及大盾构接收井地连墙施工，隧道管片生产1300多环；北线盾构完成厂内安装调试；中兴桥北侧桩基施工完成；江晖路和阡陌路2个过街通道主体开工建设。江南大道（中兴立交—西兴立交）工程于2017年12月28日主体开工建设，项目概算25.03亿元，至2018年底完成投资7.47亿元。

【白马湖路（湖西路—江虹路）提升工程】 2018年2月25日，白马湖路（湖西路—江虹路）改造提升工程开工建设。项目位于滨江区白马湖单元，西起湖西路，东至江虹路，全长1.4千米。4月25日，项目竣工，道路红线宽40米，新建380米栈道，由双向2车道拓宽至双向4车道，白马湖路实现全线4车道。

【善庆庄横河综治工程】 2018年3月10日，善庆庄横河（花园徐直河至阡陌路）综治工程开工建设。开挖清淤土方约1.85万立方米，河道由8米扩宽至15米，新建驳坎436米，绿化面积7150平方米，新建单跨钢桁架人行景观桥1座。8月15日，工程竣工，标志着善庆庄横河全线综合整治工程完成。善庆庄横河位于滨江区西兴街道，东起西兴路，西至花园徐直河，全长708米，河宽15米，总投资5766万元。善庆庄横河综合整治工程分阡陌路至西兴路段、西兴路至固陵路段南侧、西兴直河至西兴路段、花园徐直河至阡陌路段。2014—2017年，完成对阡陌路至西兴路段原有驳坎加固整治、固陵路至阡陌路段景观铺装；西兴路至固陵路段南侧清淤、驳坎新建、绿化种植；西兴直河至西兴路段驳坎新建、绿化种植。

【冠一河（山北河—彩虹河）工程】 2018年3月10日，冠一河（山北河至彩虹河）开工建设，位于滨江区浦沿街道，南起山北河，北至彩虹河（规划），河道全长996米。12月25日，工程建成通水，建成通水段728米，宽15米，开挖土方约1.13万立方米，新建驳坎1356米，新建休憩广场1座，为市民提供休闲健身场所。

（郝富强）

水利工程

【概况】 至2018年底，高新区（滨江）有华家、浦沿、江三、铁岭、建设河5个排灌站。全年排灌站调配水总量7.52万立方米，保障城市排涝和剿劣工作推进和河道水环境改善。年内，完成浦沿排灌站标准化创建和华家排灌站配套工程。推进水利工程标准化创建工作，华家、江三、铁岭、浦沿4座泵站和钱塘江滨江段海塘通过标准化管理创建验收，其中，华家排灌站验收得分名列全省泵站工程第一。

【华家排灌站配套工程竣工】 2018年6月，华家排灌站配套工程竣工。华家排灌站配套工程主要任务为净化处理引入的钱塘江水质，改善内河网水质，提高片区内河道水环境。工程于2017年11月10日开工建设，初设批复总投资4514万元，内容包括净化系统改造、橡胶坝、翻板闸、挡墙护岸、清淤以及景观恢复等。2018年4月18日，工程实现通水。

（孙丹洁）

整治后的冠一河　　（城建指挥部　供图）

【标准堤塘维护和巡查】 2018年，区农业局对辖区17千米标准堤塘进行白蚁普查，发现各塘段有不同程度的散白蚁危害，未发现白蚁窝巢；检测堤塘沉降、水平位移、塘前滩地等，发现海塘运维期沉降速率趋于稳定，整体运行良好；对标准堤塘进行巡查及维护，至年底，开展巡查146次，劝导下堤人员447批次、3702人。

（陆　剑）

供　水

【概况】 2018年，高新区（滨江）全年售水6029万吨，比上年增长13.4%。新增自来水用户4742户，供水总用户6.56万户，水费总回收率99.2%。全年实现自来水销售收入2.12亿元，经营收入2.93亿元。办理新装表、过户、用水性质变更、拆表销户等营业业务7798件，用户满意率98%。24小时客服中心受理求助及咨询2.18万件，信访处理及时率100%，办结率100%，无用户重大投诉。梳理推出“最多跑一次”改革服务事项9个，其中实现“跑零次”事项1个，实现“跑一次”事项8个。开展社区、物业、大用户走访活动36次。

查处违章用水66件，收缴违章费63.6万元。发挥节水科普教育基地功能，接待中小学生15批、800多人次。

【水厂设备养护与抢修】 2018年，滨江水厂实施制水设备维修养护168项，设备设施完好率100%，制供水生产稳定有序。坚持供水主干管线日常巡查，全年抢修2356起，其中，重大抢修47起，检测漏点294个，协助安置小区泵房应急抢修15起，各类供水泵应急抢修95台次，更换、维修水泵18台次，改造控制柜6套，综合抢修及时率99%。

【水质监测】 2018年，滨江水厂出厂水合格率100%，市政管网水合格率100%。厂级检测原水、出厂水16项指标和需矾量、需氯量等厂级检测各365次，每日原水、出厂水、沉淀池水浑浊度、pH值等二级检测与pH值仪表比对730次。公司级检测20个管网水检测点取样检测52次，4个检测点全分析12次，源水全分析检测12次、上中下游三点水源水质调查2次。水质监测站完成年度计量认证扩项复评审工作，通过项目81项，实现42项饮用水自行检测。履行河长制责任，发挥水质监测技术优势，水质常规检测40多次，完成龙塘河剿劣任务。

【高温保水供水】 2018年4月30日至6月30日，区水务公司全面排查全区主干供水管线，通过管线冲洗、打通滨文路断头管线等举措，确保全区水压普遍上升0.03兆帕，缓解末端区域供水压力。滨江水厂通过细化过滤工艺、量化药剂投加、强化生产运行调度等措施加强制水生产线运营管控，实行水厂生产组常规指标检测、水质化验组原水、生产水和出厂水“三水”检测和公司水质监测站原水、出厂水和管网水“三水”监测的三级水质检测监测机制，实时掌握钱塘江原水动态，确保第一时间发现并处置异常水量、水质、水压等情况。高温期间，全区平均管网压力0.24兆帕，供水平稳有序，检测指标合格率100%。

【已建高层住宅二次供水设施改造】 2018年7月16日至8月31日，区水务公司排查摸底全区高层住宅二次供水设施设备运行情况，全区已建及在建高层住宅小区134个（已建125个，在建9个），二次供水泵房146个，全区125个已建高层住宅小区的二次供水设施设备改造资金约需4.24亿元。至12月25日，完成火炬小区一、二期和缤纷东苑二次供水设施试点改造，完成滨文苑二次供水设施改造方案设计。（孙新凤）

排　水

【概况】 2018年，高新区（滨江）安全东输污水总量4558万吨，比上年增长4.6%，平均日污水东输量12.48万吨，增长1.4%，最高日污水东输量15.5万吨。完成新建设河、风情河等引配水5165万吨。完成2号、3号、4号污水泵站整治工程、长河与白马湖污水泵站设备设施提升改造工程、水质监测设备提升工程等4个项目建设任务，政府投资6399.61万元。配合迁改地铁4号线、地铁5号线、地铁6号线各站点给排水管线。过江隧道三期给水管移位工程、浦沿路给水污水管改造工程完成65%工程量。推进“污水零直排区”创建工作，排查210千米市政污水管及附属设施556处，整改西兴区片项目40个，达到雨污分流目标。顺利保障第十四届中国国际动漫节、第十二届（2018）杭州文化创意产业博览会、第14届世界游泳锦标赛（25米）等活动期间给排水。

【污水管线巡查与清淤】 2018年，区水务公司对东输污水管线及区内给排水管线进行定期巡查养护、污水抢修33次，确保全区给排水管线运行安全。清淤和检测振业路、南川路、滨盛路、江南大道等80条道路80千米污水管网，完成1~5号污水泵站，长河、白马湖污水泵站，火炬大道、东信大道、滨盛路雨水泵站等20个雨污水泵站清淤工作。检查核对移交管线，配合各部门工作情况，参加各类管线协调、验收会议56次。

【泵站设备维修保养】 2018年，区水务公司对泵站设备进行日常巡查及检修，发现问题及时处理，设备完好率95%以上。维护测压点36次，各泵站自控、监控维护38次，维护二号泵站应急处理装置12次，完成8个污水泵站大气检测；维修各类水泵、变频器122台次，确保给排水设施正常运行。

【应急抢险保障】 2018年，区水务公司做好防雪抗冻和台风"安比""云雀"等防御工作，开展防汛演练活动2次，安排应急保障值班30多次，投入应急抢险300多人次，动用应急保障车辆260台。对8个铁路下穿涵洞和建设河排灌站排涝站实行24小时在岗值班和巡检，做好防汛排涝应急抢险工作，保障安全度汛。

（程　珉　蒋亦科）

供　气

【概况】 至2018年底，高新区（滨江）天然气居民用户12.17万户，非居民用户912家，其中工业用户15家。投运燃气管线长753.64千米，其中中压292.16千米、低压461.48千米。楼栋调压箱308台，调压柜318座，实现居民、工商业用户燃气全覆盖，主干管网燃气全敷设并成环供应。年内，高新区（滨江）天然气供气量7116万立方米，其中液化天然气（LNG）415.68万立方米。244家大小非居民用户（包括工商、工业用户）实现点火使用。完成滨江二通道跨江段天然气置换工作。实施云端公寓、农村公寓三区块六期、农村公寓十四区块四期3个小区天然气接入工程，至年底，竣工验收居民用户3788户。

【燃气管线拆改工程】 2018年，杭州天然气有限公司滨江分公司配合地铁和望江路过江隧道工程，改迁管道4处。2017年10月9日至2018年1月10日，配合地铁6号线建设，投资210万元对建业路站燃气管线790米进行临时迁改。2018年3月2日至10月11日，配合地铁5号线建设，投资65万元对江南大道站中压燃气管线(一期) 345米进行临时迁改。3月15日 至6月8日，配合地铁4号线建设，投资70万元对联庄站燃气管线349米进行永久迁改。9月10日至10月10日，配合杭州市望江路过江隧道工程施工建设，投资30万元对滨盛路（江汉路—泰安路）燃气管线进行永久迁改。

【滨江LNG应急气源站提升改造】 2018年8—10月，杭州天然气有限公司滨江分公司对滨江LNG应急气源站进行技术提升改造，将一只3000立方米每小时空温式汽化器更换成带锅炉加热系统的9000立方米每小时水浴式汽化器，同步完成相关设备阀门调整、管线设施防腐油漆和立式储罐外表面彩绘。全年，气源站累计采购液化天然气919.24吨，气化供气量127.80万标准立方米，其中，1月29日达到日外供气量顶峰7.32万标准立方米，最大小时流量为1.4万标准立方米。12月，配合杭州中石化杭燃能源有限公司为LNG公交车辆提供加液服务。

【第14届世界游泳锦标赛（25米）供气保障】 2018年10—11月，杭州天然气有限公司滨江分公司改造扬帆路和飞虹路局部燃气管道，实现滨盛路（扬帆路至飞虹路段）燃气管线通气，保证奥体中心双路供气。对比赛保障区域内全部管线进行防腐检测，对周边3个小区燃气调压设施和重点道路管网20多只阀门进行维护保养。赛前完成周边小区居民用户3785户和公建用户安全检查，整改30户超期胶管和1户直排式热水器室内隐患。比赛期间，组织3支应急保障队伍，保障燃气供应安全平稳。其间，累计供气25万立方米。

（许力维）

供　电

【概况】 2018年，高新区（滨江）电网有35千伏及以上变电站13座，其中，220千伏变电所2座（变电容量84万千伏安），110千伏变电所10座（变电容量101万千伏安），35千伏变电所1座（变电容量3.2万千伏安），变电总容量为188.2万千伏安。10千伏配电线路283条，其中专用线路72条，所供配电变压器5020台。区内有电力用户16.46万户，其中专变用户1163户，低压非居用户8079户，低压居民用户15.54万户。全年用电量32.74亿千瓦时，比上年增长14%。网供最高负荷72.3万千瓦，增长1.7%。城网供电可靠率和综合电压合格率均为99.99%。全年出动保电人员957人次，排除隐患36起，保障春运、第十四届中国国际动漫节、第14届世界游泳锦标赛（25米）等重大活动供电。

【主配网建设】 2018年，高新区（滨江）电网根据2017年主网建设规划，推进电网项目配网完善，优化长河变、兴南变、江虹变10千伏出线网架。全年，完成公变增容布点7台，新增容量2860千伏安。对10千伏防控9459线、产业9442线等25条重载线路进行负荷分流，其中110千伏之江变、府前变等变电所新出线路31条，分流负荷9.74万千伏安。更换老旧配变20台，更换环网柜48座。

（赵　强）

公共交通

【概况】 至2018年底，滨江区有钱江湾花园、南环、滨文、东冠、长河、滨盛路、江汉路7座公交首末站和钱塘江大桥、复兴大桥、西兴大桥等3对6座公交中心换乘站。全区常规公交线路46条，其中始发线路27条、跨区线路9条、区内公交线路10条。与地铁1号线接驳线路21条，与地铁4号线接驳线路14条，总配车524辆，日均客运量20万人次。重点在地铁站点、大型公建、居住小区附近建设公共自行车服务点，至年底，有公共自行车服务点363座，公共自行车1.25万辆，日均租用量2.1万人次。

【线路新增与优化】 2018年，滨江区新增402、1505、326B、115B公交线路4条。新增402路（钱江湾花园—鸿宁路公交站），连接萧山区钱江世纪城与滨江奥体板块、星光大道板块、滨安路科技园区、滨江宝龙城板块、滨盛路彩虹城区域及钱塘江大桥西板块；新增1505路（地铁江陵路站—奥体博览城），填补奥体板块公交空白；新增326B（东冠公交站—闻家堰），由东冠公交站始发，途经地铁四号线浦沿站，沿浦沿路、万达路，终点至闻家堰站，加强地铁四号线接驳；新增115B（地铁江陵路站—岩大房南），重点解决火炬小区等拆迁安置区域市民出行、与地铁一号线接驳。优化调整355路、137路、113路等公交线路9条。

【定制线路开通】 2018年，滨江区开通网易（杭州）网络有限公司、恒生电子股份有限公司、浙江大华技术股份有限公司3条“心动巴士”线路，为企业员工提供单位至地铁站点接驳服务，解决高新企业员工通勤困难。开通闻涛小学、白马湖小学2条“求知专线”，分别停靠缤纷北苑、缤纷西苑、缤纷小区西、丹枫实验小学、闻涛小学，缤纷北苑站点首末班时间为7:45、16:30，闻涛小学站点首末班时间为8:05、17:05。

（金虞聪）

地　铁

【概 况】 2018年，滨江区域有4号、5号、6号、7号4条地铁线在建。开通运营4号线一期南段工程。5号线一期3个车站完成主体结构封顶，1个车站完成主体围护结构。6号线一期4个车站完成主体结构封顶，2个车站完成主体围护结构，1个车站（奥体中心站，与7号线换乘）6–A区结构封顶，6号线部分主体结构完成45%。7号线涉及区域范围1座车站2个区间，为奥体中心站（与6号线换乘），与6号线同步建设。

【地铁5号线】 地铁5号线一期工程涉及滨江区域长度7.2千米，设长河站（与6号线换乘）、聚才路站、江晖路站、滨康路站（与1号线换乘）共4个站点。长河站，2018年8月31

日完成5号线部分南段125米主体结构封顶；滨康路站、江晖路站分别于9月22日和12月27日完成主体结构封顶；聚才路站，至年底完成主体围护结构。南星桥—长河站区间，左右线分别于4月30日、7月15日盾构机始发，至年底分别完成66%、38%；江晖路站—聚才路站区间，左右线分别于8月21日、9月27日盾构机始发，至年底分别完成63%、33%；江晖路—滨康路站区间，左右线分别于8月2日、8月31日盾构机始发，至年底分别完成93%、46%；滨康路站—青年路站区间，左右线分别于8月7日、8月27日盾构机始发，至年底分别完成95%、84%；长河站—聚才路站区间，左右线分别于11月17日和12月12日盾构机始发。

【地铁6号线】 地铁6号线一期工程涉及滨江区域内长度13.76千米，设西浦路站、中医药大学站（与4号线换乘）、伟业路站、诚业路站、建业路站、长河站（与5号线换乘）、江汉路站、江陵路站（与1号线换乘）、星民站、奥体中心站（与7号线换乘）10个站点，在建车站7个。西浦路站于2017年12月27日完成主体结构封顶；伟业路站、诚业路站、建业路站分别于2018年10月17日、11月29日、12月28日完成主体结构封顶；江汉路站、星民站分别于11月12日、12月29日完成主体围护结构；奥体中心站于12月底6-A区结构封顶，6号线部分主体结构完成45%。西浦路站—之江海洋公园站区间于2018年5月27日穿越钱塘江，12月7日左线贯通，至年底右线完成91%；中医药大学站—伟业路站区间左右线分别于12月16日和11月6日盾构机始发；城业路站—建业路站区间12月25日左线盾构机始发；江陵路站—星民区间12月23日右线盾构机始发。 （董汝华）

交通运输管理

【概况】 至2018年底，高新区（滨江）有道路运输企业80家，其中危险货物运输企业6家、工程运输车企业11家。有道路普通货物运输车辆2643辆，道路危险货物运输车267辆（根据车头计算），危险货物运输企业数及车辆数在主城区中均位居前列。年内，滨江交警大队推动办公营房和办案场地基础建设，启动西兴中队营房回迁工作，落实物联网区块1800平方米供建设使用，长河中队营房改造完成50%，大队涉案新停车场竣工。治理闻涛路（跨湖桥段）提升改造项目等10处大堵点和机场城市大道转盘、滨安路时代大道和浦沿路东信大道口等36处小乱点。开展“事故快速处理、改装车辆查处、事故引导规范、醉驾案件办理、窗口接待、反管理处置”等专项交流14次。滨江交警大队完成第十四届中国国际动漫节、第14届世界游泳锦标赛（25米）等41次大型群众文体活动安保任务。年内，滨江交警大队获个人三等功1人，获个人嘉奖9人，获得支队即时表扬令40多人，收到群众锦旗4面和表扬来电数十次。

【出租车管理】 2018年，滨江运管处查处各类违法违章案件336起，其中“黑车”（没有在交通运输管理部门办理任何相关手续、没有领取营运牌证而以有偿服务实施非法运营的车辆）19辆次，“四小车”（从事客运的残疾车、黄包车、机动三轮车和两轮摩托车）15辆次，网约车29辆次，出租车严重违章198件，吊、撤销出租车驾驶员从业资格证6件。处理出租车服务质量投诉受理873件，网约车投诉受理16件，办结率100%，保障辖区内道路运输秩序。协助保障第14届中国国际动漫节、第12届（2018）杭州文化创意产业博览会的道路交通。

【春运保障】 2018年2月1日至3月12日春运期间，由滨江运管处牵头，与公安滨江分局、区城管局组建联合执法组，出动联合执法人员1200多人次，通过不定点、不定时巡查和暗访相结合，检查车辆200多辆次，查处大客车非法营运3起。春运期间，运输工作实现“四无”（无超速超载、无旅客滞留、无重大服务质量投诉事件、无交通安全主责事故）目标，运输保障能力增强。

【“三进三帮”系列宣传活动】 2018年，滨江运管处开展“三进三帮”（服务进社区、帮助居民了解道路运输行业，服务进学校、帮助学生建立自我保护意识，服务进企业、帮助企业履行主体责任）系列宣传活动。走进中兴社区、奥体社区、共联社区、之江社区等地，现场宣讲最新网约车政策。走进浙江中医药大学、浙江商业职业技术学院、浙江艺术职业学院，与学校师生交流网约车出行问题，在学生服务中心设置专门窗口，接受大学生各类咨询。服务进企业、帮助企业履行主体责任。联合区商务局、区安监局、滨江交警大队对全区客运旅游企业进行安全知识培训，要求旅游企业加强对旅行车以及旅游客运企业的安全检查，加强相关人员的安全教育培训，完善包车客运安全监管措施，严格落实旅游包车标志牌管理制度。90人参加培训。

【危货管理加强】 2018年6月1日，滨江运管处在白马湖建国饭店召开道路运输危险货物运输行业会议，全区危货企业安全负责人，安全主管、安全员、动态监控人员、信息化监管员等企业管理人员90人参加。会议解读“管理提升年”内容与条款。至年底，滨江运管处检查危化品运输企业6家，指出企业在人员安全教育培训、岗前培训教育、装卸货管理、企业动态监控等方面存在的问题81个，并于年底前全部整改到位。

【重点货运企业分类监管】 2018年，滨江运管处梳理全区重点货运企业名单，制订重点货运运输企业分类监管计划。11—12月，检查重点货物运输企业23家，开具安全隐患整改督查通知书8份，行政处罚4家，罚款金额1万元。

【运输企业基础档案管理专项行动】 2018年8—12月，滨江运管处开展运输企业基础档案管理大检查大提升行动，分两步对有10辆车以上的41家普通货运企业进行档案基础管理检查和提升。组织企业档案管理人员及安全负责人共160人进行培训，重点强调档案管理标准，提出相关要求。会后对运输企业基础档案管理工作开展专项检查，重点翻阅“一车一档”“一人一档”“监控数据”等台账资料，对台账不全的9家企业进行批评教育并现场指导企业整改。

【危险货物运输信息化监管】 2018年，滨江运管处依托道路运输行业综合监管平台、动态监控联网联控系统、道路运输监管处置系统，对全区危化品运输企业开展电子监管工作，确保营运车辆动态监控数据上传合格。至年底，全区公路客运、旅游客运、危化品运输“两客一危”车辆入网率、上线率均为100%。 （吴编峰）

【交通违法行为查处】 2018年，滨江交警大队查处各类交通违法行为72.84万起，比上年增长49.4%，其中，现场查处非机动车违法行为6.46万起，违法停车40.88万起，计分违法停车4.26万起，处罚工程车交通违法2.5万起，强制扣留工程车208起，查获违法鸣号1058起，其他18.61万起。

【交通安全宣传教育】 2018年，滨江交警大队组织工程车驾驶员安全驾驶培训6次，1500多人次参加。组织交通安全知识宣传讲座30多场，1.5万人次参加；设置社区交通事故流动宣传点59处，定期进行更换和调整；出动警力460人次，组织志愿者1800多人次参与路口文明交通劝导。

【交通事故“便捷通”平台开通】 2018年8月，滨江交警大队在“滨江发布”微信公众号内开通交通事故“便捷通”平台。平台具备轻微交通事故线上快速处理、自动生成电子交通事故处理协议等功能，保险公司可根据平台上传的现场照片和责任认定书直接理赔，当事人现场处理完事故后可直接前往4S店或修理厂维修。至年底，受理简易交通事故3260起，其中，当场调解事故1463起，直接通过平台赔付334起。该举措在市交警大队“金点子”评比中获二等奖。

【百日攻坚战行动】 2018年8月22日至11月20日，滨江交

2018年9月30日，滨江交警大队组织杭二中白马湖学校小学部部分学生到江南大道火炬大道路口开展交通安全体验活动

（区交警大队 供图）

警大队根据市预防道路交通事故百日攻坚战实施方案，深化“创文明交通、治秩序乱象”五大行动（交通违法“现场严管”行动、源头隐患“追尾清库”行动、公路安全设施“防护提升”行动、交通安全宣传“进农村进学校进企业”行动、交通安全“综治能力提升”行动），每3天组织一次路面集中整治。行动期间，现场处罚各类违法行为2.18万起，其中非机动车违法载人8364起，逆向行驶6444起，采取强制措施1854起，其他5138起。至年底，辖区重大交通事故数量下降33.3%。

【城市数据大脑系统接警】 2018年9月，杭州城市数据大脑V2.0系统运行。城市数据大脑V2.0系统支持交通、平安、城管、医疗、环境、旅游、智慧亚运、移动办事8个领域应用。滨江交警大队利用杭州城市数据大脑V2.0系统提升城市治理能力，至年底，滨江交警大队接到系统报警4818起，其中媒介报警247起，地点预警251起，布控报警3885起，查获城市大脑布控车辆149辆，其他286起。在第12届（2018）杭州文化创意产业博览会、2018年杭州马拉松赛等活动期间，利用系统发布道路诱导提醒50多条。

【“一窗通”办理助推“最多跑一次”改革】 2018年，滨江交警大队深化“最多跑一次”改革，加强区行政服务中心车驾管（机动车注册、变更、转移、抵押、注销登记，机动车驾驶证申请、补领、换领、审验及受理机动车和驾驶员相关的其他业务）办理、非现场处理和行政审批等多项业务，实行“一窗通”办理，设置导流岗位和自助违法处理机，增设服务窗口、增加人员，方便群众办理业务，群众排队平均时间比年初下降10分钟左右。至年底，接待群众63万人次，办理业务22.04万件。其中：车驾管3.66万件，居全市处理量第一；非现场处理18.35万件，处理量居全市第三位；道路、建筑验收审批206件。

【小城镇“车乱开”治理】 2018年，滨江交警大队将长河街道作为区小城镇建设重点整治区域，安排12人组成整治专班，负责长河街道“车乱开”治理工作。至年底，开展整治200多次，现场查处违法行为8000多起，新设电子警察1套，增加信号路口3个，开展安全宣传讲座6次，发放宣传资料1500多份。

【“两网”建设工程保障】 2018年，滨江交警大队为确保杭州市464千米快速路网、446千米轨道交通网“两网”建设期间正常交通秩序，组织人员现场踏勘60多次，审核道改方案40多次，发放整改通知书9份，完成江南大道长河路口等大型交通改道项目6项，审批临时占道挖掘项目62项，整改各类道路管理问题86个，确保正常交通秩序不受施工影响。

【交通设施优化】 2018年，滨江交警大队优化交通设施，拆除隔离护栏片3721片，将隔离护栏片总长从51千米缩短至20千米，拓宽道路资源。推进标志、标线、标牌规范化，调整道路标线3558.4平方米，漆画热熔线6.57万平方米，调整标志牌631块。新建监控点位32个、卡口电子警察32个，更换信号灯路口22个，增加辅灯9处，优化53个信号灯路口配时，完成滨盛路和滨安路绿波带建设。安装右转盲区辅助系统工程车916辆，配套漆画右转弯轨迹线2367米，减少车辆右转弯视觉盲区。

（金烨明　富博伟）

【交通设施养护】 至2018年底，高新区（滨江）有道路236.6千米，面积795.78万平方米，隧道2座，高架桥2座，随路桥梁134座，穿铁桥涵11座，桥梁总长8215.9米，桥面铺装18.58万平方米。年内，滨江区翻修滨兴路、至仁街等道路人行道板5000多平方米。维修东信大道、隧道南接线、东冠路、秋溢路、火炬大道等道路19.5万平方米。维修、更换各类窨井盖2331只。开展城市道路路名牌英文译写普查整改专项行动，整改道路指示牌163块。

（陆佳清　劳鸿飞）

【市政道路养护】 2018年，高新区（滨江）重点对滨康路、东信大道、火炬大道、江晖路、隧道南接线、腾龙路、天马路、长江南路等24条（段）道路主要沥青砼路面进行大、中修复，修复路面设施量19.5万平方米。日常养护修复路面设施量车行道2.3万平方米、人行道6690平方米，修复窨井2917个。（陆佳清　戚佳楠）

【桥梁隧道养护】 2018年，高新区（滨江）更换时代高架、彩虹高架破损隔音屏玻璃36块，更换破损排水管69处、维修92处，疏通排水管326处，维修破损沥青路面2200平方米，对时代高架两侧防撞墙进行刷氟碳漆美化2.2万平方米。加长护栏偏短有一定安全隐患的桥梁35座，共800米。刷漆美化江晖跨铁立交挡墙，信诚路、伟业路涵洞内墙壁，共5500平方米。更换3座D类桥梁限载牌共6块。维修、更换冠山隧道各类窨井盖76只，疏通各类管道210米，每两周清洗隧道挡墙板，合计4000平方米。清理疏通及维修彩虹隧道横截沟、排水沟,清理垃圾淤泥40多吨；修剪隧道顶通风井口绿化2200平方米；更换并检测隧道内132个泡沫消防箱泡沫液，检测管理用房气体灭火系统、更新灭火剂药剂15瓶。

（劳鸿飞　戚佳楠）

最美跑道儿童乐园　（区城管局　供图）

【闻涛路（通和路—西兴大桥）提升改造】 2018年1—6月，高新区（滨江）投资1500万元用于提升改造闻涛路（通和路—西兴大桥）段，将该路段1.6千米“双向两车道”改为“双向四车道”，提升排水管网、标志标线、智能交通系统、路灯设施等相关配套设施。新建机动车道9844平方米、非机动车道1340平方米、人行道2251平方米，新建雨污水管952.4米，砖砌双篦雨水口121组，改建双挑灯98盏。

（汤关忠　戚佳楠）

【道路安全隐患点整治】 2018年9—12月，高新区（滨江）投资400万元用于对滨文路新浦路口、滨文路楚天路口、滨安路江陵路口、南环路东信大道口、闻涛路水印巷口实施道路安全隐患点整治。工程主要针对道路事故多发点，重新规划改造通行方案，拆除或增加硬质隔离，改造绿化带，渠化路口，增设交通信号灯及标线等措施治理道路安全隐患点，减少交通事故发生。（曾　泉）

【东信大道提升改造】 2018年10—12月，高新区（滨江）投资310万元用于提升改造东信大道（滨盛路—闻涛路）段，工程全长373米，更换沥青路面9283平方米、人行道板3030平方米、平侧石2992平方米，提升改造绿化面积600平方米。（曾　泉　戚佳楠）

城区环境管理

【概况】 2018年，区城管局办理一般程序案件589起。查扣各类流动摊点743个，查处人行道违停车辆2.97万辆，拆除各类违规设置广告牌400多块，拆除屋顶广告80块。受理处置“96310”、来信、来访5125件，按期反馈率100%，办理行政审批359件。拆除违建3071处、39.4万平方米。其中：即查即拆114处、2387平方米，拆除违建出租房1126处、19.4万平方米，其他1831处、19.76万平方米。教育劝导不文明养犬行为600多起，查处无证犬409只，罚款1.24万元。完成重大活动保障任务89件。完成13条（段）河湖清淤，清运处理生活垃圾25.48万吨。145个小区、47个机关事业单位、64所中小学幼儿园、8个综合体实现垃圾分类全覆盖。（许　颖　来　君）

【工程运输车辆规范整治】 2018年，区城管局联合滨江交警大队、滨江运管处等部门开展工程渣土专项整治活动。排查工程渣土车辆带泥行驶、密闭不严、抛洒滴漏、无证运输及不按规定路线行驶等影响市容环境和秩序现象。立案查处渣土运输车辆违法行为59起，罚款25.07万元。

【餐饮行业整治】 2018年3月和8月，区城管局先后2次开展餐饮油烟类整治行动。根据信访投诉及中央环保督察组督查情况，对中兴花园、仁苑小区、通策广场、现代印象广场等油烟投诉高发区进行回头看。其间，配合环保等部门联合执法，区城管局出动执法人员200多人次，立案查处油烟污染行为1起，罚款5500元。至年底，立案查处餐饮无证经营行为226起，罚款9.43万元。

【“721工作站”成立】 2018年6月，高新区（滨江）成立龙湖滨江天街、金东方、新州、钱塘、江边、高新6个“721工作站”（“7”为70%的问题用服务手段解决，“2”为20%的问题用管理手段解决，“1”为10%的问题用执法手段解决），同步建立临时党支部，实行“党建+工作站”运行模式。“721工作站”兼顾原城管执法系统内部网格化管理，纳入网格内养护单位、社区、物业等与城市管理相关人员，强化资源整合和效能转化。采取“发现问题—上传问题—认领问题—处置反馈—绩效评估”处置流程。通过建立“721工作站”，从原先1～2名执法人员包干管理变成平均拥有50人以上人员“大网格”参与工作，通过全员参与、多方联动管理机制，削减上报流程，即查即改。（俞佳伟）

【共享单车管理智能化】 2018年，区城管局在闻涛路、江汉路、江陵路等13条（段）重要路段施划非机动车停车位1000多个。通过定点饱和度监测设备和共享单车管理调度平台，实行总量监测，协调、指导哈罗和摩拜2家单车公司减少单车数量。至年底，全区共享单车数量从5万辆降至2万辆。

（詹灿峰　戚佳楠）

【住宅小区违建信息登记报告制度】 2018年3月13日，区城管局、区“三改一拆”办、区住建局联合出台《滨江区建立住宅小区违建信息登记报告制度有效处置在建违建行为实施方案》，提出坚持预防为主、防控结合，属地街道、社区、城管执法中队和物管企业联勤联防联动，以第一时间发现、登记、报告、制止、查处为原则，建立违建防控机制，对实施方案施行后出现的新违建依法进行“即查即拆”。至年底，全区121个商品住宅小区和农转居拆迁安置小区、4个准物业小区实施违建信息登记报告制度，覆盖率100%。受理各小区物业违建报告69处，现场拆除违建69处，解决率100%。（来　君）

【市容环境整治】 2018年，区城管局承担186条（段）、830

万平方米区管城市道路清扫保洁工作，全部实行市场化运作。全年清运处理生活垃圾25.48万吨，其中焚烧处理19.33万吨，填埋处理6.15万吨，日均垃圾清运处置量698.28吨。新配绿桶4042只、黄桶7767只、红桶468只、蓝桶469只，安装垃圾袋发放机122台，发放垃圾袋86.8万卷。维修道路两侧果皮箱246只。开展“废旧物品再利用，瓶瓶罐罐换惊喜”系列活动，在中兴花园、彩虹城等28个社区34个小区开展90场次，回收废旧物品46吨。全区在用公共厕所36座，其中一星级5座、二星级8座、三星级17座、四星级5座、五星级1座，总厕位552个。年内，投资250万元，提升改造科技馆公厕、滨安路公厕等10座区管公共厕所。清理公厕化粪池144个，处理化粪池粪便22吨。

【垃圾资源化利用】 2018年，区城管局持续开展生鲜垃圾、餐厨废弃物清运处置，落实16个农贸市场、64个学校及100多家水果商铺餐厨生鲜垃圾资源化利用。32个生活小区开展第三方源头分类工作，由第三方企业或物业进行分类督导、宣传教育，资源化利用厨余生鲜垃圾5000吨。

【生活垃圾分类示范小区创建】 2018年，区城管局到社区发放宣传资料12万份；加强对物业公司的监督，针对垃圾桶合理配置、混装混运等问题开展全面督查。至年底，创建江南望庄、太阳国际2个省级示范小区，铂金时代、风雅钱塘、连园、钱塘帝景、彩虹城等市级示范小区15个，西兴街道成功创建市级示范街道。（范莹莹）

【3座区管公厕建成】 2018年9—12月，高新区（滨江）新建区管公厕3座，投资480万元。其中：滨虹驿站公厕面积115.7平方米，厕位16个；三桥驿站公厕面积90.1平方米，厕位15个；滨业驿站公厕112.8平方米，厕位15个。公厕建有城管驿站管理房及第三卫生间功能用房，室内设置母婴多功能台、儿童安全座椅、儿童坐便器、新风系统、自动售纸机、烘手器、空气净化器等设施、设备，男女厕位数量按1∶1.5比例设计。

（汤关忠　戚佳楠）

【江滨公园景观提升改造】 2018年5月，高新区（滨江）投资800万元用于提升改造江滨公园西兴大桥至复兴大桥闻涛路以北区域内景观绿化，迁移梳理绿化苗木，提升银杏林及樱花跑道，对绿化大草坪进行平整、造坡，建设休息广场、园内道路、景观小品及花镜等。至年底，工程提升改造绿化面积2.89万平方米,新建硬化面积1.21万平方米。

（曾　泉）

【绿化工程养护】 2018年，高新区（滨江）实施绿化工程市场化养护管理，分27个养护标段，由20家养护单位负责道路绿地、河道绿地、公园绿地、高架绿化和时花等公共绿地养护工作。年内，补种各类乔木130株、灌木色块2000平方米、草坪及地被1.5万平方米；施肥约150吨；修剪遮挡路灯、交警红绿灯树木100多株。

【亮灯工程养护】 2018年，高新区（滨江）亮灯工程实施市场化养护运营，对全区133条道路1.27万杆路灯、1.95万个光源、207个路灯控制柜、148台10千伏路灯专用变电站实

滨虹驿站公厕内　　（区城管局　供图）

施管理养护。年内，全区路灯亮灯率99%，故障路灯7天修复率99.6%，月修复率100%；景观灯设施质保期内总体亮灯率99.7%，断亮、失控问题3天修复率100%；户外广告、店招店牌断字缺亮问题月整改率100%。全年路灯比上年节电1504.65万千瓦时，节约电费1333.26万元，平均综合节电率66.3%。全年解决路灯缺亮问题1065处、设施缺损问题185处、检修盖缺失问题78处，保洁灯杆56处，清理照明设施1.23万个。出台《滨江区亮化管理办法》，明确相关照明设施考核管理事项，提升路灯、景观灯养护水平。完成钱塘江南岸12千米堤岸和沿线60组200栋建筑楼宇，江南大道沿线9700米35组32栋建筑楼宇，时代高架4500米，西兴立交7000米及彩虹快速路滨江段、江虹桥、白马湖桥、闸站河桥等夜景亮灯项目的日常养护工作。（汤　炜　黄婧轶）

【绿地整治】 2018年4—8月，高新区（滨江）在滨康路时代大道以西各路口种植小桃红和杏花村月季1.5万株，新州花苑西侧沿围墙种植藤本月季1200株，约230米；在四桥公园公共绿地种植日本晚樱41株、四照花16株、帚形桃10株、月季374平方米，新增开花效果较好的苗木，优化植物配置，丰富绿地整体色彩；更换维修永久河、四桥公园、一桥公园的破损设施（包括铺装、花架等），更换木质（含仿木）铺装约1600平方米；提升改造彩虹快速高架滴灌系统以及更换时代高架冠山隧道以南段的高架挂箱及底座，在防撞挡墙内侧每隔6米安装1个不锈钢连接条，共2800个，增强顶置式高架挂箱牢固度。

（黄婧轶）

【路灯改造工程】 2018年1—4月，高新区（滨江）实施路灯改造工程，投入740万元。涉及全区3条绿化遮挡严重道路灯杆改造、4条路灯设施老旧道路电缆改造、8个暗区路口增设中杆灯、20条道路灯杆接地改造及丹枫路（西兴路—睿祥街）段路灯改造，更换路灯249杆，更换光源498处，修剪遮挡行道树91处，新增高杆灯16处，更换电缆3万多米。

【3条道路夜景照明提升工程】 2018年11—12月，高新区（滨江）实施滨安路、滨康路、滨文路沿线建筑夜景照明提升工程，投资1500万元。工程项目分两个标段进行，其中一标段为高教园区周边学校建筑及绿化节点，二标段为滨安路、滨康路、滨文路沿线住宅及建筑，工程涉及亮化楼宇21处，装灯7.73万套。

【奥体区块部分楼宇灯光工程】 2018年11—12月，高新区（滨江）投资250万元实施奥体区块部分楼宇灯光完善工程，工程主要对莱蒙水榭春天小区、绿地旭辉城南商务办公楼、水电社区指挥部办公楼、浙江省第一水电建设集团办公楼等9幢楼天际线灯光及立面灯光进行点缀，安装灯具8248套，提升奥体周边夜景照明环境。（汤　炜　戚佳楠）

【河道养护】 2018年，高新区（滨江）实施13条（段）河湖清淤，开展长二河、西兴后河、塘子堰河、冠山河、冠一河、善庆庄横河、陆家潭河7条河道综保工程，其中长二河、西兴后河、塘子堰河、善庆庄横河

太庙桥河绿地提升改造后工程入口处　　（区城管局　供图）

工程竣工。提升改造6条河道景观配套工程，分季节性对河道绿化开展各类病虫害防治工作及抗旱防冻工作，安装河道警示牌360块，开展河道垃圾分类工作。对21个分散式污水处理站进行运行维护及污泥处置，日污水处理量3665吨，投资258.03万元。

【河道垃圾分类试点】 2018年3月，高新区（滨江）在全市首推河道垃圾分类试点，覆盖全区41条河道，水域面积140多万平方米。至年底，河道垃圾平均每天打捞量2.4吨，垃圾资源利用量每天1.2吨，垃圾源头减量50%。

【河道配套设施提升改造】 2018年4—12月，高新区（滨江）投资1.8万元，在滨康小区内河安装安全警示牌6块，设置救生圈6个、救生扶梯6处。投资24万元用于更新替换全区41条河道老、破、杂河道警示牌，按统一标准制作并安装河道警示牌360块。投资10万元在23条河道划警示线2.04万米。投资102万元开展小砾山输水河（腾龙路以西段）绿化、孔家河绿化提升改造工程。其中：小砾山输水河栽植乔木290株、色带7276平方米；孔家河栽植乔木41株、灌木1044株、色带2293平方米、草皮3839平方米。投资62.23万元用于改造小砾山输水河及庙后王河钓鱼平台，建设钓鱼平台38个。投资241万元用于提升改造太庙桥河绿地景观，新建、改建游步道约1200米，沿河增设照明灯具125套、坐凳9个、果壳箱7个、景观凉亭1座。

【河道清淤】 2018年，高新区（滨江）投资4105万元用于对刺棱河、闸站河、汤家河、白马湖二期、善庆庄横河（滨康路桥头）、小砾山输水河、街道河、滨康小区内河、永久河（江南大道以北段）实施清淤，结合河道综保工程与华家排灌站清淤，完成西兴后河、善庆庄横河、塘子堰河、华家排灌站内闸4处清淤工作，清除淤泥总量27万立方米。

【河道问题应急处置】 2018年，高新区（滨江）投资318万元，对冠一河、北塘河、闸站河、铁路河、汤家桥河等河道开展水质应急处置工作。使用水质治理药剂1183吨，治理河面面积244万平方米，应急修复汤家河、新浦河、杨家墩河、风情河4条河道的驳坎、河岸坑洞，确保在暴雨、高温、施工意外等情况下，第一时间处置河道突发问题。（谢涵聪）

三改一拆

【概况】 2018年，高新区（滨江）完成“三改一拆”128.9万平方米，其中旧住宅区改造2744户、31.2万平方米，旧厂区改造16.5万平方米，城中村改造81.2万平方米，拆除各类违法建筑3071处、39.38万平方米，拆后土地利用率97.4%。征迁住户1163户、企业25家。启动长一、冠一、山二、杨家墩、浦联、联庄、东冠、新生8个村整村征迁；完成长河、汤家村、冠二社区基本改造和江一、协同、马湖社区全面改造。安置房开工建设1.17万套，面积224.04万平方米；竣工2175套，面积34万平方米；交付744套，面积14万平方米；配套设施开工建设35个。整治小城镇建成区范围内违建318处；开展“无违建区”创建宣传月活动，发放宣传资料（物品）5000多册（件）。推进拆后土地监管工作。落实地长制管理地块158宗、901.6公顷；盘活拆后土地利用，安排项目38个。

2018年，滨江区政府被评为2017年度市重点项目征迁安置“清零”专项行动考核先进单位。滨江区被评为2017年度市城中村改造工作优秀集体，西兴街道、长河街道、浦沿街道被评为2017年度市城中村改造工作优秀街道。

【违建信息登记报告制度建立】 2018年3月13日，区“三改一拆”办会同区住建局、区城管局印发《滨江区建立住宅小区违建信息登记报告制度有效处置在建违建行为实施方案》，在全区60个社区、114个物业小区落实住宅小区违建信息登记报告制度。坚持预防为主、防控结合，属地街道、社区、城管执法中队和物管企业联勤联防联动，建立违建防控机制。至年底，受理各小区物业违建报告57处，全部予以拆除。

【存量违建清零】 2018年4—5月，高新区（滨江）加大主要干道周围拆违力度，以亚运会场馆周边为核心，加强江南大道、彩虹快速路、时代高架、奥体博览城等涉及主要道路沿线违建整治力度，拆除沿线违法建筑57处、9824平方米。开展第九轮违法建筑排查摸底工作，排查存量违建6234处、73.25万平方米，以自拆、帮拆、强拆等形式开展违建清零工作，健全“一户一档”资料，实施销号拆违。至年底，拆除各类违法建筑3071处、39.38万平方米。

【城中村改造】 2018年，高新区（滨江）完成农户丈量1529户，签约1307户，腾房1180户，拆除1163户；29个撤村建居社区中，25个社区基本完成整村拆迁；基本改造长河、汤家井、冠二3个社区；全面改造江一、协同、马湖3个社区；长河、冠二、汤家井3个社区结转清零。（潘雪唯）

防汛防台

【概况】 2018年，高新区（滨江）面降雨量最高为1986.4毫米，比上年增加400毫米。高新区（滨江）启动Ⅳ级应急响应12次，Ⅲ级应急响应7次，发送防汛短信73条，开启会商视频系统45次，开展防汛排涝应急演练1次，汛前全面安全大检查1次。做好防汛防台各项准备工作，落实区级应急抢险队伍3支、90人，组织市政、管网、绿化等养护单位落实抢险人员160人。8号台风“玛莉亚”、10号台风“安比”、12号台风“云雀”、14号台风“摩羯”、18号台风“温比亚”对滨江未造成影响。

【防汛物资保障】 2018年，高新区（滨江）为保障防汛防台储备排水设备，其中大型水泵1台，中型水泵20台，拖式中型水泵10台，各类小型水泵25台。储备编织袋4万只、麻袋9200只、草包3.6万只、麻绳1600米、铁锹989把、手电筒233个、雨鞋170双、雨衣492套、救生衣30件、交通警示牌75块等防汛物资。与区供销社签订物资储备协议，计编织袋2万只、铅丝500千克、土工布400米、木棍1000根、电缆线300米、铁锹200套、铁榔头50个、水泵10台、草包2万只。

【强降雨及台风应对】 2018年6月19日晚17时40分至22时，高新区（滨江）遭遇大面积强降雨袭击。其中18时—21时，江边排灌站雨量135.6毫米，19时40分至20时40分过程降雨量90毫米。区政府根据气象预报和强降雨情况，发布温馨提醒，启动防汛防台Ⅳ级、Ⅲ级应急响应，组织应急抢险人员对积水路段进行封道并放置警示标牌，开启水泵进行应急排水，至22时30分道路积水全部清除完毕，车辆恢复正常通行。7月2日13时50分至15时，滨江区西兴、长河区块遭遇大面积强降雨。其中14时—15时降雨量最大，有6个雨量监测站降雨量超过50毫米，其中科技馆街附近最大降雨量85.6毫米。区防指办根据汛情启动防汛防台Ⅲ级应急响应，设置警示牌并打开雨水边井进行应急排水，至16时道路积水全部排除，车辆恢复正常通行。

【市政雨水管网清淤及边井整改】 2018年，高新区（滨江）排摸全区市政雨水边井、支管，梳理沉降、破损、变形的管网。改造管网54处，更换支管1196米，更换(新增)边井146座，其中主管道设施破损采用非开挖修复技术完成修复17处、163.2米。至年底,检测疏通34条市政道路雨水管网6.38万米，清理检查边井1617座，截断污染源24处，破除原始封堵17个，封堵污染源排放口（雨污串接、污水接入口）16处，清除管网淤泥2.13万立方米；完成道路移交及工地周边管网检测3.03万米，污染源排查检测1.8万米；清挖边井5.4万只（次），清涝检查井2.46万座（次），疏通支管594千米。

【积水点改造】 2018年7—10月，高新区（滨江）将商住小区、学校、医院、大型商场、地铁站等点位划分16个重点防御区块，落实人员、物资、设备到岗到位，制定具体措施，实时处置积水。对滨盛路育华巷口、滨盛路儿保北门、滨和路网商路口、江虹路滨康路口、火炬大道东冠路口、建业路江南大道口、火炬大道滨文路口等29处积水严重路段实施改造，对临近河道易积水路段采取人行道降坡方式使雨水直接排入河道，减轻管网压力；改造雨水收集井，增加侧立式组合边井，增加过水量，解决树叶垃圾堵塞边井问题。

（黄汉刚）

2018年12月29日，滨江消防大队举行换装仪式

（区委宣传部　供图）

消防安全

【概况】 2018年，滨江消防大队接警出动1044次，其中火警488起、抢险救援441起、社会救助及其他出动115起。调派消防车2035辆（次）、消防官兵1.24万人（次），抢救被困人员39人，疏散43人。年内，全区发生火灾113起，比上年下降34.7%；直接财产损失233万元，上升530%；无人员伤亡。监督执法检查单位9803家，办理行政处罚案289起，拘留36人，临时查封97处，办理审核项目52个，验收项目39个，备案项目983个，安全检查216次，火灾调查41起。抽查烟感探测器3000个，电动自行车充电桩50个、充电口200个。2018年12月29日，滨江消防大队完成改制转隶，举行授衔和换装仪式。

【消防安全宣传进校园】 2018年9月5日，滨江消防大队走进滨文小学，开展开学季消防小课堂进校园主题活动，50多名师生参加。大队防火监督员通过真实火灾案例，从防火、逃生、报警等角度讲解日常火灾隐患查找方法，讲解常见消防设施设备使用方法，介绍火场逃生技能、初起火灾扑救方法等消防安全常识。其间，大队防火监督员带领学生走出课堂，在教学场所、宿舍、食堂，指导如何查找、整改火灾隐患。

【长河特勤消防站投入使用】 2018年9月10日，长河特勤消防站投入使用，配备指战员32人，执勤车辆5辆，包括“雪龙”压缩空气泡沫车、“捷达”抢险救援车、“奔驰”重型水罐车、32米“马基路斯”高喷车、25米“中联”高喷车各1辆。消防站于2015年12月29日开工建设，总建筑面积9800平方米，投资金额4000万元，2018年7月竣工验收，填补滨江区南部火灾防控、抢险救援、社会救助力量空缺。

【微型消防站建设】 至2018年底，高新区（滨江）建成社区微型消防站45个，配备工作人员197人，消防车辆36辆。累计接处警5000多次，先后成功扑救1700多起初期火灾，组织开展防火巡查和消防宣传5.6万余次，发现整改火灾隐患7000多处。滨江区于2009年在全省率先建设首批社区微型消防站，首创5分钟社区消防工作圈模式。初期职能为单纯灭火站，逐步拓展成灭火救援、安全检查、消防宣传“三队合一”的模式。

（施桢俊）

建筑行业管理

【概况】 2018年，高新区（滨江）有建筑业企业199家，其中，建筑施工企业195家，监理企业4家。建筑业总产值523亿元，比上年降低5.8%；税收6.36亿元，增长17.3%；合同额913.42亿元，降低18.3%；利润总额10.20亿元，增长32.5%；出省施工产值99.75亿元，降低7.5%；主营业务收入368.54亿元，增长24.3%。

年内，区住建局规范和落实建设工程领域建设主体防欠薪主体责任，确保建设工程领域农民工工资按月足额支付。为1075名施工现场专业人员办理继续教育报名登记，三类人员继续教育培训2次，835人次参加。全年处理信访76件，其中市长热线45件、网上信访19件，办结率100%。

【服务施工企业】 2018年，区住建局走访企业26家，开具外出施工诚信证明220次。完成劳务企业备案5家，劳务人员备案147次、8669人次，建设项目工程款和工资款分账管理协议备案236个，实名制备案项目62个。发放施工许可证67个，其中房建项目51个、市政项目16个，建筑面积438.75万平方米，合同金额136.21亿元。完成桩基施工备案项目21个。

【招投标管理】 2018年1月31日，区住建局出台《关于进一步规范国有投资项目投标行为的通知》，从严规范企业投标行为、加强对违法违规行为的惩戒。至年底，高新区（滨江）完成招投标项目584个，总中标价138.66亿元。其中：200万元以上的大型招投标项目249个，概算价182.07亿元，中标金额137.31亿元，面积426.64万平方米；200万元以下的小型项目335个，中标金额1.35亿元。设计、勘察等直接发包备案285个，非国有企业施工及监理后置备案35个。招标控制价备案项目104个，中标价和合同备案项目64个。办理发包、委托备案265个。

【信用网信息审核】 2018年，高新区（滨江）信用网审核和外出施工4237件。资质网上申报314次。其中，企业资质新申报和资质增项137次，受理建筑企业延续资质70次，变更或遗失补办企业资质、技术负责人变更信息107次。

【新型建筑工业化】 2018年，高新区（滨江）建成新型建筑工业化装配式项目20个，建筑面积263.31万平方米。其中，采用钢结构面积16.47万平方米，采用钢筋混凝土结构建筑面积246.84万平方米。装配式民用建筑面积262.23万平方米，其中钢结构16.47万平方米、钢筋混凝土结构245.76万平方米。装配式工业建筑面积1万平方米，均为钢筋混凝土结构。 （杨　舒）

工程质量监督

【概况】 2018年，高新区（滨江）有在建建筑工程项目103

个,河道、道路等小市政项目35个。新开工工程50个,建筑面积486.2万平方米,竣工工程36个,建筑面积273.37万平方米。全年召开安全生产工作会议4次,开展施工现场安全隐患大排查大整治、安全生产大检查、消防安全检查等专项行动12次。落实起重机械安装、拆卸告知和使用登记制度。至年底,在建工地有塔吊134台、人货梯87台、井架3台。

2018年,申报考评省、市、区级标化工地项目有41个,省级标化工地7个,市级标化工地13个,获"西湖杯"项目8个、"钱江杯"1个。

【建筑起重机械安全管理】2018年1月5—31日,高新区(滨江)委托专业检测单位,对全区93个房建项目207台建筑起重机械进行安全使用性能评估,并出具检测报告。检测塔机127台,合格115台,合格率91%;施工升降机(物料提升机)80台,合格73台,合格率91%。至年底,开展检测3次行动,合格率分别为90.8%、91.5%、94.5%。劝退6家起重机械维保单位,责令在高新区(滨江)停止开展业务6个月,对28个工地项目经理、总监实施信用扣分,督促各方履行起重机械管理主体责任,落实起重机械"一月两检",确保安全。

【重大危险源登记备案管控】2018年1月,区住建局对超规模危险性较大分部分项工程实行备案登记及完工销号制度,备案登记前重点检查施工现场起重机械设备、深基坑支护、高大承重支模架、脚手架搭设、临时用电等专项方案审批、论证和现场实施情况;临时工棚、基坑开挖、起重机械操作、市政管道开挖等施工现场重大危险源及重要环节的监控情况。至年底,检查超规模危险性较大分部分项工程256次,发放整改通知书208份,开工登记项目84个,完工项目55个。

【工地消防安全排查整治】2018年3月26日起,区住建局组织10人分成5个监督组,对全区103个在建工地消防安全情况开展全覆盖检查。排查整治临时工棚材料、电动车充电管理、民工宿舍USB接口设置、燃气瓶使用、动火审批制度等。至年底,开展检查行动4次,出动人员96人次,发现问题839个,提出整改意见1028个,整改率100%。

【工地安全生产月活动】2018年6月,区住建局围绕"生命至上 安全第一"主题在各工地开展"安全生产月"活动。通过宣传横幅、标牌、报刊专栏、专题讲座等形式,普及安全知识。其间,制作安全宣传标牌120块,悬挂安全标语条幅1579条,刊出安全板报1087期,召开安全生产月暨创建"百个工地党支部"现场观摩会1场,"送安全送电影"活动30场,组织安全咨询活动3场、安全讲座3场,8000多人次参与活动。

【建筑工地扬尘管控】2018年7月24日起,区住建局通过线上、线下联合检查,组织10人分成5个监督组,对全区103个在建工地开展建筑工地扬尘管控和施工围挡专项检查,重点检查围挡、裸土覆盖、车辆冲洗、物料堆场覆盖、垃圾清运、便道(围墙外通行道路)维护等文明施工情况。至年底,组织扬尘管控暨施工围挡专项检查3次,发现问题523个,提出整改意见706条。

【质量安全监督检测专项检查】2018年8月20日至9月10日,区住建局采取"双随机一公开"方式,对16个工地项目现场原材料及实体检测进行质量安全检查。混凝土构件强度抽查项目9个,抽测52个,合格率96.2%;钢筋母材抽查项目3个,抽测10组,合格率100%;钢筋保护层厚度抽查项目4个,抽测构件16个,合格率100%;脚手架钢管力学及工艺性能抽查项目2个,抽测2组,合格率100%;钢结构防火涂料厚度抽查项目1个,抽测构件4个,合格率100%;路面厚度抽查项目6个,抽测25个点,合格率92%;电线、电缆抽查项目2个,抽测4组,合格率100%;对10个不合格项目发放整改单,责令整改,整改率100%。

【工地人脸识别考勤抽查制】 2018年，区住建局对工地关键岗位人员实行人脸识别考勤抽查制。约谈、处罚人员不到位和人员到位率低的单位和个人，督促其纠正不良行为。至年底，抽查关键岗位人员人脸识别考勤4次，行政处罚施工企业49家，罚款13.4万元，行政处罚监理企业6家，罚款1.5万元，项目经理、总监扣分24人次计52分。 （吴毅玲）

房产管理

【概况】 2018年，高新区（滨江）发放预售证13本，总建筑面积58.50万平方米，其中商品住宅11.85万平方米。预售商品房成交5000套，比上年增长13.6%；成交面积44.87万平方米，下降15.7%。其中：商品房住宅成交1319套，成交面积23.55万平方米，分别增长57.2%、59%；商业地产成交3627套，增长3.3%，成交面积21.03万平方米（写字楼17.19万平方米、商业用房3.84万平方米），下降45.1%；其他2900平方米。二手房成交3537套，成交面积39.1万平方米，分别下降23.1%、17.8%。其中，住宅成交2248套，下降32.8%，成交面积25.7万平方米，下降34.3%。

【商品住房公证摇号公开销售】 2018年6月4日至12月14日，区住建局根据市住房保障和房产管理局《关于实施商品住房公证摇号公开销售工作的通知》要求，指导区内3家房地产开发企业摇号5次。检查摇号楼盘登记现场，解答购房家庭关于公证摇号销售问题，督促开发企业公开、公平、公正销售商品住房，确保商品房公证摇号公开销售工作规范有序。其间，参加摇号登记3762户，选房594套。

【住房租赁市场专项检查】 2018年9月17日，区住建局组织15家租赁企业、大型中介机构召开租赁市场专项检查会议，按照“房住不炒，租售并举”基本定位，要求企业从是否存在哄抬房租、捏造散布涨价信息、发布虚假租赁房源信息等10个方面进行自查，通过微信平台、上门送达等方式，发放《滨江区租赁企业、经纪机构自查表》《三不三严承诺书》233份。其间，抽查长租公寓5家，检查房地产中介机构13家，发现未备案中介机构4家、存在不同程度违规行为中介机构4家，责令立即整改。至年底，未备案中介机构均办理相关手续。

【直管公房管理】 2018年，区住建局对直管公房基础信息（房屋数量、坐落分布、建筑面积）、资产管理、权属管理、使用管理情况进行清查。全区现有直管公房408户，建筑面积3.05万平方米，其中住宅278户，面积1.35万平方米，非住宅130户，面积1.70万平方米。配合历史街区保护工作，对合同到期直管公房非住宅不再续租。全年走访承租户8151户次，维修公房193户，维修面积1.42万平方米，租金收缴率100%。 （钱　轶）

住房保障和管理

【概况】 2018年，高新区（滨江）受理市级保障性住房各类业务1856件,公共租赁住房资格审核、货币补贴、年检年审、注销各类业务1774件，发放货币补贴78.11万元。完成廉租房资格审核、货币补贴、年检年审、注销各类业务82件，发放货币补贴43.23万元。年内，浦乐单元公共租赁房二期进入初步设计阶段，计划建设住宅830套、面积3.7万平方米。确定位于西兴路以东、滨兴路以南、规划支路以西的地块用于建设人才专项租赁住房。

2018年，安置房项目开工144.83万平方米，竣工34万平方米，安置居民2039户。基本完成长江西苑、白马湖小区孔雀苑二期、新浦苑、滨康二苑4个安置小区整治工程。投入征迁建设资金23.86亿元，收取商业用房租金3300万元。深化安置房总包代建改革，至年底，完成总包代建招投标项目9个，其中开工6个，因征迁交地原因未开工3个。

（徐珊珊　刘晓娟）

【高层次人才住房补贴】2018年，全区高层次人才购房补贴新申请3人，发放61.8万元；申请购房补贴再发放通过4人，发放27.3万元；新申请租赁补贴通过14人，发放12.6万元；申请租赁补贴再发放通过15人，发放12.3万元。

（徐珊珊）

【回迁安置清零工作】2018年3月28日，区建管中心会同3个街道制订年度回迁安置计划。细化目标任务，西兴、长河街道以新交付房源为重点，浦沿街道以调剂房源为重点。至年底，安置6579人。

【配套用房清查和商业用房腾退】2018年，区建管中心推进安置房小区建设管理改革工作。通过实地测量、走访、统计等方式，对全区36个安置小区配套用房进行清查，安置小区可投入使用配套用房总面积34.01万平方米。同步移交老旧小区商业用房。接收9个老旧小区商业用房2.48万平方米。根据安置小区配套用房腾退专项工作方案，会同公安滨江分局、属地街道、社区和物业公司等单位，开展安置小区被占用商业用房腾退工作。至年底，腾退迎春南苑75间、1.45万平方米，缤纷东苑17间、3100平方米，大同公寓16间、2300平方米，湘云雅苑40间、3000平方米，火炬小区22间、1845平方米。

（刘晓娟）

物业管理

【概况】2018年，高新区（滨江）实施专业化物业管理项目169个，其中住宅小区91个，非住宅项目78个，管理面积3000多万平方米。物业服务企业121家。全区有31个项目被评为市物业管理优秀住宅小区（大厦），8个项目被评为省级物业管理示范住宅小区（大厦），5个项目被评为全国物业管理示范住宅小区（大厦）。组织人员参加市第三届物业行业技能比武，取得团体第三名。全年，收缴云杉郡景中心、星光城等3个项目物业维修基金2144万元、物业保修金1106万元。审批中兴花园、银色港湾等131个项目（批）使用物业维修基金1103.68万元。西兴街道、火炬小区旧住宅完成整治改造，滨康二苑、孔雀苑二期、新浦苑小区和长江西苑综合整治改造工程开工建设，至年底，整治改造旧住宅31.2万平方米，受益户数2744户，完成率156%。处理“12345”公开电话投诉1430件，及时办结率96%；召开各类矛盾纠纷协调会69次。全年查处违法装修180件，发放责令停工和限期整改通知书150份，整改率95%。

【既有多层住宅加装电梯】2018年3月6日，高新区（滨江）成立既有多层住宅加装电梯领导小组，落实各部门职责，分解年度任务。4—12月，印发加装电梯指导手册；建立高新区（滨江）既有住宅加装电梯月例会制度，协调解决各街道、社区、管线单位在加装电梯过程中所遇到的困难。出台高新区（滨江）加装电梯工程档案接收方案，规范档案接收管理；制定高新区（滨江）既有住宅加装电梯财政补助资金使用管理办法及高新区（滨江）加装电梯考核细则。举行与街道社区小型对接会22次，与各管线单位对接会15次，加梯现场管线迁改会9次，加装电梯矛盾协调会17次，协助电力系统进行前期勘察6次，接待上访人员40人次，政策宣传进社区3次，安全检查3次。在《浙江日报》《钱江晚报》《杭州日报》《天堂硅谷》报等媒体发布相关报道14篇。至年底，加装电梯通过联审21台，施工阶段7台，完工3台。

【物管评先创优】2018年3月15日至4月15日，区住建局组织海外高层次人才创新创业基地、龙湖春江郦城、锦绣玲珑府3个项目参加杭州市优秀小区（大厦）申报；9月1日至10月31日，组织卓信大厦、君景庭2个项目参加杭州市优秀小区（大厦）复评。至年底，锦绣玲珑府、龙湖春江郦城、海外高层次人才创新创业基地被授予杭州市优秀小区（大厦）称号。

（来 超）

环境资源

环境管理

【概况】 2018年，高新区（滨江）整治挥发性有机物（VOCs）“散乱污”企业、涉水行业重点企业7家，开展饮用水水源地环境保护专项行动、工业集聚区“污水零直排”创建，继续推进土壤污染详查，开展危险废物规范化管理督查考核。年内，18个环保事项全部实现“最多跑一次”。互联网小镇和物联网小镇2个省级特色小镇规划环评通过市环保局审查。建设项目环评审批10个，由环境影响报告表降为环境影响登记表项目53个，环境影响登记表项目280个。搬迁浙江正泰太阳能科技有限公司生产线，减排挥发性有机物（VOCs）39吨、化学需氧量46.6吨、氨氮2.33吨、氮氧化物15吨。

【大气环境保护与治理】 2018年，高新区（滨江）巩固“无燃煤区”治理成果，治理“工业废气”“车船尾气”“扬尘灰气”“城乡排气”，推进大气环境保护与治理工作。至年底，整治涉挥发性有机物（VOCs）“散乱污”企业4家，浙江苏泊尔家电制造有限公司安装喷涂废气处理设施，浙江万利金刚石工具有限公司改造热处理车间废气处理设施，杭州大和热磁电子有限公司安装挥发性有机物（VOCs）在线监测设备。推进印刷行业挥发性有机物（VOCs）整治，根据高新区（滨江）大气重污染应急预案操作手册，备案2家工业企业和19家汽修企业重污染天气应急操作方案。3个街道空气自动站站房建成投入使用。

【水环境治理】 2018年4月28日，高新区（滨江）开展饮用水水源地环境保护专项行动，印发《钱塘江饮用水水源地（滨江段）环境保护专项行动工作方案》《白马湖备用水源地环境保护专项行动工作方案》，明确钱塘江和白马湖饮用水水源地问题整改目标、内容和要求。至年底，安装饮用水水源区界标志11块、警示牌14块、宣传牌2块，排查并整改问题8个。整治金属表面处理和农副食品加工两大涉水行业企业6家。

8月17日，高新区（滨江）印发《杭州高新区（滨江）工业园区“污水零直排”创建行

白马湖备用水源保护区域　　（区委宣传部　供图）

动方案》，启动工业集聚区“污水零直排”创建工作，确保晴天排口不排水、雨天排口不排污，消除河道水体工业污染。排查和整改64家企业管网。12月27日，滨江工业集聚区“污水零直排”创建工作通过市“五水共治”领导小组办公室考核验收。

【土壤及危险废物治理】 2018年5月18日，高新区（滨江）成立区土壤污染状况详查协调小组和技术组，继续推进土壤污染状况详查，完成6家重点行业企业基础信息采集。9—10月，开展危险废物规范化管理督查考核，现场检查企业17家，达标率94.1%；对1家未达标企业发放《现场监察意见书》。12月20日，该企业完成整改。

【第二次全国污染源普查】 2018年5月10日，《滨江区第二次污染源普查实施方案》印发，明确普查目标、范围和内容。年内，组织普查清查培训4次，培训240多人。至年底，清查企业2645家，清查率及数据录入率均为100%；普查工业企业230家、涉及石油运输车辆等移动源企业10家和集中式污染治理设施1家。（方 莹）

环境执法

【概况】 2018年，高新区（滨江）开展环保执法“百日会战”“挥发性有机物专项执法行动”“蓝天保卫”专项执法等系列行动，检查企业2141家次，立案查处企业14家，行政处罚54.87万元。年内，环境执法与司法协调联动办公室、区检察院驻环境保护分局工作联络室、公安滨江分局驻环保分局工作联络室先后挂牌运行。

【“蓝天保卫”执法行动】 2018年1月26日至3月1日，高新区（滨江）开展“蓝天保卫”1号专项执法行动，检查企业3家次，出动6人次，未发现相关问题。7月31日至10月10日，开展“蓝天保卫”2号专项执法行动，出动执法人员57人次，检查企业28家次，发现问题6家次，责令整改4家次，立案处罚2件，罚款7100元。

【挥发性有机物专项执法】 2018年4月16日至6月22日，高新区（滨江）开展挥发性有机物（VOCs）专项执法工作，出动检查人员62人次，检查企业31家次，发现问题6家次，督促整改4家次，立案处罚2家次，处罚5.3万元。

【环保“百日会战”行动】 2018年5月18日至8月26日，高新区（滨江）开展环保执法“百日会战”行动，出动执法人员758人次，检查企业352家次，58个中央环保督察信访件全覆盖，立案4家次，处罚金额15.3万元。（方 莹）

【河道水质检测】 2018年，高新区（滨江）对全区41条河道、3个湖泊共81个断面进行每月1次的水质常规检测，检测项目为水温、pH值、透明度、氧化还原电位、溶解氧、氨氮、高锰酸盐指数、总磷，获得监测数据7776个。全区有水质在线监测站点18个，依托区河道水质在线监测系统平台，对全区18条河道水质进行监测，监测指标包含溶解氧、高锰酸盐指数、氨氮、总磷，数据每4小时更新一次。监测数据表明，2018年河道水质以Ⅳ类、Ⅴ类居多。在81个监测断面中，劣Ⅴ类水18个，占22.2%；Ⅴ类水20个，占24.7%；Ⅳ类水24个，占29.6%；Ⅲ类水16个，占19.8%；Ⅱ类水3个，占3.7%。

（谢涵聪）

五水共治

【概况】 2018年，高新区（滨江）安排“五水共治”项目64个，投资6.08亿元，其中完成年度目标任务51个项目，13个项目因规划调整或客观原因暂缓实施。建设城镇污水管网5.12千米，建设雨水管网6.01千米，河湖库塘清淤27.16万立方米。创建无违建河道24.09千米，划分40千米河道管理范围；更新改造加油站7个、油罐32个。推进长二河等7条河道综保工程、水利工程标准化管理、涉水行业环境管理、海绵城市建设、节水型企业创建、排水口整治等重点工作。推进中水回用项目试点，西兴生活污水处理设施投入使用，区剿劣应急处理设施临时管理用房项目试运行，2个污水处理设施日处理能力1.52万吨。创建“污水零直排”生活小区，高新技术产业开发区（工业集聚区）及浦沿、西兴工业园区通过市级复核验收。永久河被评为市级“美丽河道”。

【“污水零直排区”创建】 2018年3月12日，高新区（滨江）召开2018年度治水暨“污水零直排区”创建工作动员会，会议明确，年底前完成全区管网排查工作及西兴街道“污水零直排街道”创建验收。根据雨污分流排查整改和“污水零直排区”创建要求，高新区（滨江）采用CCTV（管道内窥摄像）管道检测机器人排查管网，至年底，清淤检测210千米市政污水管道、570千米排水单元污水管道、420千米市政雨水管道、760千米排水单元雨水管道，排查管网问题1.5万个，投资2.11亿元进行整改。创建“污水零直排”生活小区42个。

【永久河“美丽河道”建设】 2018年9月27日，永久河被杭州市评为市级“美丽河道”。区“五水共治”办于2016年4月15日启动永久河治理工作，通过改造阻水点，扩大过水断面，提升河道防洪排涝能力。至2018年底，投入3950万元，清淤10.8万立方米，安装生态浮岛13个、原位净化系统25个，整治异常排水口18处、整改污染源88个，涉及住宅小区和企事业单位67个。永久河水质基本稳定在Ⅲ类。

（于啸威）

市级“美丽河道”——永久河　　（区“五水共治”办　供图）

国土资源

【概况】 2018年，高新区（滨江）获批新增建设用地项目13个，总面积99.8公顷，新增建设用地28.13公顷。全年争取并落实省统筹增减挂指标和省、市计划指标项目13个，总用地面积128.2公顷，涉及新增建设用地21.6公顷。实施征地项目“两公告一登记”13个，面积56.24公顷，实现交地286.99公顷，完成拆迁腾房1188户，拆迁总面积95.97万平方米。落实“地长制”管理地块158宗、面积901.6公顷，基本实现拆后土地“地长制”管理全覆盖。编制完成《高新区（滨江）自然生态空间用途管制试点工作实施方案》，获省自然资源厅批准。开展省级全域土地综合整治试点工作，重点实施塘子堰等3个农改居社区宅基地复垦工程项目建设，井山湖一带复垦覆绿初显成效。推进六村联建综合体项目落地实施，年内项目桩基开工。

【土地使用管理】 2018年，国土滨江分局审核国有土地建设项目使用权40宗，总面积104.53公顷；挂牌出让工业用地2宗，总面积2.07公顷；签订经营性用地出让合同9宗，总面积57.2公顷。预审建设项目用地61宗，土地复核验收37宗，办理开、竣工违约处置7宗，补缴土地出让金8979

万元；收缴土地年收益金396万元。消化“供而未用”土地110.6公顷、“批而未供”土地利用60.47公顷、“低效用地”再开发114公顷，提升土地集约利用水平。经营性用地出让6宗，面积18.06公顷，出让金额77.56亿元，做地27.88公顷。

【土地执法巡查】 2018年，国土滨江分局参与联合执法行动89次，土地执法日常巡查105人次，“卫片”执法查处、整改土地违法案件8件，拆除各类违法建（构）筑物面积8965万平方米，实现“卫片”执法监督检查违法用地耕占比连续两年为零。通过手机短信、微信群、政务平台等媒介发送气象预警预报信息45次、1400条；出动巡查队伍排查和日常巡查地质灾害易发区189组、456人次；生态治理张家村泥石流、杭州兴达保温材料厂后边坡2处地质灾害隐患点；建设长河社区冠山禅寺北侧边坡、山二社区法华禅寺后侧边坡、东冠社区民兵训练营基地边坡3处地质灾害专业监测点。

【不动产登记业务实现“最多跑一次”】 2018年1月1日起，国土滨江分局不动产登记窗口实现“四个一”模式，由原先排三次队、取三次号、做三次受理，到“一个窗口、一套资料、一个平台、一小时办结”。6月10—30日，国土滨江分局整理、分类不动产登记档案，对2016年6月1日至2018年5月31日10万余份证书和证明等存量档案进行校对、整理，建立标准化电子文档，实现增量档案收件、扫描同步化，确保所有数据线上、线下统一。7月1日，推出赠予、国有建设用地使用权抵押首次登记和抵押权转移登记、离婚析产业务、未成年人取得不动产申请登记等不动产登记业务“简化办”。12月5日，网上预约取号功能上线，实现“网上办”；同月21日起，中国农业银行滨江支行受理不动产登记抵押注销业务，实现“就近办”。全年，不动产登记窗口办理各类不动产登记业务2.82万件，发放不动产权证书2.24万本、不动产登记证明1.17万份，受理查档1.42万人次，业务总量及一窗受理业务量居杭州市主城区各区级办理点首位，获高新区（滨江）“优秀服务窗口”称号。

（高　洁）

【“标准地”制度建立】 2018年10月26日，高新区（滨江）建立“标准地”（按数理统计原理随机选取的样地）制度。通过“政府定标准、企业作承诺、过程强监管、信用有奖惩”，将“放管服”理念融入项目管理和服务全过程，探索以标准替代审批，试行构建“容缺办理”“先建后验”的企业投资项目管理新模式。推动工业用地项目按“标准地”要求实施挂牌，明确、监管《履约监管协议》中各“标准地”指标。至年底，完成2宗工业用地“标准地”出让，实现企业投资项目前期审批“最多100天”。

（夏　莹）

【第三次全国国土调查】 2018年4月27日，区政府成立第三次全国土地调查领导小组，由常务副区长任组长，分管副区长任副组长，相关部门及3个街道分管负责人为成员，在国土滨江分局下设办公室。10月16日，滨江区将第三次全国土地调查领导小组更名为第三次全国国土调查领导小组，并根据各成员单位人员变动情况，调整人员名单。同日，印发《滨江区第三次国土调查实施方案》，明确调查目标、工作任务、时间安排、组织机构与职责和保障措施。12月，根据国务院第三次全国国土调查领导小组办公室印发的调查图斑，开展第一轮内外业调查工作。

（杨　琪）

财　政

【概况】2018年，高新区（滨江）财政收入322.81亿元，比上年增长12.4%，一般公共预算收入164.86亿元，增长15.4%，占财政总收入51.1%。一般公共预算收入中税收收入155.95亿元，占一般公共预算收入的94.6%；一般公共预算支出106.72亿元，下降6%。组织非税收入131.57亿元，其中纳入一般公共预算收入管理的非税收入8.91亿元、土地出让金收入122.55亿元。

年内，高新区（滨江）完善产业基金运作，加大非同股同权直接投资和合作基金投资，建立转贷过桥资金，充实中小微企业转贷基金，壮大担保实力，加强政银合作，防范重点企业资金链风险，缓解企业资金困难，破解科技型中小企业融资难融资贵等问题。新增6支阶段参股子基金24.74亿元，帮助科技型初创企业股权融资7.5亿元。新设立短期帮扶周转资金2亿元，为企业落实周转资金；在册担保企业23家，担保金额1.16亿元。

【企业投入加大】2018年，高新区（滨江）投入财政资金30.87亿元，其中区级投入24.63亿元，用于支持创新创业、人才引进、产业化及研发资助、科技金融创新、商贸服务和文创产业发展等。依托财政会计学会平台，建立企业高管常态化联系机制，通过宣传区内产业政策，扩大政策知晓度，帮助企业用好用活政策。落实减税降费政策，开展行政事业性收费情况自查，实施企业研发费加计扣除、部分行业增值税下调及退税、提高个税起征点、降低城市基础设施配套费收费标准等降税减费政策，帮助企业减轻负担。

【民生事业改善】2018年，高新区（滨江）加大民生领域财政投入。一般公共预算民生支出90.25亿元，占一般公共预算支出的84.6%，增长14.5%。投入17.9亿元，保障滨江实验小学、春晖小学、浙大教育学院附属学校、中兴单元小学及幼儿园等学校建成投用和开工建设，落实各项教育补助政策，引进和培养教师。安排医疗卫生支出3.15亿元，完善城乡居民基本医疗保险制度和大病保险制度，研究制定基层医疗机构补偿机制方案，推动社区卫生服务中心与名医名院合作。投入11.62亿元，推进养老服务业改革，加快保障房建设，落实拆迁户家庭就业帮扶政策。安排欠薪应急周转金500万元，调整政府性投资项目工程进度款支付比例，优化工资性工程款资金支付流程，支持“无欠薪区”建设。投入1.83亿元，落实东西部扶贫协作、援藏援疆、山海协作、区域协作资金，支持对口帮扶地区。投入3.67亿元，落实社会综合治理、维稳安保、安全生产等经费，保障“雪亮工程”“基层治理四平台”建设。

【城市建设保障】2018年，高新区（滨江）投入96.28亿元保障城市建设。投入36.18亿元保障重大项目和基础设施建设，推进江虹路跨铁立交、江南大道快速路以及地铁5号、6号、7号线等重点工程施工，推进萧闻路、浦沿路、闻涛路、冠山路、天马路等重点道路建设，优化路网结构。支持推进奥体博览城主体育馆和网球中心建设，确保第14届世界游泳锦标赛（25米）成功举办。保障中国动漫博物馆、最葵园、北京航空航天大学杭州研究生院、杭州国际学校、物联网产业孵化器、工业遗址公园、创新中心等重点项目基本完工或开工建设。投入49.54亿元推进“三改一拆”工作，支持浦沿街道征迁和西兴、长河街道征迁清零工作，签约2554户、拆除1788户，交地197.73公顷，支持“无违建区”创建，拆除违法建筑3071处，面积39万平方米。投入3.14亿元，支持流域水环境综合整治和“污水零直排区”创建，保障截污纳管、河道清淤、排污口整治、生态修复等工程施工。投入7.42亿元改善城市环境，实施小城镇环境综合整治项目，推动垃圾分类处置，保障完善城市亮灯工程，支持建设城市公园，提升城市绿化和洁化水平，推进“花城滨江”建设。

【财政改革深化】 2018年，高新区（滨江）深化财政预算管理改革，推进全口径政府预算管理，强化“四本预算”（一般公共预算、政府性基金预算、国有资本经营预算、社会保险基金预算）统筹衔接。试编2018—2020年财政中期规划，对规划期内影响较大的政策重点研究，做出合理预判，集中财力办大事，促进政策落实与中期规划有机衔接。完善预决算信息公开，扩大公开范围，细化公开内容，40家一级预算单位和43家二级预算单位全覆盖。深化国库集中支付改革，在所有预算单位（专户除外）中推行授权支付改革，取消过渡户清算模式，实现国库与代理银行之间直接清算，将一般公共预算安排实拨资金纳入国库集中支付，提高国库集中支付比率。组织实施国库集中支付电子化管理改革，完成上线实拨资金电子化业务。实施新政府会计制度，完善会计核算系统并上线运行。继续编制政府综合财务报告和部门财务报告。推进国有企业改革，完善国有企业管理改革实施意见，建立健全国企国有资产监督管理办法，研究制定国有企业“三定”（定岗、定编、定员）方案，规范组织架构建设。推进国企负责人薪酬改革和国有企业公务用车改革。

【街道财政管理】 2018年，高新区（滨江）开展街道财政工作调研，针对拆迁补偿管理和采购货物、服务管理不规范的问题，出台《关于加强拆迁补偿款延期支付管理的指导意见》，规范街道拆迁补偿款管理，严肃财经纪律，防范财务风险。加强街道及社区政府采购货物和服务管理，规范采购程序，提高社区采购透明度，制定出台《关于加强街道及社区政府采购货物和服务管理的通知》，明确街道及社区采购货物服务的采购主体和范围、采购平台、采购类型、金额标准、采购程序及管理职责，为全区59个社区开通“政采云”平台账户，组织“政采云”公司开展业务培训。

【财政“最多跑一次”改革】 2018年，区财政局对会计代理记账机构年度报备和执业资格审批两项业务实施“零上门”办理模式，完成2018年年度报备76家，完成率100%，业务总收入3339万元，服务总客户数1.15万户，增长24.2%和46.4%。全年受理办结会计代理记账机构执业资格审批19件，其中许可16件，注销3件。推进非税缴款“最多跑一次”改革，各类考试考务费、行政罚没款等非税缴费项目接入统一公共支付平台，统一公共支付平台扩展到34家执收单位35项收费项目，实现省、市收费项目目录全部进平台。拓展支付渠道，开通柜面缴费接入平台，支持银联App扫码支付，非税收缴渠道实现银联、网银和支付宝全覆盖。优化支付流程，完成识别身份—获取缴费信息—缴费—取得非税票据的闭环，在行政服务中心等公共场所设立公共支付自助机，建立个人缴费凭身份证“简化缴、移动缴、就近自主缴”快捷支付模式。全年，全区接入统一公共支付平台执收单位34家，通过该平台缴纳非税收入17.79万人次，合计金额1.76亿元。

【债务管理规范】 2018年，区财政局制定5年化债实施方案，在确保全区正常运行情况下，压缩一般性支出，统筹各类资金，有效筹集资金分年度化债。规范债务行为，提前化解部分债务风险，归还区建管中心通过政府购买服务形式由区商业资产经营公司向商业银行贷款的31亿元。加强国有企业融资，落实政府债务与企业脱钩，除区商业资产经营公司（建管中心）承担隐性债务外，其他国有企业不再与财政发生政府债务往来，实行自主盈亏、自主经营。通过资产划转、收益权转让等方式，加大对国企经营性资产注入力度，提高国有资本营运能力。

【财政监督检查】 2018年，区财政局通过互联网和信息化手段采集、整合财政预算数据，开发区财政预算联网监督系统，使之具有查询、预警、分析、服务等基本功能，实现对一般公共预算、政府性基金预算、国有资本经营预算及政府投资项目等编制、执行、调整及决算全过程监督，特别强化部门预算执行中项目预算的监督。开展行政事业单位协定存款专项检查，针对部分单位竞争性存放后未按招标内容执行和协定存款利率未按最高上限上浮等问题，要求各单位整改。出台财政定期存款专户清理，实施往来款清理。制定财政专户资金竞争性存放办法，完成10亿元延后支付拆迁资金竞争性存放，提升存量资金收益。出台14个方面的内控操作规程，重点加强对财政预决算、国库集中支付、国有资产管理、政府集中采购等重大改革事项的风险防控，实现内部管理制度化、程序化、规范化。

（周贵勇）

税务

【概况】 2018年，高新区（滨江）组织各项税费收入421.41亿元，其中税收收入319.45亿元，非税收入101.96亿元。各项税收收入中，增值税124.85亿元，企业所得税75.51亿元，个人所得税88.04亿元，城市维护建设税11.23亿元，土地增值税10.5亿元，营业税0.06亿元，消费税0.08亿元，土地使用税0.43亿元，印花税2.51亿元，房产税5.45亿元，契税0.79亿元；各项非税收入中，社会保险费91.32亿元，教育费附加4.88亿元，地方教育附加3.25亿元，残疾人就业保障金2.25亿元，文化事业建设费0.24亿元，其他0.02亿元。全年办理出口退税总额65.57亿元，比上年减少20.43亿元，下降23.8%。

【滨江区税务局挂牌】 2018年7月20日，新组建的国家税务总局杭州市滨江区税务局挂牌成立，标志着原杭州市滨江区国家税务局、杭州市地方税务局高新区（滨江）税务分局正式合并。滨江区税务局承担区域内各项税收、社会保险费、非税收入征管等职责，承继原国税、地税机构职责和工作，纳税人在办税服务厅、网上办税系统可统一办理

2018年7月20日，国家税务总局杭州市滨江区税务局挂牌成立

（区委宣传部　供图）

所有税收业务，享受“一窗通办”“一网通办”等服务。挂牌前，联合党委组建到位、综合部门集中办公到位、“一窗通办”先行到位，10月底，所有工作人员到岗到位。

【税收规范性管理】 2018年，区税务局在联合党委成立后执行“双保障”领导机制、“双协商”决策机制和“双报告”工作机制，执行《税收规范性文件制定管理办法》对税收规范性文件起草、审查、决定、发布等工作的要求。做好税收规范性文件清理工作，公布文件清理结果，实现执法依据“减负增效”。至年底，清理税收规范性文件1项。推进税收业务和内部管理规范化，深化运行重大税收执法决定法制审核工作机制，全年开展重大税收执法决定法制审核4件。

【税收政策执行】 2018年，区税务局执行增值税改革等税收政策，确保政策红利惠及所有纳税人。执行固定资产进项税额抵扣、小微企业税收优惠、福利企业先征后退、高新技术企业减免等税收优惠政策，优化外贸出口企业服务，加快出口退税办理进度。推进各项税制改革任务。做好增值税一般纳税人转登记为小规模纳税人工作，执行税率下降政策，做好已划转各项非税收入征收管理和交接工作。确定全区环保税纳税人2户，环保税申报率100%。强化个人所得税政策辅导，组织全覆盖培训15场，“点对点”精准培训12场，现场培训人次6000多人，涉及培训企业1.2万户。

【税费征收管理】 2018年，区税务局举办城乡居民基本养老保险和医疗保险费“两费”跟班学习、宣传培训、数据共享、模拟运行、准备预案5项“提前介入”，实现平移征管。做好自然人税收管理系统（以下简称“ITS系统”）数据清理工作，模拟实施个税6项专项附加扣除新政，确保ITS系统在滨江上线。抓好社会保险费征收管理，开展企业所得税汇算清缴及后续审核工作。完成环境保护税费改税工作，执行房产税、城镇土地使用税“征前减免”，按进度推进土地增值税清算工作。深化税收风险管理，开展纳税评估任务35户，结案率100%，问题率为100%，补缴税款1.05亿元。

【纳税服务】 2018年，区税务局执行商事登记“一件事”改革试点，纳税人网上申请营业执照成功当日，即可在办税大厅领取税务发票，缩短企业开办时间。改造和升级操作系统、排队叫号系统、POS机、自助终端等设施，整合办税服务大厅办税流程，科学调整功能区域设置，实现“进一个厅，排一次队，取一个号，办所有事”的一站式服务。首设兜底窗口，由业务骨干坐班，为纳税人审核各类资料，解决难题，开展跟踪服务，实现“最多跑一次”的升级目标。在海外人才创新创业基地建立线下平台和互联网结合的“微税厅”，打造“线上+线下”的“智慧办税区”，实现办税就近办理。在全国纳税人满意度调查中，滨江区列杭州主城区第一位。

【国际税收服务】 2018年，区税务局加大国际税收管理，做好“走出去”企业服务工作。配合省、市税务局做好第48届SGATAR会议召开，输送国际税收人才。强化国际税收征管，牵头组织关联申报和同期资料报送的专题培训。开展非居民企业外汇数据核查等工作，定期分析非居民税收收入，提升跨境税源管理质量和效益。规范对外支付流程，增强税收风险排查力度。落实非居民纳税人享受税收协定待遇政策，保障纳税人权益。完善“走出去”企业税收服务与管理机制，建立68家“走出去”企业拓展清册和33家境外被投资企业清册。

【税务信息化建设】 2018年，区税务局推进“金税三期”系统并库整合，自然人税收管理系统（ITS）、“金税三期”社保和非税模块以及数字人事四大系统上线工作。作为全国首批开展“金税三期”并库试点工作的两家单位之一，统筹做好征管数据比对清理、核心征管信息系统、防伪税控系统等测试验证和升级工作，为全省乃至全国并库整合上线工作开展打造“滨江样本”。 （卢婵婵）

金 融

【概况】 滨江区域银行业、证券业、保险业归属于杭州市统一管辖，统一由“一行两会一委”负责监管。区内金融业主要为非银行业金融机构，主要为4家小额贷款公司。2018年，4家小额贷款公司贷款余额9.88亿元，发放贷款748笔、14.73亿元，实现营业收入0.85亿元，净利润0.33亿元，年均贷款利率为15.7%，发生不良贷款2035.86万元。

【东冠小额贷款股份有限公司】 2018年，东冠小额贷款股份有限公司发放贷款201笔，贷款金额6.35亿元；期末贷款142笔，贷款金额2.75亿元，其中，100万元（含）以下小额贷款100笔，金额0.81亿元。东冠小额贷款公司服务“三农”和小企业成效明显，100万元（含）以下小额贷款及纯农业贷款占贷款余额的季末平均比例为51%，发放2个月以上贷款季度末平均比例为41.1%，发放扶持失地农民创业贷款等社会弱势群体贷款24笔，贷款金额为1010万元。全年实现营业收入1877.34万元，净利润903.17万元，年纳税总额816.2万元。

【中南小额贷款股份有限公司】 2018年，中南小额贷款股份有限公司发放贷款98笔，贷款金额1.31亿元；期末贷款124笔，贷款金额1.65亿元，其中，100万元（含）以下小额贷款104笔，金额8902.6万元。中南小额贷款公司服务“三农”和小企业成效明显，100万元（含）以下小额贷款及纯农业贷款占贷款余额的季末平均比例为56.3%，发放2个月以上贷款季度末平均比例为90.3%，发放扶持失地农民创业贷款等社会弱势群体贷款11笔，贷款金额为2.6万元。全年实现营业收入1221.9万元，净利润470.6万元，年纳税总额422.09万元。

【萧宏小额贷款有限公司】 2018年，萧宏小额贷款有限公司发放贷款94笔，贷款金额1.42亿元；期末贷款169笔，贷款金额2.88亿元，其中，100万元（含）以下小额贷款115笔，金额2.04亿元。萧宏小额贷款公司服务“三农”和小企业成效明显，100万元（含）以下小额贷款及纯农业贷款占贷款余额的季末平均比例为70.5%，发放2个月以上贷款季度末平均比例为85.2%，发放扶持失地农民创业贷款等社会弱势群体贷款10笔，贷款金额为725万元。全年实现营业收入1401.52万元，净利润115.39万元，年纳税总额145.01万元。

【兴耀普汇小额贷款有限公司】 2018年，兴耀普汇小额贷款有限公司发放贷款355笔，贷款金额5.65亿元；期末贷款212笔，贷款金额2.6亿元，其中，100万元（含）以下小额贷款166笔，金额5888.03万元。兴耀小额贷款公司服务“三农”和小企业成效明显，100万元（含）以下小额贷款及纯农业贷款占贷款余额的季末平均比例为53.2%，发放2个月以上贷款季度末平均比例为100%，发放扶持失地农民创业贷款等社会弱势群体贷款20笔，贷款金额为2万元。全年实现营业收入3821.54万元，净利润1767万元，年纳税总额938.29万元。

【科技金融服务中心】 2018年，杭州高新区科技金融服务中心立足助推解决科技型中小企业“融资难、融资慢和融资贵”问题，以科技型企业需求为核心，通过“线上线下”双轮驱动，对接融合金融资本（服务）与科技项目，在推进企业融资普惠性服务的基础上，探索开展优质企业创业融资训练营，实现常态化服务与重点服务相结合，为区内科技型企业提供集创业融资、银行融资及金融辅导的多层次多渠道融资服务。通过“1+N”服务模式，推进科技项目与金融资本常态化对接，全年开展各项金融对接活动51场，企业1322家，企业参与人员1470人次，合作银行为区内科技型中小企业贷款总额3.25亿元，贷款企业23家；担保公司为区内科技型中小企业贷款担保金额1.44亿元，担保企业34家；投资机构累计投资项目119个，其中项目落户区内26个，总投资金额为48.12亿元，落户滨江项目金额为2.62亿元。

【全景网杭州路演中心】 2018年，全景网杭州路演中心立足滨江，服务高新，建平台、聚资源、提氛围，服务上市，推动双创，为滨江多层次资本市场建设及产融结合出力，逐步建成“路演中心、培训中心、金融信息服务中心、智能投融服务中心”四位一体金融信息服务平台。至年底，举办各类路演及双创活动75场，其中上市企业路演28场，中小微企业路演、全景凤凰营培训等活动47场，帮助杭州数澜科技有限公司、杭州妈妈去哪儿网络科技有限公司、杭州才云科技有限公司等“独角兽”企业和优秀科创企业获得美国国际数据集团（IDG）、云锋基金、天堂硅谷、华睿投资、经纬中国、赛伯乐等知名机构入股，另有杭州普利复健有限公司、杭州智献科技有限公司、杭州澄心科技有限公司等企业获得小额融资。年内，路演中心成为滨江企业上市培训基地和上交所杭州服务基地，首期为滨江42家拟上市企业开展上市培育。承办“互联网大会数字经济与资本市场融合发展对接会”，打通企业连接多层次资本市场资源通道，上线智能投融平台，汇聚1万余个认证投资人、1500多个项目、100多位创业导师、100多个媒体矩阵。

全景网杭州路演中心大厅　　（区委宣传部　供图）

2018年银行驻滨江区机构一览表

表36

序号	名　称	经营地址
1	中国工商银行股份有限公司杭州钱江支行	滨江区江晖路1761—1767号
2	招商银行股份有限公司杭州钱塘支行	滨江区滨盛路1869号
3	招商银行股份有限公司杭州滨江支行	滨江区滨盛路4305号
4	中国农业银行股份有限公司杭州滨江支行	滨江区江南大道288号
5	中国建设银行股份有限公司杭州滨江支行	滨江区江南大道480号
6	中国银行股份有限公司杭州滨江支行	滨江区江南大道3806号
7	交通银行股份有限公司杭州滨江支行	滨江区江晖路1772号
8	杭州银行股份有限公司滨江支行	滨江区滨盛路1890—1894号
9	中信银行股份有限公司杭州滨江支行	滨江区江南大道1090号
10	平安银行股份有限公司杭州滨江支行	滨江区江南大道4288号
11	杭州联合农村合作银行西兴支行	滨江区固陵路12号
12	杭州联合农村合作银行长河支行	滨江区长江路21号

续表37

序号	名称	经营地址
13	杭州联合农村合作银行浦沿支行	滨江区东冠路793号
14	杭州联合农村合作银行江南支行	滨江区新月路507号
15	华夏银行股份有限公司杭州滨江支行	滨江区江南大道288号
16	杭州银行股份有限公司科技支行	滨江区江南大道3850号
17	兴业银行股份有限公司杭州滨江支行	滨江区江南大道90号
18	浙商银行股份有限公司杭州滨江支行	滨江区滨康路321号
19	广发银行股份有限公司杭州滨江支行	滨江区江南大道1088号
20	中国光大银行股份有限公司杭州滨江支行	滨江区江南大道123—127号
21	中国民生银行股份有限公司杭州滨江支行	滨江区江晖路1888号
22	中国邮政储蓄银行股份有限公司杭州市西兴支行	滨江区滨安路162—166号
23	北京银行股份有限公司杭州滨江小微企业专营支行	滨江区滨盛路1509号
24	宁波银行股份有限公司杭州滨江小微企业专营支行	滨江区江汉路1785号网新双城国际2号楼101、201、202、301室
25	江苏银行股份有限公司杭州滨江小微企业专营支行	滨江区滨盛路1786号
26	南京银行股份有限公司杭州滨江科技支行	滨江区滨盛路1508号
27	上海浦东发展银行股份有限公司杭州钱塘支行	滨江区江陵路2028号
28	南洋商业银行（中国）有限公司杭州分行	滨江区江南大道3688号
29	恒丰银行股份有限公司杭州滨江支行	滨江区泰安路9号星光中心一层、八层
30	金华银行股份有限公司杭州滨江小微企业专营支行	滨江区江南大道288号康恩贝大厦B座
31	渤海银行股份有限公司杭州滨江支行	滨江区江南大道380号

2018年保险公司驻滨江区机构一览表

表37

序号	名称	经营地址
1	中国平安财产保险股份有限公司浙江分公司滨江支公司	滨江区共联路新州花苑商铺11号
2	中国人寿保险股份有限公司杭州市滨江支公司	滨江区西兴街道江陵路1916号兴祺大厦1幢一层
3	长安责任保险股份有限公司杭州市滨江支公司	滨江区滨和路188号
4	阳光财产保险股份有限公司滨江支公司	滨江区西兴街道滨安路222号
5	中国人民财产保险股份有限公司杭州市分公司滨江支公司	滨江区启智街36号
6	中国太平洋人寿保险股份有限公司杭州市滨江支公司	滨江区江南大道380号1幢10层
7	中国太平洋财产保险股份有限公司杭州市滨江支公司	滨江区滨康路222号
8	中华联合财产保险股份有限公司杭州市滨江支公司	滨江区西兴街道滨安路126-7号
9	浙商财产保险股份有限公司滨江支公司	滨江区长河街道泰安路239号盾安发展大厦10楼
10	渤海财产保险股份有限公司浙江分公司	滨江区江南大道618号东冠大厦7楼
11	浙商财产保险股份有限公司浙江分公司	滨江区泰安路239号盾安发展大厦15楼

（来　霖）

经济监督管理

发展和改革管理

【概况】 2018年，高新区（滨江）推进产业国际化、全域城市化、全域景区化、人文特色化。全区实现生产总值1350.7亿元，比上年增长11%，财政总收入322.81亿元，增长12.4%，其中一般公共预算收入164.86亿元，增长15.4%，财政收入总量列全市第三位。在科技部火炬中心公布的157个高新区排名、中国产业园区竞争力100强排名中均列第三位。规模以上工业亩均增加值、规模以上工业单位能耗增加值、研究和试验发展经费支出与主营业务收入之比、服务业强区（县、市）Ⅰ类地区综合评价均列全省第一位。

完成《2017年全区国民经济和社会发展计划执行情况及2018年国民经济和社会发展计划草案》《2018年上半年国民经济和社会发展计划执行情况的报告》《高新区（滨江）国民经济和社会发展第十三个五年规划纲要中期评估报告》，经区政府同意报区人大常委会审议通过。全年安排政府投资项目268个，安排资金90亿元，比上年增加10亿元。

推进全省一体化投资项目在线审批监管平台（2.0版本）全面应用，推进投资项目审批制度改革，压缩投资项目审批周期，全面实现企业投资项目从立项到开工审批“最多100天”，最快提速至59天，改革经验在全市推广。出台《关于加快推进企业投资项目“标准地”改革的实施意见》，发布“标准地”工作指引，明确工作流程，2个项目按“标准地”开展挂牌相关工作。启动“规划环评+环境标准”清单式管理改革试点。梳理公布新版区发改局“办事‘最多跑一次’事项目录”；发布《滨江区“最多跑一次”改革投资项目审批领域考核实施意见》。

推进信用滨江体系建设，健全制度保障体系，修订印发《关于建立完善信用联合奖惩制度加快推进社会诚信建设的实施意见》《公共信用信息分类等级管理目录》等文件，整理区级部门的公共信用信息，开展失信治理，完成涉金融领域失信专项治理，营造良好的营商信用环境。

【深化“亩均论英雄”改革】 2018年6月13日，区委、区政府发文成立区“亩均论英雄”改革工作领导小组，拟定改革工作要点及责任分工。全区以新发展理念为引领，以供给侧结构性改革为主线，厘清政府和市场的边界，推进企业分类综合评价结果应用和资源要素市场化配置，坚持质量第一、效益优先，建立完善正向激励和反向倒逼机制，提高全要素生产率，推动经济发展质量变革、效率变革、动力变革，加快实现实体经济高质量发展。根据省经信委发布的《2018年全省89个县（市、区）“亩均论英雄”绩效报告》，高新区（滨江）规模以上工业亩均增加值1342万元/亩、规模以上工业单位能耗增加值22.61万元/吨标准煤、规模以上工业R&D经费支出占主营业务收入比5.4%，均位列全省第一，分别为全省平均水平的13倍、17.1倍和3.5倍；规模以上工业亩均税收229.7万元，为全省平均水平的9倍。

【非参公事业单位车改】2018年6月29日，区车改办发布通知，自7月1日起全区事业单位启动公务用车改革，停发事业编制人员车贴、停止所属车辆派用。区车改办全面核实全区27个部门、136个非参公事业单位的人员及车辆情况。11月19日，区车改领导小组印发《杭州高新区（滨江）事业单位公务用车制度改革实施方案》。12月，事业单位按照最新公车改革实施方案对相关公务交通费用进行报销。

【重大项目推进】2018年，区发改局完成省、市重点和省、市、县（区）长工程项目申报工作，编制发放省、市重点实施项目形象进度计划、预备项目前期工作计划和新开工重点项目节点计划，组织6个项目参加省集中开工月活动；谋划农转用项目，组织16个项目上报，涉及新增建设用地面积62.57公顷，其中农用地面积40.6公顷；强化工业用地“四小类”商业配套业态审批，审批23个；加强对擅自改变建筑物使用功能企业的调查处理。完成杭州民生药业有限公司、中恒电气股份有限公司提高容积率提升改造相关审核。至年底，审批项目建议书51个，审批项目可行性研究报告49个，总投资157.53亿元。

【产业新政策施行】2018年，在“1＋X”产业新政基础上，高新区（滨江）出台“新11条”政策，落实减税降费政策、鼓励银行机构加大贷款力度、降低企业融资成本、支持民营企业高质量发展，推进“政银企”三方合作共赢，优化营商环境，促进企业发展。加大政策宣传，解读新政，召开政策发布会和产业新政培训会。至年底，产业扶持资金支出30.19亿元，其中区级资金24.63亿元，主要用于支持创新创业、人才引进、产业化及研发资助、科技金融创新等。结合浙江省特色小镇创建推进产业集聚整合，以发展智能制造新型供给体系为目标，出台《杭州高新区（滨江）智造供给特色小镇及产业推进行动方案》《关于加快智能制造企业发展的政策意见（试行）》等政策意见。

资料：“新11条”

落实各项减税降费政策；支持企业发行债券；支持企业并购重组；做大做强区属担保公司；帮助企业解决短期流动性风险；支持上市企业用好股权质押工具；帮助成长型企业解决融资难问题；积极参与科技型初创企业股权融资；鼓励银行机构加大贷款力度；切实降低企业融资成本；完善政策执行方式。

【科技金融改革】2018年，区发改局加大科技金融服务力度，加强培育上市后备企业梯队，全年培育孵化首次公开募股（IPO）梯队企业动态保持15家以上，准上市公司（Pre-IPO）梯队企业动态保持60家以上。发挥政府创投引导基金作用，做好阶段参股基金的服务与监管。探索科技创新产业扶持基金新办法，用活用好政府产业扶持基金。采取战略合作、非同股同权、同股同权、合作基金等模式，加大对高新技术项目产业化的推进扶持。做大做强区属担保公司，资本金增至5亿元，为更多中小企业提供担保融资服务。出台《关于推进企业上市和并购重组的实施意见》《关于进一步支持科技型中小企业融资的实施意见》。发挥金融中心、路演中心“两中心”和科技一融通平台、科技银行“两平台”作用，引导其对区资本市场开展全方位服务。强化互联网金融风险防控，开展企业金融风险摸排，防范化解金融风险，抓好网络借贷平台处置工作，保持社会总体和谐稳定。

【产业对口帮扶协作】2018年，滨江区全方位开展与贵州省黔东南州丹寨县、麻江县和湖北省恩施州建始县的对口帮扶工作，从资金“输血”升级至产业“造血”，实施援建资金项目44个，落实帮扶资金8320万元。区四套班子主要负责人带队到3个县考察，双方互访40多次，召开联席会议3次。推动与桐庐、富阳、衢江、淳安、长春新区等地区域协作，发挥产业辐射作用，新

滨江区产业对口帮扶县——湖北省恩施州建始县农产品展示

（区委宣传部　供图）

签订与衢江区、长春新区合作协议。“互联网+”都市农业建立跨地区合作生产基地1.47万公顷，拓展经济、旅游、社会领域合作帮扶。

【市场价格监管】 2018年，区发改局调动各方力量加大市场价格执法巡查，利用重要的时间节点提前做好价格警示提示，提高对价格违法行为震慑力。专项检查辖区房地产开发、中介企业，加强房地产行业市场价格监管。规范价格管理，全年完成23家市场调节价停车场、22家民办非学历培训机构、4家新办幼儿园乙级标准收费备案工作。加强行政事业性收费事中事后监管工作，审查42个部门。38个大项的收费项目，审查2017年度收费金额3.68亿元。协助办案机关完成各类涉案价格认定101件，涉案标的1120多种，涉案金额1534.7万元。

（徐海娟）

市场监督管理

【概况】 2018年，区市场监管局组织2017年度企业年报工作，应年报企业数3.52万户，完成年报企业3.2万户，企业自然年报率91%；应年报个体工商户1.17万户，完成年报个体工商户1.02万户，自然年报率87.2%；农专社年报率100%。对2017年年报企业开展“双随机”抽查1489家。开展跨部门“双随机”抽查，对类金融、教育培训、医疗美容、环保、知识产权代理等5个领域的173家企业开展“双随机”定向抽查。

推进商标品牌战略。4家企业参加浙江省品牌示范企业的申报，“吉利”商标被认定为中国驰名商标称号。提高商标品牌资产性运用能力，企业商标质押贷款金额4700万元，新增300万元质押贷款。加强注册商标行政保护，查处商标侵权案7件，案值0.67万元，收缴罚没款17.7万元。鼓励企业海外商标布局，资金支持企业境外维权。

开展“守合同重信用”企业公示活动，新增AAA级“守合同重信用”单位9家，续展33家；新增AA级单位19家，续展34家；新增A级单位33家，续展4家。

全年立案查处各类违法违章案件210件，办结一般程序案件206件，罚没款369万元；大要案54件。其中，食药类案件81件，食药类大要案26件。杭州奥龄生物科技有限公司违法广告案和杭州荣尚美容美发管理有限公司案分别入选省、市市场监督管理局的典型案例在媒体发布。

全年处理答复行政复议28件，均未被复议机关纠错，行政复议发案量比上年下降46.2%。应对行政诉讼9件，行政诉讼发案量下降10%，行政机关负责人出庭应诉率100%。及时、准确公开政府信息，依法依规在政府门户网站主动公开财政预决算、食品监督抽检等信息。

至年底，全区新增企业8862家，其中内资8683家、外资179家，比上年增长8%；新增注册资本547.03亿元民币、7.03亿美元；新增个体工商户3448户。受理企业各类变更登记2.07万家次，其中内资企业变更2万余家次，外资企业变更658家次，增长20.8%。受市市场监管局委托登记的股份有限公司设立、变更及备案114家次。

【证照联办“一网通”】 2018年3月1日起，区市场监管局在商事登记领域推行“网上办”，协同各责任单位，力推商事登记证照联办“一网通”系统。至年底，新设“网上办”和“一网通”指标完成率分别为100%和98.4%。区市场监管局牵头涉企证照“一网通办”，由窗口收件、出件，从“分头办”向“协同办”转变，实现涉企证照所有业务“全科受理”、后台各相关单位协同办理，打造商事领域改革“最多跑一次”新集成升级版。

【“证照分离”改革】 2018年4月20日，区市场监管局在全市率先启动“证照分离”改革，98个改革事项分为完全取消审批、审批改备案、全面实行告知承诺制、提高审批透明度和可预期性、强化市场准入监管5类，按审批层级分批推行。至年底，全区办理涉及“证照分离”改革事项业务2694件，其中直接取消审批事项1件、审批改备案820件、告知承诺制202件、优化准入服务1671件。

【企业开办时间压缩】 2018年4月20日，依托“互联网+政务服务”，区市场监管局通过加强与区税务局、公安滨江分局、中国人民银行杭州中心支行等多部门协同，将依次办理的串联模式改为并联模式，企业开办时间从改革前用时15天缩短为3个工作日，短于国务院规定的8.5天。至年底，全区新增企业6265家，比上年增长11.8%；通过信息交互平台各部门共享数据1.87万条，其中741家新设企业办照实现全程网上办。

【住所申报承诺登记】 2018年4月20日，高新区（滨江）扩大商事主体住所（经营场所）申报承诺制试行区域，在前期首批住所申报制试点区域基础上，选出10家产权主体清晰、园区管理规范、信用记录良好的园区楼宇列入第二批住所申报承诺制名录，开展住所申报承诺登记。至年底，有28个众创空间、12个产业园的40处房产，按住所申报承诺制的项目申报。

【五星级市场监管所创建】 2018年11月1日至12月31日，长河市场监管所开展五星级规范化市场监管所创建工作。监管所以基层建设管理为重点，通过增强班子建设、提升干部素质、完善装备设施、规范内部管理、加强日常监管等措施提高基层建设管理水平。至年底，长河市场监管所成为滨江区首个“五星级规范化市场监督所”。

【流通领域商品检测】 2018年，区市场监管局开展商品抽检99个批次，区本级开展家用电器、安抚奶嘴、儿童玩具、鞋类、消防器材等商品抽检58批次，其中出检测结果的抽检合格32批次，不合格8批次，合格率80%。配合市市场监管局开展电动车抽检10批次、珠宝首饰抽检31批次。

【“放心消费在浙江”创建】 2018年，全区创建117家无理由退货单位和81家放心消费商店，减少消费投诉量。区消费者权益保护委员会在龙湖滨江天街、宝龙城分别设立消费维权分会，完善“一会两站”机制建设，强化消费维权政企协作。区市场监管局举报投诉指挥中心接收举报7165件、投诉3.1万件、咨询509件，办结率100%，按时反馈率96%，为消费者挽回经济损失547.52万元。其中，“12315”举报投诉平台2.69万件，区信访转办7914件，来信660件，省信访平台1829件，浙江省消费者维权网323件，“110”联动1020件。

【小微企业服务】 2018年，区市场监管局实施“小微企业三年成长计划”，落实“小微企业质效提升行动”。至年底，走访小微企业278家，并全部建立企业走访服务档案，发放宣传资料800多册。建立和完善雏鹰企业（初创型）培育库小微企业1150家，瞪羚企业（成长型）培育库小微企业245家，头雁企业（领军型）小微企业145家。“个转企”744家，其中转公司数739家，转公司比例99.3%。

【网络交易监管】 2018年，区市场监管局办理涉网案件57

件，罚没款90.67万元，移交异地案件1889件，协助异地案件调查6907件，查无下落网店协查执行2438件。启动网络交易大数据监测，对互联网金融领域开展4次专项数据监测，核查74家企业中区市场监管局立案8家，列入经营异常名录28家，公安部门立案6家。开展"浙江省网络监管与服务示范区"创建，完成创建总体方案、行动计划任务、区域网络经营总体调研报告等工作。开展"浙江省放心消费示范网店"创建，至年底，39家网店完成申报并通过复查，数量列全市第一。

（高启君　高轶舟）

统计管理

【概况】 2018年，高新区（滨江）开展工业、科技（火炬）、建筑业、固定资产投资、劳动工资、农业等统计年、月报审核上报工作。落实住户调查、采购经理、生产经营、景气调查、月度劳动力、工业生产者价格、固定资产投资价格、5‰人口抽样调查等各类常规调查工作。完成食品安全、平安浙江群众安全感、综合考评、发展环境等各类社情民意调查及各类临时性调查工作。推进全区第四次经济普查工作，清查产业活动单位2.38万家，其中法人单位2.2万家，法人单位中单产业法人2.13万家；个体6704户，其中有证个体5202户，无证1502户。

起草每季季初常委会和季中常务会议经济形势汇报分析材料，针对经济运行中存在的突出问题，撰写《基于统计视角的2017年度国家高新区综合评价结果的分析和思考》《关于1—2月全区规上服务业运行情况的影响和判断分析》《当前我区企业盈利情况分析及对策建议》《关于中美贸易战对我区实体经济的影响分析》等专报材料，其中获区主要领导肯定批示9件。开展统计法制工作，印发《关于印发〈杭州高新区（滨江）开展防范和惩治弄虚作假专项行动工作方案〉的通知》《高新区（滨江）关于开展"以数谋私、数字腐败"全面排查和专项整治工作的通知》《杭州高新区（滨江）统计局关于在全区开展统计诚信单位评价工作的实施方案》。

发布2017年《统计公报》《统计快报》，改版《统计月报》等统计产品，第一时间为区委、区政府领导、社会公众等各方面提供现代化统计服务产品，并通过App等新媒体进行发布。通过各类渠道上报统计信息80多篇。

【工业统计】 2018年，区统计局组织工业企业召开企业年报会议；加强重点单位监测，逐家审核，以确保源头数据质量；加强与企业交流，对企业进行实地指导。完成工业、能源等统计年报、季报、月报审核上报。配合做好上级发放的各项临时性工作任务，完成浙江省企业发展环境调查、全区189家工业企业能源自查、重点企业走访。至年底，全区有规模以上工业企业189家，新增小升规企业11家，退库企业13家，年报合计187家。

【服务业统计】 2018年，区统计局召开服务业企业年报会议，重点单位监测逐家审核，配合做好上级部门季度报表电子商务交易平台情况和生产经营景气状况调查、浙江省企业发展环境调查等临时性调查工作。至年底，全区规模以上服务业有560家，新增小升规企业49家，退库53家，年报合计556家。

【贸易统计】 2018年4月9日至5月15日，根据省统计局《关于进一步加强贸易统计数据质量管控的意见》《关于开展全省贸易统计数据质量核查的通知》要求，通过对限额以上294家贸易企业对比和筛选，区统计局确定184家企业为重点调查对象，宣传统计法律法规，对单位统计台账建立、报表填写、审核等基础统计业务进行指导，对存在数据错误企业，及时落实企业纠正，跟踪检查，确保不再发生重复错误。至年底，全区有限额以上批发和零售业283家，限额以上住宿和餐饮企业43家，共计299家，年底新增企业50家，退库24家，年报合计324家。

【建筑业统计】 2018年，区统计局开展建筑业企业统计年报、季报上报工作，加大报表监测、审核力度，提升数据质量，并配合完成上级各项临时性工作。8—9月，开展“以数谋私、数字腐败”全面排查和专项整治。11月，根据《浙江省统计局系统数据质量管控规则》《关于开展建筑业统计数据质量自查工作的通知》要求，组织建筑业企业数据自查。12月，完成重点企业组织结构调查，配合市局完成重点企业走访。至年底，全区有资质以上建筑业企业69家，其中劳务分包企业10家、退库企业5家。

【固定资产投资统计】 2018年，区统计局针对投资统计工作从投资统计制度到投资考核体系的变革，分析并撰写1—2月、1—3月、1—5月、半年度及全年固定资产投资数据监测、预测分析报告。调整投资统计工作重点，加强各类项目摸底和入库工作，对接区财政局、区住建局、区商务局等部门抓政府投资、房地产开工和重点产业投资项目，通过走访、检查企业和催报报表了解企业投资情况以确保应统尽统。分2次对全区220个投资项目开展固定资产投资统计数据质量自查和抽查，提高固定资产投资统计数据质量，跟进投资考核新体系进展。与市局及相关部门对接，了解投资“4+1”考核体系进展，研究各指标内涵，做好监测和预警，并与所涉投资考核的区住建局、区商务局等部门对接，配合做好相应投资项目入库咨询指导，对投资项目数据做好查漏补缺和把关。至年底，新增入库项目42个，其中政府投资项目25个、产业项目7个、房地产项目6个。

【采购经理调查】 2018年，滨江区涉及采购经理调查单位77家，其中制造业29家、非制造业48家。根据《2018年杭州市采购经理调查数据质量核查抽查工作方案》要求，5—9月，涉及调查单位对影响统计数据质量的10个方面进行自查，自查表反馈率100%，区发改局对31家国家级样本企业通过电话、QQ及邮件等方式复查，国家统计局浙江调查总队抽查3家，总体数据质量良好。

【统计基本单位名录库】 2018年，区统计局结合全国第四次经济普查，开展单位核查和名录库维护、“小升规”单位变动审批、跨区搬迁划转工作。至年底，全区统计基本单位名录库有法人单位3.01万家，产业活动单位5150家，新增法人和产业单位共3661家。全年维护名录库法人单位1.89万家，其中新增法人单位3177家、修改1.57万家、剔除15家；维护产业活动单位2249家，其中新增产业活动单位484家、修改1666家、剔除99家。

（楼金燕　周炜婕）

审计监督

【概况】 2018年，区审计局完成审计项目11项，工程项目结算审计820个，核减政府投资项目资金2.24亿元，全年促进整改落实管理不规范资金14.61亿元，挽回损失548.49万元。提出各类审计建议42条，推动被审计单位制定整改措施72项，促进被审计单位建立、完善各类制度18项。开展服务企业活动，建立企业内审定期交流制度，走访企业36家，指导企业开展内审项目30多个。上报审计信息36篇，被采用26篇。其中，被《中国审计报》采用11篇，涉及区重大改革8个专报获区委区政府主要领导批示。为全区强化预算资金管理、加大街道拆迁资金监管力度、完善产业基金管理等提供建设性意见和建议，为区领导决策提供参考。在省、市审计业务评审中，上报项目获省优、市优项目各1项。

【年度预算执行情况审计】 2018年4—7月，区审计局对2017年度区本级预算执行情况进行审计。在建立财政大格局审计、注重预算“四本账”完整性及绩效的基础上，重点对各类重大专项资金展开审计调查，对涉及街道“拆迁户延期支付款的管理情况”和单位“公款竞争性存放情况”等进行重点审计。针对拆迁户延期支付款管理方面存在问题，促成区财政局出台《关于加强拆迁补偿款延后支付管理的指导意见》；针对公款竞争性存放工作存在问题，促成区财政局出台《杭州高新区（滨江）国有企业银行账户及公款竞争性存放管理实施办法》。

【政府投资项目工程价款结算审计】 2018年，区审计局按照《杭州高新区（滨江）政府投资项目分类管理与加强监督的实施办法（试行）》要求，加大投资审计监督力度。对奥体中心等13个政府重大项目实施跟踪审计；出台《杭州高新区（滨江）审计局跟踪审计项目审计质量考核办法》，加大对跟踪审计中介监管和考核力度，建立工程项目审计线上监管系统和结果公示制度，完成新一轮政府投资项目中介机构预选库入库工作。区审计局全年完成项目结算审计820个，送审金额46.61亿元，审定金额44.37亿元，核减工程款2.24亿元，核减率为4.8%。

【经济责任审计】 2018年，区审计局对区教育局和区市场监管局主要负责人开展任期经济责任审计。对长河街道党工委和办事处主要负责人实行自然资源资产责任审计；对47个单位领导干部和国有企业负责人统一开展年度履行经济责任情况报告。实现经济责任审计监督全覆盖。

【政策执行审计】 2018年，区审计局开展产业基金投资业务情况专项审计调查，揭示产业扶持基金在分类管理、组织架构、管理制度等方面存在的问题，提出完善产业基金制度建设、完善工作机制、强化专业化队伍建设等审计建议，促成区政府完善股权投资业务投后管理等管理办法。开展区城市维护费中垃圾处理及环境绿化资金专项审计调查，摸清垃圾处理及环境绿化等方面存在垃圾分类处置成效不高、绿化养护管理不到位等问题，提出抓两头管中间提高垃圾分类处置成效、合理设置居民小区垃圾分类设施、加大对绿化养护工作日常监管力度等审计建议，促成区城管局出台《关于调整滨江区城市管理局招标领导小组成员的通知》《杭州高新区（滨江）推进生活垃圾分类工作实施方案》《2018年度滨江区治理固体废弃物工作目标任务分解》《滨江区公共绿化迁移过程管理办法（试行）》《滨江区城管局绿化改造提升工程管理办法（暂行）》5项制度。

【审计管理】 2018年，区审计局对审计全过程质量控制平台12大功能进行改进和补充完善，结合“杭州市党政部门主要领导干部经济责任审计量化评价体系”，逐项拆分指标，分类构建评价理论模型，构建多指标体系结构，使评价体系使用时更加直观和便捷。出台《杭州高新区（滨江）审计局跟踪审计项目审计质量考核办法》，从审计工作纪律、项目前期规范、跟踪过程规范和审计成果等4项一级指标、34项二级指标对跟踪审计中介进行全面考核，注重过程管控、成果管理和奖惩管理，提升跟踪审计绩效。将审计整改工作纳入区年度综合目标考核，年底由区政府专题向区人大常委报告审计整改情况，接受区人大常委会监督，保障审计整改工作落到实处。 （徐江龙）

质量技术监督管理

【概况】 2018年，区市场监管局检查特种设备948台（件），发现安全隐患46个，封停设备137台，发出安全监察指令书29份，全部完成整改。处罚特种设备违法案件2件，罚款22.2万元。开展产品质量监督抽查8批次，处理产品质量市场反溯23批次，处罚产品质量不合格企业2家，罚款5万余元，检查工业产品许可证企业18家。全年未发生特种设备安全事故。“浙江制造”品牌培育走在前列，全区企业累计获得“浙江制造”认证证书19张，发布“浙江制造”团体标准20项，其中2018年新发布6项。“浙江制造”认证证书拥有量居全市第一位，发布团体标准的数量居全市第三位。

全年挂牌成立3个质量服务综合体，为园区内企业提供质量服务、标准、计量、认证认可服务、产品质量监督和特种设备服务、政策咨询服务以及维权服务等相关服务。新增2家浙江省中小学质量教育实践基地。推进“标准化+”战略，华数传媒网络有限公司国家级服务业标准化试点项目通过验收，首个地方标准规范《社区公共文化服务规范》发布并填补该项领域的国内空白。兑现区级2017年标准奖励资金465万元，为历年最高。滨江区以97.86分排名全市质量工作考核第三位，居主城区首位。

【防爆电器生产企业专项检查】 2018年9月，根据《市场监管总局办公厅关于开展防爆电气、电线电缆、危险化学品和危险化学品包装物容器等4类重点工业产品质量安全隐患排查的通知》，区市场监管局会同有关专家对5家防爆电器生产企业开展检查。检查组通过查看资料、踏勘现场，对各企业的生产能力和现状做全面评估，对在检查中发现的供方索证不全、未有效评价、特殊过程缺少监控、生产配件验收记录未按标准要求进行4个问题，要求企业进行整改，整改结果和见证材料按时上交。

【“浙江制造”品牌培育工作获奖】 2018年，省质量强省工作领导小组办公室印发《关于第二批“浙江制造”品牌培育试点县（市、区）评价情况的通报》，滨江区被评为“浙江制造”品牌培育工作优秀单位，是杭州市唯一优秀单位。滨江区聚焦制造业供给端改革，探索完善品牌培育新路径，形成以“机制驱动、质量升级、标准提档和品牌增效”四位一体为特色的品牌培育新模式，在信息技术产业、高端装备制造业、智能机器人与新能源等领域推进“浙江制造”品牌建设工作。至年底，18家企业主导制定并发布20项“浙江制造”团体标准，9家企业获19张“品字标”认证证书，认证证书拥有量居全市第一位。

（官霄飞　陈　莼）

国有资产管理

【概况】 至2018年底，高新区（滨江）有国有及国有控股企业22家，其中直接监管企业5家、委托监管企业4家（1家正在办理注销）、各级子公司13家。国有企业总资产475.31亿元，比上年下降3.4%；总负债246.22亿元，下降22.8%；所有者权益总额229.09亿元，增长40.3%。实现营业收入11.30亿元，上缴税收9721.04万元，企业净资产收益率1.1%，国有资本保值增值率139.9%。

【国有房产管理】 2018年5—10月，根据市政府关于国有房产清查要求，区机关事务中心牵头，对全区国有房产开展再清查行动，清查房产1458处、394.5万平方米。7月，区财政局、区发改局（物价）、区住建局（房管）等各相关部门协同研究确定人才租赁公寓租赁调整定价方案，新的租赁价格为每月38~40元/平方米，实现国有房产保值增值。

【国企资源整合】 2018年8月，高新区（滨江）成立杭州滨江城建发展有限公司，公司注册资本10亿元，作为工业综合体建设主体。同年公司获得省住建厅认定的房地产企业二级资质。同月，区资产经营公司出资成立杭州滨江区留用地开发运营有限公司，注册资金1000万元，负责长河街道6个社区留用地统筹开发和运营。年内，完成杭州滨江地铁投资开发有限公司债权债务清理。至年底，完成公司清算小组工商备案，确定清算基准日为2018年12月31日。

【国企兼职人员清理】 2018年8月，根据省委组织部《关于开展领导干部兼职专项督查的通知》，按照政企分开的要求，高新区（滨江）印发《关于调整滨江区国有企业董事监事的通知》，按管理层级要求，机关事业人员不再兼职国企董监事人员，企业身份人员兼职不超3个。至年底，完成全区国企和各级子公司董监事人员兼职清理调整工作，全部符合规定要求。

【国企国资改革】 2018年，高新区（滨江）出台《杭州高新区（滨江）区管国有企业负责人经营业绩考核办法》，根据企业不同功能定位制定差异化绩效考核办法，明确经营业绩责任书。深化区直接监管企业"双百分制"考核，落实党建考核与薪酬挂钩机制。完善《杭州市滨江区国有企业公款竞争性存放管理实施办法》，加强国有公款资金存放管理。出台《杭州高新区（滨江）国有企业资产管理综合办法》，规范企业在投资管理、资产转让、房产出租、采购管理、重大信息公开等方面操作规定。

【国企公务用车改革】 至2018年底，根据省、市、区推进国有企业公务用车改革的要求，完成区国有企业公车制度改革工作。按照厉行节约、分级推进原则，将各级国有企业公车全部纳入车改范围，明确报销标准和原则、车辆处置原则、具体实施方式。（徐　峥）

食品药品监督管理

【概况】 2018年，高新区（滨江）制定《杭州高新区（滨江）食品安全"十三五"规划》，明确"十三五"期末区食品安全主要指标预期目标和主要约束性目标。出台《滨江区食品安全党政同责实施意见》，层层签订目标责任书。夯实基层监管体系，巩固"一办一所两员"，提前完成区食品安全办公室规范化建设。加强市场监管平台建设，梳理71项平台职责，派驻干部20人。推进餐饮食品安全智慧监管系统建设，推广工作在各城区前列。创建放心示范店37家。确定列入首批小蔬菜门店整治提升计划20家。创建省星级文明规范市场3家，省放心农贸市场4家。全年计划抽检食品1520批次，实际完成抽检1939批次。全区农贸市场开展快速定性检测7.79万批次。

全年检查药械生产经营企业、医疗机构820家次，其中药品生产企业18家次，药品批发企业30家次，疫苗批签发70批次；完成抽样70批次，飞行检查单体药店和三类植入介入类医疗器械经营企业132家次，检查医疗器械生产企业68家次，经营企业323家次，医疗机构30家次；开展生产流通使用环节专项检查40多家次，完成对辖区内二类精神药批发企业的全覆盖专项监督检查5家次，完成"双随机一公开"检查企业74家次，受理完成对946家次的药械行政许可事项；处理投诉举报40多件，移送外单位20多件，全年立案查处企业3家，当场行政处罚10家，责令改正10家，完成外省市协查并反馈140件；审核上报药械不良反应报告740例，其中药品不良反应722例，医疗器械不良事件18例。

开展疫苗流通环节监管，对生产配送疫苗企业开展7家次飞行检查、跟踪检查，会同区社发局对区内所有疫苗储存配送企业、区疾病预防控制机构、接种单位的疫苗运输、储存使用等情况进行联合监督检查。开展义齿、体外诊断试剂、无菌和植入医疗器械专项整治工作。督促引导企业和管理者签订落实药品生产质量管理规范（GMP）、药品经营质量管理规范（GSP）条款责任状，建立企业内部GMP、GSP落实责任追究机制。做好非特殊用途化妆品备案检查工作，累计核查非特殊化妆品备案产品772个次。

【餐饮服务食品安全示范街区创建】 2018年3—6月，区市场监管局在龙湖滨江天街开展餐饮服务食品安全示范街区创建工作。组织对街区内登记在册的113家餐饮店进行全面摸底，要求街区内餐饮服务单位均达到食品安全示范单位标准要求，全部餐饮单位基本建成阳光厨房，街区建立网格员巡查、管理方督查、经营者自查、监督员督查的四级管理体系，街区内21家餐饮单位量化等级将达到A级，其量化等级均能基本达到B级。分类选取5家餐饮店对照标准逐一进行现场示范指导，创样板店予以规范化推广。龙湖滨江天街管理规范、诚信经营，被杭州市市场监管局认定为市级餐饮服务食品安全示范街区。

【餐饮食品安全智慧监管】 2018年5月，依托餐饮智慧监管平台，区市场监管局对餐饮单位原辅料采购验收、人员健康管理、操作区域卫生状况、餐厨废弃物处置等开展在线巡查，实行远程监管、线上巡查、视频取证，提升监管效率。长河市场监管所应用餐饮单位智慧化管理系统对辖区300多家餐饮单位实施智慧监管，实现线上巡查，实时查看台账信息、人员健康管理、明厨亮灶等内容。至年底，全区上线各类餐饮单位582家，上线率23%。

【疫苗专项检查】 2018年7月25—27日，区市场监管局对区疾控中心和下属4个接种单位的疫苗进行专项检查。重点检查疫苗购进渠道、合法票据、验收记录、储运条件、过期疫苗处理等内容。经查，区疾控中心和各接种单位从2016年起未购进及使用过长春长生生物科技有限公司生产的人用狂犬病疫苗，未购进及使用过长春长生生物科技有限公司、武汉生物制品研究所有限责任公司生产的问题批次百白破疫苗。各单位总体情况良好。

【小蔬菜门店整治提升】 2018年9—11月，区市场监管局推进小蔬菜门店整治提升试点工作。区市场监管局制定小蔬菜门店整治提升工作方案，明确时间、任务和工作要求。开展调查摸底，掌握门店底数，树立样板试点，确定20家门店列入首批整治提升计划。明确小蔬菜门店整治提升的重点内容和标准，即“一落实二到位三上墙”。制定《小蔬菜门店整治提升工作方案》，对排查建档、市场准入、强化抽检（快检）、日常巡查、宣传培训等方面进行部署，明确时间安排和工作要求，召开部署动员会和现场会布置落实。通过整治，改善门店面貌，保障食品安全。

【“阳光厨房”建设】 2018年，高新区（滨江）持续推动“阳光厨房”建设，至年底，38家学校食堂、53家幼儿园食堂、4家养老机构食堂、99家大型及以上餐饮单位建成阳光厨房，建成率100%，中型餐饮单位建成147家，建成率38%。

【食品安全监管】 2018年，区市场监管局开展年夜饭、春秋两季开学、网络订餐整治等专项检查行动，检查学校、幼儿园120多家次，整治各类餐饮经营户380多家，下架违法违规网络订餐平台餐饮店257家次。以生产企业、商超、市场和校园周边为重点，开展日常执法检查，出动人员728人次，检查企业380家次。打击禽类违法交易行为，对证标不全的不予上市。完成第十四届中国国际动漫节、2018杭州草莓音乐节等18次重大活动食品安全保障。至年底，出动保障监督人员286人次。

（王良华　陆　斌）

安全生产监督管理

【概况】 2018年，高新区（滨江）发生一般事故4起，死亡4人，受伤1人，直接经济损失172.97万元，行政处罚58次，处罚罚款81.1万元。安全生产事故起数、死亡人数、直接经济损失分别比上年下降43%、33.3%、41.7%。其中：工贸领域事故2起，死亡1人，受伤1人；道路运输领域事故2起，死亡3人。消防领域（生产火灾事故）无事故发生。未发生较大以上事故。

落实《2018年安全生产责任体系和预防机制建设过程性指标考核（平安考核）》，开展平安暗访暗查6次，出动检查48人次，发现安全隐患108个。全部完成省市、督办的问题整改事项12件。抓好重点时段安全监管，落实专人24小时值班和领导在岗值班制度。落实安全生产责任制区级责任制单位27家，督促落实二级责任制单位3826家，兑现2017年度安全生产责任制考核奖励44万元。落实“一岗双责”工作机制，出台《关于加强安全生产促进安全发展的实施意见》。做好“国家安全发展示范城市”创建。

【职业健康监管】 2018年4月，区安监局制订职业健康执法年实施方案，明确执法年的目标任务、责任分工、执法重点、检查计划和工作要求，促进企业落实职业病危害防治主体责任。至年底，检查企业67家，发现问题隐患129个，开具整改指令书55份，完成整改129项，整改率达到100%。以“依法行政”为核心，以许可规程为保障，以条件审查为手段，4家企业完成职业病危害项目同时设计、同时施工、同时投入生产和使用，45家用人单位完成职业病危害项目申报备案，全区累计171家。

【重点领域安全专项整治】2018年6—10月，区安监局联合区住建局、区市场监管局、滨江运管处、滨江消防大队、滨江交警大队开展安全生产大检查及“大排查、大整治”等安全专项整治。围绕消防安全、生产安全、建筑施工、道路交通等领域，开展“全覆盖、地毯式”排查。整治期间，检查各类场所6594处次，排查整治各类安全问题隐患9136处；开展执法检查4701次，罚款425.51万元，停产停业整顿46家次，采取强制措施1338家次。

【事故隐患排查治理】 2018年，区安监局开展工商贸企业安全生产隐患排查整治和重点隐患挂牌督办活动，重点突出危化品、“三场所三企业”（有限空间作业场所、涉及可燃爆粉尘作业场所、喷涂作业场所、船舶修造企业、涉氨制冷企业、金属冶炼企业）、建筑施工、生产型企业、人员密集场所和出租性生产经营场所等事故多发和易发部位。出台《全区重大安全隐患暗访交办整改督办闭环机制实施方案》，开展暗访暗查3次。依托市隐患排查系统，开展规模以上企业隐患排查治理。至年底，全区有4216家次单位开展自查自纠，查出隐患2567个，整改隐患2543个，落实整改资金362.9万元。对100多家危险化学品从业单位进行“全覆盖”排查，立案查处企业7家，罚款10.7万元。10处区级挂牌督办安全生产隐患全部完成整改。

【强化“执法年”活动】 2018年，区安监局全员参与“强化执法年”活动，共同执法检查和案件办理。强化事故前追责执法，对无整改前置的、拒不执行整改指令的、逾期整改不合格、未采取措施消除事故隐患的、整改同时可处罚的企业立即处罚。对危险化学品、涉氨制冷等高危企业、安全失信企业、2016—2018年发生过事故的企业、历次监管执法检查发现问题较多的企业、职业危害严重的企业必查。对企业主要负责人按法履职情况、全员教育培训情况、隐患排查治理情况、应急预案管理工作、重大危险源管理工作5类重点问题必查。至年底，出动检查人员142人次，执法企业154家，立案查处违法行为63起，比上年上升215%；罚款86.3万元，上升175%。

【安全生产“最多跑一次”改革】2018年，区安监局按照全省“八统一”（服务项目统一、办事指南统一、办事平台统一、办事程序统一、管理制度统一、单位印章统一、服务细节统一、工作时间统一）梳理形成的相关材料要求，制定办事事项服务指南，简化办事流程，消减申报材料，取消模糊性表述和兜底条款。对涉及许可到期换证单位，提前提醒，提供服务。对于非即办或委托审查事项，向企业提供审批结果免费快递送达或转报服务。对照“证照分离”改革试点要求，推进实施危化品“禁限控”，严格安全准入。

【安全生产“三化”管理】2018年，区安监局推动企业安全生产标准化、安全生产社会化、安全生产智慧化。安全生产标准化达标企业51家，全区累计376家；安全生产社会化重点推进可燃爆粉尘、有限空间、喷涂作业场所、涉氨制冷、危险化学品等重点领域企业，及部分园区、自身安全生产管理能力不足中小微企业的社会化服务工作。至年底，有1613家企业开展社会化服务，投入资金230.5万元；安全生产智慧化推进智慧式用电安全隐患监管服务系统建设工作，以街道老街、过渡房、学校、农贸市场为重点，全区行业领域安装智慧用电设备3740套，其中2018年安装智慧用电设备912套。

（江志平）

教育

综述

2018年，高新区（滨江）有各类幼儿园39所，义务教育阶段学校26所29个校区，其中含公办九年一贯制学校3所4个校区、小学13所15个校区、初级中学6所，民办学校4所。市属普通高中2所，职业高中2所，省属高校6所。进修学校1所，社区学院1所，成人技术学校3所。全区中小学、幼儿园及进修学校、社区学院、成人技术学校等共有教职工5080人。其中，幼儿园专任教师1539人，小学专任教师1508人，中学专任教师915人。专任教师中具有研究生学历358人，本科学历3238人，专科学历403人。专任教师中具有中学高级职称306人，中学一级职称1242人，中学二级职称1554人。

2018年，高新区（滨江）公共财政预算教育经费20.3亿元（含教育费附加），占公共财政预算支出14.8%。普通小学、初中学校生均公共财政预算教育事业费全面增长，小学生均公共财政教育事业费3.5万元，中学生均公共财政教育事业费6.12万元。

2018年，高新区（滨江）地方教育经费总收入23.72亿元，公共财政教育支出20.3亿元，其中教育事业费15.4亿元，教育税费4.5亿元；其他公共财政安排教育经费1.9亿元。西兴北单元项目（滨和中小学）获评2017年度“西湖杯”(建筑工程奖)。浙大教育学院附属学校、滨江实验小学9月顺利投入使用，春晖小学、东冠单元幼儿园、滨兴小区幼儿园、奥体单元小学及幼儿园等按进度施工。（詹琳燕）

浙江大学教育学院附属学校　　（区教育局　供图）

学前教育

【概况】 至2018年底，高新区（滨江）有幼儿园39所63个园区。其中，公办幼儿园24所48个园区，其他及社会力量办幼儿园15所。教职工2555人，其中专任教师1539人，在园幼儿1.8万人，园均规模463人。2018年，小班新生6274人，录取中班插班335人，大班插班293人，托班136人。新增杭州市甲级幼儿园园区5个、二级幼儿园园区4个，申报通过率100%。至年底，全区共有甲级及以上园区41个，覆盖率74.2%，浙江省一级幼儿园、二级幼儿园园区56个，幼儿人数覆盖率90.2%。

【学前教育成果展】 2018年3—7月，区教育局在区文化中心举办《滨江区教育振兴五年行动计划（2012—2017）》学前教育成果展，通过“我的孩子我的园”园长论坛、“一封家书”阳光教师风采展暨杭州市阳光教师风采展示、幼儿园电子宣传册、“滨江学前5年”一园一品展台、幼儿园一园一品展演、“我是幼儿园教师网络展”六大板块总结展示过去五年滨江学前教育的发展和优秀成果。5月25日，结合教育部“我是幼儿园老师”主题，以钱塘春晓、明月江南、官河锦庭、春波南苑、奥体中心、钱江湾、白金海岸7所幼儿园为代表进行品牌特色展示；在园长论坛中获一等奖的王宇震、张波、华萍、方珺分别围绕办园理念、特色建设和园所发展规划做专题演讲。

【幼儿园课程领导力提升工程启动】 2018年4月11日，高新区（滨江）区幼儿园课程领导力提升工程开班仪式在丹枫幼儿园举行。区教育局副局长傅天健、杭州师范大学继续教育学院院长项红专、副院长姚丽娟、课程建设导师团以及全区各幼儿园课程建设负责人等70多人参加。课程邀请市教育学会副会长施光明、市特级教师王家祥等专家担任导师，通过集中授课和分组研讨、实践跟岗和入园诊断等形式，以一对一、一带多的专项指导形式，提升幼儿园园本课程建设能力，完成园本课程的初步建设任务。培训班是根据省教育厅部署，为加快滨江区幼儿园课程建设步伐，有效提升园长和骨干教师课程领导力、执行力，由区教育局联合杭州师范大学继续教育学院，量身定制的课程领导力提升工程。

【园长论坛活动】 2018年9月28—29日，由省学前教育研究会、学前教育管理研究专业委员会主办，区教育局承办的“‘新时代背景下幼儿园管理的机遇和挑战’2018年浙江省首届园长论坛活动”在歌山品悦大酒店举行。全省各地250多名学前教育管理与实践工作者参加，富阳区和新疆阿克苏市、湖北省恩施州建始县、贵州省黔东南州麻江县等结对帮扶区（县、市）的园长、骨干老师1200多人通过网络直播共同参与论坛，会议展示滨江区智慧学前教育的高品质发展。在主论坛，专家围绕新时代背景下幼儿园管理的机遇和挑战主题分享经验和观点，内容涉及幼儿园管理、人身伤害的法律应对、文化和品牌建设、课程园本化实施、课程评价、幼儿园质量评价等方面。分论坛从不同的主题切入，分别在白金海岸幼儿园、月亮湾幼儿园、奥体中心幼儿园同时举行活动。（杨佳丽）

义务教育

【概况】 至2018年底，高新区（滨江）有公办小学13所，公办九年一贯制学校小学部

2018年5月31日，高新区（滨江）举行六一儿童节文艺会演

（区教育局　供图）

3所，民办九年一贯制小学部3所，民办九年非一贯制小学部1所，在校学生2.4万余人，比上年增加2555人；校均规模1092人，增加19人。公办初中6所，公办九年一贯制初中部3所，民办九年一贯制初中部3所，民办九年非一贯制初中部1所。在校生7801人，增加391人，校均规模600人，减少49人。初中报考2216人，普高录取1579人，中等职业类学校录取546人，总录取率95.9%。公办学校随迁人员子女在校人数小学9028人、初中2571人、外籍学生小学28人、初中10人。小学有教职员工1523人，其中专任教师1508人。初中有教职员工958人，其中专任教师915人。

【课后免费托管服务全区推行】 2018年3月，高新区（滨江）在总结试点经验的基础上将课后免费托管服务工作向全区所有小学推广，课后服务工作坚持“立足需求、积极服务、家长自愿、学校受托”原则，建立家长申请、班级审核、学校统一实施的课后服务工作机制。课后服务以组织学生自主阅读、体育、艺术、科普活动以及娱乐游戏、拓展训练、社团及兴趣小组活动。新学期全区14所小学（含九年一贯制学校）在1～3年级全面推开，惠及学生2251名，占1～3年级学生数的20.5%。

【教育电子地图上线】 2018年3月20日，区教育局推出滨江教育电子地图（http://www.qz-map.com/njl/njl/project/），高新区（滨江）政府网教育栏目及滨江教育微信公众号同步上线。该地图平台具有查询功能，涵盖区内所有公办、民办学校及幼儿园。电子地图直观展示区域内所有学校、幼儿园分布情况，对学校地理位置进行标示。地图界面左侧列表是学校名称、详细地址、咨询电话和网址等基本信息。点击学校名称，能直接查询与该学校相关的公交、驾车路线以及学校附近信息。平台还提供全区幼儿园、小学、初中、九年一贯制及成校等分类查询，方便市民快速获取学校信息。

【特色体育兴趣社团试点】 2018年4月25日，中享体育·哇禄乐享体操社团试点学校签约仪式在丹枫实验小学举行，首批试点学校为丹枫实验小学、长河小学。哇禄乐享体操社团作为课后服务内容，三点半后在校内授课，以政府购买服务方式引进。主要训练内容为基础体操，对小学生进行递进式的兴趣和专业培训。社团课33%的课时由冠军亲自教授，其他课时则由国家队、省队退役运动员经过统一培训后授课，帮助退役运动员就业和创业，为国家专业体训队培养后备人才。

【学校帮扶结对】 2018年5月28日，区教育局与湖北省建始县签订结对帮扶协议，全区28所优质学校（园）与建始县28所中小学校（园）结对。首期结对时间为自签订之日到2020年12月。其间，滨江区从学校结对帮扶、定期互派教师跟岗学习、加强信息化发展指导、家庭结对帮扶、教师互访等方面提供帮助。

【2所学校与海亮教育集团合作】 2018年9月1日，海亮教育研究院实验学校授牌仪式在春晖小学举行。海亮教育集团受托管理春晖小学和杭州西兴中学，为期6年。托管期间，两所学校公办属性、原有教师公办身份、学校资产权属性质保持不变。招生规则遵照区公办中小学校招生相关政策执行。海亮教育集团全权负责学校管理，并向托管学校提供教育资源，包括管理、品牌、师资、学校文化、课程资源、国际教育资源、后勤服务资源等。学校实行理事会领导下的校长负责制。聘请海亮教育集团总校长叶翠微为杭州西兴中学名誉校长（聘期3年），张双庆为杭州西兴中学校长。春晖小学引进全国十佳小学班主任、重庆市骨干教师田冰冰担任校长，以培养艺术特色和双语特色教学为定位。

【区中小学生田径运动会】 2018年10月26—27日，高新区（滨江）第二十一届中小学生田径运动会举行，全区28支学生代表队816名运动员参

2018年10月26日，高新区（滨江）第二十一届中小学生田径运动会举行 （区教育局 供图）

加15个项目的比赛。开幕式上，各学校以“亚运进入杭州时间”为主题进行表演。经角逐，江南实验学校小学部、闻涛小学、西兴实验小学、彩虹城小学、长河小学、博文小学、滨文小学、浦沿小学、高新实验学校小学部、滨兴学校小学部获小学组前十名，江南实验学校中学部、长河中学、浦沿中学、高新实验学校中学部、闻涛中学、西兴中学、杭州二中白马湖学校初中部、滨和中学获中学组前八名。

【获省、市中小学艺术节优异成绩】 2018年11月18日，以“民族魂·中国梦——阳光下成长”为主题的2018年浙江省中小学生艺术节在义乌市文化广场剧院结束。高新区（滨江）教育局获得优秀组织奖；高新区（滨江）学生获艺术表演类一等奖2个，二等奖1个；获艺术作品类一等奖5个，二等奖8个，三等奖6个；12月6日，杭州市中小学生文化艺术节结束，高新区（滨江）学生在美术类项目中获一等奖7个，二等奖14个，三等奖16个，优秀奖8个；表演类项目中获一等奖6个，二等奖12个，三等奖4个；8名教师获“优秀指导教师”称号。

【中小学生普法活动】 2018年11月27日，高新区（滨江）中小学生“学习宪法、远离毒品、扫黑除恶、拒绝欺凌”专项行动启动仪式在滨和中学举行，区教育局、区委政法委、区法院、区检察院、公安滨江分局、团区委等部门及全区中小学分管负责人共200多人参加活动。活动特邀区禁毒大队和刑侦大队负责人分别给同学们作“远离毒品”和“扫黑除恶”的讲座。同学们以朗诵、小品、合唱等形式展示对宪法的理解，让全场观众在观赏节目中学到宪法知识，增强法治观念。 （姚雅萍）

成人教育

【概况】 至2018年底，高新区（滨江）社区教育机构有区社区学院1所、区社区学院街道分院（街道成人学校）3所、社区市民学校60所。公办教职工25人，专任教师21人，聘请校外教师92人，志愿者541人。年内，区成人双证制高中毕业89人。社区教育机构完成非学历培训8.25万人次，其中家政培训1042人次、企业职工培训1.48万人次、家庭教育培训4.2万人次、老年教育培训8516人次、其他培训1.61万人次。

2018年，高新区（滨江）获全国“2017年全民终身学习活动周成功组织奖”，长河街道被市教育局认定为2018年杭州市示范街道30分钟市民学习圈。社区学院获2017年度全省职成教信息报送先进单位，是全省社区学院唯一受表彰单位。“滨江区家长学校大讲堂”获评市级终身学习品牌项目、省成教品牌项目。西兴街道新州社区教学点、长河街道晶都社区教学点、浦沿街道彩虹社区教学点确定为省首批村居老年教育示范点。西兴街道新州社区民乐队、温馨社区合唱团、长河街道月明社区皓天书画社区、汤家桥社区白马湖书社、浦沿街道滨盛社区舞蹈队获市社区示范性学习型社团。长河街道中兴社区被评为全国第六批优秀学习型社区。6个品牌项目为区社区教育特色品牌项目，14家社团为区第五届优秀学习型社团，5所市民学校为区现代化市民学校。10名市民为区“百姓学习之星”，6名社区书记为优秀市民学校校长。社区教育工作受到《浙江教育报》《钱江晚报》等媒体相继报道。

【社区教育特色品牌项目评选】 2018年7月13日，区社区教育工作委员会办公室公布2018年区社区教育特色品牌项目名单，西兴街道新州社区“智慧课堂”、金东方社区“智慧早教”、长河街道晶都社区“晶银花开”老年培训、中兴社区“茶文化”体验学习、浦沿街道之江社区“教育+”志愿服务、六和社区“墨香六和”书法培训6个项目入选。项目采用“项目负责人+骨干学员”管理模式，骨干学员轮流负责，建立微信工作群；探索团队学习、体验学习、远程学习等社区教育模式。

【全民终身学习活动周】 2018年10月25日，高新区（滨江）暨长河街道全民终身学习活动周启动仪式在长河中学举行。活动周的主题为“坚持改革开放创新，推进全民终身学习”，区社区学院和各街道成校老师、社区教育联络员、受表彰代表、市民代表等300多人参加。活动启动仪式对2018年现代化市民学校、社区教育特色品牌项目、优秀市民学校校长、优秀学习型社团、百姓学习之星、优秀社区教育联络员进行表彰，长河街道的终身学习成果进行现场展示和体验。其间，各街道、社区教育学校重点针对老年人和滨江新市民开展讲座、培训、观摩、体验等多种形式的学习宣传活动，区图书馆、区文化馆等公共场馆开展“学习开放日”“主题活动日”“专题讲座”等活动，开放网易蜗牛读书馆和中小学、幼儿园校园，为全民终身学习提供服务。

【西兴成校新校区投入使用】 2018年11月7日，西兴成校新校区投入使用。新校址位于滨兴路121号迎春南苑6幢，共投资240万元。学校总面积1450平方米，拥有教师办公室8间，教室8间，可同时开设8个老年大学培训班，满足1000多名市民培训。另配有多媒体教室、练功房、舞蹈厅、歌唱厅、健身房、书画培训房，图书阅览室等功能室。

【省成教品牌项目】 2018年12月15日，省教育厅办公室公布2018年浙江省“中职教育质量提升行动计划”项目建设名单，认定滨江区社区学院举办的“家长学校大讲堂”为省级成教品牌项目。2015年3月，区家长学校大讲堂在各中小学、幼儿园和社区开设。2016年4月，滨江区社区学院开设家庭教育课程，利用周六时间，聘请专家、校园长和优秀教师讲课，强调计划性、系统性、及时性、针对性，满足多样化需求。至2018年底，家长学校大讲堂累计培训家长9.5万人次，形成滨兴学校的“人文大讲堂”、江南实验学校的“智慧父母课堂”、钱塘春晓幼儿园的“超级妈妈大讲堂”、金东方社区的“智慧早教课堂”、钱潮社区的“家教聊聊吧”等特色品牌。

【30分钟市民学习圈形成】 2018年，高新区（滨江）致力于推进全民终身学习，建立区、街道、社区三级终身教育网络，打造以街道为主导，社区市民学校为学习阵地的30分钟市民学习圈，让市民在30分钟路程内就近参与学习，通过政府主导、教育牵头、部门分工、社会参与的工作机制，建立学习圈建设工作协调机制，推动构建衔接沟通全区各级各类教育、认可多种学习成果的终身学习“立交桥”。12月17日，《高新区（滨江）打造30分钟市民学习圈 畅通终身学习“立交桥”》在《杭州政务信息（专报）》第625期刊登。

【企业安全生产个性化培训】 2018年，高新区（滨江）社区学院作为省三级安全生产培训机构加强培训需求调研，改进培训方式方法，推广研讨式、互动式、体验式、模拟式教学，提高教学实效性，严格考核要求，确保培训质量，全年开展安全生产培训13期，参加培训学员897人，到企业举办培训班5期，培训人数500多人。

【社区老年教育】 2018年，浙江老年开放大学滨江学院（滨江区社区学院）在滨盛、东信、新州、六和4个社区老年教育教学点基础上，增设彩虹、西兴退管2个教学点，3个街道分院和部分市民学校增设老年教育培训班，开设摄影、书法、绘画、电脑、声乐、舞蹈、英语、烘焙、古筝、葫芦丝、太极拳、太极剑、柔力球、武术、珠绣、花卉盆景、中医养生17个专业，在社区市民学校举办老年教育培训班63个，招收学员1850人。聘请区内高校教师、中小学教师、退休专技人员为任课教师。 （赵国祥）

特殊教育

【概况】 至2018年底，高新区（滨江）3~18周岁各类领证残疾儿童有117人，其中学前教育和义务教育阶段86人。义务教育阶段32人在萧山特殊教育学校学习，31人在区内普通学校随班就读。按要求保障特殊教育财政经费投入，向萧山区特殊教育学校支付每年生均4.6万元的委托培养费，并给予每人每学年6000元交通补助。随班就读、送教上门生均公用经费按普通同级学校生均公用经费基准定额的10倍以上拨付。

【2所学校通过合格资源教室评估验收】 2018年2月13日，通过自查自评、推荐、评估验收，长河小学白马湖校区、江南实验学校被杭州市教育局认定为第十批特殊教育资源教室，成为全区首批标准化合格资源教室。

【滨江区首届特殊教育论坛】 2018年5月18日，高新区（滨江）“普特共融，共筑美好教育”暨首届特殊教育论坛在长河小学白马湖校区举行。市、区教育局，萧山区特殊学校，浙江师范大学，华东师范大学，省儿童保健院相关负责人和专家出席会议，区各学校校长、相关负责老师以及部分家长100多人参加论坛。市教育局特殊教育处副处长袁立斌为成功创建合格资源教室的长河小学白马湖校区和江南实验学校月明校区授牌。论坛邀请萧山区特殊学校校长朱玉蝾做“牵着‘蜗牛’一起成长”的讲座；浙江师范大学教授曹漱芹作融合教育讲座；省儿童保健院主任医生邵洁就如何做好医教结合给予专业回答；华东师范大学教授韩立文介绍资源教室的基本设备配置以及功能分布，并提出实施建议；长河小学白马湖校区老师夏红、高新实验学校老师刘红艳和钱塘实验幼儿园老师华焕兴分别介绍学校开展特殊教育的情况和做法。

（童永健）

智慧教育

【概况】 2018年，按照“统一打造，按需选用”原则，区教育局推进智慧教育应用。启用校园体育场地对外开放人脸识别系统。公办中小学全面推行智慧食堂，启用智慧选餐。成功举办全国新技术支持下个性化学习高峰研讨和应用成果展示活动，促进新媒体新技术在课堂教学中的有效应用，展示滨江智慧教育成果。申报的《智慧教育助推教育高水平均衡发展》入选浙江省智慧教育典型案例征集活动区域案例和2018年浙江省民生获得感示范工程。对滨江“教育云”进行二期扩容，与杭州市“教育云”平台进行无缝对接，实现云资源灵活调度及异地容灾备份。推进“滨江教育”手机App深度应用，导入第三方教育“小程序”，实现多个功能在同个App内。

【智慧选餐平台全区推行】 2018年3月1日，高新区（滨江）校园智慧选餐全面推广，钱塘实验小学、彩虹城小学、长河小学、西兴小学、滨文小学、滨兴学校、闻涛小学、东冠小学试点实行。至年底，全区中小学全部开展网上智慧选餐工作。

【人脸识别系统助力体育场地对外开放】 2018年6月8日，高新区（滨江）20所公办中小

2018 年 11 月 8 日，全国新技术支持下个性化学习高峰研讨和应用成果展示活动在高新区（滨江）举行　　（区教育局　供图）

学均安装人脸识别系统。首次进入校园锻炼的市民，先在大门口机器刷身份证，拍照进行脸部识别和关联，后期只需“刷脸”入校锻炼。人脸识别系统与公安系统联网，将采集信息实时传至区公安分局监控中心，该系统具备黑名单功能，防止不法分子进入校园。

【智慧教育成果亮相各级平台】 2018年，高新区（滨江）智慧教育推进经验成果被邀亮相国家级、省级和市级各类会议、论坛3次。1月，智慧教育作为全区唯一的项目被推选参与杭州市综合考评特色创先项目，推出区智慧教育宣传片。2月，智慧教育被推选参评浙江省民生获得感项目。11月8—10日，成功举办2018全国新技术支持下的个性化学习高峰研讨和教学成果展示活动，参会人数1000多人，设7个分会场，在线收看课堂教学直播人数超过5万人。

（徐振宇）

教师队伍建设

【概况】 2018年，高新区（滨江）35周岁以下专任教师2445人，占61%；35～49岁教师1410人，占35.2%；50周岁及以上教师151人，占3.8%。专业技术岗位设置比例合理，幼儿园、小学、初中具有中级及以上职称的人数分别为244人、723人、538人，分别占教师人数的15.9%、47.9%、58.8%，均在浙江省教育系统事业单位专业技术岗位结构比例60%、75%、80%的控制标准之内。高层次教师比例提升明显，有省特级教师16人，省教坛新秀14人。本科及以上学历教师有3596人，占89.8%，其中研究生学历比例比上年增加2.2%。

全年，区教育局加大直接考核引进优秀人才力度，组织公开招聘14次，其中直接考核招聘12次，实际招聘教师378人，其中直接招聘301人，公开招聘77人，直接招聘比例为79.6%；应届毕业生256人（研究生学历人数110名，占应届生比例43%），在职教师123人。

【教育系统党员干部冬训春训】 2018年2月6—8日，区教育系统开展为期三天的党员干部冬训春训工作，局机关全体党员、各基层党组织书记、委员、各校园长120多人参加培训。培训邀请市委党校文化学与社会学教研部主任、教授柯红波做“学习领会习近平新时代中国特色社会主

2018 年 9 月 7 日，高新区（滨江）召开教师节庆祝大会

（区委宣传部　供图）

义思想”报告；市委党校马克思主义基本理论教研部负责人、教授沈小勇为党员干部做“坚定文化自信，铸就文化辉煌——学习中共十九大报告体会”专题辅导；中共浙江省委党校党史党建部副教授、政治学博士成为杰做“当前反腐败斗争形式和我们的任务”党风廉政专题讲座。

【班主任基本功比武大赛】 2018年4月11—19日，高新区（滨江）举行2018年班主任基本功比武大赛。大赛聚焦班主任设计主题教育活动、育人过程中解决难点问题的能力，考察班主任掌握、运用相关政策和德育原理加强中小学生思想道德教育水平，提升建班育人基本功。比赛分笔试、面试两个部分，120名班主任报名参赛，参加人数为历年之最。笔试需要在规定时间内完成基础性知识、案例分析和主题班会设计等内容，考量班主任职业道德、专业知识和专业技能，考验新时代班主任应具备的理论素养与实践智慧。面试设置情景模拟和现场问答环节，通过实际案例分析，综合考察优秀班主任处理突发事件、沟通平衡、整合资源、活动策划组织4项能力。经过层层选拔，有67名教师分别获得前三名。

【区管校聘工作试点】 2018年7月1日,区教育局根据省教育厅《关于深入推进中小学教师“县管校聘”管理改革试点的指导意见》，促进中小学师资均衡配置，调动校长、教师积极性，按照“总量控制、统筹使用、按岗聘任、有序流动”原则，在8所小学试点推行“区管校聘”工作，参与竞聘教师639人，占中小学教师总数的34.2%。至8月底，参与竞聘教师均签订新合同，办理相关手续，区管校聘试点工作平稳有序。

【省名师新课堂研训活动】 2018年10月22日至11月2日，2018杭州高新区（滨江）“白马湖之秋”浙江省名师新课堂研训活动举行，省中小学名师名校长工作室常务副主任卢真金，区教育局、区教师进修学校负责人及学科教研员和湖北恩施等省内外的名师、专家、一线优秀教师2000多人，先后参加5个学科专场新课堂研训活动。活动秉承“以生为本，学为中心，促进学习者在能力边缘发生主动、深度学习，释放潜能、促进个性发展”的新课改要义，以名师多种课型演绎、资深专家现场评课、主旨报告等形式，探讨、交流当前基础教育课堂变革理念、路径及策略，展示全区中小学课堂变革实践探索成果。5个学科专场研训活动在江南实验学校、杭州二中白马湖学校、滨和中学、钱塘实验小学、西兴中学等承办单位实施现场网络直播，浙江卫视、《浙江日报》、中国教育在线等多家新闻媒体予以报道。

【教育结对帮扶】 2018年，高新区（滨江）先后接待贵州省黔东南州麻江县和丹寨县、湖北省恩施州建始县共126名教师跟岗挂职，组织区内优秀教师35人次到3个县分批开设讲座、研讨、培训、实践指导等。选派11名优秀教师到青海德令哈市、新疆阿克苏市、贵州黔东南州和湖北省恩施州进行为期一年的支教活动，13名教师参与为期一个月的短期支教。

【教师人才培训工程推进】 2018年，区教育局推进后备干部、引雁（中坚和新秀班主

2018 年 9 月 26 日，高新区（滨江）领雁班校级干部结业典礼

（区教育局　供图）

任）培训工程。3月1日，幼儿园园长领导力提升专题研修班到杭州师范大学培训；3月12日，引雁新秀班和中坚班到杭州师范大学封闭培训；7月11—15日，区教育系统后备干部班50多人到上海复旦大学培训；有序实施新教师双导师聘任、名师导航站建设、名优教师跟岗挂职、“鹤琴之家”幼儿园男教师俱乐部、每年度海外研修等项目。至年底，共选派243名教师、校级干部参加各类培训，选送30名教师参加海外研修。（姚青松）

驻地学校

【浙江中医药大学】 至2018年底，浙江中医药大学设学院16个、独立学院（滨江学院）1个，直属附属医院3所和非直属附属医院20所。开设本科专业31个，其中国家级特色专业5个，省“十三五”优势专业、特色专业14个。建有国家重点学科1个、省第二批重点建设高校优势特色学科2个、省“十三五”一流学科9个。学校有2个国家中医临床研究基地以及国家中医药科研重点实验室、浙江省“2011协同创新中心”、浙江省重点实验室、浙江省工程研究中心、浙江省国际科技合作基地等一批科创平台。有一级学科博士学位授权点3个、一级学科硕士学位授权点8个及博士后科研流动站3个。

2018年，学校有全日制在校生16275人（含独立学院），其中本科生13500人、硕士生2027人、博士生235人、学历留学生513人。学校本部有教职工1200多人，正高级专业技术人员332人（含直属附属医院）。实施“课程思政”教学改革行动方案，入选省高校思政工作质量提升工程实施载体4项，开设以培养拔尖创新人才为目标的中药学“远志班”，学生获国家级学科竞赛奖10项及全国“挑战杯”大学生创业大赛银奖。

推进实施“5151远志人才工程”和青年教师“国际化”“博士化”工程。全职引进国家杰出青年获得者等高水平人才10人，自主培养入选科技部中青年创新领军人才1人、国家中医药领军人才——岐黄学者和省人才计划专家等省部级人才9人。国医大师葛琳仪获浙江省首届“医师终身荣誉”称号。专任教师博士学位占比超过60%，出国（境）研修6个月以上专任教师占比超过30%。

药理学与毒理学进入ESI全球排名前1%，临床医学在进入ESI全球排名前1%的基础上前移659位，学校在“自然指数”（ESI）中国高校排行榜中位居全国中医院校第五。全年立项国家级科研项目56项，其中国家重点研发计划2项。获教育部2018年高校科研优秀成果奖（科学技术）二等奖2项，浙江省2018年科学技术奖8项。

开展“十三五”中期评估，出台《关于深化综合改革推进高水平高质量跨越发展的实施意见》，推进“最多跑一次”改革。与富阳区政府就合作办医、校区拓展、共建产学研基地等达成合作共识，与浙江省国际贸易集团签订战略合作协议，与明峰医疗集团共建健康学院。获批新建南非西开普大学中医孔子学院，启用“中国—以色列中医药中心”。附属一院血液科成为国家中医药管理局区域中医（专科）诊疗中心，附属二院入选第二批国家中医临床研究基地。

（朱宇峰）

【浙江警察学院】 至2018年底，浙江警察学院设处级机构34个，其中行政部门（含党群组织）20个、教辅部门2个、教学部门11个、科研部门1个。

2018年，学院有全日制在校生3760人，设有11个本科专业和4个专业方向。深化“三位一体”综合评价招生改革，招收普通学历教育本科专业新生867名，首次面向省外（辽宁）招收涉外警务专业本科生。招收留学生53名。首次组织2014级1018名学生（其中西藏班学生20人）参加人力资源和社会保障部、公安部、国家公务员局统一组织的面向公安院校公安专业应届毕业生招录人民警察考试，成绩居全国公安院校前列。学生公开发表论文18篇，省级以上课题立项38项，国家级创新创业结题10项，省部级以上学科竞赛、文艺比赛获奖96项，其中国家级竞赛获奖3项，在国际国内各类体育竞技比赛中获24枚金牌、28枚银牌、15枚铜牌。

学院有教职工478人，其中专任教师247人、正高职称35人、副高职称95人、博士学位79人。教师发表论文113篇，编写专著9部，获国家级项目立项4项、省部级立项21项，完成省部级项目结题19项。2名教师获评第二届全国公安高等教育教学名师，1名教师入选“之江青年”社科学者行动计划，3名教师受聘担任2018—2022年教育部高等学校专业教学指导委员会委员。27人次入选国家和省部评审专家库。“浙江新时代公共安全治理研究中心”获批省高校智库，“大数据警务与公共安全治理”创新团队获批省高校高水平创新团队。组建新时代“枫桥经验”理论研究团队，参与省委政法委《新时代“枫桥经验”的浙江实践》专著编写，获得省委书记车俊作序肯定，并作为纪念毛泽东同志批示学习推广“枫桥经验”55周年暨习近平总书记指示坚持发展“枫桥经验”15周年大会会议材料，承担中央政法委委托中国法学会重点研究课题3项，形成《新时代“枫桥经验”的浙江实践实证研究》等3个研究报告，创设新时代“枫桥经验”大讲堂，在学历教育、民警培训中开设新时代“枫桥经验”专题讲座。

学院高标准通过教育部本科教学工作审核评估。网络安全与执法专业获批学士学位授予权专业，课题《基于总体国家安全观的“警教融合 协同育人”机制构建》获得2018年全国公安高等教育部级教学成果奖二等奖，2个教学案例入选省高校首批翻转课堂优秀案例，《公安警察院校警务化管理工作规范》通过地方标准立项论证。先后选派师生4228人次，完成上合组织青岛峰会、第五届世界互联网大会、首届世界地理信息大会、中国国际钱江(海宁)观潮节等重大安保增援任务。其中，4名学生受到公安厅战时嘉奖，9名学生被评为安保突出贡献个人，43名学生被省公安厅通报表扬。

学院与马来西亚理科大学签订合作交流协议，与绍兴市公安局签订校局合作协议。与全省11个市警校建立浙江省公安院校民警培训工作共同体，与浙江广播电视大学合作开展辅警专科和专科起点本科学历教育，获评国际刑警组织“打假杰出合作伙伴”“浙江省高校海外领事保护联络点”，当选国际警察教育合作论坛副主席单位。（辛欧鹏）

【浙江商业职业技术学院】 至2018年底，浙江商业职业技术学院设有32个专业和8个专业方向。其中，中央财政支持建设专业2个，省级重点专业2个，省级优势专业6个，省级特色专业9个，省级示范院校重点建设专业5个。拥有国家级精品课程6门，国家精品资源共享课1门，省级精品在线开放课程2门，立项4门。拥有中央财政支持实训基地3个，“十三五”省级示范性实训基地5个，非物质文化遗产传承教学基地2个，浙江省海外中餐人才培训基地1个，省级示范职教集团1个，省级示范性创业学院1个。

2018年，学院录取新生4202名，全日制在校生10995人。2018届毕业生一次性就业率为97.9%，连续10年就业率保持97%以上。学院有教职工617人，其中专任教师413人，二级教授4人，正高职称45人，副高职称152人，高级职称比例33.5%。拥有国家级教学团队1个，享受国务院政府津贴专家2人，全国优秀教师1人，全国模范教师1人，全国职业教育先进个人1人，浙江省突出贡献中青年专家1人，省“151”人才8人，省级优秀老师6人，省专业带头人27人，省级教学团队3个，省级教学名师4人，浙江省技能大师工作室1个。双师教师比例87.2%，名列全国高职院校第64位。获国家级教学成果奖4项，省级教学成果奖13项。

学院获全省高职高专院校教学工作及业绩考核第三名、2018年职业教育国家教学成果奖二等奖1项。名列2018年中国高职高专院校竞争力排行榜第108位。2门课程入选首批高校省级精品在线开放课程。全年有500多位学生参加省级及以上竞赛，有15名学生代表浙江省参加4项全国职业技能大赛，获二等奖2项、三等奖1项。年内，学院获专利授权65项，其中发明3项，实用新型59项，外观设计3项，成功转让和实施授权专利34项。

学院再次名列“高等职业院校国际影响力50强”。首期“一带一路”中尼酒店管理班顺利结业，第二期、第三期中尼酒店管理班80多名留学生正式入学。与省侨联合作举办三期海外中餐烹饪技能培训班、首届万家海外中餐馆行动计划高峰论坛，该项目得到省委书记车俊、省长袁家军的肯定性批示。国际乒联杭州培训中心正式开营。学院尼泊尔分校（中尼商学院）、中法商业研究中心和国际职教联盟正式揭牌。与义乌市人民政府签订战略合作框架协议共建浙江电子商务学院。与省轨道交通运营管理集团就共建轨道交通学院达成意向，轨道交通班纳入2019年招生计划。助力合作企业“双十一”销售额实现16.27亿元，再创历史新高。

浙江省委第九巡视组对浙江商业职业技术学院党委进行专项巡视。（朱路遥）

【浙江机电职业技术学院】 至2018年底，浙江机电职业技术学院建成“浙江智造”高技能人才公共实训基地等具有五位一体功能的校内实训基地25个，仪器设备总值2.39亿元。学院设有教学单位10个，开设专业23个，其中国家示范重点建设专业6个、省优势专业7个、省特色专业5个，其他专业5个。学院现有专任教师448人，双师型教师比例90.4%。全日制在校生10728人，成人教育在校生3517人。

学院全面开展浙江省重点校建设，锻造专业竞争力与品牌。做优三年制高职人才培养，重点做好省“十三五”优势与特色专业建设，优化双层次、分方向人才培养模式。做特四年制高职试点工作，试行好导师制、学期项目制。做精五年制人才培养，抓好中高职有效衔接。2018年，学院入选省级名专业4个，申报新专业1个，新增专业方向3个。完善内部质量保障体系，获国家级教学成果奖二等奖2项。

学院推进新技术实训基地建设。“十三五”产教融合项目获批开建，完成“浙江智造”实训基地绩效评价。拓展中外合作办学，招收第二批缅甸学历留学生15人，南非非学历留学生47人。学院抓好三课堂全学程育人，组织参加各类创业创新类竞赛，获得国家一等奖1项，省特等奖1项，省一等奖3项，中国青少年科技创新奖个人荣誉1项。参加各级各类技能大赛获奖94项。其中国家级一等奖1项，国家级二等奖3项，国家级三等奖3项。

学院贯彻实施人才强校战略。全年新招聘教职工48人，引进教授2人、副教授6人、博士10人。选派45人到境外学习与培训、24人在职攻读博士、116人参加国内各类业务培训、1人做访问学者、1人援疆支教。推荐省人才计划教学名师1人、省机电集团劳动模范1人、省属企业第二批五个一人才工程项2人、首批全国机械行业服务先进制造专业领军人才1人、省标准创新贡献奖评审专家1人、名师教学候选团队2个。

学院社会服务能力稳步增长。全年纵向课题立项93项，其中厅级以上课题52项；横向课题立项77项，经费到款额2015.55万元；全年论文发表242篇，其中美国《科学引文索引》（SCI）/《工程索引》（EI）收录4篇；授权专利378项，专利转让35项，共计19.51万元。获评“2018年度科研管理工作先进集体”；社会服务全年创收4041.5万元；开办各类培训班250期、7528人次。完成数控、维修电工等职业技能鉴定47批次、1.22万人。组织承办国家级、省级等各类技能大赛8次共15个赛项。

2018年，学院被世界职教院校联盟（WFCP）授予“高等技术技能奖”人才培养金奖；被中华职业教育社评为“第六届黄炎培职业教育优秀学校”奖；被教育部评为“全国职教实习管理50强”。（陈　宇）

【浙江艺术职业学院】 至2018年底，浙江艺术职业学院设有戏剧系、音乐系、舞蹈系、美术系、影视技术系、文化管理系6个系共27个专业，其中9个专业被列为全省高校“十三五”

优势特色专业建设项目，2个专业入选高等艺术职业院校骨干专业建设项目。学院入选浙江省优质高职校建设计划。有教职工450人，其中在编人员390人，专任教师297人；副高以上专业技术人员135人，具有硕博学历（学位）专任教师191人。全日制在校生4100多人，其中中专学生1000人。

2018年，新增特聘教授19人，新建专家工作室20多个。开展新一轮17名专业带头人、29名骨干教师的培养。新增文化部优秀专家1人、省高校优秀教师3人、省“之江青年社科学者”1人、省属舞台艺术拔尖人才1人、浙江省文化厅优秀专家3人、省“115”档案人才1人、省高职高专专业带头人及培养对象15人。

学院形成并巩固以戏剧、音乐、舞蹈等表演类专业为龙头，创意设计、艺术科技、文化管理等非表演类专业协调发展的专业群建设模式。完成第一批高职表演艺术类8个专业教学标准的制定工作，形成高职表演艺术各个专业的教学“范式”。9个专业入选“十三五”省级优势、特色专业，戏剧影视表演、舞台艺术设计与制作两个专业入选全国文化艺术行指委骨干专业。《地方戏曲传承人群系统培养的“三联”模式》获2018年职业教育国家级教学成果二等奖。师生在“文华艺术院校奖”、全国“桃李杯”舞蹈比赛、全国戏曲戏剧比赛、CCTV模特大赛、全国声乐器乐比赛、职业院校技能大赛等国家级与省级专业赛事中获奖420多项。毕业生就业率98.8%。

7个项目获国家艺术基金立项。获批省部级课题12项，厅级课题144项，出版各类专著28本。成立赵松庭纪念馆并连续举办浙派笛艺传承研究系列活动。校企合作摄制完成省委宣传部精品工程扶持项目《一路百花开》等3部数字电影。　（汪仕龙）

【杭州医学院】 至2018年底，杭州医学院设本科专业12个、专科专业12个，拥有省一流学科（B类）建设项目4个、省医学重点学科12个、省高等教育重点专业1个、省级优势专业2个、省级特色专业7个、中央财政支持专业建设项目2个，获国家首批“卓越医生教育培养计划”试点项目。建有直属和非直属附属医院4家，校外实践教学基地168家，校内实践实训基地13个。

2018年，学院有全日制在校生5800多人，联合培养博士研究生、硕士研究生168人。有专任教师近500人，录取新生2600人。新增卫生检验与检疫、助产学、应用物理学3个本科专业和临床医学、药学、医学检验技术3个专升本专业。2018届毕业生年终就业率98.7%，连续四届毕业生毕业一年后的就业率居全省前10位。

年内，“中药质量与功能评价学”被评为省中医药重点学科，“消化道肿瘤与分子诊断个体化治疗”团队被评为省高校高水平创新团队，“消化道肿瘤诊疗与药物研发”实验室被评为浙江省工程实验室。获厅局级及以上科研项目立项283项。国家自然科学基金项目19项，其中1项为重点项目。以第一作者或通讯作者在美国《科学引文索引》（SCI）公开发表论文284篇。获省科技进步二等奖1项、三等奖3项，省医药卫生科技一等奖1项、二等奖1项，省中医药科学技术二等奖1项、三等奖1项。

学院拓展社会服务，完成中小学健康教育师资培训项目、两个省级专项财政项目等10多个项目培训，培训人数1.5万人。与明峰医疗系统股份有限公司、海纳医信软件科技有限公司等签订合作协议，推进校企合作。与美国马里兰大学、乔治亚州立大学、美国纽约州立大学布法罗分校、美国西部健康大学建立合作关系，拓宽国际合作渠道。

2018年10月10日，杭州医学院临安校区启用。临安校区于2013年动工建设，占地面积33.33万平方米，共建设单体建筑24幢，总建筑面积20万平方米，分教学区、生活区、体育活动区三大区块。设有临床医学、护理学、药学等本科专业12个和专科专业8个，首批有1923名新生入校。

（胡雯斐）

【浙江省杭州第二中学】 2018年，杭州第二中学滨江、东河校区占地面积11.12万平方米，校舍建筑面积7.35万平方米，教学及辅助用房3.2万平方米，行政办公用房7101平方米，教室115个，学生3070人，在职在编教职工333人。

学校被团中央学校部和团中央青年志愿者行动指导中心确定为第二批“全国中学生志愿服务示范学校”创建单位，校团委被共青团中央评为2017年度“全国五四红旗团委”，被市城市品牌促进会评为2018杭州市民体验日“最具品质体验点50强”。

2018年，滨江校区考入北京大学、清华大学60人，浙江大学及以上的高校录取率近60%。两校区50多名同学被西北大学、卡耐基梅隆大学、加州大学伯克利分校、纽约大学等世界名校录取。五大学科奥赛成绩在高位发展的基础上稳步增长：全国初赛获91个一等奖，位列全省第一；全国决赛中数学获3枚银牌，物理获1枚金牌、2枚银牌，化学获1枚金牌、1枚银牌，生物获1枚金牌，信息获4枚金牌；6人进入国家集训队。

学校老师傅哲莹被共青团杭州市委评为2017年度杭州市优秀共青团干部；老师王世勇、何杰被市教育局评为市优秀教师；老师吴燕军被市教育局评为市中小学育人工作先进个人；老师蒋弃疾被市教育局评为市教育局系统优秀教育工作者；老师郗圣达被市中小学文化艺术节组委会评选为2018杭州市中小学生文化艺术节优秀指导教师。学生闵一凡获21世纪杯英语演讲比赛全国总决赛高中组一等奖；学生朱绍廷在第33届全国青少年科技创新大赛中获一等奖；杭州二中女子重剑队在全国中学生击剑锦标赛上获高中组团体亚军，男子重剑队获男子重剑团体第六名，鲍亿磊和黄杭杰被评为优秀运动员；交响乐团获得浙江省艺术节器乐类比赛五连冠、市艺术节奖项10多个；二中模政社在第五届全国模拟政协比赛中再创佳绩，模联社应邀参加安徽省赛并获奖。

学校被《钱江晚报》《杭州日报》等媒体均报道20多篇次，在“人民网”“新华网”等各大主流网站报道及转载100多次。接待国内近100批次（2000多人次）、国外5批次（50多人次）访问。（边玉臣）

【杭州长河高级中学】 2018年，杭州长河高级中学设语文、数学、英语、物理、化学、生物、政治、历史、地理、技术（信息技术与通用技术）、体育、艺术12个教研组及行政后勤组，有教职工168人，其中高级教师85人。在校学生1681人，其中面向全市招收的“宏志生”48人。

2018年，学校高考一段上线率70%。各学科在参加全国、省、市各级竞赛中获奖527人次，国家级比赛获奖94项。成为杭州电子科技大学、浙江工业大学、中国计量大学、浙江中医药大学等优质高校的优质生源基地。在2018年杭州市阳光田径体育运动会上，学校获男子团体、女子团体和团体总分第三。在2018杭州市中小学生文化艺术节上，学校在器乐、戏剧、朗诵、绘画、摄影、工艺等方面共获得集体二等奖2个，个人一等奖1个、二等奖3个、三等奖4个。在浙江省首届生涯规划大赛上，获团体一等奖、优秀组织奖。

开展第二届青年教师基本功比赛、首届教师工具箱（“11110”）集中展示评比、首届“理解为先模式”课堂教学展示等系列活动，提升教学质量。作为新课程改革成果展示样本校，学校接待四川省政府、浙江省委统战部、教育部第59期校长班以及省内外各类教育教学调研考察团共1898人次的交流访问。

2018年，学校重大基建工程“1号教学综合楼”“2号体艺活动中心”及“3号8000平方米钢模结构风雨操场”项目取得进展。其中教学综合楼进入最后内部装修阶段，体艺活动中心准备结顶，膜结构风雨操场通过验收并投入使用。田径场塑胶跑道改造工程按期完成。

学校组织接待和出访外事交流活动14个团次，其中师生交流出访团组3批，分别到德国、英国、澳大利亚海外姐妹学校；接待4个批次境外友好学校代表访问。继续开展语文、音乐、心理、STEAM课程骨干教师海外研修活动。6月，被市教育局认定为市第三批教育国际化示范校，学校《立足传统文化传承、普及国际理解教育》项目被市教育局认定为第二批“杭州市国际理解教育特色品牌项目”。

2018年，学校被评为市教育局直属学校“AAAAA”级平安校园，被省委、省政府认定为省文明单位，被市文明办、市教育局认定为“杭州市文明校园”，获全国学生资助工作推荐学习单位荣誉称号、市教育系统青少年学生第二课堂活动组织奖。成为浙江省学生生涯指导试点学校，全国首个省级家庭教育全媒体平台试点高中。（徐再民）

【杭州市旅游职业学校】 2018年，杭州市旅游职业学校设有旅游服务与管理、高星级饭店运营与管理、园林技术、金融事务、商务助理五大专业群。学校有全日制在校生2125人，其中新疆内职班学生135人，五年一贯制、“3+2”大专班学生926人。招生685人（含新疆内职班50人），招生人数与2017年（728人）略有下降，学生年入学巩固率99%。毕业生751人（含新疆班34人），其中五年一贯制、“3+2”大专班256人，三年制中职普通班495人，毕业率为100%。

学校有专任教师177人，市级及以上教学名师和技能大师3人，获“浙江省技术能手”称号2人。杭州市乡村名师2人、杭州市中职名师培养对象2名、杭州市新锐工程培养对象7名，专任教师与全日制学历教育在校学生的比例是1:12.5。五大专业聘请兼职教师15人，占专业课专任教师16.1%，兼职教师100%具有技师及以上国家职业资格证书。学校教师在市级以上竞赛获奖61项，其中：全国竞赛一等奖1项，二等奖3项，三等奖1项；省级一等奖2项，二等奖2项。学生在市级以上竞赛获奖81项，其中：国家级一等奖10项，二等奖11项，三等奖7项；省级一等奖2项，二等奖4项，三等奖6项。在浙江省教科研优秀成果奖评比中获得一等奖1项。在杭州市教育科研成果评比中获得一等奖1项、二等奖1项。

学校参与省、市两级“中职教育质量提升行动计划”项目申报评审工作。申报的德育品牌职业梦工厂、优秀毕业生张茜雯的典型项目在杭州市质量提升工程中分别立项，11月，2个项目升级为省中职德育品牌项目和省中职教育优秀毕业生典型项目。

学校重视新疆班办班工作，旅游专业探索新疆内职班与普通班混班教学。帮助新疆部制定规划新疆学生特色社团的成立与活动开展，提升新疆学生兴趣培养和能力提高。学校牵头组建的杭州旅游职校教育集团新增加杭州职业技术学院、杭州跨湖楼餐饮集团、杭州之江园林绿化艺术有限公司3家成员单位。至年底，集团由6所中职学校、4所高职院校、11家企业、2家行业协会组成。

2018年度，学校获教育改革创新年度学校、浙江省旅游协会“十佳”理事单位、反恐怖防范标准化建设示范单位等10多项荣誉。年内，第一批省中职名校项目建设年度考核良好，孕育花艺高技能人才——范建文大师工作室建设目标定位获第一批“三名工程”项目建设优秀典型案例。《“新洛桑式”课程的构建与实践》被确定为第二批“杭州市国际理解教育特色品牌项目”。茶文化体验中心获2018杭州市民体验日“最具品质体验点”50强。园林专业《建农地 引农时 仿农事——中职园林高技能人才培养的探索与实践》获2018年职业教育国家级教学成果奖二等奖。（李　越）

【杭州市财经职业学校】 2018年，杭州市财经职业学校开设金融事务、会计、物流服务与管理、计算机动漫与游戏制作四大专业。学校在编教职员工147人，其中专任教师125人。专任教师具有大学本科及以上学历123人，占专任教师数的98.4%，其中博士研究生1人，硕士研究生27人。设43个班，在校学生1608名。其中，“3+2”“五年一贯制”高职班18个（金融5个，会计5个，动漫5个，物流3个），占在校班级数46%，学生数692人（“3+2”高职班522人，五年一贯制高职班170人），占在校学生数43%。招生506人，毕业556人。

2018年，学校制订《杭州市财经职业学校（2018—2022）五年发展规划》，并经校九届四次教代会审议通过。至年底，学校有总资产5468.03万元，其中仪器设备3716.48万元，生均2.31万元。有计算机899台，每100名学生拥有计算机数量55台。学校配有国家标准中心机房1个、电视台演播厅1个、公用录播教室1个、会计和金融专业实训室9个、物流专业实训室5个、动漫专业实训室9个、公用计算机机房4个、教工阅览室1个、学生阅览室1个、普通授课教室45个、多功能报告厅和会议室6个、体育运动场室齐备。

学校围绕“智慧财校、财校智慧”建设目标，实现百兆光纤接入、千兆到桌面的合理网络结构，实现校园网络全覆盖，各实训室、办公室、图书馆实行门禁管理，信息化教学广泛应用。

2018年，学校组织技能节颁奖典礼暨迎新活动、艺术节闭幕式暨三好表彰大会、新生入学仪式、毕业典礼、浙江省健康促进学校启动仪式等系列活动，开展“我的春节”“家风家训”“幸福是奋斗出来的”“我与良渚”“品味书香诵读经典”“军训记事”“垃圾分类”等系列主题征文活动。根据学校“四选一定”的选择性课改模式，建立学生4次以上的选择机制（选专业、选发展方向、选课程、选学制）。开展“线上+线下”的选择性课程改革实践，围绕学生的专业成长，为学生提供个性化的学习服务。举办2018年校企双选会，63家企业提供800多个岗位供123名实习生选择。

学校面向全体教师开展教学诊断活动，开设103节常态课和打磨13节精品课，组织学生座谈会、教师座谈会，开展青年教师“微论坛”和“学科沙龙”活动，协同浙江省教研室专家，开展“教学诊改”现场调研，改进教学工作。

学校金融事务专业被省教育评估院评为优秀，会计专业被市教育局评为杭州市品牌专业。财经专业获省技能竞赛三等奖，物流专业获省技能竞赛一等奖、国家技能竞赛二等奖。学校被授予首批杭州市教育国际化示范学校。在2018年杭州市中等职业学校师生职业能力大赛上，学校获15枚金牌、12枚银牌、10铜牌，金牌数占据杭州地区中职学校榜首。（王春英）

【杭州国际学校】 至2018年底，杭州国际学校有39个班级，学生642人，来自50多个国家和地区。其中幼儿园部159人、小学部286人、初中部107人、高中部90人。6月，高中毕业生21人，分别进入8个不同国家和地区的高校继续学习。有教学人员97人，其中外籍校长及外籍教师66人，中国籍教师11人，中国籍助理教师20人。杭州国际学校采用国际化课程，设置PYP、MYP及IBDP课程，综合性教学项目包括学术、社交、情感和道德教育，注重责任感和自信心教育。

2018年，总校长施杰夫（Jeffry Roy Stubbs）获杭州市2018年度“钱江友谊使者”称号。学校召集召开第一届杭州市外籍人员子女学校联盟会议。会议就外籍人员子女学校之间的体育互动，学校和家长之间的信息共享，教师及员工的培训和互动等达成一致，就学校之间不恶意争抢生源、不恶意挖角的行为达成盟约。

杭州国际学校于2004年7月正式成立，是经教育部、省教育厅和市教育局批准的外籍人员子女学校，提供外籍人员子女从幼儿园到高中16年一贯制教育，招生对象为在中国境内合法居留的外籍人员子女，同时面向在省内合法居留的香港、澳门特别行政区和台湾地区居民以及在境外依法定居的中国公民的子女。校区位于东信大道80号。

（潘　琦）

文　化

综　述

2018年，高新区（滨江）围绕区委区政府《加快构建现代公共文化服务体系的实施意见》《高新区（滨江）拥江发展2018年重点任务清单》要求，加强公共文化基础设施和人员队伍建设，推进现代公共文化服务体系建设。全年送演出进基层65场，推进“文艺大课堂”工作，免费面向全区居民群众及区内文艺爱好者进行文艺培训，送课2000课时，文艺培训2万人次。送电影进基层进行巡映1150场。举办“滨江四季”系列演出8场。

完善公共文化阵地，区图书馆通过全国第六次公共图书馆评估，定级为区县一级公共馆，区群文中心挂牌成立“杭州市文化馆滨江分校”，提升3个基层公共文化场所，完成2018年社区Wi-Fi网点建设23个。

开展区域文化走亲联动。支持社会力量举办的文化场馆，符合条件的首批6家文化场馆兑现资金360万元。（裘　卿）

文化艺术

【概况】 2018年，区文化馆挂牌成立“杭州市文化馆滨江分校”；创办“群星课堂”、开设“文化名人讲堂”、策划“当牡丹亭遇上芭蕾”大师公开课、“大美滨江诗词讲堂——历代名人吟诵滨江诗词赏析”等课程130次。成立省朗诵协会基地，与省朗诵协会、省音乐家协会等开展合作，组织“诗文分享会”“名家面对面”“诵读经典”“诗文宣讲十九大”等沙龙活动。成立5家高新企业文化馆。

【群众文化艺术节】 2018年9—11月，区社发局举办“运河源·国际滨”——第七届群众文化艺术节。9月，举行艺术节新作品大赛视频评选，组织专家对各街道、企业报送的56个节目视频进行评审，其中运河源舞蹈团《芳华》、钱江潮声乐团《当你老了》、西兴街道丹枫小学《金蛇狂舞》、长河街道山一社区《花好月圆》、浦沿街道西浦社区《不忘初心》、英飞特电子（杭州）股份公司《寒山僧

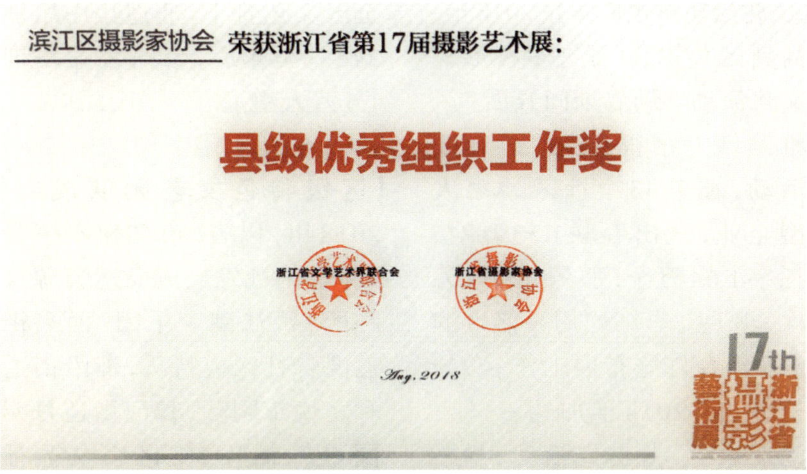

滨江区摄影家协会获省第十七届摄影艺术展县级优秀组织工作奖

（区委宣传部　供图）

踪》6个节目获金奖。10月18日，在区文化中心举办第七届群众文化艺术节颁奖晚会暨高新企业文化馆授牌仪式，优秀获奖作品展演，为获奖作品颁奖，对英飞特电子（杭州）股份有限公司、网易（杭州）网络有限公司、杭州江虹科技有限公司、中控科技集团有限公司、浙江大华技术股份有限公司5家“高新企业文化馆”授牌。700多人到场观看。

【群众文化走亲大联动】2018年10—12月，高新区（滨江）与衢州市衢江区签署“山海文化协作”协议书，开展“山海携行·两江共进——2018衢江·滨江文化走亲专场文艺会演”活动。与大江东产业集聚区开展“拥江文化行”滨江·大江东文化走亲活动。区文化馆携钱江潮声乐团《365里路》、运河源舞蹈团《新疆刀郎舞》《芳华》等节目参加建德、临安专场大联动。

【文化活动形式多样】2018年，高新区（滨江）开展多种形式文化活动。新春期间开展“风雅滨江·赠福迎春”送春联活动，覆盖43个社区、4家大型企业，送出春联1.33万对、福字1.64万个，服务超3万人次；开展“华灯灼灼·盛世滨江”新春灯笼布展工作；参与杭州迎“2018雅加达——巨港亚运会”趣味跑活动；举办“文化之光”2018年高新区（滨江）文化进校园暨“绿书签行动”宣传；承办浙江省群星书法·美术大展活动暨纪念改革开放40周年书画精品展；与区政协联合举办纪念改革开放40周年书画展；举办“中西艺术融合成就展”等各类主题展览10次。

【文化公益培训】2018年，区社发局推进文化公益培训。4月2—27日，在群文中心开展“当牡丹亭遇上芭蕾”大师公开课，安排现代舞课程训练，编舞理论课程指导等。4月14—15日，开展古典音乐沙龙公益讲师课，钢琴演奏家沈晋捷讲授古典音乐的世界。4月18日，“杭州市文化馆滨江分校”挂牌成立，面向全区市民群众开展文化培训。7月10日至8月2日，开展夏季公益培训课24次。9月12日至11月30日，开展秋季公益培训课72次；创办“群星课堂”，开展文艺类和非遗类公益课程12期；开设“文化名人讲堂”，邀请学者名人开坛设讲各类课程30次；开展全区文艺骨干、非遗集中培训2次。至年底，参与公益培训1.5万人次。

【区级特色文艺团队成立】2018年，以省、市文化赛事为载体，区社发局成立运河源舞蹈团、钱江潮声乐团、西兴街道温馨社区模特队，浦沿街道和之悦京剧队，长河街道月明同心舞蹈队5支区级文艺社团。至年底，文艺团队参与演出10场。（裘　卿）

非物质文化遗产

【概况】2018年，区社发局开展“风雅滨江·赠福迎春”送春联、“华灯灼灼·盛世滨江”新春灯笼布展活动。西兴灯笼参加“风雅颂”民间艺术展示活动。与省诗词楹联学会对接，开展“浙江省诗词之乡”重点单位推荐。

【“非遗”传承教学基地授牌】2018年6月29日，高新区（滨江）非物质文化遗产传承教学基地授牌仪式在区文化中心举行。丹枫路小学西兴灯笼传承教学基地获授牌，西兴竹编灯笼作为省级非物质文化遗产项目，其传承教学正式进入学校。

【非物质文化遗产联展】2018年6月29日，区文化馆在区文化中心举办主题为“国际滨·运河源”纪念改革开放40周年——流淌的记忆运河文化“非遗”联展开幕式，活动邀请运河沿线山东、杭州拱墅区非物质文化遗产传承人展览展示相关作品及制作工艺，并展出高新区（滨江）部分传统文化艺术作品。联展时间为6月30日至7月15日。

【非物质文化遗产公益课程】2018年8月16日，区非物质文化遗产中心在浙江天禾艺术馆举办高新区（滨江）非物质文化遗产学习公益课程，社区群众、企业员工、中小学生200多人参加。西兴灯笼传人蔡雪安向现场学员传授灯壳编织、灯纸裱糊等手艺。参加非物质文化遗产作品展览和制作的有长河蓝印花布、挑花带、丝带绣等。浙江天禾艺术馆位于白马湖生态创意城，是高新区（滨江）非物质文化遗产中心搭建的非物质文化遗产传承基地和展示平台，作为西兴灯笼传承展示馆，定期开展教学、传承、展示等活动。至年底，开展天步子“大美滨江诗词讲堂——历代名人吟诵滨江诗词赏析”课程、刘忠虎朗诵讲座，省辞赋学会执行会长马永祥辞赋讲座、中国楹联协会会长蒋有泉楹联讲座、第三代传人马玉娇剪纸讲座等公益课程18次，听课群众1000多人。

（吴诗远）

公共图书管理

【概况】2018年，杭州图书馆科技分馆——滨江区图书馆（以下简称“区图书馆”）文献总量有36.55万册（件），外借文献54.23万册，全年流通92.55万人次，开展读者活动249场，参加人数3.45万人次。区图书馆在全国第六次公共图书馆评估活动中被定级为区县一级公共馆；设立浦沿、西兴、长河3个街道分馆，25个社区图书室；组织送书下乡，配送文献1.38万册（件）。全年，图书馆人员参加脱产培训29人次，时长37.5天。志愿者到馆服务793人次，服务时长4916.45小时，人数230多人。新增地方文献98种、278册。

【全民阅读公益活动获奖】2018年4月22—23日，区社发局、杭州图书馆、浙江电视台、绿色浙江公益组织合作开展第二季“为地球朗读”全民阅读公益系列活动。在4月22日的世界地球日和4月23日的世界读书日期间，通过全球参与、全媒体互动、24小时连续朗读一本环保经典名著——《只有一个地球》形式，倡导绿色环保发展理念，推动全民阅读的实施。省委宣传部、水利厅、环保厅等负责人及11个地市环保部门负责人在全省各地带领朗读，各高校、中小学、医院医护人员、公安机关、高新技术企业、环卫工人等各行各业的工作者参与活动，五大洲的全球护水者联盟主席、地球奖获得者、外国友人通过VCR等方式发送“为地球朗读”相关视频，活动获2018年“浙江省图书馆阅读推广活动创意策划大赛”一等奖。

【网易蜗牛读书馆开馆】2018年10月26日，网易蜗牛读书馆对外开放，该馆作为区图书馆互联网阅读分馆，由区政府和网易公司共同建立。馆内面积1800平方米，设3层楼，馆藏图书6万余册，涵盖历史、人文、艺术、文学、生活、军事、经管等各领域，收藏有名家蒋勋、阿来、张大春等签名的书籍。读书馆内提供文献借阅、休闲阅览、公益培训及讲座、互联网阅读等，馆外附近的公园、社区、学校和企业实现网易蜗牛读书App不限时免费畅读。图书馆以读书为中心、以文化沙龙活动为特色、以互联网文化为补充，邀请各方名家，定期发起文化活动、作家沙龙、展览演出、文化论坛等，至年底，举办各类活动16场。

2018年11月10日，杭州市第二届创客节启动（区社发局　供图）

【"杭州市创客节"活动】 2018年11月10—11日，"杭州市第二届创客节"活动在滨江区文化中心举行。活动由杭州图书馆、区社发局、市科技企业孵化器协会、杭州师范大学信息科学与工程学院、杭州市图书馆协会主办，区图书馆、杭州STEAM创客教育联盟承办，为公益性活动，设置展演、青少年创客大赛、论坛等形式，涵盖"创客嘉年华""基于提升中小学生学科核心素养的公共创客教育平台的构建"主题论坛，"青少年创客大赛"和"3D智能作品创新活动"两大赛事。30多家展商和创客团队、省青少年科技创新协会、上海迪乐姆等知名组织机构参展，读者参与超过2万人次。

【"企业书房"建设项目】 2018年，区图书馆联合杭州一卷文化创意有限公司开展"企业书房"建设项目。"企业书房"按照政府指导、图书馆管理、民间组织赞助资源、企业园区提供场地的模式合力共建，实现设备资源、数据资源、平台资源、人力资源共享。项目统一制订"准入标准"，杭州一卷文化创意有限公司提供书架等设施设备及维护，承担"企业书房"的日常管理等；图书馆负责图书文献配置及物流、提供科技信息查新等咨询服务、开展各类文化活动等，制定考核监督办法，使项目有序运行。"企业书房"以服务企业、助力发展为前提，根据企业需求配置专业图书，推送科技咨询信息和文化服务活动，为企业员工提供一站式、个性化的阅读服务。吸纳公益热心人士组建"文化志愿者""科普志愿者"和"科技志愿者"小分队提供服务。至年底，建设"企业书房"100多家，配置文献9785册。

【机器人制作公益培训】 2018年7—10月，区图书馆联合创客联盟成员单位开展"杭州市青少年科技素养公益性培训—学做机器人"活动，培训分5期举行，参与422人次。聘请国内外资深行业专家及教师，通过分层次教学机器人知识，教授青少年学习机器人制作，学习计算机编程软件、机器人硬件结构搭建，机器人机械原理、机器人竞赛训练等。

（汪春麟）

文化市场管理

【概况】 2018年，高新区（滨江）有文化生产经营单位（户）826家，从业人员1万余人。其中，网吧65家，歌舞娱乐场所20家，电子游戏厅8家，电影放映单位15家，出版物企业116家，印刷企业45家，打字复印店81家，网络文化单位343家，文艺表演单位8个，演出经济机构30个，广播电视单位88家，互联网视听单位3家，艺术品经营单位3家，文物经营单位1家。全年出动检查1002次，出动执法人员2203人次，检查8318家次，行政处罚案件15件，警告1家，罚款7万元，没收各类非法出版物和音像制品3321件，受理举报投诉306件，查处率和回复率100%。行政许可新办受理46件，行政许可变更20件，备案办理1770件，其他类办理587件。

加强队伍规范化建设，开展业务培训、交流协作、技能竞赛等提升队员职业素养。强化文化企业安全生产监管，签订安全生产责任书。开展文化市场安全生产、网络文化、扫黑除恶、"扫黄打非"等专项整治行动，推进"扫黄打非"基层站点规范化标准化建设，开展"双随机"监督抽查和区域交流协作。参与春节、国庆等法定节日以及寒暑假、文明指数测评、世界游泳锦标赛等重要时段文化市场保障工作。开展联合检查和区域交流协助，取缔非法经营场所、非法卫星设施、大篷车。

江汉社区、西兴街道创建为全省"扫黄打非"进基层示范标兵和示范点，温馨社区、六和社区为全市"扫黄打非"进基层示范标兵和示范点。区社发局获得2018年度全市文化市场综合执法暨文化市场安全生产工作优秀单位，"扫黄打非"工作领导小组办公室获得2018年度全省"扫黄打非"工作成绩突出集体。全年撰写动态简讯43篇、综合信息20篇、调查思考5篇。

【网络游戏专项整治】 2018年3月，区文化市场行政执法大队开展网络游戏专项整治行动，通过安全生产工作会议、消防安全知识讲座，与企业签订安全责任书200多份。参加市文化市场行政执法总队网络游戏以案施训暨集中排查培训活动，就网络游戏经营单位基本情况、网络游戏内容合规情况对全区各网络游戏经营单位进行摸底式排查。联合市文化市场行政执法总队共同约谈网易（杭州）网络有限公司负责人，要求网络游戏单位履行手续和规范备案流程，加强内容管理，严格把关，清除违规内容。整治期间，受理网络游戏类举报66件，督促网络游戏企业删除、下架违规信息30多条，立案查处网络游戏案件4起，罚款金额2.5万元。

【"草莓音乐节"保障】 2018年4月14—15日，"2018杭州草莓音乐节"在白马湖国际会展中心举行，区社发局制定《"2018杭州草莓音乐节"现场监管方案》，对音乐节224首演出曲目、演艺人员身份信息、舞台搭建验收材料进行审核，劝退1名有吸毒史艺人，按照《营业性演出管理条例》及国家相关法律法规，对音乐节现场各个环节、歌曲内容进行全程监控和录像。演出期间，区文化市场行政执法大队出动现场检查19人次。

【"文化之光"进校园启动】 2018年4月20日，区社发局在杭州高新实验学校举行"文化之光"进校园暨"绿书签行动"宣传活动启动仪式。市文化市场行政执法总队、区府办、区教育局及学校负责人参加，学生代表宣读倡议书，活动向学生赠送价值1万元的"绿书签·优秀少儿读物"，发放绿书签、宣传海报、拉笔、纸巾等"绿书签行动"宣传资料2000多份，在"多读书·读好书·远离有害出版物"宣传横幅上签名留念。

2018年4月20日，"文化之光"进校园暨"绿书签行动"宣传活动启动 （区社发局 供图）

【文化经营场所安全检查】 2018年6—8月，区文化市场行政执法大队开展文化经营场所安全大检查，重点检查文化场所全员安全生产责任制落实情况，察看文化经营场所的安全管理体系、安全自查和消防演练台账资料、消防应急预案及消防设施完好、通道畅通等情况。针对个别场所存在的安全制度张贴不醒目、消防通道存在杂物、灭火器配备不符合标准等问题，责令做出整改。暑期文化市场安全检查出动206次、476人次，检查1444家次，举报（督查）受理62件，行政处罚立案调查4件，办结案件2件，罚款1万元，没收卫星地面接收设施1个。

【艺术考级机构专项整治】 2018年6—8月，区文化市场行政执法大队开展艺术考级机构专项整治工作，通过摸底调查，了解机构营业执照、教师资质、考级情况，对艺术考级承办单位考级活动实地监管。整治期间，出动50多人次，检查艺术考级单位10家。对培训机构存在教师资质不全、未及时备案情况，要求立即整改。

【青少年预防网络沉迷教育】 2018年7月4日，区文化市场行政执法大队在滨和中学、西兴中学开展暑期青少年预防网络沉迷教育，500多名青少年学生接受教育。授课人员结合典型案例，分析网络游戏沉迷对青少年的危害，从预防网络游戏沉迷、加强暑期自我管理等方面对学生进行教育。现场举行签名活动，发放宣传海报、绿书签、水笔等宣传资料。同月12日，区“扫黄打非办”向西兴街道授发预防网络沉迷宣教站铜牌，成立全区首个规范化的防沉迷防网瘾宣教点。

【“扫黄打非”网格员实务培训】 2018年9月5日，高新区（滨江）在市委党校开展“扫黄打非”基层站点规范化标准化建设——网格员实务培训，全区130多名网格员参加培训。培训会解读“扫黄打非”基层站点工作职责、标准设置、规范制度、建设队伍、重点领域和统筹结合等重点内容，指导网格员利用浙江省“基层治理四平台”平安建设信息系统处置、上报“扫黄打非”案件。

【“扫黄打非”进基层站点现场会】 2018年11月13日，全市“扫黄打非”进基层站点规范化标准化建设现场会在高新区（滨江）召开，各区县“扫黄办”负责人和工作人员100多人参加会议。会议采用观摩展示和工作交流等形式，组织与会人员观摩高新区（滨江）“扫黄打非”基层示范点硬件设施和“五统一、三落实”（统一标牌、统一制度、统一培训、统一台账、统一举报电话，落实经费、落实队伍、落实宣传专栏）情况，发放高新区（滨江）“扫黄打非”基层站点规范化标准化建设制度汇编和操作手册，以及文化执法人员操作课件和网格员培训课件。

【文化市场“双随机”抽查监督】 2018年，区文化市场行政执法大队开展文化市场“双随机”（随机抽取检查对象、随机选派执法检查人员）抽查工作，检查文化场所78家次，其中网吧24家、网络文化企业24家、印刷企业9家、出版物企业12家、游艺场所1家、歌舞娱乐场所3家、电影放映场所2家。其中：1家网吧发现地面有烟蒂，6家网吧停业；2家网络文化单位疑似僵尸企业、1家网络文化单位搬迁至其他城区、1家网络文化单位停业；4家印刷企业已停业，2家搬迁至其他城区。区文化市场行政执法大队对存在问题要求单位到审批窗口进行信息更新，对抽查单位跟踪回访。至年底，问题全部整改到位。

【举报件受理】 2018年，区文化市场行政执法大队受理各类文化市场举报384件，其中省文化厅督办32件、省文化厅督查191件、省举报受理26件、“12318”热线40件、“12345”市长公开电话95件。按投诉类别分，网络文化举报351件、网吧举报25件、电影院4件、娱乐场所1件、广播卫星电视2件、其他1件。执法人员针对举报内容，实地调查，对违规单位发放责令整改通知书，对无证单位做出关停处理，处理结果及时告知相关单位，举报查处率100%，办结率100%。 （徐宏国）

文物保护

【概况】 至2018年底，高新区（滨江）有世界文化遗产重要遗产点1个，全国重点文物保护单位1个，省级文物保护单位1个，市级文物保护单位2个，文物保护点7个，历史建筑37个，省级历史文化街区2个。

【新列入2处历史建筑保护名录】 2018年12月20日，根据杭州市人民政府《关于公布杭州市第七批历史建筑保护名录的通知》，滨江区詹氏宗祠、长河火车站建筑群被列入杭州市第七批历史建筑保护名录。

【长二社区两处历史建筑修缮】 2018年，长河街道投入资金290万元，修缮长二社区河斗9号、10号，下庄里70-2号两处历史建筑。修缮工程保留历史建筑原有立面风貌，保护性修复后期拆改部位，包括室内木楼梯、门窗等构件，改善水电、消防等配套设施。 （沈蕾鸣）

地方志编纂

【概况】 2018年，滨江区地方志办公室公开出版《滨江年鉴(2017)》《文物古迹大观—杭州市滨江区各级文物保护单位名录》,完成《"拥江发展"战略视野下的杭州历史文化资源调查及保护发展研究》(滨江分课题)课题论文,编写《杭州高新区(滨江)大事记》12期。至年底,《杭州市滨江区志》完成40个编内部评审稿,实现2016年提出的"三年出初稿"目标。完成《滨江年鉴(2018)》总纂稿50万字。承办杭州市城区首次编纂业务交流会,选派20多人次参加全国、省、市方志业务培训。

【《文物古迹大观——杭州市滨江区各级文物保护单位》出版】 2018年7月,由区地方志办公室、区档案局(馆)主编的《文物古迹大观——杭州市滨江区各级文物保护单位》出版。该书是在全国第三次文物普查基础上,拍摄、收集、整理全区三级以上文物保护单位的图片和文字资料编辑成书。全书收录200多张照片。

【滨江区地方志编纂委员会第一次(扩大)会议】 2018年10月11日,滨江区地方志编纂委员会第一次(扩大)会议暨"两全目标"推进会在区文化中心召开,区地方志编纂委员会成员单位及有关驻区单位分管负责人计75人参加会议。会议要求推动区志编纂进度,年内完成区志初稿内部评审;年鉴逐年出版,实现"一年一鉴";稳定编纂队伍;对撰稿单位加大督导和考核;推动部门志、街道志、村(社区)志编纂。会议部署《滨江年鉴(2017)(终审稿)》审核工作。

2018年10月11日,滨江区地方志编纂委员会第一次(扩大)会议暨"两全目标"推进会召开 (区志编研室 供图)

【《滨江年鉴》创刊卷公开出版】 2018年12月,由区地方志编纂委员会主编的《滨江年鉴(2017)》公开出版,是滨江区第一部年鉴。全书64万字,设置类目27个,分目131个,次分目157个,条目1230条,表格39张,图片160张。历时630天,修改20多次,撰稿人员200多人,翔实、系统记载滨江区2016年经济、政治、文化、社会发展等方面实情,反映年度新情况、新成果、新经验。"掌上滨江年鉴"同步发行,通过扫描小程序码,实现移动端阅读和检索。(张 烨)

档案事业

【概况】 2018年,区档案局继续推进"数字档案馆·室"建设,完成"最多跑一次"改革目标任务,开展档案年检、"双随机"档案监管。与区发改局联合印发《重点建设项目档案验收办法》,修订档案年检标准,指导13家单位创建数字档案室并通过审核,对全区立档单位档案归档范围和保管期限表修订进行指导和审核,梳理馆藏1997—2016年滨江区婚姻档案影像数据库及条目数据库3.94万条,与区民政局婚姻登记处进行数据共享。指导完成15个中央预算内投资项目档案专项验收,实现企业办事"跑零次"。联合省档案培训中心举办档案业务培训,组织人员参加全区保密培训,定期开展档案保密自查,全年无档案安全事件发生。

【《滨江赋》被区档案馆永久收藏】 2018年2月9日,"新时代滨江赋"诗词手稿展在江虹艺术馆举行,展出300件由天步子创作书写的展望新时代、讴歌国际滨的楹联手稿。天步子长期从事国学、文学研

2018 年 2 月 9 日，高新区（滨江）档案馆永久收藏《滨江赋》手稿
（区委宣传部　供图）

究和创作，为中华诗词学会会员、中国楹联学会会员、中华辞赋学会会员。在滨江2年创作书写500多首各种书体的诗辞赋记录和赞美滨江。此次捐赠的《滨江赋》手稿共500多字，长20多米，文采突出，被区档案馆永久收藏。

【市档案局调研滨江区城中村改造档案管理】 2018年3月3日，市档案局局长范飞一行调研滨江区城中村改造档案管理工作。调研组走访浦沿街道东冠社区，查阅《东冠村志》，听取社区发展历程的介绍，了解社区地理环境、人口情况、村企一体化和中央领导到访、新农村建设、撤村建居、网格建设等情况。要求城中村改造坚持保护和传承历史文化，指出历史文化碎片收集和改造过程中的档案管理是拆除重建、综合整治和拆整结合等提升居住环境的真实记录，是杭州加快城市国际化、建设独特韵味别样精彩世界名城的重要保障。要加强领导，强化基础，完善档案制度，做到应留尽留，及时归档。至年底，滨江区已完成星民社区、东冠社区2个试点城中村改造档案规范化管理。

【高新区（滨江）档案年检标准修订】 2018年5月28日，区党委、管委会、政府办公室印发《关于进一步做好杭州高新区（滨江）档案年检工作的通知》，规定档案年检范围、年检内容及评分办法、年检时间和方式等。新标准规定档案年检内容及评分标准分类执行。第一类为区级机关和直属单位，适用1~6项检查内容及评分标准；第二类为各街道，适用1~7项检查内容及评分标准，街道档案年检评分1~6项折合百分比80%计分，第7项折合百分比20%计分。年检采用百分制计分办法，得分90分（含）以上为优秀，得分80~90分为合格，得分80分以下为不合格。年检结果作为年度区综合目标考核中“档案管理工作”评分依据。2018年档案年检执行新标准，对46个立档单位进行年检，年检结果等次为优秀3个，合格43个。

资料：2018年高新区（滨江）档案工作年检评分标准

1.档案管理体制建设，2.档案设施、设备及保密措施，3.档案收集、整理工作，4.档案信息化建设，5.档案统计、利用和编研工作，6.创新加分项目，7.街道档案量化检查。

【高新区（滨江）档案业务培训】 2018年6月7—8日，区档案局联合省档案培训中心在区文化中心举办档案人员业务培训班。各街道、区级机关各单位、各直属单位、区内各企业负责档案的人员130人参加培训。培训围绕《归档文件整理规则》《档案虫霉防治一般规则》《会计档案管理办法》等最新规范、标准宣贯，数码照片档案管理，档案专业技术人员职称评审与继续教育政策解读等内容，学员经考核合格后颁发《浙江省档案培训证书》。培训特邀从事档案实践操作的专家进行实践教学，与学员进行一对一交流答疑，安排常用档案用品和优秀档案编研作品观摩。培训会还部署数字档案室建设工作。

【“最多跑一次事项”电子化归档】 2018年，区档案局完成8大类行政审批事项归档范围和保管期限表审核、浙江省政务服务网电子文件归档模块配置、电子文件接收平台的对接，开展"最多跑一次"事项文件材料归档范围和档案保管期限表编制和培训，完成6家单位行政许可事项数据接收。依托2.0版投资项目平台，实行项目单位网上"一口申报"，档案部门"一网办理"。将浙江政务服务网所涉及档案事项调整到办事大厅窗口，提供一站式服务，动态更新服务事项和权力清单，编制滨江区档案馆查档指南。

【数字档案馆(室)建设】 2018年，区档案局继续实施馆藏档案数字化项目（二期），完成82.32万页影像（6.93万页OCR）、9.2万条目成果和7%抽检。完成档案馆馆藏系统招标、需求确认和测试环境部署。部署"最多跑一次"电子化"归档和接收"两个平台，推动"最多跑一次"改革。全年接收6个单位归档电子文件2651件，完成上级档案部门对电子文件归档考核工作；主动融入对接大数据，梳理馆藏1997—2016年滨江区婚姻档案影像数据库及条目数据库3.94万条13.03万页，与区民政局婚姻登记处数据共享；档案数字化OCR成果助推重点工作，在服务专项审计、修志编鉴、巡察工作中创造日查档量8000多页的历史记录。全区10个单位通过规范数字档案室、2个单位通过数字档案室认定。（张　烨）

党史编研

【概况】 2018年，区党史办利用职能优势，将红色资源普查工作与纪念新中国成立70周年党史收集整理和宣传教育、发掘培育具有高新区（滨江）鲜明特点的红色资源结合，编排红色话剧，组织"我眼中的红色精神"征文，搭建"红色故事工作室"平台，推动各项工作落实。

【红色话剧编排】 2018年5月起，区委组织部联合区社发局，共同编排红色话剧《赤子》。话剧以民国17年（1928）台州亭旁起义为背景，展示浙江省第一个苏维埃政权诞生过程，弘扬中华儿女革命精神。话剧在区文化中心等地进行巡回演出，宣传红色文化。节目参加全区"滨江四季"文艺展演。

【"我眼中的红色精神"征文】 2018年6—10月，区委组织部（区直机关党工委）与区教育局共同开展"我眼中的红色精神"征文活动，以图片故事形式反映对"红色精神"的所见所闻、所感所思，收集作品300多幅，经比选后推荐到杭州市，26人的作品获市级荣誉，占比25.7%，位居全市前列。

【红色故事工作室建设】 2018年，区委组织部、区委宣传部推进"中国网络作家村"建好办好"红色故事工作室"，组织11名网络作家，本着尊重历史，贴近时代原则，用网络语言对党史故事进行再创作，撰写《花坞劫狱》《越王殿上论统战》等40篇20多万字红色经典故事，受到青年读者群体关注和热议。（王海龙）

社会科学活动

【概况】 2018年，滨江区社会科学界联合会（简称区社科联）发挥智囊智库作用，推进社会科学理论研究、成果转化、宣传普及、基地共建等工作。以"白马湖市民大讲堂"、基层理论宣讲点、悦学体验点等为载体，开展"十九大精神""习近平新时代中国特色社会主义思想""庆祝改革开放40周年"等系列主题宣讲活动。组织理事单位撰写调研课题，省机电职业学院朱冬勇的"面向虚拟现实移动媒介的IP产业创新与升级"、陈汉君的"高新区（滨江）重点领域技术预见研究"、周秀梅的"构建滨江区公共文化服务体系的高校图书馆联盟发展策略研究"被列为市社科院重点立项课题。区校共建社科普及基地，举办社会科学普及周活动。整理浙东运河（滨江段）诗词、文人故事。成立滨江区民俗保护和老物件收集工作协调小组，启动老物件征集和钱塘江水文化历史遗物征集等工作。以"西兴老街与唐诗之路”为题，国学大师天步子在“文化浙江大讲堂”上宣讲。编印《学习参阅》月刊，收录科技创新、城市建设、人才工作等方面重要理论、政策措施、经验做法，供区管以上领导干部决策参考。

【区社科联一届一次常务理事会议】 2018年5月31日，区社科联一届一次常务理事会议在信雅达三清上艺术中心召开，区社科联主席周皓及10名常务理事参加。周皓就办好《学习参阅》、进行课题管理、推进社科普及、加快社科普及基地建设和加强各单位交流协作等做介绍，常务理事围绕部门联动、资源共享、特色活动共办、社科普及基地共建进行交流发言。会前，参观三清上艺术中心名为“寻找你的童话秘境”现代艺术画展。

【区校共建马克思主义学院与社科普及基地】 2018年10月17日，区委宣传部与浙江中医药大学党委宣传部举办共建马克思主义学院、社科普及基地签约仪式。区委常委、宣传部部长沈建，区委办、区委组织部、区委宣传部、区人力社保局、各街道党工委相关负责人，浙江中医药大学党委副书记陈刚，马克思主义学院全体教师，学校相关负责人和教师共20多人参加签约仪式，区校签署共建协议，为共建学院揭牌。协议明确：通过开展形势政策教育、各类课题研究、理论政策宣讲、决策咨询调研、

2018年10月17日，区委宣传部与浙江中医药大学举办共建马克思主义学院、社科普及基地签约仪式　　（区委宣传部　供图）

校地互聘师资、师生实践锻炼等方式，建成区域特色突出、服务学校和地方经济社会发展能力强、省内外有较大影响力的马克思主义学院；目标是将社会科学普及基地建设成为从事哲学社会科学普及宣传、教育的主阵地；双方成立共建机构，在加强思政课程建设、开展理论政策宣讲、课题项目研究、建立实践锻炼机制、强化社科普及宣传5方面共建。

【改革开放40周年社会科学普及周活动】 2018年10月22日，“奋进新时代、谱写新篇章”暨杭州市2018社会科学普及周——纪念改革开放40周年活动在星光大道一期中心广场举行。90多家社科学术团体，高校大学生、社科普及基地代表及市民共400多人参加。开幕式公布第八批浙江省社科普及基地与第四批杭州市社会科学普及基地名单。中国网络作家村被评为“省级社科普及基地”，彩虹社区、大华·江虹国际创新园、信雅达三清上艺术中心被评为“市级社会科学普及基地”。现场摆放90家省、市级科普基地图片展板，90家社团300多名专家为市民免费提供100多项咨询服务。　　（童黄骏峰）

新闻媒体

【《天堂硅谷》报】 2018年，《天堂硅谷》报每周出版1期，全年编发报纸52期，刊发稿件5000多篇，图片600多幅，用稿150万字；策划宣传方案20个；发行《天堂硅谷》报390万份。报纸开设“回望滨江2017”“百千万活动在滨江”“关注民生实事”“看滨江、见改革”“东西协作携手共进”“四问大讨论”“美丽滨江人”“聚焦高新企业”等专栏12个；“精彩动漫”“解读1+X产业新政”等图文专版40个。　（张　磊）

【《天堂硅谷》杂志】 2018年，《天堂硅谷》杂志每月1期，全年编发12期，刊发稿件290多篇，图片800多幅，用稿70多万字。大16开本全彩印刷，每期108页，发行6万册。杂志反映高新区（滨江）经济社会各方面改革、发展的新创造、新经验和新典型；围绕高新区（滨江）党委、管委会、政府重大决策和社会热点深度报道，注重对区内外政治经济社会现象和发展趋势及其对高新区（滨江）的影响作前瞻性剖析；突出新闻性、思想性、权威性和可读性。开设"第一关注""专题报道""创业在高新""国际化面孔""图说滨江""创客故事""双语读滨江"等专栏；策划"产业引领'国际滨'""看滨江见改革——改革开放40脸谱""聚焦动漫节""聚焦文博会""首届中国网络文学周""吾心安处，国际滨"等主题宣传。

（李 洁）

【'滨江发布'获年度全国高新区微信公众号综合影响力领先奖】 2018年，"滨江发布"围绕学习贯彻中共十九大精神和习近平新时代中国特色社会主义思想及改革开放40周年、"八八战略"15周年等重大宣传主题，结合区经济社会发展成就、建设世界一流高科技园区的实践等重点活动，开展2018年第14届世界游泳锦标赛（25米）、国家高新区排名第三、第七届中国创新创业大赛互联网行业总决赛、高新区（滨江）"新11条"政策发布、"中国网络作家村"一周年、北航创新研究院正式启动及孵化器、创业园区评定等重点网络主题宣传。及时推送滨江公办中小学智慧选餐、期末考试及寒暑假时间、公共停车场建设、抗雪防冻等民生信息。年内，"滨江发布"4篇文章微信阅读量超过10万，"滨江发布"微信微博粉丝近30万，发布微博1.5万条、微信1825条。在"2018年度国家高新区门户网站暨微信公众号综合影响力评估"中，根据《2018年政务新媒体评估指标体系（微信）》，"滨江发布"在行政服务、社会认知度、粉丝纬度、内容纬度等四大类11项指标中得分第一，获综合影响力领先奖。

【"滨江发布"全市首创双语发布】 2018年，"滨江发布"平台以"国际滨"品牌宣传为重点，推出双语微信。内容立足实际，重点突出读者关注的政策、要事、活动、民生等内容，采取图文结合、音视频结合的方式，配以简洁的排版，打造有个性推文。策划推送《*2018FINA* | 他们，在滨江小莲花绽放》，*Be better, in Binjiang*等中英双语推文，宣传健康滨江、美丽滨江、创新滨江、机遇滨江。每周末在滨江发布微信平台发布双语推文，至年底，推出52期，阅读量超过40万，留言及点赞超过万条。

【"滨江发布"助力'政务+服务"】 2018年，"滨江发布"完善与40家矩阵成员单位的联系，利用网络创新民生服务。联合区住建局策划推出的分区规划公示权威发布，单条阅读量超过10万人次；联合区教育局开展"六一国际范校服秀""教师节主题灯光秀"活动，展示滨江校园的良好风貌；联合白马湖生态创意城管委会策划推出白马湖湖区二期开园、"识花君"等网络发布活动，在"杭州发布"微信平台单篇阅读量超过10万人次，助力"花城滨江"建设；联合区司法局、区交警大队，通过下挂在微信界面"交通事故便捷通"平台，在微信公众号即可处理轻微财损交通事故，在全市首创轻微交通事故处理"跑零次"；联合区交警大队，策划"交通大数据"系列专题，通过对主要道路智能监控和大数据整合分析，推出"大数据治堵报告"，重点分析江南大道、火炬大道、滨盛路等道路，进行路况预测，为群众提供出行规划建议，至年底共推出6期，总阅读量超过10万人次，留言及点赞超过千条。

（刘姿吟）

卫　生

综　述

至2018年底，高新区（滨江）有各类医疗卫生机构189家。其中综合性医院5家（含民营2家），专科医院4家，康复医院2家，街道卫生服务中心3家，社区卫生服务站35个，各类诊所、门诊部、医务室140个。

2018年，社区卫生服务机构门急诊量154.33万人次，比上年增长3.7%，无医疗安全责任事故发生。全区居民健康档案25.57万份，建档率76.2%，规范建档率81%。加强慢性病管理，管理高血压患者2.38万人，规范管理率65.6%；管理糖尿病患者6790人，规范管理率62.4%。3个街道卫生服务中心统一延长儿童计划免疫和保健服务时间，疫苗接种13.2万人次，增长3.8%，各类体检（不含学生体检）16.87万人次，增长13.3%。开展杭州市妇女儿童健康素养教育项目，推广使用“母子健康手册”App，注册使用1.01万人。开展城乡居民“两癌”初筛工作，其中宫颈癌筛查4604人、乳腺癌筛查7168人。全区孕产妇死亡率为零，5岁以下儿童死亡率2‰。普查育龄妇女1.4万人，检查率41.8%，孕前检查2969人，检查率65.5%。完成适龄妇女宫颈癌HPV初筛查3317人。

以社区卫生服务中心力量为基础，引入浙江大学医学院附属第二医院（以下简称“浙医二院”）、浙江大学医学院附属儿童医院（以下简称“浙大儿院”）等专家资源，调整和优化10个区质控小组。开展区质控小组医疗机构集中校验专项检查、与杭州市第三人民医院（以下简称“市三医院”）质控专家联合检查，针对药事、院感、医疗、病历、护理等重点环节监管。开展医疗机构集中校验137家次。医疗机构消防安全和医疗质量及区精神药品、麻醉药品使用和管理等专题培训2次。

推进国际医疗体系建设，区社发局制作全英文版的高新区（滨江）外籍人士就医指南，通过线上、线下传播。做好重大活动医疗保障工作，完成2018杭州马拉松赛、2018杭州草莓音乐节等医疗保障任务50次，派出医务人员335人次、救护车49辆次。

卫生监督全年立案查处83件，其中实施行政处罚82件、移送公安1件。非法行医实施行政处罚6家，吊销医疗机构诊疗科目3家，移送公安机关1家。（顾淑婧）

卫生应急

【概况】 2018年，高新区（滨江）健全公共卫生组织体系，推动部门协同发展。健全防控体系，与各街道签订公共卫生目标责任书，将突发公共卫生事件处置纳入公共卫生目标考核内容，实行一票否决。

根据《杭州市突发事件应急预案管理实施办法》《杭州市突发公共卫生事件应急预案的通知》，完善区突发公共卫生事件应急预案操作手册（口袋版）。依法强化H7N9禽流感防控，严防登革热疫情输入、暴发和流行。开展疫情监测和分析，建立突发公共卫生事件风险评估机制，为政府提供决策依据，保障重大活动开展。

处理传染病疫情43起，比上年下降34.9%，其中流感31起、诺如8起、水痘2起、腺病毒1起、扎如病毒疫情1起。流感、诺如和水痘各有1起疫情符合突发公共卫生事件。通过应急处置工作小组规范调查处置、疫情发生单位严格落实各项防控措施，所有疫情均得到有效控制。

【传染病防控技能竞赛暨登革热疫情应急处置演练】 2018年9月27日，区社发局在区公共卫生中心举行传染病防控技能竞赛暨登革热疫情应急处置演练。区疾控中心、各街道社区卫生服务中心分管主任及全区20多名公共卫生工作人员参加演练。演练分物资保障、综合理论测试、病例流行病学调查及居家管理和蚊媒应急监测4个模块。杭州市疾控中心传防所和消媒所2名专家担任评委并做点评。

【食物中毒应急处置演练】 2018年12月13日，高新区（滨江）疾控中心组织食物中毒应急处置桌面推演。区疾控中心及各街道社区卫生服务中心应急队伍成员、浙医二院滨江院区、浙大儿院和武警杭州医院防保科共24人参与桌面推演，通过演练增强区公共卫生应急队员实战能力，提高应对突发公共卫生事件快速反应、指挥协调和应急处置能力。　（顾淑婧）

疾病防控

【概况】 2018年，按现住地统计，高新区（滨江）报告法定传染病20种4062例，比上年增长27.8%，无死亡病例。报告发病前三位病种为其他感染性腹泻、手足口病、流行性感冒。无甲类传染病报告，报告乙类传染病15种781例，丙类传染病5种3281例。按报告地统计报告法定传染病1.39万例，增长34.1%。传染病报告质量综合评价得分99.7%，比上年上升0.1%。

确诊结核病163例（耐多药3例，菌阳50例，菌阴79例，胸膜炎7例，肺外结核24例），下降20.1%，菌阳肺结核密切接触者218人（除学生病例），筛查率100%；应报告疑似肺结核患者585例，下降5.8%（585/621），报告率、转诊率和及时率100%；住址为高新区（滨江）的疑似肺结核患者202人，下降9.1%，转诊后自动到位126人，追踪76人，追踪到位69人，追踪到位率90.8%，总到位率96.5%，普通肺结核患者未收治比例4%；登记普通肺结核134例，成功治疗122例，成功治疗率91.0%，系统管理129例，系统管理率96.3%。

接种20.7万剂次。其中：第一类疫苗11.91万剂次，比上年下降4%；第二类疫苗8.78万剂次，增长42.6%。疫苗接种率95%以上，达到国家要求。

【"问题疫苗"事件应对】 2018年7月15日、7月18日，国家药监局发布"长春长生狂犬病疫苗事件"说明和"问题批次百白破疫苗"名单，区疾控中心第一时间做出反应，通过"滨江发布""滨江社发"等微信公众号发布区疫苗采购与

2018年9月27日，滨江区社发局在区公共卫生中心举行传染病防控技能竞赛暨登革热疫情处置演练　（区社发局　供图）

2018年11月7日，市疾病预防控制中心与区社发局举行"预共体"合作项目签约仪式　（区社发局　供图）

使用相关信息，公布未采购问题狂犬病疫苗和问题批次百白破疫苗，消除公众对问题疫苗的恐慌。问题疫苗事件公布后，全区接种门诊召开专题会议，传达上级精神并开展自查，配合区市场监管局、区检察院的检查与督导，安排专职人员接听咨询电话，全区总体平稳。

【省内首个"预共体"合作签约】 2018年11月7日，市疾病预防控制中心与区社发局在区公共卫生中心举行"预共体"（疾病预防共同体）合作项目签约仪式，区疾病预防控制中心实验室增挂"杭州市疾病预防控制中心高新实验室"牌子。至年底，区疾控中心实验室完成实验室硬件装修，首批采购36个品种、210万元检验设备并安装调试，招聘专业技术人员。疾病预防共同体合作是全省范围内市、区级在疾控中心实验室建设领域的创新举措，建立市区紧密联合共同体，市疾控中心实验室整体输出技术、体系，对滨江区疾控中心实验室工作人员进行系统培训，是全省首个"预共体"。

【健康教育巡讲】 2018年，健康教育巡讲活动依托杭州市"金牌讲师团""白马湖大讲堂"和"社区大讲堂"等平台开展讲座261场，围绕"世界结核病日""肿瘤防治宣传周"和"高血压日"等卫生日开展宣传活动10次；全年发放健康教育宣传海报、折页8万余份，通过"滨江发布""滨江社发""滨江公共卫生"微信公众号发布科普文章45篇。

【艾滋病预防系列宣传】 2018年，高新区（滨江）组织4次艾滋病预防宣传"进工地""进校园"活动。11月30日，区疾控中心、区计生指导站联合区住建局在"浙江之门"建筑工地开展艾滋病防治知识宣传"进工地"活动。通过展示宣传画板、有奖竞答、发放宣传折页、现场咨询、赠送宣传小礼品等方式对到场工人宣传艾滋病防治知识。12月5日，区疾控中心分别在浙江中医药大学、浙江艺术职业学院以游园会和健康知识讲座的形式开展艾滋病防治宣传活动，倡导"主动检测，知艾防艾，共享健康"主题，安排社区卫生服务中心医护人员为学生现场抽血检测艾滋病病毒抗体，61名学生接受检测。12月10日，由区社发局联合团

2018年12月10日，滨江区"携手抗艾"大学生辩论赛决赛暨颁奖典礼举行　（区社发局　供图）

区委举办的全区“携手抗艾”大学生辩论赛结束，区内6所高校数千名学子参与角逐，经过初赛、复赛，决赛，浙江中医药大学辩论队和杭州医学院辩论队分获冠军和亚军。

（朱　炜）

基层卫生

【概况】 2018年，高新区（滨江）西兴、长河、浦沿3个街道社区卫生服务中心共有工作人员501人，卫技人员435人。其中，中级职称人员151人，正副高职称人员31人。总床位123张，门急诊服务154.33万人次，预防接种17.78万人次，各类体检16.87万人次。

年内，西兴街道社区卫生服务中心投入使用，长河街道社区卫生服务中心保健楼完成升级改造。规划社区卫生服务站点设置，完成西兴街道奥体站、长河街道江汉站、浦沿街道杨家墩站等服务站建设，启动浦沿街道彩虹城分中心、西兴街道马湖站点、协同站点等站点建设。打造中医药综合服务区，西兴街道社区卫生服务中心中医馆与新中心同步投入使用，长河街道社区卫生服务中心中医馆升级改造启动。与浙江中医药大学合作举办中医适宜技术培训班，提升站点中医药服务能力，中医适宜技术覆盖率100%，中药饮片服务覆盖率94.2%。开展“中医大篷车”进社区活动。

3个街道社区卫生服务中心收到群众锦旗18面、表扬信4封，浦沿街道社区卫生服务中心王彩霞被评为“杭州市优秀护士”，西兴街道社区卫生服务中心何小波和长河街道社区卫生服务中心潘慧被评为“杭州市优秀医师”，推荐上报的浙江大学医学院附属儿童医院钭金法获“2018品牌杭州·生活品质点评 医者仁心健康工作”最佳现象。

【长河街道社区卫生服务中心儿童保健区升级改造】 2018年3月，经过7个月提升改造，长河街道社区卫生服务中心新儿童保健区启用。新儿童保健区位于保健楼1楼，面积800平方米，设有预防接种门诊和儿童保健门诊，按照五星级标准建设，规范设置预检、登记、候诊、接种、留观等区域。引进全新数字化管理和“叫号排队系统”，通过语音叫号、LED液晶屏、电子显示屏，引导家长按照服务流程有序完成预防接种，避免接种差错发生。推出周末疫苗接种门诊、家庭医生签约、家长学校等服务举措，提供高品质儿童保健服务。

【中医适宜技术培训班】 2018年11月5日至12月5日，浙江中医药大学、区社发局联合在浙江中医药大学举办中医适宜技术培训班，社区卫生服务机构70名医生参加培训。采取理论和实践操作相结合形式，传授辨证论治、体质辨识等中医基础理论知识和灸类、拔罐、敷熨熏蒸类、骨伤类等中医适宜技术。

【慢性病长期处方药品配送第三方服务】 2018年11月7日，高新区（滨江）开展慢性病长期处方药品配送上门服务测试工作，为签约慢性病患者开具首张慢性病长期处方。以患者需求为导向，丰富家庭医生签约服务内涵，为慢性病患者提供更便捷的服务。慢性病长期处方药品上门服务由智慧云药房远程配送，开创签约医生服务、智慧云药房和慢性病长期处方第三方医药物流服务配送全环节全流程服务，通过启动连续处方业务、开展药品供应商遴选、完善药品配送环节，确定由华东医药股份有限公司和浙江英特药业有限责任公司负责药品配送。

【东西部协作和对口帮扶】 2018年，区社发局与湖北省恩施州建始县、贵州省黔东南州麻江县、丹寨县三地卫计局签订东西部协作和对口帮扶合作协议，3个街道社区卫生服务中心结对帮扶9家卫生院。选派各街道社区卫生服务中心13名医务骨干到湖北省恩施州建始县、贵州省黔东南州麻江县、丹寨县挂职帮扶。10名黔东南州医务人员在3个街道社区卫生服务中心挂职。邀请建始、丹寨、麻江三地医疗机构26名管理人员参加高新区（滨江）第二届浙江省基层医疗机构精细化管理继续教育培训班。投入14.66万元在建始、丹寨、麻江分别建立远程医学工作站。依托自身医联体建设，开展远程培训5期，让三甲医院专家通过网络与对口帮扶地区医疗工作者“无延迟交流”。通过设施援建、骨干挂职、远程培训、帮助培养人才等方式开展医疗帮扶，提升帮扶地区医疗服务能力。

（顾淑婧）

卫生监督

【概况】 2018年，区社发局坚持日常检查与专项整治相结合，规范医疗机构依法执业行为。加强辖区内医疗卫生机构监督执法，开展健康体检机构、医院发热门诊、放射卫生监督信息二维码公示等7项专项行动。加强全区162家医疗机构医疗废物处置管理，开展化学性医疗废物处置专项监督检查，建立医疗废物管理长效工作机制，与环保部门联合开展检查。全年立案查处83件，其中实施行政处罚82件，移送公安1件。非法行医实施行政处罚6家，吊销医疗机构诊疗科目3家，移送公安机关1家。

全区有各类在册公共场所单位549家。住宿场所A级单位1家、游泳场所A级单位2家。做好节假日及大型活动卫生保障工作，推进公共场所卫生监督量化分级管理工作，提高公共场所监督管理水平。开展大中型住宿场所公共场所卫生管理培训，105家住宿场所的122人参加。

执法案卷被杭州市卫生监督所评为案卷质量三等奖，创新门诊非法开展计生手术等行政处罚案被入选“十大案件”之一，全年无行政复议纠错与行政诉讼案件。全年接到“双随机一公开”行政执法检查任务148家，其中国家级90家、省级58家，完成率为100%。对检查发现的24家违法单位实施行政处罚，占总行政处罚的32.9%。

【学校卫生监督】 2018年，区社发局开展春秋季学校传染病防控、饮用水安全等卫生执法检查，协同第三方检测机构对13家学校直饮水进行抽检，抽检样品45件，合格率97.8%，对1家检测不合格的学校进行立案。8月16—17日，会同区教育部门对新录用的90名中小学校医及保健老师开展入职专题培训。

【饮用水卫生监督】 2018年，区社发局对集中式供水单位饮用水生产过程和卫生管理情况进行监督。检查设10个末梢水采样点、10个二次供水采样点。至年底，共采集管网末梢水110份，二次供水单位110份，检测结果均符合相关标准。在3个社区生活饮用水卫生检测示范点设5个监测点进行水质采样检测，采样165份，检测结果每月在社区公告栏公示。

（顾国兴）

爱国卫生

【概况】 2018年，高新区（滨江）强化区域环境卫生综合整治，开展病媒生物防制工作，完成国家卫生城市复评省级明察、国家暗访、省级排位暗访。定期开展卫生大扫除、除“四害”、爱国卫生月活动、健康单位创建、爱国卫生日常督查等工作。爱国卫生工作列入卫生目标责任考核。完善爱国卫生组织架构和区、街、社区三级管理体系。召开爱国卫生工作例会、协调会6次，开展全区爱国卫生检查12次，协调解决国家卫生城市复评方面问题807个，受理办结群众来访和投诉电话8次，办结率100%。

【高新区（滨江）通过国家卫生城市复评】 2018年3月，高新区（滨江）启动国家卫生城市复评工作，调整区迎接国家卫生城市复评迎检工作领导小组，成立区迎检办，明确区国家卫生城市复评迎检工作6个专项组，印发国家卫生城市复评迎检工作实施方案、任务分解通知，建立区国家卫生城市复评迎检工作联络员制度。召开区国家卫生城市复评迎检专题动员部署会，启动复评迎检工作，启动复评迎检工作列入政府目标考核，各街道、各相关部门将国家卫生城市复评工作纳入议事日程。区迎检办召开领导小组成员、专项组成员会议，布置开展专项整治工作；建立月度工作例会和月报告制度，指导督促街道、专项组全面开展复评迎检工作。对照区国家卫生城市复评迎检工作指标任务分解表，细化目标任务，落实工作责任，对重点区域、重点问题进行排查摸底，制订专项整治方案。联合区主流媒体，加大宣传国家卫生城市复评，动员社会、市民参与爱国卫生工作，发放倡议书1万余份，在微信、社区、宾馆饭店和建筑工地播放各类视频宣传国家卫生城市工作。至年底，高新区（滨江）通过国家卫生城市复评。

【病媒生物防制】 2018年，高新区（滨江）建立病媒生物日常防制和应急处置工作机制，对病媒生物密度监测、分析和预警，控制辖区病媒生物密度。监督街道社区公共环境、宾馆（饭店）、机关（企事业）单位、农贸市场、建筑工地、“八小行业”（小餐饮店、小食品加工店、小食品经营店、小理发店、小歌厅、小浴室、小旅馆、小网吧）等场所病媒生物防制，建设和完善防鼠、防蚊蝇设施，重点区域、重点场所、重点单位病媒生物密度控制水平均达到国家标准C级以上。

（来芳园）

智慧医疗

【概况】 2018年，高新区（滨江）智慧医疗应用依托智慧医疗一期、二期、综合管理平台，推广电子社保卡诊间结算，完成转诊预约平台医养护签约数据发放，形成综合管理平台相关报表；调整公共卫生数据发放接口与医院信息系统（HIS系统）对接模式，为智慧e谷展示平台提供数据更新，完成慢性病长期处方云药房接口改造，合理用药系统升级改造，新增数据自动点评、分析功能，完成与“健康滨江”App药箱模块对接；为区对中心主任考核、市对区公共卫生考核提供数据支撑；完成短信平台和云影像平台建设，进行数据、网络等方面的漏扫检测。全区智慧医疗建成区域多套专业数据系统。

【医疗统一短信平台建设试点】 2018年5月，区社发局启动统一短信平台建设招标。统一短信平台系统通过与多业务系统对接，对就诊病人和签约服务对象进行数据采集，支持不同类型病人建立标签：对就诊病人体检报告、检验报告、统计数据等诊疗数据进行动态采集，传输至系统数据库，利用数据库接口实现网关短信的通讯，将数据库信息按统一格式发送到患者手机；对签约服务对象进行签约成功短信提醒及签约回访满意度短信发送；实现医生与患者之间的互动服务。至年底，医疗统一短信平台建设在浦沿街道、西兴街道试点。

【智慧医疗云影像平台建设】 2018年7月，区社发局启动智慧医疗云影像平台招标，11月试运行上线。高新区（滨江）云影像平台是利用区智慧医疗区域影像归档和通信系统（PACS）现有建设成果，在不改变原有PACS系统业务流程、不影响与省、市、区三级影像平台互联互通情况下，实现高新区（滨江）全区检查影像数据云存储、云胶片和云报告服务，构建基于互联网的云影像服务平台，将区域内相关医疗机构的影像胶片、放射超声图文报告进行汇聚整合，提供互联网查阅服务，实现区域一体化存储、一体化联动和一体化调阅，与“健康滨江”App集成，为全区患者提供快速、及时、准确、稳定的云影像查询服务，减少患者等待时间和等待次数，实现从影像数据采集、存储、汇总、发布、共享、调阅、监管、分析一体化整合。

（金楚杭）

医联体建设

【概况】 2018年，西兴街道社区卫生服务中心与浙大儿院签订医联体合作协议，实现儿

浙江大学医学院附属儿童医院专家坐诊西兴街道社区卫生服务中心　　（区社发局　供图）

科医联体三街道全覆盖。浙大儿院选派儿科主治医生长期驻点社区卫生服务中心。全年，3个街道社区卫生服务中心儿科门诊量9.6万人，其中浙大儿院派驻医生门诊量2.39万人次。

高新区（滨江）与浙医二院签订区院合作协议，实施以西兴街道社区卫生服务中心为主的高水平医联体建设，9名专家在西兴社区服务中心坐诊，开设浙医二院诊疗区，设置浙医二院自助服务区，畅通双向转诊通道。全年，全区精准转诊至浙医二院的病患1.3万人次，占精准转诊总数的66%。

深化与市三医院紧密型医联体合作。市三医院设立高新区（滨江）签约转诊接待中心，畅通社区转诊绿色通道，全年共转诊社区签约居民1277人次，开展影像心电远程会诊481例。

【社区护理培训班】2018年4月18日，区社发局联合浙医二院合作开展的医联体专家大讲堂之社区护士培训班在春晓大厦开班，3家街道社区卫生服务中心90名护士参加培训。培训由浙医二院急诊科护士长杨旻斐、输液室组长丁锦玲分别做“心肺复苏中的定位抢救及配合”“输液反应”急救培训。至年底，开展急救、常见慢性病的健康宣教、导管护理、质量与安全管理4期培训。

【全科医联体合作】2018年9月19日，长河街道社区卫生服务中心与市三医院签订全科医学医疗技术指导合作协议。中心和市三医院、区社发局相关负责人，医院专家代表等10多人参加签约仪式。根据协议，市三医院于10月起选派全科医生在长河街道社区卫生服务中心慢性病联合门诊坐诊，提供预约诊疗服务，在住院部开展查房及带教工作。

【“医联体+对口帮扶”合作】2018年11月22—23日，由省基层卫生协会、浙江大学医学院附属第二医院、区社发局共同主办的第二届浙江省基层医疗机构精细化管理继续教育培训班在高新区（滨江）举行。高新区（滨江）邀请湖北省恩施州建始县、贵州省黔东南州麻江县、丹寨县等对口帮扶地区卫生系统26名代表参会。培训班是高新区（滨江）与浙医二院合作的一项重要内容。至年底，高新区（滨江）在湖北省恩施州建始县、贵州省黔东南州麻江县、丹寨县等地建立远程医学工作站，利用医联体资源，5期医联体专家大讲堂通过远程设备向对口帮扶地区直播，培训医务人员350人次。

【基层卫生人才联合培养】2018年，区社发局与浙医二院共同探索基层卫生人才培养模式，开设医联体专家大讲堂，实施“健康守门人计划”“天使计划”“青苗计划”和“管理精英计划，开展全科医生技能提升培训9期，社区护理培训班4期，联合主办第二届省基层医疗机构精细化管理培训班，选派6名基层骨干至浙医二院进行“一对一”导师制培养。与浙大儿院合作启动儿童保健服务规范化培训3期，选派3名基层儿科骨干至浙大儿院进行“一对一”导师制培养，

选送7名护理人员至浙大儿院轮训。（顾淑婧）

驻地医院

【浙江大学医学院附属儿童医院】 2018年，浙江大学医学院附属儿童医院（以下简称“浙大儿院”）开放床位1300张。正式职工2322人。其中，正高级职称111人，副高级职称169人，博士学位134人，硕士学位718人。年门急诊量333.9万人次，住院量7.9万人次，手术3.7万台。开展儿童空中转运2例，危重新生儿转运103例，重症患儿转运100多例。全年开展ECMO（体外膜肺氧合）33例，儿童肝脏移植联合中心开展儿童肝移植手术7例，运用达芬奇机器人开展手术20例。开展新生儿疾病筛查61.18万人（含宁波），筛查率100.6%。

2018年，浙大儿院获科研项目102项，科研经费2815.8万元，牵头国家重点研发计划项目1项，国家自然科学基金项目18项。在美国《科学引文索引》（SCI）发表论文98篇，。获浙江省科学技术进步奖二等奖1项；浙江省医药卫生科技奖二等奖2项；浙江省标准创新重大贡献奖1项。创办国内唯一的小儿外科杂志英文期刊 *World Journal of Pediatric Surgery*（《世界小儿外科杂志》）。

全年引进国家人才计划创新人才长期项目1人，国家人才计划青年项目2人。新当选包括华人医师协会儿科医师分会副会长、教育部高等学校教学指导委员会儿科学专业教学指导委员会副主任委员、中华护理学会儿科专委会副主任委员1人，继续保持中华医学会儿科学分会常委、中华医学会小儿外科学分会常委、中华预防医学会儿童保健分会候任主委、《中华儿科》杂志副主编、亚太儿科内分泌学会（APPES）秘书长等国内外重要职务。

推进“最多跑一次”服务，设置门诊综合服务中心、检查预约中心、入院准备中心等，实现门诊住院多项业务一站式办理；实现日间手术中心在预约后7个工作日内完成；继续发挥自助服务机、App、微信公众号等智能终端服务功能。

2018年，医院申报国家儿童健康与疾病临床医学研究中心，并通过公示。国家儿童区域医疗中心项目申请通过初审和现场审核。成立浙江大学儿科学院，形成全链条儿科人才培养模式，与英国帝国理工大学开展联合培养研究生项目，打造“5+1”人才培养模式。医院成为浙江省小儿白血病诊治技术研究中心主导建设单位。

2018年5月，医院滨江院区二期扩建工程正式动工。二期扩建工程为浙江省重点建设项目。（鲍　婕）

【浙江大学医学院附属第二医院滨江院区】 2018年，浙江大学医学院附属第二医院滨江院区开设45个临床科室，设置40个住院病区，核定床位1200张，开放床位1202张。门急诊量150.98万人次，比上年增长15.8%；出院5.77万人次，增长11.3%；手术量2.94万台，增长9.3%；平均住院日7.37天。

浙江大学医学院附属第二医院专家坐诊西兴街道社区卫生服务中心

（区社发局　供图）

医院倡导精细化、品质化服务，将“最多跑一次”改革思路融入医院管理，改善服务流程，建立让“机器跑”“信息跑”“数据跑”代替患者跑的“互联网+医疗”新模式。门诊号源网上开放比例91%，全面打通所有预约号源渠道；自助预约挂号和门诊自助结算分别占总工作量的80%和60%；成为全省首家门诊发票自助打印和死亡医学诊断证明电子化报告的医院。开创“一窗受理、集成服务”，实行一站式门诊综合服务。在全国率先启用“一章制”管理模式，整合38个需审核盖章服务项目，采用同一个“医疗业务专用章”。为住院患者设立自助入院、病区床边结算、护理站结算、自助缴费、自助出院等服务。

2018年，增设儿科夜门诊，服务儿童患者近500人次。人类辅助生殖技术体外受精-胚胎移植及其衍生技术试运行项目顺利通过转正评审。启用急诊病区。开通急诊“嫌疑人”就诊绿色通道，与公安滨江分局签订《“警医共建”合作协议书》，设立专用诊间，由民警陪同就诊。针对长春长生疫苗事件，严格按照要求上报接种情况，设置犬伤咨询点，全年收治急诊犬伤患者3.29万人次。

推进浙江省直升机应急医疗救援体系建设，实现危急重症患者空中立体转运，至年底，累计直升机救援飞行近100次，其中带呼吸机转运重症患者21例，救援次数、救援难度及飞行范围全国第一。2018年获批为国家航空医疗救援试点单位，作为指导单位参与舟山海上救援基地建设。为联盟医院提供直升机起降点勘查、设计、备案、建设一体化服务，完成地面停机坪21处勘测，建设标准化停机坪4处。作为应急救治定点医院，承担第14届世界游泳锦标赛（25米）、第二十届中国科协年会、第九届中国国际安全生产论坛保障等重大活动赛事的保健任务。

推进区院医疗合作项目，长期派遣心血管、内分泌、消化内科、普内科专家到西兴街道社区卫生服务中心坐诊。启动“健康守门人计划”“天使计划”“青苗计划”，由院资深专家针对基层社区医生、医技、护理人员开展主题专场培训及导师一对一培训，远程教育平台辐射贵州黔东南、湖北恩施等地。开通滨江区家庭病床疑难病例会诊通道。与区社发局联合举办社区护士培训班，培训近400人次。

（汤　妍）

【武警浙江省总队医院杭州分院】 2018年9月27日，根据《中央军委关于武警部队部分后勤力量整编命令》，武警浙江省总队两所医院整编为1所，部署定点位于嘉兴，杭州分院以总队医院杭州门诊部的名义开展为兵和为民服务工作。

武警浙江省总队医院杭州分院组建于1984年8月，2000年3月从江干区（凤起东路68号，现总队机关地址）搬迁至滨江区江南大道86号。2011年起执行总队医院编制（2011年前原嘉兴院区为总队医院，之后更名为总队医院嘉兴分院）。

医院占地面积3.9万平方米。编制科室33个，住院病区22个，有床位700张。医院主要担负武警浙江省总队、武警士官学校、驻浙部分海警部队共2万余官兵及其家属的医疗保健、遂行卫勤伴随保障和为民服务任务。医院以“姓军为兵”为宗旨，以脑损伤治疗康复、创伤手足为特色专科，其中脑损伤治疗康复专科为武警部队康复医学专科中心。至2018年底，先后获总队基层建设先进单位、军队优质护理服务示范病房等荣誉，多次被地方评为平安医院和百姓放心医院。

2018年，发表各类学术论文40多篇，其中在美国《科学引文索引》（SCI）发表文章5篇，参加出版著作编写1部。新开展的2项科研项目获市卫计委立项。医院开展首届“中国医师节”系列活动。派出由骨科、泌尿外科、内科、神经外科、康复科等资深专家组成的医疗小组，到建德市大洋镇开展“下乡送医解疾苦，访贫赠药送温暖”为主题的义诊活动。与大洋镇开展“联乡结村”活动，向大洋镇卫生院捐赠10万元。

（朱利峰　王旭娇）

高新区（滨江）红十字会

【概况】 2018年，高新区（滨江）培训红十字救护员1918人，普及培训1.08万人次。登记入库造血干细胞捐献志愿者68人。器官（组织）、遗体捐献登记19例，眼角膜捐献1例，器官捐献1例。有2788名志愿者献血，献血总量73.77万毫升，其中“我为七一献热血”活动献血2046人，献血总量53.92万毫升。投入资金15.81万元，在人流流密集场所安装AED心脏除颤仪8台。

【“情暖滨江，红十字博爱送温暖”活动】 2018年1月，区红十字会到西兴、长河、浦沿3个街道开展“情暖滨江·红十字博爱送温暖”活动。慰问因病、因伤、失独困难户37户，发放慰问金4.3万元，慰问物资价值5100元。

【党员应急救护训练营启动】 2018年2月2日，区红十字会在星民社区举办党员应急救护训练营启动仪式。市红十字会、区有关部门和基层党组织负责人、党员及居民代表100多人参加活动。入党积极分子、应急救护志愿者代表分享救护经历，应急救护培训师现场开展应急救护培训。市、区红十字会分别向党员训练营和各级党组织赠送15套应急救护教具及600份应急救护包。

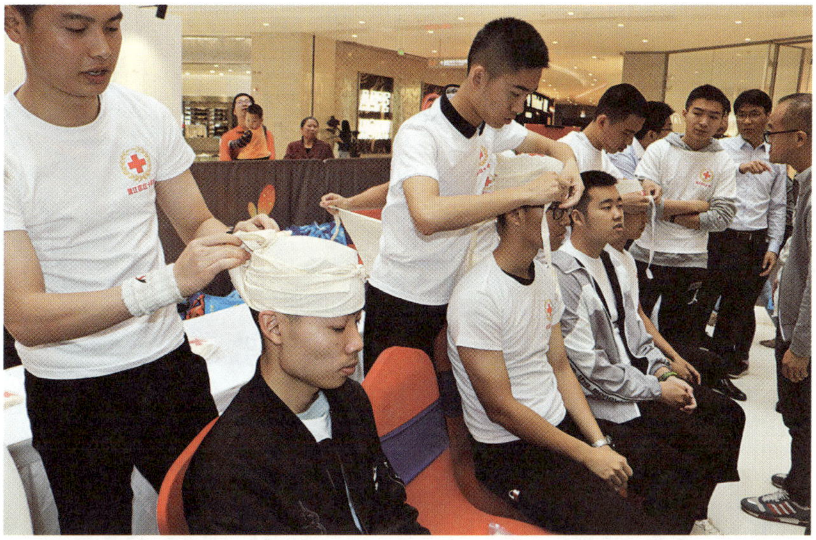

2018年5月5日，高新区（滨江）红十字会在龙湖滨江天街举行应急救护体验 （区社发局 供图）

【应急救护服务体验】 2018年5月5日，区红十字会在龙湖滨江天街开展应急救护大服务大体验活动，部分区人大代表、政协委员以及社区居民代表、相关企业、高校、中小学家长学生代表共300多人参加。现场演示应急救护基本技能和市民参与救护大体验，设置有奖竞答区、心肺复苏、创伤救护和自动体外心脏除颤仪（AED）使用教学4个体验区，12名应急救护专业师资和部分志愿者为400多名市民群众开展面对面应急救护培训，教会市民学习急救技能。

【应急救护项目推进】 2018年，区红十字会推进“暖滨心·做生命的有心人”应急救护项目。成立区级机关应急救护训练营，完成救护培训26场，普及培训1054人次。与各街道对接，制定培训计划，将社区党员、网格员列为急救知识重点培训对象，带动市民参与，开展培训45场，培训救护员169人，普及培训1929人。组织开展学生应急疏散演练和防灾减灾知识竞赛，在学校开展应急救护培训54场，其中培训救护员364人，普及培训 7434人。进企业与安全生产结合，将救护培训融入企业安全生产管理环节，开展企业员工应急救护培训47场，培训救护员 1385人，普及培训413人次。至年底，组织应急救护培训172场，其中完成救护员培训1918人，普及培训1.08万人次。

（来 蕾）

体 育

综 述

2018年，高新区（滨江）完善健身苑点建设，建设健身苑点106处，举办各类体育活动500多场，参加人数10万余人。全年完成三级社会体育指导员培训107人、国民体质测试1057人，按计划完成三级社会体育指导、国民体质监测系统更新和人员录入工作；新增AAA体育社团3家，AAAA体育社团1家。启动“四提升四覆盖”全民健身工程创建工作。完成2018年度全省青少年（儿童）运动员注册69人，市级运动员注册108人。杭州中天模型有限公司被认定为省体育用品制造示范企业（2018—2020），浙江万航信息科技有限公司等四家企业入围省体育产业扶持资金名录库，入围企业位居杭州市前列，“舞动中国—排舞联赛”总决赛入围省2018年重点培育品牌体育赛事名录库。举办小学生棋类比赛、青少年校园足球联赛。（徐樱桃）

群众体育

【概况】 2018年，高新区（滨江）举办福摩杯“舞动中国—排舞联赛”总决赛、中国杯国际排舞公开赛、第五届全民运动会等群众性体育赛事20多个大项1000多场（次）。组织3个街道及明月江南幼儿园开展国民体质测试工作，测试人数1057人，其中幼儿280人，成人777人，合格率94.6%。至年底，建设健身苑点106处，其中西兴街道28处，长河街道44处，浦沿街道34处，经社区、区体育局联合区财政局实地检查验收，验收合格率100%。

【滨江区第五届全民运动会】 2018年3—10月，由区政府主办，区社发局、区体育总会承办的第五届全民运动会在滨江区体育馆、江南体育中心、区属中小学校等地举办，运动会设马拉松接力赛、乒乓球、中国象棋、围棋、羽毛球、登山、篮球、五人制足球、游泳、电子竞技、划船、趣味比赛、城市定向赛、拔河、田径计15个大项56个小项。全区72支参赛团队，3500人次参加运动

滨江区第五届全民运动会足球赛场（区委宣传部 供图）

会，报名人数创历史最多。

【中美加武术交流大会】 2018年3月31日，由区体育总会、区武术协会主办，杭州德坤太极拳馆承办的2018年“德坤太极杯”武功一带一路·杭州滨江中美加武术交流大会在江南体育中心举行，中国、美国、加拿大的347名参赛选手交流武术文化，切磋武学技艺。

【“四提升四覆盖”全民健身工程启动】 2018年4月，高新区（滨江）启动“四提升四覆盖”全民健身工程创建工作。全区召开创建工作会议，收集申报材料、准备书面台账。10月，完成复评台账准备、宣传片制作、现场勘察路线规划。11月，省体育局创建考核领导小组对创建工作进行验收考核，高新区（滨江）通过省体育局中期评估。

资料：“四提升四覆盖”

提升群众身边的体育场地建设水平、体育组织水平、健身活动水平、健身指导水平；实现便民体育设施、镇乡街道“1+5”（一个体育总会工作站，5个以上专业体育社会组织工作站）体育社会组织网络、常态化健身活动、村（社区）社会体育指导员及镇乡街道体质测试网点的全覆盖。

2018年11月7日，“舞动中国—排舞联赛”总决赛现场

（区社发局　供图）

【“舞动中国—排舞联赛”总决赛】 2018年11月7—10日，2018年福摩杯“舞动中国—排舞联赛”总决赛在滨江体育馆举行，活动由国家体育总局体操运动管理中心、市体育局、区政府主办，全国排舞广场舞推广中心、杭州市体育发展集团、区社发局承办的。全国17个省市区，43个城市的110支队伍，近1500名运动员参赛。比赛设幼儿组、小学组、中学组、院校组、青年组、中年组、常青组、家庭组、国际健身排舞、单人组，长河街道中兴社区“炫舞飞扬排舞队”获团体特等奖。

【国际排舞公开赛】 2018年11月9—12日，“中国杯”国际排舞公开赛在滨江体育馆举行，活动由国家体育总局体操运动管理中心、市体育局、区政府主办，全国排舞广场舞推广中心、杭州市体育发展集团、区社发局承办，14个国家的排舞选手参赛。大会执行新的国际公开赛竞赛规程，是首次以“中国杯”命名的世界级排舞比赛。四川外国语大学代表队获自选项目第一名，

2018年11月9日，“中国杯”国际排舞公开赛现场

（区社发局　供图）

卡塔尔代表队获规定A项目、规定B项目第一名，Anthony Jurgen Moeller（美国）获个人项目初级第一名，许双敏（中国）获个人项目中级第一名，王培东（中国）获个人项目高级第一名。（徐樱桃）

竞技体育

【概况】2018年，高新区（滨江）竞技体育以学校体育为主，举办"迎新杯"小学生棋类比赛、"白马湖杯"青少年校园足球联赛。

【青少年校园足球联赛】2018年9—11月，由区教育局、区社发局主办，浙江省黄龙绿鹰足球俱乐部承办，区各中小学协办的"白马湖杯"青少年校园足球联赛在各学校举行,比赛设初中组、小学甲组、小学乙组3个组别，全区39支参赛队伍、537名运动员参赛。江南实验学校初中部、滨文小学、江南实验学校小学部分别获初中组、小学甲组、小学乙组冠军。

【小学生棋类比赛】2018年12月22—23日，由区教育局、区体育局主办的"迎新杯"小学生棋类比赛在浦沿小学举行，全区16所小学296名棋手参加，12支队伍参加团队赛。比赛设围棋、中国象棋、国际象棋3个大类12个小项。高新实验学校获围棋男、女团体冠军，博文小学、长河小学分别获中国象棋男、女团体冠军，高新实验学校、彩虹城小学分别获国际象棋男、女团体冠军。（徐樱桃）

体育产业

【概况】2018年，高新区（滨江）举办全区高危险性体育项目管理工作会议，夏季向社会开放游泳场所47所。4家单位申报浙江省体育产业发展资金项目库并获批入库，项目涉及互联网+、民营体育场馆等领域。

【"运动世界校园"App获创新类发展资金】2018年，浙江万航信息科技有限公司研发的"运动世界校园"App项目获浙江省体育产业产品创新类发展资金。公司注册在高新区（滨江），于2016年5月开始研发"运动世界校园"项目，项目总投入538.04万元，历时20个月，2017年12月31日研发成功。签约合作高校306所，覆盖26个省、直辖市、自治区，117个大中城市。省内43所高校合作并使用，覆盖率占全省高校总数40%。至年底，"运动世界校园"App有310万名注册学生用户，70万人高频日活动量，2亿人高峰期日页面访问量（PV）。

【杭州菲特尼斯健身北软旗舰店获服务类发展资金】2018年，杭州菲特尼斯健身北软旗舰店获浙江省体育产业场馆经营与健身服务类发展资金，北软旗舰店隶属注册在高新区（滨江）的杭州菲特尼斯健身管理有限公司。2016年11月筹备，2017年11月启动建设，2018年5月试运营，总投资850万元，场馆占地6000平方米。场馆设有氧区、阻力训练区、TRX悬挂训练室、格斗区、瑜伽团操室、动感单车室、少儿跆拳道、室内篮球场、羽毛球场、乒乓球室、台球室、室外篮球场、室外5人制足球场、室外网球场等区域。至年底，有会员4000人，活跃健身会员2000人，平均日流量350人次，接待5万人次。

【杭州凌嘉健身有限公司获服务类发展资金】2018年，杭州凌嘉健身有限公司打造杭城高端社区健身服务连锁及新店筹建获浙江省体育产业场馆经营与健身服务类发展资金。公司2015年3月在高新区（滨江）注册成立。项目总投资598万元，2017年10月完工。场内设有跑步机、登山机、椭圆机等运动器械，瑜伽、普拉提、拉丁、爵士、搏击、踏板等各类操课室，动感单车，壁球，室内高尔夫，游泳池等。至年底，有会员5000人，活跃健身会员2000多人，平均日流量300人次，接待人次5.57万人次。

（徐樱桃）

人力资源

综　述

2018年，高新区（滨江）举办招聘会115场，引进各类人才3.06万人，其中引进博士237人、硕士7711人。签约2018届毕业生1.49万名，占全市签约总量的22.5%，居全市各区市县签约量首位。发放应届高学历毕业生一次性生活补贴1.34亿元，发放6652人，比上年增长42.4%。新增博士后工作站国家站3家，国家分站1家，累计拥有国家站20家、国家分站22家、省站14家。市级以上高层次人才持续增长，培育市级以上各类人才工程项目人选254人，其中国家级2人、省级19人、市级233人。入选市“115”引智计划项目48个，占全市入选项目的21%，其中高端年薪资助项目9个；重点引智项目8个；优秀引智项目31个。年内，选聘政府专业聘用人员14人。新增就业岗位1.54万个，帮扶失业人员就业3595人，全区有劳动能力且有就业愿望的法定劳动年龄人口的就业率稳定在98%以上。新增大学生创业企业525家，占全市的30.1%。

（钭舟凌）

人事管理

【概况】 2018年，区人力社保局择优选聘14名高校毕业生为政府专业聘用人员。接收并安置营以下军转干部及随军家属。完成1415名科级及以下机关干部考核。获杭州市基层站（所）“十佳公务员”称号1人。

【公务员学法用法培训】 2018年4—6月，区人力社保局在华美达酒店分3批组织公务员学法用法培训，全区334名公务员（含参公）接受脱产培训。培训要求参训学员提高思想认识，重点解决“为什么学”“怎么学”等问题，接受宪法、行政法和公务员法学习培训，了解掌握宪法、行政法和公务员法的基本精神和主要内容。培训结果作为干部学习新干线学分依据。

【营职军转干部培训】 2018年11月27日，区人力社保局组织开展2018年营职军转干部培训，向营职军转干部介绍安置方案和区情概况，2008年、2012年军转干部代表交流转业体会与经验。

（何　俊　钭舟凌）

工资管理

【概况】 2018年，高新区（滨江）完成区级机关事业单位19家、466人次年度工资正常晋升工作，人均增资每月153.78元；完成教育卫生系统50家单位、2612人次事业单位年度工资正常晋升调整工作，人均增资每月69.7元。员额内法官正常晋升职务等级工资档次19人，人均增资每月142.1元；员额内检察官正常晋升职务等级工资档次8人，人均增资每月150元。深化国有企业负责人薪酬制度改革，出台《关于深化区管企业负责人薪酬制度改革的实施意见》，制订企业年度业绩考评及平均工资确定等配套实施方案。

【编外人员情况调研】 2018年3月，区人力社保局分系统分行业对89家编外用工单位开展调研，形成《杭州高新区(滨江)区级机关事业单位编外用工管理暂行办法(建议稿)》。会同区财政局、区审计局、区民政局全面梳理3个街道财政供养人员情况，提出整合一批、外包一批、消化一批、科学规划、统一管理建议。

【人事工资干部培训】 2018年3月22—23日，区人力社保局组织全区94家机关事业单位人事工资干部业务培训。培训会分析人事工资工作中存在的主要问题，明确政策口径，讲解机关工资福利政策，以案说法，要求全体人事工资干部守住法纪底线，找准工作载体，有计划地推进人事工资工作，为全区高质量发展提供保障。 (钟琛琛)

机构编制

【概况】 至2018年底，高新区(滨江)有党委机构6个，管委会、政府工作部门14个，派出机构3个，人大常委会办事机关6个，政协办事机关7个，法院1个，检察院1个，公安分局1个，街道3个。 (余　虎)

【事业单位法人年度报告公示】 2018年1—3月，区编办完成2017年度事业单位法人年度报告公示。至3月31日，全区有1家事业单位设立登记，33家事业单位完成变更登记，154家事业单位完成事业单位法人年度报告公示。(周　芳)

专业聘用人员

【概况】 2018年，高新区(滨江)启动第四批政府专业聘用人员招聘工作，开展第二批专业聘用人员工作述职测评会，部署第三批政府专业聘用人员挂职锻炼。对17名第二批专业聘用人员进行入编考察考核，14人转为事业编制。

【14名专业聘用人员录用】 2018年，高新区(滨江)开展第四批政府专业聘用人员招聘工作，组织人员与双一流学校对接并进行宣传，通过资格审查、简历筛选、一对一面谈等方式对307名报名人员进行初步择选。2月10日，34名优秀应届毕业生参加区政府复试，综合考察后择优录取14人。

【专业聘用人员基层锻炼】 2018年4月28日，高新区(滨江)召开专业聘用人员基层锻炼工作动员会，专题部署第三批政府专业聘用人员挂职锻炼，本轮锻炼周期为5月7日至8月5日，安排14名专业聘用人员到街道挂职3个月，挂职期满由街道根据挂职人员工作成效和表现给予综合评价。

【专业聘用人员年度述职】 2018年7月19日，高新区(滨江)组织第三批专业聘用人员年度述职演讲会。14名专业聘用人员现场演讲，展示入职一年以来工作情况及工作成效，谈工作感悟、下一步工作计划及未来工作规划。区委组织部、区人力社保局、各用人单位相关负责人及街道组织委员担任现场评委，对第三批专业聘人用员表现进行现场点评。 (何　俊　钭舟凌)

人才引进

【概况】 2018年，高新区(滨江)新引进各类人才3.06万人，比上年增长15.1%，创引进人才总量新高。其中：引进博士237人，增长30.9%；硕士7711人，增长18.6%；硕博人才占引进人才总量的25.9%。引进人才中具有高级职称939人，中级职称2522人。举行“相约在高新”各类人才招聘会115场，累计报名参加企业4281家次，发布职位2.7万个，招聘需求11.46万人，增长30.9%。全区累计签约2018

届毕业生1.49万人，占全市签约总量的22.5%，居全市各区市县签约量首位。发放杭州市高学历应届生生活补贴6652人，增长42.4%，发放金额1.34亿元。新增网易（杭州）网络有限公司、新华三技术有限公司、贝因美（杭州）食品研究院有限公司3家博士后科研工作站国家站，新增北航杭州创新研究院1家国家分站。市级以上高层次人才持续增长，培育市级以上各类人才工程项目人选254人，其中国家级2人、省级19人、市级233人，入选国家“百千万工程”2人，省“海外工程师”2人、“西湖友谊奖”1人、省“151人才工程”16人，市钱江特聘专家6人、市政府特殊津贴3人、市“131人才培养计划”2人。入选市“115”引智计划项目48个，占全市入选项目的21%，其中高端年薪资助项目9项；重点引智项目8项；优秀引智项目31项。吉利控股集团自主研发JLE-4G18TD发动机项目入选国家改革开放40周年引智成果，是杭州市唯一入选项目，该公司造型设计中心总经理白高颐入选改革开放40周年全国40名最具影响力的外国专家，杭州市共入选2人。2018年，培养高技能人才1145人，入选“百千万”高技能领军人才22人。全年，高新区（滨江）办理外籍高层次人才申请在华永久居留推荐53人，推荐数列全市第一，全区外国人来华工作许可证办件量1858件。

推进“人才国际化机制创新改革”。引进“创客天下”大赛外国人才项目2个、留学生项目4个，推进“国际滨”启迪外创基地建设，共建nihub国际化众创空间，引进的26个非华裔人才项目落地。人才战略实施和绩效在最新国家级高新区评价指标体系中排名第二。新引进诺贝尔奖、海外院士等人才2人。实施“5050计划”。把握项目认定标准，全年通过认定项目100个，占报名总数的49%，开展新一轮“5050计划”引进项目绩效评估，培育C类以上企业58家，占认定企业总数（218家）的27%，有49家企业获得500万元以上融资。抓好国家、省、市级人才工程推荐申报工作，推荐192人次申报国家、省人才计划和“521”计划，入选22人次。落实部署区内高层次人才分类认定工作，新增D类以上高层次人才110人。

举办“1+X”政策宣讲培训、知识产权申报培训等各类人才企业服务、辅导活动100多场次。围绕建设“有作为、有地位”的孵化器，优化海外高层次人才创新创业基地人才项目孵化服务，升级启用“人才之家”，做强六和桥和贝壳社，新引进芯火平台，强化知识产权服务功能。

（钭舟凌　周颖菲）

【人才安居改革】 2018年3月，高新区（滨江）将人才安居改革工作纳入2018年度全面创新改革试验区行动计划，区人才办会同区发改局、区人社局、区住建局等部门围绕聚焦产业、服务企业、支持创业的目标，研究出台“人才新政30条”，推出《杭州高新区（滨江）人才房租赁管理办法》《杭州高新区（滨江）人才安居货币补贴实施办法》。根据人才层次、发展阶段，分层缓解，分类保障，政府着重“保重点、保过渡”，采用“实物配租+货币补贴”方式，对新引进重点人才给予基本保障，累计推出5400多套房源，推出购房（安家）补贴、租房补贴、一次性生活补贴等多元化方式供人才自主选择，向1.1万名人才发放货币补贴2.21亿元，为400多家企业4200人次提供住房。完善运行管理制度，建立人才房租赁价格动态调整机制，优化人才房退出机制，清退不符合条件人员20多人次，加强动态管理，盘活存量房源，提高使用率和周转率；有序拓展增量，试点建设人才专项租赁住房，全市首宗人才租赁房建设用地在滨江区挂牌，新增房源近1000套。开发人才安居管理信息平台，实现业务办理“最多跑一次”。采用“国有资产租赁+市场建设运营”模式，市场主体自主装修量身定制，提供网易楼、亚曼社区、拎包客青创社区等差异化住房保障；坚持需求导向科学规划业态，招引阿里天猫超市、网易严选等商业业态，打造小而美的商业综合区；按照用户思维搭建社群平台，提供“专业、周到、有温度”物业服务，举办创业

头脑风暴、“外国人在滨江”等22场活动，750名人才参加。（周颖菲）

【新春系列人才招聘】 2018年3—4月，区人力社保局开展新春系列人才招聘活动，包括2场行业性专场、10场知名企业独家专场、6场校园专场招聘会，搭建引才平台，助力企业招才引智。浙江吉利控股集团有限公司、杭州海康威视数字技术股份有限公司、浙江大华技术股份有限公司等523家次企业推出1.87万个工作岗位。

【“相约在高新”HR精英沙龙系列活动】 2018年，区人力社保局举办“相约在高新”HR精英沙龙系列活动9场，包括“为高质量发展提供高质量人力资源服务”“精准招聘，有效搭配”“博士后科研工作”“职称改革方向与价值”“校招加减法”等主题，吸引区内企业590人次HR精英参与，推进HR交流互动。（戴敏人）

【首届“滨江人才节”】 2018年5月5日，首届“滨江人才节”在海外高层次人才创新创业基地举行，500多名人才参加。人才节开展“快乐创业、幸福生活”为主题的主会场活动，“国千会”高层次人才沙龙、海外创业项目路演、知识产权讲座、“六和财才榜”发布会等分会场主题活动。海外高层次人才创新创业基地“人才之家”为创业者提供包括“一站式”入驻办理、行政服务办事指引、财税办理、国际和国内法律咨询、知识产权、人力资源等国际化、专业级的人才创新创业服务。作为全市首创人才节活动，受到市委和区委领导肯定。（周颖菲）

【全省首张通过永久居留申请“直通车”办理的“永居证”颁发】 2018年6月7日，全省第一张通过外籍高层次人才永久居留申请“直通车”办理的“外国人永久居留身份证”由英飞特电子（杭州）股份有限公司董事长华桂潮获得。该张“永居证”是高新区（滨江）开启外籍高层次人才永久居留申请“直通车”后，办理的第一张永久居留身份证。高新区（滨江）简化办理手续，对符合认定标准的外籍高层次人才及其配偶、未成年子女，通过高新区（滨江）推荐直接申请在华永久居留,办理时间由原来的180日缩短到90个工作日。（盛丛杰）

【2019届毕业生校园招聘】 2018年，区人力社保局提前谋划2019届毕业生校园招聘，重点对接双一流高校就业平台，邀请省内外重点高校到区内交流座谈、社会实践，宣传区内产业优势、双创环境和引才政策，分析历年引进毕业生生源特点，排定30多场校园招聘活动。9月，在全市率先启动2019届毕业生校园招聘，分5批到北京、西安、南京、武汉、重庆、成都等10个城市的17所重点高校开展组团招聘，并首次到清华大学、北京大学举办高层次人才招聘宣讲会。同时，在杭州举行浙江大学、杭州电子工业大学、浙江工业大学等毕业生招聘会。9—12月，累计开展2019届毕业生招聘活动53场，1519家次企业参会，推出3.74万个岗位。（戴敏人）

【“硅谷精英沙龙”】 2018年11月12日，第十三期“硅谷

2018年11月12日，“硅谷精英沙龙”在海外高层次人才创新创业基地举行（区委宣传部　供图）

精英沙龙”在海外高层次人才创新创业基地举办，200多位国际人才参加活动，与区内企业、园区、风投机构进行对接。活动设置高新区（滨江）情况介绍、创业者谈感受、投资机构推介、人才项目路演和政策咨询等内容，为参会人才提供项目落地服务。启迪外创基地和“5050计划”加速器分别承办外国留学生创业交流活动和中欧项目合作研讨会。活动签约项目30个，合作意向项目50个。

（周颖菲）

【3人入选市政府特殊津贴人员名单】 2018年12月，高新区（滨江）3名高层次人才入选2018年度享受市政府特殊津贴人员名单，分别是杭州安恒信息技术股份有限公司范渊、杭州士兰微电子股份有限公司吴美飞、杭州泽天科技有限公司于志伟。（盛丛杰）

就业帮扶

【概况】 2018年，高新区（滨江）新增就业岗位1.54万个，帮扶失业人员就业3595人，其中拆迁户家庭成员1037人，全区有劳动能力且有就业愿望的法定劳动年龄人口的就业率稳定在98%以上。核发就业困难人员援助证（卡）714本，就业创业证2686本。开展区促进就业突出贡献企业推荐工作，浙江中南建设集团有限公司等7家企业获补贴120万元。组织290名失业人员、拆迁户家庭成员、就业困难人员参加育婴师、茶艺师、化妆师、电工4个工种职业技能培训班8场，216人取得证书；开设网创培训班4场，147人取得证书。开展全区劳动力资源调查；公益性岗位改革实现全域全员转岗。

【“家燕回巢”行动深化】 2018年，高新区（滨江）立足于本土人才需求和培养，深化“家燕回巢”拆迁户大学生就业创业行动。针对大学生暑期回乡高峰，推出“家燕回巢”暑期夏令营活动，8项主题活动涵盖供需对接、就创扶持、职业素养、实践指导4个大板块。7月，联合网易（杭州）网络有限公司推出“家燕回巢微课堂”，首次在线为拆迁户大学生提供UI设计师、交互设计师等18个微课程，完成课程并取得证书学生可申请全额学费补助。区、街道、社区三级联动，整合资源，开展专项活动11场，帮扶毕业2年未就业大学生实现就业236人，总体就业率超过90%，发放宣传册1000本，摆放易拉宝70个，张贴海报150张，服务大学生超过2000人次，超过拆迁户大学生总数的50%以上。“家燕回巢”就业创业行动获2018年市公共就业创业服务创新大赛特等奖和大学生就业创业师友计划服务项目创新奖。

【“春风行动”系列招聘会】 2018年3月，区人力社保局和3个街道人力社保站联动举办“春风行动”系列招聘会7场，参会企业284家次，推出200多个工种、6000多个岗位，参会企业提高薪资待遇，提供交通补贴、话费补贴等举措吸引人才。系列招聘会入场应聘1万多人。

【指南针职业指导工作室成立】 2018年3月16日，指南针职业指导工作室在高新区（滨江）长河就业创业服务中心举行揭牌仪式，成为杭州市首家职业指导工作室。该工作室为劳动者提供职业测评、职业生涯规划、职业心理健康咨询、职业发展能力提升等，为小微企业提供人力资源测评、招聘服务、劳动关系等服务。全年提供60多场团体辅导和咨询，服务就业人员5600多人。

【劳动力资源调查】 2018年5月，区人力社保局启动全区劳动力资源调查，对滨江区13.6万名本区户籍劳动年龄段人员开展劳动力资源调查，摸清调查对象基本情况，就业（失业）、技能现状，就职意向情况等。制作拆迁户大学生、失业人员、拆迁户就业困难人员、拆迁户“4050”人员4类群体的《滨江区重点就业帮扶人员实名制手册》，形成《滨江区劳动力资源调查及优化配置分析报告》，为调整完善滨江区就业政策、优化就业创业生态环境提供依据。

【公益性岗位改革】2018年5月，高新区（滨江）在全市率先启动全域公益性岗位改革，出台公益性岗位改革实施意见，将临时性的政策性帮扶岗位和社会化的物业三保岗位统一转型为公益性岗位，10月实现全域全员转岗。此次公益性改革共涉及在岗就业困难人员824人，其中695人为拆迁户家庭人员，占公益性岗位总数的84.1%，"4050"人员815人，占公益性岗位总数的98.9%。

【2019届实习生招聘会】2018年5月，区人力社保局开展2019届实习生招聘活动，分别到浙江大学、中国计量大学、杭州电子科技大学、浙江工业大学举办实习生招聘会4场。组织杭州海康威视数字技术股份有限公司、浙江大华技术股份有限公司、恒生电子股份有限公司等215家企业提供1534个实习岗位，涉及互（物）联网、人工智能、机械、自动化等领域，吸引1900多名学生入场。

【智能楼宇管理师职业技能竞赛】2018年9月16日，杭州市区域性智能楼宇管理师职业技能竞赛在滨江区职工服务中心举行，全市20家企业90名选手参加。竞赛由区人力社保局通过城区互动协作联合举办，是市级（二类）技能竞赛，理论和实操比赛成绩均合格者，经市人力社保局审核认定，核发智能楼宇管理师三级（高级工）职业资格证书，对总成绩第一的，核发二级（技师）职业资格证书。经比赛，全市有62名选手获得职业资格证书。

【退役士兵专场招聘】2018年10月25日，区人力社保局与区人武部、区民政局在区人力资源市场举行2018年退役士兵系列活动。浙江吉利控股集团、杭州万科物业有限公司、杭州士兰微电子股份有限公司、鲲鹏建设集团、杭州启明医疗器械有限公司等30家企业参与招聘会，提供生产管理、行政助理、客户经理、营销策划、编辑、质检员、安保员等岗位650个。招聘会现场咨询人数192人，通过双向选择，初步达成就业意向85人。

【新增2家杭州市级技能大师工作室】2018年11月，2018年杭州市级技能大师工作室名单公布，高新区（滨江）李晓军评茶师技能大师工作室和张瑶动画制作技能大师工作室入选。李晓军评茶师技能大师工作室以李晓军为领衔人，旗下拥有茶叶评审、产品开发、技术攻关、质量把控等领域的骨干人员7人。张瑶动画制作技能大师工作室以张瑶为领衔人，旨在创作民族动画精品、培养动画制作人才、传承优秀传统文化，有专业骨干成员6人。

【职业技能竞赛滨江获佳绩】2018年11月15日，以"强化职业指导，提升就业质量，促进幸福民生"为主旨的杭州市第三届职业指导人员技能竞赛在高新区（滨江）智慧e谷举行。高新区（滨江）启梦队及指南针队分别以总分第一、第二的成绩获团体一、二等奖，参赛选手郑文星、来思佳、盛亚飞获得个人一、二、三等奖，其余三名选手获得个人优胜奖，区人力社保局获得优秀组织奖，由玥获得现场投选的最佳人气奖。（马　菁　钭舟凌）

劳务协作

【概况】2018年，区人力社保局围绕精准扶贫目标，以"造血式扶贫"为导向，探索"扶志、扶智、扶贫"全方位就业扶贫新模式，深化对口帮扶地区就业帮扶。年内，举办东西部劳务协作招聘会9场，新增贵州省黔东南州建档立卡贫困户在滨江务工人员72人，新增湖北省恩施州建档立卡贫困户在滨江务工人员77人；与对口帮扶地区合作开展职业技能培训8个班次，受训1035人，其中建档立卡贫困人员495人。

【联乡结村"滨汾行动"】2018年2月，区人力社保局推出联乡结村"滨汾行动"，对接淳安县汾口镇开展精准就业帮扶。摸清当地建档立卡贫困群众底数，形成就业帮扶档案，实行动态管理。2月7日，区人力社保局与汾口镇政府联合举办专场招聘会，组织12家滨江企业提供1000多个岗位；走访慰问汾口贫困群众30户，送上被子、米、油等慰问品和新年祝福。

【东西部劳务协作招聘会】 2018年，区人力社保局组织区内企业到贵州省丹寨麻江两县、湖北省建始县开展东西部劳务协作招聘会9场，推出管理、技工、普工、家政、电商、网络、餐饮服务等多种类型的就业岗位4000多个。2月23—25日，区人力社保局分别在贵州省丹寨县的南皋乡、龙泉镇、排调镇、武扬镇及麻江县城举行5场对口帮扶企业用工专场招聘会。2月27日，首次组织11家企业到湖北省恩施州建始县开展招聘。8月7—8日，组织浙江宇视科技有限公司等10家企业，在贵州省黔东南州丹寨县、麻江县举办2场招聘会。10月17日，联合恩施州建始县人社局，举办东西部劳务协作暨“10·17”就业扶贫行动专场招聘会。

【职业技能培训帮扶】 2018年9月17日，区人力社保局联合贵州省黔东南州丹寨县人社局与浙江花都美容培训中心开办“锦程启航班”，面向丹寨县建档立卡贫困户青年，推出3个月的美容美发职业技能培训。培训班为学员们量身定制培训计划，为取得职业资格证书并在滨江实现转移就业的丹寨建档立卡学员提供全额培训补助。16名丹寨县建档立卡贫困户青年成为首批学员。10月10日，组织首批学员参加2018浙江省美容美发职业技能竞赛，学员潘坤涛获得男子平头优胜奖，学员王林、潘海平、文凤平获得“十佳新秀奖”。

【校企合作“宇视实训班”】 2018年9月26日，滨江·丹寨对口帮扶校企合作“宇视实训班”开班仪式在贵州省黔东南州丹寨县民族职业技术学校举行。区人力社保局、丹寨县人力社保局、丹寨县民族职业技术学校及浙江宇视科技有限公司签署校企合作协议，开启定向技能培养。由丹寨县民族职业技术学校针对建档立卡贫困户开设，浙江宇视科技有限公司提供师资，采取专家实地授课和网络远程视频相结合方式，对学员进行核心技术课程授课、实训指导。首批“宇视实训班”学生52人，其中建档立卡贫困户45人。

（钭舟凌）

大学生创业

【概况】 2018年，高新区（滨江）新增大学生创业企业525家，占全市的30.1%；新引进第五届中国杭州大学生创业大赛“400强”优质大创企业13家；杭州晨鹰军泰科技有限公司获“奇思妙想浙江行”2018年创业大赛一等奖。89个项目获市大学生创业无偿资助，占全市的42.8%。策划推出“赢在滨江——大学生创业项目高端路演”和“伯乐人才成长营”，举办“成就梦想在滨江”大学生创业十周年分享会，助推大学生创业企业高质量快速成长。

【大学生创业十周年分享会】 2018年5月29日，“成就梦想在滨江”大学生创业十周年分享会——暨2018中国新媒体创业滔客大赏在杭州国际人才科技创新中心开幕。分享

2018年5月29日，“成就梦想在滨江”十佳创业之星领奖

（区人力社保局 供图）

会总结高新区(滨江)大学生创业10年发展历程,介绍新一轮大学生创业扶持政策及项目孵化成长的平台,分享大学生创新创业成功经验,评选出10位“十佳大学生创业之星”并现场颁奖。在“2018中国新媒体创业大赛滔客大赏”中,浙江赛伯乐投资合伙人袁智勇、PingPong CMO 卢帅、普华资本合伙人蒋纯、艺福堂董事长李晓军等6人,围绕大学生创新创业的5个核心问题展开思辨大讨论。

2018年12月7日,高新区(滨江)人力社保局举办伯乐人才成长营活动 (区人力社保局 供图)

【大学生创业项目高端路演】 2018年,区人力社保局举办“赢在滨江·赛圣谷大学生创业项目高端路演”3场,19个大学生创业项目参加。7月13日,首场电子信息专场路演在杭州国际人才科技创新中心举行,极家小叮、Bravo喝彩等8家优秀创业创新团队同台竞技,浙江赛伯乐投资管理有限公司、浙商创投股份有限公司、黑马基金等数十家投资机构进行现场交流点评;9月28日,举办人工智能大数据专场路演,数据模盒等5家团队参加;11月13日,举办生物医疗专场路演,杭州馨海生物科技有限公司等6家团队参加。

【伯乐人才成长营】 2018年12月7日,区人力社保局举办“伯乐人才成长营”,搭建高新区(滨江)优质大学生创业人才项目孵化成长平台。成长营设立战略规划、商业模式、财务财税、人力资源、法律实操、融资辅导、产业对接七大课程体系,通过闭门集训、“一对一”辅导、现场观摩、实战演练等教学方式,为学员提供全方位专业指导。17家优秀大学生创业企业的创始人入选首期成长营学员。

【大学生创业企业项目获创业大赛冠军】 2018年12月20日,“奇思妙想浙江行”2018年创业大赛总决赛在杭州举行。区大学生创业企业杭州晨鹰军泰科技有限公司的“军民两用安保系统”作为杭州市唯一入围总决赛的项目,获得大赛冠军。 (孙巧燕 钍舟凌)

劳动监察

【概况】 2018年,区人力社保局全面开展劳动保障各项检查,书面审查企业7025家,日常巡查企业512家,专项检查523家。加强网格化管理,延伸基层服务,全面落实街道劳动人事争议仲裁派出庭制度。通过“浙江无欠薪”行动试点区验收考核,成为首批16家浙江省“无欠薪”行动标杆区(县、市)。

【“冬日暖阳追薪”行动】 2018年1—2月,区人力社保局联合杭州电视台西湖明珠频道“和事佬”栏目推出“冬日暖阳追薪”行动。栏目组每天派驻2名“和事佬”到劳动纠纷调解中心,参与劳动纠纷调解处置,与区劳动保障监察部门联手为农民工讨薪维权,对于矛盾争议大、具有典型性的案件,提供调解新途径,共调解17起案件。

【劳动保障日常预警排查治理】 2018年,区人力社保局启动区、街道二级监管机制,持续开展重点领域、重点行业、重点项目的用工日常预警排查治理。推进日常排查工作，夯实“监管网格化、信息网络化”。至年底，排查各类用人单位6623次，立案查处各类劳动保障违法案件4430起。

【行政约谈机制化解劳动纠纷】2018年8月，针对各类执法检查中发现的劳动合同签订不及时、内部规章制度不规范等突出问题，区人力社保局建立用人单位“约谈”机制，对当年被投诉举报2次以上的用人单位法定代表人或负责人进行约谈。至年底，开展7次行政约谈活动，约谈用人单位26家、建设工程项目部2个。

【“劳动保障大学堂”启动】2018年8月17日，区“劳动保障大学堂”启动仪式在滨江区劳动纠纷调解中心举行。“劳动保障大学堂”授课内容以国家和地方劳动保障法律、法规为依据，普及劳动法规、防范用工法律风险和依法理性维权，贯穿劳动用工招聘录用、劳动合同签订、员工在职管理、离职手续办理等全过程。通过以案说法，揭示用人单位、劳动者权利义务和劳动用工风险点，提供用工法律风险防范措施和合法维权手段。至年底，举办“劳动保障大学堂”4期。

【政府投资建设工程领域项目“零”欠薪】2018年12月3日，高新区（滨江）召开防范处置企业拖欠工资工作会议，区防范处置企业拖欠工资工作领导小组成员单位、区建设主体单位及10家在建工程项目总包施工企业代表共35人参加。会议推出政府投资建设工程领域项目长制，按照政府投资建设工程“主体负责、预防为主、全面监管”为原则，所有在建政府投资工程在防欠薪领域实现“项目化、责任化、具体化”目标，达到项目长制全覆盖，初步建立建设主体对防欠薪工作负主责的组织架构体系，实现在建政府投资工程建设项目“零”欠薪。

（王立峰　钭舟凌）

2018年12月3日，滨江区防范处置企业拖欠工资工作会议召开

（区人力社保局　供图）

劳动仲裁

【概况】2018年，全年受理劳动人事争议案件1240件，结案（含上年度结转件）1024件，结案率82.6%。规模以上企业劳动争议调解组织组建率100%。区劳动人事争议仲裁院入选省劳动人事争议示范仲裁庭。

【仲裁院宣誓仪式】2018年5月17日，为纪念《中华人民共和国劳动合同法》《中华人民共和国劳动争议调解仲裁法》颁布实施10周年，区人力社保局组织12名劳动人事争议仲裁员进行集中宣誓仪式，签订《仲裁员廉政承诺书》。组织召开仲裁员座谈研讨会，就劳动仲裁工作实践中案件送达、庭前对接、裁审衔接和学习培训机制等工作现状、存在问题进行座谈研讨，提出相应解决方案。

【基层劳动纠纷多元化解机制建设推进】2018年，区人力社保局以预防为基本，完善街道劳动人事争议多元处理机制。7月，联合区综治办、区司法局、区财政局、区总工会印发《关于加强街道劳动纠纷多元化解机制建设的通知》，3个街道在原劳动争议调解委员会的基础上，打造“1+X”模式劳动纠纷多元化解中心。9月，西兴街道多元化解中心挂牌成立。（周锦荣　钭舟凌）

社会民生

人口服务管理

【概况】 2018年，高新区（滨江）出生3921人（按卫生部门统计），其中一孩2092人，二孩1797人，多孩32人。出生婴儿性别比106.79，统计误差率控制在1.5%以内。未发生行政侵权、行政复议和行政败诉案件。全区发放免费避孕药具3.26万份。受理生育登记4052例，其中一孩2389例，二孩1663例。再生育审批受理70例，审批70例。根据2018年杭州市实施民生实事项目要求，高新区（滨江）建设8处公共场所母婴设施，全部符合省定标准。年内，公安滨江分局受理审批各类户口材料11243件，受理发放新型居住证47492张。

【国免检查持续推进】 2018年，高新区（滨江）开展国家免费孕前优生健康检查2461人，检查项目覆盖目标人群94.7%，实验室间质评全优。国免工作平稳推进、录入及时、评估规范、随访有序。为2409对新婚夫妇开展优生优育知识宣传服务，发送优生优育短信4298条，发放叶酸片2920盒。

【网上生育登记服务】 2018年4月，区社发局推进网上生育登记工作。对各街道窗口工作人员和部分社工进行集中培训，掌握电脑端和手机端操作方法；制作1万份宣传单页，分发到各街道办事窗口和区婚姻登记处，普及网上办理生育登记的方法和流程，做到网上申请、网上反馈，实现“跑零次”的服务目标。方便户籍居民，还惠及流动人口群体，凡是能提供杭州市居住证的外来育龄夫妇都可网上办理此项业务。

【“国际家庭日”活动】 2018年5月12日，由区社发局主办，浦沿街道办事处承办的计生协“5·29会员活动日”暨“国际家庭日”主题活动在东信社区举行。区、街道有关单位人员及计生工作者、社区居民、外籍人士等500多人参加

2018年5月12日，“5·29会员活动日”暨“国际家庭日”主题活动在东信社区举行　（区社发局　供图）

活动。五户社区家庭被表彰为“善美和谐家庭”。社区艺术团队和外籍人士表演文艺节目。现场组织老年病防治、牙科疾病义诊、生殖健康知识咨询、病媒生物防控等便民服务，发放宣传资料和宣传品3000多份。

【区计生协开展特殊家庭暖心行动】 2018年，区计生协开展计生特殊家庭暖心行动。服务对象为年满49周岁以上失独家庭，实行生日、重大节日、重大疾病、突发事件四必访。发放家庭日常用品，开展心理帮扶工作。5月，成立由8人组成的滨江区计生特殊家庭心理援助骨干队伍，开展特殊家庭心理帮扶业务专题培训。选取部分家庭上门测评，全年测评14户25人，并建立一人一档的心理档案，关注家庭的心理状况。

【“五+”模式青春健康教育成效明显】 2018年，高新区（滨江）发挥区域优势，通过政府、学校、社区共同努力，探索出区校联合发动+社团共同推进、专业师资指导+志愿者队伍培育、日常宣传引导+主题活动倡导、固定活动场所+网络互动平台、高校学生群体+校外延伸拓展的“五+”模式，推进高校青春健康教育可持续发展。全区有国家级青春教育基地1个，注册志愿者600多人，拥有由13名专业心理咨询老师、6名专业医师组成的师资库。（吴 俊）

【户籍人口管理】 2018年，公安滨江分局受理审批各类户口材料11243件，办理杭州市内迁移18081人，办理人才引进落户7111人，开具准迁证5900张；受理制作二代指纹身份证38121张，制作临时身份证3297张；办理边境管理通行证328张；接听咨询电话和接受群众口头咨询1万余人次；查询户籍资料5000多次；回复户籍内容信访500多件；收到省厅发放信息数据核查6批次、572条，完成率100%；在省级公安机关深入推进户口登记管理专项清理整顿中，核查清理重复户口25人。

【流动人口管理】 2018年，公安滨江分局受理发放新型居住证47492张。3—4月，公安滨江分局开展居住证“积分落户”“积分入学”工作，受理“积分落户”申请材料1454份，“积分入学”申请材料633份，经审核，527名流动人口在杭州落户，570名流动人口子女符合条件进入公办学校就读。开展居住出租房屋排查整治工作，发放宣传资料25.4万份、发放整改通知书1.14万份、悬挂横幅1200条、约谈房东3200人，办理出租房处罚案件461起，拘留5人。建成社区居住出租房屋“旅馆式”管理服务总台40个，纳入总台管理出租房屋3.5万套，28个5000名流动人口以上社区将出租房屋和流动人口管理要求纳入村规民约、社区公约。

【出入境及往来港澳台人员管理】 2018年，公安滨江分局出入境管理大队受理、审批中国公民因私出国及往来港澳台申请9.89万人次，比上年增长30.1%，其中护照申请3.36万人次，港澳通行证及签注申请4.88万人次，台湾通行证及签注申请1.65万人次。受理境外人员临时住宿登记5.6万人次，登记量增长30.1%，其中派出所登记4655人次，涉外酒店登记5.14万人次。全区有常住境外人员3200人，全年外国人签证窗口受理、签发外国人居留许可1931人次，增长49.8%；受理、签发外国人普通签证50人次，下降36.7%；受理、签发外国人停留签证49人次，下降27.9%。发生各类涉外案（事）件71起，上升61.4%。受理涉外案件71起，其中查处外国人非法居留案件36起，查处非法就业案件11起，遣送出境4人，查处未按规定住宿登记19起，其他类5起（遣送出境4起不列入统计数）。（陈周琪）

社会救助

【概况】 至2018年底，高新区（滨江）困难家庭478户726人，其中低保（最低生活保障）家庭404户530人、低边（最低生活保障边缘）家庭74户196人，累计发放低保金699.9万元、低边定期生活补助49.19

万元，物价补贴8.34万元。社会特殊困难人员补贴发放2人，发放补贴3.89万元。孤儿补贴发放1人，发放补2.96万元。临时救助90人次,发放救助金68.03万元。教育援助473人次，发放助学金42.48万元。冬季“送温暖”慰问困难群众1177户次，发放慰问金289.99万元，夏季“送清凉”慰问困难群众831户次，发放慰问金59.76万元。为困难家庭成员购买意外险。向困难家庭提供免费上门家电维修、维护服务累计2665次。

开展国际、全国减灾日宣传活动，承办省、市、区三级“国际减灾日”大型主题广场宣传活动；开展防灾减灾宣传“进社区”活动，社区利用智慧社区平台、微信公众平台、“56569”平台、社区宣传栏、LED显示屏等向居民普及防灾减灾知识，开展居民应急疏散演练，向居民发放《城市防灾减灾科普知识》宣传手册及小宣传品。全年发放宣传挂图160套，宣传画册300本，宣传折页6000本、小宣传品3300份。成功创建西兴街道金东方社区、长河街道钱潮社区2个全国综合减灾示范社区和西兴街道新州社区、长河街道中兴社区、浦沿街道信诚社区3个全省综合减灾示范社区。

【最低生活保障标准调整】 2018年7月1日起，高新区（滨江）最低生活保障标准由每人每月917元调整为每人每月955元。各街道、社区对低保对象进行全面核查，了解低保家庭人均月收入及变化情况，掌握低保补差进展，做到“应保尽保、应补尽补”。此次低保调标惠及低保调增户数482户、787人，调增金额51万元，比6月低保金发放上涨4%。

【困难家庭调查】 2018年8月，高新区（滨江）发挥社会组织参与家境调查试点工作作用，组织“杭州市滨江区乐城公益事业社会服务中心”参与困难家庭家境调查。排查2017年8月至2018年8月曾提交申请但未审批通过的家庭、动态管理退出的困难家庭。采用多维贫困指数理论，综合调查家庭收支状况、健康及就业状况、生活环境等，识别家庭贫困程度，防止“漏保”和“错保”。至年底，完成392户困难家庭的新增核查及复核工作，复核率50%，新增核查率100%。

【低保专项治理】 2018年，区民政局根据《杭州市民政局关于印发〈杭州市农村低保专项治理工作方案〉的通知》以及区纪委扶贫领域专项治理工作部署会议精神，对全区低收入家庭救助工作进行自查，制定印发《滨江区低保专项治理工作方案》，召开专项整治活动专题会议，安排部署专项整治工作，逐户排查全区在册困难家庭，重点检查房产、车辆、金融财产、近亲属备案等情况，对困难家庭经济状况变动及时核查，变动后及时调整，对发生变故导致困难的家庭符合条件的及时纳入。至年底，低保新增94户133人，退出215户454人；残保新增4户4人，退出36户37人；市级困难家庭退出39户89人；低边新增69户168人，退出152户415人；专项治理未发现“漏保”“错保”现象。所有保障金以“一卡通”形式实行社会化发放，无截留、克扣、挪用等情况。

【适度普惠型儿童福利制度建设】 2018年，区民政局按照《杭州市民政局关于印发〈关于推进适度普惠型儿童福利制度建设的实施细则〉的通知》，对困境儿童申请严格落实区、街道、社区三级审批程序；对困境儿童在册对象实时动态管理；根据打造阳光救助要求，困境儿童所有各类补贴以“一卡通”的形式实行社会化发放，补贴发放及时、足额。社会散居孤儿全年养育标准调增为21384元/人，平均每月为1782元/人，事实无人抚养困境儿童，贫困家庭重残、患重病和罕见病儿童，低保家庭儿童，困难家庭儿童等四类儿童基本生活补贴标准每月分别为827元/人、414元/人、248元/人。至年底，有困境儿童95人，其中社会散居孤儿4人、贫困家庭重病重残儿童8人、低保家庭儿童44人、低边家庭儿童39人，发放困境儿童基本生活费和生活补贴73.51万元。

【“福彩暖万家”系列公益活动】 2018年，根据《关于组织开展2018年“福彩暖万家”系列公益活动的通知》，滨江区开展以“福彩暖万家”为主题的系列公益活动。5月，开展“福彩助力·点亮梦想”公益活动，资助困境儿童23人，资助标准每人2000元。9月，开展“福彩牵手·助圆大学梦”公益活动，资助5名2018届困难大学新生，资助标准每人8000元。10月，开展“福彩有爱·孤老不独”公益活动，资助17名生活困难的孤寡空巢、低保老人，资助标准每人2000元。11月，开展“福彩牵手·与爱同行”公益活动，资助4名困难外来务工人员，资助标准每人2000元。至年底，系列公益活动发放资助总金额12.8万元。

（张　颖）

优抚安置

【概况】 2018年，高新区（滨江）接收退役士兵并向2017年秋冬季退役士兵发放自助就业经济补助金。区四套班子15名区领导分5组到驻地共建部队慰问，送出慰问金及慰问品43.3万元。

开展“关爱功臣”活动，全区17家结对帮扶单位及各街道负责人走访优抚对象家庭，赠送慰问品、慰问金1.7万元。春节、“八一”中国人民解放军建军日、烈士纪念日期间，慰问烈属、复员军人等优抚对象家庭200户，赠送慰问金及慰问品20万元；印制军人年历发放给现役、退役军人及军属。

向滨江区户籍企业退休档案移交社会管理的退伍军人进行春节慰问，发放慰问金40.5万元；向义务兵家属发放优待金295.7万元。办理优抚对象医疗费补助343人次，审核报销“一站式”医疗补助计16.5万元。

【优抚项目社会化】 2018年8月19日，区民政局出台《关于做好2018年退役军人社会化优抚工作方案》，采取“政府购买、部门指导、社会运营”方式，开设“心系优抚”“健康优抚”“养老优抚”“慰问优抚”4个社会化优抚项目，投入资金32.5万元。至年底，组织60多名企退援越抗美参战老兵到杭州蔡永祥革命烈士纪念馆举行悼念仪式，到钱江新城核心区城市阳台、杭州奥林匹克体育中心参观、合影留念；为全区70周岁以上享受定期补助的26名重点优抚对象提供每月6小时（价值150元）的养老服务补贴；通过春节，端午节、建党节、建军节、重阳节等重大节日，看望服务对象580人次，收集、反馈并处理优抚对象意见建议20件，为5名抗战老兵拍摄口述历史、音频记录，微信公众号推送14篇，社会化优抚活动浏览量超4000人次。

【抚恤优待补助提高】 2018年12月1日，根据省民政厅《关于调整部分优抚对象等人员抚恤和生活补助标准的通知》和市民政局《关于调整2018年市区部分优抚对象抚恤和生活补助标准的通知》，滨江区调整3个街道烈士遗属、在乡复员军人、带病回乡退伍军人、在乡残疾军人等重点优抚对象标准，人均每年从2.61万~9.59万元提升至2.9万~10.6万元。至年底，向156名重点优抚对象发放优抚金276.5万元。

【退役士兵职业教育技能培训】 2018年10月12日，区民政局在区社会组织服务中心召开“2018年退役士兵职业技能教育暨安置政策培训会”，退役士兵参加会议。培训会解读《退役士兵安置条例》、优抚安置相关政策，帮助退役士兵转变择业观念。退役士兵结合自身实际，选择技能或学历教育培训。退役士兵参训率73%。至年底，共支出培训经费99.8万元。

【退役士兵专场招聘会】 2018年10月25日，区民政局联合区人武部、区人力社保局在区人力资源市场举办“2018年退役士兵返乡欢迎仪式暨退役军人专场招聘会”，定向招录退役军人。30家用工单位提供生产管理、行政助理、客户经理、营销策划、编辑、质检员、安保员等650个招聘岗位。参加招聘的部分退役士兵与浙江吉利控股集团、杭州万科物业有限公司、杭州士兰微电子股份有限公司、鲲鹏建设集团、杭州启明医疗器械有限公司等用人单位签订初步就业意向书。

（郑梦雨）

民政事务

【概况】 至2018年底，高新区（滨江）有福利企业4家。年内，完成第二次全国地名普查，出台《杭州市滨江区殡葬综合改革试点工作实施方案》，搬迁区婚姻登记处，办理结婚登记3233对、离婚登记727对。

【福利企业】 2018年，高新区（滨江）有4家福利企业，实现产值5436万元，销售5786万元，利润63万元，残疾人安置比例44.6%；残疾职工月人均工资2509元。为企业实现退税128万元。拨付2018年度残疾人集中就业扶持资金82.8万元。

【福利企业慰问】 2018年8月8日，区福利企业生产管理办公室会同区残联走访慰问杭州通茂塑料制管有限公司、杭州华宇智讯科技有限公司、杭州宏翔建筑材料有限公司、杭州威隆消防安全设备有限公司4家福利企业，了解福利企业安全生产和职工生活状况，为186名企业职工送上毛巾、饮料等价值9万余元防暑慰问品。 （贾胜军）

【地名管理】 2018年，区民政局完成第二次全国地名普查，普查各类条目1503条，其中新增地名467条，历史地名15条，拍摄采集地名1488个，采集率100%，地名标志223个，标准化地名20个，完成所有数据上报，通过普查验收。为企事业单位和个人发放门牌证2116本、制作安装楼（幢）门牌3504块、预编门牌7320个，预申报住宅小区1个，申报住宅小区7个，申报新建道路12条，工作满意率100%。

【《滨江地名故事丛书》编写】 2018年1月，区民政局根据省、市地名普查办要求，对第二次全国地名普查进行成果转化，根据普查结果，组织编纂《滨江地名故事丛书》。丛书分西兴篇、长河篇、浦沿篇，邀请3个街道的地名文化专家编写。至年底，完成西兴篇、长河篇评审。

【“寻找消失的地名”征集活动】 2018年1—3月，区民政局开展“寻找消失的地名”征集活动。活动分5个阶段：召开“寻找消失的地名”第一次专家论证会；向社会公示现有“消失的地名”名单并通过微信公众号、新闻媒体、社区海报、现场走访等形式发布征集启事；开展征集到的滨江“消失的地名”线索整理汇总工作；召开第二次专家论证会；向社会公示最终确定的滨江“消失的地名”名单。活动共征集完成包括自然村名、区片地名、水系名、桥梁名、道路名在内的219条历史地名及19条反映历史变迁、表现民族气质、蕴含历史故事并在渐渐消失的“老地名”。确定“滨江区历史地名名录”和具有保护价值的“消失的地名”名单。

（陈卓琳）

【殡葬管理】 至2018年底，高新区（滨江）有美女山生态公益性公墓、西兴公益性公墓、长河公益性公墓、浦沿公益性公墓4个公墓。调整殡葬改革领导小组，出台《杭州市滨江区殡葬综合改革试点工作实施方案》。美女山生态墓地入选全市8个节地生态安葬设施示范点。推进美女山公墓二期建设，委托浙江省工程物探勘察院完成美女山公墓二期项目地质灾害评估及美女山公墓二期概念规划设计。

【腾地项目推进】 2018年1—4月，高新区（滨江）对山一社区天马路以北区域环境整治建设工程（北航项目）、张家村及周边配套设施建设工程、杭州兴达保温材料厂后侧地质灾害治理工程三个地块组织迁坟。长河街道成立山一北航迁坟工作指挥部，召开工作例会，明确迁坟工作时间和补偿标准。区民政局负责政策指导、公告登报等工作。至4月底，北航迁坟项目总插牌放号136个，迁移72个，无主坟迁坟64个；地质灾害治理工程中无主坟迁坟34个。

【公墓安全保障】 2018年4月，根据《滨江区殡葬综合改革试点工作实施方案》，区民政局会同区文明办、区市场监管局、区城管局等部门开展无烟公墓建设，丧葬陋习改革。清明扫墓期间，全区组织民政、综治巡防、交警、公安、城管等部门工作人员1600人次现场引导及管理，保障扫墓安全。4个公墓接待祭扫群众16万人次，祭扫车流量4万辆次。

（吕和军）

【婚姻登记管理】 2018年，高新区（滨江）办理结婚登记3233对，离婚登记727对，补发结婚登记证516件，补发离婚登记证60件，出具（无）婚姻登记记录证明5份，核查信息420件。年办理总量4962件，保持登记合格率100%。以“辅导员+志愿者”方式开展婚姻辅导服务，为436人次提供婚姻家庭辅导咨询，其中婚姻家庭问题58人次、离婚劝导和调解378人次。

【婚姻登记处迁址】 2018年4月23日，区婚姻登记处搬迁至西兴街道阡陌路76号（西兴街道公卫中心2号楼裙楼二楼）。新婚姻登记处有450平方米，设候登区、婚姻登记间、颁证厅等，婚姻登记间5个，新增自动叫号机、电子显示屏等设施设备。探索多元化颁证服务模式，为新人送手书贺卡和鲜花，并拍照留念。全年免费为2650对新婚夫妻提供颁证仪式。

【婚姻档案数据核查与共享】 2018年，根据省民政厅、省档案局关于加快推进婚姻档案数据共享工作的通知，区民政局会同区档案馆开展婚姻档案数据核查，对移交进馆的1997—2016年结婚、离婚、补办结婚、补办离婚相关信息逐条校对，核查婚姻信息条目3.9万件，全文数据125GB，民政、档案部门共享核查成果，助推民生档案服务“最多跑一次”改革。

（姚佩红）

2018年4月23日，滨江区婚姻登记处搬迁至西兴街道阡陌路76号

（区民政局 供图）

社会组织

【概况】 至2018年底，高新区（滨江）依法登记社会组织234家，其中社会团体75家、民办非企业单位159家，备案类社区社会组织1006家。新增社会组织48家，社区社会组织备案199家。年内，对应检的164家社会组织在一窗受理平台进行预审，规范审核，全区社会组织年检应检164家，实际参检149家。

【社会组织等级评估】 2018年5月，根据《杭州市民政局关于开展2018年度社会组织等级评估工作的通知》，要求三类社会组织进行等级评估：2015年12月31日前，在高新区（滨江）民政部门登记成立，未参加过评估的社会组织（职工持股会除外）；至2017年12月31日，评估等级有效期已满3年，需要晋升等级的社会组织；至2018年12月31日，评估等级已过有效期的社会组织。至2018年底，通过自评初审、综合考评、结果公告3个阶段确定评估结果，11家参评社会组织中1家获AAAAA

级，1家获AAAA级，7家获AAA级，2家获AA级。

【社会组织公益创投项目申报】 2018年1—10月，根据《关于开展2018年度高新区（滨江）社会组织公益创投工作的通知》，寻找和实施优质公益服务项目，培育和扶持有能力、讲诚信、专业化的社会公益组织，引导公众关注及参与社会公益慈善活动，区民政局组织公益创投项目申报。申报必须具备以下条件：在高新区（滨江）登记的社会组织，2016年和2017年度连续2年年检合格，每家社会组织限申报1个项目；项目要求秉持公益性、必要性、创新性、科学性、示范性；项目范围包括扶老助老服务类、扶残助残服务类、关爱青少年服务类、救助帮困服务类、社会工作服务类、其他公益类。经自主申报、立项、初评、复评，高新区（滨江）申报的19个公益创投项目全部通过初审入围，拨付公益创投绩效和资金117.9万元。

【15家社会组织获资金补助】 2018年6月25日，根据2015年发布的《关于加快社会组织培育发展激发社会组织活力的实施意见》《杭州高新区（滨江）社会组织培育发展资金补助暂行办法》（以下简称"暂行办法"），区民政局与区财政局联合出台《关于下拨2018年滨江区社会组织培育发展补助资金的通知》，开展社会组织资金补助工作。按照"暂行办法"的相关资金补助标准，及各组织提交的资金补助申请材料，至年底，对15家社会组织申报的16个补助项目，核拨补助资金27.98万元。

【社会组织品牌建设】 2018年，区民政局搭建三级社会组织服务平台，鼓励社会组织开展公益服务项目、信用评估和品牌认定，参与杭州市品牌社会组织评选工作。至年底，滨江区社会组织被市民政局评为AAA以上社会组织32家，被评为示范性品牌社会组织1家、社会组织品牌项目1个。

【领导干部兼职取酬清理】 2018年，根据区委组织部《关于进一步做好兼职专项督查工作的通知》，高新区（滨江）制定领导干部在社会组织兼职取酬清理方案。清理僵尸类社会组织，对一年内或几年内无实质性活动内容和财务经费支出的区计划生育协会、区工商行政管理学会等予以注销。更新社会团体换届信息，要求已成立的且因未及时提供换届信息或应换未换，导致区管干部实际已辞去但名义上还在社会团体内兼任职务的社会团体及时换届。茶文化研究会、区反邪教协会、区财政会计学会、区审计学会年内换届。新申请的专业类社会团体如无理由一般不予成立，区管干部不得到社会团体担任理事以上职务，如有特殊情况确需担任的，区管干部应向区委组织部提交审批后方可担任。规定在专业性社会团体内，担任理事以上职务区管干部仅限1名；在联合性的社会团体内，担任理事以上职务的区管干部不得超过5名。

【为民办实事公益活动】 2018年1—10月，区社会组织综合党支部集合各社会组织党员志愿服务队，分别在浦沿街道明德、江南、新生、火炬社区，长河街道汤家桥、山一、长二社区征地拆迁过渡房，西兴街道西兴社区、襄七房等3个街道15个社区开展便民服务活动。活动吸引社会组织和居民参与，重点服务拆迁安置房老人，区摄影家协会、区心智慧公益发展中心、华语之声、花都益剪、英智康复、乾能培训等组织提供专业服务。至年底，出动社会组织257家次，为民服务5850人次。 （陈卓琳）

社区建设

【概况】 至2018年底，高新区（滨江）有社区60个，其中城市社区31个，撤村建居社区29个；专职社区工作者631名，其中社区"两委"班子成员417名；社区特定服务对象专职管理人员214名。有持证社会工作师296人，其中初级社工师182人、中级社工师114人。出台《关于推行社区"小微权力"清单制度（试行）的实施意见》。完成对60个社区居委会“基层群众性自治组织特别法人统一社会信用代码证书”的认定发放。60个社区实施“智慧社区”平台管理和服务。

【社工情景剧创作大赛】 2018年1月3日，区民政局联合FM89“杭州之声”广播电台在阳光家园举办“筑梦路上·和美滨江”滨江区社工情景剧创作大赛启动仪式。大赛设置作品征集、初赛、复选、决赛等环节，收到60个社区的情景剧作品。12月18日，评选出的6部优秀作品登台展演，长河街道汤家桥社区选送的《巡河》获一等奖。

【社工师资格考试培训】 2018年5月5—26日，区民政局在海外高层次人才创新创业基地举办2018年社会工作职业资格水平考试考前培训班，163名社工参加。培训班安排教师对学员进行考前系统培训及实际操作能力提升辅导。87名考生通过社工师资格考试，通过率为历年最多。

【杭州市国际化示范社区创建】 2018年11月27日，长河街道晶都社区通过市民政局组织的专家验收，被命名为杭州市第三批国际化示范社区。按照2018年度高新区（滨江）全面创新改革试验区行动计划，晶都社区申报国际化社区示范点创建。专家组对照《杭州市国际化社区评价规范》，对全市申报的19个社区进行实地验收和现场答辩，晶都社区等11个社区入选。

【“智慧社区”建设推进】 至2018年底，滨江区各社区有序推进“智慧社区”平台运行，操作5万余次，维护人口数据1.81万次，录入备案社区社会组织700家，向辖区居民推送短信1375万条。完成省智慧助残平台与区“智慧社区”平台对接，将个体就业扶持、贷款贴息、个体户安置残疾人就业用工扶持、残疾学生困难残疾人家庭子女就学补助及奖励、一户多残补助、购车（陪护）补助、基本养老保险（补缴）补助、职工医疗保险（补缴）补助、医疗困难救助、困难残疾人生活补贴、重度残疾人护理补贴、康复辅助器材配置和家庭无障碍设施改造、儿童基本康复服务13类残联工作下沉至社区进行办理，方便社区居民“就近办”。更新“社工管理应用”移动端软硬件，推动社工管理端口前移，提高社工应用平台能力。（陈小夏　陈　超）

晶都社区服务中心　　（区委宣传部　供图）

文明城区建设

【概况】 2018年，区委宣传部（文明办）推进“最美滨江人”行动计划，获2018年“杭州市道德模范（平民英雄）”“杭州好人”“最美杭州人”称号各1人。推进“做一个‘滨滨有礼’的滨江人”活动。开展滨江区第十五届邻居节、五项文明提升工程、社区文化家园建设、公民爱心日活动等。年内，在市文明办的城市文明程度指数测评中，得分963分（总分1000分），列全市第三位。

【五项文明提升工程】 2018年3月，区委宣传部（文明办）深化礼让斑马线、排队守秩序、停车不占道、垃圾要分类、殡葬讲文明“五项文明提升工程”。设立礼让斑马线劝导点位30个，参加劝导志愿者1.5万人次，协调交警重点拍摄机动车斑马线前不礼让行为。在26个公交站、103座楼宇持续开展排队守秩序，参与群众15万人次。明确“六横九纵”为停车不占道专项整治主要道路，进行重点管理并辐射全区。深入家庭、社区发放宣传册，利用电子屏、海报开展“1+6”垃圾分类宣传。明确“五禁止三倡导”要求，建立街道和社区联合管理执法组62个，加强管理和执法，持续推进文明殡葬管理工作。

2018年11月15日，“美丽滨江人”揭晓晚会举行

（区委宣传部 供图）

【“文明满滨江”文艺巡演】 2018年5—11月，由区委宣传部（文明办）在襄七房、庙后王、岩大房、江二、新生、滨兴6个社区进行文明巡演，巡演以“文明满滨江”为主题，邀请中国曲艺家协会副主席翁仁康结合礼让斑马线、排队守秩序、文明殡葬、环境整治、垃圾分类等文明创建宣传内容，创作成莲花落、小品、说唱等形式进行表演。6场巡演吸引1.5万人次观看。

【社区文化家园建设】 2018年9月11日，区委宣传部（文明办）出台《社区文化家园建设的实施意见》，明确全区社区文化家园建设要求，以“文化驿站、共享空间”为定位，按照场地“3个一”（一标识、一中心、一广场）要求和内容“6个有”（有市民文化讲堂、社区文化展示、社区文化社团、社区文化品牌、社区文化节日、网络文化平台）标准。至年底，建成星民、中兴、月明、钱潮、东信、新浦、东冠7个社区文化家园。彩虹社区被评为市首批五星级文化家园并入选市社区文化家园丛书，成为市社区文化家园建设现场会参观点，中兴、晶都、星民3个社区文化家园获三星级文化家园。“筑梦书屋”引入晶都社区文化家园。

【公民爱心日活动】 2018年9月25日，由区文明办牵头组织的区第十三届公民爱心日活动在23个社区、学校、窗口单位、文明单位同时开展，接受爱心捐赠。机关干部、社区居民、在校师生、企业员工捐款3.56万元，书籍、文具1300多件。所捐款物用于困难家庭未成年人、留守少儿、外来务工人员子女等特殊未成年人群体的帮扶。

【“美丽滨江人”揭晓晚会】 2018年11月15日，由区委宣传部（文明办）组织的“美好滨江 因你更美”——2018“美丽滨江人”揭晓晚会在区文化中心举行。区级机关、街道、社区、企业、学校、医院、文明单位600多人参加，市文明办副主任刘婷、区四套班子领导出席并颁奖。晚会安排歌曲、诗歌、沙画等表演，其间，分4组揭晓“美丽滨江人”名单，于丽君等10名“美丽滨江人”，通过短视频、现场互动等方式讲述美丽故事。

2018年“美丽滨江人”一览表

表38

姓名	单位	事迹
段锦	浙江正泰仪器仪表有限责任公司硬件工程师	高新区（滨江）第一位造血干细胞捐献者。2006年加入中华造血库，2014年配对成功，挽救一个女孩的生命。在公司成立志愿者团队，常年开展献血、捐献造血干细胞讲座等公益活动

续表38

姓　名	单　位	事　迹
夏杰飞	花都益剪美丽小屋负责人、公益实践者	创办免费公益“花都益剪美丽小屋”27家，每年带领志愿者为6万余名老人免费理发，创造社会效益30多万元；为杭州市儿童福利院志愿服务50场7000多人次；开设“无声快剪理发班”，为30名聋哑人提供免吃、免住的培训并保就业；与市戒毒所合办免费职业技能培训班；带领党团员进工地、安置房理发，为残障人士上门理发
刘　博	杭州安恒信息技术股份有限公司首席科学家	2012年美国马里兰大学毕业，计算机科学博士。曾任Square移动支付公司大数据研发经理和Facebook机器学习研究科学家。回国后任杭州安恒信息技术股份有限公司首席科学家兼Ailpha大数据实验室总负责人。作为项目负责人主导和参与研发企业自立项目13项，主要负责重大活动网络安全保障，曾获中国软件行业协会颁发的“2017年度优秀CTO”
蒋海锋	滨江区行政服务中心窗口督查科科长	2014年从部队转业。是“最多跑一次”行动的一线工作者，坚持以人为本的工作理念，想群众所想，急群众所急，为群众做好各项服务工作。找准办事服务中的难点，先后在全市率先推行午间值班、延时服务、上门服务、自助服务、免费复印、75分钟免费停车和双休日值班等便民举措，多项重点领域改革试点做法，获得省市领导批示肯定并推广
吴碧玮	长河街道社区卫生服务中心病区护士长	从事护理工作18年。在工作上从不计较个人得失，主动带头承担科室的脏活、累活，用自身的饱满热情减轻患者的痛苦。提出责任护士制度
吴梅丽	长河街道江汉社区居民	12年细心照料“渐冻人”丈夫，创造生命奇迹。从完全不懂护理知识到堪比专业护士，用自己的乐观感染丈夫，配合丈夫用“眼”记录“渐冻人”的世界
干丽君	西兴街道西陵社区居民	省吃俭用，在儿子患病去世后，把10年来政府发放的6万元低保金，以儿子的名义全数捐赠给区慈善总会；积极参与“春风行动”，把对儿子的爱转为回报社会的大爱，用善举传递温暖
叶东英一家	长河街道山一社区居民	叶东英是百岁老人，77年前失去丈夫，一人坚守撑起两个儿子和公公的家庭，忠孝仁爱展人品，勤俭耕读展家风。以一生诠释母慈子孝的传统文化，言传身教，以美好品行影响子孙。一家五代20多口人和和美美，《人民日报》、新华社等都进行过报道
谭启晓	长河街道中兴社区居民	秉承“得诸社会，还诸社会”的做人原则，几十年如一日，坚持参与公益事业。从2006年起，用相机实时记录奥体中心征地、平地、建设的全过程。坚持30多年测量西湖水质，为西湖申遗做出贡献。将60年间拍摄的10万多张相片、资料无偿捐赠给国家
寿生岳	浦沿街道彩虹社区居民，原浙江省人民医院副院长	从2010年起自发为居民提供义务问诊和保健咨询，电话手机24小时不关机，随时提供健康服务。2012年，携6位退休医生成立“寿医生健康保健咨询室”，6年来每周固定时间，义务为居民们量血压、分析体检报告、提供健康咨询服务，从未间断，被社区居民称为“社区白求恩”

（谢丽云）

老龄工作

【概况】 至2018年底，滨江区60周岁以上有3.56万人，占户籍总人口12.7%。其中80周岁以上4704人。办理老年人优待证1437本；为80周岁及以上的老人发放高龄津贴302.58万元；为拆迁型60周岁以上老年人发放慰问金932.95万元，为全区60周岁老年人购买意外伤害保险71.2万元。

【老年服务形式多样化】 2018年，区民政局多渠道开展老年人服务。举办老年人乘车优待证临时集中办理活动2场，为1300多名老年人免费办理换申领手续，实现“统一制卡集中派送”，在区行政服务中心增设老年人乘车优待证便民服务点；针对高龄老人出行安全问题，采取社工上门办理等方式，实现高龄津贴“免跑”领取；动员全区机关企事业单位、养老机构、为老组织等参与创建最美工作，入选“最美护理员”1人、“最美家庭”7个、“最美模范”5人、“最美社区”6家、“最美长者”3人、“最美街道”1个；开展“敬老月”活动，加强老年人防欺诈宣传，制作宣传图板12块，开设知识讲座12场次，宣传专场2场次，慰问老人4563人，发放慰问金255.25万元；开展为老便民服务，通过花都小屋，在全区设置义务理发点24处，年免费理发近2万人次；举办社区送康复知识活动，康复义诊50多场、康复讲座11场；开展社会组织向拆迁过渡房等老年人集中小区送服务15场。

【老年电大实体化办学】 2018年，区老年电大调整管理人员，按照老年电大实体化办学的要求，规范教学管理。开设国画、书法、摄影、葫芦丝等课程，全年总课时120次。至年底，区老年电大有43个教学点，在读老年学员3968人，占老年人总数的16.3%。

【居家养老服务体系完善】 至2018年底，滨江区有社区照料中心60家（其中社会化运营33家），照料中心医养结合签约60家，已建成社区老年食堂（助餐点及配送餐）全覆盖，为全区老人提供生活照料、家政服务、康复护理等服务。推进智慧养老建设，形成以老年手机为载体，政府购买居家养老服务、社区照料中心为支撑的养老模式，为4930名老人配发老年手机；在20个社区安装“智慧健康小屋”，提供健康检测与运动健康服务。通过智能终端、呼叫中心和服务实体三者的配合，为老年人提供全方位、多层次、多元化的服务。加强养老服务队伍培训，培育养老服务组织，“益剪美丽小屋”在全区开设24家免费理发网点，开展志愿免费理发服务；通过“老年书画协会”开设老年书画、摄影等爱好者兴趣班；邀请“英智为老”“心智慧心理”等专业社会组织，到社区开展护理知识、心理慰藉辅导等服务。

【政府购买养老服务】 2018年，区民政局建立养老服务需求评估体系，做好养老服务补贴工作，由第三方开展养老服务补贴评估；通过公开招标专业化养老服务组织，为老年人提供生活照料、家政服务、康复护理等服务。全区居家养老护理人员有139人，分别由杭州在水一方养老服务集团和杭州市健康社区服务中心进行管理，通过岗前培训和定人帮带等提高业务水平，区养老指导中心定期统一安排全区护理人员培训，护理人员全部持证上岗。至年底，通过政府购买购途径引进服务人数2641人，服务时长255.4万小时，投入资金640万元。

【机构养老服务】 2018年，根据滨江区《关于扶持基本保障型养老机构发展的通知》，区民政局加大对困难、孤寡、残疾、失能失智失独老人、优抚对象老人的托底保障，对养老机构补助99.21万元。至年底，全区有养老机构5家、老年床位2279张，每千名老年人拥有床位数60张。有阳光家园、西兴元墅老人公寓2家“公建民营”养老机构，长河敬老院、浦沿敬老院2家兜底型养老机构，缤纷托老院1家“二合一”托老园。

（陶晓青）

关心下一代工作

【概况】 2018年，高新区（滨江）坚持关心服务青少年，引导青少年牢固树立社会主义核心价值观，调整区关工委成员名单。组织到贵州黔东南州开展结对帮扶，对18名贵州籍到杭求学困难大学生结对资助。

【市关工委调研滨江区关心下一代工作】 2018年5月3日，市关工委名誉主任吴键、市关心下一代基金会副理事长周东玉等4人调研滨江区关心下一代工作。吴键一行参观浙江花都美容美发培训中心、西兴街道温馨社区，并召开座谈会，听取“双零社区”（“青少年零犯罪”和“青少年零受害”）创建工作情况。

【区关心下一代工作会议】 2018年7月6日，区关心下一代工作会议在区文化中心召开。区关工委负责人，区关工委成员单位负责人、部分基层关工委组织负责人共30人参加会议。会议表彰2017年度区关心下一代工作先进集体5个、先进个人5人，部署年度重点工作项目，区检察院、滨和社区、吉利集团、“五老”（老干部、老战士、老专家、老教师、老模范）代表做交流发言，区关工委主任商丽萍讲话。

【红色教育活动】 2018年7月26日，区关工委讲师团、关爱团组织开展“弘扬‘红船精神’争当时代新人”主题教育活动，45名学生、家长参观长河革命烈士纪念馆、嘉兴南湖革命纪念馆，区关工委讲师团王锡才讲述关于本地烈士来宝坤的故事，挖掘长河革命烈士馆本地红色教育，传承红船精神。

【“人才大手牵小手”活动】 2018年12月13日，“人才大手牵小手”活动在长河中学举行。区关工委、区人才办、区教育局、区直机关党工委、团区委等单位相关负责人及学生300多人参加活动。长河中学被授予关心下一代教育基地，杭州大拿科技股份有限公司和杭州睿琪软件有限公司创始人陈明权做关于“人工智能的秘密”的主题演讲。 （孙轶婧）

2018年12月13日，“人才大手牵小手”活动在长河中学举行

（团区委 供图）

社会保险

【概况】 2018年，高新区（滨江）养老保险累计参保39.52万人，净增5.38万人；生育保险累计参保38.47万人，净增5.5万人；工伤保险参保42.63万人，净增5.86万人。全区户籍人口基本养老保险参保率96.5%，基本医疗保险参保率98.2%。累计对150家上市、拟上市、瞪羚企业、新办企业进行社保政策培训。开展打击欺诈骗取医疗保障基金专项行动，规范定点医药机构医保服务行为。全面梳理“最多跑一次”事项，有32个主项、121个子项实现“最多跑一次”。推出办事事项二维扫码办事指南，“最多跑一次”事项实现率和网上办事预审实现率100%。全年社保服务窗口业务受理数92万件次，占整个行政服务中心各类审批服务事项30%。25项个人办事事项实现一证通办。

【社保医保全线综合】 2018年3月27日，高新区（滨江）社保医保综合窗口全线综合。

通过流程再造、窗口整合、软件升级，办事人员在社保医保综合进件窗口取号1次可办理涉及社保医保所有业务。打通社保医保受理权限，全面落实一人“一网受理、一网通办”。

【社会保险政策与业务培训】2018年4月9日，高新区（滨江）社会保险政策与业务培训班在智慧e谷举办，150多家区内上市、拟上市、瞪羚企业、新三板企业的人事、财务负责人参加培训。培训对当前社会保险政策、工资总额申报讲解、最新医保政策、未来社保发展趋势等进行解读，提高企业对社会保险的政策理解与业务办理水平。

【工伤保险待遇核准支付事项受理试点】2018年7月13日起，高新区（滨江）试点工伤保险待遇核准支付事项受理。工伤保险医疗待遇核准支付、工伤保险伤残一次性待遇核准支付、工伤保险伤残定期待遇核准支付等10项业务，可在区行政服务中心人社窗口办理。至年底，支付工伤待遇701.01万元，惠及271人。

【欺诈骗取医保基金专项检查】2018年10月，区人力社保局启动医疗保障领域专项检查行动，联合区市场监管局等部门组成检查小组，按比例重点抽取区内10家协议定点医药机构作为重点对象开展现场检查，其中协议定点零售药店7家、医疗机构3家。紧抓“查、看、访、谈”四要点，对定点医药机构医保管理台账资料、医疗人员诊疗行为过程进行全面检查，现场访问就诊病人的意见建议、约谈定点医疗机构工作人员。专项行动加强医疗基金监管，整顿医疗保障运行秩序，打击医疗保障领域欺诈骗保行为。

2018年12月4日，滨江区“帮你跑”社保志愿服务暨西兴街道试点启动 （区人力社保局　供图）

【少儿医保参(续)保就近办理】2018年10月，区人力社保局启动少儿医保参（续）保工作。6—10月，利用微信公众号、街道社区劳动保障员开展前期宣传，告知市民推迟2018年少儿医保参（续）保，宣传银行网点、支付宝等多个缴费渠道，推广“一次也不用跑”服务，方便市民“就近办”。至年底，滨江区少儿医保参（续）保7198人。

【社保志愿者队伍成立】2018年12月4日，高新区（滨江）“帮你跑”社保志愿服务暨西兴街道试点启动仪式在西兴街道奥体社区召开。区人力社保局介绍高新区（滨江）“帮你跑”社保志愿服务范围，宣布成立高新区（滨江）“帮你跑”社保志愿服务总队、西兴街道大队和西兴街道奥体社区、金东方社区试点分队。首批“帮你跑”社保志愿服务队有15人，年龄20～50岁，分别来自西兴街道奥体社区、金东方社区及共联社区。“帮你跑”志愿者开展社保政策宣传和业务代办服务。

【农转非拆迁人员家庭大病医疗补助】2018年，区人力社保局推进农转非拆迁人员家庭大病医疗补助工作。定期召开领导小组工作会议，研究解决补助工作中出现的问题。组织工作人员政策培训，面对面地进行业务指导与答疑。通过对征地拆迁人员走访因病困难拆迁户、电话随访拆迁户、街道招聘会设立政策咨询台及微信公众号等方式开展宣传，让政策宣传不留盲点和死角。全年发放大病医疗补助资金443.3万元，惠及拆迁户649人。

（刘　军　丁永芳）

企退服务

【概况】 至2018年底，高新区（滨江）有4.11万名企业退休人员被纳入社区实施社会化管理服务。春节、端午节、中秋节慰问企业退休人员11.66万人次，发放慰问金1.09亿元；关爱五类企业退休老人，开展“冬送温暖、夏送清凉”、重阳节慰问等活动，慰问878人，投入资金25.2万元；发放困难补助284人，投入资金75.9万元；街道、社区工作人员探望住院病人5042人，购买慰问品74.65万元。开展企业退休人员文娱健身活动，组织4.02万名企业退休人员外出活动，拨付活动经费509.87万元。开展杭州退休干部（职工）大学滨江教学点工作，开设书画、英语、太极拳、民族舞、二胡、越剧、歌咏等11个班，招收学员300多名。

【五类企退人员慰问】 2018年，区人力社保局面向“孤寡、独居、伤残、困难、高龄”五类特殊困难企业退休人员，开展“冬送温暖、夏送清凉”慰问活动。2月，开展春节慰问430多人，送上15万元慰问物品。7—8月，开展“夏季送清凉”慰问，通过区、街道、社区三级联动，发挥区人力社保局团支部、企业退休自管小组、志愿者队伍力量，进行走访慰问，重点走访慰问企业退休人员270人。

【养老待遇资格认证】 2018年1—4月，区人力社保局开展养老待遇生存资格认证。采取面对面及实地走访调查等方式，对居住在本地的重度残疾或因病而行动不便特殊人群，认证人员上门进行认证；居住在外地的人员，社区工作者借助互联网，通过家属拍照上传身份证件或视频对话，与领取待遇人员进行资格确认。全区3个街道59个社区辖区内养老待遇人员完成资格认证，认证率100%。

【企退人员健康体检】 2018年4月16日，高新区（滨江）企业退休人员健康体检工作在长河、浦沿街道社区卫生服务中心进行。区人力社保局印发健康体检实施方案，成立领导小组，明确工作职责，召开专题部署会议；将体检时间、项目和注意事项等内容通过“滨江发布”告知退休人员；合理安排健康体检时间，制定体检安排表和流程，做好体检券的登记、发放，记录每天应参加体检人员名单和实际参检情况，确保不遗漏。至年底，全区参检3.22万人。

【企退人员排舞大赛】 2018年6月29日，“幸福生活 e起在滨江”企业退休人员排舞大赛在区文化中心举行，3个街道9个社区128名企退人员参加比赛，节目全部由企退人员自编自导自演。经角逐，中兴社区代表队获团体一等奖，晋级2018年福摩杯“舞动中国—排舞联赛”总决赛。

【企退人员书画摄影比赛】 2018年8月，区人力社保局举办“庆祝改革开放40周年”书画摄影比赛。比赛征集全区企退人员书法、绘画、摄影作品150幅，97幅优秀作品在“滨江发布”展示，数万人参与投票，其中7幅作品获杭州市企退人员书画摄影大赛2个二等奖、1个三等奖、4个优秀奖。

【企退骨干人员疗休养】 2018年9月，区人力社保局组织100

2018年6月29日，“幸福生活 e起在滨江”企业退休人员排舞大赛在区文化中心举行　（区人力社保局　供图）

多名企退骨干人员开展为期4天的疗休养活动。企退人员参观游览严子陵钓台和桐君山，举办联欢会，观看电影，邀请医生讲解养生急救知识。

（姚杭娜　钭舟凌）

残疾人工作

【概况】 2018年，高新区（滨江）新增持有第二代残疾人证的残疾人175人，累计3180人，其中西兴街道840人、长河街道1148人、浦沿街道1192人。视力残疾250人、听力残疾459人、言语残疾38人、肢体残疾1648人、智力残疾423人、精神残疾320人、多重残疾42人。全区老年残疾1205人。办理残疾人免费乘车卡1118张。

开展残疾人专项扶持救助，至年底，向3267名残疾人按月发放补贴735.93万元。实施残疾人生活救助、就业扶持、康复医疗、社会保险、教育培训等“八个全覆盖”2041人次，发放扶持救助专项资金591.82万元、2041人次。向区残疾人定点助残（托养）机构1232人次拨付资金191万元。在全省率先执行困难残疾人生活补贴和重度残疾人护理补贴制度，发放困难残疾人生活补贴181.7万元、5434人次；发放重度残疾人护理补贴346.7万元、1.46万人次。

足额征收残疾人就业保障金2.24亿元，残疾人按比例就业1276人，全年新增就业人数41人，续签合同56人，办理就业援助证44份，全部纳入实名制登记管理。鼓励超比例安置残疾人的用人单位20家，兑现奖励资金185.4万元。全区适龄残疾儿童少年义务教育入学率90.6%以上，落实残疾人就学补助政策，资助残疾学生和残疾人家庭子女504人，补助资金160万元。推选65人次残疾人参加省、市、区级西点、盲人按摩、插花、茶道、电商创业等职业技能培训16次；适龄残疾儿童少年义务教育入学率95%以上，落实残疾人就学补助政策，资助残疾学生和残疾人家庭子女474人，补助资金163.1万元。家电统保服务1262人、98.13万元，为3267名残疾人购买意外险。受理来电咨询政策13次，复信率和办结率100%，满意率100%。

在第十八次“全国爱耳日”和第二十八个“全国助残日”期间，与浙江医疗康复中心、杭州电视台联合开展系列广场宣传活动，累计500多人参加，承办市残联“全国特奥日”活动、“国际残疾人日”系列活动之“2018容纳—艺术无障碍文化节”。开展纪念“国际残疾人日”暨残疾人文化艺术周系列活动。夏杰飞被市委宣传部、市残联评为“杭州市最美助残人”。

【“爱耳日”活动】 2018年3月3日，由省残联主办，区残联、浙江康复医疗中心承办的“听见未来”公益音乐朗诵会在浙江音乐厅举行。省残联及省政府残工委成员单位有关负责人和社会各界500多名群众参加活动。省、市知名主持人团队、浙江游泳队爱心志愿者代表、浙江康复医疗中心青苹果学园的师生代表、杭州歌剧舞剧院歌唱家及康复明星代表们参与演出。音乐朗诵会围绕听力残疾预防、康复等主要内容，通过音乐和朗诵等艺术节目来表达听力残疾预防的重要性。同日，区残联联合浙江康复医疗中心、杭州电视台在钱潮社区和信诚社区开展“百场公益义诊进社区”活动，邀请杭州市第一人民医院耳鼻喉科专家现场坐诊咨询。浙江康复医疗中心听力康复团队开展助听器适配服务和听力残疾预防宣传。

【残疾人就业招聘会】 2018年4月25日，区残联、区人力社保局在区人力资源市场举办高新区（滨江）2018年度残疾人就业招聘会，36家用人单位、100多名残疾人参加。用人单位为残疾人提供硬件工程师、财务人员、操作工、管理人员、物业保安等近50个工作岗位。招聘会达成就业意向30多个。

【康复义诊进社区】 2018年5月20日，区残联联合杭州电视台在新浦社区文体广场举办第二十八次“全国助残日”系列活动暨“健康梦、公益行”康复义诊进社区，残疾人代表、社区居民200多人参加活动。活动邀请浙江康复医疗中心、杭州市牙科医院、区阳光家园等单位提供免费服务，安排心理健康咨询、名医义诊、免费测血糖、测听力、口腔健康检查及护理知识宣传等公益活动，以及歌曲独唱、二胡独奏等文艺演出。

【首批省级无障碍社区创建】 2018年5月29日，“浙江省无障碍社区”创建考核组对西兴街道奥体社区创建无障碍社区情况检查验收，考核组按照《浙江无障碍社区创建考核标准》规定的考核项目、考核内容和验收标准，查看奥体社区办公用房、龙湖春江彼岸商铺、小区内公共设施及南侧防护绿地公园、奔竞大道盲道等无障碍环境建设情况，对社区场所内的盲道、坡道、扶手、标识牌、残疾人专用停车泊位及社区内公厕等公用场所无障碍设施进行检查。检查组肯定无障碍社区创建工作，通过对奥体社区的考核验收。西兴街道奥体社区成为首批省级无障碍社区。

【“十残会”获佳绩】 2018年7月12日，杭州市第十届残疾人运动会在省残疾人体育训练中心开赛。高新区（滨江）选派30名残疾运动员参赛，参加田径、游泳、乒乓球、羽毛球、举重、围棋、飞镖七个大项，获3枚金牌、10枚银牌。10月23—26日，区运动员许晨棋代表杭州市参加浙江省第十届残疾人运动会，获男子400米银牌，男子800米银牌，男子五项全能（跳远、标枪、100米、铁饼、1500米）银牌，男子200米铜牌。

【残疾车购置服务】 2018年7月16日，滨江区30名残疾车主在白马湖停车场参加残疾车置换与服务培训，特聘专业教练指导如何正确驾驶，遵守交通法规等注意事项，开展全区残疾车主普法宣传安全教育。9月20日，区残联开展残疾人车新购工作，通过宣传、车主申请、审核定购、组织置换，全区新购残疾车30辆，发放燃油补贴1.93万元、购车补贴6万元。建立区残疾车维修服务点，购置残疾车主第三方责任险，会同中国人民保险集团股份有限公司做好残疾人意外险理赔工作，全年理赔9人次1.4万元。

【脊髓损伤者“希望之家”揭牌】 2018年9月5日，滨江区脊髓损伤者“希望之家”在杭州乐天派英智康复医院成立，爱心企业代表、脊髓损伤者代表、肢障者代表和公益团队志愿者等70多人参加揭牌仪式。脊髓损伤者康复“希望之家”为全区脊髓损伤者提供专业的身心双重康复服务，有针对性开展康复训练、生活重建训练、技能培训、心理辅导等，通过自助互助，增强康复信心。

【助残活动多样】 2018年，区残联指导区残疾人专门协会、街道残联开展形式多样的助残活动。区肢残人协会组织近50名代表到嘉兴南湖开展“庆祝助残日，红船精神在我心”爱国主义教育参观学习，区盲人协会参加市图书馆音乐分馆“无障碍观影”活动，区聋人协会组织观看《厉害了我的国》改革发展纪录片，区智精残亲友会组织代表参加“放飞梦想、享受阳光”“牵着蜗牛去散步”亲子趣味活动，区肢残人柔力球队获“红叶杯”杭州市肢残人首届柔力球

2018年9月5日，滨江区脊髓损伤者“希望之家”成立

（区民政局　供图）

比赛最高奖——优秀表演奖，区聋协选派4名选手参加杭州市聋协举办的青年智力知识竞赛获一等奖，区聋人太极扇队参加市残联第十届残疾人运动会、区第五届全民运动会开幕式表演。

2018年9月28日，滨江区残联举办残疾人电子商务培训班

（区民政局　供图）

【“智慧助残”建设】 2018年，滨江区全面推进智慧社区、智慧养老建设进程，将“智慧助残”建设纳入“最多跑一次”改革，实现资源共享，信息互动。将困难残疾人生活补贴、重度残疾人护理补贴，康复医疗救助残疾学生、残疾人家庭子女就学补助、残疾人个体就业扶持经费、一户多残、购车补助、儿童康复服务等13项残疾人补助全部纳入智慧社区平台。至年底，在60个社区全覆盖，实现社区、街道、区三级联动和无纸化就近办理，为居民提供“一站式”服务。

【残疾人精准康复】 2018年，根据《滨江区残疾人精准康复服务行动实施办法》，为181名白内障患者进行复明手术，为68名残疾儿童实施抢救性康复，为62名听力残疾人进行助听器验配，为22名视力残疾人进行助视器验配，为4名截肢残疾人安装假肢，辅具配送132件，为76户残疾人家庭进行无障碍改造，分别向阳光家园、英智康复医院、西兴元墅老人公寓赠送助浴椅240张，轮椅30辆。全年，区残联将辖区残疾儿童、精神残疾人和“三瘫一截”（中风偏瘫、小儿脑瘫、脊髓截瘫、截肢）等重度残疾人纳入社区康复服务站签约服务范围，签约2162人，补助资金48.5万元。与区社发局合力做好精神残疾人免费服务工作，区残联补助服药资金22.8万元，将精神残疾人管理纳入平安建设考核范围。

【残疾人信息动态更新监测】 2018年，根据省、市《关于做好全国残疾人基本服务状况和需求信息数据动态更新工作的通知》，区残联完成3180名残疾人数据动态更新信息采集、录入和上报工作。配合省残联第三方调查机构，完成267户残疾人家庭收入状况监测工作。

【残疾人职业技能培训】 2018年，区残联开展各类残疾人技能培训班3次。6月21日，组织21名残疾人在区职工服务中心举办西式面点培训。学习西式面点的配料、烘焙、奶油涂装技巧等各项制作。6月30日至7月15日，组织20名残疾人在区职工服务中心举办残疾人插花培训班，学习各种花材搭配的基本插花原理并示范西方式插花、家庭式现代插花及日式剑山插花作品的制作方法。9月28—29日，举办残疾人电子商务培训班，20多名残疾人学习包括电子商务概述、淘宝开店基础知识；淘宝详情页的制作、店铺装修；淘宝店铺、微店运营和推广等管理方法。

（贾胜军　赵　萍）

慈善事业

【概况】 2018年，区慈善总会募集善款558.3万元，开展慈善项目8个，支出各类慈善救助款583.08万元，救助2714户次；慈善超市接收捐赠衣物折价20万余元。开展《中华人民共和国慈善法》宣传“六进”活动。完成首批慈善基地申报创建工作，杭州高新开发区（滨江）公益慈善创新创业服务示范基地被评为首批“浙江省慈善基地”。

【慈善法宣传“六进”活动】 2018年8月，全区开展为期一个月的《中华人民共和国慈善法》（以下简称“慈善法”）“六进”（进机关、进学校、进社区、进企业、进农村、进社会组织）宣传活动。鼓励机关干部参与慈善活动，机关单位利用每周一学，组织全体干部学习慈善法。指导中小学发放慈善宣传手册，鼓励学生在日常生活中宣传慈善知识。各社区号召爱心人士学习慈善知识，组织志愿者向辖区居民群众分发宣传册，社区通过悬挂宣传横幅、设立宣传展板、发放宣传资料、现场咨询等形式，向居民进行慈善法宣传。指导社区联合祖名股份有限公司、浙江吉利控股集团等企业参与慈善活动，慈善文化融入企业文化。区慈善总会为企业员工提供慈善捐赠、慈善救助等咨询服务。至年底，全区开展宣传活动60场次，累计参与活动3万余人次，发放宣传品2万余份。

【首批慈善基地创建】 2018年，区慈善总会按照《浙江省民政厅关于深入开展全省慈善基地建设工作的通知》，推进慈善基地孵化创建工作。对照通知要求，通过构建三级社会组织服务平台、政府购买社会组织服务、开展大型公益活动，孵化慈善基地。基地由具备资质的社会组织或企业等社会力量负责运营，基地建设围绕慈善精准帮扶、慈善文化建设、慈善组织孵化、慈善人才培训、慈善项目培育、慈善产品研究等功能，增强精准慈善服务能力。至年底，完成首批慈善基地申报创建工作，孵化创建7个慈善基地。其中，高新区（滨江）公益慈善创新创业服务示范基地被评为首批“浙江省慈善基地”。

【公益慈善创新创业服务示范基地】 2018年12月，高新区（滨江）公益慈善创新创业服务基地入选首批“浙江省慈善基地”。基地位于建业路华业科技园，占地面积600平方米，集项目管理、培训交流、信息共享、文化建设、孵化培育等多功能于一体。基地通过对接高新企业、慈善组织和服务对象，探索慈善公益市场化、产业化模式，引进省、市、区级优秀慈善组织和示范性品牌社会组织8家，在孵慈善组织4家，其中“观护培训”“贫困山区农作物生加工研发”“茉然山区苗苗计划”等6个项目被评为省、市级慈善品牌项目。至年底，开展活动1200多场，服务人群6.3万人次。（张　颖）

民族宗教

【概况】 至2018年底，滨江区有少数民族44个，人口1.1万人，常住人口4500多人。

登记在册宗教场所有冠山禅寺、协同基督教堂、西兴基督教堂、长河基督教堂、真理堂、江边聚会处6处，民间信仰点21处。宗教教职人员27人，可统计的佛教信徒1万余人、基督教信徒5000多人。

2018年10月19日，高新区（滨江）统战及宗教工作报告会在区文化中心举行
（区委宣传部　供图）

民族宗教团体有滨江区民族团结促进会、滨江区佛教协会和滨江区基督教协会3个。浙江省神学院位于滨江区。依法取缔依法取缔非法聚会活动1起，非法宗教点1处。召开“改革开放40周年宗教工作理论与实践”学术座谈会。

区民宗局创新民族工作“六进”模式，完善流动少数民族人员管理长效机制，完成全区城市少数民族数据统计工作。开展与临安少数民族村精准扶贫，指导月明、新州、六和社区到临安区结对村开展送书、送文艺等各类活动6次。

【宗教场所抗台防汛】 2018年7月20日，区民宗局召开专题会议部署抗台防汛工作，安排党员干部进岗巡查、值班值守，印发《关于切实做好宗教场所抗台防汛工作的通知》，要求各宗教场所严格落实责任，全力做好宗教活动场所汛期安全工作。同月21日，区民宗局负责人带队踏看冠山禅寺施工现场，重点对建筑加固等进行检查，并设置警示牌。全体党员干部到各宗教场所开展巡查走访，排查用电、排水、危旧房屋、室外牌匾等安全隐患，未发生安全事件。

【统战系统精准扶贫】 2018年8月，区民宗局在全区统一战线开展精准扶贫社会慈善帮扶活动，区党外知识分子联谊会向贵州省黔东南州丹寨县雅灰乡捐款25万元，用于改善贫困农户居住条件。11月，区党外知识分子联谊会向湖北省恩施州建始县官店镇民族小学捐款20万元，用于学校学生食堂操作间修建，解决学生食堂面积狭小等困难。

【宗教领域“安全生产月”活动】 2018年8月，滨江区组织宗教场所夏季消防安全和“文明敬香”工作专项检查，区民宗局、公安滨江分局、滨江交警大队、滨江消防大队、街道分管负责人联合对宗教场所进行安全检查。检查组实地勘察宗教场所相关道路、进出通道、消防设施、监控室等情况，重点检查照明、安检设置、出入口和外围卡口设置、隔离护栏、安全引导标志、消防检查、监控指挥室搭建等。

【升旗仪式进宗教活动场所】 2018年8月6日，区民宗局负责人、寺庙负责人、信教群众代表40人在冠山寺举行升旗仪式，开展高新区（滨江）“升旗仪式进宗教活动场所”活动。

【区委统战工作领导小组暨宗教工作领导小组会议】 2018年10月19日，高新区（滨江）召开区委统战工作领导小组暨宗教工作领导小组会议。区委统战工作领导小组、区宗教工作领导小组成员单位主要负责人及各街道统战委员40多人参加会议。区委统战部常务副部长曹才源对《杭州高新区（滨江）党委统一战线工作领导小组工作规则》《杭州高新区（滨江）统一战线工作领导小组成员单位2018年重点工作任务》《杭州高新区（滨江）街道统战工作实施意见》的起草背景、过程和内容框架做说明；区委统战部副部长、区民宗局局长李树人传达学习习近平总书记关于宗教工作重要讲话精神及《宗教事务条例》，并汇报近期民宗重点工作任务；区委副书记施华淼对推动统一战线的新发展提出准确把握新形势新目标、推进统战各重点领域工作、加强改进党对统战工作的领导3个方面要求。

【“双百村结对行动”】 2018年11月30日，区民宗局“双百村结对行动”助推民族乡村振兴座谈会暨帮扶签约仪式在景宁畲族自治县郑坑乡吴布村召开。区委常委、统战部部长谢渐升，区委统战部副部长、区民宗局局长李树人，杭州艺福堂茶业有限公司及浙江魅智网络科技有限公司负责人参加结对帮扶行动。区民宗局向景宁畲族自治县郑坑乡吴布村捐款20万元。区民宗局计划在2018—2022年通过项目帮扶、智力帮扶、民生帮扶等方式，每年筹集帮扶资金不少于20万元，帮助吴布村加快发展，力争建成畲乡美丽民族村。 （李媛媛）

街道

西兴街道

【概况】 西兴街道位于钱江三桥以南，滨江区东部，是区行政中心所在地。东邻萧山区，南为白马湖，西接长河街道，北临钱塘江，根据第二次全国土地调查，区域面积为14.95平方千米。下辖16个社区及1个社区筹建组，其中撤村建居社区8个，城市社区8个，居委会16个。2018年，街道户籍户数21371户，常住总人口191724人，其中户籍人口77056人，暂住人口114668人。从业人员41375人。街道出生人口1241人。其中：男婴641人，女婴600人；一孩712人，二孩520人，多孩9人，计划外18人，计划生育率98.6%。财政总收入7.26亿元，其中一般公共预算收入3.99亿元，比上年增长48%。

2018年，街道工业总产值11.8亿元。实现主营业务收入196.4亿元，增长0.5%；实现利润4.7亿元，实交税金7.8亿元。规模以上企业10家，工业总产值10.5亿元。外贸出口交易值15.5亿元。

街道耕地面积149.7公顷，耕地流转面积146公顷。粮食播种面积89.33公顷，粮食总产量535吨。有常年菜地135.33公顷，其中东江围垦107.33公顷，“五万二千亩”围垦10公顷，顺坝围垦18公顷。滨江果业有限公司拥有53.33公顷精品水果种植基地和23.4公顷水产养殖基地，全年生产“晶龙”牌系列精品水果530吨、淡水养殖水产品85吨。街道第一产业总产值1318万元。

街道社区卫生服务中心投入使用，与浙江大学医学院附属第二医院开展战略协作，完成马湖社区卫生服务站建设。街道市民教育中心（成校）建成并投入使用。完成奥体、滨和社区办公及配套用房装修并投入使用。新增星民、共联2个社区文化家园。至年底,街道有33个健身苑点,新建滨和人才公寓健身苑点1个。全年规范餐饮89家，取缔关停无证无照餐饮14家，受理流动人口积分入学申请146人，积分入户314户。

街道推进剩余农户征迁工作，完成遗留户腾房5户，大型苗场签约2处，项目地块做地2个，东江围垦17.51公顷土地交地。拆后土地新增覆绿地块14处、9.51公顷。新建扩建公共停车场6处、停车位457个。建成并开放后河公园，开工建设西兴地铁站公园西陵休闲广场，以及北塘河路（阡陌路—规划支路）、规划支路（北塘河路—滨兴路）、固陵路（北塘河—滨兴路）3条道路。全年拆除违章建筑1056处、6.8万平方米。全年完成回迁安置1671户、1886套房源。

全年新增就业岗位5106个，发布用工信息1524家次，职业介绍755人，成功743人；帮助失业人员实现就业1436人，其中就业困难人员1113人（稳定就业677人），高技能培训151人，IYB（改善你的企业）创业培训41人，发放创业担保贷款310万元，劳动率资源调查率100%，失业人员服务后就业率100%，社会保险全民参保登记率100%，全民医保参保率98.2%。书面审查单位1373家，涉及4.63万人，调解劳动纠纷案件506件，涉及金额423.32万元，结案率100%。

2018年，享受最低生活保障93户、114人，发放低保金158.3万元。全年帮扶困难家庭209户、369人，发放帮扶救助资金291.46万元，募集春风行动捐款60.81万元。开展居家养老“一对一”志愿服务，全年完成居家养老服务评估577人，为1388名高龄老人发放高龄津贴83.08万元，全区首个公建民营区域性街道级居家养老服务照料中心——缤纷托老园营业，完成11个社区居家养老服务照料中心社会化托管。开展残疾人扶助工作，对辖区内残疾人发放残疾津贴补助49.78万元。慈善救助40户，发放慈善款31.49万元。发放优抚金98.82万元，复退军人慰问金14.5万元，义务兵家庭优待金75.55万元。

【西兴街道被评为首批省级小城镇环境综合整治样板街道】 2018年1月27日，经省小城镇整治办考核验收，西兴街道被评为主城区唯一的首批省级小城镇环境综合整治样板街道。2月23日，在全市城中村改造暨小城镇环境综合整治工作推进大会上被授牌表彰为市级优秀示范乡镇（街道）。西兴街道通过组建综合治理队伍实现“多能合一”常态化管理，探索“综合执法队+专业养护队+环境美化队”工作模式，“干部+党员+群众”上下联动共同管理，有效治理小城镇。至年底，共完成18个整治项目。固陵路立面整治32幢建筑，涉及500户、4万平方米，增添西兴传统文化中式墙绘。强弱电埋设管道23.5千米，入户线整治1552户，覆盖所有老旧小区单元楼及沿街商铺。建设“城市大脑”交通智慧平台，启用安装158个监控点位，设置卡口设备27个点位和停车诱导设备8个点位，竖立交通标志杆、路标牌等44处，形成实时立体化监管体系，达到治乱、治堵目标。

西兴老街　　（区委宣传部　供图）

【杭州元墅西兴老人公寓获评“AAAAA级社会组织”】 2018年10月，2018年度杭州市社会组织评估等级结果认定，杭州元墅西兴老人公寓获中国社会组织评估最高等级——“AAAAA级社会组织”称号。杭州元墅西兴老人公寓是西兴街道公建民营敬老院，在参加评估的11家滨江社会组织中，该公寓是唯一一家被评上“AAAAA级社会组织”的机构。

【马湖社区白鹤苑二期安置完成】 2018年12月13日，马湖社区进行最后一批50平方米房源安置。街道根据区安置例会精神，与社区、安置户沟通协调，做好做细安置方案。社区克服拆迁安置时间跨度长、房源紧缺等困难，有序推进安置工作，创下建区以来单日安置房源最多、安置人口最多纪录。社区742套新交付房源完成安置。

【星民大厦结顶】 2018年12月30日，西兴街道首个村级留用地自主开发项目——星民大厦建成结顶。星民大厦项目位于江南大道以北，西兴路以西，缤纷街以南，是西兴街道星民社区股份经济合作社自行开发建设的村级留用地项目，项目用地南侧有规划地铁6号线经过，地下一层与地铁6号线星民站接驳联通，交通便利。项目规划建设总用地面积7215平方米，总建筑面积4.44万平方米，其中地上建筑面积2.86万平方米，地下建筑面积1.58万平方米。

【违章建筑管控】 2018年，西兴街道成立“无违建街道”创建工作领导小组，组成170多人队伍进驻滨康二苑小区重点拆除违建保笼。按照“应拆尽拆、拆旧控新、拆管并重”工作思路，推进违法建设管控，对新增违建实行“零容忍”。执行物业登记报告制度，制止86起违建搭建行为。采取城管中队、社区、物业三级网格化管理，第一时间处置本网格内新增违建。至年底，街道拆除违建保笼840户，保笼清零25幢，计5.05万平方米；拆除违法建筑812处，面积5万平方米。

【小区楼廊改造】 2018年，西兴街道通过日常走访和“百千万”大走访活动，针对小区楼道公共空间私堆乱占情况，确定16个社区、1375个楼道纳入提升改造，按楼廊门厅现状对第一期三类试点217个楼道先行改造。以“两步走”策略，分别从改造提升难点和易点入手，进行楼廊提升项目试点和推广。以老旧小区钱塘春晓为试点，按照“试点先行，示范带动”原则在辖区范围内推广；以新建小区为试点，在丹枫、奥体、金东方、滨和4个社区率先启动。引导居民形成“社区事、居民议、大家管”的共识，发挥居民自治、民主协商，营造和谐邻里氛围；通过居民资金众筹，企业共建，各职能部门资源整合等形式实现互利共赢，为楼廊添置必备用品、提供亲子教育等志愿服务，提升楼廊品质。11月6日，区委组织部召开以温馨社区、钱塘春晓小区为代表的小区楼廊提升改造工作现场推进会，实地踏勘楼廊提升改造的成果。至年底，街道完成156处楼廊改造提升。

西兴街道温馨社区楼廊改造后一角　　　　（西兴街道　供图）

【省级“扫黄打非”进基层示范点创建】 2018年，西兴街道创建省级“扫黄打非”进基层示范点。街道16个社区及1个社区筹建组设立“扫黄打非”工作站，建立信息上报、协调联动、举报奖励等8项机制，落实资金、队伍建设、宣传专栏。建立商业综合体联络点2个、学校站点4个。街道、社区成立以综治协管员、城管协管员、联防队员、居民代表、志愿者等为主的“扫黄打非”巡查队伍3200多人。街道网格员通过“平安通”App，报送文化市场管理“扫黄打非”信息156条，参与文化市场安全检查400多次，协调处理“扫黄打非”事件4起。在街道文化活动中心建立“防沉迷宣传教育培训点”，为400多位市民进行“防网瘾”教育。在西兴中学、滨和中学开展“护苗·防沉迷”教育，向青少年学生发放倡议书1500多份，300多名中学生接受教育。利用西兴发布、社区微信公众号、华数电视等互联网载体，向市民群众推送“扫黄打非”信息216条。利用宣传栏、展板、横幅、海报等载体，宣传“扫黄打非”知识，举办讲座6场，发放宣传资料1万余份。11月8日，西兴街道作为全市仅有的3个乡镇（街道）之一被评为第二批全省“扫黄打非”进基层示范点。

（俞以婷）

长河街道

【概况】 长河街道地处钱塘江南岸，滨江区中部，东临西兴街道，西临浦沿街道山二、冠二、联庄社区，南临萧山湘湖景区和闻堰街道，根据第二次全国土地调查，区域面积为30.47平方千米。2018年，街道有社区22个，其中撤村建居社区12个，城市社区10个。街道总户数24578户，总人口213223人，其中，户籍人口85598人，男性42400人，女性43198人，新出生1257人，常住外来流动人口127625人。街道财政全口径收入33.10亿元（其中：街道本级收入7.1亿元，为预算的126.6%；政府性基金收入22.12亿元、区财政转移支付补助收入3.87亿元），比上年下降9.4%；街道人均收入4.25万元，增长7.8%。

2018年，街道企业实现营业收入282.5亿元，实交税金11.1亿元，增长9.3%，实现利润11.2亿元，增长11.7%，服务业营业收入116.9亿元，占全街道总量的41.4%。新增就业岗位5295个，增长3.5%。固定资产投资累计13.6亿元。

街道有围垦土地196.06公顷，其中：街道集体围垦面积107.4公顷，各社区围垦面积88.66公顷。街道集体围垦面积全部承包给农业经营大户，累计全年总收入290万元。其中："五万二千亩"围垦面积26.7公顷，承包经营户种植蔬菜、养殖等项目，年总收入50万元。"东江围垦"面积80.7公顷，承包经营户种植粮食、蔬菜、养殖业等项目，年总收入240万元。

街道帮助失土失业人员实现就业2946人，完成创业担保贴息贷款690万元，中兴社区被评为"浙江省高质量就业社区"，为1080名老年人提供政府购买居家养老服务，向1716名高龄老人发放津贴101.57万元。社区老年人助餐体系全覆盖，街道被评为杭州市"最美敬老爱老示范街道"。开展社会救助，向全街道352户困难家庭发放春风行动慰问金102.22万元；发放残疾人津贴9836人次、49.23万元。

街道投入资金223万元，改造老旧过渡房外立面40幢、1.65万平方米。提升长河社区沈家里、长二社区下庄里25幢过渡房屋顶；改造山一过渡房给水网；为辖区内公租房安装智能式水电250户，E邮柜50个，安置小区生活馆安装空调37台。增设和更新社区居住区健身苑点7个，新增加健身器材137件。完成长江西苑、白马湖小区孔雀苑二期环境综合整治提升工作，推进以春波西苑、冠山小区三期为重点的选房安置工作，全年累计安置610户、1061套，面积9.3万平方米。

2018年，签订企业安全生产责任书4064份；签订消防安全责任书1.3万份，全面推行居住出租房屋"旅馆式"管理，万人大排查大整治行动排查住户4.2万户、企业341家；街道建设微型消防工作站143个，住宅小区实现全覆盖；在全区率先推行食品安全书记主任双组长责任制，完成辖区10家"放心消费店"、30家"无理由退货承诺商店"及龙湖滨江天街示范街区的创建工作。

开展"雷霆"行动打击挤压违法犯罪分子。打非处非（非法集资、非法吸储）强力攻坚，协助区"打处办"排

长河街道全景　　（区委宣传部　供图）

查企业1080家。开展“无欠薪”工作，全年追讨工资、补偿金等283万元，对2774家用人单位完成书面审查。深化矛盾纠纷多元化解体系建设，全年调解矛盾纠纷923起，化解率100%。街道实施全科网格建设，深化网格党建，探索以网格为统筹的基层管理、消防安全、环境卫生、精神文明创建等一体化工作格局。提升改造视频监控中心，设置指挥室，实行专人24小时规范化管理，将“110”联动站、“雪亮工程”、电子政务视联网、232路地空点位、17个高空点位、小城镇范围内30个点位以及防汛防台纳入“四个平台”（综治工作、市场监管、综合执法、便民服务）中。

全街道共拆迁农户89户，拆迁遗留农户腾房拆房17户，江二、长河、长二、汤家桥、塘子堰、山一6个社区全面完成整村清零，全年完成交地134.54公顷。探索村级留用地的集约利用，对长河、山一、张家村、汤家井、塘子堰、傅家峙六社区留用地统筹开发，按照“统一规划设计、统一施工验收、统一代办服务、统一返租经营”的模式由社区与区资产经营公司合作开发，将小而散的社区物业统筹聚集为组团式产业创新服务综合体。推进江一、江二、江三、长一、山一、汤家桥等社区其他区块留用地项目的审批和建设。推进小城镇环境综合整治和“无违建街道”创建工作，对街道22个社区和32个小区实施定点定人网格化管控，全年拆除违章建筑639处、6.4万平方米，其中：拆除新增违章建筑47处、3162.8平方米；存量违章建筑592处、6.1万平方米。

2018年，开展与贵州省丹寨县排调镇、麻江县坝芒乡和湖北省建始县高坪镇的对口帮扶工作，落实帮扶资金300万元。全年完成产业扶持项目5个，基础设施配套项目2个。

【纪念改革开放40周年文艺演出】 2018年5月28日，由长河街道主办，闻涛社区、冠山社区承办的“纪念改革开放40周年”文艺宣传专场演出在闻涛广场举行，现场表演“文明殡葬”“礼让行人”“五水共治”“保护环境”等宣传节目10个，反映身边事迹。演出期间，向居民群众分发“闻涛好心人”“垃圾分类”“科技周活动”等宣传资料350多份。

【中共十九大精神及新党章知识竞赛】 2018年7月31日，长河街道在区文化中心举办“党在我心中”中共十九大精神及新党章知识竞赛。知识竞赛分预赛和决赛两个阶段，活动由有中兴社区、白马湖社区、街道机关等20个社区组成代表队，每队为3人1组，比赛分抢答题、必答题，经角逐，冠山社区代表队获得一等奖；江一社区和山一社区代表队获二等奖；街道机关和晶都社区代表队获三等奖。

【科技创新培训助推传统企业转型升级】 2018年8月31日，长河街道联合区科技局开展企业科技创新业务知识培训。园区、楼宇业主60多人参加培训。区科技局就认定国家（市级）高新企业、申报孵化器、众创空间以及知识产权保护、补贴申报等相关政策进行宣讲、解读。华业高科技园负责人做题为“服务创业创新、建设一流园区”的报告，介绍企业从材料建造业到科技服务业再到科技金融服务业的转型发展经验。企业代表结合各自实际情况与主办方进行交流互动。通过培训，帮助辖区园区、楼宇业主掌握科技创新政策，提高传统企业转型升级能力。

【网商路与南环路交叉口道路工程及停车场工程】 2018年11月20日，由于长二社区长兴路旁10户拆迁房的拆除，网商路与南环路交叉口道路工程及停车场工程开工。道路工程主要为网商路连通段，全长70米，红线宽度20米，同时启动网商路与南环路交叉口西北角处停车场建设及景观公园提升改造等项目，工程总投入资金（合同价）183.69万元，12月10日竣工。

【小城镇环境综合整治通过省级验收】 2018年，长河街道建立“长河街道小城镇环境综合整治行动领导小组”，投入资金1.3亿元，发动党员群众4万余人次，对绿化、违章建筑拆除、修复危房、道路整治、停车场建设、污水处理和亮灯工程等120个项目进行整治，开展消除城中村、“空中蜘蛛网”、拆除违章建筑、清洁家园、根治乱停车乱开车乱设摊等“五乱”专项整治活动。至年底，完成小城镇片区内长江中路和长兴路两个区块46户拆迁，拆除违章建筑194处、7727平方米，保笼1800多个；清理各类垃圾2100车、6000多吨；完成重点建设项目30个；整治范围内各种电线全部上改下，消除“空中蜘蛛网”；街面、巷、弄等整治地域新安装景观路灯100多盏；小城镇区域范围内391户沿街商铺“门前新三包”承诺书牌上墙张贴。查处乱停车458起，清理乱堆物27处，查处乱摆摊103起，暂扣乱竖牌31起。12月17日，召开街道小城镇环境综合整治迎检动员大会，就迎检各项攻坚扫尾工作做出部署。12月24日，通过2018年浙江省小城镇环境综合整治工作考核验收。

【长河街道参与宣传禁毒示范城创建】 2018年，长河街道建立83人的禁毒志愿者服务队，构建毒品预防宣传工作体系，增强群众“识毒、防毒、拒毒”意识，发动机关干部、社区工作人员在“万人签名助力创建”旗帜上签名。6月26日，联合区禁毒委、中兴社区、月明社区在星光大道开展“国际禁毒日”宣传活动。9月，到长河初中进行禁毒宣传。11月14日，参与区禁毒办在星光大道开展大型创建宣传活动。至年底，组织创建宣传活动15次，其中现场展示10次，大屏播放23块，悬挂横幅25条。通过“智慧社区”平台向广大群众发送禁毒创建短信40万余条。通过系列宣传，引导群众共同参与“创建全国禁毒示范城市”。

【党建工作推进】 2018年，街道通过组织党工委理论中心组学习，深化“两学一做”学习教育，拓展“周一学习会”制度，开展党员春训和“不忘初心，牢记使命”读书会、“党在我心中”知识竞赛以及形式多样的宣讲、文体活动等，把中共大政方针和中共十九大精神贯彻落实到每个支部、每名党员，增强党员“四个意识”，坚定“四个自信”。至年底，街道召开基层党建工作专题研讨会15次，新建业委会党组织6家、物业服务企业党组织15家；17个社区建立以基层党建为引领的联席会议制度；6个安置物管委成立临时党支部，实现全街道18个安置小区物管党建全覆盖。

（华浩泉　傅庆龙）

浦沿街道

【概况】 浦沿街道地处滨江区西部、钱塘江大桥南岸，与六和塔隔江相望。根据第二次全国土地调查，辖区总面积26.80平方千米。至2018年底，街道下辖社区21个，其中撤村建居社区9个、城市社区12个，设社区居委会21个，街道总人口248459人，其中户籍人口98723人、常住外来流动人口149736人。全年街道出生1423人，其中男婴712人、女婴711人，出生性别比100.1%。

2018年，街道财政总收入6.98亿元，比上年增长26.4%，其中地方一般公共预算收入3.6亿元，增长27.3%，占财政收入51.6%。街道工业总产值23.91亿元，增长1.4%；工业销售产值25.84亿元，增长8%，其中17家规模以上企业工业销售产值20.97亿元，增长13.9%。主营业务收入190.25亿元，下降5.2%；街道30家强优、骨干企业实现主营业务收入157.64亿元，下降4.5%，占街道主营业务收入总量83%；实现工业销售产值16.94亿元，增长5.3%，占街道总量65%；利润总额6.54亿元，下降7%，占街道总量91%。

全年发放各类困难家庭救助金272万元，残疾人津贴326万元，高龄津贴101.4万元。走访慰问困难家庭291户，发放慰问金65.5万元。新建彩虹城区块钱塘居家养老（日间）照料中心。完成滨文、东信、东冠、新浦4个社区文化家园建设。全年开发就业岗位5268个，实现就业1526人。新建微型消防站4个，迁扩建社区消防站4个。

全年街道7个征迁社区完成丈量495户、签约1225户、腾房1105户、拆房1239间。完成新生耀洋地块二期、联庄十二区块三期、十三区块四期、八区块四期等13个项目完整交地，交地102.55公顷。共安置570户、910套，安置面积9.87万平方米，完成新生、浦联、东冠、杨家墩区域内4个地块临时租赁房建设16.5万平方米，分配租赁房源1684套。

通过平台调处纠纷130起，调解各类矛盾555件，调解成功率99.5%。深化网格管理，专职网格员浙江政务服务App注册率、"平安通" App使用率100%。建成12个社区"旅馆式"管理总台。拆除出租房违规分隔195套。开展高层建筑、沿街商铺、工业用地建筑物消防安全专项整治，辖区火警比去年下降45.5%。开展扫黑除恶专项行动以及打击邪教、禁毒专项整治工作。

全年推进7个拆迁区块存量违建清理，清理违建1400处，面积26.62万平方米。整治企业法人违建16处，面积7720平方米。完成44个排水单元的雨污管网排查。长效管理小微水体31个。拆除东冠1、2号楼主楼违建70处、1542平方米。推进10个生活小区第三方服务队进驻服务和3个小区市级垃圾分类示范小区创建。推进"智慧城管"，完成数字城管抄告2240件。做好抗台处置工作，启动应急响应22次，出动应急抢险力量1440人次。

街道党建工作不断强化。全年召开街道党工委（扩大）会议44次，审议重大事项230多项。加强对固定主题党日学习活动的指导、监督。全街道建立48个小区业委会、物业公司党组织全覆盖。开展基层党建工作督查，抽查反馈21个社区整改情况。严格居务监督系统党建报表审核，分批次督查21个社区党建工作。

【新春系列文体活动】 2018年1—2月，浦沿街道组织开展新春书画展、送春联、新春趣味运动会、象棋友谊赛、乒乓球个人赛、新春演唱会、元宵等系列活动。组织"同建新浦沿、共享新生活"文艺巡演活动，专业文艺团队将精彩文艺节目送到各安置小区和过渡小区。21个社区发挥本社区文艺文体骨干作用，组织开展系列文体活动，营造春节氛围，丰富群众生活。

【2018年度征迁工作部署会】 2018年3月22日，浦沿街道在海外高层次人才创新创业基地召开全面决胜整街拆迁誓师大会，部署2018年度征迁工作任务。街道全体机关工作人员、各社区两委班子成员、街道直属单位班子成员和社会各界人士共700多人参加。与会人员观看高新区（滨江）宣传片和浦沿街道拆迁概况视频短片。街道与新生、浦联、杨家墩、联庄、冠二、冠一、山二社区7个社区签订征迁责任状。相关社区和部门代表做表态发言。

【市级领导调研指导街道"三改一拆"】 2018年，杭州市领导4次调研浦沿"三改一拆"工作，推进街道拆迁。5月4日，副市长缪承潮带领市级相关部门实地踏勘浦联、联庄社区整村拆迁现场，并在联庄社区召开城中村改造专题会议。5月22日，市政协副主席胡伟到冠二、山二社区考察指导"三改一拆"工作。6月11日，市委城中村改造督查组成员、市卫计委巡视员沈琳到山二社区检查指导"三改一拆"工作。9月18日，副市长缪承潮踏勘浦联王家里拆房现场，车览浦联新农村、联庄一区等区块，并在联庄指挥部召开会议调研指导工作。

【庆祝中国共产党成立97周年大会】 2018年7月1日，浦沿街道机关全体党员，社区两委、直属单位班子成员，社区二级支部、两新党组织书记、党员代表，部分党员代表以及2018年党员发展对象等800多人参加庆祝中国共产党成立97周年大会。会议表彰在"三改一拆""五水共治""平安创建"等工作中涌现出的先进基层党组织、优秀共产党员，与会党员重温入党誓词。

【区委在浦沿街道召开任命干部会议】 2018年9月25日，区委在浦沿街道召开任命干部会议。区委书记詹敏，区委常委、

2018年12月3日，浦沿街道“奋战50天”征迁攻坚大会召开

（浦沿街道　供图）

组织部部长商丽萍，街道中层以上干部，各社区书记、主任参加会议。商丽萍宣读区委任命孙灿平同志担任浦沿街道党工委书记、区智慧新天地建设指挥部党组书记的决定，孙灿平做表态发言，詹敏做重要讲话。

【征迁攻坚工作会议】2018年12月3日，浦沿街道召开“奋战50天”征迁攻坚大会，街道机关工作人员，各一线征迁团队团队长、专业团队负责人、8个征迁社区两委班子成员，其他社区书记、主任，区驻街直属单位负责人和区驻街联合执法组成员等150多人参加会议。街道党工委书记孙灿平提出工作要求，区委副书记施华淼到会讲话。

【4项工作获表彰】2018年，浦沿街道4项工作获省、市、区表彰。3—9月，街道组织社区各项运动爱好者参加全民运动会马拉松、乒乓球、棋类、篮球、登山等项目，获区第五届全民运动会团体优胜奖一等奖；街道创新管理，依托整街拆迁大势，开展即查即拆和存量消化工作，创建2018年度市级“无违建先进街道”；街道妇联组织街道386户、1000多名家庭志愿者参加“三改一拆”“文明创建”“平安巡逻”“垃圾分类”等街道重点工作和“平安家庭”创建活动，开展平安家庭讲座6次，普法讲座15次，巾帼志愿服务活动32次，参与2500多人次，发放资料5800份，街道妇联被评为2018年省级先进工作单位；太阳国际小区通过物业管理、源头分类投放收集、二次分拣，垃圾减量降幅40%，获得2018年省级垃圾分类示范小区。

【社区三产开发取得新成效】2018年，浦沿街道社区留用地项目有序推进。2月，冠一商贸大厦建成。该项目位于信诚路以西，滨文路以北，规划道路以南。建设用地东西115米，南北40米，规划用地面积4667平方米，拟建办公建筑。地上建筑面积1.62万平方米，建筑高度49.30米，地上13层、地下1层。8月27日，联庄社区三产留用地项目顺利摘牌。联庄三产留用地合作项目（之江单元B1B2－02地块）可建地上面积7万平方米，地下面积2万平方米。11月18日，冠二社区永丰大厦项目完成公开拍租。永丰大厦项目为冠二社区首个三产留置地自行开发项目，位于彩虹快速路北，省高教园东，滨江“智造供给特色小镇”规划区域内，毗邻白马湖创意城。街道全年建成留用地项目9个，建筑面积25万平方米，村级租赁收入超过1.5亿元。

（俞梦潇　虞益飞）

人　物

改革开放40周年人物

【改革先锋】 2018年12月18日，庆祝改革开放40周年大会在人民大会堂举行。会上，党中央、国务院决定，授予于敏等100人改革先锋称号，颁授改革先锋奖章。其中，高新区（滨江）3名企业家马云、李书福、南存辉被授予改革先锋称号。习近平等领导同志为获改革先锋称号的人员颁奖。马云作为数字经济的创新者，李书福作为民营汽车工业开放发展的代表，南存辉作为民营经济的代表接受颁奖。

高新区（滨江）3名改革先锋简介

表39

姓　名	籍　贯	职　务	主要事迹
马　云	浙江嵊州	阿里巴巴（中国）有限公司董事局主席	创立阿里巴巴集团，并使之成为全球最大电子商务平台，年交易额数万亿元，成为拉动内需巨大推动力；创建互联网支付、物流体系等，为中小企业打造商业基础设施；建立全球领先移动支付网络，通过大数据技术建立新型社会诚信体系；自主研发飞天操作系统，奠定中国云计算基础；首倡世界电子贸易平台（eWTP），并推动写入二十国集团领导人峰会公报，成为践行“一带一路”的重要民间力量。带领阿里巴巴集团跻身全球企业市值前十，使中国在电商、互联网金融和云计算领域的国际竞争中居于领先水平，带动大批企业家和创业青年改革创新、锐意进取。获“浙江省优秀中国特色社会主义事业建设者”称号
李书福	浙江台州	浙江吉利控股集团董事长，全国工商联副主席（兼职）	李书福怀揣着“做老百姓买得起的好车”的理想，1997年进入汽车行业，创办中国第一家民营汽车企业。带领吉利成功完成一系列国际化战略布局，推动沃尔沃汽车取得品牌的复兴和持续发展，成为沃尔沃集团第一大持股股东、戴姆勒公司第一大股东，推动中国汽车工业“走出去”。经过20多年发展，吉利集团连续7年位列世界500强，在全球拥有超过10万名员工。获“浙江省非公有制经济人士新时代优秀中国特色社会主义事业建设者”称号
南存辉	浙江温州	正泰集团股份有限公司董事长，全国工商联副主席（兼职），第十二届、十三届全国政协常委	1991年，成立中美合资正泰电器有限公司，南存辉坚守实业、改革创新，推行股权配送制度等股份制改造，壮大公司，成为产销世界70多个国家和地区的大型现代企业集团、中国低压电器行业最大产销企业和新能源领军企业，实现从传统制造向智能、绿色和服务型制造转型。2007年，正泰集团控告国外某知名电气公司专利侵权，对方败诉并赔付巨额资金，成为国内企业在涉外知识产权案件上获得赔付的经典案例。获“优秀中国特色社会主义事业建设者”等称号

【改革开放40周年滨江人物】2018年，是改革开放40周年的纪念年。高新区（滨江）经历从无到有，从新城到“国际滨”的变化。“滨江发布”微信公众号选择28名奋斗在滨江、生活在滨江的改革开放典型人物进行采访，通过各自的事迹反映高新区（滨江）的发展之路，标注出这个时代的不同模样。（按“滨江发布”发布时间先后为序）

改革开放40周年滨江人物

表40

姓　名	籍　贯	职　务	主要事迹
李书福	浙江台州	浙江吉利集团董事长	2002年，吉利集团的管理总部、汽车销售总部和研发总部整体迁入高新区（滨江）。2010年，吉利集团收购沃尔沃集团，2018年，入股戴姆勒公司。公司入选全国工商联“2018年中国民营企业500强”名单，以2782亿元的营业收入列第11位
南存辉	浙江温州	正泰集团股份有限公司董事长	2006年，正泰新能源在高新区（滨江）成立。至2018年底，在国内外兴建各类光伏电站200多座，全球累计投资建设光伏电站3.5GW，居民屋顶电站安装7万余户，成为中国民营企业规模最大的光伏电站投资运营商、全球第一梯队的光伏系统解决方案提供商
华桂潮	浙江义乌	英飞特电子（杭州）股份有限公司董事长兼总裁	1999年，创立的伊博电源（杭州）有限公司搬进高新区留学人员创业园。2007年，在高新区（滨江）创立英飞特电子（杭州）股份有限公司。2012年，英飞特迁入海外高层次人才创新创业基地。2016年，在深圳证券交易所上市。英飞特在LED电源领域占全球份额第三，产品销往全球50多个国家和地区
范　渊	浙江金华	杭州安恒信息技术股份有限公司董事长兼总裁	2007年，在高新区（滨江）创立杭州安恒信息技术有限公司，致力于提供网络安全服务。获中国网络空间安全协会常务理事、国家信息安全标准化委员会委员、科技部“科技创新创业人才”等20多项顶级荣誉。公司连续两次入选全球网络安全500强
林　东	浙江温州	杭州林东新能源有限公司董事长	1993年，创建国内最大的牛肉干企业杭州绿盛集团。2009年，进入新能源领域创业。2016年，LHD项目入选高新区（滨江）“5050”计划。2016年8月，实现海洋潮流能发电机组并网发电，使中国成为亚洲第一个、世界第三个全面掌握潮流能发电并网技术的国家
倪　军	青海西宁	杭州安脉盛智能技术有限公司合伙人	1982年，毕业于上海交通大学。1987年，从美国威斯康辛大学毕业，获博士学位后进入密西根大学任教。2016年，在高新区（滨江）创立杭州安脉盛智能技术有限公司。公司入选“中国制造2025浙江行动”试点区的首批智能制造解决方案服务商
竺福江	浙江杭州	杭州民生药业集团有限公司董事长、总裁	2000年企业改制，成立杭州民生药业集团有限公司。2002年，迁入高新区（滨江）。2007年，新建民生滨江制药公司。2011年，第一个处方药通过美国FDA认证。2017年，高端制剂出口美国
訾振军	安徽阜阳	杭州启明医疗器械有限公司总经理	2009年，在高新区（滨江）创业。2014年，获第三届中国创新创业大赛生物医药行业冠军。2016年，和浙江大学医学院附属第二医院共建心脏瓣膜研究院。2017年，公司研发的中国首个经导管人工心脏瓣膜上市
李　琦	浙江宁波	杭州瑞德设计股份有限公司董事长	1995年，毕业于浙江大学工业设计专业。1999年，创办杭州瑞德设计股份有限公司。2005年，公司迁到高新区（滨江）。2014年，在“新三板”挂牌，成为国内工业设计领域首批登录“新三板”的企业。2016年，获工业和信息化部“国家级工业设计中心”认定

续表40

姓　名	籍　贯	职　务	主要事迹
余　涌	浙江杭州	阿里巴巴集团副总裁、中小企业国际贸易事业部联席总经理	2009年，随阿里巴巴集团B2B业务部门入驻高新区（滨江）。推动部门由依靠劳动力的销售业务向依靠数据和运营的服务业务转变。参与推出农村淘宝、跨境B2C平台速卖通、零售通等新业务
罗　欢	重庆	杭州睿琪软件有限公司董事长	1992年，考入清华大学。1997年，到美国工作。2005年，到高新区（滨江）Trilogy研发中心工作。2009年，在高新区（滨江）创立杭州睿琪软件有限公司。2017年，在公司内部孵化出杭州大拿科技股份有限公司。致力于打造人工智能标志性企业
周韶宁	浙江宁波	百世集团总裁	1978年，考入复旦大学。1980年，赴美留学。1996年，加盟UT斯达康通信有限公司。2004年，随UT斯达康迁入高新区（滨江）。2007年，在高新区（滨江）创立百世物流科技有限公司。2017年，百世物流在纽约证券交易所上市
毛江森	浙江江山	浙江医学科学院原院长、国际著名医学病毒学家、中国科学院院士	1951年，考入国立上海医学院临床医学专业。1978年，从西北调到杭州，长期从事病毒研究工作。1991年，研制出甲肝减毒活疫苗H2株，成立浙江省医学科学院普康生物技术公司。2005年，在高新区（滨江）建设普康生物医药园。专业指导甲肝疫苗生产
傅利泉	浙江杭州	浙江大华技术股份有限公司董事长	1987年，考入浙江电子工业学校。1993年，自主创业。2001年，成立浙江大华技术股份有限公司。2005年，大华整体搬迁至高新区（滨江）。2008年，在深圳证券交易所上市。成为全球领先的以视频为核心的智慧物联解决方案提供商和运营服务商
王建安	浙江杭州	浙江大学医学院附属第二医院院长、教授，博士生导师	1977年，考入湖南医科大学临床医学专业。1982年，加入浙医二院。2009—2018年，推进浙医二院滨江院区的建设，浙医二院滨江院区成为全国三甲医院新院区建设中的典范。推动与高新区（滨江）的医联体建设
唐家三少	北京	中国网络作家村村长	网络小说作家。2008年，开始创作《斗罗大陆》，已创作4000万文字、200多部书。2017年，成为首任中国网络作家村村长。坚持以内容为核心创作，促进杭州文创产业的发展，致力于成为网络作家村的服务者和引导者
金琦峰	浙江杭州	浙江宇视科技有限公司开发部副部长	浙江工业大学信号与信息处理专业硕士。2008年，加入浙江宇视科技有限公司，主要职责是维护和开发公司的IP多媒体操作系统，解决多媒体业务尤其是视频监控业务系统的设备资源管理调度与服务的效能和可靠性问题
王　汀	浙江杭州	滨江区行政服务中心副主任	“最多跑一次”改革实践者。2013年，调入工商滨江分局推动工商登记制度改革。2013—2018年，全程参与商事制度改革。高新区（滨江）“小政府，大服务”的实践者
施继兴	浙江杭州	东方通信股份有限公司前董事长	“中国移动通信产业第一人”。1967年，毕业于北京邮电大学。1990年，与美国摩托罗拉公司合作，引进蜂窝移动电话产品制造技术。1996年，东方通信股份有限公司在上海证券交易所上市，成为杭州高新区第一家上市公司。1998年，进入滨江，建立生产基地。
Lucas Rondez（鸿志远）	瑞士日内瓦	杭州博如网络科技有限公司、杭州你创网络科技有限公司CEO	2007年，到杭州从事金融服务。2015年，在高新区（滨江）创建外国人了解中国的网络平台——“NiHao”App。2017年，搭建非华裔创业者的创新创业网络服务平台——nihub。2017年，作为突出贡献的外国专家，被授予“钱江友谊奖”

续表40

姓　名	籍　贯	职　务	主要事迹
张锡忠	浙江杭州	彩虹城小学、钱塘实验小学校长	小学中学高级教师，浙江省“5522工程名师”培养对象，杭州市学科带头人。提出“爱的共同体”教育理念。高新区（滨江）打造现代化教育强区的亲历者、参与者、见证者
于英涛	山东烟台	紫光股份董事长兼新华三首席执行官	2003年，在高新区（滨江）成立新华三的前身——华为3Com技术有限公司。2006年，建立H3C品牌。2009年，成为全球路由器领域产品系列最全、解决方案最完善的领先者之一，提供业界覆盖最全面的交换机产品。2016年，新华三集团成立。2018年，进入大安防领域
王晓芳	浙江杭州	西兴街道滨和社区党支部书记	1997年，参加工作。2006年，调入西兴街道温馨社区。2016年，调到滨和社区。创新服务方式，特别是为青年人才提供精准的社区服务
华水芳	浙江杭州	浙江华业控股集团有限公司董事长	2002年，筹备建立华业高科技产业园。至2018年底，华业科技园累计培育上市公司4家、“新三板”挂牌企业6家、高新技术企业83家、瞪羚企业26家，“5050计划”人才项目79个。获评国家级科技企业孵化器、国家小型微型企业创业创新示范基地、浙江省创新创业首选地等
丁　磊	浙江宁波	网易（杭州）网络有限公司董事局主席	1997年，创办网易。2006年，在高新区（滨江）注册网易（杭州）网络有限公司。组建网易杭州研究院，孵化出网易严选、网易考拉海购、网易味央、网易美学等新品。2018年，网易三期落户高新区（滨江）。企业市值超过1000亿元
褚　健	浙江淳安	中控集团创始人	1978年，考入浙江大学。1993年，创办中控。2003年，中控集团落户高新区（滨江）。至2018年底，建成中控科技园、中控软件园、中控信息大厦。中控集团是中国领先的自动化与信息化技术、产品与解决方案供应商
郭艳捷	浙江杭州	奥体社区党支部书记	2016年，任奥体社区筹备组组长。创新工作方法，打造“5分钟运动圈”，通过体育凝聚新建社区居民
Milad Nouri	法国	杭州优搜科技有限公司CEO	2006年，到高新区（滨江）居住。2009年，开始创业。2017年，创立杭州优搜科技有限公司。2018年，YOOSourcing优搜入选高新区（滨江）新一轮“5050”计划

（区志编研室）

市十大青年科技英才

【汪源】 男，1979年5月出生，高级工程师，网易（杭州）网络有限公司副总裁、杭州研究院执行院长。从事大数据、云计算、信息安全、数据库、多媒体等计算机应用领域的科学研究工作。获得“2016年云计算十大风云人物”“2016年度中国IT领军人物”等称号。2018年杭州市十大青年科技英才获得者。构建包含服务端、前端、信息安全、质量保障、运维、大数据、多媒体七大方向的互联网技术体系，使网易作为互联网分部唯一编写单位。主持开发网易猛犸大数据管理平台和网易有数大数据可视化平台。针对互联网产品研发运营中普遍存在的即时通信、视频运输、信息安全等场景，提出将互联网与研发运营场景相结合的场景化服务技术思路，主持开发面向特定场景的网易云信即时通信云、云计算基础服务等七大云计算产品。作为项目（课题）负责人或主要研制者，承担“神州OSCAR大型通用关系数据库”“新型网络计算机操作系统”等多个国家、省、市863计划、重点研发项目。有发明专利10项。发表论文4篇，均被EI收录。

【张邵华】 男，1978年8月出生，硕士研究生，杭州士兰微电子股份有限公司工艺开发总监。2017年获第十九届中国专利奖优秀奖、2017年杭州市科技进步一等奖（第二完成人）。2018年杭州市十大青年科技英才获得者。主要负责功率器件开发、工艺平台开发和功率集成电路模块设计，致力于功率集成电路的研发，尤其是在MOSFET功率分离器件和高压集成功率器件上达到国际先进水平。从事半导体集成电路行业10多年，先后在第十六届全国半导体集成电路硅材料学术会议等学术会议上发布《基于BCD工艺的照明LED驱动电路技术》等多篇论文。拥有个人专利35项。

（李明达）

市五一劳动奖章获得者

【俞飞】 男，1983年出生，浙江杭州人，杭州萧宏建设环境集团有限公司总经理、工程师，2018年“市五一劳动奖章”获得者。俞飞带领公司连续两年中标额超过50亿元，拓展工程建设经营领域和区域。获得包括“鲁班杯”和国家优质工程奖等在内的多个国家、省、市优质工程奖项，获得“市五一劳动奖状”“浙江省信用示范企业”等多项企业荣誉。参加杭州市“联乡结村”帮扶集团，公司每年捐助30万元，帮助淳安县临歧镇的贫困乡村，在杭州市“春风行动”中公司每年捐赠10万元。带领公司党委下属各支部和党员，与40多位贫困生结成长期帮扶对子，每年资助5万余元和一批物资。作为杭州市万名大学生创业实训工作指导小组大学生创业导师，指导和协助2名大学生成功创业。

【陶洪梁】 男，1982年出生，浙江杭州人，滨江区浦沿街道杨家墩社区党委委员，2018年“市五一劳动奖章”获得者。陶洪梁发动居民、社区工作人员进行巡逻，协助出警219起，协助破获84起，有效维护社会治安，使社区治安、刑事案件的发案率分别比上年下降60%和75%。2012年获省公安厅治安先进个人三等功，2016年获滨江区服务保障G20杭州峰会先进个人。负责征兵工作多年，走访入户，运用宣传车、悬挂横幅和标语等多种方式宣传征兵，严密组织体检，为部队输送精兵。在拆迁工作中以身作则，率先签约，在各团队各阶段的进度评比中，屡次获得丈量第一、签约第一，多次被街道评为征迁工作先进个人。

【谢涵聪】 男，1994年出生，浙江杭州人，滨江区城市管理局河道监管中心政府雇员，2018年“市五一劳动奖章”获得者。谢涵聪工作中勤跑现场、加班加点、现场巡河，经常从专业的角度提供建议。在G20杭州峰会期间，同各河长单位一起，对全区41条河道采取一日三巡，成功保障峰会举行。在永久河清淤期间，开启“5+2”“白+黑”的奋战模式，对项目24小时轮班监管，不间断施工，将原本需要3个月时间的项目在1个月内完成。在2017年剿劣工作中，以单一来源采购的方式在全市范围内首创引入城市河道环保清淤技术，全程参与现场监管，重点关注工程的施工质量及人员安全，全年未收到一起清淤相关的投诉件，完成清淤河道25条（段），清淤量45万立方米，助推全区剿劣工作的进程。

【邹继红】 男，1980年出生，浙江杭州人，中控集团浙江中控流体技术有限公司高级技师，2018年“市五一劳动奖章”获得者。邹继红攻克多项国家、省、市重点项目的加工技术难题，解决流体高压差时的噪音和减压难题，发明迷宫式降压降噪装置。获国家发明专利1项，实质审查1项。新申请实用新型专利1项。专利产品投放市场后每年取得100万元以上的经济效益和社会效益，提高国内在恶劣工况下工作的阀门制造水平。开展机械制造培训课，师带徒培养高技能人才10多人；兼职技能导师并带队多次参加杭州市技能大赛和滨江区技能大赛，获杭州市技能大赛数控车工第八名1人、滨江区技能大赛普通车工第一名1人等荣誉。入选浙江省2015年“金蓝领”高技能人才到德国培训。2017年杭州首届“双微”创新大赛获第十名。获“杭州市经济技术创新能手”“杭州市职业技能带头人”称号。（区志编研室）

历史人物

【汤金钊】（1772—1856），字敦甫，一字勖兹。先世由浙江青田迁至萧山长河双庙前（河斗里）西门外居住，称“西门汤氏”，再迁至萧山城厢万寿桥下街。汤金钊于清乾隆五十九年（1794）中乡试第一，嘉庆四年（1799）中进士，选为庶吉士，授编修。先后历乾隆、嘉庆、道光、咸丰四朝，任职于吏部、礼部、户部、工部、兵部五部，并一度为上书房总师傅。汤金钊上疏反对增赋，主张疏浚运河，革除州县陋规，议订禁烟条例等，深得道光皇帝嘉勉，钦赐头品顶戴。清咸丰四年（1854），加太子太保衔，咸丰帝赐御书“庆衍恩荣”。清咸丰六年（1856）卒，谥“文端”。汤金钊工书，其书法秀润沉稳而有丰神，得颜真卿、褚遂良、赵孟頫气韵。著有《寸心知室存稿》。

【许廑父】（1891—1953），名与澂，字弃疾、一厂，别署忏情室主、清风明月楼主、颜五郎，浦沿许家里人。幼入私塾，后就读于杭州宗文中学、上海中国公学。民国9年（1920），成为粤督莫荣新之秘书。到上海后，由《民权报》主笔何梅鸣推荐，靠写作为生，在文坛崭露头角。民国18年（1929），受会文堂书局之邀，续撰《民国通俗演义》第121至第160回，完成蔡东藩未完成的“中国通俗演义”民国部分。民国19年（1930），返回杭州任《东南日报》副主笔，主编副刊《小筑》。次年浙江商学社成立后，接办《浙江商报》，民国23年（1934）任《浙江商报》主笔，一年后任社长。抗日战争时，任浙江茶叶运销处主任、浙江省建设厅厅长秘书等职。许廑父以小说驰名，作品多以言情为主，曾为上海会文堂书局特约撰稿人。主要作品有《八仙得道传》《沪江风月传》《情海风花录》《南国佳人传》。

【孙祖贤】（1886—1952），字企斋，长河人。初为商店学徒，后就读于两浙师范学堂初级班、浙江公立法政学校。毕业后，曾在德清县立小学、长河崇实小学、浙江工业学校任教。民国8年（1919）参加高等文官、司法官考试，得中后入北京司法官讲习所学习。学习结业后，在山西太原、陕西西安、湖北武昌任地方审判庭推事，湖北高等法院推事，最高法院推事，最高法院刑诉判例编委会主任，1948年底辞职归故里。孙祖贤长期从事司法工作，长于文学、音乐，能拉二胡，会吹箫、笛。编有《六法判解汇编》。

【来宝坤】（1893—1935），小名阿坤，出席中共六大时改名来耀先。出生于长河咸字里贫农家庭，为生计学习理发手艺，后在镇上财神桥边租屋开“坤记理发店”。民国16年（1927）6月，配合中共党员瞿缦云、莫仲乔在长河及沿湘湖一带开展工作，负责组建长河农民协会。7月，加入中国共产党。中共长河乡区域支部成立后任书记。10月，根据上级指示，组织农民2000多人举行游行示威。民国17年（1928）3月，营救长河农会负责人来柱臣，砸毁长河警察所。之后被国民党萧山县政府抓获，中共长河乡区域支部发动数百渔民救回。民国17年（1928）6月18日至7月11日，来宝坤作为浙江省代表出席在莫斯科召开的中共中央第六次全国代表大会。六大结束后回乡养病，后到上海后遭反动派杀害。1986年，来宝坤被追认为革命烈士，事迹陈列于浙江省革命烈士纪念馆。

（区志编研室）

统计表

2018年高新区（滨江）经济社会主要指标

表41

指标名称	计量单位	2018年	为2017年的（%）
年末人口概况			
年末总户数	万户	7.32	107.3
全区年末户籍人口	万人	26.14	107.6
其中：男性	万人	13.24	107.4
女性	万人	12.90	107.9
当年出生人口	万人	0.48	83.3
全区人口出生率	‰	18.5	*-5.4
全区人口自然增长率	‰	15.4	*-4.8
全区年末常住人口	万人	39.20	111.7
全区土地面积	平方千米	72.2	—
地区生产总值			
全区生产总值	亿元	1350.7	111.0
其中：第一产业	亿元	0.7	73.7
第二产业	亿元	672.3	116.7
#工业	亿元	663.4	117.1
第三产业	亿元	677.7	105.7
规模以上工业			
工业总产值	亿元	2071.68	116.8
新产品产值	亿元	1171.50	104.6
工业销售产值	亿元	2027.86	118.5
万元工业增加值能耗降低率	%	9.0	*4.6

续表41

指标名称	计量单位	2018年	为2017年的(%)
规模以上服务业			
出报企业数	家	555	99.8
营业收入	亿元	1971.1	117.4
本年折旧	亿元	37.3	167.8
利税总额	亿元	287.7	89.1
其中:利润总额	亿元	179.3	74.1
财政收支			
财政总收入	亿元	322.81	112.4
其中:地方一般公共预算收入	亿元	164.86	115.4
其中:增值税25%	亿元	61.75	137.3
企业所得税40%	亿元	28.86	78.0
个人所得税40%	亿元	35.22	120.3
固定资产投资			
固定资产投资完成额	亿元	260.11	116.8
#生态环保和公共设施投资	亿元	22.57	154.9
高新技术产业投资	亿元	36.59	81.6
民间投资	亿元	176.42	126.8
#房地产开发民间投资	亿元	148.19	136.1
交通投资	亿元	0.04	872.9
房地产情况			
房屋施工面积	万平方米	475.0	96.5
房屋新开工面积	万平方米	90.0	172.2
房屋竣工面积	万平方米	102.6	113.8
房屋销售面积	万平方米	42.8	81.7
房屋销售额	亿元	173.7	113.4
批零贸易、住宿餐饮业			
出报企业数	个	324	109.8
其中:批零企业	个	283	111.9
住餐企业	个	41	97.6
社会消费品零售总额	亿元	179.58	110.0
其中:批发和零售业	亿元	168.54	110.4
住宿和餐饮业	亿元	11.04	104.8
汽车零售额	亿元	89.12	98.6
出口及招商引资			
自营进出口	亿元	611.53	114.5

续表41

指标名称	计量单位	2018年	为2017年的(%)
其中:出口	亿元	453.99	113.8
进口	亿元	157.54	116.4
新批外资项目	个	117	—
实际利用外资	亿美元	8.53	112.4
浙商创业创新到位资金	亿元	82.80	113.6
世界500强投资企业数(累计数)	个	39	102.6
企业发展			
累计工商注册单位数	家	42120	117.5
其中:当年新办工商注册数	家	8862	108.0
新增注册资本	亿元	547.03	104.8
当年引进入驻江北企业	家	302	69.9
中国软件业务收入百强	家	10	—
上市公司	家	42	105.0
“新三板”挂牌公司	家	105	101.9
省级及以上高新技术企业	家	904	129.1
其中:首次新认定	家	235	169.1
瞪羚企业(当年认定数)	家	233	—
在孵企业	家	1540	117.2
科技创新			
专利申请数	项	15515	110.7
其中:发明专利	项	7299	123.8
获授权专利数	项	8384	112.2
其中:发明专利	项	1981	104.6
市级及以上科技企业孵化器	家	35	152.2
众创空间	家	32	123.1
市级以上技术中心	个	153	108.5
研究与发展经费支出(R&D)与GDP之比(预计数)	%	11.00	—
争取市级及以上产业扶持资金	亿元	4.09	84.1
区财政产业扶持资金支出	亿元	24.63	117.1
人　才			
引进人才总数	人	30637	115.1
其中:博士	人	237	130.9

续表41

指标名称	计量单位	2018年	为2017年的(%)
硕士	人	7711	118.6
其中:留学人员	人	1348	122.5
留学人员创办企业	家	1329	118.2
其中:当年新增	家	114	91.9
新增大学生创办企业数	家	525	98.7
拥有国家级“千人计划”人数	人	96	120.0
拥有省级“千人计划”人数	人	157	111.3
人民生活			
收入			
城镇常住居民人均可支配收入(杭州市)	元	61172	108.7
农民人均纯收入	元	41938	110.4
就业保障			
全年新增就业岗位	个	15496	95.1
全年新增城镇就业	人	28932	169.7
年末职工基本养老保险参保人数	人	395247	116.1
#当年新增	人	53808	108.2
年末职工工伤保险参保人数	人	426333	116.3
#当年新增	人	58620	228.5
年末生育保险参保人数	人	384699	117.0
#当年新增	人	55043	110.2
教　育			
学校数	所	78	—
其中:幼儿园	所	39	—
小学(含九年一贯制)	所	22	—
中学(含九年一贯制)	所	13	—
进修学校、社区学院、成校	所	4	—
学生数	人	49881	—
其中:幼儿园	人	18057	—
小学(含九年一贯制)	人	24023	—
中学(含九年一贯制)	人	7801	—
专职教师数	人	4006	—
其中:幼儿园	人	1539	—

续表41

指标名称	计量单位	2018年	为2017年的（%）
小学（含九年一贯制）	人	1508	—
中学（含九年一贯制）	人	915	—
进修学校、社区学院、成校	人	44	—
卫　生			
卫生机构数	个	210	120.0
其中：医院数	个	8	100.0
卫生技术人员	人	2381	119.0
其中：执业（助理医师）	人	936	111.7
注册护士	人	1065	115.1
年末各类医疗机构床位数	张	547	119.7
其中：医院床位数	张	422	127.1
医院年诊疗人次	万人次	15.44	108.7
城市建设			
园林绿地面积	公顷	1376.43	—
其中：公园绿地面积	公顷	426.96	—
年末实有道路总长度	千米	238.5	102.8
其中：当年新增	千米	6.5	59.1
用电量			
全社会用电量	万千瓦时	327409	114.0
其中：居民生活用电	万千瓦时	67657	112.2
工业用电	万千瓦时	57847	101.4

说明：带*为增减百分点；带 # 为增减数

杭州市各区县（市）主要经济指标对比

表42

指标名称	计量单位	2018年	为2017年的（%）
地区生产总值			
上城区	亿元	1102.70	105.3
下城区	亿元	928.91	106.1
江干区	亿元	675.52	104.1
拱墅区	亿元	581.81	104.2
西湖区	亿元	1202.27	106.0

续表42

指标名称	计量单位	2018年	为2017年的(%)
滨江区	亿元	1350.66	111.0
萧山区	亿元	1802.08	105.7
余杭区	亿元	2312.45	111.2
富阳区	亿元	764.61	105.7
临安区	亿元	539.63	107.2
桐庐县	亿元	391.99	105.5
淳安县	亿元	243.19	104.2
建德市	亿元	367.90	107.6
杭州经济技术开发区	亿元	703.58	105.8
西湖名胜风景区	亿元	44.06	106.8
大江东产业集聚区	亿元	304.29	103.0
财政总收入			
上城区	亿元	160.17	110.8
下城区	亿元	164.11	108.5
江干区	亿元	173.92	109.1
拱墅区	亿元	157.05	111.5
西湖区	亿元	270.05	110.1
滨江区	亿元	322.81	112.4
萧山区	亿元	393.79	121.7
余杭区	亿元	623.86	123.2
富阳区	亿元	123.18	113.3
临安区	亿元	88.48	116.8
桐庐县	亿元	52.76	113.2
淳安县	亿元	34.37	111.2
建德市	亿元	50.46	118.1
杭州经济技术开发区	亿元	141.14	105.0
西湖名胜风景区	亿元	14.50	133.4
大江东产业集聚区	亿元	80.45	92.3
地方一般公共预算收入			
上城区	亿元	80.65	110.2
下城区	亿元	89.40	109.0
江干区	亿元	95.09	108.0

续表42

指标名称	计量单位	2018年	为2017年的（%）
拱墅区	亿元	84.40	108.0
西湖区	亿元	139.41	110.7
滨江区	亿元	164.86	115.4
萧山区	亿元	230.01	120.6
余杭区	亿元	336.38	119.6
富阳区	亿元	72.70	112.5
临安区	亿元	53.17	121.6
桐庐县	亿元	30.67	110.2
淳安县	亿元	19.50	112.9
建德市	亿元	28.27	115.9
杭州经济技术开发区	亿元	74.76	106.3
西湖名胜风景区	亿元	7.89	137.4
大江东产业集聚区	亿元	40.31	102.3
实到外资			
上城区	亿美元	2.27	104.6
下城区	亿美元	5.41	134.4
江干区	亿美元	3.52	109.8
拱墅区	亿美元	4.40	115.0
西湖区	亿美元	6.57	102.5
滨江区	亿美元	8.53	115.8
萧山区	亿美元	10.09	114.9
余杭区	亿美元	10.55	101.4
富阳区	亿美元	2.89	104.1
临安区	亿美元	2.17	93.8
桐庐县	亿美元	1.79	108.4
淳安县	亿美元	0.21	63.4
建德市	亿美元	1.46	107.9
杭州经济技术开发区	亿美元	2.42	41.7
西湖名胜风景区	亿美元	—	—
大江东产业集聚区	亿美元	6.00	100.0

（马佳慧）

数字滨江

2014—2018年地区生产总值

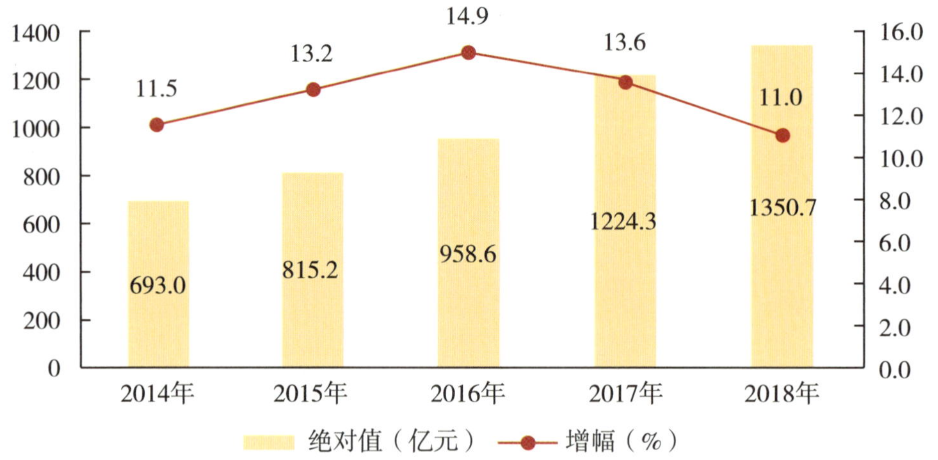

2014—2018年规模以上工业产总值

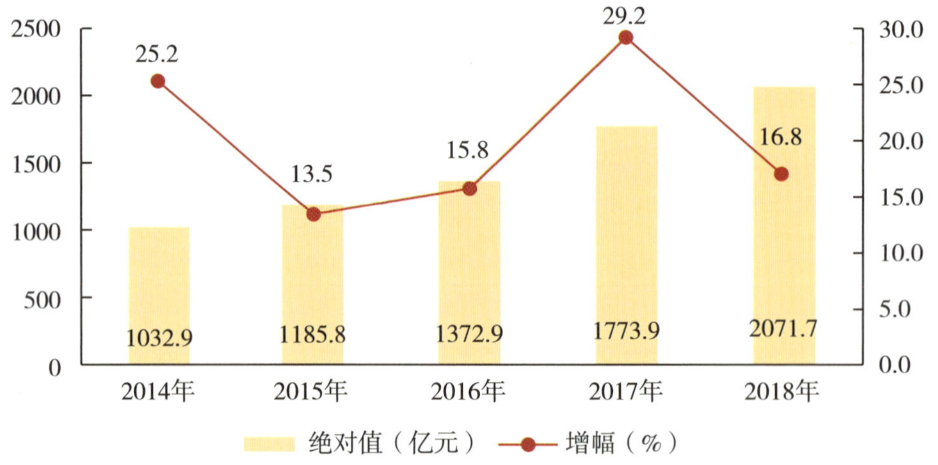

2014—2018年固定资产投资

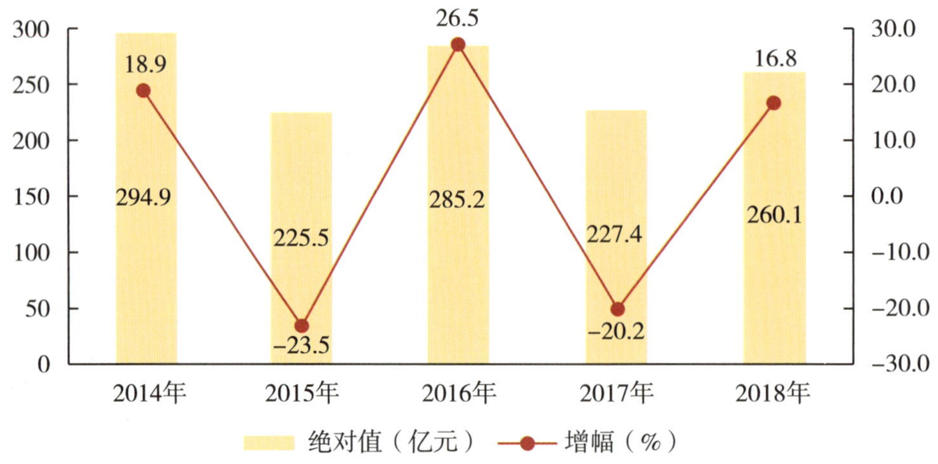

2014—2018年社会消费品总额

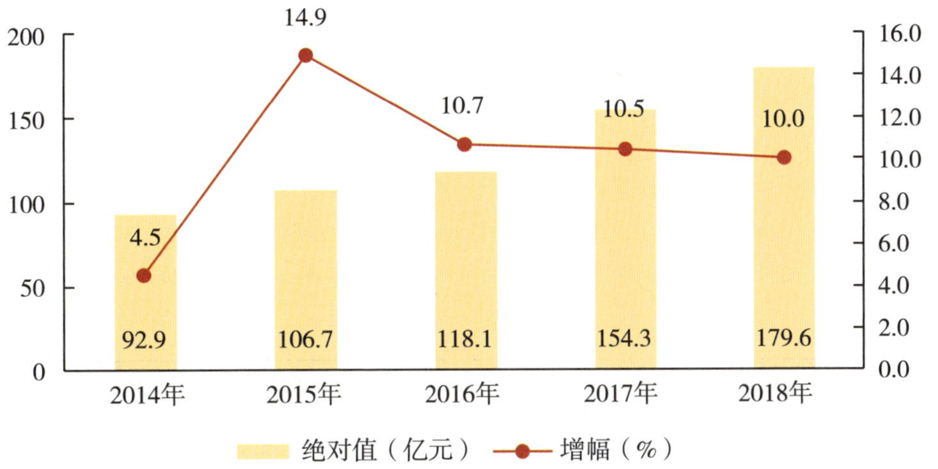

2014—2018年实际利用外资

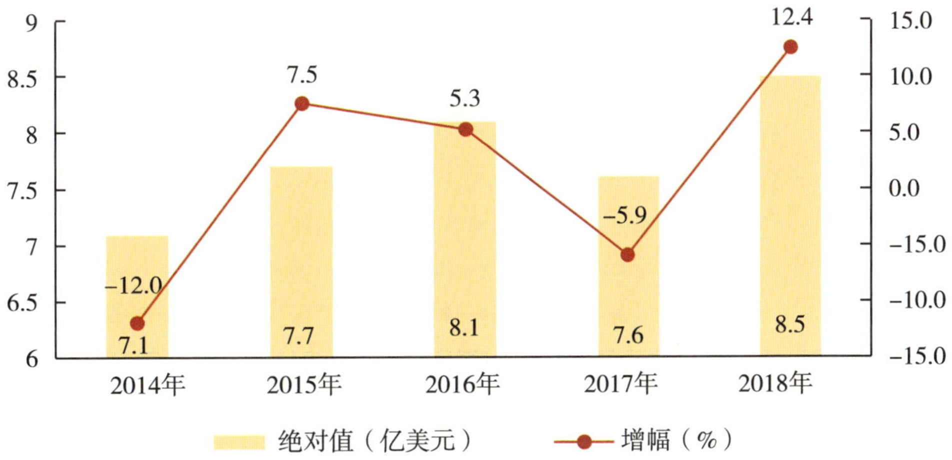

2014—2018年财政总收入

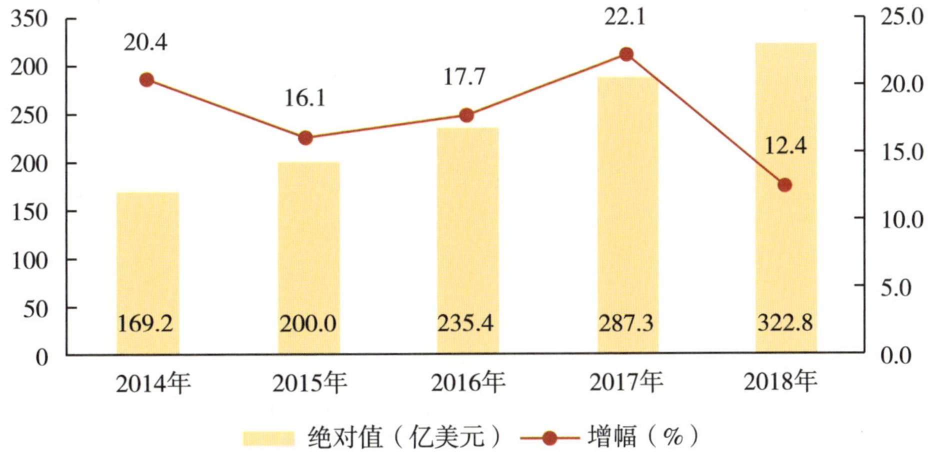

2014—2018年一般公共预算收入

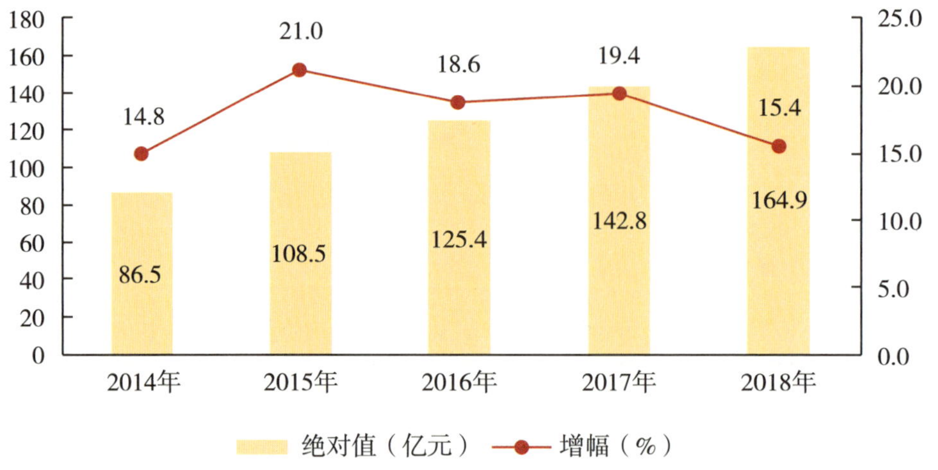

2014—2018年户籍人口数

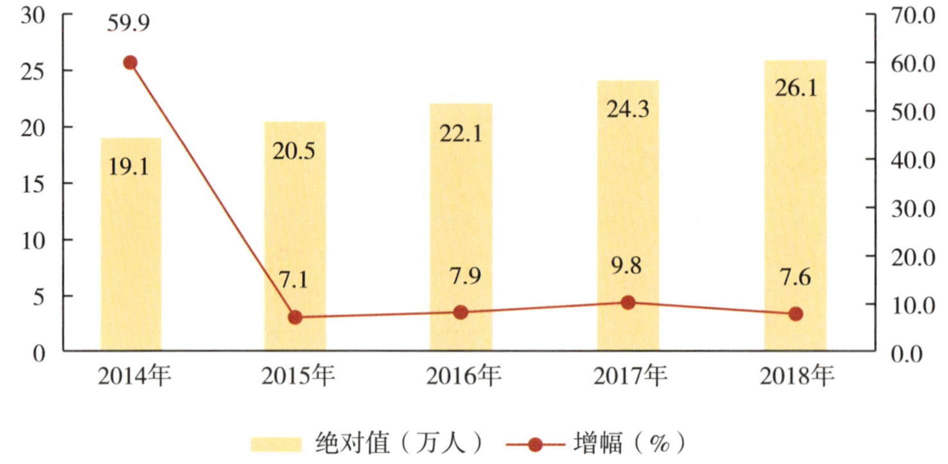

2014—2018年引进人才数（人）

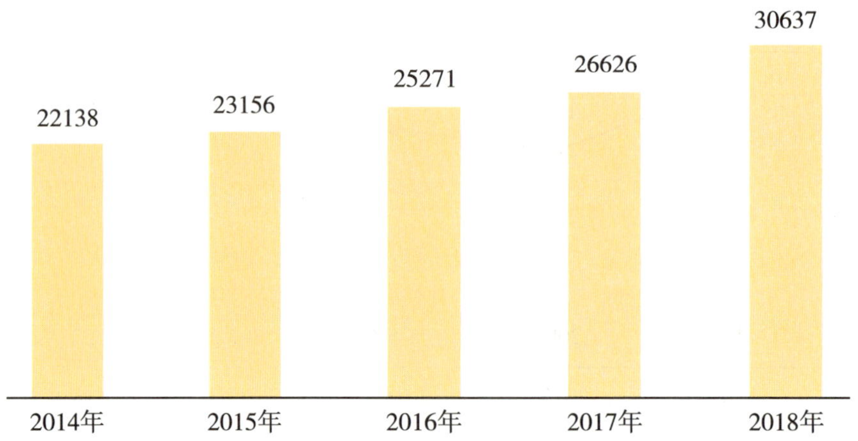

（马佳慧）

2018年滨江荣誉

1月15日，高新区（滨江）被省教育厅认定为省级示范学习型城市。

1月30日，2017浙江省高新区评价结果揭晓，高新区（滨江）在全省30个高新区中排名第一。

1月31日，据浙江省知识产权局公布的《关于印发2017年全省专利申请量和授权量统计数据的通知》，2017年高新区（滨江）每万人发明专利拥有量、发明专利申请量以及发明专利百强榜企业数量三项指标均为全省第一。

2月7日，省经信委公布《2017年浙江省区域两化融合发展水平评估报告》显示，高新区（滨江）两化融合发展指数105.53，比上年提升5.08分，连续7年排名全省第一位。

2月13日，科技部火炬中心通报2017年度国家火炬计划软件产业基地评价情况，杭州高新软件园综合排名第三位。

2月27日，《2017年浙江省信息化发展水平评估报告》发布，高新区（滨江）信息化发展水平位列全省第一。

3月27日，高新区（滨江）被评为浙江省2016—2017年度社会治安综合治理先进集体。

3月，高新区（滨江）获2017年度杭州市服务贸易综合考核一等奖。

5月9日，在全省对外开放大会上，高新区（滨江）入选“2017年度浙江省外贸十强县（市、区）”。

10月24日，省经信委公布2018年度全省89个县（市、区）“亩均论英雄”榜单。高新区（滨江）9项指标均排名靠前，其中3项指标列全省第一。

11月26日，科技部火炬中心公布2018年度国家高新区评价结果，高新区（滨江）在全国157个高新区（156个国家高新区和苏州工业区）中综合排名全国第三位。

12月，高新区（滨江）获2017年度浙江省市县党政领导科技进步目标责任制考核优秀单位。

（区志编研室）

2018年高新区（滨江）重要报道题录

电视媒体重要报道题录

表43

序号	播出时间	栏　目	标　题
1	4月25日	央视4套 《中国新闻》	浙江香港共同打造高新人才创新基地
2	7月17日	央视1套 《新闻联播》	“八八战略”15年 引领浙江新发展
3	9月10日	央视13套 《24小时》	养老院里住进了年轻人 人生重叠时间我们相互温暖
4	9月11日	央视13套 《新闻直播间》	互助养老调查 浙江杭州养老院住进来年轻人
5	2月7日	浙江电视台 《新闻联播》	浙江省全国人大代表开展会前集中学习和视察 车俊出席集中学习会并讲话
6	5月17日	浙江电视台 《新闻联播》	首届“中国网络文学周”杭州开幕 铁凝葛慧君出席并讲话
7	10月11日	浙江电视台 《新闻联播》	杭州：打造全国数字经济第一城 2022年总量要达1.2万亿元以上
8	10月21日	浙江电视台 《新闻联播》	第八届中国创新创业大赛浙江赛区总决赛在杭州举行
9	11月5日	浙江电视台 《新闻联播》	杭州滨江筹划打造全国金融科技第一镇
10	11月20日	浙江电视台 《新闻联播》	袁家军在杭州调研创新型企业时强调 谋创新就是谋未来 抓创新就是抓发展
11	11月21日	浙江电视台 《新闻联播》	中国创新创业大赛互联网行业全国总决赛在杭启动
12	1月15日	杭州电视台 《新闻联播》	当好新时代排头兵 实现六个新突破 高新区（滨江）：从“本地造”走向“国际化”
13	1月20日	杭州电视台 《新闻联播》	滨江3所学校近两千个停车位将向社会开放
14	1月20日	杭州电视台 《新闻联播》	（新型养老助老模式）每月陪伴老人20小时 年轻人可低价租住养老院
15	1月23日	杭州电视台 《新闻联播》	奔竞新时代 逐梦弄潮儿 林东：让海洋清洁能源走进千家万户
16	1月29日	杭州电视台 《新闻联播》	高新区（滨江）GDP增幅列全省首位 跻身千亿俱乐部
17	2月9日	杭州电视台 《新闻联播》	孔少华：救人专业户 最美杭州人
18	2月14日	杭州电视台 《新闻联播》	贯彻落实市“两会”精神 创新再创新 更上一层楼

续表43

序号	播出时间	栏　目	标　题
19	2月22日	杭州电视台《新闻联播》	新一轮号角吹响 今年杭州77个城中村53个小城镇要变样
20	2月22日	杭州电视台《新闻联播》	杭企海外投资再下一城 吉利集团成奔驰母公司戴姆勒第一大股东
21	2月28日	杭州电视台《新闻联播》	高新区（滨江）发布3.0版本“1+X”产业政策 未来三年扶持资金150亿元以上
22	3月5日	杭州电视台《新闻联播》	推迟上学、精简作业、免费晚托 杭州学生的“开学礼”挺多
23	3月16日	杭州电视台《新闻联播》	“独角兽”出没 高新区（滨江）成聚集地
24	3月19日	杭州电视台《新闻联播》	入春一周 最美跑道的樱花何时盛开
25	4月7日	杭州电视台《新闻联播》	垃圾“上岸”变肥料 高新区（滨江）试点河道垃圾分类
26	4月15日	杭州电视台《新闻联播》	高新区（滨江）：诗意西兴源头古镇
27	4月16日	杭州电视台《新闻联播》	高新区（滨江）：亚运场馆日新月异
28	4月18日	杭州电视台《新闻联播》	高新区（滨江）：城市“绿肺”远眺风光
29	4月19日	杭州电视台《新闻联播》	打造“花城滨江” 高新区（滨江）加快推进全域景区化建设
30	4月20日	杭州电视台《新闻联播》	“三大红利”齐发放 高新区（滨江）升级商事制度改革
31	4月24日	杭州电视台《新闻联播》	（向着高质量发展加油干）创新正当时 信息经济引领高质量发展
32	4月24日	杭州电视台《新闻联播》	文创“模范生”新政出台 助力高新区（滨江）打造全省文创产业主阵地
33	4月25日	杭州电视台《新闻联播》	文创“模范生”网络文学“异军突起” 高新区（滨江）打造更优文创生态链
34	4月26日	杭州电视台《新闻联播》	（向着高质量发展加油干）高新技术产品引领外贸增长 外贸新业态增长贡献突出
35	4月26日	杭州电视台《新闻联播》	动漫节今天正式开幕 杭州要打造永不落幕的动漫节
36	4月27日	杭州电视台《新闻联播》	高新区“国家队”成员会面 “世界一流高科技园区2035座谈会”聚焦高质量发展
37	4月28日	杭州电视台《新闻联播》	高新区（滨江）物联网小镇：物联世界 网聚滨江
38	4月30日	杭州电视台《新闻联播》	（杭州制造 筑梦新时代）打造国家级工业互联网平台 赋能制造业高质量发展

续表43

序号	播出时间	栏　目	标　题
39	5月1日	杭州电视台《新闻联播》	动漫精彩不落幕 活动更丰富交易金额创新高
40	5月9日	杭州电视台《新闻联播》	擘画未来开放图景 杭州机遇在这里
41	5月17日	杭州电视台《新闻联播》	首届中国网络文学周在杭开幕 铁凝葛慧君徐立毅出席并发言
42	5月19日	杭州电视台《新闻联播》	首届中国网络文学周 大咖云集推新作
43	5月19日	杭州电视台《新闻联播》	联庄的二次拆迁：寻找利益最大公约数 六场硬仗 一线报告
44	5月31日	杭州电视台《新闻联播》	徐立毅在滨江走访调研企业时强调 以一流营商环境有力助推高新技术产业加快发展
45	6月5日	杭州电视台《新闻联播》	“百千万”进城市：收民情解民意 助推高新区（滨江）产城人融合发展
46	6月5日	杭州电视台《新闻联播》	杭州各地开展丰富多彩活动 欢庆六一国际儿童节
47	6月12日	杭州电视台《新闻联播》	滨江分区规划今起公示 打造世界一流高科技园区
48	6月14日	杭州电视台《新闻联播》	留下工业印记进行城市回忆 滨江打造工业遗址公园“新地标”
49	6月18日	杭州电视台《新闻联播》	水泥厂变身海绵公园 杭州今年将完成100个海绵城市项目
50	6月22日	杭州电视台《新闻联播》	周江勇在调研数字经济发展时强调 坚定不移实施一号工程勇当数字经济发展排头兵
51	6月28日	杭州电视台《新闻联播》	周江勇在调研拥江发展工作时强调 谋深抓实做精拥江发展战略
52	6月30日	杭州电视台《新闻联播》	科技+金融 高新区（滨江）携手民生银行助力中小企业发展
53	7月2日	杭州电视台《新闻联播》	“八八战略”在杭州 有限土地无限价值 滨江以“亩均论英雄”
54	7月5日	杭州电视台《新闻联播》	二次拆迁的联庄 近500户居民开始集中签约
55	7月20日	杭州电视台《新闻联播》	给农贸市场装空调 杭州首批农贸市场改造完成
56	7月22日	杭州电视台《新闻联播》	党建引领 居民自治 高新区（滨江）创基层社区治理新模式
57	7月25日	杭州电视台《新闻联播》	滨江打造“721工作站” 城市管理走精细化之路
58	7月30日	杭州电视台《新闻联播》	上网学技能政府买单 滨江推出家燕回巢2.0升级版

续表43

序号	播出时间	栏 目	标 题
59	7月31日	杭州电视台《新闻联播》	“同心众创”基金启动 瞄准高科技产业
60	8月3日	杭州电视台《新闻联播》	“八八战略”再深化改革开放再出发 对话区县(市)一把手:高新区(滨江)产业国际化 全域城市化 全域景区化 实现产城人高度融合
61	8月9日	杭州电视台《新闻联播》	大学习大调研大抓落实——来自一线的报告 安置小区里的“环境攻坚战”
62	9月17日	杭州电视台《新闻联播》	文创“排头兵”打通产业链上下游 滨江“文创”助推产业集聚
63	9月18日	杭州电视台《新闻联播》	跨界融合风生水起 文博会上“展”文化
64	9月19日	杭州电视台《新闻联播》	第十二届文博会开幕 七万平方米展区化身创意“博物馆”
65	9月20日	杭州电视台《新闻联播》	创意对话创意 匠心创意助推两岸文创交融发展
66	9月20日	杭州电视台《新闻联播》	“六大行动”比学赶超——钱塘秋点兵
67	9月21日	杭州电视台《新闻联播》	周江勇在参观第十二届(2018)杭州市文化创意产业博览会时强调 把文博会办成展示文化创意成果的国际盛会 于跃敏潘家玮参加巡馆
68	9月24日	杭州电视台《新闻联播》	2018杭州文博会圆满落幕 超28.7万人次参与
69	10月6日	杭州电视台《新闻联播》	加速！我的城 亚运之城的全民健身热
70	10月16日	杭州电视台《新闻联播》	北航创新研究院分站在杭揭牌
71	10月17日	杭州电视台《新闻联播》	抢先完成全年招才计划 高新区(滨江)“引智”有奇招
72	10月21日	杭州电视台《新闻联播》	(丰收领头人)蔡祖明:豆腐里有大乾坤 一年竟卖8.6个亿
73	10月21日	杭州电视台《新闻联播》	中国创新创业大赛互联网行业总决赛在杭启幕
74	10月26日	杭州电视台《新闻联播》	(打造全国数字经济第一城)创新引领产业发展 数字经济产业化再启程
75	10月27日	杭州电视台《新闻联播》	(打造全国数字经济第一城)打开未来发展空间 把数字资源变成产业新蓝海
76	10月31日	杭州电视台《新闻联播》	(打造全国数字经济第一城)换羽新生 传统广电企业助力智慧城市运营
77	11月5日	杭州电视台《新闻联播》	滨江金融科技小镇规划出炉 打造全国金融科技第一镇
78	11月8日	杭州电视台《新闻联播》	张仲灿在企业“大走访、大服务”活动中强调 真心实意为民营企业解决问题

续表43

序号	播出时间	栏　目	标　题
79	11月10日	杭州电视台《新闻联播》	世游赛 杭州准备好了
80	11月12日	杭州电视台《新闻联播》	英才汇聚硕果累累 携手播种美好未来
81	11月16日	杭州电视台《新闻联播》	政府背书 解民企融资之困
82	11月23日	杭州电视台《新闻联播》	59天！工程建设项目审批再创新速度
83	11月25日	杭州电视台《新闻联播》	世游赛场馆“小莲花”今天首次迎来游泳比赛
84	11月27日	杭州电视台《新闻联播》	（民营企业砥砺前行）网易：聚焦人工智能 澎湃发展新优势
85	12月9日	杭州电视台《新闻联播》	107位作家入驻 24部作品IP转化 中国网络作家村一岁了
86	12月14日	杭州电视台《新闻联播》	国际钢琴艺术家吴牧野工作室在杭揭牌
87	12月18日	杭州电视台《新闻联播》	输血变造血 滨江率先开展人才“扶智”
88	12月19日	杭州电视台《新闻联播》	（生逢灿烂时）砥砺奋斗 破浪前行 各界干部群众热议庆祝改革开放40周年大会
89	4月6日	杭州电视台《今日关注》	西兴古镇焕新颜
90	12月21日	杭州电视台《今日关注》	滨江：“地长制”破解拆后土地监管难题

平面媒体重要报道题录

表44

序号	刊发时间、版面	刊发媒体	标　题
1	8月21日 13版	人民日报	养老院为啥住进了年轻人
2	12月11日 11版	人民日报	杭州高新区（滨江）2万余名党员认领河道治理任务 “桨声灯影的水乡风情又回来了”
3	12月11日 07版	科技金融时报	滨江成为浙江高质量发展标杆 已累计向区外输送科技型企业超过1200多家
4	1月7日 01版	浙江日报	用好资本市场 做强实体经济 滨江“新三板”挂牌企业超百家
5	1月23日 06版	浙江日报	2018，“国际滨”聚焦高质量发展

续表44

序号	刊发时间、版面	刊发媒体	标　题
6	4月27日 08版	浙江日报	第十四届国际动漫节昨日白马湖畔启幕 滨江：高标准打造全省文创产业主阵地
7	5月28日 01版	浙江日报	锻造“高科技天堂” ——杭州高新区（滨江）信息产业发展纪事
8	12月9日 01版	浙江日报	从三个乡镇跃升为国家高新区前三 魅力滨江款款而至
9	12月10日 10版	浙江日报	开村一年来，百位作家入驻，24部作品成功转化 网络作家村成优质IP资源岛
10	12月17日 016版	浙江日报	28年,一部改革创新史，高质量发展 且看杭州高新区（滨江）
11	1月30日 A01版	杭州日报	高新区（滨江）GDP首次跻身“千亿俱乐部” 同比增长13.2%，增速持续位居全省首位
12	3月1日 A03版	杭州日报	争当新时代全面深化改革的排头兵 高新区（滨江）“最多跑一次”改革再发力
13	5月22日 A03版	杭州日报	网络文学进入“滨江时间” 首届中国网络文学周开启“下一个20年”
14	10月23日 A01版	杭州日报	中国双创大赛首次“移师”高新区（滨江）
15	10月25日 A08版	杭州日报	港珠澳大桥建设中的“滨江造”
16	11月6日 头版	杭州日报	推动产业数字化变革 高新区（滨江）着力打造全国金融科技第一镇
17	1月16日 A02版	钱江晚报	杭州滨江绿康阳光家园尝试志愿服务新模式 每月陪伴老人20小时年轻人可低价租住养老院
18	5月3日 A04版	钱江晚报	没有人插队 没有人喧哗吵闹 杭州一公交站台天天排起150米的长队
19	7月26日 A22版	钱江晚报	滨江区首创安置房总包代建模式 该模式有望推广到全市、全省,将提升安置房的品质
20	1月3日 A04版	都市快报	智慧新天地创新中心开建 三年后将成滨江“西大门”新地标
21	4月17日 A02版	都市快报	让每一条路每一小区都鲜花盛开 “国际滨”要打造“花城滨” 73平方公里的土地上“四季有花，随处见花”
22	4月21日 A05版	都市快报	申请开一家企业3天即可完成 98个审批事项探索推行“证照分离” 滨江启动新一轮商事登记制度改革
23	11月16日 A08、09版	都市快报	“滨江时间”——改革开放40周年特别报道 这里是滨江 一个来了，便没有想过要搬走的地方
24	11月17日 A06版	都市快报	减税降费、提供担保融资服务…… 滨江发布新11条政策助力民营企业高质量发展

续表44

序号	刊发时间、版面	刊发媒体	标　题
25	11月23日 B04、05版	都市快报	“滨江时间”——改革开放40周年特别报道 在滨江这几年亩产千元升到“亩产三个亿” 稻田里种出了高科技
26	11月30日 A08、09版	都市快报	“滨江时间”——改革开放40周年特别报道 一座城市的自信，来自于这座城市的文化 “滨江文化”，让新老滨江人在寻常日子也能诗意栖居
27	12月7日 C04、05版	都市快报	“滨江时间”——改革开放40周年特别报道 打造“花城滨江” 滨江区要让钱塘江南岸73平方公里的土地上“四季有花，随处见花”
28	12月14日 A08、09版	都市快报	“滨江时间”——改革开放40周年特别报道 世界游泳锦标赛（25米）开到“家门口” 滨江人不用跨江就能把日子过得滋润
29	7月10日 A04版	每日商报	滨江首个老小区加装电梯在中兴花园开建 预计十月底完工 年底滨江至少加装10台电梯

（王春松）

媒体报道精选

用好资本市场　做强实体经济
滨江“新三板”挂牌企业超百家

记者　夏丹　高新区（滨江）报道组　余小平　宋桔丽

近日，杭州掌动科技股份有限公司在全国中小企业股份转让系统（简称“新三板”）正式挂牌。截至目前，杭州高新区（滨江）在全国中小企业股份转让系统挂牌企业累计超百家，成为全省“新三板”挂牌企业首个突破百家的县（市、区），资本市场上的“滨江板块”令人瞩目。值得一提的是，其中97%以上是高科技企业。

作为浙江创新发展的排头兵，在为企业营造更优发展环境过程中，杭州高新区（滨江）较早认识到资本市场对企业做大做强的巨大牵引力，排万难、谋百计鼓励企业用好多层次资本市场力量，做大做强实体经济。

敢为人先，谋划在前。早在2008年“新三板”尚未全面扩容时，高新区（滨江）就紧盯国家在北京中关村进行的相关试点，并帮助企业早做准备。到2014年初“新三板”正式扩容后吸纳的首批企业中，7家杭州企业中的6家出自高新区（滨江）。由于早谋划早行动，到2015年、2016年，该区企业更是频频现身“新三板”，成为“新三板”一股不容忽视的力量。

精准务实的扶持政策，激励越来越多企业主动拥抱资本市场。为了鼓励初创型、科技型中小型业在“新三板”等交易市场挂牌，高新区（滨江）对“新三板”成功挂牌企业给予一次性奖励100万元。同时，该区通过加强顶层设计，让企业将资本市场募集到的资金用于发展实业，尤其鼓励企业加大研发投入。

作为高新区（滨江）首批6家在“新三板”挂牌的企业之一，浙江三网科技股份有限公司通过定向增发募集到6000多万元，全部用于公司核心业务智慧交通、网络版权交易等项目的前期投入，支撑了企业当前销售与利润的快速增长。

一大批进入资本市场的高科技企业，为高新区（滨江）构建起一个庞大的优质企业储备库。依托区内充沛的创新型、成长性资源，该区构建起新三板、创业板、中小板乃至主板的“蓄水池”和“孵化器”。

红船劈波行，发展无止境。为帮助更多优质高科技企业借力资本市场谋求高层次发展，高新区（滨江）还制定了“两步走”具体行动目标，即到2019年孵化上市企业力争达到50家，2025年力争实现孵化上市公司100家。

（《浙江日报》2018年1月7日01版）

锻造“高科技天堂”

——杭州高新区（滨江）信息产业发展纪事

记者　夏丹　唐骏垚　高新区（滨江）报道组　余小平　宋桔丽

近年来，杭州高新区（滨江）坚定不移沿着“八八战略”指引的路子阔步向前，始终专注于以信息产业为核心的先进制造业，并以创新驱动为核心，集聚高端人才，不断提升产业层次和科技含量，在浙江锻造出一张全新的产业“金名片”。

——题记

作为浙江省首个国家级高新区，杭州高新区（滨江）（以下简称“滨江”）自诞生之日起，就瞄准位于世界科技前沿的信息产业，苦干实干，走出了一条“加快先进制造业基地建设，走新型工业化道路”的发展之路，锻造出一张全新的浙江产业“金名片”。

目前，滨江区80%多的GDP、70%多的财政收入由高新技术产业贡献。在国家级高新区中，滨江的知识创造和技术创新能力排名第二，技术创新核心指标达到世界一流高科技园区水平。

滨江的信息产业从零起步，由大到强，每一次跨越，都离不开“八八战略”的指引。走进新时代，滨江正致力建设快乐创业、幸福生活的世界一流高科技园区。

瞄准先进“数字浙江”开路先锋

今年5月20日，是浙江大华技术股份有限公司上市10周年的日子。17年前诞生于滨江，10年前成功上市，如今大华股份市值大涨2400%。在全球行业权威榜单—2017年度“全球安防50强”中，大华股份已位居第三。

大华股份的发展壮大，是十多年来滨江信息产业发展的缩影。

本世纪初，全球信息技术迅猛发展，省委“八八战略”提出“加快先进制造业基地建设”。2002年，刚和杭州高新区合并的滨江区，把目光投向了低能耗、低污染、低排放和高附加值的信息产业。摒弃“捡到篮里都是菜”的老路，滨江围绕信息产业，认准“高”和“新”的产业发展方向，逐步构建以信息经济为核心的现代产业体系。

在深耕信息经济的过程中，滨江坚持自主培育本土企业，扶持它们由小到大再到强。早年间通信产业蓬勃兴起的当口，滨江引进、培育了以杭州华三等为代表的一批通信设备制企业；当物联网技术席卷全球，在滨江“土生土长”的海康威视、大华股份、聚光科技等成为全球同行翘楚。如今，全球抢抓人工智能大数据、云计算技术机遇，滨江也已提前入局占得先机。

在发展过程中，滨江注重发挥信息化在推动工业化过程中的倍增和催化作用，坚持工业化和信息化融合，打造出一个千亿级的网络信息产业先进制造业集群。它涵盖了从关键控制芯片设计，到传感器和终端设备制造，到网络通信设备、信息软件开发、物联网系统集成以及电子商务、金融服务、智慧医疗等运用，再到网络运营服务、大数据平台支撑的完整产业体系。

这个先进制造业集群背后，是一支“大中小”梯队协同发展的高新技术企业队伍：既有阿里巴巴、海康威视、新华三集团这样的“巨舰”，也有安恒信息、矽力杰、宏杉科技等一大批行业“隐形冠军”，更有桃树科技、澍源智能等“小而美”的新生代企业……

滨江的足迹，勾勒出浙江一条有代表性的新型工业化道路，为“数字浙江”建设起到了开路先锋的作用。

营造环境　激发企业创新活力

高和新，是滨江不变的底色。滨江一直致力于提高企业自主创新能力，以科技创新作为推动先进制造业集群发展的核心动力。

“这里有最优的政务服务环境，有最实产业扶持政策，有最浓厚的创新创业氛围。”聚光科技（杭州）股份有限公司创始人王健说。

2001年，“海归”王健和姚纳新在全国考察了一圈，最终选定落户滨江创办聚光科技。可因为研发周期长，公司直到2003年底才有了第一单销售。那段时间，滨江一直全力支持它。

2006年，公司原有空间无力承载企业规模扩大，聚光科技向滨江提出供地要求。“当年聚光科技年销售收入不足亿元，是个‘小个子’，可滨江爽快地拿出了25亩地。”王健说。

从2008年搬入新大楼开始，聚光科技进入快速成长期，2011年成功上市。2017年，公司销售额超过29亿元，比上年增长26%以上。

企业是创新的主体。滨江注重激发企业自主创新活力，为企业营造有利创新的环境。

早在2004年，滨江就在全国率先以地方性法规的形式规定，每年在财政支出中安排不低于15%的比例设立产业扶持资金，用于支持高新技术产业发展和中小企业从事创新创业活动。

政府对创新的倾力支持，让企业信心十足。“从2003年落户滨江到2017年，公司专注于自身专长领域，累计投入研发资金170亿元。”新华三集团高级副总裁、首席品牌营销官孙明蓝介绍，截至今年一季度，公司累计申请专利8447项。在中国以太网交换机和企业级路由器市场占有率上，公司自2008年以来一直保持遥遥领先。

为吸引全球创新人才，滨江2000年就在全省率先启动招募全球高层次人才的“5050计划”，不断从产业发展需要完善人才政策。目前，滨江已累计引进海内外高层次创新创业人才6800余人，其中“国千”专家84人。

滨江树立“服务的核心是企业”的理念。今年2月又发布新一轮“1+X”产业扶持政策，对技术研发孵化、初创型科技企业、瞪羚企业、领军企业、上市公司等五类不同发展阶段的企业，安排精准扶持政策，解决不同阶段的突出问题。

创业在滨江，创新看滨江。2017年，滨江每万人发明专利拥有量、发明专利申请量以及发明专利百强榜企业数量均为全省首位；研究与试验发展经费投入占CDP比重12%以上，远超全省平均水平；新认定国家高新技术企业141家，居全省首位；挂牌“新三板”企业累计103家，为全省首个突破百家的县（市、区），其中97%以上是高科技企业……

宜业宜居 “产、城、人”融合发展

一个没有产业的城市是“空壳城市”，但光有产业，城市也不完整。滨江抓住产城融合发展中“人”这个纽带，围绕“人”在工作生活等方方面面的需求，布局产业、完善配套，让“人”乐意留在滨江创新创业。

如今，大家都喜欢称滨江为“国际滨”。驱车行驶在滨江的江南大道上，两边分布着众多全球知名企业、漂亮的住宅小区，还有地铁、医院、大型综合体……

然而十多年前，这里却是一番城郊接合部景象。孙明蓝说：“每天加班结束后，公司周边一片漆黑，抬头满天繁星的情景，成为一代华三人难忘的记忆。”

同为最早一批入驻滨江的企业，信雅达系统工程股份有限公司董事长耿俊岭清晰记得，2002年公司刚搬到滨江时，“周边都是工地，江南大道还没建好，每天走到办公室都是一脚泥”。

“说实话，那时公司想要招揽人才都不容易。”耿俊岭记得，初到滨江时公司只有300多人，但如今公司员工已超过6000人。“以前深深困扰我们的员工子女就学、日常就医、休闲娱乐等难题，现在滨江都解决得很好，这让我们招揽人才，尤其是高层次人才，有了十足的底气。”

产业让城市生机勃勃，城市让产业持续兴旺。繁荣的产业，让政府有条件对城市建设给予更大投入。近5年来，滨江一系列城市基础设施配套加快完善：一批幼儿园、中小学相继投用；省儿保、浙医二院在滨江设立院区；两条地铁线路跨江延伸至滨江；龙湖滨江天街、宝龙城等商贸综合体开业，“最美跑道”、区体育馆、区文化中心等文化休闲设施开放……如今，产业高地滨江，已成为之江南岸一座宜业宜居的新城。

（《浙江日报》2018年5月28日01版）

从三个乡镇跃升为国家高新区前三

魅力滨江款款而至

记者 唐骏垚 王逸群 高新区（滨江）报道组 余小平 宋桔丽

全国第三！ 12月5日，在科技部刚刚公布的全国157个国家高新区（含苏州工业园）综合评价中，杭州高新区（滨江）再度进入前三，排名仅次于北京中关村和深圳高新区。

28年来，从三个乡镇蝶变为国家自主创新示范区核心区、国际化城区，滨江在改革开放大潮中培育出了全省六分之一的高新技术和上市企业，成为人才、产业集聚的高地。10年，滨江GDP一直保持两位数的高增长；去年，滨江昂首迈入“千亿俱乐部”，成为全省高质量发展的强大引擎；今年前三季度，滨江已实现地区生产总值超千亿元，同比增长10.8%。

咬定创新不放松

车行江南大道，窗外掠过一幢幢现代化的高楼大厦，很难想象这里当年曾是农田滩涂，有着水泥、自行车制造等传统产业。而今天这个国际化城区最为人称道的是数字经济、生物医药等高新产

业集群，聚集的是25万名各类人才，其中海外高层次人才7500人。

“创新永无止境。数字经济领域瞬息万变、技术迭代更新非常快。”四维生态科技（杭州）有限公司创始人华桂潮说，今年创立的四维生态是他在滨江的第三次创业，他要助力农业现代化发展。

无论政府还是企业，滨江人信奉一条：企业要办好，就要把技术搞得棒棒的。

裂变式创新，成为滨江企业做强做大的路径选择。阿里巴巴、海康威视、新华三等领军企业深谙“创新犹如逆水行舟，不进则退”。在深耕各自传统业务的同时，企业积极布局人工智能、芯片、智能汽车等新兴领域，进行二次、三次创业，从而形成大中小创新型企业“千树万树梨花开”的良好氛围，也形成了源源不断的创新动力。今年前三季度，信息经济增加值占该区地区生产总值的78.5%。

记者在滨江采访时发现，放眼整个滨江，创新之花正在更多领域绽放。早在10多年前预见到生物医药大健康产业的良好前景，滨江已开始布局生物医药产业，聚焦引进培育研发型和创新型企业，重点发展智慧医疗、生物医药、诊断试剂和医疗器械等四大领域。当年播下的种子，如今已硕果累累。

目前，滨江已集聚800余家生物医药产业上下游企业，其中包括12家上市公司及新三板挂牌企业。今年前三季度，滨江的生物医药大健康产业利润总额同比增长13.8%，生物医药大健康产业有望成为该区继信息经济后的又一个千亿级产业。

政府全方位服务

滨江以问题为导向，积极探索政府服务创新。

“先照后证”制度、“五证合一”营业执照、17个事项多证合一、刷脸取号……从商事制度到投资项目审批提速，再到公民个人办事服务等，滨江以“最多跑一次”改革撬动全方位改革。

为了破解企业“缺资金”难题，滨江相继推出了科创中心“天使有约”“六和桥”投融资沙龙等资本对接平台；为了让海归人才克服“水土不服”，特设“临时董事会”，互帮互助互鉴解决企业实际问题；近年还持续开展“相约在高新”人才招聘系列活动，为企业寻才觅才。

不遗余力招才引智。9年前，“5050计划”重磅落地，招引海外人才来滨江；2016年，“5050计划”扩大范围，张开双臂拥抱国内外“高精尖”人才。来自哪里不重要，重要的是有真本事。这份不断开放包容的胸怀，正在为滨江招揽更多人才。

全面的人才扶持政策和出色的孵化能力，使更多面向未来的产业在滨江变成“黑马”。在滨江，有杭州市级以上科技孵化器35家、众创空间32家。它们为创新项目和团队提供一切所需的服务：技术咨询、组建团队、寻找资金、理顺公司组织架构、上市指导……

新动能不断汇聚

一座城市的潜力，取决于“集聚了多少脑子”。把人才搞得多多的，形成人才带技术、技术变项目、项目融资金、实现产业化。在滨江，这条以人才为核心的产业发展路径和项目孵化培育全链条服务，让“最强大脑”的创业梦真正落地，夯实滨江高新产业的基石。

截至目前，“5050计划”已经吸引600多个人才项目落地，兑现扶持资金9亿余元。

“我们有个理论叫‘树论’，意思是自己育苗，自己种树，建立一个适合高新技术企业创新创业的‘类硅谷’生态体系。”高新区（滨江）科技局局长汤茵介绍。

这里，不仅长出了创业这棵“参天大树”，还形成了适合各类人才创业栖居的生态。

强大的产业磁极效应和政府的全方位服务，令新动能不断向滨江汇聚。今年以来，滨江引进各类人才29万人，人才引进总量超过去年全年，创历史新高。今年前三季度，该区新办工商注册企业

6509家。

此外，滨江还不断配强基础设施，打造"花城滨"诗意栖居的环境。奥体莲花碗、最美跑道、冠山公园、白马湖、区青少年宫、蜗牛读书馆……个个高颜值的地标接踵而来，形成一座人文与科技相得益彰的大花园，为人才营造了"此心安处是吾乡"的温暖感受。到2022年亚运会举办之时，滨江将是"花在景中、城在园中"的美好景象。

滨江定下了打造世界一流高科技园区的"小目标"：到2020年，建成6个千亿级产业集聚平台、国家"知识产权强区"，形成上市公司、跨国公司集群的"滨江板块"。

（《浙江日报》2018年12月9日01版）

高新区（滨江）GDP首次跻身"千亿俱乐部"

同比增长13.2%，增速持续位居全省首位

记者　王紫微　高新区（滨江）报道组　宋桔丽　通讯员　马佳慧

再次领跑！近日，来自滨江发改局（统计局）的数据显示，经过初步核算，2017年高新区（滨江）实现生产总值（GDP）1088.9亿元，首破千亿元，总量首次跻身全省区、县（市）前十强。

这一"耀眼"的成绩单，不仅让高新区（滨江）成功进入"千亿俱乐部"，更以13.2%的增速，继续位居全省各区（县）首位。

高新区（滨江）为何能够始终保持在全省甚至是全国经济发展快车道上"领跑"？"创新驱动"这一有力引擎，功不可没——此前，在去年科技部火炬中心公布的"榜单"上，高新区（滨江）已在全国147个国家级高新区（含苏州工业园）综合排名中位列第三，全省工业强县（市、区）综合评价"六连冠"，科技进步水平综合评价八年名列第一。

而根据此次报告的数据显示，预计2017年高新区（滨江）研究与试验发展经费投入高达135亿元，在GDP中占比12%以上。全年共申请专利14010件，其中发明专利5894件；专利授权量7474件，其中发明专利1893件。

"产业智慧化，智慧产业化"——全年实现信息经济增加值878.4亿元，增长21.4%，占GDP比重80.7%。在GDP贡献突出的工业经济领域，高新技术产业、战略性新兴产业增加值分别增长22.3%和25.4%，已占规上工业比重96.0%和75.9%，产业结构持续优化。

以产业投资角度来看，2017年高新区（滨江）实现产业投资55.5亿元，占固定资产投资的比重由上年18.4%提高到24.4%，其中，高新技术产业、战略性新兴产业投资共31.6亿元，占产业投资的56.9%。

"经济小巨人"身后，诞生了诸如海康威视、新华三、大华股份等创新领域的"冠军"企业。据统计，前30家重点企业工业总产值1584.2亿元，增长32.1%。去年，高新区（滨江）新认定国家高新技术企业141家，居全省首位，全年新挂牌"新三板"企业24家，累计103家，为全省首个突破百家的县、市（区）。

高新区（滨江）新一届政府精彩开局，也为新一年迈上新台阶打下扎实基础。眼下，高新区（滨江）正在加快推进智能制造供给小镇、互联网金融服务小镇、智慧医健小镇建设，重点谋划布局生命健康、新材料、新能源等未来产业。

以生物医药大健康产业为例，随着启明医疗、今复康、歌礼生物等企业在重大领域取得突破和

成就，以及赛诺菲、康恩贝、民生等一批知名医药企业的快速发展，2017年生物医药大健康产业实现营业收入195.3亿元，未来有望成为继信息经济后，高新区（滨江）又一个千亿级产业。

另外，数字传媒产业的未来也充满想象空间。目前，高新区（滨江）已拥有国家级动画产业基地、华数传媒、中南卡通、边锋网络、电魂网络、畅唐科技等覆盖动画、游戏、工业设计、现代传媒等领域的实力企业。不久前，中国首个网络作家村落户白马湖。2017年数字传媒产业营收增长已高达34.9%。

（《杭州日报》2018年1月30日A01版）

中国双创大赛首次“移师”高新区（滨江）

记者　孟娇　通讯员　孙伟梁　郎凯行

10月21日，中国“双创”领域顶级赛事——第七届中国创新创业大赛互联网行业总决赛，在杭州高新区（滨江）正式开幕。本周内，来自全国各地互联网领域的行业精英，将在钱江两岸这片互联网基因深植的热土上进行巅峰对决。

本次总决赛共有来自全国的282个优秀项目入围，项目涵盖医疗、教育、新零售、文旅、安保、供应链、交通、直播、工控等领域。参赛企业将以“半决赛+决赛”的晋级通路进行比赛，半决赛以小组赛方式推进，将评比出110余家优秀企业，同时决出全国6强初创企业、16强成长企业。10月24日，总决赛将揭晓前三甲名单。

据了解，总决赛的获奖者，除了可以获得大赛组委会提供的相关资金、政策、服务支持外，对于符合杭州高新区产业导向并最终落地的参赛项目，根据项目实际情况，高新区（滨江）将结合“5050”人才政策、招商政策、产业政策等给予重点扶持。

浙江省已连续4年承办国赛互联网行业总决赛，不过大赛具体承办地，从世界互联网大会永久举办地桐乡“移师”杭州高新区（滨江）尚属首次。

国赛为何“携手”高新区（滨江）？

正如杭州高新区（滨江）区委书记詹敏所说，大赛高度契合滨江的基因、主导产业和梦想期待。“我们始终坚信：引进一个人才，带来一项技术，组建一个公司，融到一笔资金，可能造就一个产业。”

杭州高新区（滨江）的产业，发源于互联网，得益于互联网。在这里信息软件、通信设备、数字安防、物联网、电子商务、金融科技、智慧医疗和文化创意等产业集群优势十分明显；网络经济产业链比较完整，并在芯片半导体、人工智能、大数据等方面全面布局；产业数字化、数字产业化、城市数字化快速发展。

据悉，截至目前，该区信息经济占高新技术产业的83.5%，今年前三季度实现收入2300亿元，实现税收超过200亿元。

另据悉，开幕式当天，在下一代互联网产业发展趋势高峰论坛上，中国互联网投资基金总经理李筱强，之江实验室副主任郑宇化，网易集团副总裁、研究院院长汪源分别进行了主题演讲，与参赛企业共话互联网创新时代下的趋势与机遇。

接下来，除完成行业总决赛相关赛事外，赛事期间还将举行创业辅导、大企业对接、参观考察、展览展示等活动，为参赛企业提供多元化双创服务，打造互联网行业创新创业盛会。

（《杭州日报》2018年10月23日A01版）

港珠澳大桥建设中的“滨江造”

通讯员 吴婧 记者 孟娇

昨天上午9点，港珠澳大桥正式通车，在珠海、香港、澳门三地口岸实行24小时通车、通关。同一时间，记者从高新区（滨江）获悉，在这项举世瞩目的“超级工程”中，竟可以找到许多“滨江造”的踪迹。比如综合安防系统，又比如信息化建设，甚至是大桥照明工程，都有高新技术企业贡献技术力量。

海康威视 多项智能创新应用助力一站式通关

港珠澳大桥通车后在通关模式上采取“三地三检”，三地口岸由三地政府各自负责设立和管理。珠海、澳门之间首次采取“合作查验、一次放行”的创新模式。

在珠海公路口岸，一辆车顺利通过海康威视助力建设的车辆通关监管核放系统，完成了“一站式”通关。在这个过程中，这辆车完成了核验——高清摄像机对车牌信息进行识别；人脸摄像机自动进行身份验证；利用线阵相机高速扫描的成像特点，用180° 超大视场角，对各种车型实现无死角检测，达到反藏匿和反偷渡效果。

通俗地讲就是扫车牌、刷脸认证和查车底盘。

但是，港珠澳大桥往来粤港澳三地的车辆，这就意味系统要同时支持对三地车牌及司机座位不同制式的识别。为此，海康威视收集了港澳各类车牌5万张，现场模拟3万个过车样本提高车牌识别率；同时，通过功能定制，灵活地切换不同摄像机以最佳视角提供画面。值得一提的是，用反藏匿系统代替人工核验，平均过车时间从三分钟缩短至数秒。

据悉，除通关系统外，海康威视还有不少解决方案应用于其他业务系统中。

新华三 为大桥海量信息打造“数字化高速公路”

据了解，新华三运营总部位于滨江互联网经济产业园，作为港珠澳大桥信息化建设的核心解决方案供应商，企业承担了大桥90%以上的IT基础架构建设，保障业务系统长期稳定地运行，包括智能弱电管理系统、视频监控系统、应急指挥系统、人工岛智能化系统、智能停车场、旅检中心、口岸货检以及海关、边检、警务等。

据介绍，从2013年起，新华三就介入了大桥信息化建设的设计环节，“大桥涉及海关、边检等十几个部门的三地联动，工程非常复杂。”以人货通关为例，通过前端设备检测汇聚的信息，需要在多个系统之间交互并应用，“我们做的就是建设一条‘数字化公路’，让各方汇集的信息‘车辆’可以顺畅高速稳定地通行”。

据参与大桥建设的新华三相关负责人介绍，在大桥建设过程中，实际需要的技术困难，会倒逼数字技术创新，“我们的硬件设备，几乎都安装在人工岛上，后期运维有很大难度。”为此，公司为大桥搭建了SDN智能网络平台；同时，针对港珠澳大桥复杂的运维环境，量身定制了远程运维服务，当出现问题时，新华三位于北京和杭州的技术专家可以第一时间介入诊断，快速响应，整体网络维护成本降低了50%。

英飞特 防盐雾腐蚀技术点亮海上通道

入夜，港珠澳大桥的灯光点亮粤港澳三地间的海湾。据悉，在大桥照明工程中，照明电源就是由英飞特电子参与供应的。

“跨海大桥对照明要求非常高，不但要防雷、防水，还要防盐雾腐蚀。”英飞特相关项目负责介绍说，为此，英飞特供应了智能可编程EBD系列和恒流EBC系列LED驱动电源产品。

英飞特是一家从事LED驱动电源的研发、生产、销售和技术服务的高新技术企业，LED驱动电源销售规模位居全球前列。

最近，杭州60条城市道路完成增亮，这背后也有这家公司的身影。

（《杭州日报》2018年10月25日A08版）

推动产业数字化变革
高新区（滨江）着力打造全国金融科技第一镇

高新区（滨江）报道组　余小平　宋桔丽　通讯员　路清霞　记者　孟娇

昨日从高新区（滨江）发改局获悉，作为国家自主创新示范区，高新区（滨江）快速响应“杭州打造全国数字经济第一城”的号召，全面支撑钱塘江金融港湾的金融服务与创新，用数字力量为产业赋能，着力将金融科技小镇打造成为全国金融科技第一镇。

据悉，该小镇位于高新区（滨江）中心位置，北至滨盛路，东至时代大道，西至东信大道，南至南环路，规划范围用地约4.4平方公里。建成后，这里将形成“一心一带两点三区”的发展格局。“一心”是以金融科技产业中心作为小镇的发展核心，“一带”是以江南大道为轴线打造产城融合发展带，“两点”为小镇公共服务节点和科技金融服务节点，三区为小镇核心区、产业孵化集聚区、产业发展潜力区。

未来，金融科技小镇将培育涵盖创业孵化、企业成长、产业集聚、跨界融合的产业生态系统，推动网络信息技术与金融深度融合，吸引技术、人才、资本等高端要素集聚整合，扶持金融科技企业创新创业，引导金融新技术、新产品、新服务、新模式发展，形成新科技、新金融、新产业融合的一体化发展模式。

“打造金融科技小镇，着力点在科技。”高新区（滨江）发改局副局长姜黎介绍说，高新区（滨江）技术、人才、资金、环境的综合优势明显，集聚了阿里巴巴、网易、杭州华为、新华三、恒生电子、信雅达、网盛生意宝、连连银通、呼嘭智能、川山甲等数十家新兴金融服务企业，覆盖了支付清算、网络借贷、大数据、区块链、云计算、人工智能、智能投顾、智能合同等领域，在新兴金融服务的细分领域优势明显，是支撑杭州打造“全球金融科技中心”的核心节点。“未来小镇的发展重点涵盖四个方面，即突破金融科技关键技术、提供金融科技领先产品、壮大金融科技创新服务、打造金融科技产业集群等”。

“要把产业集群做得强强的”是高新区（滨江）一以贯之的发展理念，高新区（滨江）党委书记詹敏表示，“要让金融做得更好。”目前，高新区（滨江）定下一个“小目标”，即到2020年，三年累计完成固定资产投资30亿元以上，金融科技的营业规模超过200亿元，成为杭州打造国际金融科技中心的技术策源地、服务输出地、创新引领区；到2025年，金融科技的营业规模超过500亿元，成为全球领先的金融科技创新创业集聚区。

（《杭州日报》2018年11月6日A01版）

（区委宣传部）

索引

说 明

一、本年鉴索引依照国家标准《索引编制规则（总则）》GB/22466-2008进行编制，由主题索引、图照索引和表格索引三部分组成，全书除"特辑""大事记""统计资料选辑""附录"外，所有内容均可通过索引进行检索。

二、类目、分目标题用黑体字标示。

三、主题索引中文标目按汉语拼音顺序排列，同音字按笔画数从少到多排列。第一字相同，按第二字音序排列，依次类推。

标目后的阿拉伯数字表示内容所在页码。数字后的英文字母a、b、c分别表示从左到右第一、二、三栏。标目后有多个页码的，则表示相关信息在这些页码中均出现。副标目或说明语缩进两个汉字放在主标目下面。

图照索引仅标注所在页码，不标注分栏。表格索引按序号排列，仅标注所在页码，不标注分栏。

主题索引

C

E

F

G

H

K

L

M

N

P

Q

X

Z

图照索引

G

H

J

L

M

N

P

Q

R

表格索引